신비한 동양철학 · 35

易學敎本

造化元鑰 | 評註

彤廈 鄭 志 昊 編譯

삼한

■ 머리말

인간이 운명(運命)을 자각한 이래로 수많은 운명서(運命書)들이 제각기 나름대로의 역할을 하고 있다. 중국의 하도(河圖)와 낙서(洛書)에 뿌리를 두고 수천 년을 내려오며 발달해온 것 중에서는 자미두수(紫微斗數), 철판신수(鐵版神數), 하락이수(河洛理數) 등이 있다. 그중에서도 명리학(命理學)이 으뜸이라는 것을 부정하는 사람은 없을 것이다.

이 명리학(命理學)에는 당나라 때 유행한 당사주(唐四柱)라는 것이 있다. 이 당사주(唐四柱)는 신살(神殺)과 년주(年柱)를 중심으로 보았던 것으로, 여러 사람에게서 같은 풀이가 나오는 등 문제점이 많았다. 이것을 당나라 때 서자평(徐子平)이 연해자평(淵海子平)에서 음양오행(陰陽五行)과 일주(日柱)를 중심으로 한 이론을 정립시켜, 오늘날까지 명리학(命理學)의 근간을 이루는 핵심이 되었다.

그후 신봉(神峯) 장남(張楠) 선생이 명리정종(命理正宗)을 펴내면서 급속하게 발전했고, 이후에는 신살(神殺)을 위주로 한 삼명통회(三命通會), 자평진전(子平眞詮), 적천수(滴天髓) 등 주옥같은 책들이 나왔다. 이 책들은 명리학서(命理學書) 중에서도 교과서와 같은 책으로, 명리학도(命理學徒)라면 반드시 보아야 한다. 그러나 모두 격국(格局)을 위주로 풀이한 책으로, 중국의 화려한 성향과 맞불려 여러 외격(外格)들을 만들어 냈다. 그러나 터득하기가 어렵고, 설사 터득한나고 해도 통변(通變)의 어려움이 있었다.

이 책은 조화원약(造化元鑰)을 편역한 책이다. 명리학(命理學)의 수필집과 같은 난강망(欄江網)을 서락오(徐樂吾) 선생에서 나듬어 궁통보

감(窮通寶鑑)을 냈는데, 여기에 다시 평주(評註)를 붙인 것이 조화원약
(造化元鑰)이다. 음양오행(陰陽五行)과 십간십이지(十干十二支)의 성
격을 자세히 분석하고, 각각 12개월로 나누어 자연의 이치로 대입시켜
설명하면서 기존의 격국(格局)을 중간 중간 덧붙여 설명하고 있다.

 다시 말해, 십간(十干)을 십이지(十二支), 즉 12개월로 나누어 운명을
자연이 변화하는 과정으로 파악할 수 있게 만든 것이다. 이 책의 장점은
자연의 흐름을 알면 인간의 운명도 파악할 수 있게 꾸며져 있다는 것이
다. 따라서 기존의 책들과는 달리 공부를 하면 할수록 더욱더 흥미를 느
낄 수 있을 것이다.

 끝으로 이 책이 나올 수 있도록 배려해주신 삼한출판사 김충호 사장님
과, 편집에 애써주신 편집부 직원들께 감사를 드린다.

■ 추천서

동양의 신비인 역술학(易術學)에는 의술(醫術), 복술(卜術), 풍수(風水), 선술(仙術), 운명학(運命學)등 오술(五術)이 있다. 그중에서 운명학(運命學)은 복술(卜術)과는 달리 인간의 길흉화복을 학문으로 풀어나가는 것이다.

옛선인들은 인간의 운명을 알기 위해 무단히 노력하여 관상(觀相), 수상(手相), 골상(骨相), 성명학(姓名學), 명리학(命理學), 자미두수(紫微斗數), 하락이수(河洛理數), 철판신수(鐵版神數), 육임학(六壬學), 구성학(九星學) 등 수많은 방법을 파악했다. 모두 그 뜻이 심오하고 무궁무진하나 가장 일반적인 것이 명리학(命理學)이다.

춘추전국시대부터 시작된 명리학(命理學)을 당나라 때 이허중(李虛中) 선생이 생년(生年)을 위주로 하는 이론을 정립시켰다. 이것을 다시 송나라 때 서자평(徐子平) 선생이 잡다한 것을 빼고, 일간(日干)을 위주로 왕상휴수(旺相休囚)의 이론을 펼친 것이 연해서(淵海書)이다.

그리고 중국 난강(欄江)의 한 어부가 만든 운명서인 궁통보감(窮通寶鑑)에 서락오(徐樂吾) 선생이 수석을 붙인 것이 이 책의 원본인 조화원약(造化元鑰)이다. 그러나 한문으로만 되어 있어 우리나라 일반인들이 공부하기 어려웠다. 이에 정지호(鄭志昊) 선생께서 다년간에 걸쳐 편역한 것이 이 책이다.

이 책은 인간의 길흉화복을 자연의 이치로 풀어낸 것으로, 독자 제현께서 읽고 또 읽혀서 숙독한다면 반드시 명리학(命理學)의 이치를 깨달을 수 있을 것이다. 그리고 운명은 자연과학이기 때문에 운명을 연구하는 사람은 자연과 일상생활 속에서 도(道)를 터득해야 할 것이다.

己卯年 亥月 辛巳日　金 正 浩

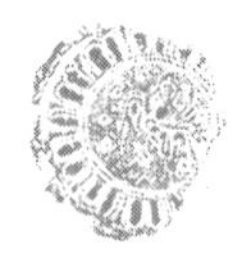

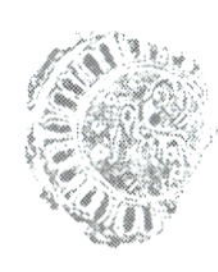

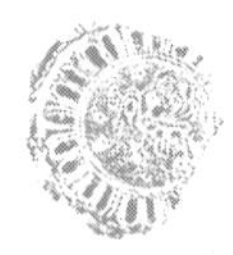

Ⅱ부. 오행총론

1장. 오행총론(五行總論) — 91

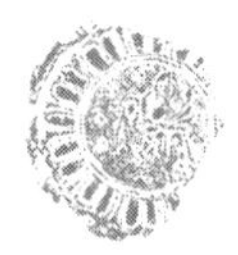

3장. 병화(丙火) — 313

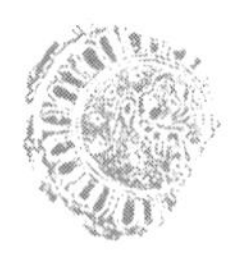

6장. 기토(己土) — 532

7장. 경금(庚金) — 586

8장. 신금(辛金) — 660

9장. 임수(壬水) — 736

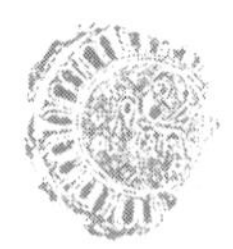

I부. 사주의 구성요소

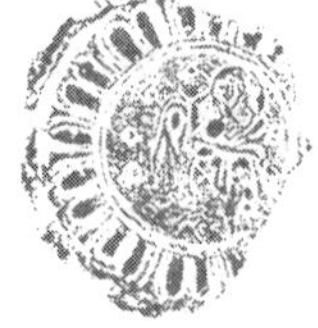

1장. 사주란 무엇인가

명리학(命理學)에서는 생년월일(生年月日)의 간지(干支)로 그 사람의 운명을 판단한다. 생년(生年)의 간지(干支)를 년주(年柱), 생월(生月)의 간지(干支)를 월주(月柱), 생일(生日)의 간지(干支)를 일주(日柱), 생시(生時)의 간지(干支)를 시주(時柱)라 하고, 이 네 기둥 여덟 글자를 사주팔자(四柱八字)라고 한다.

간(干)을 천간(天干)이라 하고, 지(支)를 지지(地支)라고 한다. 천간(天干)에는 10개가 있고, 지지(地支)에는 12개가 있는데 이를 십간십이지(十干十二支)라고 한다.

천간(天干)은 갑(甲), 을(乙), 병(丙), 정(丁), 무(戊), 기(己), 경(庚), 신(辛), 임(壬), 계(癸)를 말하고, 십이지(十二支)는 자(子), 축(丑), 인(寅), 묘(卯), 진(辰), 사(巳), 오(午), 미(未), 신(申), 유(酉), 술(戌), 해(亥)를 말한다.

천간(天干)을 오행(五行)으로 나누면 갑을(甲乙)은 목(木)이요, 병정(丙丁)은 화(火)요, 무기(戊己)는 토(土)요, 경신(庚辛)은 금(金)

이요, 임계(壬癸)는 수(水)다. 이것을 다시 음양(陰陽)으로 구분하면 갑병무경임(甲丙戊庚壬)은 양(陽)이고, 을정기신계(乙丁己辛癸)는 음(陰)이다.

지지(地支)를 오행(五行)으로 나누면 인묘(寅卯)는 목(木)이요, 사오(巳午)는 화(火)요, 진술축미(辰戌丑未)는 토(土)요, 신유(申酉)는 금(金)이요, 해자(亥子)는 수(水)다. 이것을 다시 음양(陰陽)으로 나누면 인진오신술자(寅辰午申戌子)는 양(陽)이고, 묘사미유해축(卯巳未酉亥丑)은 음(陰)이다. 이 십간십이지(十干十二支)를 조합하면 육십갑자(六十甲子)가 되고, 우리 인간의 운명은 이 육십갑자(六十甲子)의 조합에 의해 결정되는 것이다.

육십갑자 조견표

甲子	甲戌	甲申	甲午	甲辰	甲寅
乙丑	乙亥	乙酉	乙未	乙巳	乙卯
丙寅	丙子	丙戌	丙申	丙午	丙辰
丁卯	丁丑	丁亥	丁酉	丁未	丁巳
戊辰	戊寅	戊子	戊戌	戊申	戊午
己巳	己卯	己丑	己亥	己酉	己未
庚午	庚辰	庚寅	庚子	庚戌	庚申
辛未	辛巳	辛卯	辛丑	辛亥	辛酉
壬申	壬午	壬辰	壬寅	壬子	壬戌
癸酉	癸未	癸巳	癸卯	癸丑	癸亥

1. 년주(年柱) 정하는 방법

보통 사주의 간지(干支)를 정할 때는 만세력(萬歲曆)을 참고하니, 독자들은 우선 만세력(萬歲曆)을 준비하도록 한다. 년주(年柱)란 출생년(出生年)의 간지(干支)를 말한다. 예를 들어 올해는 무인년(戊寅年)이니, 무인(戊寅)이 년주(年柱)의 간지(干支)가 된다. 만일 올해 10세라고 한다면 무인(戊寅)부터 역으로 거슬러 올라간다. 무인(戊寅), 정축(丁丑), 병자(丙子), 을해(乙亥), 갑술(甲戌), 계유(癸酉), 임신(壬申), 신미(辛未), 경오(庚午), 기사(己巳)가 된다. 따라서 1989년은 기사년(己巳年)이니 년주(年柱)는 기사(己巳)가 된다.

여기서 주의할 점은, 구년과 신년의 구별은 1월 1일이 아니라 입춘(立春)을 기준으로 한다는 것이다. 그러므로 무인년(戊寅年) 1월 1일에 태어났어도 전 년도인 정축년(丁丑年)으로 본다. 왜냐하면 무인년(戊寅年)은 1월 8일 09시 56분이 지나야 비로소 입춘(立春)이 되기 때문이다.

2. 월주(月柱) 정하는 방법

월주(月柱)란 출생월(出生月)의 간지(干支)를 말한다. 월주(月柱)는 각 월(月)의 월건(月建)에 의하여 정하고, 년주(年柱)와 마찬가지로 각 월이 전입일(節入日)을 표준으로 한다.

예를 들어, 무인년(戊寅年) 묘월(卯月) 8일에 출생했다면 절입일(節入日)이 8일 03시 54분이니, 이후에 출생한 사람은 묘월(卯月)의 월건(月建) 을묘(乙卯)를 쓰고, 이전에 출생한 사람은 인월(寅月)의 월건(月建)인 갑인(甲寅)을 쓴다. 각 월의 절입(節入) 시기는 다음과 같으며 만세력(萬歲曆)을 참조한다.

월(月)과 절기표

1월(寅)	입춘일에서 경칩일 전까지
2월(卯)	경칩일에서 청명일 전까지
3월(辰)	청명일에서 입하일 전까지
4월(巳)	입하일에서 망종일 전까지
5월(午)	망종일에서 소서일 전까지
6월(未)	소서일에서 입추일 전까지
7월(申)	입추일에서 백로일 전까지
8월(酉)	백로일에서 한로일 전까지
9월(戌)	한로일에서 입동일 전까지
10월(亥)	입동일에서 대설일 전까지
11월(子)	대설일에서 소한일 전까지
12월(丑)	소한일에서 입춘일 전까지

1월의 월지(月支)는 인(寅), 2월은 묘(卯), 3월은 진(辰), 4월은 사(巳), 5월은 오(午), 6월은 미(未), 7월은 신(申), 8월은 유(酉), 9월은 술(戌), 10월은 해(亥), 11월은 자(子), 12월은 축(丑)이다. 월지(月支)가 정해졌으니 월간(月干)을 정해본다. 만세력(萬歲曆)을 보면 되지만 다음에 나오는 년두법(年頭法)을 이용하면 더 편리하다.

월간지 조견표

陰曆 \ 節名 (年干)		甲己年	乙庚年	丙辛年	丁壬年	戊癸年
正月	立春	丙寅	戊寅	庚寅	壬寅	甲寅
二月	驚蟄	丁卯	己卯	辛卯	癸卯	乙卯
三月	淸明	戊辰	庚辰	壬辰	甲辰	丙辰
四月	立夏	己巳	辛巳	癸巳	乙巳	丁巳
五月	芒種	庚午	壬午	甲午	丙午	戊午
六月	小暑	辛未	癸未	乙未	丁未	己未
七月	立秋	壬申	甲申	丙申	戊申	庚申
八月	白露	癸酉	乙酉	丁酉	己酉	辛酉
九月	寒露	甲戌	丙戌	戊戌	庚戌	壬戌
十月	立冬	乙亥	丁亥	己亥	辛亥	癸亥
十一月	大雪	丙子	戊子	庚子	壬子	甲子
十二月	小寒	丁丑	己丑	辛丑	癸丑	乙丑

■ 년두법(年頭法)

갑기년(甲己年) : 병인두(丙寅頭)
을경년(乙庚年) : 무인두(戊寅頭)
병신년(丙辛年) : 경인두(庚寅頭)
정임년(丁壬年) : 임인두(壬寅頭)
무계년(戊癸年) : 갑인두(甲寅頭)

  갑년(甲年)이나 기년(己年)은 인월(寅月)이 병인(丙寅)부터 시작하니, 묘월(卯月)은 정묘(丁卯), 진월(辰月)은 무진(戊辰) 순으로 본다. 을경년(乙庚年), 즉 천간(天干) 글자가 을(乙)이나 경(庚)이면 인월(寅月)은 무인(戊寅), 묘월(卯月)은 기묘(己卯) 순으로 본다.

3. 일주(日柱) 정하는 방법

  일주(日柱)는 생일(生日)의 간지(干支)를 말한다. 명리학(命理學)은 일주(日柱)를 중심으로 운명을 보기 때문에 매우 중요하다. 일주(日柱)는 만세력(萬歲曆)에 있는 태어난 날의 일진(日辰)으로 정한다. 만일 무인년(戊寅年) 인월(寅月) 13일에 출생했다면 무인년(戊寅年) 갑인월(甲寅月) 정해일(丁亥日)이 된다. 주의할 점은 각 년(年)의 구분은 입춘(立春)이고, 각 월(月)의 구분은 절입(節入) 일시(日時)를 기준으로 하듯이, 일(日)의 경계는 자시(子時)를 기준으로 한다.

시간지 조견표

時干 / 日干		甲己日	乙庚日	丙辛日	丁壬日	戊癸日
子時	오후11시 ~오전1시	甲子	丙子	戊子	庚子	壬子
丑時	오전1시 ~오전3시	乙丑	丁丑	己丑	辛丑	癸丑
寅時	오전3시 ~오전5시	丙寅	戊寅	庚寅	壬寅	甲寅
卯時	오전5시 ~오전7시	丁卯	己卯	辛卯	癸卯	乙卯
辰時	오전7시 ~오전9시	戊辰	庚辰	壬辰	甲辰	丙辰
巳時	오전9시 ~오전11시	己巳	辛巳	癸巳	乙巳	丁巳
午時	오전11시 ~오후1시	庚午	壬午	甲午	丙午	戊午
未時	오후1시 ~오후3시	辛未	癸未	乙未	丁未	己未
申時	오후3시 ~오후5시	壬申	甲申	丙申	戊申	庚申
酉時	오후5시 ~오후7시	癸酉	乙酉	丁酉	己酉	辛酉
戌時	오후7시 ~오후9시	甲戌	丙戌	戊戌	庚戌	壬戌
亥時	오후9시 ~오후11시	乙亥	丁亥	己亥	辛亥	癸亥

4. 시주(時柱) 정하는 방법

 시주(時柱)란 태어난 시간의 간지(干支)를 말한다. 하루는 12시간으로 나누는데, 12시간은 자축인묘진사오미신유술해(子丑寅卯辰巳午未申酉戌亥)를 말한다. 월주(月柱)의 간지(干支)와 같이 시지(時支)는 항상 일정하고, 시간(時干)은 일간(日干)에 의해 결정된다.

1. 시간의 표준

 시간은 지구의 공전과 자전에 의하여 일정하게 움직이는 것이므로 변하지 않는다. 사주에서도 기상학상의 과학적인 시간을 사용해야 하므로 시간의 변경은 있을 수 없다. 정오는 그 지역에서 하루의 중간을 말하고, 자정은 밤의 중간을 말한다. 따라서 중국의 자시(子時)와 한국의 자시(子時)가 같을 수 없고, 동경의 정오와 서울의 정오가 같을 수 없다. 우리나라 내에서도 전국의 시간이 반드시 일치한다고 볼 수 없다.
 우리나라의 정오는 대체로 중국의 정오보다 30분이 빠르고, 일본보다는 30분이 늦다. 그러므로 우리나라의 정각 12시는 중국의 11시 35분이고, 일본의 12시 30분이 된다는 것이다. 현재 우리나라에서 사용하는 시간은 1951년 음력 6월 29일 이후로 12시 30분이 정오가 되는 것을 명시해야 한다.

2. 야자시(夜子時) 설(說)

 야자시(夜子時) 설(說)이란, 자시(子時)를 둘로 나누어 오후 11시부터 12시까지는 저녁 야자시(夜子時)라 하고, 1시까지는 밝은 날 조자시(朝子時)라고 주장하는 것이다. 예를 들어 갑자일(甲子日) 오후 11시에서 12시까지를 야자시(夜子時)라 하여 갑자일(甲子日) 병자시(丙子時)라고 한다. 이것은 오행(五行)의 순환법칙에 위배될 뿐 아니라 시법(時法)에도 적합하지 않다. 그러나 일부 역학자들이 이 이론을 주장하고 있지만 신경쓰지 않아도 된다. 년(年)은 자년(子年)이 시작이고, 월(月)은 인월(寅月)이 시작이고, 일(日)은 1일이 시작이고, 시(時)는 자시(子時)가 시작이다.

5. 운로법(運路法)

1. 대운(大運) 정하는 방법

 사주는 그 사람의 그릇을 말하고, 대운(大運)은 5년이나 10년 단위로 나누어 사주와 운세와의 조화에서 오는 길흉화복을 말한다. 대운(大運)은 생월(生月)의 간지(干支)를 기준으로 정한다. 년간(年干)이 양(陽)인 남자와 음(陰)인 여자는 월주(月柱)를 기준으로 순행(順行)하고, 년간(年干)이 음(陰)인 남자와 양(陽)인 여자는 월주(月柱)를 기준으로 역행(逆行)한다. 즉 대운(大運)은 월주(月柱)를 숭심으로 다음 달 월건(月建)을 향해 순행(順行)하느냐, 지난 달 월건(月建)을 향해 역행(逆行)하느냐 두 가지다.

양남음녀(陽男陰女)는 년주(年柱)의 천간(天干)이 양간(陽干)인가 음간(陰干)인가로 결정된다. 갑병무경임년(甲丙戊庚壬年)은 양간년(陽干年)이고, 을정기신계(乙丁己辛癸)는 음간년(陰干年)이다.

예를 들어 갑자년(甲子年) 병인월생(丙寅月生)이면 남자의 대운(大運)은 정묘(丁卯), 무진(戊辰), 기사(己巳) 순으로 순행(順行)하고, 여자는 을축(乙丑), 갑자(甲子), 계해(癸亥) 순으로 역행(逆行)한다. 또 을축년(乙丑年) 무인월생(戊寅月生)이라면 남자는 정축(丁丑), 병자(丙子), 을해(乙亥) 순으로 역행(逆行)하고, 여자는 기묘(己卯), 경진(庚辰), 신사(辛巳) 순으로 순행(順行)한다.

대운(大運)은 순행(順行)하든 역행(逆行)하든 10년마다 변하는데, 몇 세인가는 행운세수(行運歲數)에 의한다. 이것을 계산하는 방법은 양년(陽年) 출생 남자와 음년(陰年) 출생 여자는 순행(順行)하기 때문에 출생일(出生日)로부터 다음 달 절입일(節入日)까지 계산하여 나온 날짜의 수를 3으로 나누고, 음년(陰年) 출생 남자와 양년(陽年) 출생 여자는 역행(逆行)하기 때문에 출생일(出生日)로부터 그 달의 절입일(節入日)까지 계산하여 나온 날짜의 수를 3으로 나눈다.

이 날짜의 수를 계산할 때는 생일(生日)이나 절입(節入) 시간까지 엄격하게 따져야 하지만 대개 시간은 계산하지 않는다. 생일(生日)을 더하면 절입일(節入日)을 빼고, 생일(生日)을 빼면 절입일(節入日)을 더한다. 그리고 날짜의 수를 3으로 나누어 0수를 얻을 수 없을 때는, 하루가 남으면 버리고 2일이 남으면 1을 더한다. 다시 말해 4일이면 행운세수(行運歲數)는 1이 되고, 5일이면 2가 된다는 말이다.

이렇게 계산해서 나온 행운세수(行運歲數)가 2이면 2세, 12세, 22세, 32세, 42세 등이 대운수(大運數)가 된다.

■ 무인년(戊寅年) 인월(寅月) 16일 축시(丑時)

시 일 월 년

丁 庚 甲 戊

丑 寅 寅 寅

이 사주가 남자이면 순행(順行)하기 때문에 대운(大運)은 을묘(乙卯), 병진(丙辰), 정사(丁巳), 무오(戊午) 순으로 진행한다. 인월(寅月) 16일은 입춘(立春) 후이니 다음 절기는 경칩(驚蟄)이다. 무인년(戊寅年) 경칩(驚蟄)은 임자일(壬子日) 오전 3시 54분이므로, 생일(生日)로부터 절입일(節入日)까지는 22일이다. 따라서 이것을 3으로 나누면 이 사람의 대운수(大運數)는 7이 된다.

57 47 37 27 17 7

庚 己 戊 丁 丙 乙

申 未 午 巳 辰 卯

만일 이 사주가 여자이면 역행(逆行)하기 때문에 대운(大運)은 계축(癸丑), 임자(壬子), 신해(辛亥), 경술(庚戌)로 진행한다. 무인년(戊寅年) 입춘(立春) 절입시(節入時)는 인월(寅月) 8일 오전 9시 56분이고, 일수는 8일이니 이 사람의 대운수(大運數)는 3이 된다.

52 42 32 22 12 2
戊 己 庚 辛 壬 癸
申 酉 戌 亥 子 丑

2. 소운(小運) 정하는 방법

운로법(運路法)에서는 대운(大運)이 중심이 되지만 대운(大運)이 들기 전까지 소운(小運)을 참고하는 경우가 있다. 대운(大運)은 월주(月柱)에서 시작하지만 소운(小運)은 일주(日柱)에서 시작한다. 대운(大運)과 마찬가지로 양남음녀(陽男陰女)는 순행(順行)하고, 음남양녀(陰男陽女)는 역행(逆行)한다.

2장. 음양오행(陰陽五行)

1. 음양(陰陽)

노출된 것, 활동적인 것, 적극적인 것은 양(陽)이고, 감추어진 것, 고요한 것, 소극적인 것은 음(陰)이다. 하늘은 양(陽)이요 땅은 음(陰)이다. 태양은 양(陽)이요 달은 음(陰)이다. 남자는 양(陽)이요 여자는 음(陰)이다.

2. 오행(五行)

오행(五行)은 목화토금수(木火土金水)를 말한다. 명리학(命理學)은 십간십이지(十干十二支)의 간지(干支)와, 음양오행(陰陽五行)의 상호관계 및 자용에 의하여 사람의 운명을 예지하는 학문이다.

3. 십간(十干)

五行	木	火	土	金	水
陽干	甲	丙	戊	庚	壬
陰干	乙	丁	己	辛	癸

4. 십이지(十二支)

陽干	子(水)	寅(木)	辰(土)	午(火)	申(金)	戌(土)
陰干	丑(土)	卯(木)	巳(火)	未(土)	酉(金)	亥(水)

5. 오행(五行)의 상생상극(相生相剋)

오행(五行)은 서로 생(生)하고 극(剋)하는 작용을 하는데, 이를 상생상극(相生相剋)이라 한다. 상생(相生)에는 목생화(木生火), 화생토(火生土), 토생금(土生金), 금생수(金生水), 수생목(水生木)이 있고, 상극(相剋)에는 목극토(木剋土), 토극수(土剋水), 수극화(水剋火), 화극금(火剋金), 금극목(金剋木)이 있다.

金生水	水生木	木生火	火生土	土生金

金剋木	木剋土	土剋水	水剋火	火剋金

3장. 합형충파해(合刑沖破害)

1. 천간합(天干合)

천간합(天干合)은 부부유정지상(夫婦有情之象)이라 하며, 음양(陰陽) 화합의 이치를 방법화한 것이다. 십간(十干) 중에 5개의 양간(陽干)은 6번째 음간(陰干)과 합(合)이 된다.

甲己合	乙庚合	丙辛合	丁壬合	戊癸合
土	金	水	木	火

- 갑기합토(甲己合土) → 중정지합(中正之合)
- 을경합금(乙庚合金) → 인의지합(仁義之合)
- 병신합수(丙辛合水) → 위엄지합(威嚴之合)
- 정임합목(丁壬合木) → 인수지합(仁壽之合)
- 무계합화(戊癸合火) → 무정지합(無情之合)

2. 천간충(天干沖)

甲庚	乙辛	丙壬	丁癸

3. 천간극(天干剋)

戊甲	己乙	庚丙	辛丁	壬戊	癸己

4. 지지육합(地支六合)

子丑	寅亥	卯戌	辰酉	巳申	午未
土	木	火	金	水	不變

5. 지지삼합(地支三合)

寅午戌	申子辰	巳酉丑	亥卯未
火局	水局	金局	木局

6. 형(刑)

寅巳申	丑戌未	子卯	辰辰	午午	酉酉	亥亥

7. 충(沖)

寅申	巳亥	子午	卯酉	辰戌	丑未

8. 파(破)

子酉	午卯	巳申	寅亥	辰丑	戌未

9. 해(害)

子未	丑午	寅巳	卯辰	申亥	酉戌

4장. 육신(六神)과 십이운성(十二運星)

1. 육신(六神)

사주에서 일주(日柱)의 천간(天干)인 일간(日干)은 나(我)를 말하는데, 이 일간(日干)을 나머지 주(柱)의 천간(天干)과 지지(地支)를 대조하여 표시한 것을 육신(六神)이라 한다. 육신(六神)에는 비견(比肩), 겁재(劫財), 식신(食神), 상관(傷官), 편재(偏財), 정재(正財), 편관(偏官), 정관(正官), 편인(偏印), 인수(印綬)가 있다. 10가지이므로 십신(十神)이라고 해야 하나, 비견(比肩)과 겁재(劫財)는 격(格)을 이루지 못하기 때문에 제외한다. 그리고 편재(偏財)와 정재(正財), 편인(偏印)과 인수(印綬)는 편정(偏正)의 작용이 같기 때문에 재성(財星)과 인성(印星)으로 통일한다. 따라서 6가지가 되므로 육신(六神)이라 하는 것이다.

2. 육신(六神) 표출법

일간(日干)과 다른 주(柱)의 천간(天干)을 대조할 때는 천성(天星)이라 하고, 일간(日干)과 지지(地支)를 대조할 때는 지성(地星)이라 한다.

1. 천성(天星)의 육신(六神) 보는 방법

- 비견(比肩) : 일간(日干)과 오행(五行)이 같고 음양(陰陽)도 같은 것.
- 겁재(劫財) : 일간(日干)과 오행(五行)이 같고 음양(陰陽)이 다른 것.
- 식신(食神) : 일간(日干)이 생(生)하고 음양(陰陽)이 같은 것.
- 상관(傷官) : 일간(日干)이 생(生)하고 음양(陰陽)이 다른 것.
- 편재(偏財) : 일간(日干)이 극(剋)하고 음양(陰陽)이 같은 것.
- 정재(正財) : 일간(日干)이 극(剋)하고 음양(陰陽)이 다른 것.
- 편관(偏官) : 일간(日干)을 극(剋)하고 음양(陰陽)이 같은 것.
- 정관(正官) : 일간(日干)을 극(剋)하고 음양(陰陽)이 다른 것.
- 편인(偏印) : 일간(日干)을 생(生)하고 음양(陰陽)이 같은 것.
- 인수(印綬) : 일간(日干)을 생(生)하고 음양(陰陽)이 다른 것.

2. 지성(地星)의 육신(六神) 보는 방법

지성(地星)도 천성(天星)과 마찬가지로 일간(日干)과 지지(地支)를 대조하여 보는데, 지지(地支)를 천간(天干)으로 고쳐서 본다는 것이

다르다. 원래 지지(地支) 속에는 천간(天干)이 들어 있다. 이것을 지장간(支藏干)이라고 한다. 장간(藏干)은 다시 여기(餘氣), 중기(中氣), 정기(正氣)로 나뉜다. 여기(餘氣)는 앞 지지(地支)의 오행(五行)과 동일한 천간(天干)을 취하여, 지지(地支)의 절기는 변했으나 아직 앞 절기의 기(氣)가 남아있음을 나타내는 것이다. 중기(中氣)는 여기(餘氣)부터 정기(正氣)에 이르는 중간의 기(氣)로, 그 지지(地支)가 삼합(三合)하여 오행화(五行化)하는 간(干)을 취하는 것이다. 정기(正氣)는 그 지지(地支)가 지닌 오행(五行)과 동일한 간(干)을 취하는 것이다.

장간분야표(藏干分野表)

地支 藏干	子	丑	寅	卯	辰	巳	午	未	申	酉	戌	亥
餘氣	壬 十日	癸 九日	戊 七日	甲 十日	乙 九日	戊 五日	丙 十日	丁 九日	戊己 七日	庚 十日	辛 九日	戊 七日
中氣		辛 三日	丙 七日		癸 三日	庚 九日	己 九日	乙 三日	壬 七日		丁 三日	甲 七日
正氣	癸 二十日	己 十八日	甲 十六日	乙 二十日	戊 十八日	丙 十六日	丁 十一日	己 十八日	庚 十六日	辛 二十日	戊 十八日	壬 十六日

이 방법에 의한 지성(地星)의 표출 방법은 다음과 같다.

- ■ 자(子)의 정기(正氣)는 계(癸)이니 계(癸)로 본다.
- ■ 축(丑)의 정기(正氣)는 기(己)이니 기(己)로 본다.
- ■ 인(寅)의 정기(正氣)는 갑(甲)이니 갑(甲)으로 본다.
- ■ 묘(卯)의 정기(正氣)는 을(乙)이니 을(乙)로 본다.
- ■ 진(辰)의 정기(正氣)는 무(戊)이니 무(戊)로 본다.
- ■ 사(巳)의 정기(正氣)는 병(丙)이니 병(丙)으로 본다.
- ■ 오(午)의 정기(正氣)는 정(丁)이니 정(丁)으로 본다.
- ■ 미(未)의 정기(正氣)는 기(己)이니 기(己)로 본다.
- ■ 신(申)의 정기(正氣)는 경(庚)이니 경(庚)으로 본다.
- ■ 유(酉)의 정기(正氣)는 신(辛)이니 신(辛)으로 본다.
- ■ 술(戌)의 정기(正氣)는 무(戊)이니 무(戊)로 본다.
- ■ 해(亥)의 정기(正氣)는 임(壬)이니 임(壬)으로 본다.

육신 조견표

■	甲	乙	丙	丁	戊	己	庚	辛	壬	癸
甲	比肩	劫財	食神	傷官	偏財	正財	偏官	正官	偏印	印綬
乙	劫財	比肩	傷官	食神	正財	偏財	正官	偏官	印綬	偏印
丙	偏印	印綬	比肩	劫財	食神	傷官	偏財	正財	偏官	正官
丁	印綬	偏印	劫財	比肩	傷官	食神	正財	偏財	正官	偏官
戊	偏官	正官	偏印	印綬	比肩	劫財	食神	傷官	偏財	正財
己	正官	偏官	印綬	偏印	劫財	比肩	傷官	食神	正財	偏財
庚	偏財	正財	偏官	正官	偏印	印綬	比肩	劫財	食神	傷官
辛	正財	偏財	正官	偏官	印綬	偏印	劫財	比肩	傷官	食神
壬	食神	傷官	偏財	正財	偏官	正官	偏印	印綬	比肩	劫財
癸	傷官	食神	正財	偏財	正官	偏官	印綬	偏印	劫財	比肩

육친 조견표

■	남 자	여 자
比肩	형제, 친구, 동창, 동서	남녀 형제, 친구, 동창, 남편의 첩, 시아버지, 동서, 시숙, 시고모.
劫財	여동생, 이복형제, 동서, 형제, 딸의 시어머니.	남녀 형제, 이복형제, 동서, 시아버지, 아들의 장인, 남편의 첩.
食神	장모, 조카, 손자, 사위.	아들, 딸, 손자, 친정 조카, 사위의 아버지, 시누이의 남편.
傷官	조모, 외조부, 장인, 외손자.	딸, 아들, 시누이의 남편.
正財	아내, 고모, 숙부, 형수, 제수, 처형, 처남, 처제.	오빠의 아내와 첩, 백부, 외손녀, 숙모, 고모.
偏財	아버지, 첩, 처남, 외사촌.	아버지, 시어머니, 백부.
正官	딸, 질녀, 매부.	남편, 시누이, 시동생, 사위의 어머니.
偏官	아들, 사촌 형제, 고조부, 딸의 시아버지.	남편, 남자 친구, 정부, 간부, 아들의 첩, 시누이.
印綬	어머니, 이모, 외손녀, 증손녀.	어머니, 손녀, 고모.
偏印	계모, 유모, 숙모, 외손자, 증손자, 조부.	계모, 유모, 어머니의 형제, 사위, 소부.

3. 십이운성(十二運星)

십이운성(十二運星)은 생로병사(生老病死), 즉 태어나고, 성장하고, 병들고, 죽는 것을 12단계로 나누어 설명하는 것이다. 태어나면 자라고, 자라면 결실을 맺고, 결실을 맺으면 모체는 소멸되는 법과 같다. 이것을 포태법(胞胎法)이라고도 한다. 절(絶), 포(胞), 양(養), 생(生), 목욕(沐浴), 관대(冠帶), 임관(臨官), 제왕(帝旺), 쇠(衰), 병(病), 사(死), 묘(墓)의 과정으로 설명한다.

여기서 유의할 점은 음포태(陰胞胎)는 작용이 부족한 것이 원칙이다. 십이운성(十二運星)의 영향력은 육신(六神)에 비해 약한데, 대개 육친(六親)과 결합하여 운명에 작용한다. 이와 같이 십이운성(十二運星)의 12단계는 인간과 우주만물의 생로병사(生老病死)의 과정을 풀이한 것으로, 불교의 12인연법과도 관련이 있는 듯하다.

- 절(絶) : 부모가 결합하는 시기다.
- 태(胎) : 생명이 모체에 입태된 상태다.
- 양(養) : 모태에서 점차 성장해가는 과정이다.
- 생(生) : 이 세상에 태어나는 시기다.
- 목욕(沐浴) : 갓 태어난 아이를 목욕시키는 과정이다.
- 관대(冠帶) : 관(冠)은 옷을 입고 띠를 맬 줄 아는 소년시절이고, 대(帶)는 관을 쓰고 결혼하며 벼슬하는 시기다.
- 왕(旺) : 장년기로 일생 최고의 시기다.
- 쇠(衰) : 늙은 상태를 말한다.

십이운성 조견표

十二運星 \ 日干	甲日	乙日	丙戊日	丁己日	庚日	辛日	壬日	癸日
絶	申	酉	亥	子	寅	卯	巳	午
胎	酉	申	子	亥	卯	寅	午	巳
養	戌	未	丑	戌	辰	丑	未	辰
長生	亥	午	寅	酉	巳	子	申	卯
沐浴	子	巳	卯	申	午	亥	酉	寅
冠帶	丑	辰	辰	未	未	戌	戌	丑
臨官	寅	卯	巳	午	申	酉	亥	子
帝旺	卯	寅	午	巳	酉	申	子	亥
衰	辰	丑	未	辰	戌	未	丑	戌
病	巳	子	申	卯	亥	午	寅	酉
死	午	亥	酉	寅	子	巳	卯	申
墓	未	戌	戌	丑	丑	辰	辰	未

■ 병(病) : 늙어 병든 상태다.

■ 사(死) : 생명이 끊어진 상태다.

■ 묘(墓) : 죽어서 땅에 묻힌 상태다.

5장. 신살(神殺)

1. 홍염살(紅艶殺)

日干	甲	乙	丙	丁	戊	己	庚	辛	壬	癸
紅艶	午	午	寅	未	辰	辰	戌	酉	子	申

홍염살(紅艶殺)은 허영과 사치를 좋아하며 외정을 즐긴다는 살(殺)이다. 특히 여명(女命)에 홍염살(紅艶殺)이 있으면 음란하여 부정을 저지르고, 다정다욕하나 알아주는 사람이 적다.

2. 목욕살(沐浴殺)

日干	甲	乙	丙	丁	戊	己	庚	辛	壬	癸
沐浴	子	巳	卯	申	卯	申	午	亥	酉	寅

목욕살(沐浴殺)은 주색을 즐긴다는 살(殺)로 함지살(咸池殺)이라고
도 한다. 일주(日柱)를 위주로 본다.

3. 도화살(桃花殺)

年日支	申子辰	巳酉丑	寅午戌	亥卯未
桃花殺	酉	午	卯	子

도화살(桃花殺)은 일지(日支)와 년지(年支)를 중심으로 보는데, 이
살(殺)이 있으면 남녀 모두 풍류를 좋아한다. 인오술(寅午戌)이 묘
(卯)를 만나면 음욕이 많고, 신자진(申子辰)이 유(酉)를 만나면 인륜
을 어지럽히고, 사유축(巳酉丑)이 오(午)를 만나면 낭만이 있고, 해
묘미(亥卯未)가 자(子)를 만나면 투기심이 있다.

도화살(桃花殺)이 년월지(年月支)에 있으면 장내도화(牆內桃花)라
하여 부부금실이 좋다. 그러나 충파(沖破)되면 흉하다. 도화살(桃花
殺)이 일시지(日時支)에 있으면 장외도화(牆外桃花)라 하여 꺾으려
는 사람이 많아 매우 불길하다. 남명(男命)은 여색을 즐기고 여명(女
命)은 더욱더 흉하다. 여명(女命)이 이 살(殺)이 있는데 역마살(驛馬
殺)이 있으면 수치를 모를 정도로 음란하다.

1. 도삽도화(倒揷桃花)

도삽도화(倒揷桃花)는 월일시지(月日時支)에서 인오술(寅午戌)이
묘년(卯年)을 만나거나, 사유축(巳酉丑)이 오년(午年)을 만나거나,

신자진(申子辰)이 유년(酉年)을 만나거나, 해묘미(亥卯未)가 자년(子年)을 만나면 해당한다. 이 살(殺)이 있으면 고상하며 풍류를 좋아하나 간사하며 시기가 많고, 총명하나 교묘하여 현숙해도 어질지 못하다.

2. 나체도화(裸體桃花)

나체도화(裸體桃花)는 도화살(桃花殺)이 일간(日干)에 있으면 해당한다. 갑자일(甲子日), 정묘일(丁卯日), 경오일(庚午日), 계유일(癸酉日) 등을 말한다.

3. 편야도화(遍野桃花)

편야도화(遍野桃花)는 자오묘유(子午卯酉)가 모두 있는 것을 말한다. 사주 중에 입격(入格)하면 사극(四極)이 되어 부귀격(富貴格)을 이루어도 주색을 좋아하며 방탕하다. 만일 사주와 대운(大運)에서 자오묘유(子午卯酉)를 모두 갖추면 흉하다.

4. 곤랑도화(滾浪桃花)

곤랑도화(滾浪桃花)는 천간(天干)이 상합(相合)하는데 지지(地支)가 상형(相刑)하면 이루어지는데, 주색을 좋아하며 방탕하다. 예를 들어 병신(丙辛)이 합(合)하는데 자묘(子卯)가 상형(相刑)하면 여기에 해당한다.

5. 도화겁(桃花劫)

 도화겁(桃花劫)은 사유축년생(巳酉丑年生)이 인묘진월(寅卯辰月)
에 인시(寅時)를 만나거나, 신자진년생(申子辰年生)이 사오미월(巳
午未月)에 사시(巳時)를 만나거나, 해묘미년생(亥卯未年生)이 신유
술월(申酉戌月)에 신시(申時)를 만나거나, 인오술년생(寅午戌年生)
이 해자축월(亥子丑月)에 해시(亥時)를 만나면 성립된다. 임관(臨
官)이 겁재(劫財)를 만나도 도화겁(桃花劫)이 된다. 예를 들면 갑목
(甲木)이 인(寅)에 임관(臨官)하는데 묘(卯)를 만나는 경우다. 이 살
(殺)이 있으면 대개 젊어서는 기생이 되고 늙어서는 빈한(貧寒)하다.

4. 음양살(陰陽殺)

 음양살(陰陽殺)은 남명(男命)이 병자(丙子)가 있으면 미녀와 인연
이 많고, 여명(女命)이 무오(戊午)가 있으면 미남과 인연이 많다. 남
명(男命)이 무오(戊午)가 있으면 많은 여자에게 사랑을 받고, 여명
(女命)이 병자(丙子)가 있으면 남자가 많고 유혹에 잘 넘어간다. 그
러나 남녀 모두 원진(元辰)과 함지살(咸池殺)이 동궁(同宮)에 있으
면 음란하다.

5. 양인살(陽刃殺)

日主	甲	乙	丙	丁	戊	己	庚	辛	壬	癸
陽刃	卯	辰	午	未	午	未	酉	戌	子	丑

양인(陽刃)이란 칼날이 선 형상을 말한다. 여명(女命)은 성격이 강하여 남편과 자식을 극해(剋害)하며 궁핍하고, 남명(男命)은 두 번 결혼한다. 칠살(七殺)이 있는데 인(刃)이 없으면 발전하지 못하고, 인(刃)은 있는데 칠살(七殺)이 없으면 위엄이 없다.

양인살(陽刃殺)은 형충합(刑沖合)되면 흉하고, 제극(制剋)되면 길하다. 양인살(陽刃殺)이 있는데 신강(身强)하면 재앙이 따르고, 신왕(身旺)하면 재물이 흩어지며 화액이 따르고, 신약(身弱)하면 흉하지 않다. 양인(陽刃)과 칠살(七殺)이 모두 있으면 비상하나, 양인(陽刃)으로만 이루어진 사주는 성급하며 눈알이 튀어나왔고, 물건을 상하게 하며 사람을 악으로 대한다.

1. 인두재(刃頭財)와 녹두재(綠頭財)

인두재(刃頭財)는 천간(天干)에 재(財)가 있는데 지지(地支)에 양인(陽刃)이 있는 것을 말한다. 예를 들어 갑일생(甲日生)이 기묘(己卯)가 있거나, 병일생(丙日生)이 경오(庚午)가 있으면 여기에 해당한다. 녹두재(綠頭財)는 천간(天干)에 재(財)가 있는데 지지(地支)에 녹(祿)이 있는 것을 말한다. 예를 들어 갑일생(甲日生)이 무인(戊寅)이 있거나, 을일생(乙日生)이 기묘(己卯)가 있으면 여기에 해당한다.

유년에 이 살(殺)이 늘면 재물 손해를 보고, 장년이 되어서는 처첩으로 인한 송사가 있거나 도적에게 칼을 맞는다. 그러나 재(財)가 기신(忌神)에 해당하면 불길하나, 희신(喜神)에 해당하면 오히려 큰 재물을 얻는다. 인두재(刃頭財)는 녹두재(綠頭財)보다 영향력이 더 강하나. 그러나 한 가지 예로는 판단할 수 없으니 배합을 잘 살펴야 한다.

2. 인두귀(刃頭貴)

사주에 인두귀(刃頭貴)가 있으면 선종(善終)하지 못한다. 등창으로 죽는 경우가 많고, 귀격(貴格)이라도 예측할 수가 없다. 예를 들어 갑목(甲木)이 신묘(辛卯)가 있으면 여기에 해당한다. 특히 갑을일간(甲乙日干)은 매우 흉하다.

6. 일인(日刃)

戊午日	丙午日	壬子日

사주에 일인(日刃)이 있으면 남명(男命)은 아내를 방해하고, 여명(女命)은 남편을 방해한다. 형충파해(刑沖破害), 삼합(三合), 육합(六合) 등과 같이 있으면 흉하다. 그러나 칠살(七殺)로 제복(制伏)하고, 관인운(官印運)으로 흐르면 호명(好命)이 된다.

7. 괴강살(魁岡殺)

庚辰日	庚戌日	壬辰日	壬戌日	戊戌日

이 살(殺)은 주로 흉살(凶殺) 역할을 한다. 총명하며 과단성이 있으나 지배욕이 강하며 독선적이다. 사주에 진술(辰戌)이 있는데 일원(日元)이 왕(旺)하면 부귀격(富貴格)을 이루나, 일주(日柱)에 이 살(殺)이 있는데 형충(刑沖)되면 가난한 선비에 불과하다. 여명(女命)

의 일주(日柱)에 이 살(殺)이 있으면 대개 외모가 아름다우나, 고집이 대단하여 남편과 화목하지 못하여 부부간에 생사이별이 따른다. 따라서 여명(女命)이 일시(日時)에 진술상충(辰戌相沖)이 있으면 기취편방독수공(旣取偏房獨守空)이라 한다. 특히 임술일생(壬戌日生)은 관살백호(官殺白虎)에도 해당하여 남편이 흉사하는 경우가 많다. 남명(男命)은 이론적인 토론을 좋아하며 지나치게 결벽하다. 그러나 이 살(殺)이 여러 개 있으면 오히려 발전하여 부귀격(富貴格)을 이루는 경우도 많다.

8. 화개살(華蓋殺)

年日支	申子辰	巳酉丑	寅午戌	亥卯未
華蓋殺	辰	丑	戌	未

화개살(華蓋殺)은 인오술년일생(寅午戌年日生)이 술(戌)이 있거나, 해묘미년일생(亥卯未年日生)이 미(未)가 있거나, 신자진년일생(申子辰年日生)이 진(辰)이 있거나, 사유축년일생(巳酉丑年日生)이 축(丑)이 있으면 이루어진다.

화개살(華蓋殺)이 있으면 외방(外方)의 사람이 되고, 비록 귀격(貴格)이라도 고독을 면하기 어렵다. 화개살(華蓋殺)이 공망(空亡)을 만나면 승도팔자가 되고, 인수(印綬)를 만나면 한원(翰苑)의 벼슬을 하고, 시지(時支)에 진술축미(辰戌丑未)가 있으면 자식을 적게 둔다. 대개 평생 실패하거나 손해보는 일이 많은데, 특히 임계(壬癸)가 있는 사람은 늙어서 지식을 잃을 수 있으니 조심해야 하다. 만일 귀성

(貴星)과 같이 있으면 청귀(淸貴)하나 재물은 불리하다. 남명(男命)의 일주(日柱)에 있으면 아내를 극(剋)하고, 여명(女命)의 시주(時柱)에 있으면 자식이 없고, 과부가 되거나 홀로 지내는 경우가 많다.

9. 역마살(驛馬殺)

年日支	申子辰	巳酉丑	寅午戌	亥卯未
驛馬殺	寅	亥	申	巳

역마살(驛馬殺)은 신자진년일생(申子辰年日生)이 인(寅)이 있거나, 해묘미년일생(亥卯未年日生)이 사(巳)가 있거나, 인오술년일생(寅午戌年日生)이 신(申)이 있거나, 사유축년일생(巳酉丑年日生)이 해(亥)가 있으면 이루어진다.

귀격(貴格) 사주가 역마살(驛馬殺)이 있으면 출세가 따른다. 그러나 평범한 명(命)은 분주할 뿐이다. 재성(財星)이 이 살(殺)에 해당하면 크게 발전하고, 생왕(生旺)하면 힘이 강하여 평생 성망(聲望)을 많이 받는다. 그러나 사절(死絶)되면 용두사미격(龍頭蛇尾格)이 되어 이루어지는 것이 적고, 주거가 일정하지 않다.

역마살(驛馬殺)이 도식(倒食)이나 녹귀(綠鬼)와 함께 있으면 게으르며 요행심이 많고, 장돌뱅이가 된다. 그러나 식신(食神)과 함께 있으면서 충(沖)되면 명예가 있다. 역마살(驛馬殺)이 길신(吉神)에 해당하면 매사가 순조로워 비상하게 발전하나, 흉신(凶神)에 해당하면 분주하며 이사를 자주하게 된다. 사주에 역마살(驛馬殺) 너무 많으면 분파(奔波)하고, 공망(空亡)을 만나면 주거가 불안하다.

10. 고진살(孤辰殺)·과숙살(寡宿殺)

年支	子	丑	寅	卯	辰	巳	午	未	申	酉	戌	亥
孤辰	寅	寅	巳	巳	巳	申	申	申	亥	亥	亥	寅
寡宿	戌	戌	丑	丑	丑	辰	辰	辰	未	未	未	戌

인묘진생(寅卯辰生)이 사(巳)가 있으면 고진살(孤辰殺)이 되고, 축(丑)이 있으면 과숙살(寡宿殺)이 된다. 사오미생(巳午未生)이 신(申)이 있으면 고진살(孤辰殺)이 되고, 진(辰)이 있으면 과숙살(寡宿殺)이 된다. 신유술생(申酉戌生)이 해(亥)가 있으면 고신살(孤辰殺)이 되고, 미(未)가 있으면 과숙살(寡宿殺)이 된다. 해자축생(亥子丑生)이 인(寅)이 있으면 고진살(孤辰殺)이 되고, 술(戌)이 있으면 과숙살(寡宿殺)이 된다.

남명(男命)은 고진살(孤辰殺)이 있으면 흉하고, 여명(女命)은 과숙살(寡宿殺)이 있으면 흉하다. 화개살(華蓋殺)과 함께 있으면 승도팔자가 되고, 역마살(驛馬殺)과 함께 있으면 객지생활을 하게 되고, 시지(時支)에 있으면 자식이 불효한다. 남명(男命)이 고진살(孤辰殺)이 있으면 아내를 극(剋)하여 고독하고, 여명(女命)이 과숙살(寡宿殺)이 있으면 육친(六親)과의 인연이 약하다.

11. 격각살(隔角殺)

격각살(隔角殺)은 일지(日支)와 시지(時支)가 한 글자씩 격각(隔角)되는 것을 말하는데, 이 살(殺)이 있으면 부부사이가 좋지 않다. 예를 들어 자일생(子日生)이 시지(時支)에 인(寅)이 있으면 해당한다.

12. 고란살(孤鸞殺)

孤鸞	甲寅	乙巳	丁巳	戊申	辛亥

고란살(孤鸞殺)은 일주(日柱)로 보는데, 이 살(殺)이 있으면 청상과부의 상으로 남편이 없다. 을사일생(乙巳日生), 정사일생(丁巳日生), 신해일생(辛亥日生)은 좌하(坐下)에 재관(財官)이 있으니 사주의 구성이 좋으면 왕자왕부(旺子旺夫)한다. 무신일생(戊申日生)은 좌하(坐下)에 경금(庚金)이 있으니 부성(夫星)인 목(木)을 극상(剋傷)한다. 갑인일생(甲寅日生)은 부성(夫星)인 금(金)이 인목(寅木)의 절지(絶地)가 되기 때문에 남편이 손상된다.

13. 음양차착살(陰陽差錯殺)

陰陽差錯	丙子	丁丑	戊寅	辛卯	壬辰	癸巳	丙午	丁未	戊申	辛酉	壬戌	癸亥

여명(女命)이 음양차착살(陰陽差錯殺)이 있으면 시집에서 물러나거나, 홀 시부모를 모시는 경우가 많다. 남명(男命)은 외가나 처가와 시비가 많은데, 월일시(月日時)에 여러 개 있으면 흉작용이 더욱 강하다. 특히 여명(女命)이 일주(日柱)나 시주(時柱)에 있으면 시집이 망하거나, 남편이 바람을 피워 눈물로 밤을 지새우는 일이 많다.

14. 사도화(四桃花)

사도화(四桃花)는 자오묘유(子午卯酉)가 모두 있는 것을 말하는데, 이 살(殺)이 있으면 주색을 밝힌다. 남명(男命)은 사주에 있으면 주색을 좋아하나 대격(大格)을 이루는 경우가 많고, 여명(女命)은 이유를 불문하고 흉하다.

15. 사장생(四長生)

사장생(四長生)은 인신사해(寅申巳亥)가 모두 있는 것을 말한다. 남명(男命)은 대격(大格)을 이루는데, 일주(日柱)에 합치되면 부귀격(富貴格)을 이룬다. 그러나 여명(女命)은 천격이 되어 이방생활로 명성을 얻는 경우도 있지만 행실이 부정하다.

16. 사고장(四庫藏)

사고장(四庫藏)은 진술축미(辰戌丑未)가 모두 있는 것을 말한다. 일주(日柱)에 합치되면 남명(男命)은 대부대귀격(大富大貴格)을 이루나, 여명(女命)은 천지(天地)의 사옥(四獄)에 앉아 있는 격이 되어 자식을 두지 못하며 고독하다. 만일 두 글자만 있으면 면할 수 있으나, 부성(夫星)과 자성(子星)이 묘고(墓庫)에 해당하면 남편복과 자식복이 모두 없다.

17. 원진(元辰)

子未	丑午	寅酉	卯申	辰亥	巳戌

　원진(元辰) 띠 끼리 결혼하면 원망과 불평이 많아 평생 고생이 많으나, 재혼한 사람은 부귀(富貴)가 있다. 일월(日月)이 원진(元辰)이면 부모 형제간에 불화하거나, 객지생활을 하거나, 파가한다. 특히 남명(男命)이 일시(日時)에서 이루어지면 아내와 생이별하기 쉽고, 자손과 함께 살기 어렵다.

18. 삼기(三奇)

天上三奇	地下三奇	人中三奇
甲戊庚	乙丙丁	壬癸辛

　삼기(三奇)가 있으면 총명하며 지혜가 많고, 학문이 높으며 재능이 많다. 천을귀인(天乙貴人)을 대동하면 큰 뜻을 이루고, 천덕귀인(天德貴人)이나 월덕귀인(月德貴人)을 대동하면 모든 흉화가 사라지고, 삼합(三合)을 대동하여 국(局)을 이루면 나라의 기둥이 되고, 공망(空亡)이나 생왕(生旺)을 대동하면 산림에 숨은 선비가 되어 부귀(富貴)해도 음란하지 않고, 어떤 권력에도 굴복하지 않는다. 귀격(貴格) 사주에 삼기(三奇)가 있으면 격국(格局)과 용신(用神)에 따라 길흉이 결정된다. 묘사오(卯巳午)도 삼기(三奇)에 해당한다.

19. 백호대살(白虎大殺)

甲辰	乙未	丙戌	丁丑	戊辰	壬戌	癸丑

백호대살(白虎大殺)은 혈광사(血光死)를 뜻하기도 한다. 일간(日干)으로 보는데 해당하는 육친(六親)에게도 급사(急死), 병사(病死), 횡사(橫死) 등이 따른다.

20. 수옥살(囚獄殺)

年日支	申子辰	寅午戌	亥卯未	巳酉丑
囚獄	午	子	酉	卯

수옥살(囚獄殺)은 감옥에 갇힌다는 살(殺)이다. 이 살(殺)이 있는 사람은 경찰, 군인, 형무관 등으로 나가면 오히려 길하다.

21. 귀문관살(鬼門關殺)

日支	寅	卯	辰	巳	午	未	申	酉	戌	亥	子	丑
鬼門	未	申	亥	戌	丑	寅	卯	子	巳	辰	酉	午

귀문관살(鬼門關殺)은 신경쇠약이나 정신이상 등이 따르는데, 일주(日柱)나 시주(時柱)에 있으면 작용이 더욱더 강하다. 만일 배우자가 이 살(殺)에 해당하면 배우자에게 변태적인 발작이 따른다.

22. 탕화살(湯火殺)

湯火殺	甲午	甲寅	乙丑	丙寅	丙午	丁丑	戊寅日
	戊午	庚午	庚寅	辛丑	壬午	壬寅	癸丑日

탕화살(湯火殺)은 불이나 끓는 물에 상해를 입는다는 살(殺)로, 몸에 흉터가 생긴다. 인일생(寅日生)이 사신(巳申)이 있거나, 오일생(午日生)이 진오축(辰午丑)이 있거나, 축일생(丑日生)이 오미술(午未戌)이 있거나, 무인일생(戊寅日生)이 인(寅)이 많거나, 무자일생(戊子日生)이 인사신(寅巳申)이 있으면 이루어진다.

23. 급각살(急脚殺)

月 支	寅卯辰月	巳午未月	申酉戌月	亥子丑月
急脚殺	亥子	卯未	寅戌	丑辰

급각살(急脚殺)이 있으면 적게는 신경통이나 관절염이 따르고, 크게는 다리 불구가 된다. 해당하는 육친(六親)도 화를 당한다.

24. 단교관살(斷橋關殺)

단교관살(斷橋關殺)은 넘어지거나 떨어져서 팔다리가 상하는 살(殺)이다. 이 살(殺)이 있는데 형살(刑殺)이 가중되면 신경통이나 소아마비가 따른다.

月支	寅	卯	辰	巳	午	未	申	酉	戌	亥	子	丑
斷橋	寅	卯	申	丑	戌	酉	辰	巳	午	未	亥	子

25. 정록성(正祿星)

日干	甲	乙	丙	丁	戊	己	庚	辛	壬	癸
正祿星	寅	卯	巳	午	巳	午	申	酉	亥	子

정록성(正祿星)은 길성(吉星)으로 일주(日柱)의 생왕지(生旺地)로 작록(爵祿)을 뜻한다. 특히 격국(格局)이 좋고 희신(喜神)과 서로 도우면 복록이 왕성하여 일생이 평안하다. 대개 일주(日柱)로 보는데 길신(吉神)이 녹(祿)에 해당하면 길하고, 기신(忌神)이 녹(祿)에 해당하면 흉하고, 충(沖)되면 더욱더 흉하다.

26. 천을귀인(天乙貴人)

日干	甲	乙	丙	丁	戊	己	庚	辛	壬	癸
天乙貴人	丑未	子申	亥酉	亥酉	丑未	子申	丑未	寅午	巳卯	巳卯

천을귀인(天乙貴人)은 길성(吉星)으로, 총명하며 지혜가 있어 발전이 따른다. 생왕(生旺)되면 높은 인격을 갖춘 사람이다. 갑일생(甲日生), 무일생(戊日生), 경일생(庚日生)이 지지(地支)에 축미(丑未)가 있으면 여기에 해당한다. 귀인(貴人)은 합(合)되면 더욱더 길하다.

27. 천덕(天德)·월덕귀인(月德貴人)

月支	寅	卯	辰	巳	午	未	申	酉	戌	亥	子	丑
天德	丁	申	壬	辛	亥	甲	癸	寅	丙	乙	巳	庚
月德	丙	甲	壬	庚	丙	甲	壬	庚	丙	甲	壬	庚

　천덕귀인(天德貴人)과 월덕귀인(月德貴人)은 길성(吉星)으로 작용이 같은데, 지위가 높고 질병이 적다. 천덕귀인(天德貴人)과 월덕귀인(月德貴人)이 함께 있으면 모든 흉살(凶殺)을 제거하며 자비심이 있다. 만일 천덕귀인(天德貴人)이 용신(用神)에 해당하면 더욱 길하다. 예를 들어 인월생(寅月生)이 정(丁)이 있거나, 묘월생(卯月生)이 신(申)이 있으면 천덕귀인(天德貴人)에 해당한다.

28. 학당귀인(學堂貴人)

日干	甲	乙	丙	丁	戊	己	庚	辛	壬	癸
學堂貴人	亥	午	寅	酉	寅	酉	巳	子	申	卯

　학당귀인(學堂貴人)은 길성(吉星)으로 문장이 높다. 갑을일생(甲乙日生)이 해월(亥月)이나 해시(亥時)에 태어나면 여기에 해당한다.

29. 문창귀인(文昌貴人)

문창귀인(文昌貴人)은 길성(吉星)으로 총명하다.

日干	甲	乙	丙	丁	戊	己	庚	辛	壬	癸
文昌貴人	巳	午	申	酉	申	酉	亥	子	寅	卯

30. 공망(空亡)

甲子旬中 戌亥空亡	甲戌旬中 申酉空亡	甲申旬中 午未空亡	甲午旬中 辰巳空亡	甲辰旬中 寅卯空亡	甲寅旬中 子丑空亡

공망(空亡)은 일주(日柱)를 위주로 생년(生年), 생월(生月), 생시(生時)를 본다. 일주(日柱) 공망(空亡)은 생년(生年)을 기준으로 본다. 시주(時柱)가 공망(空亡)되면 아내와 자식이 해롭고, 일주(日柱)가 공망(空亡)되면 아내가 해롭고, 월주(月柱)가 공망(空亡)되면 부모 형제가 해롭고, 년주(年柱)가 공망(空亡)되면 조상이 해롭다. 그러나 사주 전체가 공망(空亡)되면 오히려 귀격(貴格)을 이룬다.

공망(空亡)이 삼기(三奇), 장생(長生), 귀인(貴人), 화개(華蓋) 등과 함께 있으면 매우 총명하다. 공망(空亡)이 생왕(生旺)을 대동하면 도량이 넓어 의외로 명리(名利)를 얻지만, 사절지(死絶地)에 있으면 성패가 많으며 정처없이 떠돌아 다닌다.

흉살(凶殺)이 공망(空亡)되면 길하나, 길성(吉星)이 공망(空亡)되면 흉하다. 신왕(身旺) 사주가 공망(空亡)되면 도량은 넓으나 허명(虛名)에 불과하다.

금(金)이 공망(空亡)되면 울리고, 수(水)가 공망(空亡)되면 흐르고, 화(火)가 공망(空亡)이면 광채가 있고, 토(土)가 공망(空亡)되면 붕괴되고, 목(木)이 공망(空亡)되면 꺾어진다.

건록(建祿)이 공망(空亡)되면 실속이 없고, 재성(財星)이 공망(空亡)되면 재물에 대한 욕심이 없고, 관성(官星)이 공망(空亡)되면 명예가 없고, 인수(印綬)가 공망(空亡)되면 자립심이 강하고, 식신(食神)이 공망(空亡)되면 소극적인 사람이 된다.

공망(空亡)이 육합(六合)되거나, 삼합(三合)되거나, 충(沖)되거나, 사주에 공망(空亡)이 있는데 대운(大運)에서 또 공망(空亡)을 만나면 공망(空亡) 작용을 하지 않는다.

6장. 천간(天干)과 지지(地支)

1. 천간(天干)의 상(象)

1. 갑(甲)

질(質)은 굳세고, 성(性)은 곧고, 색(色)은 청(青)이고, 맛은 시고, 소리는 탁하고, 체(體)는 모나며 길고, 용(用)은 싹이 터 움직이는 것이다. 때를 얻으면 동량(棟樑)이 되나, 때를 잃으면 무용지물이 된다. 극(尅)이 지나치면 썩어 쓰임새가 없고, 생왕(生旺)이 지나치면 물에 떠 흘러가니 의지할 곳이 없고, 성(性)이 지나치면 스스로 짐을 지게 되므로 분주하다.

2. 을(乙)

질(質)은 윤택하고, 성(性)은 부드럽고, 색(色)은 푸르고, 맛은 시며 달고, 소리는 아름답고, 체(體)는 연약하며 부드럽고, 용(用)은 갑 (甲)과 같이 싹이 터 움직이는 것이다. 때를 얻으면 번영하나, 때를 잃으면 마르거나 썩는다. 성(性)이 거짓되고 휘어지니 세상의 정에 의지할 수밖에 없다.

3. 병(丙)

질(質)은 청렴하고, 성(性)은 열정적이고, 색(色)은 자적(紫赤)이 고, 맛은 쓰며 맵고, 소리는 웅장하고, 체(體)는 과단하면서도 은밀하 고, 용(用)은 억누르거나 떨치게 하는 것이다. 때를 얻으면 휘황찬란 하나, 때를 잃으면 재와 같이 메마른다. 성(性)이 강하며 고집이 대단 하여 나서기를 좋아하나, 큰 나무가 있으면 발전하기 어렵다.

4. 정(丁)

질(質)은 예쁘고, 성(性)은 순하고, 색(色)은 담홍이고, 맛은 상쾌하 고, 소리는 밝으며 맑고, 체(體)는 수려하고, 용(用)은 편리하며 민첩 하다. 때를 얻으면 충분히 발전하나, 때를 잃으면 궁핍하며 근심으로 신음한다. 틈을 주면 친하게 다가오지만, 날카로우면 끌어당기기 어 렵다. 부드럽게 아첨하는 성질이 있으니 잘 살펴야 한다.

5. 무(戊)

질(質)은 조열(燥烈)하고, 성(性)은 구차하지 않고, 맛은 달며 맵고, 소리는 강하며 웅장하고, 체(體)는 떫으며 깊고, 용(用)은 둔하며 거친 것이다. 때를 얻으면 영웅호걸이 되나, 때를 잃으면 유약하며 어리석다. 성(性)이 집요하니 강제적으로 대하면 안 된다.

6. 기(己)

질(質)은 두터우며 넓고, 성(性)은 평탄하며 바르고, 맛은 달며 맵고, 소리는 은은하고, 체(體)는 잠기어 고요하고, 용(用)은 순하며 부드러운 것이다. 때를 얻으면 도용품(陶鎔品)이 되고, 때를 잃어도 견고하며 곧다. 성(性)이 너그럽고 넓으니 막히거나 엉기지 않는다.

7. 경(庚)

질(質)은 강경하고, 성(性)은 급하며 예리하고, 맛은 매우 맵고, 소리는 웅장하면서도 날카롭고, 체(體)는 굳세며 바르고, 용(用)은 사나워 어그러지는 것이다. 때를 얻으면 강인하나, 때를 잃으면 위엄이 없다. 성(性)이 강하면 남에게 굴복하지 않고, 약하면 부드럽게 벼하는 성질이 있으니 강제적으로 대하면 안 된다.

8. 신(辛)

 질(質)은 예리하고, 성(性)은 부드러우면서도 강하고, 맛은 매우 쓰고, 소리는 옥구슬과 같고, 체(體)는 잠기어 고요하니 주머니 속에 송곳이 있는 것과 같고, 용(用)은 굳세니 옥돌에서 옥이 나오는 것과 같다. 때를 얻으면 큰 술잔이 되나, 때를 잃으면 질그릇에 불과하다. 반드시 추풍(秋風)을 기다려야 발전이 있다.

9. 임(壬)

 질(質)은 윤택하고, 성(性)은 음란하고, 맛은 짜고, 소리는 넓으면서 크고, 체(體)는 원활하고, 용(用)은 유통하는 것이다. 때를 얻으면 만물을 이롭게 하나, 때를 잃으면 만물을 병들게 한다. 성(性)이 매우 부드러우나 위태롭기 때문에 근심은 함께 할 수 있어도 즐거움은 함께 하기 어렵다.

10. 계(癸)

 질(質)은 무겁고, 성(性)은 어둡고, 맛은 탁하고, 소리는 밝고, 체(體)는 잠기어 후하니 깊은 정이 있고, 용(用)은 얕아 포용력이 없다. 때를 얻으면 용(龍)을 따라 변하고, 때를 잃으면 꼬리를 흔들어대니 가엾다. 성(性)은 곧으나 어리석으니 간사함을 잘 살펴야 한다.

2. 지지(地支)의 상(象)

1. 자(子)

물, 강, 연못, 우물, 개천, 부인, 도둑, 쥐, 제비, 달팽이 등에 해당한다. 길신(吉神)에 해당하면 총명하나, 흉신(凶神)이면 음탕하다.

2. 축(丑)

흙, 뽕나무 동산, 교량, 궁전, 분묘, 촌장, 귀인, 소, 노새 등에 해당한다. 길신(吉神)에 해당하면 경사나 승진이 따른다. 그러나 흉신(凶神)에 해당하면 저주, 원망, 미움, 송사, 수옥, 이별, 원행(遠行), 질병 등이 따른다.

3. 인(寅)

나무, 신상(神像), 산림, 교량, 공문(公門), 승상(丞相), 남편, 사위, 도인, 귀인, 인마(人馬), 공리(公吏), 가장(家長), 손님, 호랑이, 표범, 고양이 등에 해당한다 길신(吉神)에 해당하면 문서와 재물이 따른다. 그러나 흉신(凶神)에 해당하면 구설, 재물손실, 질병, 관재, 시비 등이 따른다.

4. 묘(卯)

나무, 문패, 도로, 아내, 형제, 고모, 도둑, 선박, 수레 등에 해당한다. 길신(吉神)에 해당하면 문호(門戶)를 이루나, 흉신(凶神)에 해당하면 관재구설이나 분리 등이 따른다.

5. 진(辰)

흙, 산등성이, 보리밭, 토축, 분묘, 전원, 승려, 염탐꾼, 백정 등에 해당한다. 길신(吉神)에 해당하면 의약사로 나가나, 흉신(凶神)에 해당하면 백정으로 나가며 다툼이 많다.

6. 사(巳)

불, 용광로, 여자, 거지 등에 해당한다. 길신(吉神)에 해당하면 문서가 따르나, 흉신(凶神)에 해당하면 질병이 따른다.

7. 오(午)

불, 관청, 마루, 채식(菜食), 궁녀, 심부름꾼, 곧은 어른, 누에 치는 사람 등에 해당한다. 길신(吉神)에 해당하면 문장에 능하나, 흉신(凶神)에 해당하면 놀람, 의심, 구설 등이 따른다.

8. 미(未)

흙, 큰 정원, 담장, 우물, 분묘, 찻집, 부모, 과부, 무당, 도인(道人), 양, 매 등에 해당한다. 길신(吉神)에 해당하면 술과 음식, 연회, 경사 등이 따른다. 그러나 흉신(凶神)에 해당하면 관재, 음독, 질병, 싸움 등이 따른다.

9. 신(申)

금, 선당(仙堂), 신당(神堂), 도로, 방아, 맷돌, 성(城)과 집, 사당, 종묘, 호수, 연못, 공인(公人), 귀객(貴客), 행인, 군인, 흉한 사람, 원숭이, 사자 등에 해당한다. 길신(吉神)에 해당하면 분주하고, 흉신(凶神)에 해당하면 구설, 도로, 재물손실, 질병 등이 따른다.

10. 유(酉)

금, 비석, 도로, 탑, 외가 친척, 첩, 부녀자, 음귀인(陰貴人), 술을 파는 사람, 닭, 할미새, 꿩 등에 해당한다. 길신(吉神)에 해당하면 청정하나, 흉신(凶神)에 해당하면 재물손실, 질병, 이별 등이 따른다.

11. 술(戌)

흙, 감옥, 분묘, 착한 사람, 고독한 사람, 형무관 등에 해당한다. 길신(吉神)에 해당하면 승도팔자가 되고, 흉신(凶神)에 해당하면 허사,

부실, 도주, 경쟁, 수옥 등의 재앙이 따른다.

12. 해(亥)

물, 감옥, 갱, 사원, 도둑, 어린아이, 거지, 죄인 등에 해당한다. 길신(吉神)에 해당하면 혼인이 성사되나, 흉신(凶神)에 해당하면 쟁투나 이별이 따른다.

3. 천간(天干)의 의미

1. 갑(甲)

■ 천문기상 : 화성(火星), 천둥, 아침에 부는 부드러운 바람, 샛별, 온난함 등.
■ 지리건축 : 삼림(森林), 대로(大路), 교량, 기둥, 시장, 큰 집, 풍수상(風水上)의 좌룡사(左龍砂) 등.
■ 인　　물 : 원수(元首), 통수(統帥), 가장(家長), 주장(主將), 형장(兄長), 의사, 법관, 높은 사람, 군자 등.
■ 성　　격 : 강건, 정직, 적극, 원활하지 못하고 큰 공을 세우기 좋아함.
■ 질　　병 : 담, 머리, 다리, 머리카락, 목소리, 뇌신경, 경련, 마비, 조급함, 구토 등.

■ 직   업 : 창시자, 정치, 총무, 농림업, 목재업, 건축업, 감독 등.
■ 식   물 : 소나무, 잣나무, 삼나무, 야자나무, 대나무, 산수유, 갈
          대, 목초 등.
■ 동   물 : 학, 꾀꼬리, 공작, 사자, 호랑이, 표범, 사슴, 도마뱀,
          구렁이, 기린 등.
■ 기   물 : 통소 · 피리, 북, 비파, 거문고, 안마봉, 곤봉, 농기구, 공
          기구, 직조기, 교통 등.
■ 기   타 : 청록색, 3수, 종자, 전기학, 호박(琥珀) 등.

2. 을(乙)

■ 천문기상 : 부드러운 바람, 산의 기운, 명왕성(冥王星) 등.
■ 지리건축 : 공원, 초원, 계곡, 관광지, 과수원, 화원, 기둥, 출입구,
          창문, 풍수상(風水上)의 좌룡사(左龍砂) 등.
■ 인   물 : 고위관료, 현명한 사람, 문장이 뛰어난 사람, 승려, 주
          부, 자매, 아내, 부서의 장, 약사 등.
■ 성   격 : 질기나 부드러움, 은근함, 능히 펴고 능히 굽힘, 평화,
          정에 의지함.
■ 질   병 : 간장, 눈물샘, 머리카락, 손가락, 넓적다리, 후각, 영혼,
          목, 신경계통, 과민증, 가려움증 등.
■ 직   업 : 원예, 수공업, 중개업, 혼인, 교역, 감화교육, 인쇄, 출
          판 등.
■ 식   물 : 난초, 영지버섯, 차, 버들강아지, 등나무, 끈, 부평초,
          기생식물, 향기가 있는 식물 등

■ 동　　물 : 원앙새, 비둘기, 황새, 고니, 닭, 나비, 나방, 누에, 송
　　　　　　충이, 뱀, 사슴 등.

■ 기　　물 : 수공예품, 부채, 구기자, 등나무 제품, 가발, 향수, 방향
　　　　　　제, 문구, 향료, 주단, 비단 등.

■ 기　　타 : 벽록색, 황록색, 8수 등.

3. 병(丙)

■ 천문기상 : 목성(木星), 태양, 양광(陽光), 전광(電光), 열, 신월에
　　　　　　서 만월까지.

■ 지리건축 : 성문(城門), 향화사당(香火祠堂), 궁실, 풍경, 유흥지,
　　　　　　극장, 메마른 땅, 풍수상(風水上)의 조안(朝案) 등.

■ 인　　물 : 시인, 전도사, 검찰관, 원고, 감정사, 미용사, 안과의사
　　　　　　등.

■ 성　　격 : 외강내유, 공정, 청렴, 결백, 맹렬, 허영, 관용.

■ 질　　병 : 소장, 눈동자, 어깨, 혈압, 염증, 발열, 출혈, 유산 등.

■ 직　　업 : 문서, 송사, 구설시비, 예품업, 미용업, 오락업, 항공업
　　　　　　등.

■ 식　　물 : 당귀, 천궁(川芎), 계관화, 단풍나무, 연꽃 등.

■ 동　　물 : 주작, 공작, 꿩, 까치, 앵무새, 거북이, 달팽이, 게, 소
　　　　　　라, 청개구리, 새우, 조개 등.

■ 기　　물 : 예복, 등불, 촛불, 광학의품, 화장품, 사진기, 발전 등.

■ 기　　타 : 홍색, 자색, 7수 등.

4. 정(丁)

- ■ 천문기상 : 금성(金星), 별, 달빛 등.
- ■ 지리건축 : 뒷문, 마굿간, 풍수상(風水上)의 조안(朝案) 등.
- ■ 인　　물 : 여자 친구, 화가, 연예인, 연설가, 성숙한 부인, 첩, 과부, 역사학자 등.
- ■ 성　　격 : 충성심, 유순함, 내열외한, 불복종, 반역, 고집.
- ■ 질　　병 : 심장, 유방, 안구, 맹장, 혈구, 의식, 맥박, 부스럼 등.
- ■ 직　　업 : 꽃길, 미용화장, 포장업 등.
- ■ 식　　물 : 마, 작약, 장미, 국화, 빨간콩, 연꽃 등.
- ■ 동　　물 : 반딧불, 매미, 지렁이, 벌, 파리, 모기, 이, 벼룩, 독사, 사마귀, 도마뱀 등.
- ■ 기　　물 : 전자로, 연료, 장난감, 못 등.
- ■ 기　　타 : 담홍색, 2수 등.

5. 무(戊)

- ■ 천문기상 : 토성(土星), 노을, 안개 등.
- ■ 지리건축 : 고개, 제방, 보리밭, 가을이 노밭, 사서장(砂石場), 배화전, 창고, 주차장, 풍수상(風水上)의 결혈(結穴) 등.
- ■ 인　　물 : 장관, 귀인, 교도관, 목동, 추녀 등.
- ■ 성　　격 : 의심, 고집, 견고, 보수, 고립, 지조, 전개, 때를 얻으면 영웅호걸과 같이 과감하나, 때를 잃으면 나약하며 어리석다.

- ■ 질　　병 : 위장, 소화기관, 치아, 코, 복부, 관절, 피부 등.
- ■ 직　　업 : 보험, 신탁, 국방, 부동산 등.
- ■ 식　　물 : 박, 표주박, 오이, 참외, 씨없는 과일, 쌀, 마늘, 파, 기장 등.
- ■ 동　　물 : 노새, 나귀, 낙타, 개, 곰, 승냥이, 두더쥐 등.
- ■ 기　　물 : 포장지, 우산, 도자기, 가죽, 털옷, 비린내 나는 고기, 국수 등.
- ■ 기　　타 : 황색, 5수 등.

6. 기(己)

- ■ 천문기상 : 달, 구름, 산에서 일어나는 안개와 같은 기운, 습기, 저기압 등.
- ■ 지리건축 : 전원, 묘지, 침실, 우물, 평원, 풍수상(風水上)의 결혈(結穴) 등.
- ■ 인　　물 : 아내, 주부, 임산부, 농부, 타자원, 비서 등.
- ■ 성　　격 : 너그럽고 후함, 담백, 함축, 유순, 욕심, 인색.
- ■ 질　　병 : 비장, 피부, 식도, 복부, 결석, 눈꺼풀, 자폐증, 산액, 영양실조, 종기, 부스럼 등.
- ■ 직　　업 : 군수물자, 도시계획, 산부인과, 발효공업, 식량물자 등.
- ■ 식　　물 : 벼, 목화, 마, 산약초, 감초, 사탕수수, 콩, 가을의 농작물 등.
- ■ 동　　물 : 소, 고양이, 삵괭이, 노새, 나귀, 꿀벌, 거미, 개미, 까마귀, 오리 등.

■ 기　　물 : 문구류, 내의, 모포, 위생지, 조미료, 양말, 신발 등.
■ 기　　타 : 황색, 10수 등.

7. 경(庚)

■ 천문기상 : 수성(水星), 달의 인력, 가을과 겨울의 서리, 봄과 여름의 비 등.
■ 지리건축 : 조수(潮水), 고속철로, 풍수상(風水上)의 우호사(右虎砂), 호수, 연못, 성각의 지붕, 신당(神堂) 등.
■ 인　　물 : 군인, 할아버지, 검찰관, 외과의사, 소삭가, 무술가, 형을 집행하는 사람, 피고 등.
■ 성　　격 : 강건, 용감, 거칠고 횡폭함.
■ 질　　병 : 대장, 배꼽, 골격, 월경, 갑상선, 땀구멍, 갱년기, 조직경화, 골절 등.
■ 직　　업 : 질병사상(疾病死喪), 교통사고, 군사업무, 철도업, 강철업, 광업, 벌목업 등.
■ 식　　물 : 국화, 생강, 마늘, 피마자, 부추, 파, 양배추, 배추, 미나리 등.
■ 동　　물 : 호랑이, 표범, 사자, 상어, 원숭이, 메뚜기, 흰개미 등.
■ 기　　물 : 칼과 검, 종, 도끼, 기차, 운동기구 등.
■ 기　　타 : 백색, 9수 등.

8. 신(辛)

- **천문기상** : 가을의 서리, 우박 등.
- **지리건축** : 철물점, 신단(神壇), 풍수상(風水上)의 우호사(右虎砂), 염전, 창문, 방앗간, 기생집 등.
- **인　물** : 의원, 법관, 법률가, 여자 경찰, 범죄, 유격대, 소녀, 창녀, 기생 등.
- **성　격** : 냉혹, 결단, 외유내강 등.
- **질　병** : 폐, 치아, 목구멍, 다리뼈, 가슴, 신진대사기관 등.
- **직　업** : 혁신, 개발, 중개업, 수술도구, 바느질도구 등.
- **식　물** : 보리, 마, 은행, 수유, 겨자, 해바라기, 마늘, 부추, 상추 등.
- **동　물** : 사냥개, 지네, 조개, 백호, 코뿔소, 좀, 소쩍새 등.
- **기　물** : 진주, 보석, 구슬, 방울, 열쇠, 침, 상아, 종유석, 가죽제품, 석고 등.
- **기　타** : 백색, 4수 등.

9. 임(壬)

- **천문기상** : 월식, 은하수, 가을의 이슬, 폭우, 천왕성(天王星) 등.
- **지리건축** : 하천, 호수, 도랑, 폭포, 샘물, 작은 길, 지하철, 땅속의 길, 터널, 감옥, 풍수상(風水上)의 내룡(來龍) 등.
- **인　물** : 뱃사공, 기마병, 산모, 유모, 흰옷을 입은 사람, 도둑 등.

■ 성　　격 : 현실적, 원활, 총명, 음란, 유랑, 상쾌, 너그러움, 외유
내강.
■ 질　　병 : 방광, 수정관, 비뇨기관, 자궁, 임파선 계통, 유방, 혈
관, 종아리, 임신, 요통 등.
■ 직　　업 : 교통, 선박, 수리, 소방, 어로, 냉동업, 성행위 등.
■ 식　　물 : 대두, 흑두, 인삼, 뽕나무, 오디, 갈대, 상수리나무, 가
시가 있는 식물 등.
■ 동　　물 : 제비, 쥐, 박쥐, 여우, 삵괭이, 바다코끼리, 하마, 수달,
자라 등.
■ 기　　물 : 얼음상자, 냉동기, 선박, 수도관, 윤활유, 석유, 석회,
우유제품, 음료, 패물 등.
■ 기　　타 : 흑색, 1수 등.

10. 계(癸)

■ 천문기상 : 일식, 봄비, 봄이슬, 눈, 얼음, 해왕성(海旺星) 등.
■ 지리건축 : 바다, 섬, 침수된 곳, 우물, 목욕탕, 지하실, 창고, 감
옥, 뒷문, 뒷길, 풍수상(風水上)의 내룡(來龍) 등.
■ 인　　물 : 박사, 은사, 심리학자, 측량기사, 자수인, 가첩, 어미,
어린아이, 거지 등.
■ 성　　격 : 다정, 민감, 침묵, 매우 약하나 잠재력은 풍부함.
■ 질　　병 : 신장, 생식기관, 내분비계통, 귀, 대뇌, 골수, 다리, 타
액, 평형계통, 기어려 등.
■ 직　　업 : 참모, 설계, 계획, 측량, 음모, 도망, 혼인 등.

■ 식   물 : 수선화, 차꽃, 연꽃, 물 속의 식물 등.
■ 동   물 : 북극곰, 거위, 갈매기, 수달, 담비, 멧돼지, 굴, 조개,
            올챙이 등.
■ 기 물 : 그물, 여과기, 정수기, 장막, 우산, 필묵, 청량음료 등.
■ 기 타 : 담색, 6수, 귀신, 암호 등.

1. 천간(天干)의 배상(配像)

1. 갑(甲)

갑목(甲木)은 양(陽)에 속한다. 사시(四時)를 주재하며 만물을 생육한다. 하늘에서는 우뢰이며 용이고, 땅에서는 동량(棟樑)이니 양목(陽木) 으로 강한 나무다. 사수(死水)에 묻히면 천년 동안 썩지 않고, 생수(生水)가 되어 나와 우로(雨露)를 만나면 빛난다. 도끼를 만나면 기물을 이루고, 불을 얻으면 문명을 이룬다. 그러나 금(金)이 많으면 썩고, 화(火)를 많이 만나면 재로 변한다.

춘목(春木)은 왕(旺)한 기후로 우뢰가 처음으로 소리를 내고, 추월(秋月)은 목(木)의 기(氣)가 시들어 우뢰도 소리를 거둔다. 하월(夏月)의 목(木)은 바람을 일으켜 시원하게 하니 영화롭고, 동월(冬月)의 목(木)은 비록 메마르나 태양빛이 없으면 흉하다.

2. 을(乙)

  을목(乙木)은 음(陰)에 속한다. 음목(陰木) 또는 활목(活木)이라 하며 약한 나무다. 하늘에서는 바람이고, 숲에서는 청목(青木)이고, 전원(田園)에서는 도리(桃李)와 같다. 윤택한 토(土)로 뿌리를 배양(培養)해주며 활수(活水)로 도와야 이롭다. 그러나 수(水)가 지나치게 많거나 금(金)으로 자르면 생장하는 것을 막는 것이니 흉하다. 춘월(春月)에는 싹이 트고, 하월(夏月)에는 잎이 번성하고, 추월(秋月)에는 금왕(金旺)하니 종(從)하면 길하다. 동월(冬月)에는 잎이 떨어지니 뿌리가 견고하면 충분히 회복할 수 있다.

3. 병(丙)

  병화(丙火)는 양(陽)에 속한다. 하늘에서는 태양이며 우뢰이고, 땅에서는 용광로이니 양화(陽火)라고 하며 강한 불이다. 태양은 아침에 나와 저녁에 들어가니, 양화(陽火)는 인(寅)에서 생(生)하여 유(酉)에서 죽는다. 건목(乾木)은 불꽃이 발생하면 길하고, 숲은 빛이 가리워지면 흉하다. 금(金)이 왕성하면 어두워지고, 토(土)가 많으면 뜨거운 빛이 멸한다. 춘월(春月)에는 만물을 화창하게 하여 길하고, 하월(夏月)에는 조열(燥烈)하여 물이 증발할 근심이 있고, 추월(秋月)에는 돌아오며 거두어들이는 쓰임이 있고, 동월(冬月)에는 음습한 구름이 기(氣)를 어둡게 하면 흉하다.

4. 정(丁)

　정화(丁火)는 음(陰)에 속한다. 만물의 정수이니 문명의 기(氣)가
있는 상(象)이다. 하늘에 있으면 열성(列星)이고, 땅에 있으면 등촉
의 불이니 음화(陰火)라 하며 약한 불이다. 밤에는 밝으나 태양이 나
오면 멸하여 술해시(戌亥時)를 좋아한다. 술해(戌亥)는 천문(天門)
으로 별이 북극성을 이루는 상(象)이다. 때를 얻으면 단단한 쇠도 충
분히 단련하나, 때를 잃으면 적은 쇠도 녹이기 어렵다. 춘목(春木)은
등잔불에 기름을 붓는 것과 같고, 하화(夏火)는 용광로에 숯을 더 넣
는 것과 같다. 추월(秋月)에는 기(氣)가 맑으니 별빛이 찬란하고, 동
월(冬月)에는 추우니 화(火)가 땅 속에 들어가 잠긴다.

5. 무(戊)

　무토(戊土)는 양(陽)에 속한다. 만물을 후하게 실으니 사방에 산재
해 있다. 하늘에서는 안개와 노을이고, 땅에서는 산이나 육지이니 양
토(陽土)라 하며 강한 흙이다. 태양이 비치면 노을이 나타나고, 사계
절에 제방을 이루면 기뻐하고, 수(水)가 서로 비추어 주면 기뻐하고,
화(火)가 지나치게 뜨거우면 꺼리고, 금(金)이 많으면 모체가 설(洩)
되어 약해지고, 목(木)이 왕성하면 본질이 붕괴된다. 천간(天干)에
계수(癸水)가 투출(透出)하면 비가 온 후에 노을이 빛나는 상(象)이
되어 가장 길하다. 그리고 계절이 시작되는 때를 기뻐하는 것은, 뿌
리가 깊고 넉넉하면 강이나 하천에 물이 모이기 때문이다.

6. 기(己)

기토(己土)는 음(陰)에 속한다. 만물을 자생(滋生)하니 사시(四時)에 모두 기생하여 왕성하다. 하늘에서는 구름이고, 땅에서는 전답이니 음토(陰土)라 하며 부드러운 흙이다. 천지(天地)에 화사로움이 충만하여 우주를 모두 헤아린다. 갑목(甲木)과 상합(相合)하면 구름과 우뢰가 모여 비를 내리고, 유(酉)에 앉으면 연못에 임하는 것이니 산천의 증기가 구름을 만든다. 실령(失令)하면 천박하여 자애롭지 못하고, 득시(得時)하면 곡식을 배양(培養)하는 공을 이룬다.

7. 경(庚)

경금(庚金)은 양(陽)에 속한다. 천지숙살권(天地肅殺權)을 잡고 있고, 인간에서는 병혁(兵革)의 변(變)이다. 하늘에서는 달이고, 땅에서는 쇠이니 양금(陽金)이라 하며 강한 철이다. 용광로에서 단련되는 것을 기뻐하고, 수토(水土)에 가라앉거나 묻히는 것을 꺼린다. 만일 을사(乙巳)의 풍문(風門)을 만나면 월백풍청(月白風淸)이라 하고, 임자(壬子)의 왕수(旺水)를 만나면 파도가 출렁이며 달이 활시위와 같은 격이 된다. 춘월(春月)에는 목(木)이 무성하면 금(金)이 이지러지고, 하월(夏月)에는 화(火)가 뜨거운데 또 화(火)를 만나면 괴멸되고, 추월(秋月)에는 기(氣)가 맑으니 화토(火土)가 없으면 더욱더 광채기 나고, 동월(冬月)에는 수(水)가 범람하면 침몰되어 무용지물이 된다.

8. 신(辛)

　신금(辛金)은 음(陰)에 속한다. 산에서 나오면 주옥을 이루고, 물에서는 검봉(劍鋒)을 이룬다. 하늘에서는 서리이고, 땅에서는 금이니 음금(陰金)이라 하며 부드러운 금이다. 중추(仲秋)에는 숙살(肅殺)하여 만물을 죽게 만들고, 백로(白露)에는 서리가 엉겨 나뭇잎을 상하게 만든다. 갑옷에서 나오면 예리한 칼을 이루니 위권(威權)을 널리 떨친다. 병화(丙火)를 만나면 화(化)하여 태양이 서리를 비추는 것과 같아, 반드시 녹여 수(水)가 된다. 따라서 동월생(冬月生)이 신해(辛亥)가 있는데 병화(丙火)가 투출(透出)하면 귀격(貴格)을 이룬다. 을목(乙木)을 만나면 예리해져 칼로 나무를 자르는 것과 같으니 더욱더 그 예리함이 나타난다. 따라서 동월생(冬月生)은 신묘(辛卯)와 신미(辛未)가 있는데 을목(乙木)이 투출(透出)하면 부격(富格)을 이룬다.

9. 임(壬)

　임수(壬水)는 양(陽)에 속한다. 호탕하고 왕양(汪洋)하여 백 가지 하천이 모두 근본으로 돌아간다. 하늘에서는 우로(雨露)이고, 땅에서는 강호(江湖)이니 양수(陽水) 또는 사수(死水)라 하며 강한 물이다. 토(土)를 만나 제방을 쌓으면 강하(江河)를 이루나, 토(土)가 수(水)의 흐름을 막지 못하면 반드시 흩어진다. 봄의 이슬은 초목을 스스로 자라게 하나, 가을의 이슬은 만물을 꺾어 상하게 만든다. 정화(丁火)를 만나면 은하수가 나타나는 격이니, 남방운(南方運)으로 흐르면 화애로워져 유용하다.

10. 계(癸)

계수(癸水)는 음(陰)에 속한다. 사방에 흩어져 만물을 자생(滋生)한다. 하늘에서는 비이고, 땅에서는 샘이니 음수(陰水) 또는 활수(活水)라 하며 약한 물이다. 토(土)를 만나면 탁해지나, 토(土)에서 나오면 깨끗하다. 춘하월(春夏月)에 태어나면 단비가 되어 영화롭고, 추동월(秋冬月)에 태어나면 장마비를 이루어 진흙탕이 된다. 묘진(卯辰)의 우뢰와 용궁을 기뻐하는 것은 구름을 만들어 비를 내려주기 때문이고, 기사(己巳)의 화토(火土)가 왕(旺)한 것을 두려워 하는 것은 구름이 나타나기 때문이다.

4. 지지(地支)의 배상(配象)

1. 자(子)

자(子)는 감(坎)이며 수(水)이고, 방위는 정북(正北)이다. 월건(月建)은 자월(子月)로 반드시 대설(大雪) 후에는 왕(旺)하고, 신진(申辰)과 회합(會合)하면 강해(江海)를 이루어 파도를 발생시킨다. 한밤 중에 있으면 전반은 음(陰)이고, 후반은 양(陽)이니 음양(陰陽)이 교차하는 중심이 된다. 수(水)는 밤이니 흑색이며 묵지(墨池)의 상(象)

이다.

2. 축(丑)

축(丑)은 이양(二陽)이며 음토(陰土)로 금수(金水)가 들어 있다. 방위는 북방(北方)에서 동방(東方)으로 이동한다. 월건(月建)은 축월(丑月)로, 소한(小寒) 후에는 반드시 토(土)가 응결되고, 축(丑)이 융동(隆冬)에 있으나 토(土)가 따뜻해져 만물이 소생한다. 토(土)가 수(水)를 막으니 유안(柳岸)의 상(象)이다.

3. 인(寅)

인(寅)은 간(艮)이며 산이고, 방위는 동방(東方)에서 북방(北方)을 차지한다. 월건(月建)은 인월(寅月)로, 입춘(立春) 후에는 반드시 삼양(三陽)이 모인다. 목토(木土)의 장생지(長生地)가 되니 광곡(廣谷)의 상(象)이다.

4. 묘(卯)

묘(卯)는 진(震)이며 목(木)이고, 방위로는 정동(正東)이다. 월건(月建)은 묘월(卯月)로, 경칩(驚蟄) 후에는 반드시 왕성하며 강해진다. 해미(亥未)와 회합(會合)하면 숲을 이루어 옥과 같이 푸르니 경림(瓊林)의 상(象)이다.

5. 진(辰)

진(辰)은 용궁(龍宮)이며 습한 토(土)로 을계(乙癸)가 들어 있다. 방위는 동방(東方)에서 남방(南方)을 차지한다. 월건(月建)은 진월(辰月)로, 청명(淸明) 후에는 반드시 만물이 성장한다. 수목(水木)을 모으니 초택(草澤)의 상(象)이다.

6. 사(巳)

사(巳)는 손(巽)이며 바람이고, 육양(六陽)의 극(極)이다. 방위는 남방(南方)에서 동방(東方)을 차지한다. 월건(月建)은 사월(巳月)로, 입하(立夏) 후에는 반드시 화(火)가 빛을 더한다. 화토(火土)가 모두 모이니 사람의 훈기가 모이는 것과 같아 대역(大驛)의 상(象)이다.

7. 오(午)

오(午)는 리(離)이며 화(火)이고, 방위는 정남(正南)이다. 월건(月建)은 오월(午月)로, 반드시 망종(芒種) 후에는 뜨거운 기(氣)가 있다. 인술(寅戌)과 회합(會合)하면 화염(火炎)이 격렬하여 빛을 더욱 증가시킨다. 시(時)가 오(午)에 앉아 있으면 전반은 육양(六陽)이 양(陽)이고, 후반은 육음(六陰)이 처음으로 음(陰)에 속한다. 그러므로 오(午)가 음양(陰陽)이 서로 교차하는 중심이 된다. 하루 중의 시후(時候)는 적황색으로 융마병화(戎馬兵火)에 처해 있으니 봉후(烽堠)의 상(象)이다.

8. 미(未)

 미(未)는 하월(夏月)이며 난토(暖土)로 목화(木火)가 들어 있다. 방위는 남방(南方)에서 서방(西方)을 차지한다. 월건(月建)은 미월(未月)로, 소서(小暑) 후에는 반드시 토(土)가 따뜻해진다. 난토(暖土)가 목(木)을 배양(培養)하니 숲을 이루어 화원(花園)의 상(象)이다.

9. 신(申)

 신(申)은 곤(坤)이며 땅이고, 방위는 서방(西方)에서 남방(南方)을 차지한다. 월건(月建)은 신월(申月)로, 입추(立秋) 후에는 반드시 숙살(肅殺)의 기(氣)가 있다. 금수토(金水土)가 모두 모이니 정부를 설립하는 것과 같아 명도(名都)의 상(象)이다.

10. 유(酉)

 유(酉)는 태(兌)이며 연못이고, 방위는 정서(正西)에 해당한다. 월건(月建)은 유월(酉月)로, 백로(白露) 후에는 반드시 금(金)이 백색으로 변한다. 사축(巳丑)이 회합(會合)하면 견고하며 날카로워진다. 유(酉)는 술해(戌亥)에 가깝다. 술해(戌亥)는 천문(天門)이고, 서방(西方)에 있으니 범사(梵寺)의 경계에 있다. 사찰의 종을 두드리면 천문(天門)에 소리가 울리니 사종(寺鐘)의 상(象)이다.

11. 술(戌)

술(戌)은 건토(乾土)로 화금(火金)이 들어 있다. 방위로는 서방(西方)에서 북방(北方)을 차지한다. 월건(月建)은 술월(戌月)로, 한로(寒露) 후에는 반드시 토(土)가 메마르기 때문에 초목이 시든다. 농가에서 밭에 불을 지르는 것과 같으니, 소원(燒原)의 상으로 원야(原野)를 말한다.

12. 해(亥)

해(亥)는 건(乾)이며 하늘이고, 육음(六陰)의 극(極)이다. 방위는 북방(北方)에서 서방(西方)을 차지한다. 월건(月建)은 해월(亥月)로, 입동(立冬) 후에는 반드시 기(氣)가 화애로워져 해월(亥月)을 소춘(小春)이라고도 한다. 해(亥)는 천문(天門)에서 수(水)에 속하니, 현하(懸河)의 상(象)이다.

Ⅱ부. 오행총론

1장. 오행총론(五行總論)

명리학(命理學)를 연구하려면 우선 오행(五行)이 무엇인가를 알아야 한다. 오행(五行)이란 춘하추동(春夏秋冬)의 기후를 말한다. 하늘과 땅 사이에서 순환이 끊이지 않으므로 행(行)이라 하는 것이다. 선인(先人)이 재관식인(財官食印) 등의 팔신(八神)을 제강(提綱)으로 영(令)을 잡아 학문으로 제시하여 운명을 논한 것이 오행(五行)이다. 또 오행(五行)은 각각 맡은 일과 성질이 다르기 때문에 한마디로 설명한다는 것은 오행(五行)의 한 면만을 말하는 것과 같다. 따라서 이 책에서는 팔신(八神)은 논하지 않고 오행(五行)만을 다룬다. 선인(先人)들은 사시(四時)의 기후를 괘(卦)로 대신했다. 한대(漢代)에 이르러서야 비로소 오행(五行), 생극(生剋), 인비관귀(印比官鬼) 등의 명칭으로 괘기(卦氣)를 기후와 방위로 설명했다. 따라서 오행(五行)으로 논하는 것은 당연한 일일 것이다.

- 북방(北方)은 음(陰)이 극(極)에 다다라 한(寒)을 생(生)하고, 한(寒)은 수(水)를 생(生)한다.
- 남방(南方)은 양(陽)이 극(極)에 다다라 열(熱)을 생(生)하고, 열(熱)은 화(火)를 생(生)한다.
- 동방(東方)은 양(陽)이 흩어지며 설기(洩氣)되어 바람을 생(生)하고, 바람은 목(木)을 생(生)한다.
- 서방(西方)은 음(陰)이 그쳐 거두니 조(燥)를 생(生)하고, 조(燥)는 금(金)을 생(生)한다.
- 중앙은 음양(陰陽)이 교차하여 온(溫)을 생(生)하고, 온(溫)은 토(土)를 생(生)한다.

상생(相生)은 상유(相維)하는 것이고, 상극(相剋)은 상제(相制)하는 것인데 이것을 륜(倫)이라 한다. 오행(五行)으로 춘하추동(春夏秋冬)의 명칭을 대신하고 방위를 배합하는 것은 하늘의 이치이며 다음과 같다.

해자축북방(亥子丑北方)은 동월(冬月)이고, 사오미남방(巳午未南方)은 하월(夏月)이고, 인묘진동방(寅卯辰東方)은 춘월(春月)이고, 신유술서방(申酉戌西方)은 추월(秋月)이다.

동월(冬月)은 음한(陰寒)하니 수(水)라 하고, 하월(夏月)은 양열(陽熱)하니 화(火)라 하고, 춘월(春月)은 양화(陽和)가 산설(散洩)하니 목(木)이라 하고, 추월(秋月)은 한숙(寒肅)하여 수렴(收斂)하니 금(金)이라 하고, 토(土)는 방위가 없으나 중앙에 있으면서 사우(四隅)에 기생한다.

사우(四隅)는 간(艮 : 丑寅), 손(巽 : 辰巳), 곤(坤 : 未申), 건(乾 : 戌亥)을 말하며 계절이 교차하는 시기다. 춘하(春夏)가 교차할 때는 목기(木氣)가 아직 남아 있으나, 화기(火氣)가 이미 이르렀으니 잡기(雜氣)라 하여 토(土)에 속한다. 하월(夏月), 추월(秋月), 동월(冬月)도 이와 같이 논하면 된다.

일년 중 토(土)가 가장 왕성할 때는 오미월(午未月)이니 역시 중앙이라는 뜻이다. 순서대로 상생(相生)하면 상유(相維)라 하여 순환이 끊이지 않고, 멀리 떨어져서 상극(相剋)되면 상제(相制)라 한다. 따라서 극성(極盛)하면 쇠(衰)하고, 극(極)에 이르지 않으면 태평하다. 가는 것이 없으면 오는 것 또한 없는 것이 하늘의 이치다.

륜(倫)이란 상(常)을 말하는데 일정한 순서가 있다. 오행(五行)의 성격은 각각 다르며 다음과 같다. 수(水)는 지(智)요, 화(火)는 예(禮)요, 목(木)은 인(仁)이요, 금(金)은 의(義)요, 토(土)는 신(信)을 나타내기 때문에 중후하며 관대하다.

수(水)는 토(土)에 의지하여 흐르고, 목(木)은 토(土)에 의탁하여 자라고, 금(金)은 토(土)가 없으면 나타나지 못하고, 화(火)는 토(土)가 없으면 돌아갈 곳이 없다. 그러므로 실(實)함을 덜어야 통하고, 비어야 밝아지니 오행(五行)이 모두 토(土)에 의지한다.

오행(五行)의 성격으로 용도를 추측하면 다음과 같다. 수(水)는 움직이니 지(智)요, 화(火)는 빛이니 예(禮)요, 목(木)은 양화(陽和)이니 인(仁)이요, 금(金)은 엄숙하니 의(義)요, 토(土)는 웅장하며 후하니 신(信)이다.

인간은 오행(五行)의 기(氣)로 태어나, 그 오행(五行)에 따라 성격이 형성된다. 예를 들어 금수상관(金水傷官)은 총명하고, 화성(火星)은 염상(炎上)이니 동남(東南)에 있으면 과단성이 있으나, 서북(西北)에 있으면 단지 두려움 때문에 예의를 지키고, 목(木)이 곡직격(曲直格)을 이루면 인자하며 수명이 있다.

다시 말해, 토(土)는 방위가 없으나 사시(四時)에 모두 용도가 있다. 금수목화(金水木火)가 모두 토(土)에 의지하므로, 토(土)가 지나치게 후중(厚重)하면 영활하지 못하다. 그러므로 반드시 실함을 덜어 허함에 이르러야 유용해진다. 다시 말해, 토(土)는 금수목화(金水木火)에 의지해야 이루어진다는 뜻이다. 이처럼 오행(五行)의 특성을 파악하면 사람의 성격도 알 수 있다.

오행(五行)의 색을 보면 다음과 같다. 수(水)는 흑색이고, 화(火)는 적색이고, 목(木)은 청색이고, 금(金)은 백색이고, 토(土)는 황색이다. 생왕(生旺)되면 정기(正氣)가 완전하여 정색(正色)을 따르나, 사절(死絶)되면 모색(母色)을 따른다.

예를 들어 목(木)의 어머니는 수(水)이니 흑색이 된다. 오행(五行)이 사절(死絶)되면 기(氣)가 뿌리로 돌아가 모색(母色)을 보는 것은, 사람이 어려움을 겪을 때 어머니를 찾는 것과 같은 이치다.

만일 오행(五行)이 관대(冠帶)를 형성하면 처색(妻色)을 따른다. 이것은 장년기나 노년기에는 아내를 따르기 때문이다. 병패(病敗)되면 귀색(鬼色)을 따른다. 이것은 병지(病地)나 패지(敗地)는 귀(鬼)가 왕(旺)한 곳이고, 극(剋)되면 기(氣)가 귀(鬼)로 돌아가기 때문이다. 왕묘(旺墓)하면 자색(子色)을 따른다. 이것은 왕(旺)은 전(傳)이요, 묘(墓)는 수렴(收斂)이니 자(子)에 색이 있기 때문이다.

오행(五行)의 색은 생왕사절(生旺死絶) 십이궁(十二宮)을 따라 변한다. 생왕(生旺)은 장생(長生)과 임관(臨官)을 말하고, 형(形)은 목욕(沐浴)과 관대(冠帶)를 말하고, 왕묘(旺墓)는 제왕(帝旺)과 묘고(墓庫)를 말하고, 병패(病敗)는 병위(病位)와 쇠위(衰位)를 말하고, 사절(死絶)은 사위(死位)와 절위(絶位)로 태(胎)와 양(養)을 겸한다.

오행(五行)의 수리를 살펴보면 수(水)는 1, 화(火)는 2, 목(木)은 3, 금(金)은 4, 토(土)는 5인데 생왕(生旺)하면 배가되고 사절(死絶)되면 반감한다. 오행(五行)의 수리는 곧 하도(河圖)의 수리를 말하는 것이니, 생왕사절(生旺死絶)로 증감을 추측하면 된다.

만물이 음(陰)을 짊어지고 양(陽)을 포함하여 충기(沖氣)하면 화(和)하여 지나침과 모자람은 모두 어그러진다. 그러므로 높은 사람은 억제하여 평(平)을 삼고, 낮은 사람은 도움으로 숭배하며 모자람을 도와주고 지나침을 덜어주어 남거나 부족함이 없어야 중용이 된다. 이것은 곧 재관인식(財官印食), 귀인(貴人), 역마(驛馬)의 작은 뜻이다. 행운 역시 이와 같아 명리(命理)를 논할 때 과반을 차지한다.

음양(陰陽)이란 정부(正負)다. 만물이 모두 음양(陰陽)이 있고, 생장과 성(盛)함과 쇠로병사(衰老病死)가 있다. 기(氣)가 순환되어 생(生)에서 장(長)이 되니 양(陽)이며 정기(正氣)이고, 성(盛)에서 쇠로병사(衰老病死)가 되니 음(陰)이며 퇴기(退氣)다. 이처럼 명리(命理)는 손익이 아닌 것이 없다. 단지 중도에 돌아가 지나침과 부족함이 없게 할 뿐이다.

재관식인(財官食印)은 생극제화(生剋制化)의 대명사이고, 귀인(貴人)이나 역마(驛馬) 등의 신살(神殺) 역시 오행(五行)의 농정변화(動

靜變化)의 명칭이다. 원명(原命)이 중도에 합(合)되면 운(運)을 기다
리지 않아도 발전하고, 원명(原命)에 결함이 있으면 반드시 운(運)에
서 도와주어야 발전할 수 있다. 인간의 길흉이 모두 여기서 나오는
것이다. 자평(子平)의 이치 역시 여기서 벗어나지 않는다.

1. 목(木)

목(木)은 거침없이 위로 오르려는 성질이 있다. 목기(木氣)가 중
(重)하면 금(金)을 원하고, 금(金)을 얻으면 거두어 들이는 덕을 갖
춘다. 뿌리를 깊고 단단하게 내리기 위해서는 토(土)가 후중(厚重)해
야 한다. 토(土)가 적으면 가지와 잎이 무성해도 뿌리가 위태롭기 때
문이다. 목(木)은 수(水)가 생(生)해주는 것을 좋아하는데, 수(水)가
적으면 윤택하나 지나치게 많으면 물에 뜬다.

목(木)은 활목(活木)과 사목(死木)으로 나누고, 십이궁(十二宮)의
방위로 논한다. 장생(長生)에서 쇠(衰)까지는 생기가 화창하고, 병사
(病死)에서 태양(胎養)까지는 메마름이 많다.

갑술(甲戌)과 을해(乙亥)는 목(木)의 근원이고, 갑인(甲寅)과 을묘
(乙卯)는 목(木)의 고향이고, 갑진(甲辰)과 을사(乙巳)는 목(木)의
생지(生地)가 되어 활목(活木)이라 한다.

갑신(甲申)과 을유(乙酉)는 목(木)을 극(剋)하고, 갑오(甲午)와 을
미(乙未)는 목(木)을 스스로 죽게 하고, 갑자(甲子)와 을축(乙丑)은
금(金)이 목(木)을 극(剋)하기 때문에 사목(死木)이라 한다.

정리하면 갑인(甲寅), 갑진(甲辰), 갑자(甲子), 을해(乙亥), 을묘(乙卯), 을축(乙丑)은 활목(活木)이라 하고, 갑오(甲午), 갑신(甲申), 갑술(甲戌), 을사(乙巳), 을미(乙未), 을유(乙酉)는 사목(死木)이라 한다. 납음(納音)에서 말하는 갑자(甲子)나 을축(乙丑)을 사목(死木)이라 하고, 갑술(甲戌)이나 을사(乙巳)를 활목(活木)이라 하는 것은 이치에 맞지 않는다.

활목(活木)이 화(火)를 만나면 스스로 불사르나 통명(通明)을 이루고, 금(金)을 만나면 손상되나 동량(棟樑)의 기물을 이루고, 수(水)를 만나면 물에 뜬다. 그러나 그 중에서도 분별이 있어 추목(秋木)은 금(金)을 따르고, 하목(夏木)은 수(水)를 따른다.

생목(生木)이 화(火)를 만나면 빼어난데 병정화(丙丁火)가 모두 같다. 그러나 금(金)을 만나면 스스로 상한다. 사목(死木)이 금(金)을 얻어 기물을 이루려면 경신금(庚辛金)이 있어야 한다. 그러나 화(火)를 만나면 스스로 불사르고, 바람이 없으면 스스로 그치고, 수(水)를 만나면 근원이 변한다. 이것은 세력이 다했기 때문이다. 금목(金木)이 상등(相等)하면 나무를 쪼개어 수레바퀴를 만드는 것과 같으나, 추월생(秋月生)은 도끼에 손상되는 격이 되기 때문에 금(金)이 중(重)하면 흉하다.

목(木)은 양(陽)이 흩어지며 설기(洩氣)되어 서서히 영화로움을 향하다. 이것을 등상(騰上)이라 하는데, 기(氣)가 흩어지며 설기(洩氣)되기 때문에 늙어서 거두기 어렵다는 뜻이다.

금(金)은 숙살기(肅殺氣)라 거두어 들이는 것이니, 흩어지고 설기(洩氣)되면 병(病)이 된다. 목(木)이 중(重)하면 금(金)과 토(土)가 반드시 있어야 한다. 토(土)는 금(金)을 생(生)한 뿐 아니라 목(木)

을 자라게 한다. 목(木)이 극토(剋土)하여 재(財)로 삼으나 화(火)가 극금(剋金)하고, 금(金)이 극목(剋木)하는 것과는 다르다. 이것은 토(土)는 반생(反生)의 공(功)을 이루기 때문이다. 수(水)는 목(木)의 인성(印星)인데, 수(水)가 적으면 목(木)을 자라게 하나, 많으면 질식시킨다.

금목(金木)이 상제(相制)하여 격(格)을 이루면 착륜이라 하여 최상격(最上格)이 된다. 상등(相等)이란 사주에 사목사금(四木四金)이 있는 것을 말하는데 양신성상(兩神成象)이라 한다. 그러나 추월생(秋月生)은 이미 목기(木氣)가 다하고 금신(金神)이 사령(司令)했으니, 비록 천지(天地)가 상등(相等)해도 금(金)이 목(木)을 상하게 한다. 따라서 추목(秋木)이 금(金)을 만나면 반드시 화(火)로 제(制)해야 한다. 양신성상(兩神成象)은 월령(月令)의 기(氣)를 살펴 강약을 나누어야 한다. 이 이치는 추목(秋木)에만 해당하는 것은 아니다.

1. 춘목(春木)

춘목(春木)은 아직 한기(寒氣)가 남아 있어 화(火)를 기뻐하고, 수(水)가 도와주면 메마를 근심이 없다. 그러나 초춘(初春)에는 음농(陰濃)하며 습기가 많아 수성(水盛)하면 흉하다. 그러나 양기(陽氣)가 있기 때문에 뿌리가 건조하여 잎이 메마르니 수(水)가 없어도 흉하다. 다시 말해, 춘목(春木)은 수화(水火)가 기제(既濟)되어야 아름답다.

목(木)은 춘월(春月)의 대명사이며 양화(陽火)의 기(氣)다. 춘월(春月)을 3단계로 나누면 입춘(立春) 후부터 우수(雨水) 전까지는 초춘

(初春), 우수(雨水) 후부터 곡우(穀雨) 전까지는 중춘(仲春), 곡우(穀雨) 후부터는 모춘(暮春)이라 한다. 중춘(仲春)은 다시 춘분(春分) 전과 춘분(春分) 후로 나눈다.

춘목(春木)은 병화(丙火)로 따뜻하게 해주면 발전이 있고, 수(水)를 많이 만나면 위축되어 절(絶)되고, 병화(丙火)가 출간(出干)했는데 지지(地支)에서 한두 개의 수(水)와 배합되면 기제(旣濟)된다. 그러나 수(水)가 많으면 뿌리가 손상되어 가지가 메마르니 정신이상이 따른다. 이것은 초춘(初春)에는 오직 병화(丙火)만 유용하다는 뜻이다.

중춘(仲春)에는 양기(陽氣)가 점점 자라기 때문에 수화(水火)를 함께 취해야 한다. 초춘(初春)에는 수(水)가 없어도 화(火)를 쓸 수 있으나, 중춘(仲春)에는 수(水)가 없으면 화(火)는 무용지물이 된다. 초춘(初春)에는 조후(調候)할 때 병화(丙火)가 있어야 하나, 중춘(仲春)에는 통명(通明)이 필요하니 병정화(丙丁火)의 역할이 같다. 그러므로 생목(生木)이 화(火)를 얻으면 빼어난 것이다.

모춘(暮春)에는 양(陽)이 자라 목(木)이 마르는데 수(水)가 없으면 흉하다. 수(水)가 없으면 뿌리와 가지가 메말라, 지지(地支)에 목국(木局)이 있어 곡직인수격(曲直仁壽格)을 이루어도 계수(癸水)가 자부(資扶)해주지 않으면 귀격(貴格)을 이루지 못한다.

토(土)는 목(木)의 재(財)이므로 토(土)가 많으면 기운이 손상되고, 토(土)가 적으면 재물이 풍부하다. 춘월(春月)은 목왕토허(木旺土虛)하나, 초춘(初春)에는 목(木)이 어리기 때문에 극토(剋土)하기 어렵고, 모춘(暮春)에는 토왕(土旺)하면 목(木)이 부러질 염려가 있다. 토(土)는 춘목(春木)의 배합을 돕는 것으로 많이 있으면 흉하다. 이것은 손님이 주인의 자리를 빼앗는 것과 같기 때문이다.

춘목(春木)은 금(金)이 중(重)하면 극(剋)되어 평안하지 못하나, 왕목(旺木)이 금(金)을 얻으면 평생 복이 많다. 초춘(初春)은 양화(陽和)라 따뜻하기 때문에 한숙(寒肅)한 기(氣)를 만나 추월(秋月)로 행하면 목기(木氣)가 꺾이고 상한다. 이때 배합이 좋으면 요절(夭折)은 면하나 평생 평안을 기대하기는 어렵다.

중춘(仲春)에는 목왕(木旺)하면 금(金)을 꺼리지 않는다고 하나, 춘금(春金)은 기(氣)가 약하여 목(木)이 단단하면 금(金)이 이지러진다. 이때는 경금(庚金)이 있으면 토(土)로 생(生)하여 귀격(貴格)을 이루고, 금(金)이 많으면 정화(丁火)로 제(制)해야 귀격(貴格)을 이룬다. 그리고 춘월(春月)에는 반드시 경금(庚金)이 있어야 하고, 수(水)로 배합해야 한다.

2. 하목(夏木)

하월(夏月)은 화왕절(火旺節)이라 4월 · 5월 · 6월은 모두 목(木)이 메마른다. 수성(水盛)하면 자윤(滋潤)할 수 있으나, 수(水)가 적으면 흉하다. 다시 말해, 하월생(夏月生)은 수(水)의 배합이 있어야 최상격(最上格)을 이루고, 수(水)가 없으면 흉하다.

사오미월(巳午未月)은 목(木)의 병사묘지(病死墓地)에 해당한다. 고서(古書)에 이르길, 화(火)를 만나면 스스로 불사르고, 을목(乙木)이 화(火)를 여러 번 만나면 기산지문(氣散之文)이라 하여 매우 흉하다고 했다.

목(木)은 토(土)를 많이 만나면 재앙과 허물이 있다. 하월(夏月)에는 설기(洩氣)되어 약하기 때문에 토(土)가 많으면 제극(制剋)하지

못하여 재다신약(財多身弱) 사주가 된다. 목왕화다(木旺火多)한데
수(水)로 화(火)를 제(制)할 수 없으면, 토(土)가 한두 개라도 있어
화(火)를 설기(洩氣)해야 식신생재격(食神生財格)이 되어 유리하다.
그러나 화토(火土)가 왕(旺)하기 때문에 수운(水運)은 길하나 동남
운(東南運)은 불리하고, 금(金)이 약하면 수원(水源)이 메마르니 불
리하다.

하목(夏木)이 목(木)이 중(重)하면 숲을 이루어 영화가 거듭되나 결
과가 없다. 이것은 하목(夏木)은 사목(死木)이기 때문이다. 왕화(旺
火)가 설(洩)하여 편왕격(偏旺格)도 이루기 어렵고, 목화상관(木火
傷官)이나 재다용겁(財多用劫)이 되므로 수(水)로 배합하지 않으면
목(木)이 많아도 이롭지 않나.

3. 추목(秋木)

추목(秋木)은 양화(陽和)의 목(木)이 점점 쇠(衰)하여 약해진다. 기
후가 점점 바뀌는 때이니 3단계로 나누어 살핀다.

초추(初秋)는 입추(立秋) 후부터 처서(處暑) 전까지를 말하는데, 화
기(火氣)가 아직 남아 있으니 수토(水土)로 도와야 한다. 목(木)이
신궁(申宮)에 이르면 절(絶)되나, 신궁(申宮)에 금수(金水)가 함께
있어 살인(殺印)이 서로 노와 절처봉생(絶處逢生)한다. 그러나 추수
(秋水)가 자가우니 목(木)을 도와주어도 빼어나지 못하다. 이때는 반
드시 토(土)로 재배해야 목(木)의 뿌리가 단단하다. 이처럼 수토(水
土)는 반드시 서로 도와야 한다. 비록 수(水)가 있어도 토(土)가 없으
면 무용시물이 된다.

중추(仲秋)는 처서(處暑) 후부터 상강(霜降) 전까지를 말하는데, 과실이 무르익은 때이니 강금(剛金)으로 다듬어주어야 한다. 추월(秋月)에는 목(木)이 겉으로는 시들고 안으로는 생기가 막히니 가지치기를 해주어야 한다.

고서(古書)에 이르길, 사목(死木)이 금(金)을 얻어 기물을 이루려면 반드시 경신금(庚辛金)이 필요하다고 했다. 이것은 중추목(仲秋木)을 가리키는 것이다. 수(水)로 도와주어도 생(生)하지 않고, 화염(火炎)하면 스스로 타버린다. 따라서 반드시 금(金)을 얻어야 크게 쓰인다. 이것을 부근착삭(斧斤斲削)이라 하며 동량(棟樑)의 재목이 된다.

상강(霜降) 후에는 수성(水盛)하면 목(木)이 표류하여 불리하고, 한로(寒露)에는 화염(火炎)하면 목(木)이 실(實)해진다. 한로(寒露)와 상강(霜降)은 모추(暮秋)를 말하는데, 깊은 가을이라 목(木)이 꺾이고 상하여 추기(秋氣)를 이기기 어렵다. 따라서 금(金)이 있으면 화(火)로 제(制)해야 한다.

그러나 수(水)이든 토(土)이든 화(火)로 배합해야 한다. 화(火)로 따뜻하게 해주면 목(木)의 뿌리가 단단해지고, 화염(火炎)하면 목(木)이 실(實)해진다. 상강(霜降) 후에는 수왕(水旺)하면 뿌리가 없는 나무가 되어 표류하니, 반드시 토(土)로 배양(培養)하며 화(火)의 따뜻함을 얻어야 유용한 목(木)이 된다. 목(木)이 많으면 다재다능하나, 토(土)가 많으면 자립심이 없다.

추월(秋月)에는 금신(金神)이 사령(司令)하니, 사주에 비겁(比劫)이 많은데 식상(食傷)이 있으면 신왕살고유제(身旺殺高有制)라 하여 상격(上格)의 명(命)이 된다. 추목(秋木)이 쇠퇴하여 비겁(比劫)이 도와주면 기뻐하나 유용하지는 않다. 재(財)인 토(土)로 목(木)의 뿌리를 배양(培養)하면 가능하나, 토(土)가 많으면 목(木)이 쇠퇴하여 소토(疏土)할 힘이 없다. 이것을 고서(古書)에서는 재왕(財旺)하면 부하(負荷)를 이기지 못하기 때문에 재다신약(財多身弱), 또는 부옥빈인(富屋貧人)의 명(命)이 되어 스스로 감당할 능력이 없다고 했다.

4. 동목(冬木)

동월(冬月)의 목(木)은 반굴지(盤屈地)에 있으나 해(亥)에서 생(生)하면 싹이 튼다. 소양춘(小陽春)은 화사하며 따뜻하여 목(木)이 안에서 자란다. 이것을 목생지상(木生之象)이라 한다. 그러나 눈 깜짝할 사이에 추위가 임습하니 화(火)가 인(寅)에서 생(生)하고 수(水)가 신(申)에서 생(生)하는 것과는 비교되지 않는다.

동목(冬木)은 반굴지(盤屈地)에 있어 상등(相騰)함이 어려운데도, 토(土)가 많아 배양(培養)을 욕심내며 수성(水盛)함을 싫어하니 형체를 잃는다. 이때는 금(金)이 많아도 극벌(剋伐)하기 어려우나, 화(火)가 중(重)하면 따뜻해져 유리하다. 동목(冬木)은 화(火)로 따뜻하게 해주지 않으면 발전힐 수 없다. 따라서 화(火)가 아무리 많아도 싫어하지 않는다.

동목(冬木)은 화토(火土)로 따뜻하게 해주어야 한다. 수성(水盛)한데 토(土)가 없으면 가지가 위축되고 뿌리가 손상된다. 이때는 진축(辰丑)의 습토(濕土)는 적합하지 않고, 술미(戌未)의 조토(燥土)여야 가능하다. 물론 수(水)도 목(木)을 생(生)할 수 있으나, 동수(冬水)는 목(木)을 얼게 하므로 생(生)이 아니라 극(剋)이 된다. 수성(水盛)하면 형체를 잃게 되고, 금(金)을 설기(洩氣)하니 목(木)을 극

(剋)하기가 어렵고, 목기(木氣)가 땅에 이르니 역시 극(剋)을 받지 않으므로 금(金)이 아무리 많아도 소용이 없다.

동월(冬月)은 귀근복명(歸根復命)하는 때이니, 목(木)의 병(病)을 치료하려면 반드시 생왕(生旺)하는 방위를 따라야 한다. 동월(冬月)에는 목기(木氣)가 뿌리로 돌아가니 금(金)이 극(剋)하기 어렵고, 수(水)는 생(生)하기는 커녕 오히려 동목(冬木)으로 만든다. 반드시 년일지(年日支)에서 동남(東南) 목화(木火)의 생왕지(生旺地)에 임해야 길하다. 만일 서북(西北) 사절지(死絶地)에 임하면 흉하다. 대운(大運)도 이와 같은 이치로 본다.

2. 화(火)

화(火)는 염염(炎炎)한 진화(眞火)이며 방위로는 남방(南方)에 있으니 밝지 않은 이치가 없고, 휘광도 머지않아 복장(伏藏)되니 불멸하는 상(象)이다. 목(木)을 체(體)로 삼으니 목(木)이 없으면 불꽃이 길지 못하고, 수(水)로 용(用)을 삼으니 수(水)가 없으면 열이 심하여 실(實)하지 못하고, 화(火)가 뜨거우면 만물이 상한다. 목(木)이 화(火)를 숨기고 있으니 인묘방(寅卯方)에 이르면 화(火)를 생(生)하나, 서방(西方)은 불리하여 신유(申酉)를 만나면 반드시 죽는다. 생(生)하는 것이 이궁(離宮)에 있으면 과단성이 있고, 감궁(坎宮)에 있으면 두려움을 알아 예의를 지킨다.

다시 말해, 화(火)는 남방(南方)이니 사오미(巳午未)에 있다. 본질은 열(熱)과 광(光)이며, 목(木)으로 주체를 삼으니 의지하면 광휘의 덕이 있고, 수(水)로 마주하는 상대를 삼아 증발하니 기제(旣濟)가 나타난다. 병화(丙火)는 생왕(生旺)하여 임수(壬水)를 떠나지 않고, 정화(丁火)는 쇠갈(衰竭)하여 갑목(甲木)을 떠나지 않는 것은 성격이 다르기 때문이다.

화(火)는 염상(炎上)이니 동남(東南)으로 흐르면 성격이 순해져 영화가 있고, 서북(西北)으로 흐르면 성격을 거스르는 것이니 점차 소멸된다. 따라서 생(生)하는 것이 남방(南方)에 있으면 과단성이 있고, 북방(北方)에 있으면 두려움을 아는 것이다. 대운(大運)도 동남(東南)은 기뻐하나 시북(西北)은 꺼린다. 염상격(炎上格)이 서북운(西北運)으로 흐르면 귀격(貴格)을 이루지 못한다.

금(金)을 만나면 기물을 이루고, 수(水)를 만나면 기제(旣濟)를 이루고, 토(土)를 만나면 막힘이 많고, 목왕지(木旺地)를 만나면 영화롭다. 목(木)이 죽으면 화(火)가 허(虛)하여 영구함을 얻기 어려우니, 비록 공명(功名)이 있어도 오래가지 못한다.

춘월(春月)에는 목(木)을 만나면 불사르게 되고, 하월(夏月)에는 토(土)를 만나면 어두워지고, 추월(秋月)에는 금(金)을 만나면 제극(制剋)하기 어렵고, 동월(冬月)에는 수(水)를 만나면 멸(滅)하니 꺼린다. 춘화(春火)는 밝은 것은 좋아하나 뜨거운 것을 싫어하고, 추화(秋火)는 밝으면 메마르게 되니 장(藏)됨을 좋아하고, 동화(冬火)는 살(殺)을 만나면 꺼지게 되니 생(生)을 좋아한다.

화(火)가 금수토목(金水土木)를 만나면 중화(中和)된다. 금(金)을 만나면 화련진금(火煉眞金)되고, 수(水)를 만나면 기제(旣濟)되고, 토(土)를 만니면 회광(晦光)하고, 목(木)을 만나면 통명(通明)을 이룬다.

목화(木火)는 상련(相連)하니 하화(夏火)나 춘화(春火)가 목(木)을 많이 만나면 열이 지나쳐 스스로 불사를 우려가 있고, 목(木)이 쇠(衰)하면 화(火)가 꺼지니 목(木)이 부족하면 흉하다. 그러므로 춘월(春月)에는 목(木)이 많은 것을 꺼리고, 하월(夏月)에는 토(土)가 왕(旺)한 것을 꺼리고, 추월(秋月)과 동월(冬月)에는 화(火)가 허(虛)하니 금(金)이 많으면 제극(制剋)하기가 어렵고, 수왕(水旺)하면 파(破)하니 토목(土木)으로 구해야 한다.

1. 춘화(春火)

화(火)는 여름의 대명사로 매우 뜨겁다. 인궁(寅宮)은 갑목(甲木)이 당왕(當旺)하고, 병화(丙火)의 장생지(長生地)이니 모왕자상(母旺子相)이라 한다. 상(相)은 점점 장성되어 서로 도와주는 것과 같다. 병화(丙火)가 비록 생기의 방위이나, 목(木)이 당왕(當旺)하여 세력이 병행하니, 양(陽)이 대지로 돌아와 설상(雪霜)을 업신여기며 기만하한다. 이것이 춘화(春火)의 성격이다.

천지(天地)가 모두 수화(水火) 뿐이니 화(火)가 인(寅)에서 생(生)하고, 수(水)가 신(申)에서 생(生)하고, 목(木)이 해(亥)에서 생(生)하고, 금(金)이 사(巳)에서 생(生)한다. 목(木)은 화(火) 앞에서 끌고, 금(金)은 수(水) 앞에서 끌고 있으니 인월(寅月)은 목왕화생(木旺火生)하여 자연히 힘이 있다.

춘화(春火)는 목(木)으로 생부(生扶)하면 기뻐하나 태왕(太旺)하면 흉하다. 왕(旺)하다는 것은 화염(火炎)을 말하는 것으로, 수(水)로 기제(旣濟)해야 하나 지나치게 성(盛)하면 은혜를 모르는 것과 같아 좋지 않다. 초춘(初春)에는 한기(寒氣)가 남아 있으나 목(木)은 화(火)로 생(生)해야 하고, 화(火)는 목(木)으로 생(生)해야 하는데, 인월(寅月)은 양화(陽和火)이기 때문에 목화(木火)가 모여 합(合)되는 것과 같다.

다시 말해, 춘화(春火)는 목(木)으로 생부(生扶)하면 기뻐한다. 그러나 묘월(卯月)과 진월(辰月)은 양기(陽氣)가 더하여 성(盛)하니 목(木)이 적으면 화(火)가 밝고, 목(木)이 많으면 화(火)가 막히니 태왕(太旺)하면 좋지 않다. 왕(旺)할 때는 반드시 수(水)로 제(制)해야 한다.

춘월(春月)은 목왕(木旺)한 때이니, 스스로 수(水)를 설기(洩氣)하며 화(火)를 생(生)한다. 이것을 천화지윤(天和地潤)이라 하는데, 기제(旣濟)의 공(功)을 이룬다. 그러나 수(水)가 매우 성(盛)하면 습목(濕木)은 불꽃이 없으니, 토(土)로 제(制)하지 않으면 조화되지 않아 흉하다. 이때 춘화(春火)가 식상(食傷)으로 제살(制殺)하면 양화(陽和)의 은혜를 어기는 것이 되어 상격(上格)의 명(命)이 되지 못한다.

토성(土盛)하면 막혀 빛이 어두워지고, 화성상다(火盛傷多)하면 염열(炎熱)해진다. 이것은 식상(食傷)을 말하는 것이다. 수(水)로 토(土)를 윤택하게 하면 만물이 생(生)하고, 화(火)가 토(土)를 조열(燥熱)하게 하면 크게 가물어 땅이 갈라지니, 화토상관(火土傷官)은 수기(秀氣)가 없다.

다시 말해, 토성수소(土盛水小)하면 화(火)를 어둡게 하고, 화성토다(火盛土多)하면 화염토조(火炎土燥)하여 생기가 멸한다. 토(土)는 상관(傷官)으로, 상관(傷官)이 많다는 것은 토(土)가 많다는 뜻이다.

그러므로 병화(丙火)는 임수(壬水)는 두려워 하지 않으나, 무토(戊土)는 두려워 한다. 화염토조(火炎土燥)할 때는 비겁(比劫)이든 겁재(劫財)든 반드시 수(水)로 보좌해야 길하다.

목(木)으로 소토(疏土)해도 수(水)가 없으면 목(木)이 불사르고, 금(金)으로 토(土)를 설(洩)해도 수(水)가 없으면 금(金)이 녹는다. 화왕(火旺)하여 방국(方局)을 이루면 습토(濕土)가 한두 개라도 있어야 하나, 지나치게 많으면 유익하지 않다.

금(金)을 만나면 베푸는 공(功)이 있으니, 여러 개 있어도 재(財)가 있으면 길하다. 삼춘(三春)의 금(金)은 절태양지(絶胎養地)에 있어 기세가 매우 약하다. 그러나 화왕지(火旺地)를 향하여 극금(剋金)할 힘이 남아 있으니, 금(金)이 아무리 많아도 화(火)를 곤(困)하게 하지 못한다. 그러므로 재(財)를 거듭 만나도 이룰 수 있고, 재(財)는 나의 쓰임이니 반드시 부격(富格)을 이룬다.

2. 하화(夏火)

하월(夏月)에는 왕화(旺火)가 권리를 잡는다. 따라서 수(水)로 제(制)하면 스스로 불사르는 허물을 면하나, 목(木)으로 도우면 요절(夭折)할 염려가 있다. 이것은 하화(夏火)는 살(殺)을 기뻐하고 인수(印綬)를 꺼리기 때문이다. 뜨거움이 지나쳐 염열(炎熱)하면 금(金)을 녹이니, 수(水)로 조제(調濟)하지 않으면 반드시 화액이 따른다. 하서(夏暑)에는 비를 기뻐하나 뜨거우면 가까이 하기 어렵다. 이때 다시 목(木)이 있으면 태과(太過)하여 계승하기 어려우니 요절(夭折)이 따르는 것이다.

하화(夏火)는 금(金)을 만나면 반드시 양공(良功)을 짓고, 토(土)를 만나면 가색(稼穡)을 이룬다. 비록 금토(金土)가 아름답게 만들어도 수(水)가 없으면 금토(金土)가 말라붙는다. 이때 목(木)으로 도와주면 태과(太過)하여 위태롭다. 이것은 금(金)은 재(財)인데, 재(財)와 식상(食傷)을 쓰는 것을 말한다. 하월(夏月)의 금(金)은 매우 미약하여, 당왕(當旺)한 화(火)를 만나면 불타는 화로에 들어가는 것과 같아, 쇠를 녹여 기물을 만든다. 이것을 화장하천금첩첩(火長夏天金疊疊)이라 하는데 거부격(鉅富格)을 이룬다.

토(土)는 식상(食傷)인데, 토(土)로 화기(火氣)를 설(洩)하면 가색격(稼穡格)을 이룬다. 가색격(稼穡格)이란, 토(土)가 진술축미월(辰戌丑未月)에 있는 것을 말한다. 하화(夏火)가 토(土)를 만나면 화토상관(火土傷官)이나, 가색(稼穡)과 같이 화(火)를 취한다. 그러나 재(財)를 취하든 식상(食傷)을 취하든 반드시 수(水)로 배합해야 한다. 토(土)가 윤택하면 더위를 적시고, 큰 비를 만나면 농사가 잘 된다. 그러나 수(水)가 없으면 화왕토초(火旺土焦)하여 만물이 마르며 위축되어 가색(稼穡)의 뜻을 잃는다. 그러므로 화(火)가 금(金)을 만나면 습토(濕土)가 있어야 화(火)를 설(洩)하며 금(金)을 윤택하게 만들어 좋은 기물을 이룬다.

그리고 사오미월(巳午未月)은 모두 월단(月壇)에 토(土)가 있으니, 수(水)를 만나면 스스로 윤토(潤土)하여 금(金)을 생(生)한다. 그렇지 않으면 왕화(旺火)가 금(金)을 녹이기 때문에 재와 찌꺼기가 생긴다. 이때 다시 목(木)을 만나면 반드시 기울어 위태롭다. 한마디로, 하화(夏火)는 재(財)를 취하든 식상(食傷)을 취하든 수(水)가 없으면 흉하다.

3. 추화(秋火)

　추월(秋月)의 화(火)는 황혼에 가까워 기세가 쇠(衰)하고, 염열(炎熱)한 위력이 다시 돌아오지 않는다. 따라서 목(木)으로 생(生)하면 다시 밝아질 수 있으나, 수(水)로 극(剋)하면 화액을 면하기 어렵다. 이때 추화(秋火)는 인수(印綬)를 기뻐하나 관살(官殺)은 꺼린다.
　계선편(繼善篇)에 이르길, 추월(秋月)의 화(火)를 가리켜 병화(丙火)가 신(申)에서 양수(陽水)를 만나면 장수하기 어렵다고 했다. 그러나 목(木)으로 구제하면 극(剋)이 생(生)으로 바뀌니, 추화(秋火)가 관살(官殺)이 있을 때는 반드시 인수(印綬)가 있어야 한다. 토중(土重)하면 빛을 가려 어둡게 하고, 금(金)이 많으면 세력을 손상시키고, 화(火)를 만나면 광휘가 나타나니 많이 만나도 길하다. 이것은 추화(秋火)가 식상(食傷)을 취하든 재(財)를 취하든 반드시 비겁(比劫)이 있어야 한다는 말이다.

4. 동화(冬火)

　해궁(亥宮)은 화(火)의 절지(絶地)이고, 자축궁(子丑宮)은 사지(死地)이니 동화(冬火)는 기세가 계속 끊어져 형체가 없어진다. 그러나 목(木)을 만나면 절처봉생(絶處逢生)이 되어 구제되나, 수(水)가 당왕(當旺)하여 쇠(衰)한 화(火)를 극(剋)한다. 이때 다시 목(木)으로 구제하지 않으면 반드시 화액이 따른다. 따라서 동화(冬火)는 목(木)을 떠날 수 없다.
　동화(冬火)는 토(土)로 제(制)하면 영화롭고, 화(火)의 비겁(比劫)

을 사랑하여 이롭지만 경신금(庚辛金)을 만나면 재(財)를 감당하기
어려우니 해롭다. 동지(冬至) 후에는 일양(一陽)이 다시 돌아오니,
식상(食傷)과 비겁(比劫)으로 배합하면 길하다.

동월(冬月)은 수왕(水旺)하기 때문에 반드시 화(火)를 극(剋)한다.
이때는 목(木)으로 화(火)를 생(生)하고, 다시 토(土)로 수(水)를 제
(制)해야 한다. 그러나 한토(寒土)라 힘이 부족하니 다시 병정화(丙
丁火) 비겁(比劫)으로 돕고, 화토(火土)가 서로 도우면 목(木)이 화
(火)를 보호해준다. 이것은 동화(冬火)가 비록 쇠(衰)하기는 하나,
완전히 쇠절(衰絶)한 것은 아니라서 금재(金財)를 극(剋)할 수 있기
때문이다.

동화(冬火)는 신약(身弱)한데 관살(官殺)까지 왕(旺)한 때라, 금
(金)이 생조(生助)하여 쇠(衰)한 화(火)를 핍박하니 해롭다. 그러나
대기는 순환하는 법. 동월(冬月)은 화(火)가 절멸하는 때이나, 일양
(一陽)이 다시 돌아와 생기가 움직이고, 이양(二陽)으로 나아가 땅의
기운이 상승하여 설상(雪霜)을 가볍게 여기니, 12월 병화(丙火)는
비겁(比劫)의 도움을 받으면 왕(旺)해진다.

3. 토(土)

토(土)는 사유(四維)에 산재해 있어 목화금수(木火金水)가 의지한
다. 다시 말해, 목화금수(木火金水)가 춘하추동(春夏秋冬)의 대명사
라면 토(土)는 사시(四時)가 교차하는 시기를 말한다.

춘월(春月)에는 화기(火氣)가 이르렀으나 목기(木氣)가 남아 있고, 하월(夏月)에는 금기(金氣)가 이르렀으나 화기(火氣)가 남아 있고, 추월(秋月)에는 수기(水氣)가 이르렀으나 금기(金氣)가 남아 있고, 동월(冬月)에는 목기(木氣)가 이르렀으나 수기(水氣)가 남아 있다.

사유(四維)는 간궁(艮宮)의 축인(丑寅), 손궁(巽宮)의 진사(辰巳), 곤궁(坤宮)의 미신(未申), 건궁(乾宮)의 술해(戌亥)를 말한다. 토(土)는 진술축미(辰戌丑未)를 왕지(旺地)로 삼고, 인신(寅申)에 기생(寄生)하고, 사해(巳亥)에서 기왕(寄旺)하니, 사유(四維)에 산재해 있다고 하는 것이다. 이처럼 토(土)는 만물의 시작과 끝이고, 목화금수(木火金水)가 의지하여 상(象)을 이룬다. 따라서 춘하추동(春夏秋冬)의 기후에 따라 길흉이 다르다.

화(火)는 유(酉)에서 사(死)하고, 수(水)는 자(子)에서 왕(旺)하다. 토(土)는 대개 화운(火運)에 의지하기 때문에 화(火)가 사(死)하면 휴수(休囚)된다. 수재(水財)를 기뻐하나, 수왕(水旺)하면 토(土)가 허(虛)하고, 금화(金火)를 얻으면 큰 기물을 이루나, 토(土)가 많으면 재나 먼지가 되고, 토(土)가 모이면 막히고, 토(土)가 흩어지면 가볍다.

토(土)는 화(火)와 같이 인(寅)에서 생(生)하고, 유(酉)에서 사(死)한다. 수(水)에 붙어 신(申)에서 생(生)하니 자(子)에서 왕(旺)하다. 그러나 토(土)는 화(火)를 만나야 귀격(貴格)을 이루기 때문에 화운(火運)에 의지한다고 하는 것이다. 화(火)가 유(酉)에서 사(死)하니, 토(土)가 유(酉)에 이르면 휴수(休囚)되어 기(氣)가 없다.

따라서 화(火)가 왕성하면 왕(旺)하고, 화(火)가 약하면 약하다. 토(土)는 수(水)를 얻으면 윤택하므로 수재(水財)를 기뻐한다. 수(水)

는 자(子)에서 왕(旺)하니, 자(子)에 이르면 진흙으로 항상 얼어붙어 무너지며 흩어져 액체를 이룬다. 따라서 토(土)가 수(水)와 같이 신(申)에서 생(生)하고, 해(亥)에서 녹(祿)이 된다는 말은 참고할 필요가 없다.

토(土)가 금화(金火)를 만나면 큰 기물을 이룬다는 것은, 토(土)가 추월(秋月)에 태어나면 당왕(當旺)한 금(金)이 설기(洩氣)하니, 화(火)로 토(土)의 원신(元神)을 보충하면 반드시 천하에서 으뜸가는 명(命)이 되기 때문이다.

예를 들어, 정해년(丁亥年) 경술월(庚戌月) 기사일(己巳日) 신미시(辛未時)가 있다. 이것은 장위원장(蔣委員長)의 명(命)이다. 토(土)가 하월(夏月)에 태어나면 가색격(稼穡格)을 이룬다. 왕화(旺火)가 토(土)를 생(生)하며 다시 금국(金局)을 이루면, 수기(秀氣)를 설기(洩氣)하여 오복(五福)을 완전하게 누릴 수 있다. 여기서는 관살(官殺)이 가장 중요하다. 토(土)가 후하면 실(實)해지니 반드시 갑목(甲木)으로 소벽(疏闢)해야 한다. 이것은 전답과 같아 반드시 쟁기나 호미로 개간해야 하기 때문이다.

토(土)가 진술축미월(辰戌丑未月)에 태어나면, 토왕(土旺)한 때라 무기토(戊己土)가 출간(出干)하지 않아도 무형(無形) 중에 토(土)가 암왕(暗旺)하여, 먼지와 흙탕물이 되어 하늘을 막히게 하므로 갑목(甲木)으로 제(制)해야 한다. 그렇지 않으면 화(火)를 어둡게 하고, 임수(壬水)를 막히게 하여 근심이 따른다. 따라서 사주에 토(土)가 많으면 갑목(甲木)으로 소토(疏土)해야 한다. 만일 토(土)가 적은데 갑목(甲木)이 극(剋)하면, 반드시 괴멸되고 흩어져 먼지나 티끌이 된다. 이때 인궁(寅宮)에 장생(長生)된 무토(戊土)가 출간(出干)하지 않으면 토(土)가 허(虛)해진다.

진술축미(辰戌丑未)는 토(土)의 정(正)이며 음양(陰陽)으로 나뉜다. 진(辰)은 수(水)를 감추고 있고, 미(未)는 목(木)을 감추고 있어 만물을 자양(滋養)하니 춘하(春夏)의 공(功)이다. 술(戌)은 화(火)를 감추고 있고, 축(丑)은 금(金)을 감추고 있으니 추화(秋火)와 동금(冬金)은 만물을 숙살(肅殺)시킨다. 따라서 토(土)는 진미(辰未)를 좋아하고 축술(丑戌)을 꺼리니, 토(土)가 진미(辰未)에 모이면 귀(貴)가 있고, 축술(丑戌)에 모이면 귀(貴)가 없다.

만일 오행(五行)이 유기(有氣)한데 사주에서 만나면 만년에 비교할 수 없을 정도로 부귀(富貴)해진다. 그러나 여명(女命)은 토(土)가 매우 실(實)한데 수(水)가 없으면 메말라 생장하지 않고, 목(木)이 없으면 소통되지 않고, 토(土)가 화(火)를 만나면 메말라 갈라지니 흉하다.

술토(戌土)는 곤약(困弱)하니 술(戌)이 많으면 싸움을 좋아하며 잠이 많고, 진미(辰未)는 음식을 좋아하고, 축(丑)은 청성(清省)하다. 축(丑)은 간토(艮土)이니 계수(癸水)로 윤택하게 하면 충분히 높은 지위에 오른다.

다시 말해, 진술축미(辰戌丑未)는 토(土)의 정(正)인데 음양(陰陽)으로 나뉜다. 진술(辰戌)은 양토(陽土)이고 축미(丑未)는 음토(陰土)다. 진토(辰土)는 목(木)의 여기(餘氣)이며 수(水)의 묘고(墓庫)이고, 미토(未土)는 화(火)의 여기(餘氣)이며 목(木)의 묘고(墓庫)이고, 술토(戌土)는 금(金)의 여기(餘氣)이며 화(火)의 묘고(墓庫)이고, 축토(丑土)는 수(水)의 여기(餘氣)이며 금(金)의 묘고(墓庫)다.

진미(辰未)는 춘하(春夏)의 토(土)이고, 축미(丑未)는 추동(秋冬)의 토(土)다. 춘하(春夏)에는 양(陽)의 맑은 기(氣)가 있으니 진미토(辰未土)는 만물을 자생(滋生)하고, 추동(秋冬)에는 숙살(肅殺)하며 한기(寒氣)가 있으니 축술토(丑戌土)는 만물을 수장(收藏)시킨다. 이렇게 토(土)는 금수목화(金水木火)에 의지하여 상(象)을 이룬다.

토(土)가 진미(辰未)에 모이면 자생(滋生)하는 힘이 없으나, 오행(五行)이 유기(有氣)하면 반드시 부귀격(富貴格)을 이룬다. 토(土)가 축술(丑戌)에 모이면 수(水)로 윤택하게 하고, 화(火)로 따뜻하게 해야 한다. 만일 매우 실(實)한데 수(水)가 없으면 불령(不靈)하고, 수(水)가 많으면 괴멸되어 무용지물이 된다. 화(火)가 없으면 귀(貴)가 없고, 태다(太多)하면 가물어 말라터진다.

여명(女命)이 화다토초(火多土焦)하면 생장하기 어렵다는 것은, 여자에게 목(木)은 남편인데 목(木)이 화(火)를 많이 만나면 소토(疏土)하지 못하고 오히려 화(火)를 왕(旺)하게 하기 때문이다. 따라서 무토(戊土)가 오월(午月)에 태어났는데 갑목(甲木)을 만나면 양인도과(陽刃倒戈)라 한다.

진술축미토(辰戌丑未土) 중에서 가장 생기가 없는 것은 술토(戌土)다. 진토(辰土)는 생장력이 가장 강하고, 미토(未土)는 생장력이 쇠(衰)하지 않고, 축토(丑土)는 생장력이 계속 발전한다. 축토(丑土)는 간토(艮土)이며 이양(二陽)이 진기(進氣)하다. 축궁(丑宮)에서는 계수(癸水)가 윤택하게 만드니 병화(丙火)로 따뜻하게 비추어야 만물이 생장할 수 있다. 술토(戌土)는 추월(秋月)과 동월(冬月) 사이에 있으니 기후가 숙살(肅殺)할 때이고, 술궁(戌宮)에는 화(火)가 암장(暗藏)되어 토(土)가 심하게 메마르니 생(生)할 수 없다. 따라서 술(戌)이 많으면 싸움을 좋아하며 어리석나.

1. 춘토(春土)

춘월(春月)은 목왕(木旺)한 때이니 토(土)가 더욱더 약하다. 화(火)에 의지하여 인(寅)에서 생(生)하나, 강약의 성질이 다르니 역시 기세가 허약하다. 화(火)로 생부(生扶)하면 기뻐하나, 목화(木火)가 태다(太多)하면 꺼린다. 비겁(比劫)으로 돕고 금(金)으로 목(木)을 제(制)하면 길하나, 금(金)이 태다(太多)하면 토기(土氣)를 도설(盜洩)하여 흉하다.

춘토(春土)는 춘목(春木)이 영(令)을 잡아 화(火)로 극(剋)을 생(生)으로 변화시키면 살인상생격(殺印相生格)이 된다. 만일 화(火)로 생부(生扶)하지 않으면 쇠토(衰土)가 왕목(旺木)을 만나 반드시 기울고 허물어진다.

춘토(春土)의 재(財)는 수(水)인데, 허약한 토(土)가 수왕(水旺)함을 만나면 반드시 괴멸하여 흩어져 무용지물이 된다. 이때 비겁(比劫)이 부조(扶助)해야 수(水)를 극(剋)할 수 있다. 토왕(土旺)할 때는 금(金)으로 설기(洩氣)하면 기뻐하나, 춘토(春土)는 허약하여 설기(洩氣)를 취할 수 없다.

2. 하토(夏土)

하월(夏月)의 토(土)는 조열(燥烈)하다. 토(土)는 화(火)의 세력과 병행하기 때문에 화왕(火旺)하면 토(土)도 왕(旺)하여 왕지(旺地)가 된다. 이때 수성(水盛)하면 윤택하다. 그러나 왕화(旺火)가 단련하여 땅이 메말라 갈라지면 꺼린다. 수(水)는 목(木)이 화염(火炎)을 도우면 극(剋)하니 꺼리지 않고, 금(金)이 생수(生水)하면 아내와 재물이 유익하고, 비견(比肩)을 만나면 막히기 때문에 꺼린다. 이때 비견(比肩)이 너무 많으면 목(木)으로 극(剋)해야 한다.

화왕(火旺)한데 수(水)가 없으면 논밭이 갈라터져 초목이 말라붙으니 수(水)를 기뻐하는 것이고, 화(火)는 토(土)의 생기를 재촉하여 급하게 만들기 때문에 꺼리고, 목(木)은 화(火)를 생(生)하여 불꽃을 증가시키나 수(水)가 있으면 해롭지 않다. 수화(水火)가 서로 도와 토(土)를 도우면 생기가 일어나는 것은, 목(木)이 화(火)를 생(生)하는 것이 아니라 극토(剋土)하기 때문이다. 하토(夏土)는 금(金)을 생(生)하기 어렵고, 설(洩)한을 받아들이지 않으니 금(金)이 절지(絶地)에 있는 수(水)를 생(生)하면 절(絶)되지 않는다.

하월(夏月)은 토(土)가 가장 왕(旺)한 때이니 비겁(比劫)의 도움이 없어도 무방하고, 거듭 토왕(土旺)함을 보면 막히니 목(木)으로 소토(疏土)해야만 길하다. 그러나 목(木)이 극(剋)할 때는 반드시 수(水)로 배합해야 한다. 그렇지 않으면 극토(剋土)하기 어려울 뿐 아니라 오히려 화염(火炎)을 도와 흉하다.

3. 추토(秋土)

추일(秋月)의 토(土)는 자식은 왕(旺)한데 어머니는 쇠(衰)한 격이다. 토(土)는 금(金)의 어머니인데, 금(金)이 영(令)을 잡아 자식이 왕(旺)하면 어머니가 쇠(衰)하는 것이다. 따라서 금(金)이 많으면 기(氣)가 소모뇌고, 복(木)이 성(盛)하면 제복(制伏)되어 순하며 어질고, 화(火)는 아무리 많아도 꺼리지 않고, 수(水)가 범람하면 해롭다.

이때 비견(比肩)이 있으면 다시 힘이 생기나, 상강(霜降)이 되면 이것도 의미가 없다.

추월(秋月)은 금왕(金旺)한 때인데, 또 금(金)을 만나면 토기(土氣)가 덜어져 더욱 쇠(衰)해지고, 목(木)이 휴수(休囚)하는 때이니 왕금(旺金)을 만나면 제(制)되어 무력해지니 토(土)를 해치지 못하고, 토(土)가 허약하고 차가운 때이니 화(火)를 만나면 유익하다. 따라서 추토(秋土)는 반드시 화(火)가 있어야 한다.

당왕(當旺)한 금(金)은 화(火)를 만나면 제(制)할 수 있고, 쇠절(衰絶)한 목(木)은 화(火)를 만나면 변하기 때문에 화(火)가 아무리 많아도 꺼리지 않는다. 그러나 토(土)가 허약하며 차갑기 때문에 수(水)가 범람하면 반드시 괴멸되어 흩어지니 흉하다.

추토(秋土)가 비견(比肩)을 만나면 힘이 증가하는데, 이것은 입추(立秋) 후부터 상강(霜降) 전까지만 해당한다. 한로(寒露) 후에는 토왕(土旺)하여 술궁(戌宮)에 묘고(墓庫)되어 있는 화(火)가 생(生)해 주므로, 비견(比肩)의 도움이 없어도 생왕(生旺)할 수 있다. 이때 비견(比肩)을 만나면 오히려 지나칠 염려가 있다.

4. 동토(冬土)

동월(冬月)의 토(土)는 화(火)로 따뜻하게 하는 것을 가장 기뻐한다. 동월(冬月)은 만물을 거두어 들이며 천지(天地)가 얼어붙는 때라, 화(火)가 있으면 생기를 얻을 수 있어 기뻐하는 것이다. 수왕(水旺)하면 재물이 풍족하고, 금다(金多)하면 자식이 뛰어나고, 화성(火星)하면 영화로움이 있고, 수다(水多)하면 허물이 없다. 여기에 비견

(比肩)까지 있으면 더없이 아름다운 명(命)이 된다. 그러나 화(火)는 없는데 수왕(水旺)하면 괴멸되고, 금다(金多)하면 허약하고, 목다(木多)하면 흉하다. 이때는 비견(比肩)의 도움이 있어도 동토(冬土)가 중(重)하여 흉하다.

■ 진술축미월토(辰戌丑未月土)의 성질

진술축미월(辰戌丑未月)은 토(土)가 전왕(專旺)한 때다. 진술축미토(辰戌丑未土) 중에서 가장 극왕(極旺)한 것은 미토(未土)다. 진토(辰土)는 목기(木氣)를 띠어 극(剋)함이 있고, 축술토(丑戌土)는 금기(金氣)를 띠어 설(洩)함이 있으니 왕(旺)하다고 할 수 없다. 그리고 토(土)가 진술축(辰戌丑)에 이르면 가색격(稼穡格)이라, 중화(中和)되기 때문에 왕(旺)으로 보지 않는다. 따라서 미토(未土)를 가장 극왕(極旺)하다고 하는 것이다.

만일 토왕(土旺)한 미월(未月)에 중(重)한 토(土)를 또 만나면, 화염토조(火炎土燥)하여 가색격(稼穡格)으로 보지 않는다. 미월(未月)의 토(土)가 금국(金局)을 이루면 귀격(貴格)을 이루거나 부격(富格)을 이룬다. 고서(古書)에서는 토(土)가 금다(金多)를 만나면 귀격(貴格)을 이룬다고 했다. 이것은 미월(未月)을 가리키는 말이다.

토(土)는 사시(四時)에 따라 변하는데 다음과 같다. 진(辰)은 동방(東方) 목기(木氣)가 왕(旺)하고, 술(戌)은 서방(西方) 금기(金氣)가 왕(旺)하고, 축(丑)은 북방(北方) 수기(水氣)가 왕(旺)하다. 미토(未土)는 남방(南方) 화왕지지(火旺地支)에 있어 화기(火氣)를 얻어 생(生)하니, 미월토(未月土)가 극왕(極旺)한 것이나. 따라서 양간(陽

干)에는 인(刃)이 있는데 음간(陰干)에는 인(刃)이 없다. 그러나 기토(己土)가 미월(未月)에 태어나면 인(刃)이 있다.

진술축(辰戌丑) 중에서는 술(戌)이 화묘(火墓)이기 때문에 진축토(辰丑土)보다 왕(旺)하다. 그러나 토(土)가 진술축미월(辰戌丑未月)에 태어나면 진월(辰月)은 재자살(財滋殺)이 되고, 술월(戌月)은 토금상관패인(土金傷官佩印)이 되고, 미월(未月)은 살인상생(殺印相生)이 되고, 축월(丑月)은 식상생재(食傷生財)가 되어 모두 귀격(貴格)을 이룬다. 그러나 축월(丑月)은 반드시 화(火)로 배합해야 한다.

가색격(稼穡格)이 금(金)을 만나면 대부대귀(大富大貴)하나, 미월(未月)은 화왕(火旺土燥)하여 금(金)을 생(生)할 수 없다. 그러나 대서(大暑) 후에는 금수(金水)가 진기(進氣)하며 기토(己土)가 비습(卑濕)하다. 따라서 화왕(火旺)한 계절이라도 금(金)을 생(生)할 수 있다.

4. 금(金)

금(金)은 다른 오행(五行)들과는 달리, 음(陰)이지만 양(陽)의 정(精)을 내포하고 있어 견강(堅剛)하다. 만일 음(陰)으로만 되어 있고 견강(堅剛)하지 않으면 얼음이나 눈과 같아 화(火)를 만나면 소멸된다. 여기서 견강(堅剛)하다는 것은 경금(庚金)을 가리키는 말이고, 음(陰)으로만 되어 있다는 것은 신금(辛金)을 가리키는 말이다.

적천수(滴天髓)에 이르길, 경금(庚金)은 가장 강건하며 살(殺)을 띠고 있다고 했고, 신금(辛金)은 화(火)를 만나면 소멸되고, 병신(丙辛)이 상합(相合)하면 수(水)가 된다고 했다. 따라서 금(金)은 화(火)로 단련하지 않으면 기물을 이루지 못하고, 금(金)이 중(重)한데 화(火)가 가벼우면 큰 일을 도모하기 어렵고, 금(金)이 가벼운데 화(火)가 중(重)하면 단련함이 지나쳐 잃게 되고, 금(金)이 많은데 화성(火盛)하면 최상격(最上格)을 이룬다.

화금(火金)이 모두 있으면 주인(鑄印)이라 하는데, 이때 축(丑)을 범하면 모범(模範)이 손상된다. 화금(火金)이 많으면 승헌(乘軒)이라 하는데, 이때 사쇠지(死衰地)를 만나면 흉하다. 목화(木火)가 연금(煉金)하면 진퇴가 빠르고, 순금(純金)이 수(水)를 만나면 대부격(大富格)을 이룬다.

금(金)이 수(水)를 생(生)하나 수왕(水旺)하면 침몰하고, 토(土)가 금(金)을 생(生)하나 금다(金多)하면 천(賤)하고, 수(水)가 없으면 건고(乾枯)하고, 수(水)가 중(重)하면 침몰되고, 토(土)가 없으면 사절(死絶)되고, 토(土)가 중(重)하면 매몰되니 흉하다.

화금(火金)이 각각 두 개씩 있으면 최상격(最上格)을 이루나, 목금(木金)이 두 개씩 있으면 재(財)가 부족하다. 금(金) 하나가 수(水) 세 개를 생(生)하면 힘이 약해져 이기기 어렵고, 금(金) 하나가 목(木) 세 개를 만나면 완둔하여 손상된다. 금성(金盛)하면 화멸(火滅)하여 기물을 이루지 못하고, 화(火)를 좋아하나 이미 기물을 이루었으면 꺼린다. 신유사축(申酉巳丑)에 임하면 이루어짐이 있다. 이때 서북운(西北運)은 길하나 남방운(南方運)은 흉하다.

경금(庚金)은 정화(丁火)를 기뻐하고, 신금(辛金)은 임수(壬水)를 기뻐하나, 경금(庚金)은 강건하기 때문에 화(火)로 단련하지 않으면 기물을 이루지 못한다. 따라서 화(火)를 가장 중요하게 생각한다. 금(金)이 중(重)한데 화(火)가 가벼우면 연금(煉金)할 힘이 없고, 화(火)가 중(重)한데 금(金)이 가벼우면 녹아버린다.

금화(金火)를 균등하게 갖추면 주인(鑄印)이라 하여 귀격(貴格)을 이룬다. 그러나 축(丑)을 만나면 금(金)이 입묘(入墓)되어 힘이 균등하지 못한다. 이것을 손모(損模)라 한다. 그리고 금(金)이 사쇠지(死衰地)에 이르면 화(火)가 매우 왕(旺)하고, 화(火)가 사쇠지(死衰地)에 이르면 금(金)이 매우 왕(旺)하니 모두 균등하지 못하여 흉하다. 이때는 목화(木火)의 재관(財官)으로 연금(煉金)해야 하는데, 목(木)이 화(火)를 생(生)하고 금왕(金旺)하면 관(官)이 연금(煉金)하여 예리함이 나타난다. 그러나 운이 지나가면 막히니 물러남이 빠르다.

화금(火金)이 양정(兩停)하면 아름다우니, 화금(火金)이 각각 두 개씩 있으면 최상격(最上格)을 이룬다. 금성(金盛)하면 화멸(火滅)하는 것은 금(金)이 신유지(申酉地)에 이르기 때문이다. 화(火)가 신유(申酉)에 이르면 병사지(病死地)에 임한 것이니, 평범한 명(命)이 되어 화(火)를 기뻐한다. 그러나 국(局)이 변하여 전왕격(專旺格)을 이루면 종혁(從革)이라 하여 화(火)를 꺼린다. 이때는 서북운(西北運)은 길하나 동남운(東南運)은 흉하다.

만일 금(金)이 기물을 이루지 않았으면 평범한 격국(格局)이고, 기물을 이루었으면 지지(地支)에 방국(方局)을 이루어 국(局)이 변했다는 뜻이다. 그리고 주인(鑄印)과 승헌(乘軒)은 권세와 귀(貴)를 나타낸다. 경금(庚金)은 정화(丁火)를 기뻐하므로 관성(官星)을 만나면 귀격(貴格)을 이루고, 금(金)이 수(水)를 만나면 식신상관(食神傷官)을 이룬다.

순금(純金)은 신금(辛金)을 말하는데, 식상생재(食傷生財)하면 재물이 풍족하다. 그러나 강금(剛金)이 수(水)를 만나면 수기(秀氣)를 설(洩)하나, 금(金)이 적게 있는데 수(水)를 만나면 금기(金氣)가 심하게 설(洩)되기 때문에 침몰되어 무용지물이 된다. 따라서 금(金)이 수왕(水旺)한 동월(冬月)에 태어났는데, 수다(水多)하면 금수상관(金水傷官)이 되어도 귀격(貴格)을 이루지 못한다.

금(金)이 토(土)를 만나면 인수(印綬)가 되나, 토(土)가 적게 있으면 윤택하여 금(金)을 생(生)하고, 토(土)가 많으면 메마르니 반대로 매금(埋金)된다. 금(金)이 목(木)을 만나면 재(財)로 삼는데, 신왕(身旺)하면 반드시 부귀격(富貴格)을 이룬다. 그러나 신약재다(身弱財多)하면 재물이 없다. 목금(木金)이 각각 두 개씩 있으면 재물이 풍부하고, 금(金)은 하나밖에 없는데 목(木)이 세 개 있으면 금(金)이 완둔하여 스스로 손상된다.

1. 춘금(春金)

춘월(春月)의 금(金)은 한기(寒氣)가 남아 있으니, 화(火)로 따뜻하게 하여 윤택하게 해주면 유용한 금(金)을 이룬다. 그러나 이때는 반드시 많은 토(土)로 보좌해야 한다. 만일 화(火)가 없으면 토(土)가 차갑기 때문에 좋은 금(金)이 되지 못하고, 토(土)가 없으면 화(火)가 뜨겁기 때문에 극금(剋金)한다.

다시 말해, 금(金)은 추월(秋月)이 숙살(肅殺)하는 때라, 인월(寅月)은 절지(絶地)이고 묘월(卯月)과 진월(辰月)은 태양지(胎養地)에 들어가니 식멸(熄滅)된다. 그리고 묘월(卯月)과 진월(辰月)은 양기

(陽氣)가 점점 성(盛)해지는 때이니, 반드시 습토(濕土)로 금(金)을 생(生)하며 화(火)로 따뜻하게 해야 한다. 만일 화왕(火旺)한데 수(水)가 없으면 조열(燥烈)하여 금(金)이 매우 약해지므로 단련을 견디지 못한다. 춘금(春金)은 토(土)가 없으면 흉하나 태다(太多)하면 매몰될 염려가 있고, 화(火)가 없으면 흉하나 지나치게 왕(旺)하면 녹아버릴 염려가 있다.

후한 토(土)로 보좌해야 한다는 것은, 춘월(春月)은 목왕(木旺)한 때라 토기(土氣)가 허약하다. 따라서 후하지 않으면 금(金)을 돕기 어렵다. 만일 수성(水盛)하면 한기(寒氣)를 도와 칼날처럼 예리해져 자선심이 없고, 목왕(木旺)하면 힘이 손상되어 이지러질 염려가 있고, 화(火)가 없으면 비겁(比劫)이 장점을 잃어 어질지 못하다. 이때는 비견(比肩)으로 도와야 한다. 수(水)는 금(金)의 식상(食傷)인데, 춘금(春金)은 미약하므로 도움이 필요하다. 초춘(初春)에는 한기(寒氣)가 남아 있으니 수성(水盛)하면 한기(寒氣)를 증가시키고, 목(木)은 금(金)의 재(財)인데 목왕(木旺)하니 쇠금(衰金)이 어떻게 이길 수 있겠는가.

다시 말해, 춘금(春金)이 수성목왕(水盛木旺)하면 반드시 비겁(比劫)으로 도와야 위태로움을 면할 수 있다. 이때 비겁(比劫)은 있으나 화(火)가 없으면 완둔하여 불령(不靈)함을 싫어한다. 따라서 화(火)가 있어야 상제(相制)할 수 있다. 금(金)은 견강(堅剛)하여 날카롭고 예리하나, 춘월(春月)은 금(金)의 때가 아니므로 전적으로 남의 힘에 의지해야 한다. 그러나 배합과 중화(中和)를 얻는 것이 쉬운 일이 아니다.

2. 하금(夏金)

 하월(夏月)의 금(金)은 더욱더 유약하기 때문에 형태조차 갖추어지지 않았으니 사절(死絶)되면 매우 흉하다. 금(金)은 사궁(巳宮)에서 생(生)하므로 하월(夏月)은 장생지(長生地), 목욕지(沐浴地), 관대지(冠帶地)에 해당한다. 화금(火金) 사이에는 대개 토(土)가 가로막고 있으면서 화(火)에 기왕(寄旺)하니, 조열(燥烈)한 토(土)는 금(金)을 생(生)하기 어렵다. 따라서 하금(夏金)은 금(金)이 사(巳)에서 생(生)해도, 형질이 갖추어지지 않아 춘금(春金)보다 더 유약한 것이다. 만일 년일시지(年日時支)에서 다시 사절지(死絶地)에 이르면 구제할 방법이 없다.

 하금(夏金)은 화다(火多)해도 두려워 하지 않고, 수성(水盛)하면 길하고, 목(木)을 만나면 손상되고, 금(金)을 만나면 정기(精氣)가 증가하고, 토(土)가 적게 있으면 매우 유용하나 많으면 매몰되어 쓸모없다.

 유약한 하금(夏金)이 화다(火多)함을 두려워하지 않는 것은, 사오미월(巳午未月)에는 토(土)가 모두 암장(暗藏)되어 있기 때문이다. 암장(暗藏)된 토(土)는 금(金)을 생(生)하기 어려우나, 토(土)가 가로막고 있으니 화(火) 역시 금(金)을 녹이기 어렵다. 이때는 수(水)를 만나야 한다. 수(水)는 화(火)를 제(制)하며 토(土)를 윤택하게 하여 금(金)을 생(生)하기 때문이다. 만일 목(木)을 만나면 토(土)를 파(破)하며 화(火)를 도와 극금(剋金)한다. 화(火)는 금(金)의 관(官)인데, 일간(日干)을 극(剋)하면 귀(鬼)가 되어 살(殺)이 된다.

 유약한 금(金)은 토(土)도 생조(生助)하면 기뻐하나, 사금(死金)은 정수리에 진흙을 덮는 것을 꺼리기 때문에 토(土)가 많으면 매몰된다. 따라서 하금(夏金)이 토(土)를 기뻐한다 해도 한두 개 정도 있어야 유용하고, 다시 수(水)로 윤택하게 해야 한다.

 하금(夏金)은 토(土)가 윤택하여 금(金)을 생(生)하는 것이 가장 좋다. 또 비겁(比劫)으로 도우면 좋으나, 하월(夏月)에는 대개 수(水)가 절지(絶地)에 들어간다. 근원이 없는 수(水)는 화토(火土)가 건조하면 쉽게 마른다. 따라서 반드시 금(金)으로 생(生)해야, 충분히 화(火)를 제(制)하며 토(土)를 윤택하게 할 수 있다.

3. 추금(秋金)

 추월(秋月)의 금(金)은 숙살(肅殺)하여 당권(當權)하고 득령(得令)하는 때이니 외음내양(外陰內陽)하다. 초목이 견강(堅剛)한 추금(秋金)을 만나면 꺾여 훼손된다.

 추금(秋金)은 화(火)로 단련하면 종정(鍾鼎)의 기물을 이루고, 토(土)로 배양(培養)하면 완고하며 탁하고, 수(水)를 만나면 총명하고, 목(木)을 만나면 위력을 떨치고, 금(金)을 만나면 더욱더 강해지니 극왕(極旺)하면 꺾인다.

 추금(秋金)이 관살(官殺)이 있으면 재(財)로 상생(相生)하는 것을 기뻐하고, 금(金)이 당권(當權)하고 득령(得令)했으니 인성(印星)의 도움은 좋지 않다. 인성(印星)은 오히려 경금(庚金)을 상하게 한다.

 강한 신금(辛金)은 수(水)를 만나면 꺾이니, 기왕(氣旺)한데 설(洩)되면 금청수수(金清水秀)라 하여 더욱더 총명하다. 이것을 금수상관격(金水傷官格)이라 한다.

목(木)이 추월(秋月)에 이르면 시들어지니, 왕금(旺金)이 사목(死木)을 극(剋)하면 부실한 가지가 쉽게 꺾여 마음대로 위력을 떨친다. 목(木)은 금(金)의 재(財)인데, 수(水)로 목(木)을 배양(培養)하나 금(金)이 감당할 수 있다. 따라서 식신생재격(食神生財格)이 되어 상격(上格)을 이룬다.

추금(秋金)이 극왕(極旺)한데, 금(金)을 또 만나면 기(氣)가 중(重)하여 더욱더 왕(旺)해진다. 이때는 화(火)로 극(剋)하거나 수(水)로 설(洩)하지 않으면 손상된다.

4. 동금(冬金)

동월(冬月)에는 금(金)이 왕기(旺氣)를 지나 한냉(寒冷)하며 약하다. 따라서 목다(木多)하면 다듬기 어렵고, 수성(水盛)하면 가라앉을 염려가 있고, 토(土)는 수(水)를 제(制)할 수 있으니 화(火)가 도와주면 공(功)을 세울 수 있다. 비견(比肩)을 만나면 서로 돕고, 관인(官印)을 만나면 온양(溫養)하는 이로움이 있다.

다시 말해, 동월(冬月)에는 왕수(旺水)가 금기(金氣)를 암설(暗洩)하기 때문에 쇠금(衰金)이 목(木)을 극(剋)하기 어렵다. 따라서 목다(木多)하면 공(功)을 베풀기 어렵다. 이것은 재(財)로 삼기 어렵다는 뜻이니.

동금(冬金)이 수(水)를 만나면 수(水)가 영(令)을 잡고 왕기(旺氣)를 띠니 진상관(眞傷官)이 된다. 그러나 금(金)은 생수(生水)하니 수왕(水旺)하면 금(金)이 침몰한다. 따라서 쇠금(衰金)이 왕수(旺水)를 만나면 가라앉을 염려가 있어 상관(傷官)이 무용지물이 된다토(土)가 수(水)를 제(制)하는데 금(金)이 토(土)를 감추고 있으면 냉하지만은 않다. 그러나 금(金)의 도움이 없으면 반드시 화(火)로 구제해야 한다. 이때 화토(火土)가 상생(相生)하면 금(金)이 온양(溫養)해진다.

다시 말해, 동금(冬金)에게 화(火)는 관(官)이고, 토(土)는 인(印)이므로 동금(冬金)은 반드시 관인(官印)이 있어야 한다. 만일 인성(印星)만 있으면 유용하지 않다. 이때는 반드시 관살(官殺)로 도와야 한다. 관(官)이 없으면 금수상관격(金水傷官格)을 이룰 수 없고, 토금인수(土金印綬)도 이룰 수 없다. 한마디로, 동금(冬金)은 관(官)이 없으면 격(格)을 이루지 못한다.

5. 수(水)

하늘은 서북(西北)으로 기울어 해(亥)가 출수(出水)하는 방위이고, 땅은 동남(東南)으로 기울어 진(辰)이 납수(納水)하는 곳이다. 물은 역류하여 갑(甲)에 이르면 소리를 만드니 서(西)로 흐르지 않는다. 수성(水性)은 윤하(潤下)이기 때문에 순하면 이해심과 도량이 넓다. 이때 길신(吉神)이 도와주면 귀격(貴格)을 이룬다. 따라서 입격(入格)하면 청귀(淸貴)하여 성예(聲譽)가 있고, 형충(刑沖)되면 횡류(橫流)하나 스스로 사절(死絶)되면 길하다.

다시 말해, 사시(四時)의 기(氣)는 수화(水火)로 생(生)을 삼는다. 화(火)는 염상(炎上)이요 수(水)는 윤하(潤下)이니, 수(水)가 신(申)

에서 생(生)하며 해자(亥子)에서 녹왕(祿旺)을 얻는다. 진(辰)에 이르면 그쳐 귀납(歸納)이 되고, 진(辰)은 묘(墓)에 해당한다. 스스로 순행(順行)하면 너그러우나 역행(逆行)하면 사나워져 소리가 나는 것이다.

십이신(十二神)을 순행(順行)한다는 것은 신유술해자축인묘진사오미(申酉戌亥子丑寅卯辰巳午未)로 흐르는 것을 말하고, 역행(逆行)한다는 것은 신미오사진묘인축자해술유(申未午巳辰卯寅丑子亥戌酉)로 흐르는 것을 말한다. 순행(順行)이든 역행(逆行)이든 모두 입격(入格)하면 귀(貴)가 따르나, 형충(刑沖)되면 사나워져 제방을 무너뜨린다. 스스로 사(死)에 이르는 것은 임인(壬寅)과 계묘(癸卯)이고, 스스로 절(絶)되는 것은 계사(癸巳)와 임오(壬午)인데, 좌하(坐下)에 재관(財官)이 있으니 모두 부귀격(富貴格)을 이룬다.

수(水)는 금(金)으로 생(生)해야 수원(水源)이 끊어지지 않는다. 수(水)가 멀리 흐르거나 범람하면 극토(剋土)하기 때문에 제방을 쌓아야 한다. 수화(水火)가 균등하면 기제(旣濟)되고, 수토(水土)가 혼잡하면 수원(水源)이 탁하여 흉하고, 화다(火多)하면 수(水)가 고갈되어 흉하고, 토중(土重)하면 수(水)가 흐르지 않아 흉하고, 금(金)이 사(死)하면 수(水)가 부족하여 흉하고, 목왕(木旺)하면 수(水)가 사(死)하니 흉하다.

심지(沈芝)에서는 여명(女命)이 수명(水命)인데 수(水)가 동요하면 탁하고 범람함이 많아 흉하다고 했고, 구결(口訣)에서는 양수(陽水)가 신약(身弱)하면 가난하고, 음수(陰水)가 신약(身弱)하면 귀격(貴格)을 이룬다고 했다.

수(水)가 춘하(春夏)에 대이나면 휴수지(休囚地)에 해당한다. 이것을 무원(無源)이라 하여, 금(金)으로 생(生)하면 수원(水源)이 깊고 흐름이 길다. 수(水)가 추동(秋冬)에 태어나면 매우 왕(旺)하여 범람한다. 이때는 토(土)로 제방해야 한다.

수화(水火)가 균등하다는 것은 병화(丙火)를 말한다. 이때 수보양광(水輔陽光)하고 식상(食傷)이 있어 기(氣)가 통하면 기제(旣濟)의 미(美)를 이룬다. 수토(水土)가 혼잡하다는 것은 기토(己土)를 말한다. 이때 갑목(甲木)으로 제(制)하지 않으면 수원(水源)이 탁하여 흉하다. 따라서 임수(壬水)는 관성(官星)을 취하지 않는다.

화왕(火旺)하면 수(水)가 메마른다. 이때는 금(金)으로 생(生)해야 하는데, 수(水)로 도와야 하니 겁재(劫財)와 인수(印綬)를 함께 취해야 하고, 토중(土重)하면 수(水)의 흐름이 험하고 막히니 갑목(甲木)으로 소통시켜야 한다.

금(金)은 수원(水源)이니 금수(金水)가 상생(相生)하면 수(水)의 흐름이 끊어지지 않는다. 금(金)이 자(子)에 이르면 사지(死地)에 들어가니, 자식이 어머니를 잃어 고독한 형상이 된다. 따라서 계수(癸水)가 자축월(子丑月)에 태어나면 병화(丙火)로 따뜻하게 해주고, 다시 신금(辛金)으로 생(生)해야 한다.

목(木)은 수기(水氣)를 설(洩)한다. 따라서 수(水)가 목왕(木旺)한 인묘월(寅卯月)에 태어나면 수(水)의 청기(淸氣)가 모두 설(洩)된다. 다시 말해, 인묘(寅卯)는 수(水)의 사지(死地)이니 금(金)으로 생(生)해야 한다. 임수(壬水)는 양수(陽水)이니 신약(身弱)을 꺼리나, 계수(癸水)는 음수(陰水)이니 신약(身弱)을 꺼리지 않는다.

1. 춘수(春水)

 춘월(春月)의 수(水)는 물이 넘쳐 음(淫)하다. 수(水)는 동월(冬月)에는 냉혹하나 춘월(春月)에는 양화(陽和)하여 따뜻하다. 따라서 습윤(濕潤)해져 기세가 흩어지기 때문에 돌아갈 곳이 없다. 그러므로 수(水)가 춘월(春月)에 이르면 병사묘지(病死墓地)가 되어 왕기(旺氣)가 물러간다.

 수(水)의 본성은 많으면 범람하고, 적으면 고갈되며 산만하여 근원이 없다. 그러므로 춘수(春水)가 또 수(水)를 만나면 제방을 무너뜨리나, 토성(土盛)하면 물이 범람할 근심이 없다. 금(金)으로 생(生)하면 길하나 금성(金盛)하면 좋지 않다. 화(火)와 기제(既濟)되면 길하나 화다(火多)하면 좋지 않다. 목(木)을 만나면 자선심이 있으나 토(土)가 없으면 산만해져 근심이 따른다.

 다시 말해, 수(水)가 범람하는데 또 수(水)를 만나면 왕양(汪洋)하여 도리를 모른다. 따라서 춘월(春月) 임수(壬水)는 지지(地支)에 겁인(劫刃)이 있는데, 천간(天干)에 비겁(比劫)이 투출(透出)하면 반드시 무토(戊土)로 제방해야 한다. 그러나 겁인(劫刃)이 없으면 춘수(春水)가 겉으로는 사나운 것 같아도 속으로는 유약하기 때문에 무토(戊土)는 무용지물이 된다. 이때 무토(戊土)가 많으면 다시 갑목(甲木)으로 제(制)해야 수(水)의 흐름이 막히지 않는다.

 수(水)는 금(金)의 생(生)을 근원으로 삼는데, 춘월(春月)에는 목왕화상(木旺火相)하여 수기(水氣)가 설(洩)되어 고갈되니, 금(金)이 생부(生扶)하면 근원이 멀어 길게 흐르며 목(木)을 제(制)할 수 있다. 그러나 금(金)이 생(生)히지 않으면 어렵고, 금다(金多)하면 수(水)

가 탁해지니 좋지 않다. 수화(水火)가 기제(既濟)되면 아름다워지나, 화(火)가 없으면 수(水)가 차갑다. 따라서 임수(壬水)는 반드시 병화(丙火)가 있어야 한다. 만일 임수(壬水)가 병화(丙火)의 조명을 얻으면 춘강수난(春江水暖)이라 하여 기세가 융화한다. 그러나 왕성하면 수(水)가 고갈되기 때문에 좋지 않다. 이때는 비겁(比劫)으로 구해야 한다.

춘월(春月)은 목(木)이 당왕(當旺)한 때라, 춘수(春水)가 목(木)을 만나면 수목진상관(水木眞傷官)을 이룬다. 그러나 수(水)가 적으면 설(洩)되니 겁인(劫刃)으로 구해야 하고, 수성(水盛)하면 목(木)이 뜨게 되니 토(土)로 뿌리를 배양(培養)해야 한다. 이때 화(火)로 따뜻하게 해주면 수목(水木)이 청화(淸華)한 상(象)을 이룬다. 이것은 수목상관(水木傷官)이 재관(財官)을 기뻐하기 때문이다.

2. 하수(夏水)

하월(夏月)의 수(水)는 기세가 쇠절(衰絶)하여 근원으로 돌아가니 물이 맑다. 따라서 비견(比肩)이 있으면 길하고, 금(金)이 생(生)하면 길하다. 그러나 화왕(火旺)하면 메마르기 때문에 흉하고, 목성(木盛)하면 도설(盜洩)하기 때문에 흉하고, 토왕(土旺)하면 흐름이 멈추기 때문에 흉하다.

다시 말해, 쇠절(衰絶)한 수(水)를 화토(火土)로 조열(燥烈)하면 자연히 말라붙을 수밖에 없다. 이때 금(金)으로 생(生)하면 오히려 부족함을 원망하니 비겁(比劫)으로 도와야 한다. 금(金)이 비록 생수(生水)하나 하월(夏月)은 금기(金氣)가 미약한 때이니, 수(水)가 돕지 않으면 금(金)이 녹아버린다. 이때는 수(水)로 금(金)을 호위한 뒤, 금(金)으로 생수(生水)하면 서로 구제된다. 화(火)는 당왕(當旺)한 기(氣)이고, 토(土) 역시 왕(旺)하기 때문에 화다(火多)하면 근원이 없는 수(水)는 반드시 말라붙는다. 목성(木盛)하면 수기(水氣)를 설(洩)하고, 화왕(火旺)함을 돕기 때문에 화토(火土)가 중(重)하면 빨리 말라붙는다. 다시 말해, 쇠절(衰絶)한 기(氣)는 생조(生助)해야 하고, 극(剋)이나 설(洩)을 할 수 없으니 쇠약하면 손해가 많다.

3. 추수(秋水)

추월(秋月)의 수(水)는 모왕자상(母旺子相)하고 물이 맑다. 다시 말해, 금(金)은 어머니이고 수(水)는 자식인데, 추월(秋月)에는 금(金)이 영(令)을 잡으니 임수(壬水)가 장생(長生)되어 모왕자상(母旺子相)한 것이고, 세력이 병행하여 금수(金水)가 청(淸)하여 물이 맑은 것이다.

추수(秋水)는 금(金)으로 도우면 청(淸)하고, 토(土)를 많이 만나면 청평(淸平)한 뜻을 이룬다. 그러나 토왕(土旺)하면 혼탁하고, 화다(火多)하면 재성(財盛)하고, 목성(木盛)하면 자식에게 영화가 따르고, 수(水)가 중(重)하면 범람할 염려가 있다.

추수(秋水)는 물이 맑아야 귀격(貴格)을 이룬다. 금(金)으로 생(生)하면 금백수청(金白水淸)이라 하여 수기(秀氣)를 많이 발(發)한다. 토중(土重)하면 혼탁해진다는 것은 기토(己土)를 가리키는 말이고, 토(土)를 만나면 청평(淸平)해진다는 것은 무토(戊土)를 가리키는 말이다. 임수(壬水)가 충분(沖奔)하니 무토(戊土)가 없으면 제지하지 못한다.

만일 계일주(癸日柱)가 임수(壬水) 비겁(比劫)이 있으면 임수(壬水)와 같아, 수(水)를 여러 번 만나면 범람할 우려가 있다. 이때는 무토(戊土)로 제방해야 수(水)가 제자리로 돌아가 청평(清平)을 얻는다. 수(水)에게 화(火)는 재(財)이고 목(木)은 식상(食傷)인데 추수(秋水)가 왕상(旺相)하여 비록 화(火)가 많아도 감당할 수 있으니 화다(火多)하면 재성(財盛)하고, 수왕(水旺)하면 수기(秀氣)를 설(洩)해야 한다. 따라서 목성(木盛)하면 자식에게 영화가 따르는 것이다.

4. 동수(冬水)

동월(冬月)의 수(水)는 사령(司令)하여 권리를 잡으니 왕(旺)하여 한기(寒氣)가 혹독하다. 그러므로 동수(冬水)는 화(火)를 만나면 한기(寒氣)를 제거하고, 토(土)를 만나면 형장(形藏)되어 귀화(歸化)하고, 금다(金多)하면 의리가 없고, 목성(木盛)하면 유정(有情)하고, 토(土)가 너무 많으면 깨끗한 수(水)를 마르게 한다. 이때 음수(淫水)가 범람하면 토(土)로 제방해야 한다.

토(土)를 만나면 형장(形藏)되어 귀화(歸化)한다는 것은 형체가 보이지 않는다는 뜻이다. 이것은 수(水)가 높은 언덕에서 급하게 흘러 땅 속으로 들어가는 것과 같으니 무용지물이 된다. 따라서 동수(冬水)는 아무리 왕(旺)해도 관살(官殺)은 취할 수 없다.

동수(冬水)는 극왕(極旺)하기 때문에 금(金)의 생(生)이 필요하지 않다. 금수(金水)가 한냉(寒冷)하면 의리가 없기 때문이다. 왕수(旺水)가 목(木)을 만나면 설기(洩氣)하여 유정(有情)하나, 수(水)가 차가위 목(木)이 얼게 되므로 역시 생의(生意)가 없다. 이때는 오직 화(火)를 만나야만 한기(寒氣)를 제거할 수 있다. 수(水)가 양화(陽和)한 기(氣)를 얻어 활동하면 목(木)이 수기(秀氣)를 설(洩)한다. 이때 토(土)를 자윤(滋潤)하고 금(金)을 온윤(溫潤)하게 만들면 매우 유용하다.

 엄동설한에는 수(水)는 적은데 토(土)가 많으면 연못이 얼어붙어 무용지물이 된다. 수(水)가 범람해야만 토(土)로 제방을 쌓을 수 있으나, 화(火)가 없으면 불가하다. 한마디로, 동수(冬水)는 반드시 재(財)가 관(官)을 생(生)해야 상격(上格)을 이룬다. 따라서 조후(調候)가 가장 중요하다.

2장. 오행(五行)의 희기(喜忌)

1. 목(木)

인월(寅月) 목(木)은 맑음을 기뻐하고 한기(寒氣)를 꺼린다. 따라서 식신생재(食神生財)가 있으면 부귀(富貴)와 명리(名利)를 이룰 수 있고, 만일 재성(財星)만 있는데 식상(食傷)의 도움이 없으면 단지 영리(榮利)를 이룰 뿐이다. 화토(火土)가 지나치게 조열(燥熱)한데 인수(印綬)가 없어 윤택하게 만들지 못하면 평생 암병(暗病)이 많으며 고독하다. 만일 식신제살격(食神制殺格)을 이루면 부귀(富貴)를 도모할 수 있으나, 제(制)하지 못하면 손상되어 고극(孤剋)함을 면하지 못하고, 용맹하나 예의를 모른다. 만일 지나치게 한습(寒濕)하면 반드시 빈한(貧寒)하며 음란한 사람이 된다. 관인상생(官印相生)에 화토(火土)가 없어도 이치가 같다.

묘월(卯月) 목(木)은 식상생재(食傷生財)를 이루면 길하나, 화(火)

가 성(盛)하여 설(洩)되면 질병이 따른다. 인수(印綬)가 지나치게 성(盛)해도 흉하니, 수(水)가 지나치게 생(生)해도 방탕하여 빈천(貧賤)하거나 요절(夭折) 등이 따른다. 춘목(春木)이 금(金)을 만나면 좋지 않고, 식신(食神)이 제살(制殺)하나 지나치게 제복(制伏)해도 흉하다.

진월(辰月) 목(木)은 양화(陽和)한 기(氣)를 좋아한다. 수화토(水火土)의 배합이 적당하면 복수(福壽)가 끊어지지 않고, 식신생재(食神生財)가 인수(印綬)를 만나면 문장이 뛰어난다.

사월(巳月) 목(木)은 인수(印綬)를 거듭 만나면 분주하고 음란한 무리가 된다. 그러나 식신생재(食神生財)하여 재성(財星)을 파(破)하면 부귀격(富貴格)을 이룬다. 사월(巳月) 화(火)는 왕성하지 않으나 미약한 화기(火氣)를 기뻐한다. 이것은 화(火)가 왕성하면 목기(木氣)를 설(洩)하여 건고(乾枯)해지기 때문이다. 그렇지 않으면 장생(長生)된 금(金) 역시 길하지 않다.

오월(午月)과 미월(未月) 목(木)은 반드시 인수(印綬)로 용신(用神)을 삼아야 하고, 관(官)이 인수(印綬)를 도와주면 길하다. 따라서 관인상생(官印相生)이나 상관패인(傷官佩印)이 되면, 인수(印綬)가 통근(通根)되어 힘이 있으니 아름다운 명(命)이 된다. 만일 식상(食傷)이 잡되어 어지러우면 가난하거나 요절이 따르고, 신약(身弱)해도 재관(財官)을 감당하기 어렵다.

신월(申月) 목(木)은 아직 염조(炎燥)함이 남아 있으니 식상(食傷)을 꺼리고, 재(財)가 인수(印綬)의 관인상생(官印相生)을 상하게 하지 않아야 길하다. 인성(印星)이 왕성한데 재(財)가 없으면 떠돌이 신세가 되어 의지할 곳이 없으니, 재향(財鄕)으로 들어가면 명리(名

利)를 이룰 수 있다.

유월(酉月)과 술월(戌月) 목(木)은 식상(食傷)이 난잡하면 빈천(貧賤)하거나 요절(夭折)이 따른다. 이것은 추양(秋陽)이 조열(燥熱)하면 가물어, 만물이 메마르기 때문이다. 추목(秋木)은 대개 지지(地支)에서 토(土)가 목(木)의 뿌리를 배양하고, 금(金)으로 목(木)을 제(制)하여 기물을 이루고, 수(水)나 화(火)로 강금(剛金)의 예리함을 극설(剋洩)하면 길하다. 동남목화운(東南木火運)으로 흐르면 길하다.

해월(亥月) 목(木)은 화(火)로 따뜻하게 만들고 토(土)가 배양해주면 부귀격(富貴格)을 이룬다. 만일 금(金)이 있으면 목(木)의 뿌리를 상하게 하지는 않는다 해도 육친덕이 없고 골육이 흩어진다. 관인상생(官印相生)이 있는데 식상(食傷)이 없으면, 목(木)이 수(水)를 받아들이지 않아 병(病)이 되기 때문에 빈한(貧寒)하며 고극(孤剋)한 명(命)이 된다.

자월(子月)과 축월(丑月) 목(木)은 부귀(富貴)가 식상생재(食傷生財)나 식신제살(食神制殺)에 있다. 관살(官殺)이 있는데 식상(食傷)이 없으면 청고(淸高)하나 작게 이룬다. 동목(冬木)은 남방운(南方運)으로 흐르면 길하나, 원국(原局)이 수왕(水旺)하면 흉하다. 동목(冬木)은 숙살(肅殺)이 지난 후를 만나는 것이니, 명(命)이 다시 뿌리로 돌아가는 것이다. 청명한 때 태어나 미약하게나마 춘의(春意)가 있으면 일생이 평탄하고, 수(水)가 얼어붙고 눈이 쌓이는 때를 만나면 빈한(貧寒)하며 고극(孤剋)한 명(命)이 된다.

2. 화(火)

화(火)는 목(木)에게 의지하면 밝아지고, 수(水)가 있으면 기제(旣濟)를 이룬다. 따라서 수목(水木)의 배합이 좋아야 길하다. 화(火)는 목(木)에 의지해서 생(生)할 수 있으나 화(火)가 많으면 목(木)이 불타게 되고, 화(火)는 충분히 토(土)를 생(生)할 수 있으나 토(土)가 많으면 어두워지고, 화(火)는 충분히 금(金)을 극(剋)할 수 있으나 금(金)이 많으면 꺼진다. 화(火)가 왕성한데 수(水)가 있으면 상제(相濟)되나, 화(火)가 약하면 수(水)로 인하여 꺼진다.

춘월(春月) 화(火)는 건목(乾木)을 만나면 광휘가 나타나나, 습목(濕木)을 만나면 어두워진다. 따라서 춘화(春火)가 관살(官殺)이 왕성하면 노력을 많이 해도 공(功)이 없다. 만일 신약(身弱)한데 재관(財官)이 왕성하면 빈천(貧賤)하거나 요절(夭折)이 따르고, 재인(財印)이 상제(相制)하나 상극(相剋)하지 않으면 부귀격(富貴格)을 이루며 예의범절이 바른 사람이 된다.

토(土)가 기듭 있어 화(火)를 어눕게 하는 것은 식상(食傷)이 난잡하다는 뜻이다. 이때는 목(木)으로 화(火)를 왕성하게 만들어야 한다. 그렇지 않으면 음란하며 이룸이 작다. 춘화(春火)는 오행(五行)이 서로 생(生)하고 제(制)해야 아름다운 명(命)이 된다. 따라서 재격(財格)이 있으면 부귀격(富貴格)을 이룬다.

하월(夏月)의 화(火)는 권리를 잡았으니 인수(印綬)와 비겁(比劫)이 지나치게 생부(生扶)하면 요절(夭折)하거나, 가난하거나, 고독한 명(命)이 된다.

사월(巳月) 화(火)가 관인상생(官印相生)이 있으면 음비(蔭庇)의 귀(貴)가 있고, 식상생재(食傷生財)가 있는데 서북운(西北運)으로 흐르면 역시 권모(權謨)가 있어 명리(名利)를 얻는다.

오월(午月)과 미월(未月) 화(火)는 미약한 수(水)를 만나면 수(水)의 근본을 상하게 만든다. 이때는 관살(官殺)이 성(盛)하고, 인수(印綬)와 식상(食傷)이 중화되어야 부귀격(富貴格)을 이룬다. 화왕(火旺)한데 식상(食傷)이 있으면 일을 많이 벌리고, 마음이 착하여 베풀기를 좋아하나 은혜를 베풀어도 원망을 받는다.

하화(夏火)는 재(財)가 겁탈을 당하면 사업을 이룬다고 해도 끝내는 실패하고, 재색(財色)으로 인하여 화액을 당한다. 식신제살격(食神制殺格)을 이루었는데 신운(申運)으로 흐르면 기술업으로 명리(名利)를 얻고, 서북운(西北運)으로 흘러 칠살(七殺)을 도우면 명리(名利)를 이룬다.

초추(初秋)의 화(火)는 염열(炎烈)한 위력이 남아 있으니, 식신제살격(食神制殺格)을 이루면 귀격(貴格)이 된다. 그러나 인격(印格)이 비겁(比劫)을 만나면 부귀(富貴)가 오래가지 못한다. 추화(秋火)가 종재(從財)하거나 식상생재(食傷生財)하면 부귀격(富貴格)을 이루더라도 호탕함이 지나쳐 좋지 않다.

금(金)은 의(義)를 나타내는데, 금(金)이 많으면 의(義)와 인(仁)을 갖추지 않은 사람이 된다. 이때 원국(原局)에서 인수(印綬)가 재(財)를 돕지 못하면, 처첩이 다투고 재색(財色)으로 인하여 화를 부른다. 추화(秋火)가 상관(傷官)을 만나면 인성(印星)이 있어야 아름다운 명(命)이 된다. 그렇지 않으면 고형(孤刑)하여 이룸이 작고 실(實)함이 없다.

동월(冬月) 화(火)가 인수(印綬)나 비겁(比劫)이나 식상(食傷)을 취할 때는 원국(原局)에서 수(水)를 가 범람하지 않도록 금(金)으로 도와야 아름다운 명(命)이 되고, 원국(原局)에서 비겁(比劫)을 거듭 만나야 아름다운 명(命)이 된다.

3. 토(土)

토(土)는 화(火)의 생(生)에 의지해서 만물이 존재하게 한다. 따라서 화기(火氣)가 있어야 영화롭고, 미술토(未戌土)가 화기(火氣)를 포함하고 있어도 길하다.

초춘(初春)에는 한기(寒氣)가 아직 남아 있으니 화(火)로 생부(生扶)해야 한다. 관인상생(官印相生)하는데 재(財)가 인수(印綬)를 파(破)하고 관살(官殺)을 도와주면 흉하다. 식신제살격(食神制殺格)이 되어도 반드시 인수(印綬)가 있어야 길하다. 그렇지 않으면 극설교가(剋洩交加)가 된다. 비겁(比劫)으로 돕는다고 해도 화(火)가 없으면 이루지 못한다.

묘월(卯月) 토(土)는 반드시 인수(印綬)가 있어야 하고, 나머지는 참착해서 금수(金水)를 취한다. 춘금(春金)은 공허하기 때문에 수(水)를 생(生)하고 토(土)를 설(洩)하는 것을 취해야 한다. 그렇지 않으면 목(木)을 제(制)하지 못한다.

진월(辰月) 토(土)는 생(生)하려는 뜻이 있으나 화(火)로 따뜻하게 만들어야 한다. 만일 목(木)이 있는데 수(水)가 있으면 상한다. 도

(土)가 금(金)을 생(生)하면 식신제살격(食神制殺格)이 된다. 남방운
(南方運)이 가장 길하고, 그 다음은 서방운(西方運)이다.

 하월(夏月) 토(土)가 관인상생(官印相生)이나 살인상생(殺印相生)
되는데 재(財)와 식상(食傷)이 없으면 화왕토조(火旺土燥)가 된다.
따라서 가벼우면 질병이 있고, 무거우면 요절(夭折)이 따른다. 하월
(夏月) 토(土)는 토(土)가 많거나 금수(金水)를 취하는데 목화(木火)
가 있으면 흉하고, 수목(水木)이 있는데 금(金)이 목(木)을 상하게
하면 흉하다. 갑목(甲木)이 경금(庚金)을 꺼리나 신금운(辛金運)으
로 흐르면 길하고, 을목(乙木)이 신금(辛金)을 꺼리나 경금운(庚金
運)운으로 흐르면 길하다. 토(土)가 많고 메말랐을 때는 가색격(稼穡
格)은 무방하나 나머지는 좋지 않다.

 신월(申月) 토(土)는 메말라 있으니 식상생재(食傷生財)되면 아름
다운 명(命)이 된다. 그러나 인수(印綬)나 비겁(比劫)으로 도와야 한
다. 추목(秋木)은 비록 나뭇잎이 다 떨어졌으나, 화(火)를 도와 토
(土)를 생(生)하면 길하다. 그러나 토(土)를 제(制)할 힘은 없다. 따
라서 비겁(比劫)을 제(制)하려면 힘이 있고 통근(通根)한 목(木)이
있어야 한다. 허부(虛浮)하거나 극(剋)된 목(木)은 취할 수 없다. 그
러나 희기(喜忌)를 살펴야 한다. 이것은 관성(官星)은 남명(男命)에
게는 자성(子星)이고, 여명(女命)에게는 부성(夫星)이기 때문이다.

 만일 추토(秋土)가 상관패인(傷官佩印)되면 문무(文武)를 겸하고,
부귀(富貴)와 명성이 따른다. 그러나 식상(食傷)이 난잡하고 인수(印
綬)가 돕지 않고 재다신약(財多身弱)하면 모두 하격(下格)의 명(命)
이 된다. 이런 사람은 예의범절을 모르고, 열 가지 기술이 있어도 가
난을 면하기 어렵다.

동월(冬月) 토(土)는 춥고 숙살(肅殺)하는 때에 있다. 따라서 수(水)가 차가우니 화(火)로 생(生)해야 하고, 수(水)로 조토(燥土)를 도와야 한다. 동월(冬月) 토(土)는 관인상생(官印相生)되어도 충극(冲剋)되면 불가하다. 따라서 금(金)이 있으면 가난하며 만사가 막히고, 수왕(水旺)하면 질병이 있거나 가난하거나 요절(夭折)이 따른다.

4. 금(金)

초춘(初春)의 금(金)은 한기(寒氣)가 아직 남아 있는 때에 있으니, 화(火)로 따뜻하게 하고 토(土)로 배양해야 부귀격(富貴格)을 이룬다. 춘금(春金)이 관살(官殺)이 혼잡되었는데 인수(印綬)로 생(生)하지 못하면 형처극자(刑妻剋子)하고, 인수(印綬)가 있어도 관살(官殺)이 없으면 고생이 많고, 재성(財星)이 왕성하면 의식(衣食)이 있을 뿐이고, 식상(食傷)을 거듭 만나면 고한(孤寒)하고 나약하니 이루는 것이 없다.

묘월(卯月)과 진월(辰月) 금(金)은 목(木)이 왕성하면 재다신약(財多身弱)이 되어 관재와 화액이 많이 따르고, 재관(財官)을 중하게 범하면 가난하거나 요절(夭折)이 따른다. 춘수(春水)가 범람하는데 사주에 식상(食傷)이 많으면 총명해도 무정(無情)하며 가난을 면하지 못한다. 따라서 화(火)가 목(木)을 설(洩)하고 토(土)를 생(生)하면 금(金)을 배양한다. 이때 약한 수(水)를 만나고 투금운(土金運)을 만나면 길하다.

 하월(夏月) 금(金)은 매우 유약하기 때문에 일주(日柱)가 금수지(金水地)에 있어야 한다. 수(水)가 성(盛)하고 비겁(比劫)이 도와주면 길하고, 박하고 습한 토(土)가 생(生)해주면 길하다. 그러나 목화(木火)가 왕성하면 빈천(貧賤)하거나 요절(夭折)이 따르고, 화왕토조(火旺土燥)하면 관인상생(官印相生)이라도 좋지 않고, 더구나 약한 수(水)가 있으면 열을 증가시키기 때문에 가난하며 요절하는 명(命)이 된다. 화(火)가 뜨거울 때는 토수(土水)가 있어도 길하지 않다.

 추월(秋月) 금(金)은 영(令)을 잡았으니 화(火)로 단련하면 종정(鐘鼎)의 재목을 이루고, 수(水)로 강하고 예리한 기(氣)를 얻으면 금백수청(金白水清)이 된다. 그러나 토(土)가 중(重)하면 광채가 매몰되어 고한(孤寒)한 명(命)이 되고, 비겁(比劫)이 돕는데 화(火)가 없으면 지나치게 강하여 꺾어지기 때문에 흉함이 많다. 추월(秋月) 금(金)은 조령(凋零)하니, 관(官)을 생(生)하고 인(印)을 제(制)하는 용도로만 취해야 한다.

 동월(冬月) 금(金)은 매우 추운 때에 있으니 강한 성질을 발휘할 수 없다. 만일 목(木)이 많으면 재다신약(財多身弱)이 되어 부옥빈인(富屋貧人)의 명(命)이 되고, 수(水)가 있으면 금한수냉(金寒水冷)의 고통이 있고, 수(水)가 성(盛)하면 가라앉아 벗어날 길이 없다. 따라서 한냉(寒冷)하며 다른 격(格)을 취할 수 없으면, 가난하거나 요절(夭折)하지 않으면 고한(孤寒)하거나 의식(衣食)이 있을 뿐이다. 그러나 화(火)로 따뜻하게 만들고 따뜻한 토(土)가 배양해주면 길하고, 관인상생격(官印相生格)을 이루면 복수(福壽)가 있는 명(命)이 된다.

5. 수(水)

　수(水)는 금(金)이 없으면 근원이 없고, 토(土)가 없으면 제방이 없는 것이니 쉽게 범람하고, 목(木)이 없으면 수(水)를 축적하고 설(洩)할 수 없다. 따라서 산과 수목과 수원(水源)이 있어야 반드시 흐름이 길고 흩어지지 않는다.

　춘월(春月)은 눈이 녹는 때이니 많은 물이 흐르는 것과 같다. 따라서 양(陽)으로 설상(雪霜)과 우로(雨露)를 화(化)하게 하면 영화로움을 향한다. 그러나 화(火)가 없으면 재물을 모으기 어렵다. 만일 화목(火木)이 모두 있으면 식상생재(食傷生財)가 되고, 이때 미약한 금(金)을 만나면 수원(水源)을 발(發)하며 식상(食傷)이 지나치게 성(盛)하는 것을 제(制)하여 아름다운 명(命)을 이루고, 금(金)이 있고 관살(官殺)이 있더라도 미약한 양(陽)이 있으면 생생불식(生生不息)한 형상이 되어 부귀격(富貴格)을 이룬다. 그러나 화(火)가 없으면 토(土)가 허(虛)하고 금(金)이 설(洩)하니, 토(土)가 흐리고 수(水)가 탁해져 흉하다. 춘수(春水)는 수화(水火)가 서로 형극(刑剋)하면 화액을 면하기 어렵다.

　하월(夏月) 수(水)는 영(令)을 잃었으니, 화성토조(火盛土燥)하면 반드시 메마르기 때문에 흉하다. 그러나 초하(初夏)에는 금(金)이 있으면 수(水)가 왕성하고, 토(土)가 있으면 복록(福祿)이 깊고 후하나, 탐재파인(貪財破印)하면 가정이 화목하지 못하다. 이런 사람은 많이 이루나 많이 패하고, 재물로 인하여 화액이 따른다.

　오월(午月)과 미월(未月) 수(水)는 식신제살(食神制殺)되면 실하고,

인수(印綬)와 비겁(比劫)이 있는데 서북운(西北運)으로 흐르면 길하다. 그러나 화(火)가 있는데 화향(火鄉)으로 들어가면 매우 흉하고, 재관(財官)이 있으면 질병이 무겁고, 가난하거나 요절(夭折) 등이 따른다.

신월(申月) 수(水)는 맑고 깨끗하나, 왕성하지 않기 때문에 근원인 금(金)에게 의지해야 한다. 따라서 재(財)가 많으면 가난하거나 요절(夭折)이 따른다. 인수격(印綬格)이나 식신제살격(食神制殺格)을 이루면 길하다.

유월(酉月)과 술월(戌月) 수(水)는 인수(印綬)가 아신(我身)을 생(生)하면 길하다. 기후가 한기(寒氣)로 바뀌니 화(火)로 금(金)을 따뜻하게 만들고, 수(水)를 생(生)하면 길하다. 그러나 화기(火氣)가 지나치게 성(盛)하면 흉하고, 토(土)가 많으면 막히기 때문에 흉하다. 그러나 이때 목(木)이 있으면 수(水)를 설(洩)하고, 화(火)를 돕고 토(土)를 제(制)하니 길하다.

동월(冬月) 수(水)는 영(令)을 잡았으나 매우 추운 때에 있으니 얼어붙는다. 이때는 목(木)이 있어도 화(火)가 없으면 생(生)하려는 뜻이 없으니 식상(食傷)이 무용지물이 되고, 금(金)이 있어도 화(火)가 없으면 금한수냉(金寒水冷)하여 동수(凍水)가 흐르지 않고, 토(土)가 있어도 화(火)가 없으면 토(土)는 얼고 엉기게 되어 모두 빈한(貧寒)한 명(命)이 된다. 따라서 동월(冬月) 수(水)는 반드시 양화(陽和)한 화기(火氣)로 조후(調候)해야 한다.

Ⅲ부. 조화원약

1장. 갑목(甲木)

갑목(甲木)의 조후용법(調候用法)

목(木)이 춘월(春月)에 태어나면 반드시 양화(陽和)의 기(氣)가 있어야 한다. 여명(女命)이 목(木)이 중(重)한데 금(金)으로 다듬으면 성품이 높고 우아하며 덕성이 있으니 호명(好命)이 된다. 수목(樹木)은 토(土)가 있으면 뿌리를 보호하며 자라게 하나, 토(土)가 적게 있으면 뿌리가 위험하여 가지가 무성하지 않다.

수목(樹木)의 뿌리는 수(水)로 적셔주어야 하나, 태다(太多)하면 뿌리가 상하기 때문에 표류할 염려가 있다. 따라서 인수(印綬)가 많으면 부모운은 좋으나, 자식이 열등하고 어리석다. 생목(生木)이 화(火)를 만나면 수려하며 화려하나, 하월(夏月)에는 무성하여 빽빽하니 이치가 이와 같다.

갑목(甲木)을 건축재료에 비유하면 변하여 사목(死木)이 된다. 이때 금(金)을 만나면 유용한 재목이 되고, 화열(火熱)함이 지나치면 불사를 수 있으니 금(金)을 만나면 길하다. 만일 금(金)이 태다(太多)하면 화(火)로 제(制)해야 귀격(貴格)을 이룬다.

■ 삼춘(三春) 갑목(甲木)

춘월(春月)의 목(木)은 점점 생장하나, 초춘(初春)에는 한기(寒氣)가 아직 남아 있어 화(火)로 따뜻하게 해야 아름다워진다. 수다(水多)하면 극(剋)으로 변하여 정신이 손상되고, 목(木)을 거듭 만나면 생왕(生旺)해진다. 이때 경금(庚金)으로 다듬으면 동량(棟樑)을 이룬다. 모춘(暮春)에는 양장(陽壯)하여 목(木)이 메마른다. 이때는 수(水)로 도와주면 꽃잎이 무성해진다.

초춘(初春)에 화(火)는 없는데 수(水)를 더하면 음농(陰濃)하여 약하다. 뿌리가 손상되어 가지가 말라버리니 화려함과 빼어남이 부족하다. 다시 말해, 춘목(春木)이 수(水)가 없는데 화(火)를 더하면 양기(陽氣)가 매우 왕성하여 더욱더 메마른다. 잎과 가지가 말라버리니 화려함과 빼어남이 부족한 것이다. 따라서 수화(水火)는 때를 잘 만나야 상제(相濟)의 미(美)를 이룬다.

춘월(春月)은 다시 삼절(三節)로 나눈다. 우수(雨水) 전까지를 초춘(初春), 우수(雨水) 후부터 곡우(穀雨) 전까지를 중춘(仲春), 곡우(穀雨) 후를 모춘(暮春)이라 한다.

초춘(初春)에는 한기(寒氣)가 아직 남아 있기 때문에 병화(丙火)와 계수(癸水)를 함께 취하는데, 병화(丙火)를 중심으로 한다. 중춘(仲

春)에는 목(木)을 거듭 만나 생왕(生旺)하면 경금(庚金)으로 용신을
삼는다. 청명(淸明) 후는 비록 진월(辰月)이며 토목(土木)이 당왕(當
旺)한 때이나, 을목(乙木)이 사령(司令)하여 묘월(卯月)로 본다. 그
러나 양인격(陽刃格)만은 묘월(卯月)에 있으니 중춘(仲春) 후로 적
용한다. 모춘(暮春)에는 토왕(土旺)하며 병화(丙火)가 점점 왕(旺)해
지고, 양장(陽壯)하여 목(木)이 메마르니 반드시 수(水)로 자부(滋
扶)해야 한다.

인월(寅月)·묘월(卯月) 갑목(甲木)

초춘(初春)에는 한기(寒氣)가 아직 남아 있다. 따라서 인월(寅月)
갑목(甲木)은 병계(丙癸)가 투출(透出)하면 부귀쌍전(富貴雙全)한
다. 계수(癸水)는 암장(暗藏)되었는데 병화(丙火)가 투출(透出)하면
한목향양(寒木向陽)이라 하여 대부대귀격(大富大貴格)을 이룬다. 설
사 풍수(風水)가 불급(不及)하더라도 유림(儒林)의 준수함을 잃지
않는다. 그러나 병계(丙癸)가 모두 없으면 평범한 명(命)이 된다.
 다시 말해, 초춘(初春) 갑목(甲木)은 축월(丑月)과 같아 한목향양
(寒木向陽)이니 반드시 병화(丙火)로 따뜻하게 해야 하고, 입춘(立
春) 후에는 삼양(三陽)이 펼쳐지니 다시 계수(癸水)로 도와야 한다.
그리고 초춘(初春) 갑목(甲木)은 병계(丙癸)를 함께 취하는데, 병화
(丙火)가 중심이 된다. 목(木)이 화(火)를 생(生)하는 것으로만 알고
있는 경우가 많은데, 조춘(初春) 갑목(甲木)은 병화(丙火)로 생(生)

한다. 병화(丙火)는 양화(陽和)의 기(氣)이고, 춘월(春月)에는 기(氣)가 양화(陽和)로 바뀌어 목(木)이 자연적으로 발생한다. 따라서 계수(癸水)는 단지 땅이 말라붙지 않게 할 뿐이고, 축토(丑土)로도 가능하며 많은 수(水)를 필요로 하지 않는다. 만일 병계(丙癸)가 나란히 투출(透出)하면 불청불우(不晴不雨)하여 꽃을 배양한다. 설사 갑목(甲木)의 기(氣)가 장(壯)하지 않아도 이에 적용한다.

인월(寅月)과 묘월(卯月) 갑목(甲木)은 월령(月令)에서 녹왕(祿旺)하여 스스로 왕성하니, 종재(從財)나 종살(從殺)이나 종화(從化) 등을 취하는 법이 없다.

인월(寅月)과 묘월(卯月) 갑목(甲木)이 일파(一派) 경신금(庚辛金)이 있으면 극자형처(剋子刑妻)하며 평생 고생이 많다. 이때 지지(地支)에 금국(金局)이 있으면 요절(夭折)하거나 가난하다.

이것은 종살(從殺)하지 않는다는 뜻이다. 인월(寅月)의 목(木)은 새싹의 생기가 왕성한 때이므로, 금(金)이 있으면 생기를 끊고 억제하기 때문에 흉하다. 월령(月令)에 임관(臨官)했으니, 비록 지지(地支)에 금국(金局)을 이루며 천간(天干)에 경신(庚辛)이 투출(透出)해도 종살(從殺)하지 않는다. 그러므로 금다(金多)한데 화(火)가 없으면 요절(夭折)하거나 가난하고, 금(金)이 목(木)을 상하게 하면 잔병이 많거나 요절(夭折)하는 것이다.

인월(寅月)과 묘월(卯月) 갑목(甲木)이 병정화(丙丁火)는 없는데 일파(一派) 임계수(壬癸水)가 있고, 무기토(戊己土)로 제지하지 않으면 수범목부(水泛木浮)라 하여 죽어서도 들어갈 관이 없다. 이것은 인수(印綬)를 취할 수 없다는 뜻이다. 춘목(春木)이 당왕(當旺)하여 인수(印綬)의 생(生)이 필요 없고, 음농습중(陰濃濕重)하면 오히려

생기를 손상하니 금(金)을 만나 인수(印綬)로 화살(化殺)해도 하격
(下格)의 명(命)이 된다. 그래서 병계(丙癸)가 나란히 투출(透出)하
면 병화(丙火)를 중심으로 하고, 계수(癸水)가 하나 있으면 기제(既
濟)되어 조화되니 부귀격(富貴格)을 이룬다고 하는 것이다.

 다시 말해, 일파(一派) 임계수(壬癸水)가 있는데 무기토(戊己土)로
제지하지 않으면 수범목부(水泛木浮)가 되고, 무기토(戊己土)로 제
지하더라도 천간(天干)에 병정화(丙丁火)가 투출(透出)하지 않으면
상격(上格)을 이루지 못한다.

 인월(寅月)과 묘월(卯月) 갑목(甲木)이 일파(一派) 무기토(戊己土)
가 있는데, 지지(地支)에 금국(金局)이 있으면 재다신약(財多身弱)
하여 부옥빈인(富屋貧人)의 명(命)이 된다. 이런 사람은 아내를 늦게
얻으며 평생 고생이 많다.

 이것은 종재(從財)하지 않는다는 뜻이다. 초춘(初春)에는 목(木)이
어리고 연약하여 극토(剋土)할 힘이 없다. 따라서 토(土)가 많으면
힘이 손상되고, 토(土)가 적으면 재물이 풍부하다. 이때 지지(地支)
에 금국(金局)이 있거나, 경신(庚辛)이 있으면 목기(木氣)가 약해진
다. 그러나 월령(月令)에 있는 인궁(寅宮)이 갑목(甲木)의 임관지(臨
官地)이니, 충(沖)해도 때가 당왕(當旺)하여 소멸되지 않는다. 단지
재다신약(財多身弱)이 될 뿐이다.

 인월(寅月)과 묘월(卯月) 갑목(甲木)은 목왕(木旺)하기 때문에 금
(金)이 없으면 반드시 재앙이 따른다. 이때는 경금(庚金)을 먼저 취
한 후 정화(丁火)를 취한다. 경금(庚金)이 있으면 목(木)이 기물을
이루고, 정화(丁火)가 있으면 목화통명(木火通明)이 된다. 따라서 경
정(庚丁)이 모두 투출(透出)하면 충분히 과갑(科甲)에 이른다. 설사

풍수(風水)가 불급(不及)하더라도 부귀(富貴)를 잃지 않는다. 그러나 운기(運氣)가 서로 돕지 않으면 용신(用神)이 약하기 때문에 유명무실하다.

다시 말해, 인월(寅月)과 묘월(卯月) 갑목(甲木)은 우수(雨水) 후부터 청명(淸明) 전까지는 보는 방법이 같다. 춘목(春木)이 너무 왕성하면 가지치기를 하여 다듬어 주어야 한다. 이때 경금(庚金)을 먼저 취한 다음 정화(丁火)를 취하면 상관가살(傷官駕殺)이라 한다. 목(木)이 경금(庚金)을 만나면 기물을 이루고, 화(火)를 만나면 발전이 있다. 경금(庚金)은 정화(丁火)로 제(制)하면 길하다. 이것은 중화(中和)되기 때문이다.

만일 경금(庚金)이 벽갑인정(劈甲引丁)하면 이것도 목화통명(木火通明)의 상(象)이 된다. 이때 운기(運氣)가 서로 도와 목왕(木旺)하면 경금(庚金)을 취하고, 경금(庚金)이 중(重)하면 정화(丁火)를 취한다. 경금(庚金)을 취하면 서방운(西方運)이 길하고, 정화(丁火)를 취하면 남방운(南方運)이 길하다. 그렇지 않으면 용신(用神)이 약하여 유명무실해진다.

인월(寅月)과 묘월(卯月) 갑목(甲木)이 경금(庚金)은 없으나 정화(丁火)가 투출(透出)하면 역시 문성(文星)에 속하여 목화통명(木火通明)의 상을 이룬다. 이것을 상관생재격(傷官生財格)이라 한다. 여기에 해당하면 뛰어난 인물로 총명하며 우아하다. 그러나 계수(癸水)가 하나 있어 정화(丁火)를 상하게 하면 도(道)는 있으나 유림(儒林)의 선비와는 거리가 멀고, 계수(癸水)가 많으면 목신(木神)을 자조(滋助)하나, 정화(丁火)를 상하게 만들어 소멸시키니 간교한 사람이 된다.

다시 말해, 갑목(甲木)은 경금(庚金)이 없으면 뛰어나지 못한다. 따라서 경금(庚金)이 없는데 정화(丁火)가 있으면 비록 목화통명(木火通明)이라도 귀(貴)가 적다. 그러나 총명하며 수려하여 문인학사(文人學士)가 많다. 용신(用神)은 손상되면 흉하다. 따라서 계수(癸水) 하나를 만나 정화(丁火)가 상멸(傷滅)되면 도(道)는 있으나, 유림(儒林)의 선비와는 거리가 멀어 부귀공명(富貴功名)이 함께 빛나지 못한다. 만일 사주에 계수(癸水)가 많으면 직접 용신(用神)을 상하게 하지는 않더라도 정화(丁火)가 약하여 발전하기 어렵고, 말은 청산유수이나 행동이 바르지 못하다.

인월(寅月)과 묘월(卯月) 갑목(甲木)이 경무(庚戊)가 각각 한 개씩 출간(出干)하면 재살상생(財殺相生)이 된다. 이때 금수운(金水運)으로 흐르면 과갑(科甲)에 이른다. 설사 풍수(風水)가 불급(不及)하더라도 유림(儒林)은 잃지 않는다.

예를 들어, 경신년(庚申年) 무인월(戊寅月) 갑인일(甲寅日) 병인시(丙寅時生)이면 금수운(金水運)으로 흐르면 진사(進士)에 오르고, 갑오일(甲午日) 경오시생(庚午時生)이면 반드시 부귀격(富貴格)을 이룬다. 그러나 운(運)에서 경정(庚丁)을 제극(制剋)하면 불가하다.

이것은 재자약살격(財滋弱殺格)을 설명한 것이다. 춘목(春木)이 당왕(當旺)하여 경금(庚金)이 쇠약하고, 신왕살경(身旺殺輕)하여 살화위관(殺化爲官)이 되었다. 이때는 재(財)로 살(殺)을 생(生)해야 하고, 인수(印綬)로 화살(化殺)하면 좋지 않다. 그러나 위에서 예를 든 경신년생(庚申年生)이 금수운(金水運)으로 흘러야 진사(進士)에 오른다고 한 것은, 원명(原命)에 있는 삼인(三寅) 중에 병화(丙火)가 암장(暗藏)되어 있는데, 천간(天干)에 병화(丙火)가 또 투출(透出)하면 양(陽)이 왕성하여 목(木)이 메마르니 수(水)로 배합해야 하기 때문이다.

 그리고 갑오일(甲午日) 경오시(庚午時)는 습토(濕土)로 금(金)을 생(生)하는 운이 가장 좋다. 재자약살격(財滋弱殺格)은 경금(庚金)을 제극(制剋)하면 좋지 않고, 정화(丁火)로 제살(制殺)할 때는 정화(丁火)를 제극(制剋)하는 것도 좋지 않다. 그러나 운정(運程)이 배합되면 반드시 부귀격(富貴格)을 이룬다. 중등의 격국(格局)은 대개 운세가 서로 도와야 길하다. 그렇지 않으면 크게 발복하기 어렵다.

 인월(寅月)과 묘월(卯月) 갑목(甲木)이 지지(地支)에 금국(金局)을 이루었는데, 경신(庚辛)이 투출(透出)하면 불길하다. 이때 병정화(丙丁火)가 금(金)을 파(破)하지 않으면 금(金)이 목(木)을 상하게 만들어 잔병이 많다. 목(木)은 많은데 금(金)이 적으면 재(財)로 살(殺)을 생(生)하여 재살상생(財殺相生)이라 하고, 금(金)이 중(重)하면 정화(丁火)로 극제(剋制)하여 상관가살(傷官駕殺)이라 하고, 지지(地支)에 금국(金局)을 이루었는데 경신(庚辛)이 투출(透出)하면 살왕무제(殺旺無制)라 한다. 이런 사주는 월령(月令)에 임관(臨官)하여 종살(從殺)하지 않고, 목피금상(木被金傷)하여 반드시 잔병이 많거나 요절(夭折)이 따른다.

 인월(寅月)과 묘월(卯月) 갑목(甲木)이 지지(地支)에 화국(火局)을 이루면, 설기(洩氣)가 매우 심하여 어리석거나 겁이 많지는 않으나 항상 재앙과 질병이 따른다. 따라서 목화상관(木火傷官)은 본래 총명하나, 지지(地支)에 화국(火局)을 이루면 수(水)로 자윤(滋潤)하지 않으면 반드시 질병이 따른다. 춘월(春月)이 깊으면 양(陽)이 왕성하여 목(木)이 메마르니, 지지(地支)에서 계수(癸水)가 배합하여 중화

(中和)되면 목화(木火)가 모두 왕(旺)하여 아름다운 명(命)이 된다.

인월(寅月)과 묘월(卯月) 갑목(甲木)이 지지(地支)에 목국(木局)을 이루면 경금(庚金)이 있어야 귀격(貴格)을 이룬다. 이때 경금(庚金)이 출간(出干)하면 대부대귀격(大富大貴格)을 이루나, 경금(庚金)이 없으면 남명(男命)은 홀아비나 승도팔자가 되고, 여명(女命)은 과부팔자가 된다. 갑목(甲木)이 지지(地支)에 목국(木局)을 이루고, 곡직인수격(曲直仁壽格)도 되지 못하면 목왕(木旺)할 뿐이다. 이때는 경금(庚金)으로 제극(制剋)하면 가장 길하고, 정화(丁火)로 수기(秀氣)를 설(洩)하는 것은 그 다음이다.

다시 말해, 목(木)을 거듭 만나면 생왕(生旺)하니 경금(庚金)으로 다듬으면 동량(棟樑)의 재목을 이루고, 경금(庚金)이 두 개 있으면 대부대귀격(大富大貴格)을 이룬다. 갑목(甲木)은 경금(庚金)이 있으면 대개 귀격(貴格)을 이루나, 신금(辛金)이 있으면 그렇지 않다. 이것은 경금(庚金)은 충분히 벽갑(劈甲)할 수 있으나, 신금(辛金)은 힘이 없어 부적합하기 때문이다. 목성(木盛)한데 금(金)이 없으면 게으르고, 무슨 일이든 끊고 맺음이 없다.

인월(寅月)과 묘월(卯月) 갑목(甲木)이 지지(地支)에 수국(水局)이 있는데, 무토(戊土)가 출간(出干)하면 귀격(貴格)을 이룬다. 그러나 무토(戊土)가 없어 제지하지 못하면 물이 많아 나무가 뜨게 되니, 빈천(貧賤)하며 죽어서도 들어갈 관이 없다.

다시 말해, 춘월(春月)은 목(木)이 당왕(當旺)한 때이니 인수(印綬)로 생(生)하면 좋지 않다. 음농습중(陰濃濕重)하면 오히려 목(木)이 손상된다. 따라서 지지(地支)에 수국(水局)이 있으면 반드시 무토(戊土)가 출간(出干)하여 구해야 하고, 다시 병화(丙火)로 따뜻하게 해주면 귀격(貴格)을 이룬다. 초춘(初春)에 병정화(丙丁火)가 없는데 일파(一派) 임계수(壬癸水)가 있다는 구절과 같다.

　인월(寅月)과 묘월(卯月) 갑목(甲木)이 경무(庚戊)가 있으면 상격(上格)을 이루고, 정화(丁火)가 투출(透出)하면 대부대귀격(大富大貴格)을 이룬다. 이것은 반드시 무토(戊土)가 경금(庚金)을 도와야 한다는 뜻이다. 만일 목다(木多)한데 경금(庚金)은 없고 정화(丁火)만 있으면 남방운(南方運)이 와도 연약함을 면하지 못한다.

　다시 말해, 인월(寅月)과 묘월(卯月) 갑목(甲木)은 초춘(初春)에는 아직 한기(寒氣)가 남아 있으니 병계(丙癸)가 있어야 상격(上格)을 이루고, 춘월(春月)이 깊으면 목(木)이 늙으니 경무(庚戊)가 있어야 상격(上格)을 이루고, 경무정(庚戊丁)이 있으면 최상격(最上格)을 이룬다.

　인월(寅月)과 묘월(卯月) 갑목(甲木)이 용재자살격(用財滋殺格)인데, 일간(日干)과 살(殺)이 모두 강하면 식상(食傷)으로 제살(制殺)해야 귀격(貴格)을 이룬다. 춘월(春月)에는 금기(金氣)가 휴수(休囚)되니, 무토(戊土)가 없으면 경금(庚金)이 약하여 벽갑(劈甲)하기 어렵다. 따라서 경금(庚金)이 있으면 반드시 무토(戊土)가 있어야 한다. 또 목화통명(木火通明)이면 목(木)은 대개 남방(南方)을 좋아하나, 목기(木氣)가 설(洩)하여 연약해진다. 따라서 비록 귀격(貴格)이라도 문학하는 선비에 지나지 않는다.

　춘월(春月) 갑목(甲木)이 경금(庚金)을 취하면 토(土)가 아내요 금(金)이 자식이고, 정화(丁火)를 취하면 목(木)이 아내요 화(火)가 자식이다. 경금(庚金)을 취하면 살(殺)이 용신(用神)이니 재(財)가 아내요 관살(官殺)이 자식이다. 정화(丁火)를 취하면 상관(傷官)이 용신(用神)이니 비겁(比劫)이 아내요 식상(食傷)이 자식이다.

묘월(卯月) 갑목(甲木)이 경금(庚金)이 득소(得所)하면 양인가살격(陽刃駕殺格)이 되어 이도(異途)로 작은 귀(貴)는 있다. 만일 무직(武職)으로 나가면 재(財)로 자살(資殺)하면 길하다. 이때 사주에 재(財)가 있으면 만인을 누르는 영웅의 상(象)이 된다. 그러나 계수(癸水)가 있으면 재살(財殺)을 약하게 만들어 길함이 감소한다. 인(刃)이 중(重)하면 반드시 흉하고, 살(殺)이 중(重)하면 성격이 횡폭하다. 인월(寅月)과 묘월(卯月) 갑목(甲木)은 종재격(從財格)과 화토격(化土格)은 되지 않고, 살인격(殺刃格)은 묘월(卯月)에만 해당한다.

득소(得所)는 지지(地支)에 통근(通根)하여 득록(得祿)하는 것을 말한다. 살인격(殺刃格)은 무직(武職)은 길하나, 문직(文職)은 좋지 않다. 묘월(卯月) 양인가살격(陽刃駕殺格)은 대개 살인(殺刃)이 암합(暗合)하여 유정(有情)하나, 경금(庚金)이 휴수(休囚)되어 기(氣)가 없다. 이때는 반드시 재(財)로 자살(資殺)해야 살인양정(殺刃兩停)을 이룬다. 재(財)가 없으면 인왕살약(刃旺殺弱)하여 이도(異途)로 귀(貴)가 작은 것이다.

살인격(殺刃格)은 대개 식상(食傷)으로 제극(制剋)하면 좋지 않고, 신왕운(身旺運)으로 흐르면 가살위권(假殺爲權)을 이룬다. 예를 들어, 을해년(乙亥年) 기묘월(己卯月) 갑신일(甲申日) 을해시(乙亥時)이면, 계수(癸水)를 한 번 만나면 살기(殺氣)를 설(洩)하여 제인(制刃)하지 못한다. 이때는 재자살(財滋殺)이 있어야 한다. 그러나 살(殺)이 중(重)하면 필요 없고, 살(殺)이 하나 있으면 권력이 된다. 그러나 경금(庚金)이 중(重)한데 인(刃)이 가벼우면, 인월(寅月)의 일파(一派) 경신(庚辛)의 구전과 같아 목(木)이 상한다.

중인(重刃)이란 지지(地支)에서 묘목(卯木)을 거듭 만나는 것을 말한다. 이때는 살(殺)로 제(制)하지 않으면 흉하다. 그러나 살중인왕(殺重刃旺)하면 흉하지는 않으나, 인(刃)이 영(令)을 잡았으니 성격이 횡폭하며 형극(刑剋)이 무겁다.

고서(古書)에 이르길, 인왕(刃旺)한데 인지(刃地)로 흐르면 진록득재(進祿得財)할 때 편안한 죽음을 맞고, 살왕(殺旺)한데 살지(殺地)로 흐르면 건업입공(建業立功)할 때 칼에 맞아 죽는다고 했다. 그러나 천간(天干)에 을목(乙木)이 두 개 투출(透出)한 것은 중인(重刃)이라고 하지 않는다. 묘월(卯月) 갑목(甲木)과 인월(寅月) 우수(雨水) 후의 갑목(甲木)이 다른 것은, 묘월(卯月) 갑목(甲木)이 살인격(殺刃格)을 이룬다는 것 뿐이다. 인월(寅月) 갑목(甲木)은 종화(從化)하지 않으니, 뿌리 없는 갑목(甲木)은 오직 신자진(申子辰) 인수(印綬)를 믿고 살아간다.

고서(古書)에 이르길, 목왕(木旺)한데 화(火)가 있으면 과갑(科甲)에 이르고, 목(木)이 춘월(春月)에 태어나면 수려하며 처세가 바르고, 일주(日柱)가 무의(無依)하면 재운(財運)으로 흘러야 길하다고 했다. 목왕(木旺)하고 경금(庚金)이 없는데, 화(火)로 설(洩)하면 목화통명(木火通明)을 이룬다. 이런 사주는 특히 수기(秀氣)가 뛰어나 추월(秋月)에 보는 시험에 합격한다.

목(木)은 인(仁)을 나타내고, 어진 사람은 수명이 길다. 따라서 지지(地支)에 목국(木局)을 이루면 춘월생(春月生)이 아니더라도 어질며 수명이 길다. 만일 경금(庚金)과 정화(丁火)가 없으면 신왕무의(身旺無依)하나, 재운(財運)으로 흐르면 재물을 제극(制剋)하지 않아 비교적 길하다. 인월(寅月)과 묘월(卯月) 갑목(甲木)은 대개 사주에 화

(火)가 없어도 암암리에 화(火)가 발생하니 식상생재격(食傷生財格)
이 된다. 그러나 부득이한 용법이기 때문에 하격(下格)이 된다.

　　　乙 甲 甲 戊
　　　亥 辰 寅 寅

　이 사주는 인진(寅辰) 사이에 묘(卯)가 끼어 있고, 해(亥)가 암(暗)
으로 묘목(卯木)을 모이게 한다. 따라서 왕(旺)하기는 하나 격(格)을
이루지는 못했다. 인궁(寅宮) 병화(丙火)로 생재(生財)해야 한다. 지
지(地支)에 해수(亥水)가 있는데, 진궁(辰宮)에 계수(癸水)가 암장
(暗藏)되어 사주가 중화(中和)되었다. 그러나 병화(丙火)가 투출(透
出)하지 않았고, 년월(年月)이 공망(空亡)되어 귀(貴)가 작다.

　　　庚 甲 丙 甲
　　　午 寅 寅 申

　이 사주는 경금(庚金)이 출간(出干)했으나, 재(財)의 생조(生助)를
받지 못하여 경금(庚金)이 힘이 없다. 더구나 대운(大運)까지 남방
(南方)으로 순행(順行)하여 무재(茂才)에 그쳤다.

　　　丙 甲 戊 庚
　　　寅 了 寅 寅

　이 사주는 우수(雨水) 7일 전에 태어나, 병화(丙火)가 투출(透出)하

고 계수(癸水)가 암장(暗藏)되어 대부대귀격(大富大貴格)이 되었고, 처궁(妻宮)에 계수(癸水)가 있어 내조의 힘을 얻는다.

丙甲戊庚
寅戌寅寅

이 사주는 우수(雨水) 5일 후에 태어나, 양장목갈(陽壯木渴)하니 수(水)의 윤택함이 없으면 흉하다. 목(木)은 네 개인데 계수(癸水)는 하나도 없기 때문에 비록 병화(丙火)가 출간(出干)했어도 부귀(富貴)가 작다.

丁甲丁甲
卯寅卯午

이 사주는 경금(庚金)이 없으니 정화(丁火)를 용신(用神)으로 삼는다. 따라서 부(富)는 있으나 귀(貴)는 없다. 남방운(南方運)으로 흘러 크게 흥하나, 다행히도 양간(兩干)이 혼잡하지 않고, 목화통명(木火通明)을 이루어 성품이 청아하며 현명하고 자식이 많다. 이 사주는 목화통명(木火通明)이라도 경금(庚金)이 없어 문인학사(文人學士)에는 오르지 못했지만 청아한 것이다. 초년에는 무진(戊辰)과 기사(己巳) 재지(財地)로 흘러 화기(火氣)를 설(洩)하여 길하다. 그러나 서남방운(西南方運)에 이르러 신미년(辛未年), 임신년(壬申年), 계유년(癸酉年)에 용신(用神)을 상극(相剋)하여 흉하다.

庚甲丁己
午戌卯未

이 사주는 과갑(科甲)한 사람이다. 앞에서 경정(庚丁)이 모두 투출(透出)하면 풍수(風水)가 불급(不及)하더라도 영화롭다고 했다. 경정(庚丁)이 모두 투출(透出)하여 심하게 칠살(七殺)을 제(制)하고, 경금(庚金)이 춘월(春月)의 절지(絶地)에 태어나 재성(財星)이 길하다. 따라서 화(火)로 제(制)하면 좋지 않다. 양장목갈(陽壯木渴)하며 수(水)의 윤택함이 없고, 오술(午戌)이 회국(會局)하여 경금(庚金)이 무력하다. 겁재(劫財)를 제(制)하기가 어려워 형제가 부력하다. 그러나 다행히도 북방운(北方運)으로 흘러 영화는 잃지 않는다. 도화살(桃花殺)과 홍염살(紅艶殺)이 서로 교차하고, 기토(己土) 재성(財星)이 와서 합(合)하니 색정으로 인하여 재앙을 초래했다.

己甲乙癸
巳子卯未

이 사주는 겁재(劫財) 양인(陽刃)이 있다. 신해운(辛亥運)인 신유년(辛酉年)에 양인(陽刃)을 충합(沖合)하여 감옥에 들어갔다.

甲甲乙戊
戌午卯寅

이 사주는 정나라 세조 순치(順治)의 명(命)이다. 인오술(寅午戌)이 회국(會局)하여 화왕목분(火旺木焚)하니, 호마견향(虎馬犬鄕)이라 하여 갑목(甲木)이 멸하고, 적수(滴水)로 목(木)을 적셔주지 못하니 무토(戊土)로 화기(火氣)를 설(洩)할 뿐이다. 사운(巳運)에 나라를 이양했다.

乙 甲 己 乙
亥 申 卯 亥

이 사주는 양인합살(陽刃合殺)하여 제인(制刃)하는 힘을 얻었다. 을해갑운(乙亥甲運)으로 흘러 전성(全省)의 최고위에 이르렀으나, 술운(戌運)에서 질병으로 사망했다.

진월(辰月) 갑목(甲木)

진월(辰月)은 춘월(春月)이 깊어 목기(木氣)가 다하는 때다. 따라서 경금(庚金)으로 용신(用神)을 삼은 다음에 임수(壬水)로 보좌해야 한다. 경금(庚金)을 용신(用神)으로 삼아 다듬으면 동량(棟樑)을 이루고, 임수(壬水)로 경금(庚金)을 설(洩)하여 목(木)을 윤택하게 하면 가지와 잎이 번성한다. 그러므로 진월(辰月) 갑목(甲木)은 경임(庚壬)이 가장 중요하다.

진월(辰月) 갑목이 경임(庚壬)이 모두 투출(透出)하면 일방(一榜)은 이룰 수 있으나, 반드시 대운(大運)과 용신(用神)이 상생(相生)해야 한다. 이때 정임(丁壬)이 있으면 대귀격(大貴格)을 이룬다. 만일 경금(庚金)이 투출(透出)하지 않았으면 임수(壬水)를 용신(用神)으로 삼는다. 이때 임수(壬水)가 투출(透出)하면 청수(淸秀)하며 재능이 많다.

다시 말해, 격국(格局)이 상격(上格)이면 대운(大運)이 도와주지 않아도 부귀(富貴)하나, 그렇지 않으면 대운(大運)과 용신(用神)이 상생(相生)해야 발전할 수 있다. 목(木)이 늙으면 경금(庚金)을 용신(用神)으로 삼는데, 이때 가장 꺼리는 것은 정화(丁火)가 상제(相制)하는 것이다. 만일 정임(丁壬)이 합(合)되면 병(病)을 제거하여 몰래 목기(木氣)를 도우니 대귀격(大貴格)을 이룬다. 그러니 경금(庚金)이 없으면 임수(壬水)를 용신(用神)으로 삼아야 하기 때문에 재능이 많아도 귀격(貴格)을 이루지 못한다.

진월(辰月) 갑목이 천간(天干)에 병화(丙火)가 두 개 투출(透出)했는데, 지지(地支)에 경금(庚金)이 암장(暗藏)되어 있으면 무딘 도끼와 같다. 따라서 학문이 있어도 무용지물이고, 부귀(富貴)를 얻더라도 어렵게 얻는다. 그러나 임계수(壬癸水)가 화(火)를 파(破)하면 뛰어난 선비가 된다.

다시 말해, 진월(辰月)은 목(木)이 늙어 반드시 금(金)이 필요하나, 금(金)이 모춘(暮春)에 이르면 기운이 없으니 무쇠덩어리에 지나지 않는다. 병화(丙火)가 진월(辰月)에 이르면 관대지(冠帶地)가 되어 진기(進氣)한다. 이때 천간(天干)에 병화(丙火)가 두 개 투출(透出)했는데, 지지(地支)에 경금(庚金)이 암장(暗藏)되어 있으면 경금(庚金)이 무용지물이 된다. 진월(辰月)에는 화(火)가 지지(地支)에 금국(金局)을 이룬 경우 외에는 화(火)도 금(金)을 파(破)치는 법이 없는데, 화(火)로 제(制)하면 도끼가 무뎌져 강하지 못하다.

진월(辰月) 갑목이 수(水)가 하나도 없는데, 무기토(戊己土)가 많이 출간(出干)하고 지지(地支)에 토국(土局)이 있으면 기명종재(棄命從財)라 한다. 이런 사주는 아내와 자식이 유능하고, 남의 도움으로 부귀(富貴)를 누린다. 그러나 종격은 인수(印綬)가 있으면 흉하다. 인수(印綬)는 목(木)의 뿌리가 되고, 진(辰)은 수고(水庫)이며 모춘(暮春)이니 목기(木氣)가 남아 있다. 이때 인수(印綬)가 투간(透干)하면 충분히 목(木)을 생(生)한다.

진월(辰月) 갑목이 비견(比肩)이나 을목(乙木)이 많으면 혼탈재신(混奪財神)이라 한다. 이런 사주는 가정을 다스리지 못하고 늙도록 고생한다. 만일 여기에 해당하면 남명(男命)은 유약하며 무능하고, 여명(女命)은 내조를 잘 하나 남자의 권리를 빼앗는다. 재(財)가 많은데 비겁(比劫)이 있으면 재다신약(財多身弱) 사주가 된다. 이때 신왕(身旺)한 운으로 흐르면 고생 끝에 부(富)를 이룬다.

진월(辰月) 갑목(甲木)은 경금(庚金)이 우선이고, 그 다음이 임수(壬水)다. 만일 지지(地支)에 금국(金局)이 있으면 정화(丁火)를 용신(用神)으로 삼는다. 이 외에는 진월(辰月) 갑목(甲木)이 정화(丁火)를 취하는 경우는 없다.

진월(辰月) 갑목(甲木)이 지지(地支)에 금국(金局)을 이루면 관살태왕(官殺太旺)이라 한다. 진월(辰月)에는 목(木)이 늙어 금절화상(金絶火相)하니, 경금(庚金)이 한두 개 있으면 월령(月令)의 진토(辰土)가 금(金)을 생(生)하며 양왕(陽旺)하여 목(木)이 메마른다. 이때는 임수(壬水)로 윤택하게 해야 한다. 만일 지지(地支)에서 금국(金局)이나 관살(官殺)이 태왕(太旺)하지 않으면 정화(丁火)로 제살(制殺)

하지 않는다.

 고서(古書)에 이르길, 인묘월(寅卯月) 갑을생(甲乙生)이 천간(天干)에 경신(庚辛)이 있는데 남방운(南方運)으로 흐르면 부귀격(富貴格)을 이루고, 북방운(北方運)으로 흐르면 갑자기 흉해진다고 했다.

　丙 甲 庚 乙
　寅 申 辰 丑

 이 사주는 경금(庚金)은 있으나 정화(丁火)가 없고, 동남운(東南運)으로 흘러 부(富)는 있으나 귀(貴)는 작다. 이런 사주를 납속주명(納粟奏名)이라 한다. 을목(乙木)이 경금(庚金)을 종(從)하여 합(合)되고, 신(申)에서 득록(得祿)하여 살왕(殺旺)하니 제(制)해야 하나 병화(丙火)가 출간(出干)했다. 따라서 경금(庚金)을 버리고 병화(丙火)를 용신(用神)으로 삼는다. 이 사주는 갑일주(甲日柱)가 병인시(丙寅時)에 태어나, 복성귀인(福星貴人)이 되어 부유하며 복이 많으나 귀격(貴格)은 아니다.

　庚 甲 壬 辛
　午 辰 辰 未

 이 사주는 상서(尚書)에 오른 사람이다. 경임(庚壬)이 나란히 투출(透出)했는데 정화(丁火)가 오(午)에 암장(暗藏)되어 있다. 경금(庚金)이 방해하는 때가 아니니, 목(木)이 금(金)을 만나면 동량(棟樑)을 이룬다.

庚 甲 壬 丙
午 子 辰 寅

이 사주는 태수(太守)에 오른 사람이다. 임수(壬水)가 투간(透干)하여 병화(丙火)를 제거하고, 자수(子水)가 오화(午火)를 충거(沖去)한다. 따라서 경금(庚金)으로 용신(用神)을 삼는다.

丁 甲 壬 丙
卯 辰 辰 寅

이 사주는 인묘진동방(寅卯辰東方)을 이루었는데 경금(庚金)이 없다. 천간(天干) 정화(丁火)를 용신(用神)으로 삼아 수기(秀氣)를 설(洩)하면 목화통명(木火通明)을 이룬다. 그러나 정임(丁壬)이 합(合)되어 용신(用神)을 견제하고, 사주에 있는 병(病)을 제거하지 못하여 평범한 명(命)이 되었다.

戊 甲 甲 壬
辰 寅 辰 午

이 사주는 목왕(木旺)하여 금(金)이 이지러졌다. 따라서 승려가 되거나 자식이 없다. 인진(寅辰)이 묘인(卯刃)을 끼고 있고, 재(財)가 노출되었고, 비겁(比劫)이 성(盛)하다. 오궁(午宮)에 정화(丁火)가 있으나 임수(壬水)가 사나워 용신(用神)으로 삼기 어렵고, 비겁(比劫)이 재성(財星)을 빼앗아 고빈(孤貧)한 명(命)이 되었다.

甲 甲 丙 戊
子 寅 辰 辰

이 사주는 식신생재격(食神生財格)으로 대학사(大學士)가 되었다.

己 甲 甲 壬
巳 子 辰 午

이 사주는 진사(進士) 출신으로 총독(總督)에 오른 사람이다. 사궁
(巳宮) 병무(丙戊)가 용신(用神)이다.

庚 甲 庚 乙
午 戌 辰 未

이 사주는 천간(天干)에 경금(庚金)이 두 개 투출(透出)하고, 지지
(地支)에 오술(午戌)이 있다. 경살(庚殺)을 제(制)하지 않아 총병(總
兵)이 되었다.

庚 甲 庚 乙
午 寅 辰 酉

이 사주는 목왕(木旺)한데 경금(庚金)이 있어 동량(棟樑)의 재목이
되었다. 인진(寅辰)이 묘(卯)를 끼고 있고, 유(酉)가 충(沖)하고, 을
목(乙木)이 출간(出干)하여 양인(陽刃)이 되었다. 살인상합(殺刃相

合)하여 병병(兵柄)을 잡고, 병운(丙運)에서 순수(巡帥)가 되었다.

　壬 甲 戊 己
　申 子 辰 卯

이 사주는 청명(淸明) 6일 후에 태어나, 을목(乙木)이 사령(司令)했으니 묘월(卯月)로 본다. 지지(地支)에 수국(水局)을 이루어 무토(戊土)가 투출(透出)했으니 귀격(貴格)이다.

■ 삼하(三夏) 갑목(甲木)

하월(夏月) 갑목(甲木)은 먼저 정화(丁火)를 취한 후 경금(庚金)을 취한다. 정화(丁火)가 없으면 통명(通明)하지 못하고, 경금(庚金)이 없어 벽갑(劈甲)하지 못하면 정화(丁火)가 불타지 못한다. 다시 말해, 사오미월(巳午未月)은 반드시 경정(庚丁)이 있어야 한다는 뜻이다. 경금(庚金)이 벽갑(劈甲)하면 목화통명(木火通明)하나, 갑목(甲木)의 뿌리가 윤택해야 정화(丁火)로 수기(秀氣)를 설(洩)할 수 있다. 이때는 임계수(壬癸水)가 매우 중요하다.

사월(巳月) 갑목(甲木)

사월(巳月)은 목기(木氣)가 물러나고 병화(丙火)가 권력을 잡는 때다. 따라서 먼저 계수(癸水)를 취한 다음에 정화(丁火)를 취한다. 그리고 반드시 경금(庚金)이 투출(透出)해야 한다. 하월(夏月)에는 목(木)이 메말라 조후(調候)가 시급하기 때문에 계수(癸水)가 매우 중요하다. 목(木)의 뿌리가 윤택하면 영화롭고, 반드시 수기(秀氣)를 설(洩)해야 하니 정화(丁火)를 취한다.

다시 말해, 사월(巳月)은 경금(庚金)은 장생(長生)하고 계수(癸水)는 쇠절(衰絶)한다. 이때 경금(庚金)이 투출(透出)하여 계수(癸水)를 생(生)하면, 비록 쇠절(衰絶)한 수(水)라도 화토(火土)가 말라붙게 하지는 못한다. 수원(水源)이 있으면 목(木)이 윤택해지니, 계정(癸丁)과 경금(庚金)이 나란히 두출(透出)하면 풍수(風水)가 불급(不及)하더라도 과갑(科甲)에 이른다. 그리고 사궁(巳宮)에 경금(庚金)이 장생(長生)되어 있으나, 화토(火土)가 핍박하여 수(水)를 생(生)할 수 없다. 이때는 경금(庚金)을 만나야 유용하다.

사월(巳月) 갑목(甲木)이 경금(庚金)이 많은데 갑목(甲木)이 적으면 병(病)이 된다. 이때는 임수(壬水)로 중화(中和)해야 한다. 이런 사람은 청고(淸高)하나 있는 척을 잘 하고, 음덕으로 명예가 있으며 언변이 좋고, 문장을 좋아하나 문제를 잘 일으킨다.

사월(巳月)은 갑목(甲木)의 기(氣)가 물러가는 때이니 지나치게 제극(制剋)하면 흉하다. 금다(金多)하면 병(病)을 얻고, 병화(丙火)가 권리를 잡았으니 목기(木氣)가 설(洩)되어 뿌리는 마르고 잎은 타버린다. 이때 임수(壬水)로 중화(中和)하면 임수(壬水)는 편인(偏印)이니 음덕으로 명예를 얻는다. 그러나 살인상생격(殺印相生格)을 이루었으나 살인(殺刃)이 모두 휴수(休囚)되어 무력하다. 고상함이 지나쳐 벽저이고, 계획은 많으나 이루어지는 것이 없으니 가신(假神)을 취하면 흉하다.

사월(巳月) 갑목(甲木)이 경금(庚金)은 하나 있는데 정화(丁火)가 두 개 있으면 상관제살(傷官制殺)이 되어 부귀(富貴)가 작고, 화금(火金)이 모두 많으면 하격(下格)의 명(命)이 된다. 경금(庚金)이 많으면 임수(壬水)로 용신(用神)을 삼아 인수(印綬)로 화살(化殺)해야 한다. 다시 말해서, 사월(巳月)은 수(水)가 휴수(休囚)되는 때이니 금(金)으로 생(生)해야 한다.

사월(巳月) 갑목(甲木)이 천간(天干)에 계정(癸丁)과 경금(庚金)이 나란히 투출(透出)하면, 설사 풍수(風水)가 불급(不及)하더라도 과갑(科甲)에 이른다. 그러나 계수(癸水)가 출간(出干)하지 않으면 경금(庚金)과 정화(丁火)가 있어도 이도(異途)에 불과하다. 이때 임수(壬水)가 투출(透出)하면 부(富)가 있다. 그러나 적수(滴水)가 하나도 없는데, 경금(庚金)과 정화(丁火)가 없고 일파(一派) 병무(丙戊)가 있으면 무용지물이 된다.

사월(巳月)의 수(水)는 절지(絶地)에 있다. 따라서 계정(癸丁)과 경금(庚金)이 나란히 투출(透出)하면 상격(上格)을 이룬다. 그러나 경금(庚金)으로 생(生)하지 못하면 수원(水源)이 없기 때문에 흐름이 멈춰 고갈된다. 이때 금(金)으로 상생(相生)하면 수원(水源)이 끊기지 않아 병무(丙戊)가 마르게 하지 않는다. 따라서 갑목(甲木)의 뿌리가 윤택하고, 정화(丁火)가 수기(秀氣)를 설(洩)하면 귀격(貴格)을 이룬다.

계수(癸水)는 하월(夏月) 갑목(甲木)의 진신(眞神)인데, 계수(癸水)가 출간(出干)하지 않으면 정경(丁庚)이 배합해도 부(富)한 가운데 귀(貴)를 얻는 것이니 상격(上格)은 아니다. 계수(癸水)는 우로(雨

露)이니 자연적으로 부귀(富貴)가 따르고, 임수(壬水)는 강호(江湖)이니 조화의 쓰임은 있어 부(富)는 있으나 귀(貴)는 없다.

다시 말해, 목(木)이 하월(夏月)에 태어나면 조후(調候)가 시급하기 때문에 반드시 임계수(壬癸水)가 있어야 한다. 만일 계수(癸水)는 없는데 경임(庚壬)이나 경정(庚丁)이 있으면 모두 상격(上格)이 되지 못한다. 앞에서도 설명했듯이 계정경(癸丁庚)은 없는데 병무(丙戊)가 나란히 투출(透出)하면, 화염토조(火炎土燥)하여 수운(水運)으로 흐르나 구제하기 어렵기 때문에 역시 흉하다.

乙 甲 乙 丁
亥 寅 巳 卯

이 사주는 임수(壬水)가 해궁(亥宮)에서 득록(得祿)하니 목왕(木旺)하여 윤택하고, 정화(丁火)가 수기(秀氣)를 설(洩)하여 귀격(貴格)이 되었다.

庚 甲 乙 丁
午 辰 巳 卯

이 사주는 경정(庚丁)이 모두 투출(透出)하여 진사(進士)의 명(命)이 되었다. 갑목(甲木)이 진(辰)에 앉아 힘을 얻고, 인고(印庫)에 통근(通根)되어 묘고(墓庫)의 수(水)가 되고, 경금(庚金)의 생(生)을 받아 귀격(貴格)이 되었다. 앞 사주와 마찬가지로 동북운(東北運)으로 흐르면 실하나.

甲 甲 癸 丙
子 戌 巳 午

이 사주는 계수(癸水)가 출간(出干)하여 시지(時支)에 통근(通根)하고, 자술(子戌)이 해(亥)를 끼고 있으니 수왕(水旺)하여 목(木)을 생(生)한다. 병화(丙火)가 월령(月令)의 왕신(旺神)이니, 계수(癸水)가 목(木)을 배양(培養)하며 병화(丙火)를 제(制)한다. 따라서 계수(癸水)가 용신(用神)이 되어 대귀(大貴)한 명(命)이 되었다.

丙 甲 癸 丙
寅 子 巳 午

이 사주는 간지(干支)에 있는 계수(癸水) 두 개가 권리를 잡은 병화(丙火)를 제(制)하여 참정(參政)에 이르렀다.

丙 甲 癸 丙
寅 寅 巳 午

이 사주는 화토(火土)가 계수(癸水)를 메마르게 만들어 오운(午運)에서 눈을 다치고 거지가 되었다. 앞 사주와는 한 글자가 다르나 운명은 하늘과 땅 차이라는 것을 알 수 있을 것이다. 이 사람은 계수(癸水)가 뿌리가 없는데 경금(庚金)이 생(生)해주지 않으니 마르는 근심이 있는 것이다. 그러나 앞 사주는 일원(日元)이 갑자(甲子)이니 계수(癸水)가 통근(通根)되어 마를 일이 없고, 자인(子寅) 사이에 축

(丑)이 끼어 있어 귀격(貴格)이 된 것이다.

壬 甲 己 己
申 子 巳 巳

이 사주는 재정총장(財政總長)에 오른 사람이다. 임수(壬水)가 출간
(出干)했는데 자신(子申)이 회국(會局)하고 있다. 임수(壬水)로 사궁
(巳宮) 병화(丙火)를 제(制)한다.

戊 甲 丁 癸
辰 子 巳 酉

이 사주는 계수(癸水)가 출간(出干)했고, 사유(巳酉)와 자진(子辰)
이 회국(會局)하고 있다. 계수(癸水)로 제화(制化)하고 금(金)이 수
(水)를 생(生)하여 주석(主席)이 되었다. 그러나 시상무토(戊土)가
병(病)이 되어 만년에 실지상사(失地喪師)했다.

오월(午月)·미월(未月) 갑목(甲木)

하월(夏月) 갑목(甲木)은 대서(大暑)를 분계점으로 삼는다. 대서(大
暑) 진은 시일(巳月) 갑목(甲木)과 같고, 오월(午月)과 미월(未月)
갑목(甲木)은 모두 허(虛)하고 말라 있으니 같은 이치로 본다. 오일

(午月)은 계수(癸水), 정화(丁火), 경금(庚金) 순으로 취한다. 미월
(未月)은 삼복생한(三伏生寒)으로 정화(丁火)의 기(氣)가 물러가는
때다. 따라서 먼저 정화(丁火)를 취한 후 경금(庚金)을 취하는데, 계
수(癸水)는 없어도 무방하다. 만일 오월(午月) 갑목(甲木)이 계수(癸
水)가 없으면 정화(丁火)를 취해도 무방하나, 북방운(北方運)으로 흘
러야 아름다운 명(命)이 된다.

 다시 말해, 오월(午月)과 미월(未月)은 목(木)이 허(虛)하고 말라있
어 조후(調候)가 시급하다. 따라서 반드시 계수(癸水)가 있어야 하
고, 정화(丁火)로 보좌해야 한다. 수(水)는 금(金)의 생(生)에 의지
하기 때문에 경금(庚金)으로 배합해야 한다. 사월(巳月) 갑목(甲木)
과 같은 이치다.

 삼복생한(三伏生寒)은 대서(大暑) 후를 말한다. 금수(金水)가 진기
(進氣)하는 때이니 계수(癸水)가 없어도 무방하나, 염조(炎燥)한 때
이니 계수(癸水)가 없으면 부득이 정화(丁火)를 취한다. 이때는 반드
시 북방수운(北方水運)으로 흘러야 아름다운 명(命)이 된다.

 미월(未月) 갑목(甲木)이 성(盛)하면 경금(庚金)을 먼저 취하고, 경
금(庚金)이 성(盛)하면 정화(丁火)를 먼저 취한다. 오월(午月) 갑목
(甲木)은 계경(癸庚)이 모두 투출(透出)하면 상격(上格)이 되고, 미
월(未月) 갑목(甲木)은 정경(丁庚)이 모두 투출(透出)하면 상격(上
格)이 된다. 용신(用神)이 이미 투출(透出)했으면 목화통명(木火通
明)이 되어 자연히 부귀(富貴)가 따르고, 경정(庚丁)이 각각 한 개씩
있으면 명예가 따른다. 그러나 정화(丁火)가 많은데 경금(庚金)이 적
으면 평범한 명(命)에 지나지 않는다.

 다시 말해, 갑목(甲木)이 지나치게 성(盛)하면 반드시 경금(庚金)으

로 제(制)해야 하고, 경금(庚金)이 태다(太多)하면 반드시 정화(丁火)로 제(制)해야 한다. 미월(未月)의 미(未)는 목고(木庫)인데, 해묘회국(亥卯會局)이 있으면 경금(庚金)을 먼저 취한다. 오월(午月)은 정화(丁火)가 권리를 잡은 때이니 화조목고(火燥木枯)하다. 이때 조후(調候)로 윤택하게 해주면 경금(庚金)이 계수(癸水)를 생(生)하여 목(木)을 자라게 하니 상격(上格)을 이룬다.

대서(大暑) 후에는 금수(金水)가 진기(進氣)하는 때다. 이때 경금(庚金)이 많으면 정화(丁火)로 제(制)하여 목화통명(木火通明)이 되면 상격(上格)을 이루고, 경금(庚金)은 적은데 정화(丁火)가 많으면 칠살(七殺)을 지나치게 제(制)하여 좋지 않다. 따라서 정경(丁庚)이 하나씩 상제(相制)해야 격국(格局)을 이룬다.

진술축미월(辰戌丑未月)은 대개 상하로 나눈다. 대서(大暑) 전에는 계수(癸水)가 없으면 귀(貴)가 없고, 정경(丁庚)을 만나면 이도(異途)로 작은 부(富)가 있으니 사월(巳月)과 같이 본다. 그러나 대서(大暑) 후에는 계수(癸水)는 없는데 정경(丁庚)이 있으면 귀격(貴格)을 이룬다.

다시 말해, 오월(午月)과 미월(未月)은 목(木)이 허(虛)하고 말라 있으니, 계수(癸水)를 용신(用神)으로 삼는 것이 정격(正格)이고, 정경(丁庚)을 용신(用神)으로 삼는 것은 변격(變格)이다.

정리하면 오월(午月)과 미월(未月) 갑목(甲木)이 정화(丁火)를 용신(用神)으로 삼으면 북방운(北方運)으로 흘러야 한다. 만일 화운(火運)으로 흐르면 목화성회(木化成灰)라 하여 반드시 죽음에 이르고, 서방운(西方運)으로 흘러도 상관(傷官)이 살(殺)을 만나기 때문에 예측하기 어려운 재앙이 따른다. 따라서 동방운(東方運)으로 흘러야 가장 길하고, 그 다음은 북방운(北方運)이 길하다.

오월(午月)과 미월(未月) 갑목(甲木)은 계수(癸水)가 정당한 용신(用神)이다. 지지(地支)가 윤택하면 영화가 있고, 이때 경정(庚丁)을 취하면 상관제살(傷官制殺)이 되어, 경금(庚金)이 갑목(甲木)을 가지치기를 하여 정화(丁火)를 이끈다. 따라서 목화통명(木火通明)이 되어 귀격(貴格)을 이룬다.

그러나 이것은 격국(格局)의 겉모습에 불과하다. 자세히 살펴보면 하월(夏月) 목(木)이 말라붙어 있기 때문에 생왕(生旺)한 방위는 길하나 사절지(死絶地)는 흉하다. 만일 남방운(南方運)으로 흐르면 화왕(火旺)하니 목(木)이 죽어 목화성회(木化成灰)가 되고, 서방운(西方運)으로 흐르거나 사주에 임계(壬癸)가 투출(透出)하지 않으면 목(木)이 인화(引化)하지 못하여 재앙을 예측하기 어렵다.

다시 말해, 동방(東方)은 갑목(甲木)의 왕지(旺地)이니 가장 길하고, 그 다음은 서북(西北)이 길하다. 하월(夏月) 목(木)이 정화(丁火)가 있으면 설기(洩氣)가 태중(太重)하다. 이때 수(水)를 만나면 목(木)을 생(生)하며 화(火)를 제(制)한다. 이것은 겉으로는 정화(丁火)를 취하는 것 같으나 실제로는 인수(印綬)를 취하는 것이다. 따라서 사주에 수(水)가 없는데 수목운(水木運)까지 오지 않으면 흉하다.

오월(午月)과 미월(未月) 갑목(甲木)이 병화(丙火)가 가득한데, 정화(丁火)를 더하고 관살(官殺)이 없으면 상관상진(傷官傷盡)이 되어 가장 기묘해진다. 이런 사람은 청귀(淸貴)하여 재능과 학문이 뛰어나고, 풍수(風水)가 좋으면 과갑(科甲)이 따른다. 그러나 사주에 임계수(壬癸水)가 있는데, 운에서 다시 수(水)를 만나면 반드시 가난하거나 요절(夭折)이 따른다.

오월(午月)과 미월(未月) 갑목(甲木)이 병정(丙丁)이 만국(滿局)을 이루었는데, 관살(官殺)과 인수(印綬)가 없으면 목화상관(木火傷官)이 염상(炎上)으로 변하여 종아격(從兒格)이 된다. 이때는 국세(局勢)가 편왕(偏旺)하기 때문에 왕세(旺勢)를 따라 전국(全局)이 종(從)하여 염상격(炎上格)이 된다. 이때 수(水)를 만나면 한 수레의 장작이 불에 타는데 한 잔의 물로 끄는 격이니 오히려 불꽃을 더 부추기는 꼴이 된다.

오월(午月)과 미월(未月) 갑목(甲木)이 원국(原局)에 수(水)가 하나밖에 없는데 뿌리가 없으면, 갑목(甲木)으로 인화(引化)하며 화왕(火旺)하여 수(水)가 마르니 파격(破格)되지는 않는다. 그러나 운에서 수(水)를 만나면 수화(水火)가 서로 싸우기 때문에 가난하거나 요절(夭折)이 따른다. 이것은 염상격(炎上格)이 수(水)를 만나는 것과 같은 이치다.

오월(午月)과 미월(未月) 갑목(甲木)이 용신(用神)이 태다(太多)하면 제극(制剋)보다 설(洩)해야 한다. 용신(用神)이 많다는 것은 용신(用神)이 두세 개 있다는 뜻이 아니라, 용신(用神)을 많이 만난다는 뜻이다.

예를 들어, 병화(丙火)가 만주(滿柱)하거나 정화(丁火)를 더하는 것 등을 말한다. 그러나 사주에 수목(水木)의 뿌리가 있으면 염상(炎上)으로 변하지 않는다. 이때는 수(水)로 제극(制剋)하면 좋지 않고, 토(土)로 화기(火氣)를 설(洩)해야 한다. 세운(歲運)의 경우에도 마찬가지다. 왕화(旺火)가 토(土)를 만나면 불꽃이 쉬는데, 목화상관(木火傷官)에만 해당하는 것이 아니다. 종아격(從兒格)이 재운(財運)을 만나면 아우생아(兒又生兒)라 하여 가장 길하다.

목화상관(木火傷官)은 대개 총명하며 선행을 좋아한다. 그러나 많이 있으면 의심이 많고, 비록 사람을 해치지는 않으나 매사에 불평불만이 많다. 그러나 상관(傷官)이 수기(秀氣)를 설(洩)하면 반드시 총명하다. 목(木)은 어짐과 수명을 나타내므로 좋은 일을 많이 한다. 하월(夏月)에는 화왕(火旺)하여 목(木)이 메마르니, 임계수(壬癸水)로 배합하지 않으면 편고(偏枯)함을 면하기 어렵다. 적천수(滴天髓)에 이르길, 오행(五行)이 어그러지지 않으면 성정이 청화(淸華)하나, 기탁편고(氣濁偏枯)하면 거스른다고 했다. 특히 여명(女命)이 중화(中和)되지 않으면 흉하다.

오월(午月)과 미월(未月) 갑목(甲木)이 사주에 금(金)이 많으면 살중신경(殺重身輕)이라 하여 선부후빈(先富後貧)한다. 이때 운이 서로 돕지 않으면 가난하거나 요절(夭折)이 따른다. 그러나 경금(庚金)이 많고, 병정(丙丁)이 한두 개 있어 제복(制伏)하고, 임계수(壬癸水)가 투간(透干)하여 금기(金氣)를 설(洩)하면 선빈후부(先貧後富)한 명(命)이 된다. 목(木)이 오월(午月)과 미월(未月)에는 사절지(死絶地)에 이른다. 이때 사주에 금(金)이 많은데 임계수(壬癸水)가 금(金)을 설(洩)하여 목(木)을 생해주지 않으면 운(運)에서라도 갑목(甲木)을 도와야 한다. 그렇지 않으면 가난하거나 요절(夭折)한다.

오월(午月)은 기토(己土)가 득록(得祿)하고, 미월(未月)은 기토(己土)가 당왕(當旺)한 때다. 따라서 재성(財星)이 문호(門戶)에 통하고 있으나, 갑목(甲木)이 메말라 재(財)를 감당하기 어렵다. 만일 경금(庚金)이 많은데 병정(丙丁)이 제복(制伏)하지 않으면 신약(身弱)하다. 그러나 임계수(壬癸水)가 자부(滋扶)해주면 선빈후부(先貧後富)한 명(命)이 된다. 임계수(壬癸水)는 금기(金氣)를 설(洩)할 뿐 아니라, 윤토(潤土)하며 제화(制化)하여 고목(枯木)을 활목(活木)으로 변하게 만들어 재관(財官)이 모두 길하게 된다. 그러나 임계수(壬癸水)의 인성(印星)으로 배합하지 않으면 불가하다.

오월(午月)과 미월(未月) 갑목(甲木)은 사주에 토(土)가 많아도, 미(未)에 을목(乙木)이 암장(暗藏)되어 있기 때문에 기명종재(棄命從財)가 되지 않는다. 만일 목(木)이 진술축미월(辰戌丑未月)에 토(土)가 많으면 모두 종재격(從財格)으로 본다. 미월(未月)은 기토(己土)가 가장 왕(旺)한 때이니 혼자 종(從)하지 않는다. 이것은 목고(木庫)로 인하여 갑목(甲木)의 뿌리가 있기 때문이다.

월시(月時)에 기토(己土)가 모두 투출(透出)하면 이토쟁합(二土爭合)이라 한다. 남명(男命)은 분주하고 여명(女命)은 음탕하며 천박하다. 이때 갑목(甲木)이 두 개 있으면 쟁(爭)은 아니지만 평범한 명(命)에 불과하다. 사주에 진(辰)이 있는데 천간(天干)에 갑기(甲己)가 각각 두 개씩 있으면, 명리쌍전(名利雙全)하여 대부대귀격(大富大貴格)을 이룬다.

다시 말해, 오월(午月)과 미월(未月) 갑목(甲木)은 종재(從財)는 하지 않으나 화합(化合)은 한다. 그러나 화기격(化氣格)은 반드시 진(辰)을 만나야 진화(眞火)가 된다. 그렇지 않으면 쟁투하지 않더라도 평범한 명(命)에 불과하다.

오월(午月)과 미월(未月) 갑목(甲木)이 화기격(化氣格)을 이루면 왕지(旺地)로 흐르는 것이 길하다. 따라서 갑기화토격(甲己化土格)이 오월(午月)이나 미월(未月)에 태어나면, 화(火)가 토(土)를 생왕(生旺)하여 득지(得地)하기 때문에 대부대귀격(大富大貴格)을 이룬다. 특히 미월(未月)은 토왕(土旺)하여 아름나우나, 화기(化氣)기 진(眞)

이 아닐 염려가 있다. 다시 말해, 화기(化氣)는 반드시 진(辰)을 만나야 화(化)의 원신(元神)이 투출(透出)한다는 뜻이다. 예를 들어, 갑기화토(甲己化土)가 진(辰)을 만나면 천간(天干)에 있는 무진(戊辰)이 토(土)의 원신(元神)이 된다.

오월(午月)과 미월(未月) 갑목(甲木)이 화합격(化合格)을 이루면 계수(癸水)는 아내요 정화(丁火)는 자식이다. 만일 기(己) 두 개가 갑목(甲木) 하나를 쟁합(爭合)하면 지지(地支)에 비겁(比劫)이 있어야 한다. 진(辰)이 간지(干支)를 이루어도 역시 갑목(甲木)을 취하니, 임계수(壬癸水)는 아내요 갑을목(甲乙木)은 자식이다. 화기격(化氣格)은 대개 화신(化神)을 생(生)하는 것을 용신(用神)으로 삼는다. 따라서 갑기화토격(甲己化土格)은 반드시 화(火)를 용신(用神)으로 삼아야 한다.

만일 용신(用神)이 자식이면 화(火)가 있으면 화(火)가 자식이고, 화신(化神)이 극(剋)하는 것을 아내로 삼으니 계수(癸水)가 아내다. 그러나 기(己) 두 개가 쟁합(爭合)하면 화기격(化氣格)이 아니다. 따라서 아내와 자식을 보는 방법이 보통의 국(局)과 같아 재왕신약(財旺身弱) 사주가 된다. 이때는 반드시 비겁(比劫)을 용신(用神)으로 삼아야 한다. 다시 말해, 무진(戊辰)을 만나도 변하지 않으니 용신(用神)을 자식으로 삼고, 용신(用神)을 생(生)하는 것을 아내로 삼는다. 따라서 갑을목(甲乙木)은 자식이고, 임계(壬癸)는 아내가 된다.

그 외에는 갑목(甲木)이 경금(庚金)을 용신(用神)으로 삼으면 토(土)가 아내요 금(金)이 자식이고, 정화(丁火)를 용신(用神)으로 삼으면 목(木)이 아내요 화(火)가 자식이다. 만일 경금(庚金)이 있으면 관살(官殺)이 용신(用神)이니 재(財)는 아내요 관살(官殺)은 자식이 되고, 정화(丁火)가 있으면 식상(食傷)이 용신(用神)이니 비겁(比劫)이 아내요 식상(食傷)이 자식이다.

여명(女命)도 남명(男命)과 같이 보는데, 처성(妻星)을 부성(夫星)으로 보는 것이 다를 뿐이다. 남명(男命)이 용신(用神)을 생(生)하는 것을 처성(妻星)으로 보는 것처럼, 여명(女命)도 용신(用神)을 생(生)하는 것을 부성(夫星)으로 본다. 그리고 재(財)를 아내로 보고 관(官)을 자식으로 보는 것은, 고법(古法)에서는 재관(財官)을 중요하게 여겼기 때문이다. 따라서 관(官)이 용신(用神)이면 재(財)를 아내로 삼는다. 그러나 지나치게 이것에 집착하면 올바른 감정을 할 수 없으니 참고하는 정도로 활용하기 바란다.

오월(午月)과 미월(未月) 갑목(甲木)이 기토(己土)만 있고 무토(戊土)가 전혀 없으면 가종(假從)이라 한다. 이런 사람은 아내와 자식을 두려워 하며 일생이 오그라든다. 여기다 인수(印綬)까지 없으면 평생 가난을 면하기 어렵다. 종격(從格)은 순수함으로 귀(貴)를 삼는다. 양간(陽干)이 양(陽)을 종(從)하고, 음간(陰干)이 음(陰)을 종(從)하면 진종(眞從)이 된다. 그러나 미월(未月) 갑목(甲木)이 간지(干支)가 모두 토(土)로 구성되어 있어도 가종(假從)이 된다. 이것은 미월(未月)은 대개 목고(木庫)에 해당하여 월령(月令)에 약한 뿌리가 있기 때문이다.

고서(古書)에서는 재다신약(財多身弱)하면 부옥빈인(富屋貧人)의 명(命)이라고 했다. 재다(財多)한데 신약(身弱)하면 재(財)를 지배하기가 어려우니 오히려 재물로 인하여 고통을 받고, 재(財)는 아내를 나타내니 아내를 두려워 한다. 그러나 인수(印綬)는 임계수(壬癸水)이니, 수(水)로 윤토(潤土)하고 목(木)을 생(生)하면 충분히 기토(己

土)를 극제(剋制)하기 때문에 재(財)가 나의 쓰임이 된다. 그렇지 않으면 재(財)가 많아도 내 것이 되지 않아 평생 가난을 면하기 어렵다.

甲 甲 丙 丁
子 寅 午 巳

이 사주는 년월(年月)에 병정(丙丁)이 있고, 년월일(年月日)에 사오인(巳午寅)이 있으니 목화(木火) 통휘(通輝)의 명(命)이 되었다. 수목(樹木)이 하월(夏月)에 있는데 다시 화세(火勢)를 만났다. 따라서 가지와 잎이 무성하여 목화통명(木火通明)이 되어 목화통휘(木火通輝)의 명(命)이 된다. 자궁(子宮) 계수(癸水)가 조후용신(調候用神)이다. 지지(地支)에 중요한 용신(用神)이 있으면 원기암장(元機暗藏)이라 하여 충분히 상관(傷官)을 파진(破盡)한다. 이때 인수(印綬)나 비견(比肩)이 있으면 크게 발전한다.

辛 甲 甲 丙
未 戌 午 寅

이 사주는 여명(女命)으로, 수(水)가 전혀 없는데 지지(地支)에 화국(火局)을 이루어 고목(枯木)이 되었고, 경금(庚金)이 없으니 후목(朽木)이 되었다. 이런 사주는 음란하며 천박하고 남편을 형(刑)한다. 만일 이 사주가 남명(男命)이었다면 상관격(傷官格)이라 길하다. 그러나 목(木)이 메말라 있으니 수(水)로 해염(解炎)하지 못하면 아름답지 못하다. 하목(夏木) 상관(傷官)은 반드시 인수(印綬)가 있어

야 한다. 목왕(木旺)해도 인수(印綬)가 없으면 편고(偏枯)한 명(命)
이 된다.

辛 甲 辛 甲
未 子 未 辰

이 사주는 양간부잡격(陽干不雜格)이다. 정화(丁火)가 용신(用神)
이니 부귀(富貴)해도 아내와 자식이 머무르기 어렵다. 만일 정묘시
(丁卯時)라면 정화(丁火)가 출간(出干)하여 아들 4형제를 둔다. 그
러나 가난을 면하기는 어렵다. 이 사주의 장점은 갑목(甲木)이 자
(子)에 이르러 관인상생(官印相生)하니, 윤토생목(潤土生木)하여 정
화(丁火)가 용신(用神)이 된다.

戊 甲 癸 乙
辰 子 未 巳

이 사주는 지지(地支)에 수국(水局)을 이루어 성화(丁火)가 곤(困)
하다. 따라서 부귀(富貴)해도 자식을 두기 어렵다. 인왕(印旺)하여
상관생재(傷官生財)하고, 정화(丁火)는 투출(透出)하지 않았는데 계
수(癸水)가 출간(出干)했으니, 미월(未月) 갑목(甲木)이나 수(水)가
성(盛)하여 화(火)가 쇠(衰)한다.

丙 甲 辛 甲
寅 戌 未 申

이 사주는 경금(庚金)이 득록(得祿)하여 상서(尙書)에 이르렀다. 재관(財官)이 용신(用神)이고, 경금(庚金)이 신(申)에서 득록(得祿)하고, 임수(壬水)가 장생(長生)을 얻고, 상관(傷官)을 제(制)하며 관(官)을 보호하여 귀격(貴格)이 되었다. 그러나 병화(丙火)가 신관(辛官)을 합(合)하고, 신(申)이 인록(寅祿)을 충(沖)하여 흉사했다.

戊 甲 乙 辛
辰 戌 未 巳

이 사주는 여명(女命)으로, 결혼을 세 번이나 했으나 자식을 낳지 못했다. 신금(辛金) 부성(夫星)이 명투(明透)하고, 화토(火土)가 염조(炎燥)하다. 인수(印綬)가 관(官)을 보호하지 않고, 진궁(辰宮) 계수(癸水)가 입묘(入墓)했으나 무토(戊土)가 극(剋)하여 자식을 두지 못한 것이다.

壬 甲 庚 己
申 辰 午 未

이 사주는 신진(申辰)이 회국(會局)하고, 임수(壬水)가 투출(透出)했다. 오궁(午宮) 정화(丁火)가 용신(用神)이고, 경금(庚金)이 벽갑인정(劈甲引丁)하여 대귀격(大貴格)을 이루었다.

戊 甲 甲 丙
辰 戌 午 子

이 사주는 재장(財長)에 오른 사람이다. 자오(子午)와 진술(辰戌)이
상충(相沖)하고, 재(財)가 인수(印綬)를 파(破)하고, 오술(午戌)이
회국(會局)하여 화왕목분(火旺木焚)이 되었다. 자진(子辰)이 멀리서
합(合)하여 제화윤목(制火潤木)하고, 무토(戊土)가 화(火)를 설(洩)
하니 용신(用神)이다.

甲 甲 丙 壬
子 申 午 午

이 사주는 자신(子申)이 회국(會局)하고, 임수(壬水)가 투출(透出)
했다. 오궁(午宮) 정기(丁己)를 용신(用神)으로 삼아 독군(督軍)이
되었다.

甲 甲 丙 壬
戌 辰 午 午

이 사주는 임수(壬水)가 출간(出干)하여 제화(制化)하고, 윤토(潤
土)하고, 목(木)을 생(生)하여 군장(軍長)이 되었다.

甲 甲 辛 甲
子 辰 未 申

이 사주는 순무(巡撫)에 오른 사람이다. 신자진(申子辰)이 회국(會
局)하니 인수(印綬)가 왕(旺)하여 재관(財官)이 용신(用神)이다.

甲 甲 癸 乙
子 午 未 丑

이 사주는 성장(省長)에 오른 사람이다. 계수(癸水)가 출간(出干)하여 지지(地支)에서 녹(祿)을 얻었다.

■ 삼추(三秋) 갑목(甲木)

삼추(三秋)에는 목(木)이 점점 시들어 금토(金土)가 왕(旺)하다. 그러므로 먼저 정화(丁火)를 취한 후 경금(庚金)을 취한다. 정경(丁庚)이 모두 있으면 갑목(甲木)을 창자루로 만들 수 있다. 삼추(三秋)에는 목(木)이 늙어 가지와 잎이 시드는 때이니, 강금(剛金)으로 다듬어야 동량(棟樑)의 재목을 이룰 수 있다.

고서(古書)에서는 사목(死木)이 기물을 이루려면 반드시 경신(庚辛)이 있어야 하고, 금기(金氣)가 적당히 왕(旺)해야 영(令)을 잡는다고 했다. 추목(秋木)이 금(金)을 만나면 진신(眞神)이 용신(用神)이 되어 귀격(貴格)을 이룬다.

하목(夏木)이 화(火)를 만나고, 동목(冬木)이 수(水)를 만나고, 춘목(春木)이 목(木)을 만나면 꺼린다고 하는 것과는 다르다. 갑목(甲木)은 경금(庚金)으로 깎고 다듬어야 재목을 이루고, 경금(庚金)은 정화(丁火)로 단련해야 기물을 이룬다. 이것은 삼추(三秋) 갑목(甲木)은 정경(丁庚)으로 용신(用神)을 삼아야 한다는 뜻이다.

신월(申月) 갑목(甲木)

신월(申月) 갑목(甲木)은 칼이나 도끼를 두려워 하지 않는다. 정화(丁火)가 없으면 경금(庚金)을 다스리기 어렵고, 경금(庚金)이 없으면 갑목(甲木)을 다듬기 어렵다. 따라서 신월(申月) 갑목(甲木)이 정경(丁庚)이 모두 투출(透出)하면 과갑(科甲)에 이른다.

다시 말해, 추목(秋木)은 기물을 이루는 나무다. 금(金)을 만나면 가지치기를 하나 정화(丁火)가 없으면 경금(庚金)을 다스리기 어렵고, 경금(庚金)이 없으면 갑목(甲木)을 다듬기 어렵다. 따라서 정경(丁庚)이 나란히 투출(透出)하면 갑목(甲木)이 배합되어 큰 기물을 이룬다. 따라서 경금(庚金)이 용신(用神)이라도 정화(丁火)로 배합하지 않으면 불가하다.

신월(申月) 갑목(甲木)은 신(申)에 경록(庚祿)이 있고, 살인상생(殺印相生)되어 금수운(金水運)으로 흐르면 반드시 발전하고, 경금(庚金)이 용신(用神)이니 금수운(金水運)으로 흐르면 대귀격(大貴格)을 이룬다. 이것은 신궁(申宮)에서 경금(庚金)이 녹(祿)을 얻으며 임수(壬水)가 장생(長生) 되어, 살(殺)과 인수(印綬)가 월령(月令)의 동궁(同宮)에서 기(氣)를 얻는다는 뜻이다. 경금(庚金)이 권리를 잡았으니, 경금(庚金)이 출간(出干)했는데 정화(丁火)로 제(制)하지 않으면 반드시 갑목(甲木)이 상한다. 그러나 정화(丁火)가 있으면 금목(金木)이 기물을 이루고, 월령(月令)에서 살인상생(殺印相生)하니 금수운(金水運)으로 흐르면 용신(用神)이 득지(得地)하여 반드시 대귀격(大貴格)을 이룬다.

신월(申月) 갑목(甲木)이 경금(庚金)이 투출(透出)했는데 정화(丁火)가 없으면 부(富)에 불과하고, 망설임이 많아 형통하기 어렵다. 만일 정화(丁火)가 투출(透出)했는데 경금(庚金)이 암장(暗藏)되어 있으면 작은 부(富)는 허락하고, 경금(庚金)이 많은데 정화(丁火)가 없으면 잔병이 많다. 그러나 승도가 되면 재액을 면할 수 있다.

다시 말해, 경금(庚金)이 용신(用神)이면 반드시 정화(丁火)로 배합해야 된다는 뜻이다. 비록 살인상생(殺印相生)하며 금수운(金水運)으로 흐른다고 해도, 정화(丁火)가 없으면 금(金)이 기물을 이루지 못하여 부(富)에 불과하고, 살왕(殺旺)하면 고생은 많으나 형통하기 어렵다.

신월(申月) 갑목(甲木)이 정화(丁火)가 투출(透出)했는데, 경금(庚金)이 암장(暗藏)되어 있으면 경금살(庚金殺)의 쓰임이 없다. 그러나 월령(月令)에 경금(庚金)이 당왕(當旺)했으니, 정화(丁火)로 상제(相制)하면 작은 부(富)는 허락한다. 갑목(甲木)이 신(申)에 이르면 휴수(休囚)되어 무기(無氣)하다. 따라서 경금(庚金)이 많은데 정화(丁火)로 상제(相制)하지 않으면, 금(金)이 목(木)을 상하게 하여 반드시 잔병으로 고생이 많다. 다시 말해, 추목(秋木)은 금(金)으로 극제(剋制)하면 길하다. 설사 금왕(金旺)하더라도 두려워 하지 않는다. 그러나 추목(秋木)은 반드시 강해야 한다.

천간(天干)에 경정(庚丁)이 모두 투출(透出)하면 경금(庚金)이 당왕(當旺)하니, 정화(丁火)로 제(制)하면 대부대귀격(大富大貴格)을 이룬다. 이때 병화(丙火)도 용신(用神)으로 삼을 수는 있으나 정화(丁火)만은 못하다. 병화(丙火)는 태양의 불이니 신(申)에 이르면 병지(病地)가 된다. 따라서 정화(丁火)의 용광로 불에 비할 수는 없으나,

단련하면 충분히 기물을 이룰 수 있다. 그러나 화(火)가 많아 지나치게 극제(剋制)하면 고생이 많이 따른다. 이런 경우에는 인수(印綬)로 화살(化殺)해도 귀(貴)가 작다. 만일 갑목(甲木)이 약한데 신월(申月)의 절지(絶地)에서 생(生)하면 을목(乙木)과 같은 이치로 본다.

신월(申月) 갑목(甲木)이 경금(庚金)이 왕(旺)하고, 정화(丁火)는 없는데 수(水)가 많으면 기명종살격(棄命從殺格)을 짓기 어렵다. 그러나 토(土)가 많으면 종살격(從殺格)을 이룬다. 신궁(申宮)에서 임수(壬水)가 장생(長生)되고, 살인상생(殺印相生)하여 종살격(從殺格)을 이루기 어려우나, 토(土)가 많으면 종살(從殺)한다는 것은 토(土)가 충분히 수(水)를 제(制)할 수 있기 때문이다. 삼추(三秋) 갑목(甲木)은 절지(絶地)에 이르면 종(從)하는 경우가 있고, 임수(壬水)가 장생(長生)되면 절지봉생(絶地逢生)이 되어 목(木)이 절(絶)되지 않는다. 이때 토다(土多)하여 인수(印綬)를 파(破)하면 스스로 종(從)한다.

신월(申月) 갑목(甲木)이 경금(庚金)과 무기(戊己)는 많은데, 임계수(壬癸水)가 없으면 정화(丁火)로 금(金)을 제(制)해야 한다. 이때 군토(群土)가 따뜻하면 대부격(大富格)을 이루나, 정화(丁火)가 암장(暗藏)되어 있으면 부귀(富貴)가 작고, 재(財)가 투출(透出)하면 풍수(風水)가 불급(不及)하더라도 대부격(大富格)을 이루고, 정화(丁火)기 두 개인데 사절지(死絶地)에 앉지 않으면 반드시 부귀격(富貴格)을 이룬다. 계수(癸水)가 약해도 부(富)한 가운데 귀(貴)를 취하여 이도(異途)로 발전한다.

만일 계수(癸水)가 여러 개 있어 정화(丁火)를 제복(制伏)하면 학문이 뛰어나더라도 발전하기 어렵다. 이때 화토운(火土運)으로 흘러 계수(癸水)를 파(破)하면 약간의 공명(功名)을 취하고, 세운(歲運)이 모두 배반하면 고생이 많고, 지지(地支)에 토국(土局)을 이루었는데 무기(戊己)가 투간(透干)하여 계수(癸水)를 제거하며 정화(丁火)를 보호하면 과갑(科甲)에 이른다. 그러나 이런 사람은 송사를 좋아하고, 남을 잘 속이며 욕심이 많아 화액과 원망을 초래한다.

다시 말해, 신궁(申宮)에 임수(壬水)가 있으나 무기토(戊己土)로 제(制)하면 용인화살(用印化殺)하기 어렵고, 경금(庚金)이 당왕(當旺)하여 추토(秋土)의 기(氣)를 설기(洩氣)하면 허(虛)하다. 그러나 이때 정화(丁火)로 제금(制金)하며 난토(暖土)하면 상관생재(傷官生財)가 되어 대부격(大富格)을 이룬다.

다시 말해, 신월(申月) 갑목(甲木)이 정화(丁火)가 두 개 있는데 사절지(死絶地)에 앉지 않으면 부귀격(富貴格)을 이룬다. 그러나 정화(丁火)가 암장(暗藏)되어 있으면 부귀(富貴)가 모두 작고, 계수(癸水)가 정화(丁火)를 상하게 하면 병(病)이 되어 발전하기 어렵다. 이때는 화토운(火土運)으로 흘러도 일시적이라 원국(原局)에 있는 병(病)을 풀어줄 수 없다. 만일 원국(原局)에 무토(戊土)가 출간(出干)하여 구제하면, 병(病)이 있는데 약(藥)이 있는 격이니 귀격(貴格)을 이룬다. 그러나 병약(病藥)이 잡출하면 격국(格局)이 불순하고, 재(財)가 인수(印綬)를 파(破)하는 것에 의지하니 욕심 때문에 화액이 따른다.

지금까지의 설명을 종합하면, 신월(申月) 갑목(甲木)에게 가장 필요한 것은 정화(丁火)이고, 그 다음은 경금(庚金)이다. 수(水)가 화(火)를 막으면 금(金)을 녹이기 어렵다. 정화(丁火)가 금(金)을 녹이려면 반드시 갑목(甲木)이 있어야 한다. 만일 계수(癸水)가 막고 있으면 정화(丁火)는 다시 꺼지나, 임수(壬水)는 충분히 합(合)한다. 그러나 무토(戊土)를 만나야 수(水)를 제(制)하여 화(火)를 보호할 수 있다. 따라서 신월(申月) 갑목(甲木)은 정화(丁火)로 용신(用神)을 삼으면 최상격(最上格)이 된다. 경금(庚金)이 월령(月令)에서 당왕(當旺)했으니 상관(傷官)을 취하든 인수(印綬)를 취하든 모두 월령(月令)의 배합을 따르는 것이다.

신월(申月) 갑목(甲木)이 정화(丁火)를 얻으면 큰 용광로를 이루니, 당왕(當旺)한 강금(剛金)을 단련하여 큰 기물을 이룬다. 따라서 정화(丁火)가 용신(用神)이면 귀격(貴格)이 된다. 만일 임계수(壬癸水)를 만나면 반드시 무토(戊土)로 구해야 하나, 정임(丁壬)이 상합(相合)하기 때문에 임수(壬水)를 꺼리지 않는다. 따라서 정화(丁火)가 있으면 반드시 무토(戊土)로 임수(壬水)를 제(制)해야 화(火)를 보호할 수 있다.

丁 甲 丙 丙
卯 寅 申 午

이 사주는 병정(丙丁)이 잡란(雜亂)하여 병(病)이 있는데, 경금(庚金)을 용신(用神)으로 삼아 술운(戌運)에서 거듭 승진하고, 경운(庚運)에서 시랑(侍郎)이 되었다. 시상(時上) 양인(陽刃)을 신궁(申宮) 경금(庚金)으로 제인(制刃)해야 하는데, 경금(庚金)이 당령(當令)하여 귀격(貴格)이 되었다. 병정(丙丁)이 나란히 출간(出干)하여 심하게 제살(制殺)하나, 술운(戌運)에서 인수(印綬)를 파(破)하며 식상(食傷)을 설(洩)하니, 살(殺)을 생(生)하여 청운의 뜻을 이루었다.

乙 甲 甲 乙
亥 子 申 未

이·사주는 진운(辰運)에서 재앙을 만났다. 자신(子申)이 회국(會局)하고 수왕(水旺)하여 경금(庚金)이 설기(洩氣)된다. 재(財)를 용신(用神)으로 삼아 인수(印綬)를 파(破)하지 않으면 안 된다. 진운(辰運)에 수국(水局)이 모여 재앙을 당한 것이다.

丁 甲 壬 己
卯 戌 申 亥

이 사주는 임수(壬水)가 정화(丁火)를 합거(合去)하는데, 기토(己土)는 임수(壬水)를 제(制)하지 못한다. 병(病)은 깊은데 약(藥)이 가볍기 때문에 재능은 많으나 귀(貴)가 없었다.

丙 甲 庚 戊
寅 寅 申 午

이 사주는 축운(丑運)에서 관직을 잃었다. 신살(身殺)이 모두 왕(旺)하나, 제(制)하여 아름다운 명(命)이 되었다. 그러나 애석하게도 화(火)가 태왕(太旺)하고, 정화(丁火)는 없고 병화(丙火)가 있다. 따라서 관운(官運)이 축(丑)에 이르러 멈춘 것이다.

乙 甲 戊 丁
亥 申 申 酉

이 사주는 무토(戊土)가 임수(壬水)를 제(制)하여 경살(庚殺)의 기(氣)가 설(洩)하지 못한다. 정화(丁火)를 취하여 상관가살(傷官駕殺)이 되었다. 남방운(南方運)으로 흘러 대학사(大學士)가 되었다.

丙 甲 丙 辛
寅 申 申 未

이 사주는 년월(年月)에서 병(丙) 하나를 합거(合去)하여, 시상(時上) 병화(丙火)가 용신(用神)이다. 정갑(鼎甲) 출신으로 대학사(大學士)가 되었다.

丙 甲 庚 癸
寅 戌 申 未

이 사주는 병화(丙火)로 금(金)을 제(制)하고, 토(土)의 무리를 길기 부격(富格)이 되었다.

乙 甲 庚 癸
亥 寅 申 亥

이 사주는 신왕가살(身旺假殺)이라 권세가 있었다. 을묘인운(乙卯

刀運)으로 흐를 때 생살권(生殺權)을 잡았으나, 갑운(甲運)에서 살해
되었다.

　　乙甲甲乙
　　亥子申酉

이 사주에는 애석하게도 정화(丁火)의 배합이 없다. 그러나 동남운
(東南運)에서 교통부 장관이 되었다.

　　甲甲甲庚
　　戌申申寅

이 사주는 하나 있는 살(殺)이 승권(乘權)하여 귀격(貴格)이 되었
다. 삼갑(三甲)이 조원(朝元)하며 년지(年支)에 있는 인록(寅祿) 뿌
리가 용신(用神)이니, 오직 상음(上蔭)에 의지해야 한다. 정화(丁火)
가 투출(透出)하지 않아 공자(公子)에 불과했다.

유월(酉月) 갑목(甲木)

유월(酉月) 갑목(甲木)은 목기(木氣)가 휴수(休囚)되고, 왕금(旺金)
이 권리를 잡은 때에 있다. 따라서 정화(丁火)로 금(金)을 제(制)한
다음, 병화(丙火)로 조후(調候)해야 한다. 월령(月令)에 금신(金神)

이 당왕(當旺)하여 정화(丁火)가 우선인 것이다. 만일 정화(丁火)가 없으면 병화(丙火)로 대신할 수 있으나 정화(丁火)만은 못하다. 그러나 조후(調候)할 때는 병화(丙火)가 더 적합하다.

유월(酉月) 갑목(甲木)이 경금(庚金)이 투간(透干)하면 정화(丁火)로 제(制)해야 하고, 신금(辛金)이 투출(透出)해도 역시 정화(丁火)가 적합하다. 병화(丙火)가 신금(辛金)과 합(合)되어 힘이 약하기 때문이다. 만일 비겁(比劫)이 많거나 지지(地支)에 목국(木局)이 있으면 금(金)으로 제(制)하고, 다시 화(火)로 제금(制金)해야 하기 때문에 경금(庚金)은 그 다음이다.

유월(酉月) 갑목(甲木)이 정경(丁庚)이 각각 하나씩 있으면 과갑(科甲)이 따르나, 계수(癸水)가 하나 투출(透出)하면 불가하다. 성경(丁庚)이 각각 하나씩 있으면 화금(火金)이 상제(相制)하여 기물을 이루기 때문에 과갑(科甲)이 가능하나, 계수(癸水)가 하나 투출(透出)하면 정화(丁火)를 상극(相剋)하여 경금(庚金)을 제(制)하지 못하기 때문에 귀격(貴格)을 이루지 못하는 것이다.

유월(酉月) 갑목(甲木)이 병경(丙庚)이 모두 투출(透出)하면 부(富)는 크나 귀(貴)는 작고, 병정(丙丁)이 하나도 없으면 승도필자가 된다. 병화(丙火)가 투출(透出)했는데 계수(癸水)가 없으면 부귀쌍전(富貴雙주)하나, 계수(癸水)가 출간(出干)하여 병화(丙火)를 제(制)하면 평범한 명(命)이 된다.

이것은 병화(丙火)는 정화(丁火)보다 연금(煉金)하는 힘이 부족하나, 조후용신(調候用神)이 되므로 부(富)는 크나 귀(貴)가 작은 것이고, 경금(庚金)이 투출(透出)했는데 병정(丙丁)으로 제(制)하지 못하면, 금(金)이 목(木)을 상하게 하여 승노팔사가 되는 것이다. 계수(癸

水)가 투출(透出)하여 정화(丁火)를 상하게 하면 과갑(科甲)하기 어렵다는 말과, 병화(丙火)가 투출(透出)했는데 계수(癸水)가 없으면 부귀쌍전(富貴雙全)한다는 말은 같은 뜻이다. 다시 말해, 유월(酉月) 갑목(甲木)은 금왕(金旺)하기 때문에 제(制)해야 하는데 용신(用神)이 상하면 안 된다.

 유월(酉月) 갑목(甲木)이 지지(地支)에 화국(火局)을 이루면 가귀(假貴)는 허락하고, 무기(戊己)가 하나 투출(透出)하면 부옹(富翁)을 짓는다. 지지(地支)에 화국(火局)을 이루면 지나치게 금(金)을 제(制)하기 때문에 관성(官星)이 상하니 가귀(假貴)에 불가한 것이다. 무기토(戊己土)가 화(火)를 설(洩)하면 격국(格局)이 변하여 상관생재(傷官生財)가 된다. 이때 재성(財星)이 용신(用神)이 되면 거부격(鉅富格)을 이루나, 사주가 신왕(身旺)해야 한다.

 유월(酉月) 갑목(甲木)이 지지(地支)에 금국(金局)을 이루었는데, 천간(天干)에 경금(庚金)이 있으면 금(金)이 목(木)을 상하게 하여 반드시 잔병이 따른다. 병정(丙丁)이 금(金)을 파(破)하나 역시 병(病)이 숨어 있다.

 유월(酉月)에는 목기(木氣)가 휴수(休囚)되고, 금신(金神)이 권리를 잡은 때다. 따라서 지지(地支)에 금국(金局)을 이루었는데 경금살(庚金殺)이 투출(透出)하면, 목(木)이 금(金)에게 상하여 요절(夭折)하거나 잔병이 따르는 것이다. 경금(庚金)이 하나 있으면 금국(金局)이 없어도 병정(丙丁)이 상제(相制)하지 못하면 불가한데, 하물며 지지(地支)에 금국(金局)을 이룬다면 오죽하겠는가. 따라서 병정(丙丁)이 금(金)을 파(破)해도 목기(木氣)가 약하면 상하기 때문에 노년에 질병이 따른다. 만일 대운(大運)에서 임계(壬癸)를 만나면 오히려 병정(丙丁)을 극(剋)하여 반드시 죽음에 이른다.

유월(酉月) 갑목(甲木)이 지지(地支)에 목국(木局)을 이루었는데, 천간(天干)에 비겁(比劫)이 투출(透出)하면 먼저 경금(庚金)을 취한 후 정화(丁火)를 취한다. 유월(酉月)은 중추(仲秋)로 목(木)의 생기가 안으로 들어가니 도끼자루가 필요한 때다. 따라서 지지(地支)에 목국(木局)을 이루었는데 천간(天干)에 비겁(比劫)이 투출(透出)하면, 마른가지가 다하여 쓸모가 없으니 경금(庚金)을 먼저 취하는 것이다. 이것은 추월(秋月)에는 살(殺)이 생(生)이 되기 때문이다. 중추(仲秋)에는 왕금(旺金)이 권리를 잡았으니 정화(丁火)로 제살(制殺)해야 한다. 경금(庚金)이 정화(丁火)를 만나면 도끼가 쓰임새를 이루는데, 추목(秋木)이 성(盛)하며 살왕(殺旺)하니, 제(制)하면 반드시 귀격(貴格)을 이룬다.

丁 甲 乙 乙
卯 子 酉 未

이 사주는 천간(天干)에 정화(丁火)가 있고, 목왕(木旺)하여 정화(丁火) 상관(傷官)이 투출(透出)했다. 정화(丁火)가 생시(生時)에서 눈이 비추고 있으니 목(木)이 서로 융화한다. 월령(月令)의 신금(辛金)이 정관격(正官格)을 이루고, 자궁(子宮)에 계수(癸水)가 있으니 목기(木氣)가 왕(旺)하여 최상격(最上格)이 되었다. 목생화(木生火)하고, 화(火)가 미토(未土)를 생(生)하고, 토(土)가 신금(辛金) 정관(正官)을 생(生)하고, 금(金)이 자수(子水)를 생(生)하고 있다.

따라서 신사운(辛巳運)과 경진운(庚辰運)에서 관성(官星)이 득지

(得地)하여 명리통달(名利通達)한다. 만일 병정화(丙丁火)가 태다
(太多)하여 생월(生月)의 정관(正官) 용신(用神)을 심하게 제(制)하
면, 생월(生月)은 운명의 근본이기 때문에 가정에 항상 재앙이 있고
만년에는 질병이 따른다.

　　丁甲乙乙
　　卯子酉未

이 사주는 정화(丁火)가 높이 떠서 비추고 있다. 정화(丁火)가 높이
떠서 비춘다는 말은 배합이 아름답다는 뜻이다. 갑자(甲子)에 관인
(官印)이 상생(相生)하니 정화(丁火)가 높이 비추어도 관성(官星)이
상하지 않는다. 월령(月令)의 관성(官星)이 인(刃)을 제(制)하는 용
신(用神)이고, 신사운(辛巳運)과 경진운(庚辰運)에서 관성(官星)이
득지(得地)하여 귀격(貴格)을 이루었다.

　　丁甲乙庚
　　卯子酉寅

이 사주는 지지(地支)에 병화(丙火)가 암장(暗藏)되어 있는데, 시상
(時上)에 정화(丁火)가 하나 있어 참정(參政)의 명(命)이 되었다. 을
경살인(乙庚殺刃)이 상합(相合)하여 유정(有情)하고, 정화(丁火)가
높이 떠서 비추니 제(制)함을 얻었고, 추목(秋木)이 성(盛)하니 관살
운(官殺運)으로 흐르면 길하다. 안으로는 참정(參政)이요 밖으로는
태수(太守)다.

甲 甲 乙 乙
子 子 酉 巳

이 사주는 사유회국(巳酉會局), 살인상생(殺印相生), 양간부잡(陽干
不雜)을 이루었다. 더구나 사(巳)에 병화(丙火)가 암장(暗藏)되어 있
으니 어찌 귀하지 않겠는가.

丁 甲 丁 丙
卯 寅 酉 戌

이 사주는 병정(丙丁)이 나란히 투출(透出)하여 관성(官星)을 심하
게 제(制)하고 있다. 그러나 다행히도 금수운(金水運)으로 흘러 효렴
(孝廉)을 얻었다.

戊 甲 己 丁
辰 子 酉 巳

이 사주는 지지(地支)에 살인양국(殺印兩局)이 있고, 천간(天干)에
정화(丁火)와 무기토(戊己土)가 나란히 투출(透出)하여 부귀격(富貴
格)을 이루었다.

丙 甲 辛 癸
寅 申 酉 未

이 사주는 병신(丙辛)이 떨어져 있어 합(合)하지 않고, 계수(癸水)가 병화(丙火)를 상하게 하지 않아 주석(主席)에 이르렀다.

술월(戌月) 갑목(甲木)

술월(戌月)은 만추로, 한기(寒氣)가 있으니 갑목(甲木)이 시들고 상한다. 따라서 정화(丁火)와 임계수(壬癸水)로 자부(滋扶)해야 한다. 술토(戌土)는 조토(燥土)이니 윤택한 수(水)로 적셔주지 않으면 흉하다. 따라서 무토(戊土)나 경금(庚金)으로 용신(用神)을 삼을 때는 정화(丁火)와 임계수(壬癸水)가 있어야 한다. 토(土)가 수(水)를 만나면 윤택해지고, 화(火)를 만나면 목(木)이 빼어나게 된다. 그러므로 상한 목(木)은 수화(水火)로 도와주고, 무경(戊庚)을 용신(用神)으로 삼으면 상격(上格)을 이룬다.

술월(戌月) 갑목(甲木)이 무기(戊己)가 투출(透出)하면 중화(中和)되어 일방(一榜)을 이루고, 경금(庚金)이 득소(得所)하면 과갑(科甲)에 이른다. 그러나 대운(大運)과 배합이 되어야 한다. 만일 비견(比肩)이 한두 개 있는데 경금(庚金)으로 제복(制伏)하지 않으면 평범한 명(命)이 된다. 이때 대운(大運)이 돕지 않으면 송곳하나 꽂을 땅이 없을 정도로 가난하다. 무기(戊己)가 투출(透出)했다는 것은 재성(財星)을 취한다는 뜻이고, 경금(庚金)이 득소(得所)했다는 것은 신유(申酉)에 통근(通根)했다는 뜻이다.

술월(戌月)은 왕토(旺土)가 영(令)을 잡은 때이니, 재(財)를 용신

(用神)으로 삼으면 일방(一榜)은 허락한다. 이때 경금(庚金)을 만나면 재왕생관(財旺生官)하여 과갑(科甲)에 준함이 있다. 그러나 재(財)가 용신(用神)인데 비견(比肩)이 쟁재(爭財)하면 경금(庚金)으로 재성(財星)을 보호해야 한다. 이때 경신(庚辛)이 없으면 평범한 명(命)이 되고, 비겁운(比劫運)으로 흐르면 송곳하나 꽂을 땅이 없을 정도로 가난해진다는 뜻이다. 일반적으로 진술축미월(辰戌丑未月)은 모두 하반월을 지칭하는 것이고, 상반월은 상월(上月)과 같이 본다.

술월(戌月) 갑목(甲木)이 갑진(甲辰), 갑술(甲戌), 갑진(甲辰), 갑술(甲戌)에 해당하면 부귀격(富貴格)을 이루며 장수한다. 이러한 사주를 천원일기격(天元一氣格), 또는 일재일용격(一財一用格)이라 한다. 이때는 비겁(比劫)을 만나나 재(財)를 용신(用神)으로 삼을 수 있고, 관살(官殺)을 취하여 보호해야 하므로 재관격(財官格)과 같고, 식상(食傷)을 취하여 화(化)하면 식상생재격(食傷生財格)과 같다. 만일 관살(官殺)과 식상(食傷) 대신 재성(財星)을 취하려면 진술축미월(辰戌丑未月)이어야 가능하다.

이 명(命)은 사지(四支)가 모두 토(土)인데, 토왕(土旺)하여 영(令)을 잡았다. 따라서 비겁(比劫)을 만났기 때문에 재(財)를 용신(用神)으로 삼는 것이 아니라, 재왕(財旺)하여 비겁(比劫)을 용신(用神)으로 삼은 것이다. 여기에다 천원일기격(天元一氣格)과 일재일용격(一財一用格)은 체용(體用)이 모두 청(淸)하니, 부귀(富貴)와 장수를 누리는 것이다.

술월(戌月) 갑목(甲木)이 경금(庚金)과 병화(丙火)를 만나면 생원(生員)에 오르며 자수성가한다. 화(火)를 용신(用神)으로 삼으면 목(木)이 이내요 화(火)가 자식인데, 아내는 어질고 자식은 효도한다.

술월(戌月)은 월령(月令)에 재성(財星)이 당왕(當旺)한다. 이때 경병(庚丙)이 나란히 투출(透出)하면, 병화(丙火)를 용신(用神)으로 삼아 경금(庚金)을 제(制)하고 생재(生財)하니, 식신생재격(食神生財格)이 되어 부(富)는 크나 귀(貴)는 작다. 병화(丙火)가 용신(用神)이므로 목(木)이 아내요 화(火)가 자식이 되는 것이다.

술월(戌月) 갑목(甲木)이 목(木)이 많으면 병화(丙火)나 정화(丁火)를 용신(用神)으로 삼아도 좋지 않다. 이때는 경금(庚金)을 용신(用神)으로 삼아야 하고, 수(水)가 아내요 목(木)이 자식이 된다.

다시 말해, 진술축미월(辰戌丑未月)의 갑목(甲木)은 반드시 경금(庚金)이 있어야 한다. 예를 들면, 목(木)은 쟁기에 해당하여 충분히 진술축미토(辰戌丑未土)를 소통할 수 있으나, 경금(庚金) 쟁기의 부리가 아니면 불가하다. 병정계(丙丁癸)가 모두 있어도 반드시 경금(庚金)을 먼저 취해야 한다.

다시 말해, 경금(庚金) 편관(偏官)이 용신(用神)이 되어야 한다는 말이다. 삼추(三秋)에는 목성(木性)이 메마르며 월령(月令)에 화묘(火墓)를 이루어 목(木)이 많다. 이때는 병정(丙丁)을 취해도 화왕(火旺)하여 목(木)이 메마르니 상격(上格)이 되지 못한다. 따라서 목(木)이 많으면 경금(庚金)을 용신(用神)으로 삼아야 한다.

사론(思論)에서는 사목(死木)이 금(金)을 만나 기물을 이루려면 반드시 경신(庚辛)이 있어야 한다고 했다. 이것은 목(木)이 소토(疏土)하려면 쟁기의 부리가 있어야 하고, 금(金)은 수원(水源)이니 살인상생(殺印相生)하여 갑목(甲木) 뿌리가 윤택하면 충분히 소토(疏土)할 수 있다는 뜻이다. 갑목(甲木)은 경금(庚金)이 없으면 불령(不靈)하니 경금(庚金)이 적으면 불가하다. 술월(戌月)은 만추라 한기(寒氣)

가 있으니 병정(丙丁)이 없으면 흉하고, 토조(土燥)하면 목(木)이 메마르니 임계수(壬癸水)가 없으면 흉하다. 한마디로, 삼추(三秋) 갑목(甲木)은 경금(庚金)이 중심이라는 뜻이다.

진술축미월(辰戌丑未月)의 갑목(甲木)이 무기(戊己)를 많이 만나면, 대개 기명종재(棄命從財)가 되어 화(火)가 아내요 토(土)가 자식이 된다. 종격(從格)은 종(從)하는 신(神)으로 용신(用神)을 삼는다.

술월(戌月) 갑목(甲木)이 일파(一派) 병정화(丙丁火)가 금(金)을 상하게 하면 유림(儒林)의 도가 있어도 거짓이고, 임계수(壬癸水)가 병정화(丙丁火)를 파(破)하면 반드시 참된 학문이 있다. 수(水)가 화(火)를 파(破)하지 않고, 지지(地支)에 화국(火局)이 있으면 마르고 썩은 목(木)이 되어 경금(庚金)이 있어도 무용지물이라 고빈(孤貧)한 명(命)이 된다.

다시 말해, 삼추(三秋) 갑목(甲木)은 반드시 경금(庚金)이 있어야 한다. 따라서 일파(一派) 병정(丙丁)이 있는데 지지(地支)에 화국(火局)을 이루면 화왕(火旺)하여 목(木)이 마른다. 이때 임계수(壬癸水)로 구제하지 않으면 목(木)에 생기가 없으니, 비록 경금(庚金)이 있어도 무용지물이 된다는 것이다.

갑목(甲木)은 추월(秋月)에 이르면 기세가 끊어져 메마르는데, 화왕(火旺)하면 목(木)이 마르며 썩는다. 이것은 춘목(春木)이 화(火)를 만나 목화통명(木火通明)이 되는 것과는 비교되지 않는다. 그러나 목(木)이 많은데 경금(庚金)이 있으면 귀격(貴格)을 이룬다. 가지와 잎이 시들어 떨어지는데 금기(金氣)를 얻어 가지치기를 하면, 살(殺)이 오히려 생(生)으로 변한다. 그러나 반드시 계수(癸水)의 배합이 있어야 한다. 만일 화왕(火旺)하여 금(金)을 상하게 하는데, 수(水)가 화

(火)를 파(破)하지 않으면 고빈(孤貧)한 명(命)이 된다.

술월(戌月) 갑목(甲木)이 가상관(假傷官)으로 득지(得地)하여 생(生)하면 갑을추생귀원무(甲乙秋生貴元武)라 한다. 이때 수(水)로 상관(傷官)을 제(制)하면 금(金)이 아내요 수(水)가 자식이다. 술월(戌月) 갑목(甲木)은 병정(丙丁)이 있으나, 당령(當令)하지 않아 가상관격(假傷官格)이 된다. 득지봉생(得地逢生)은 지지(地支)에 인(寅)의 장생(長生)과 오(午)가 있어 인오술삼합회국(寅午戌三合會局)하는 것을 말하고, 원무(元武)는 북방임계수(北方壬癸水)의 인수(印綬)를 말한다.

술월(戌月) 갑목(甲木)이 화왕목고(火旺木枯)하면 반드시 인수(印綬)가 있어야 귀격(貴格)을 이룬다. 예를 들어, 무자년(戊子年), 임술월(壬戌月), 갑인일(甲寅日), 경오시(庚午時)이면 인오술(寅午戌)이 회국(會局)하여 가상관(假傷官)이 된다. 따라서 갑을추생귀원무(甲乙秋生貴元武)가 된다. 이때는 상관(傷官)이 용신(用神)이 되는 것이 아니라, 임수(壬水)가 상관(傷官)을 제(制)하는 용신(用神)이다. 따라서 관살(官殺)은 아내요 인수(印綬)는 자식이 된다.

술월(戌月) 갑목(甲木)이 정무(丁戊)가 모두 있는데 수(水)가 없으면, 상관생재격(傷官生財格)이 되어 부귀격(富貴格)을 이룬다. 이때는 화(火)가 아내요 토(土)가 자식이다.

다시 말해, 술궁(戌宮)에 무토(戊土)가 당왕(當旺)했고, 정화(丁火)가 묘고(墓庫)인데 천간(天干)에 같이 투출(透出)하여 용신(用神)을 삼으면 상관생재격(傷官生財格)이 된다. 따라서 동궁(同宮)에 정무(丁戊)가 모여 부귀격(富貴格)을 이루는 것이다. 이것은 정무(丁戊)가 모두 있는데 수(水)가 없으면 격(格)을 이루고, 그렇지 않으면 인수(印綬)를 써야 한다는 뜻이다.

술월(戌月) 갑목(甲木)은 갑목(甲木)이 많은데 경금(庚金)이 투출(透出)하면 부귀격(富貴格)을 이루고, 경금(庚金)이 암장(暗藏)되면 소부소귀(小富小貴)하고, 경금(庚金)이 용신(用神)인데 정화(丁火)가 제복(制伏)하면 부귀격(富貴格)을 이루기 어렵다. 그러나 경금(庚金)이 많으면 정화(丁火)가 있어야 부귀격(富貴格)을 이룬다. 예를 들어, 경신년(庚申年) 병술월(丙戌月) 갑신일(甲申日) 임신시(壬申時)이면 재능이 있으며 공명(功名)이 발전한다. 그러나 년월(年月)에 경병(庚丙)이 없는데 화성(火星)이 출간(出干)하지 않으면, 학문을 좋아하나 명성을 얻기는 힘들다.

다시 말해, 술월(戌月) 갑목(甲木)은 갑목(甲木)이 많으면 경금(庚金)을 용신(用神)으로 삼아야 한다는 뜻이다. 이것은 경신(庚辛)이 비겁(比劫)을 제복(制伏)하지 않으면 평범한 명(命)이 되는 것과 같은 이치다. 그리고 사주에 경금(庚金)이 많으면 정화(丁火)가 있어야 한다는 것은, 살(殺)이 태왕(太旺)하면 식상(食傷)으로 제복(制伏)해야 한다는 뜻이다.

앞에서 예를 든 경신년생(庚申年生)은 지지(地支)에 신(申)이 세 개 있는데 천간(天干)에 경금(庚金)이 투출(透出)했으니, 살왕(殺旺)하니 식신(食傷)으로 제복(制伏)하지 않으면 흉하다. 신궁(申宮)에서 금수(金水)가 상생(相生)하고 수(水)가 출간(出干)했으니, 식상(食傷)으로 제살(制殺)해야 한다.

적천수(滴天髓)에서는 국(局)에 답답함을 떨치는 기미가 있으면 신(神)이 펴져 뜻이 화창하다고 했다. 이것은 병경(丙庚)이 투출(透出)한 것을 말한다. 따라서 병경(丙庚)이 투출(透出)하면 공명(功名)이 발전하나, 그렇지 않으면 끝내 묻혀버린다.

 술월(戌月) 갑목(甲木)이 정화(丁火)와 계수(癸水)가 있는데 무토(戊土)가 투간(透干)하면 귀격(貴格)을 이룬다. 예를 들어, 무술년(戊戌年) 임술월(壬戌月) 갑자일(甲子日) 무진시(戊辰時)이면, 지지(地支)에 수국(水局)이 있는데 임수(壬水)가 출간(出干)하여 귀원무(貴元武)가 된다. 무토(戊土)가 투출(透出)하여 중화(中和)되니, 부(富)는 크나 경정(庚丁)이 생(生)하지 않아 귀격(貴格)은 아니다.

 다시 말해, 술월(戌月) 갑목(甲木)이 재(財)가 있으면 정계(丁癸)로 자부(滋扶)해야 길하다는 뜻이다. 그리고 무토(戊土)가 투출(透出)하여 중화(中和)되었다고 하는 것은, 무토(戊土) 재성(財星)을 취한다는 뜻이다.

 앞에서 예를 든 무술년생(戊戌年生)은 지지(地支)에 수국(水局)을 이루었는데 임수(壬水)가 투출(透出)하여 수(水)가 많고, 술궁(戌宮) 무토(戊土)가 출간(出干)하여 재(財)가 있으니, 인수(印綬)를 제(制)하기 때문에 부(富)는 크나 귀격(貴格)을 이루지 못하는 것이다. 그리고 정경(丁庚)이 없으니 발전하기 어려운 것이다. 그러나 월일(月日)에 계해(癸亥)가 끼어 있고, 일시(日時)에 을축(乙丑), 병인(丙寅), 정묘(丁卯)가 끼어 있다. 따라서 전인후종(前引後從)하여 목(木)에 생기가 있고, 동방운(東方運)으로 흘러 작게나마 성취하는 것이다.

　　庚 甲 庚 壬
　　午 午 戌 午

이 사주는 승상(丞相)의 명(命)이다. 경오(庚午)가 모두 왕(旺)하여 대귀격(大貴格)을 이루었다. 그러나 오술(午戌)이 회국(會局)하여 화왕(火旺)하니 목(木)이 메마른다. 이때 임수(壬水)를 용신(用神)으로 삼아, 경금(庚金)을 설(洩)하고 화(火)를 제(制)하여 아신(我身)을 돕는다. 따라서 가상관(假傷官)이 득지(得地)하여 귀원무(貴元武)가 되었다.

戊 甲 丙 庚
辰 戌 戌 戌

이 사주는 병무(丙戌)가 나란히 투출(透出)했다. 따라서 식신생재격(食神生財格)을 이루어 부유하며 장수했다. 그러나 경금(庚金) 칠살(七殺)이 있어 무직(武職)으로 나갔으며 귀(貴)가 작았다.

甲 甲 甲 己
子 子 戌 丑

이 사주는 경금(庚金)이 기물을 이루지 못하는데, 정화(丁火)까지 고(庫)에 있으니 초년에는 빈천(貧賤)하고, 만년에는 크게 발전하나 평범한 명(命)에 불과하다. 갑자일생(甲子日生)이 인수(印綬)에 앉아, 나무는 늙었는데 뿌리가 윤택하니 재성(財星)이 용신(用神)이다. 경금(庚金)이 기물을 이루지 못하니 귀격(貴格)이 되지 못하고, 병정(丙丁)을 설(洩)하지 못하니 평범한 명(命)이 된 것이다. 그러나 만년에 기사운(己巳運)과 무진운(戊辰運)에서 재왕(財旺)하니, 득지

(得地)하여 부자가 되었다.

그리고 갑을목(甲乙木)의 비겁(比劫)이 다시 비겁운(比劫運)을 만나면, 형제가 재산싸움을 벌이고 형처손자(刑妻損子)한다. 갑을목(甲乙木)이 인월(寅月)이나 묘월(卯月)에 태어났는데, 극(剋)과 설기(洩氣)함이 없으면 머리 기른 중이 된다. 그러나 이 사람은 다행히 재운(財運)으로 흘러 부자가 되었다. 비겁운(比劫運)을 두 번 만나면 반드시 형제와 재산싸움이 있고 형처손자(刑妻損子)한다. 만일 이 사주가 인월(寅月)이나 묘월(卯月)에 태어났고, 경금(庚金)과 정화(丁火)가 없었으면 승도가 되었을 것이다.

甲 甲 甲 己
子 戌 戌 丑

이 사주는 정화(丁火)가 두 개 있어 작게나마 의식은 있으나 평범한 명(命)이다. 앞 사주와는 일지(日支)의 한 글자가 다르다. 두 사주 모두 재(財)가 용신(用神)인데, 앞 사주는 활목(活木)이고 이 사주는 고목(枯木)이다. 이것 때문에 유정(有情)과 무정(無情)의 차이가 생긴 것이다.

壬 甲 壬 癸
申 午 戌 丑

이 사주는 임계수(壬癸水)가 태다(太多)하여 정화(丁火)의 불꽃을 살리기 어렵다. 그러나 신(申)에 경록(庚祿)이 있어 스스로 위치를 만드니 부귀(富貴)는 잃지 않는다. 그리고 형제의 도움은 많으나 아내와 자식이 일찍 형(刑)을 초래했다.

丁甲丙乙
卯申戌卯

이 사주는 신(申)에 경록(庚祿)이 있고, 묘(卯)에 양인(陽刃)이 있으나 살인(殺刃)이 영(令)을 잡지 못했다. 병화(丙火)가 출간(出干)하여 식신생재격(食神生財格)이다. 문학방면으로 나가면 길하다.

庚甲壬戊
午辰戌午

이 사주는 재왕(財旺)하여 살(殺)을 생(生)하고, 경정계(庚丁癸)가 중화(中和)되어 부귀격(富貴格)을 이루었다.

丙甲甲甲
寅寅戌戌

이 사주는 상관격(傷官格)이 인수(印綬)가 없고, 화왕목고(火旺木枯)하여 복이 부족하다.

庚甲戊丙
午子戌了

이 사주는 재왕(財旺)하여 살(殺)을 생(生)하고, 정계(丁癸)가 자부(滋扶)하여 내각총리에 이르렀다.

丙 甲 壬 戊
寅 子 戌 寅

이 사주는 가상관격(假傷官格)이니 인수(印綬)가 용신(用神)이다.

庚 甲 庚 丁
午 子 戌 亥

이 사주는 정경(丁庚)이 각각 하나씩 있어 상제(相制)하니 격(格)을 이루었다.

己 甲 甲 己
巳 子 戌 丑

이 사주는 화토격(化土格)이고, 갑목(甲木)이 기(己)를 종(從)하여 변한다. 자궁(子宮) 계수(癸水)는 사궁(巳宮) 무토(戊土)와 합화(合化)하여 재왕(財旺)함을 돕는데, 화토운(火土運)으로 흘러 귀격(貴格)을 이루었다.

■ 삼동(三冬) 갑목(甲木)

삼동(三冬) 갑목(甲木)은 먼저 경금(庚金)으로 용신(用神)을 삼고, 다음에 병화(丙火)로 보좌해야 한다. 무토(戊土)는 경우에 따라 취하고, 신금(辛金)과 임수(壬水)는 취하지 않는다.

해월(亥月) 갑목(甲木)

해월(亥月) 갑목(甲木)은 먼저 경금(庚金)으로 용신(用神)을 삼은 다음에 정화(丁火)로 보좌한다. 병화(丙火)는 그 다음이고, 임수(壬水)는 목(木)을 뜨게 하므로 꺼린다. 이때는 무토(戊土)로 제(制)해야 한다. 해궁(亥宮)에 임수(壬水)가 당왕(當旺)하여 목(木)에 재앙의 싹이 있다. 임수(壬水)가 출간(出干)하면 수왕(水旺)하여 목(木)이 물에 뜨니, 무토(戊土)로 제(制)하면 경정(庚丁)이 용신(用神)이고, 병무(丙戊)로 배합한다. 그러나 임수(壬水)가 투출(透出)하지 않으면 무토(戊土)는 무용지물이 된다.

해월(亥月) 갑목(甲木)이 경정(庚丁)이 출간(出干)했는데 무토(戊土)가 투출(透出)하면 탁함을 제거하여 청(淸)해진다. 갑목(甲木)이 많아 무토(戊土)를 파(破)하는데 경금(庚金)의 뿌리가 없으면, 동량(棟樑)이 되기 어려우므로 평범한 명(命)이 된다. 이때 경무(庚戊)가 이미 투출(透出)했으면 비겁(比劫)이 많아도 부귀격(富貴格)을 이루며 장수한다.

해월(亥月) 갑목(甲木)이 경정(庚丁)이 각각 하나씩 있어 서로 제(制)하면 격을 이룬다. 그리고 임수(壬水)가 당왕(當旺)하여 무토(戊土)가 수(水)를 제(制)하면, 갑목(甲木)의 뿌리를 배양(培養)하고 정화(丁火)를 보호하여 경금(庚金)을 생(生)하니 대부대귀격(大富大貴格)을 이룬다. 이때 경금(庚金)이 있는데 정화(丁火)가 없으면 재(財)로 살(殺)을 도와야 한다.

해월(亥月)에는 수왕(水旺)하여 경금(庚金)이 설기(洩氣)되니, 무토(戊土)로 임수(壬水)를 제(制)하지 못하면 경금(庚金)이 목(木)을 극(剋)하여 동량(棟樑)을 이루지 못한다. 갑목(甲木)이 많아 무토(戊土)를 파(破)하기 때문에 평범한 명(命)이 되는 것이다. 경무(庚戊)가 나란히 투출(透出)하면 경금(庚金)이 비겁(比劫)을 제(制)하여 재(財)를 보호하고, 무토(戊土)는 임수(壬水)를 제(制)하며 경금(庚金)을 생(生)한다. 따라서 서로 돕는 용신(用神)이 되어 부귀격(富貴格)을 이루며 장수하는 것이다.

해월(亥月) 갑목(甲木)이 비겁(比劫)이 많은데 경금(庚金)이 하나 출간(出干)하여 녹(祿)에 앉아 생(生)을 만나면, 정화(丁火)를 버리고 경금(庚金)을 따르는 것이다. 이때 재(財)를 만나면 약간의 부귀(富貴)가 있다. 동남운(東南運)은 길하나 서북운(西北運)은 흉하다.

다시 말해, 정화(丁火)가 없으면 부귀(富貴)가 작다는 뜻이다. 비겁(比劫)이 많으면 경금(庚金)이 용신(用神)이 되어야 하는데, 반드시 재(財)가 상생(相生)해야 부귀격(富貴格)을 이룬다. 정화(丁火)를 버리고 경금(庚金)을 따른다는 것은, 정화(丁火)로 제살(制殺)하지 않고 경금(庚金)으로 비겁(比劫)을 제(制)한다는 뜻이다. 해월(亥月) 갑목(甲木)은 동목(冬木)이기 때문에 동남목화운(東南木火運)은 길하나, 서북금수운(西北金水運)은 흉한 것이다.

해월(亥月) 갑목(甲木)이 지지(地支)에 신해(申亥)가 있으면 무토(戊土)로 경정(庚丁)을 구제하면 과갑(科甲)에 준함이 있다. 그러나 기토(己土)를 만나면 힘이 약해지니 공감(貢監)에 불과하다. 지지(地支)에 신해(申亥)가 있으면 임수(壬水)가 생(生)하며 녹(祿)을 얻어 수(水)가 범람한다. 이때는 반드시 무토(戊土)로 구제해야 한다. 따라서 해월(亥月) 갑목(甲木)은 반드시 경정(庚丁)이 있어야 한다. 임수(壬水)가 태왕(太旺)하니 경금(庚金)을 설(洩)하고 정화(丁火)를 상하게 하여 해를 입는 것이다. 그러므로 경정(庚丁)을 같이 취하거나, 정화(丁火)를 버리고 경금(庚金)을 취해야 하고, 수왕(水旺)하면 무토(戊土)로 구제해야 한다. 기토(己土)는 힘이 약하여 수(水)를 제(制)할 수 없으니 공감(貢監)에 불과한 것이다.

해월(亥月) 갑목(甲木)이 경금(庚金)이 용신(用神)이면 토(土)가 아내요 금(金)이 자식이고, 정화(丁火)가 용신(用神)이면 목(木)이 아내요 화(火)가 자식이다. 초동(初冬)의 목(木)은 살(殺)과 상관(傷官)이 모두 있어야 한다. 따라서 살(殺)이 용신(用神)이면 재(財)가 아내요 살(殺)은 자식이고, 상관(傷官)이 용신(用神)이면 비겁(比劫)이 아내요 식상(食傷)은 자식이다.

종합하면, 해월(亥月) 갑목(甲木)은 먼저 경금(庚金)을 취한 다음에 정화(丁火)를 취한다. 무토(戊土) 역시 적으면 좋지 않다. 수왕(水旺)하면 무토(戊土)로 구제해야 하기 때문이다. 해월(亥月) 갑목(甲木)이 식상생재(食傷生財)가 있으면 무직(武職)으로 나가면 길하다. 임수(壬水)가 태왕(太旺)하면 생(生)이 반대로 극(剋)이 되나, 재(財)로 인수(印綬)를 파(破)하면 극(剋)이 다시 생(生)이 된다. 이때 병정(丙丁)을 만나면 한목향양(寒木向陽)하여 대귀격(大貴格)을 이룬다.

甲 甲 己 辛
子 子 亥 巳

이 사주는 명나라 승상(丞相)의 명(命)으로, 금토(金土)가 득위(得位)하여 일품(一品)에 이르렀다. 금토(金土)가 득위(得位)했다는 것은, 금(金)이 사(巳)에서 생(生)하고 토(土)가 사(巳)에서 녹(祿)이 된 것을 말한다. 수왕(水旺)하여 목(木)이 뜨게 되니, 사궁(巳宮) 병무(丙戊)를 용신(用神)으로 삼아 용재손인(用財損印)하고, 병화(丙火)로 조후용신(調候用神)을 삼아 공(功)을 이룬다. 초년에는 금수운(金水運)으로 흘러 빈곤함을 면하기 어려우나, 중년 후에는 남방운(南方運)으로 흘러 길하다. 이 사주의 핵심은 화토(火土)에 있다. 따라서 금토(金土)는 화토(火土)의 잘못된 기록이 아닌가 생각한다.

壬 甲 己 辛
申 辰 亥 丑

이 사주는 등화불검(燈花拂劍)인데, 이로(異路)로 은봉(恩封)을 받았다. 현명한 아내와 효자를 두었다. 여기서 검(劍)은 임신(壬申)과 계유(癸酉)를 말한다. 갑진생(甲辰生)과 을사생(乙巳生)이 임신시(壬申時)나 계유시(癸酉時)에 태어나면 등화불검(燈花拂劍)이 된다.

丁 甲 己 辛
卯 辰 亥 丑

이 사주는 장원급제는 하지 못했으나 명성은 있었다. 이것은 정화
(丁火)가 용신(用神)이고, 동월(冬月) 목(木)은 화(火)가 없으면 흉
한데, 정기(丁己)가 출간(出干)하여 상관생재격(傷官生財格)이 되었
기 때문이다.

丙 甲 辛 壬
寅 戌 亥 辰

이 사주는 신임(辛壬)이 나란히 출간(出干)했으니 수(水)가 왕성하
다. 목(木)이 뜨게 되니 시상(時上) 병인(丙寅)이 유용하다. 더구나
인궁(寅宮)에 있는 갑병무(甲丙戊)가 모두 유기(有氣)하고, 술궁(戌
宮)에 무토(戊土)가 있으니 식신생재격(食神生財格)이 되어 만년이
길하다.

己 甲 辛 壬
巳 子 亥 辰

이 사주는 화토격(火土格)이 실령(失令)하여, 고독하며 질병이 많았
으나 만년에는 의록(衣祿)이 있었다. 화신(化神)이 왕지(旺地)로 흐
르면 길하다. 따라서 갑기화토(甲己化土)가 있으면 반드시 화(火)로
용신(用神)을 삼아야 한다. 임신(壬辛)이 나란히 출간(出干)하여 무

다(木多)하니, 토(土)가 흩어져 파격(破格)된다. 시상(時上)의 사궁(巳宮) 병무(丙戊)가 쓰임을 얻어, 병진운(丙辰運)과 정사운(丁巳運)에서 의록(衣祿)이 있었다.

乙甲癸戊
亥子亥辰

이 사주는 천간(天干)에서 무토(戊土)가 수(水)의 흐름을 막고 있으니, 육갑추건격(六甲趨乾格)이 되어 부윤(府尹)에 올랐다. 해(亥)는 건궁(乾宮)인데, 육갑일(六甲日)이 해월(亥月) 해시(亥時)에 태어나면 추건격(趨乾格)이라 한다. 그리고 천간(天干) 무토(戊土)가 수(水)를 막고 있어 용재손인(用財損印)한다.

甲甲己丙
戌辰亥寅

이 사주는 호와황구격(虎臥荒邱格)이다. 식신생재(食神生財)하는 것이 용신(用神)인데, 사주에 금(金)이 없어 귀격(貴格)을 이루었다.

甲甲癸戊
子午亥子

이 사주는 무토(戊土)가 수(水)를 막고, 정화(丁火)가 오(午)에 암장(暗藏)되어 있다. 병인운(丙寅運)과 정묘운(丁卯運)에 군인이 되었고, 공덕을 쌓아 백작이 되었다.

辛 甲 辛 丁
未 戌 亥 酉

이 사주는 정화(丁火)가 신금(辛金) 하나를 제거하여, 시상(時上) 신금(辛金)이 용신(用神)이다. 술궁(戌宮) 무토(戊土)가 수(水)를 막아 재왕생관(財旺生官)하는데, 술궁(戌宮)에 무정신(戊丁辛)이 모두 있어 길하다.

乙 甲 癸 癸
丑 午 亥 亥

이 사주는 오직 오궁(午宮) 정기(丁己)가 용신(用神)이라, 상관생재격(傷官生財格)이 되었다.

丙 甲 己 丙
寅 辰 亥 子

이 사주는 병화(丙火)가 용신(用神)이니 한목향양(寒木向陽)하여 귀격(貴格)을 이루었다.

己 甲 乙 己
巳 寅 亥 卯

이 사주는 사궁(巳宮) 병화(丙火)가 용신(用神)이다.

壬 甲 丁 庚
申 辰 亥 辰

이 사주는 등화불검(燈花拂劍)이다. 경정(庚丁)이 용신(用神)이니 임수(壬水)가 정화(丁火)를 상하게 하면 흉하다. 임운(壬運)에서 피살당했다.

庚 甲 丁 乙
午 戌 亥 未

이 사주는 무진시(戊辰時)라고도 하나, 자세히 살펴보면 기사시(己巳時)나 경오시(庚午時)가 맞다. 만일 경오시(庚午時)이면 귀격(貴格)이고, 살인(殺刃)이 멀리서 합(合)하니 무직(武職)으로 나가면 길하다. 대운(大運)도 역시 합(合)한다. 미운(未運)인 정축년(丁丑年)에 일년에 거듭 세 번 승진하여 성주석(省主席)이 되었다.

자월(子月) 갑목(甲木)

자월(子月) 갑목(甲木)은 한기(寒氣)가 있으니 먼저 정화(丁火)로 용신(用神)을 삼은 다음 경금(庚金)을 취하고, 병화(丙火)로 보좌해야 한다. 계수(癸水)가 권리를 잡아 화금(火金)의 병(病)이 된다.

 다시 말해, 추동(秋冬) 갑목(甲木)은 뿌리로 돌아가는 때이니, 반드시 정경(丁庚)이 있어야 한다. 경금(庚金)으로 벽갑(劈甲)하여 인정(引丁)하면 목(木)이 유용해진다. 해월(亥月) 갑목(甲木)은 경금(庚金)을 먼저 취한 다음에 정화(丁火)를 취하나, 자월(子月) 갑목(甲木)은 정화(丁火)를 먼저 취한 다음 경금을 취하는 것은, 자월(子月) 갑목(甲木)은 목성(木性)에 한기(寒氣)가 생(生)하기 때문이고, 한목향양(寒木向陽)하여 병화(丙火)로 보좌해야 하기 때문이다. 병화(丙火)는 태양의 불로 조후(調候)하고, 정화(丁火)는 목성(木性)을 이끄니 병정(丙丁)이 모두 있으면 아름다운 명(命)이 된다. 자월(子月)은 계수(癸水)가 사령(司令)하는 때이니, 계수(癸水)가 투출(透出)하면 경금(庚金)을 설(洩)하며 정화(丁火)를 제(制)한다. 따라서 화금(火金)의 병(病)이 되어 좋지 않다.

 자월(子月) 갑목(甲木)이 경정(庚丁)이 모두 투출(透出)했는데, 지지(地支)에 인사(寅巳)가 있으면 과갑(科甲)에 이른다. 설사 풍수(風水)가 불급(不及)하더라도 선발됨이 있다. 만일 계수(癸水)가 투출(透出)하여 정화(丁火)를 상하게 하는데, 무기토(戊己土)로 구제하지 못하면 잔병이 많이 따르고, 임수(壬水)가 거듭 투출(透出)했는데 정경(丁庚)이 모두 없으면 용렬하고, 병화(丙火)를 만나면 묘해진다.

 다시 말해, 지지(地支)에 인사(寅巳)가 있으면 병무(丙戊)가 암장(暗藏)되어 있다는 뜻이다. 따라서 한목향양(寒木向陽)하기 때문에 병화(丙火)를 만나면 귀격(貴格)을 이룬다. 그리고 계수(癸水)가 사령(司令)하니 무기토(戊己土)로 구제해야 한다. 따라서 임계수(壬癸水)가 투출(透出)하면 무기토(戊己土)가 출간(出干)해야 제(制)할 수 있고, 병화(丙火)를 얻으면 부(富)한 가운데 귀(貴)를 얻는다.

 자월(子月) 갑목(甲木)이 지지(地支)에 수국(水局)을 이루었는데 임수(壬水)가 투출(透出)하면, 수범목부(水泛木浮)라 하여 죽어서도 들어갈 관이 없다. 임수(壬水)는 분방한 성질이 있는데, 지지(地支)에 수국(水局)이 있고 임수(壬水)가 투출(透出)했는데 무기토(戊己土)로 구제하지 못하면, 수(水)가 범람하여 목(木)이 물에 뜨게 되니 죽어서도 들어갈 관이 없는 것이다.

 다시 말해, 자월(子月) 갑목(甲木)은 추운 나뭇가지이니, 춘목(春木)의 푸르고 무성함과는 비교되지 않는다. 따라서 반드시 경정(庚丁)이 있어야 한다. 만일 정화(丁火) 대신 병화(丙火)를 만나면 부(富)한 가운데 귀(貴)를 취하나, 이도(異途)로 무직(武職)에 지나지 않는다. 이것은 동목(冬木)은 춘목(春木)과는 다르기 때문이다.

 춘목(春木)은 양화(陽和)하여 발육하는 때이니 병정화(丙丁火)를 만나면 목화통명(木火通明)하나, 동목(冬木)은 목성(木性)을 거두어들이니 정화(丁火)로 경금(庚金)을 제(制)하며 경금(庚金)으로 벽갑(劈甲)한다. 그리고 춘목(春木)은 화(火)가 있으면 금(金)을 꺼리나, 동목(冬木)은 화금(火金)을 함께 취할 수 있다. 따라서 정화(丁火) 대신 병화(丙火)가 있으면 조후(調候)하여 부(富)한 가운데 귀(貴)를 취하는 것이다. 동목(冬木)은 시들며 상하기 때문에 경정(庚丁)이 있어야 한다. 이때 지지(地支)에 병무(丙戊)가 암장(暗藏)되어 배합하면 최상격(最上格)을 이룬다. 춘목(春木)은 목화통명(木火通明)을 이루어야 상격(上格)이 된다.

 자월(子月) 갑목(甲木)이 경금(庚金)이 용신(用神)이면 토(土)는 아내요 금(金)은 자식이나, 자식이 많아도 불효한다. 화(火)가 용신(用

神)이면 목(木)이 아내요 화(火)가 자식이다. 중동(仲冬) 갑목(甲木)
은 경(庚), 정(丁), 병(丙), 무(戊) 중에서 하나가 용신(用神)이 되어
야 한다. 만일 경금(庚金)이 용신(用神)이면 정화(丁火)로 보좌하고,
병화(丙火)가 용신(用神)이면 무토(戊土)로 보좌해야 한다.

 중동(仲冬)은 왕수(旺水)가 영(令)을 잡아 매우 추운 때이니, 경금
(庚金)이 동목(冬木)을 생수(生水)한다. 이때 정무(丁戊)로 보좌하지
않으면 경금(庚金)이 기신(忌神)이 되어 자식이 많아도 불효하는 것
이고, 정화(丁火)가 용신(用神)인데 병화(丙火)가 있으면 한목향양
(寒木向陽)하여 자식이 많으면서 모두 어질다. 만일 임수(壬水)가 투
출(透出)하여 정화(丁火)와 합(合)하면 반드시 병화(丙火)로 구제해
야 한다. 그리고 병화(丙火)가 없는데 임수(壬水)가 투출(透出)하면,
비록 경정(庚丁)이 있어도 청귀(淸貴)하지 못하여 하급관리나 무직
(武職)에 머무르게 된다.

　　甲 甲 戊 乙
　　子 寅 子 亥

 이 사주는 인수격(印綬格)이 화운(火運)으로 흘러 부윤(府尹)에 올
랐다. 재(財)가 인수(印綬)를 상하게 하니 병화(丙火)가 용신(用神)
이다. 일주(日柱)의 인궁(寅宮)에 있는 갑병무(甲丙戊)가 모두 유기
(有氣)하여 길하다.

　　丁 甲 庚 丙
　　卯 午 子 了

이 사주는 경정(庚丁)이 모두 투출(透出)했는데, 병화(丙火)가 출간(出干)하여 해동(解凍)한다. 정경(丁庚)이 나란히 출간(出干)하고, 병화(丙火)가 보좌하고, 시상(時上)에 묘목(卯木)이 있으니 살인격(殺刃格)을 겸하여 왕후에 올랐다.

```
庚 甲 甲 癸
午 申 子 丑
```

이 사주는 갑목(甲木) 두 개가 왕(旺)하니 경금(庚金)이 용신(用神)이다. 그러나 정화(丁火)가 없어 혈육에게 형(刑)이 따른다. 자신(子申)이 회국(會局)하니 수(水)가 승왕(乘旺)하여 오화(午火)를 충(沖)하고, 무토(戊土)가 수(水)를 제(制)하지 못하니 어찌 혈육이 형(刑)되지 않겠는가. 여기서 승왕(乘旺)은 승인(乘印)의 잘못된 기록이 아닌가 생각한다. 이 사람은 큰 부자는 아니었으나 생원(生員)으로 그치지는 않았다.

```
辛 甲 庚 辛      乙 甲 庚 辛
未 戌 子 丑      亥 辰 子 亥
```

신축년생(辛丑年生)은 부윤(府尹)에 오른 사람이고, 신해년생(辛亥年生)은 어사(御史)가 된 사람이다. 두 사주는 모두 살인(殺印)이 용신(用神)인데, 신해년생(辛亥年生)은 인수(印綬)가 득소(得所)하여 어사(御史)가 된 것이다.

庚甲戊乙　　辛甲戊乙
午辰子巳　　未辰子巳

경오시생(庚午時生)은 원수(元首)가 된 사람이고, 신미시생(辛未時生)은 무직(武職)에 오른 사람이다. 두 사주는 생시(生時)만 다르다. 경오시생(庚午時生)은 경금벽갑인정(庚金劈甲引丁)을 얻어 대장군(大將軍)에 이르렀으나, 신미시생(辛未時生)은 벽갑인정(劈甲引丁)하지 않아 무직(武職)에 그친 것이다.

壬甲戊乙　　癸甲戊乙
申辰子巳　　酉辰子巳

두 사주는 모두 등화불검격(燈花拂劍格)으로 임신시생(壬申時生)은 상인이었고, 계유시생(癸酉時生)은 생원(生員)이었다. 임신시생(壬申時生)은 신자진수국(申子辰水局)이 있는데 임수(壬水)가 출간(出干)했으니 수범목부(水泛木浮)의 상(象)이고, 계유시생(癸酉時生)은 무계합(戊癸合)하여 수(水)의 왕세(旺勢)를 풀고, 사궁(巳宮) 병무(丙戊)로 해동(解凍)하여 수(水)를 제(制)한다.

임신시생(壬申時生)도 사궁(巳宮) 병무(丙戊)를 취하나 수(水)가 태왕(太旺)하다. 병(病)이 중(重)한데 약(藥)이 약한 격이다. 이때 신운(申運)으로 흐르니 수왕(水旺)하여 익사했다. 명리(命理)에서는 용신(用神)이 중요하고, 오행생극(五行生剋)의 이치에 맞아야 귀격(貴格)을 이룬다.

乙甲壬壬
丑寅子辰

이 사주는 대학사(大學士)의 명(命)이다. 인궁(寅宮)에 병화(丙火)가 있는데, 지지(地支)의 자축인진(子丑寅辰)에 묘(卯)를 끼고 있다. 연주(聯珠)하여 인(刃)을 끼고 있는 것이다.

甲甲甲戊
子戌子辰

이 사주는 난태(蘭台)에 천벽지축격(天闢地軸格)이라고 하나, 준(準)하기에는 부족하다. 무토(戊土) 재성(財星)이 용신(用神)이고, 동남운(東南運)으로 흘러 당대의 호걸이 되었다.

丙甲壬壬
寅午子辰

이 사주는 인오(寅午)가 회국(會局)하고 있으니, 병화(丙火)를 용신(用神)으로 삼는다. 동목(冬木)에는 한기(寒氣)가 있으니, 춘목(春木)의 푸르고 무성함과 비교하지 않는다. 부(富)한 가운데 귀격(貴格)을 이루었다.

축월(丑月) 갑목(甲木)

축월(丑月) 갑목(甲木)은 한동(寒凍)하여 목성(木性)이 매우 차갑다. 따라서 먼저 경금(庚金)을 용신(用神)으로 삼아 벽갑인정(劈甲引丁)하면 목화통명(木火通明)하고, 그 다음에 정화(丁火)를 취한다. 다시 말해, 삼동(三冬)의 갑목(甲木)은 한기(寒氣)가 있으니 병화(丙火)가 없으면 생의(生意)가 없다. 따라서 경정(庚丁)으로 귀(貴)를 취한다고 해도 병화(丙火)가 해동(解凍)하지 않으면 이루기 어렵다.

축월(丑月) 갑목(甲木)은 금(金)이 많아도 극벌(剋伐)하지 못한다. 화(火)를 거듭 만나야 따뜻해져 도울 수 있다. 사절지(死絶地)로 흐르면 흉하고, 생왕지(生旺地)로 흘러야 길하다. 병화(丙火)는 없는데 경정(庚丁)이 있으면 동남운(東南運)으로 흘러야 길하다.

축월(丑月) 갑목(甲木)이 경정(庚丁)이 모두 투출(透出)하면 과갑(科甲)에 준함이 있고, 경금(庚金)이 투출(透出)했는데 정화(丁火)가 암장(暗藏)되어 있으면 부귀(富貴)가 작고, 정화(丁火)가 투출(透出)했는데 경금(庚金)이 암장(暗藏)되어 있으면 부귀격(富貴格)을 이루고, 경금(庚金)이 없으면 빈천(貧賤)한 명(命)이 되고, 정화(丁火)가 없으면 한유(寒儒)에 지나지 않는다.

다시 말해, 축월(丑月) 갑목(甲木)은 경금(庚金)이 벽갑인정(劈甲引丁)하기 때문에, 경정(庚丁)은 반드시 함께 있어야 경금(庚金)으로 귀(貴)를 취하고, 정화(丁火)로 부(富)를 취할 수 있다.

축월(丑月) 갑목(甲木)이 경금(庚金)은 없으나 정화(丁火)가 많이 투출(透出)하면 역시 부귀격(富貴格)을 이룬다. 그러나 비선(比肩)

이 정화(丁火)의 불꽃을 발(發)해야 재능이 있다. 비견(比肩)이 없으면 평범한 선비에 지나지 않아 작은 의식(衣食)이 있을 뿐이다.

축월(丑月) 갑목(甲木)이 지지(地支)에 정화(丁火)가 없는데 수(水)를 많이 만나면, 비견(比肩)이 있어도 평범한 명(命)이 된다. 경금(庚金)이 없으면 정화(丁火)가 용신(用神)이나, 지지(地支)에서 인사오(寅巳午)를 만나야 정화(丁火)의 뿌리가 된다. 이때 비견(比肩)이 거듭 있으면, 정화(丁火)가 스스로 불꽃을 발(發)하니 경금(庚金)이 없어도 부귀격(富貴格)을 이룬다. 그러나 비견(比肩)이 없으면 정화(丁火)의 힘이 부족하고, 비견(比肩)이 있어도 지지(地支)에서 수(水)를 많이 만나면 습목(濕木)이 되어 불꽃이 없으니 이롭지 않다.

축월(丑月) 갑목(甲木)은 경금(庚金)이 벽갑(劈甲)해도 정화(丁火)가 하나도 없으면 흉하다. 그러나 정화(丁火)는 없어도 무방하나 경금(庚金)이 없으면 격(格)을 이루지 못한다. 고서(古書)에서는 가목(假木)이 경금(庚金)이 없으면 요절(夭折)이나 질병을 면하기 어렵다고 했다.

다시 말해, 축월(丑月) 갑목(甲木)은 경금(庚金)이 없으면 귀(貴)를 취하기 어렵고, 정화(丁火)가 없으면 부(富)를 취하기 어렵다. 따라서 반드시 경정(庚丁)이 함께 있어야 한다. 정화(丁火)가 없을 때는 병화(丙火)로 대신할 수 있으나, 경금(庚金)이 없을 때는 신금(辛金)으로 대신할 수 없다.

삼동(三冬)은 수왕(水旺)하여 한기(寒氣)가 엄숙하다. 따라서 해동(解凍)하고 제한(制寒)해야 하기 때문에 정화(丁火)는 병화(丙火)만은 못하다. 그러나 경금(庚金)이 벽갑인정(劈甲引丁)하면 정화(丁火)의 불꽃이 장명(長明)하여 문명의 상(象)을 이룬다. 만일 경정(庚

丁)이 왕(旺)한데 병화(丙火)가 암장(暗藏)되어 있으면 부귀격(富貴格)을 이루고, 경금(庚金)이 왕(旺)한데 정화(丁火)가 없으면 흉하다. 정화(丁火)가 적게 있어도 흉하고, 정화(丁火)가 없으나 동남운(東南運)으로 흐르면 귀격(貴格)을 이룬다. 벽갑인정격(劈甲引丁格)에서 가목(假木)은 고목(枯木)을 말하는데, 춘목(春木)과는 성격이 다르기 때문에 경금(庚金)이 없으면 흉하다.

甲 甲 丁 己
子 辰 丑 丑

이 사주는 정화(丁火)가 목(木)의 수기(秀氣)를 설(洩)했으나 귀격(貴格)을 이루지 못했다. 지지(地支)에 윤하(潤下)가 있으니, 수(水)가 목(木)을 습하게 만들어 불꽃을 생(生)하지 못했기 때문이다. 그리고 상관생재격(傷官生財格)이 병화(丙火)가 없으니 부(富)만 있을 뿐이다.

庚 甲 丁 己
午 辰 丑 丑

이 사주는 오궁(午宮) 정화(丁火)가 있고, 축진(丑辰)에 인묘(寅卯)를 끼고 있고, 진오(辰午)에 사(巳)를 끼고 있다. 따라서 목화(木火)가 유기(有氣)하고, 경금(庚金)이 벽갑인정(劈甲引丁)하여 부귀격(富貴格)을 이루었다.

癸 甲 丁 己
酉 辰 丑 丑

이 사주는 계수(癸水)가 정화(丁火)를 상하게 하여 빈천(貧賤)한 명
(命)이 되었다.

戊 甲 丁 己
辰 辰 丑 丑

이 사주는 무토(戊土)가 수(水)를 제(制)하여 빈곤하지는 않으나,
수(水)가 정화(丁火)를 곤(困)하게 하여 귀격(貴格)을 이루지 못했
다. 삼동(三冬)의 수왕(水旺)한 때인데 경금벽갑(庚金劈甲)이 없으
니, 정화(丁火)의 불꽃이 한기(寒氣)에 곤(困)함을 입었다. 그러나
상관생재(傷官生財)가 되어 작은 부(富)는 있었다.

庚 甲 丁 己
午 戌 丑 亥

이 사주는 재왕생관격(財旺生官格)이다. 경정(庚丁)이 모두 투출(透
出)했는데 화(火)가 회국(會局)하여 정갑(鼎甲)했다. 오술(午戌)이
회국(會局)하는데 정기(丁己)가 투출(透出)하니, 재왕생관(財旺生
官)하고 한목향양(寒木向陽)하여 귀격(貴格)을 이루었다.

乙 甲 癸 癸
亥 午 丑 亥

이 사주는 고빈(孤貧)했으나 백수를 누렸다. 년시(年時)에 장생(長生)이 있는데 인수(印綬)가 왕지(旺地)에 임하여 수명은 길었으나, 오궁(午宮) 정화(丁火)가 투출(透出)하지 못하고, 계수(癸水)가 정화(丁火)를 상하게 하여 고빈(孤貧)한 명(命)이 된 것이다.

戊 甲 辛 丙
辰 戌 丑 午

이 사주는 형천(刑賤)함이 극에 이르렀다. 병신(丙辛)이 상합(相合)하여 병화(丙火)가 무용지물이 되고, 정화(丁火)가 투출(透出)하지 못했고, 재다신약(財多身弱)한데 거듭 형충(刑沖)되어 하격(下格)이 되었다.

甲 甲 己 庚
戌 戌 丑 子

이 사주는 술궁(戌宮)에 정화(丁火)가 암장(暗藏)되어 있는데, 남방운(南方運)으로 흐르니 정화(丁火)가 인출(引出)되어 순무(巡撫)에 올랐다.

戊 甲 辛 辛
辰 寅 丑 未

이 사주는 재왕생관격(財旺生官格)이다. 병화(丙火)가 장생(長生)
이 되어 갑목(甲木)이 인(寅)에 앉아 있으니 길하다.

乙 甲 丁 甲
丑 辰 丑 子

이 사주는 경금(庚金)은 없으나 정화(丁火)가 출간(出干)했다. 비겁
(比劫)이 중(重)하여 정화(丁火)의 불꽃이 발(發)하니 재능과 덕이
있다. 지지(地支)의 자축진(子丑辰)이 암(暗)으로 인묘(寅卯)를 끼고
있어 목화통명(木火通明)이 되었다.

己 甲 癸 壬
巳 辰 丑 辰

이 사주는 은행장이 된 사람이다. 갑기(甲己)가 합(合)하는데 시상
(時上)의 사궁(巳宮)에서 병화(丙火)가 녹(祿)을 얻었다. 따라서 한
목향양(寒木向陽)이 되어 부귀격(富貴格)을 이루었다.

2장. 을목(乙木)

을목(乙木)의 조후용법(調候用法)

갑을목(甲乙木)은 같은 목성(木性)이나, 갑목(甲木)은 진기(進氣)이고 을목(乙木)은 퇴기(退氣)다. 따라서 을목(乙木)은 쇠퇴하는 성질이 있으니 계수(癸水)로 생부(生扶)해야 한다. 수(水)로 뿌리를 자윤(滋潤)하고, 병화(丙火)로 목기(木氣)를 따뜻하게 하면 영화로움이 따른다.

심춘(二春) 을목(乙木)은 지란(芝蘭)이나 화초의 상(象)이니, 병화(丙火)를 만나면 꽃잎이 양(陽)을 향하여 만물이 회춘한다. 여기에 계수(癸水)가 뿌리를 자윤(滋潤)하며 제극화합(制剋化合)하면 명리통달(名利通達)한다. 을일생(乙日生)은 수(水)를 기뻐하나 태다(太多)하면 음습하다. 이것은 양지를 좋아하기 때문이다.

■ 삼춘(三春) 을목(乙木)

삼춘(三春) 을목(乙木)은 지란(芝蘭)이나 버들가지와 같이 쇠잔한 나무를 말한다. 만일 춘월(春月) 을목(乙木)이 병화(丙火)가 있으면 훼목향양(卉木向陽)하고, 병계(丙癸)가 모두 있으면 계수(癸水)가 뿌리를 자양(滋養)하여 가지와 잎이 자연히 발생하여 무성해진다. 따라서 삼춘(三春) 을목(乙木)이 병계(丙癸)가 모두 투출(透出)하여 화합극제(化合剋制)되지 않으면, 과갑(科甲)에 준함이 있어 부귀(富貴)가 가볍지 않다.

고서(古書)에서는 을목(乙木)의 뿌리가 발(發)하며 씨가 깊이 박히려면 양지여야 하고, 수(水)를 많이 만나면 물에 뜨게 되니 흉하다고 했다. 이때는 스스로 극제(剋制)해야 하는데 금(金)이 있으면 곤(困)하다. 그러나 해묘미목국(亥卯未木局)을 이루었는데 갑을목(甲乙木)이 있으면 반드시 부귀격(富貴格)을 이루고, 목(木)이 인묘진방(寅卯辰方)을 만나면 공명(功名)을 이룬다. 활목(活木)에 매근(埋根)된 철이 있으면, 지지(地支) 아래에 경신(庚辛)이 있다는 뜻이니 뿌리가 상하여 목(木)이 썩는다.

갑을목(甲乙木)은 같은 목(木)이나, 을목(乙木)은 스스로 왕(旺)하여 쇠(衰)를 향하고, 삼춘(三春)에 태어나면 지란(芝蘭)이나 쑥과 같아 병화(丙火)와 계수(癸水) 중 하나라도 부족하면 흉하다. 그러나 병화(丙火)로 따뜻하게 해주면 가지와 잎이 무성하고, 계수(癸水)로 자양(滋養)하면 뿌리가 윤택하여 반드시 귀격(貴格)을 이룬다. 삼춘(三春) 을목(乙木)은 금수(金水)가 많으면, 음농습중(陰濃濕重)하여 뿌리가 손상되고 가지와 잎이 시들어 버리니 흉하다. 완철(頑鐵)이 뿌리에 묻히면 생기가 상하기 때문에 금수(金水)를 꺼리는 것이다.

요약하면, 을목(乙木)은 반드시 병계(丙癸)로 생부(生扶)해야 한다. 양(陽)이 장(壯)하여 목(木)이 마르면 계수(癸水)로 용신(用神)을 삼고, 음습하여 이슬이 맺히면 병화(丙火)로 용신(用神)을 삼는다. 나머지 배합은 모두 사시(四時)에 맞게 살피면 된다.

인월(寅月) 을목(乙木)

인월(寅月)은 한기(寒氣)가 있으니 을목(乙木)은 병화(丙火)가 없으면 자라지 않고, 비록 계수(癸水)로 윤택하게 해도 한기(寒氣)를 두려워 한다. 따라서 먼저 병화(丙火)로 용신(用神)을 삼고, 계수(癸水)로 보좌해야 한다. 인월(寅月)의 갑을목(甲乙木)은 이치가 같으니 참작해서 용신(用神)을 잡아야 한다.

다시 말해, 을목(乙木)은 화초와 같아 반드시 병계(丙癸)가 있어야 한다. 병화(丙火)는 태양이고 계수(癸水)는 우로(雨露)이니, 병화(丙火)가 계수(癸水)를 만나면 구름과 안개가 태양을 가리는 격이 된다. 이것은 비가 오는 것도 아니고 맑은 것도 아니니, 불청불우(不晴不雨)라 하여 양화(養花)의 하늘을 기뻐한다. 이때 태양으로 비추고 비로 윤택하게 해주면 자연적으로 배양(培養)된다. 따라서 병계(丙癸)를 모두 만나 혼합하면 하나의 성정을 이루어 분리되지 않는다. 그러나 시령(時令)에 부동함이 있어 초춘(初春)의 한기(寒氣)가 남아 있으니 병화(丙火)가 우선이다.

인월(寅月) 을목(乙木)이 병계(丙癸)가 모두 투출(透出)하면 반드시 과갑(科甲)에 준함이 있다. 병화(丙火)가 있으면 계수(癸水)가 없어도 문호(門戶)를 떨치나, 병화(丙火)가 많으면 춘월(春月)의 가뭄과 같아 졸부에 불과하다.

다시 말해, 계수(癸水)가 없는데 병화(丙火)가 있으면 메마르기는 하나, 을목(乙木)의 생기가 손상되지 않으니 문호(門戶)를 떨치는 것이다. 만일 계수(癸水)는 있으나 병화(丙火)가 없으면 고음(孤陰)이 불생(不生)하고, 병화(丙火)는 있으나 계수(癸水)가 없으면 독양(獨陽)이 불장(不長)하기 때문에 모두 유용한 재목이 되지 못한다. 병화(丙火)는 많고 계수(癸水)는 없는데 재(財)로 병화(丙火)를 설(洩)하면, 수기(秀氣)가 전혀 없으니 저속한 부자가 되는 것이다.

예를 들어, 정유년(丁酉年) 계묘월(癸卯月) 을유일(乙酉日) 무인시(戊寅時)이면, 천간(天干)에 계(癸) 인수(印綬)가 투간(透干)했으나, 무토(戊土)가 합파(合破)하여 시상(時上)의 무인(戊寅) 장생(長生) 재(財)가 용신(用神)이 된다.

인월(寅月) 을목(乙木)이 병화(丙火)가 적은데 계수(癸水)가 많으면 병화(丙火)를 곤(困)하게 하여 가난한 선비에 지나지 않는다. 이때 무기(戊己)를 많이 만나면 습토(濕土)의 목(木)이니 하격(下格)의 명(命)이 된다. 그리고 계수(癸水)가 많으면 병화(丙火)가 곤(困)하며 음농습중(陰濃濕重)하여 무용지물이 된다. 만일 무기(戊己)가 많은데 병화(丙火)가 없으면, 음습한 토(土)에서는 목(木)이 번성하지 못하니 하격(下格)이 된다. 이것을 고음불생(孤陰不生)이라 한다. 계수(癸水)는 윤택하게 만들지만 많이 있으면 흉하다. 만일 계수(癸水)가 많으면 잎이 썩고 뿌리가 물에 뜨니 흉하다. 이것은 삼하(三夏)의 다다익선의 이치와는 다르다.

 병계(丙癸)를 용신(用神)으로 삼을 때는 선후가 있는데 시령(時令)에 따라 다르다. 초춘(初春)에는 한기(寒氣)가 엉기면 흉하니, 병화(丙火)를 용신(用神)으로 삼아야 한다. 만일 계수(癸水)가 용신(用神)이면 반드시 화(火)가 많아서, 양화(陽和)가 지나치게 성(盛)하면 계수(癸水)의 인수(印綬)로 상관(傷官)을 제(制)해야 한다. 인월(寅月)은 춘목(春木)이 당왕(當旺)한 때이니 인수(印綬)로 생(生)하지 않아도 된다. 그러나 인수(印綬)를 취하는 것은 병(病)을 제거하는 약(藥)이 되기 때문이다. 예를 들어, 지지(地支)에 인오술화국(寅午戌火局)이 있으면 반드시 임계수(壬癸水)가 있어야 한다.

 인월(寅月) 을목(乙木)이 병화(丙火)가 용신(用神)이면 목(木)이 아내요 화(火)가 자식이고, 화(火)가 많으면 계수(癸水)가 용신(用神)이니 금(金)이 아내요 수(水)가 자식이다.

　　丙乙壬丁
　　子卯寅巳

 이 사주는 시상(時上)에 병계(丙癸)가 모두 있어 상서(尚書)에 올랐다. 정임(丁壬)이 일합(一合)하여 목기(木氣)를 돕고 있고, 시지(時支) 자수(子水)에 귀(貴)가 있고, 병화(丙火)가 투간(透干)하여 수화(水火)가 서로 꺼리낌이 없으니 길하다.

　　己乙甲戊
　　卯亥寅子

이 사주는 일록귀시격(日祿歸時格)인데, 병계(丙癸)가 득소(得所)하여 대부대귀격(大富大貴格)을 이루어 대학사(大學士)에 이르렀다. 병계(丙癸)가 득소(得所)했다고 하는 것은, 병화(丙火)가 인(寅)에서 생(生)하고 계수(癸水)의 녹(祿)이 자(子)에 있는 것을 말한다. 재인(財印)이 상자(相資)하는데 금(金)이 없으니, 목기(木氣)가 순수하여 부귀격(富貴格)을 이룬 것이다.

庚 乙 丙 甲
辰 卯 寅 申

이 사주는 병화(丙火)가 투출(透出)하고 계수(癸水)가 암장(暗藏)되어 어사(御史)에 이르렀다. 진궁(辰宮)에 계수(癸水)가 암장(暗藏)되어, 을목(乙木)을 마르게 하지 않으니 병화(丙火) 식신(食神)이 용신(用神)이다. 시상(時上) 경금(庚金)이 병(病)이 되나 제거하여 귀격(貴格)을 이루었다.

辛 乙 壬 丁
巳 酉 寅 丑

이 사주는 사유축삼합(巳酉丑三合)하는데 신금(辛金)이 투출(透出)했으니, 살왕(殺旺)한 것이 병(病)이 된다. 그러나 다행히도 춘금(春金)이 무력하고 신금(辛金)이 있다. 사궁(巳宮) 병화(丙火)가 녹(祿)을 얻어, 술운(戌運)과 정운(丁運)에서 고괴(高魁)로 정갑(鼎甲)에 이르렀다.

己 乙 庚 辛
卯 未 寅 亥

이 사주는 명나라 숭정(崇禎)의 명(命)인데, 입춘(立春) 2일 후에 태어났다. 초춘(初春) 목(木)의 한기(寒氣)가 더욱 엉기는데, 병화(丙火)가 투간(透干)하지 않았으니 목(木)이 생의(生意)가 없다. 경신(庚辛)이 모두 있어 관살(官殺)이 혼잡하다. 따라서 부득이 해궁(亥宮) 임수(壬水)로 용신(用神)을 삼아 화살(化殺)해야 한다. 삼춘(三春)은 목왕(木旺)한 때이니 어찌 인수(印綬)의 생(生)이 필요하겠는가. 금(金)이 용신(用神)일 때는 반드시 재(財)로 생(生)해야 한다. 따라서 인수(印綬)로 화살(化殺)하면 좋지 않다.

庚 乙 丙 己
辰 卯 寅 卯

이 사주는 지지(地支)에 인묘진목방(寅卯辰木方)을 이루어 하나 있는 재관(財官)에 귀(貴)가 있다. 방(方)은 국(局)과 다르다. 국(局)은 기(氣)가 하나이기 때문에 순수하다. 이때 병계(丙癸)가 있으면 곡직(曲直)을 이룬다. 아래의 이문충공(李文忠公) 사주는 방(方)의 기(氣)기 왕(旺)하나, 잡됨이 끼어 있어 반드시 관살(官殺)이 있어야 한다. 춘금(春金)은 기(氣)가 약하기 때문에 재(財)로 생(生)해야 한다. 임계수(壬癸水)를 한 번 만나면 춘금(春金)을 설(洩)하여 약하고, 왕목(旺木)을 생(生)하여 다시 부족해진다.

己 乙 甲 癸
卯 亥 寅 未

이 사주는 이문충공(李文忠公) 홍장(鴻章)의 명(命)으로, 곡직인수격(曲直仁壽格)이다. 계수(癸水)가 투출(透出)했는데 병화(丙火)가 암장(暗藏)되어, 출장입상(出將入相)의 명(命)이 되었다.

庚 乙 庚 丙
辰 酉 寅 午

이 사주는 을경(乙庚)과 진유(辰酉)가 상합(相合)하고, 병화(丙火)가 출간(出干)하여 경금(庚金) 하나를 제거한다. 따라서 시상(時上) 관성(官星)이 용신(用神)이고, 관인(官印)이 있어 총독(總督)에 이르렀다. 이 사주는 화기격(化氣格)의 반상(返象)이다.

己 乙 甲 戊
卯 酉 寅 午

이 사주는 우수(雨水) 6일 후에 태어났다. 인오(寅午)가 회국(會局)하여 유금(酉金)이 제(制)되니 재(財)가 용신(用神)이다.

己 乙 丙 己
卯 未 寅 巳

이 사주는 경칩(驚蟄) 7시간 전에 태어났다. 병화(丙火)가 출간(出干)하여 사(巳)에서 득록(得祿)하니, 양(陽)이 기세가 좋아 목(木)이 메마른다. 사주에 계수(癸水)가 없는데 기토(己土)가 화기(火氣)를 설(洩)하여 상관생재격(傷官生財格)이 되었다. 따라서 졸부에 불과했다.

壬 乙 壬 丁
午 卯 寅 亥

이 사주는 우수(雨水) 6일 후에 대어나, 정임(丁壬)이 상합(相合)하니 병화(丙火)가 용신(用神)이다. 그러나 애석하게도 계수(癸水)가 없어 귀격(貴格)을 이루지 못했다.

乙 乙 壬 丁
酉 巳 寅 酉

이 사주는 병화(丙火)가 제살(制殺)하는 용신(用神)이다.

묘월(卯月) 을목(乙木)

묘월(卯月) 을목(乙木)은 양기(陽氣)가 점점 오르는 때에 있으니 차갑지 않다. 따라서 병화(丙火)로 용신(用神)을 삼고, 계수(癸水)로 보좌해야 한다. 묘월(卯月) 을목(乙木)이 병계(丙癸)가 모두 투출(透出)했는데 경금(庚金)이 암장(暗藏)되어 있으면, 과갑(科甲)과 부귀(富貴)를 의심할 여지가 없다. 갑을목(甲乙木)이 초춘(初春)에 태어나, 수화(水火)가 기제(既濟)되면 정격(正格)이 된다. 이때 계수(癸水)가 많으면 병화(丙火)가 용신(用神)이고, 병화(丙火)가 많으면 계수(癸水)가 용신(用神)이 된다.

병화(丙火)는 태양의 불이고 계수(癸水)는 우로(雨露)의 물이니, 병계(丙癸)가 용신(用神)인데 합화(合化)하거나 극제(剋制)하지 않으면 대부대귀격(大富大貴格)이 된다. 여기서 병계(丙癸)를 말하고 정임(丁壬)을 말하지 않은 것은, 정임(丁壬)은 상합(相合)하여 정(情)이 있는 것 같으나 정(情)이 없고, 목(木)으로 변하여 꺼림이 있으니 병계(丙癸)를 얻는 것만은 못하기 때문이다. 그리고 경금(庚金)이 암장(暗藏)되어 있어야 한다는 것은, 계수(癸水)를 생(生)하는 것을 취하는 것이다. 그러므로 경금(庚金)이 출간(出干)하면 혼잡이 된다.

묘월(卯月) 을목(乙木)이 경금(庚金)이 투출(透出)하여 득위(得位)하는데, 지지(地支)에 진(辰)이 없으면 금(金)으로 변하기 어려워 귀격(貴格)을 이룬다. 그러나 진(辰)을 만나면 가화(假化)가 되어 평범한 명(命)이 된다.

을목(乙木)은 유목(柔木)이기 때문에 경금(庚金)이 상극(相剋)하면 종화(從化)하기 쉽다. 그러나 묘월(卯月)은 목(木)이 영화로움을 발산하는 때이니, 경금(庚金)이 상하게 만들면 좋지 않다. 극제(剋制)하는데 어찌 금(金)이 쓸모 있겠는가. 만일 경금(庚金)이 떨어져 투출(透出)하는데 지지(地支)에 진(辰)이 없고 천간(天干)에 계수(癸水)가 투출(透出)하면, 관인상생(官印相生)이 되어 역시 귀격(貴格)

을 이룬다. 그러나 양기(陽氣)가 점차 올라오는 때이니 양(陽)이 기세가 좋아 목(木)이 메마른다. 이때 계수(癸水)로 윤택하게 하지 않으면 불가하다.

갑을목(甲乙木)이 인월(寅月)이나 묘월(卯月)에 태어나면 종화(從化)하지 않는다. 진(辰)은 화격(化格)의 원신(元神)이니, 화기(化氣)가 진(辰)을 만나면 진화(眞化)가 된다. 그러나 묘월(卯月) 을목(乙木)이 월령(月令)에서 녹(祿)을 얻어 영(令)을 잡았기 때문에 절대로 금(金)으로 종화(從化)하지 않는다. 진(辰)을 만나면 화격(化格)의 조건이 구비되지만 변하지 않는다. 따라서 변하지 않으면 불가하여 평범한 명(命)이 되는 것이다. 화기격(化氣格) 중에서는 을목(乙木)이 경금(庚金)의 극(剋)을 빌어 종화(從化)하는 것이 가상 쉽다.

묘월(卯月) 을목(乙木)이 지지(地支)에 목국(木局)을 이루었는데, 계수(癸水)가 투출(透出)하여 목(木)을 기르면 귀격(貴格)을 이루고, 이때 병화(丙火)로 목기(木氣)를 설(洩)하면 대귀격(大貴格)을 이룬다. 그러나 계수(癸水)가 투출(透出)해야 한다. 만일 병화(丙火)는 있는데 계수(癸水)가 없으면 평범한 명(命)이 된다. 그리고 수(水)가 많아 병화(丙火)가 용신(用神)이 되거나, 무토(戊土)가 많아 계수(癸水)가 변하면 하격(下格)이 된다. 묘월(卯月) 을목(乙木)은 병계(丙癸)가 서로 돕는데, 지지(地支)에 목국(木局)이 있으면 곡직인수격(曲直仁壽格)이 된다. 그러나 곡직격(曲直格)이라도 계수(癸水)가 투출(透出)해야 귀격(貴格)을 이룬다.

금성옥진부(金聲玉振賦)에서는 곡직격(曲直格)은 반드시 인수(印綬)가 있어야 인자함을 천하에 떨친다고 했다. 이것은 묘월(卯月)은 양기(陽氣)가 섬섬 오르는 때이기 때문이다. 이때 계수(癸水)로 윤택하게 하고, 병화(丙火)로 왕기(旺氣)를 설(洩)하면 최상격(最上格)을 이룬다. 병화(丙火)는 투출(透出)했는데 계수(癸水)가 없으면 공명훈업(功名勳業)하나, 계수(癸水)가 없으면 불가하다. 계수(癸水)는 없는데 병정(丙丁)이 있으면 목화통명(木火通明)이 되어 문장가로 명성을 떨친다. 만일 계수(癸水)가 많아 병화(丙火)를 곤(困)하게 하거나, 무토(戊土)가 계수(癸水)를 합(合)하면 서로 돕는 것을 잃는 격이니 하격(下格)이 된다.

　묘월(卯月) 을목(乙木)은 병계(丙癸)가 있어야 한다. 병화(丙火)가 용신(用神)이면 목(木)이 아내요 화(火)가 자식이고, 병화(丙火)가 많아 계수(癸水)가 용신(用神)이면 금(金)이 아내요 수(水)가 자식이다. 다시 말해, 묘월(卯月) 을목(乙木)은 인월(寅月) 을목(乙木)과 마찬가지로 병계(丙癸)를 함께 취하나, 병화(丙火)를 중심으로 한다. 그러나 병화(丙火)가 많으면 양(陽)의 기세가 좋아 메마르기 때문에 계수(癸水)로 용신(用神)을 삼는다.

　　庚 乙 乙 癸
　　辰 未 卯 亥

　이 사주는 곡직인수격(曲直仁壽格)이다. 수재(秀才)이나 서북운(西北運)으로 흘러 가난한 선비에 불과했다. 지지(地支)에 해묘미(亥卯未)가 완전한데, 경금(庚金)을 만나 곡직인수격(曲直仁壽格)이 깨졌다. 비록 계수(癸水)로 인화(引化)하나, 격국(格局)이 불순하고 서북운(西北運)으로 흘러 가난한 선비로 그친 것이다.

己乙癸壬
卯丑卯午

이 사주는 축묘(丑卯)에 인(寅)을 끼고 있어 협록격(夾祿格)이 되었다. 오궁(午宮) 기토(己土)가 출간(出干)하여 식신생재(食神生財)하나, 임계수(壬癸水)가 정화(丁火)를 곤(困)하게 만들어 귀(貴)가 작다. 그러나 재성(財星)이 투출(透出)하여 부(富)는 크다. 재(財)가 녹(祿)에 있으나 관살(官殺)이 절지(絶地)에 있어 자녀에게 형(刑)이 많이 따른다.

丙乙丁甲
子未卯寅

이 사주는 곡직격(曲直格)이다. 병화(丙火)로 비추고 계수(癸水)로 자윤(滋潤)하여 총병(總兵)이 되었다. 곡직(曲直)이기는 하나 을미일(乙未日)이 목고(木庫)에 앉아 아름답지 않고, 병계(丙癸)가 모두 있으나 계수(癸水)가 투출(透出)하지 않아 총병(總兵)에 그쳤다. 이것은 격국(格局)에도 높고 낮음이 있기 때문이다. 만일 을해일(乙亥日)이나 을묘일(乙卯日)이었다면 지위가 더 높았을 것이다.

丙乙辛丙
子卯卯子

이 사주는 출장입상(出將入相)으로, 현명한 아내와 효도하는 자식을 두었다. 년상(年上) 병화(丙火)가 신금(辛金)을 합거(合去)하고, 지지(地支)에 있는 방국(方局)이 완전하지는 않으나 기세가 순수하다. 을묘(乙卯)가 전록(專祿)인데 시상(時上) 병화(丙火)가 비추고, 계수(癸水)가 자윤(滋潤)하여 귀격(貴格)을 이루었다.

丁 乙 丁 己
亥 丑 卯 未

이 사주는 축궁(丑宮) 계수(癸水)가 용신(用神)인데, 지지(地支)에 목국(木局)이 있으니 목(木)이 성(盛)하여 수(水)가 오그라든다. 초년인 갑을운(甲乙運)에는 좋지 않은 일이 거듭되나, 계해운(癸亥運)과 임술운(壬戌運)은 용신(用神)이 생왕(生旺)하여 아름답다. 이 사주는 정기(丁己)가 투출(透出)하고, 일시(日時)의 해축(亥丑) 사이에 자(子)의 천을귀인(天乙貴人)이 있다. 갑을운(甲乙運)에는 비겁(比劫)이 쟁재(爭財)하여 좋지 않은 일이 거듭되었던 것이고, 계해운(癸亥運)에는 을목(乙木)의 뿌리가 윤택하여 목화통명(木火通明)을 이루고, 귀인(貴人)이 인출(引出)되어 금마옥당(金馬玉堂)의 귀(貴)가 있었던 것이다.

戊 乙 乙 癸
寅 卯 卯 亥

앞 사주는 정화(丁火)가 목(木)의 수기(秀氣)를 설(洩)하여 과갑(科甲)의 귀(貴)가 있었으나, 이 사주는 목왕(木旺)한데 설(洩)함이 없

다. 그러나 지지(地支)가 장생녹왕(長生祿旺)하여 수명이 길다. 계수
(癸水)가 목(木)을 기르지만, 무토(戊土)가 합(合)하고 왕기(旺氣)가
신(身)에서 그쳐 아들을 두기 어렵다.

丙 乙 辛 丙
戌 酉 卯 申

이 사주는 계수(癸水)가 없는데 병화(丙火)가 합(合)하고, 지지(地
支)에 충(沖)이 있어 고빈(孤貧)하다. 년월(年月)에서 병신(丙辛)이
합(合)하고 있으니, 시상(時上) 병화(丙火)를 용신(用神)으로 심아아
한다. 그러나 을목(乙木)이 유(酉)의 절지(絶地)에 앉아 있고, 뿌리
에 쇠가 묻혀 있다. 따라서 월령(月令)의 녹(祿)이 상하여 고빈(孤
貧)한 명(命)이 된 것이다.

癸 乙 己 乙
未 亥 卯 丑

이 사주는 곡직인수격(曲直仁壽格)이다. 지지(地支)에 목국(木局)
을 이루었는데 계수(癸水)가 투출(透出)하여 양목(養木)하니 대귀격
(人貴格)이 되었나.

丙 乙 癸 丁
子 巳 卯 丑

이 사주는 외교총장과 각국 대사(大使)를 역임했던 사람이다. 병계
(丙癸)가 모두 투출(透出)하고, 녹(祿)을 얻어 대귀격(大貴格)을 이
루었다.

己乙丁己
卯未卯亥

이 사주는 명 법률가이자 대학교수였다. 곡직인수격(曲直仁壽格)이
다. 병계(丙癸)가 모두 없는데 정화(丁火)가 목(木)의 수기(秀氣)를
설(洩)하여 목화통명(木火通明)이 되었다.

진월(辰月) 을목(乙木)

진월(辰月) 을목(乙木)은 양기(陽氣)가 더욱 뜨거워지는 때에 있다.
따라서 먼저 계수(癸水)를 취하고, 다음에 병화(丙火)를 취한다. 갑
목(甲木)은 양목(陽木)이기 때문에 목(木)이 성(盛)하면 경금(庚金)
으로 가지치기를 해야 하지만, 을목(乙木)은 경금(庚金)이 있으면 흉
하다. 따라서 양(陽)이 성(盛)하면 계수(癸水)로 자윤(滋潤)하고, 목
(木)이 성(盛)하면 병화(丙火)로 설(洩)해야 한다. 이것은 갑목(甲
木)과 을목(乙木)의 성질이 다르기 때문이다.
진월(辰月) 을목(乙木)이 병계(丙癸)가 모두 투출(透出)했는데 기경
(己庚)이 없으면 옥당(玉堂)에 오르게 되고, 기경(己庚)이 있으면 평

범한 명(命)이 된다. 을목(乙木) 하나가 경금(庚金)을 만났는데 기토(己土)가 없으면 소부소귀격(小富小貴格)이 되어 발전하지 못하고, 기경(己庚)이 혼잡한데 병계(丙癸)가 모두 없으면 하격(下格)의 명(命)이 된다.

다시 말해, 병계(丙癸)가 모두 있는데 기경(己庚)이 있으면 좋지 않다. 기토(己土)가 있으면 계수(癸水)를 상하게 하고, 경금(庚金)이 있으면 상관견관(傷官見官)이 되어 모두 격국(格局)의 병(病)이 된다. 을목(乙木) 하나가 경금(庚金)을 만나면 병화(丙火)가 경금(庚金)을 제(制)하고, 계수(癸水)가 상하지 않으니 비록 발전은 없어도 작은 부귀(富貴)는 있다. 병계(丙癸)가 모두 있는데 기경(己庚)이 혼잡하거나, 병계(丙癸)가 없으면 하격(下格)이 된다.

한마디로, 을목(乙木)은 음유(陰柔)하기 때문에 재관(財官)을 용신(用神)으로 삼지 않는다. 고서(古書)에서는 경금(庚金)이 상합(相合)하면 뜻을 펴지 못하니 가장 해롭다고 했다.

진월(辰月) 을목(乙木)이 수(水)가 많은데 기토(己土)를 만나면 재주가 많아도 등제(等第)하기 어렵고, 무토(戊土)를 만나면 이도(異途)로 발전한다. 월지(月支)에 수국(水局)이 있는데 병무(丙戊)가 출간(出干)하면 무과(武科)에 갑제(甲第)하거나 암도(暗途)로 공명(功名)을 이루고, 병무(丙戊)가 없는데 지지(地支)에서 합(合)하여 수국(水局)을 이루면 고향을 떠난다.

진월(辰月) 을목(乙木)은 병계(丙癸)를 용신(用神)으로 삼는 것이 정법(正法)이다. 수(水)가 많아 무기토(戊己土)를 용신(用神)으로 삼으면, 재(財)를 취하고 인수(印綬)를 파(破)하는 것이니 변격(變格)이 된다. 임계수(壬癸水)가 많으면 기토(己土)가 제방(堤防)하기 이

려우니, 재주가 높으나 등제(等第)하지 못하는 것이다. 그러나 무토
(戊土)로 제방(堤防)하면 이도(異途)로 발전한다.

진월(辰月) 을목(乙木)이 천간(天干)에는 임계수(壬癸水)가 없으나
지지(地支)에 신자진수국(申子辰水局)이 있으면 춘수(春水)가 범람
하는 것과 같다. 이때 무토(戊土)로 제방(堤防)하고, 병화(丙火)로
토(土)를 따뜻하게 해주면 부(富)한 가운데 귀(貴)를 취한다. 이것을
이도공명(異途功名)이라 한다. 대개 병(病)이 있으면 약(藥)이 되는
것이 용신이나, 병계(丙癸)의 수기(秀氣)와 같지 않으니 주로 이도무
과(異途武科)한다. 그리고 수왕(水旺)하여 병무(丙戊)가 없으면 물
이 범람하여 나무가 뜨게 되니 고향을 떠나는 것이다.

진월(辰月) 을목(乙木)이 일파(一派) 계수(癸水)가 있는데 신금(辛
金)이 있으면, 왕(旺)한 것 같아도 무기토(戊己土)가 계수(癸水)를
제(制)하면 부귀(富貴)가 작다. 만일 일파(一派) 임계수(壬癸水)가
있으면 빈천(貧賤)하거나 요절(夭折)이 따른다. 이때 무토(戊土)를
만나면 장수하고, 기술직으로 나가면 길하다.

다시 말해, 진월(辰月) 을목(乙木)은 계수(癸水)가 비록 약하나, 신
금(辛金)이 상생(相生)하면 왕(旺)으로 본다. 이때 무기토(戊己土)가
계수(癸水)를 제(制)하면 이도(異途)로 발전한다. 임계(壬癸)가 나란
히 출간(出干)하면 무토(戊土)로 제(制)해야 하기 때문에 기토(己土)
는 무용지물이 된다. 무토(戊土)가 있으면 요절(夭折)은 면할 수 있
지만, 병화(丙火)로 따뜻하게 하지 않으면 을목(乙木)이 번성하지 못
하여 기술직에 머무는 것이다.

진월(辰月) 을목(乙木)이 경진월(庚辰月) 경진시(庚辰時)에 태어나
면 경금(庚金) 두 개가 쟁합(爭合)하여 빈천(貧賤)한 명(命)이 되고,

년상(年上)에서 정화(丁火)가 경금(庚金)을 만나면 종화(從化)하여
과갑(科甲)은 아니더라도 무직(武職)에 오른다.

을목(乙木)은 유목(柔木)이라, 경금(庚金)이 성(盛)하면 을목(乙木)
이 반드시 상합(相合)하여 정을 준다. 따라서 월령(月令)의 진(辰)을
만나 쉽게 종화(從化)를 이룬다. 그러나 화기(化氣)가 실령(失令)하
여 귀격(貴格)을 이루지 못하고, 경금(庚金) 두 개가 쟁합(爭合)하면
격(格)을 이루지 않으니 을목(乙木)이 상하여 빈천(貧賤)한 명(命)이
되는 것이다. 이때 천간(天干)에서 정화(丁火)가 경금(庚金)을 파
(破)하면, 정화(丁火)가 용신(用神)이 되어 종화(從化)를 짓는다.

을목(乙木)은 정년(丁年) 경진월생(庚辰月生)이 아니면 경금(庚金)
을 취하는 법이 없다. 경금(庚金)은 살(殺)과 같아, 을목(乙木) 하나
가 경금(庚金)을 만나면 정화(丁火)가 제(制)하니 식신제살(食神制
殺)이 되어 무직(武職)에 오른다. 이것을 종화(從化)라 하는데 진종
화(眞從化)는 아니다. 계수(癸水)가 용신(用神)이면 금(金)이 아내요
수(水)가 자식이고, 계수(癸水)가 많아 병화(丙火)를 용신(用神)으로
삼으면 목(木)이 아내요 화(火)가 자식이 된다.

　　丁 乙 庚 庚
　　亥 酉 辰 午

이 사주는 종화격(從化格)이나, 화합(化合)이 때를 만나지 못하여
부옹(富翁)에 불과하다. 을목(乙木)이 경금(庚金)을 따라 합(合)하는
데 정화(丁火)로 경금(庚金)을 파(破)하니, 시상(時上) 정화(丁火)가
혼자 투출(透出)하여 사식이 현명하며 효도한다. 그러나 식신생제

(食神生財)하여 부(富)는 있으나 귀격(貴格)을 이루지는 못했다.

甲 乙 甲 丁
申 巳 辰 酉

이 사주는 지지(地支)에 병계(丙癸)가 암장(暗藏)되어 있어 선발되는 선비에 불과하다. 자식이 많으며 효도하나, 어진 아내를 만나나 해로하기 어렵고, 부모와 인연이 없고, 수족이 무력하다. 이것은 무토(戊土)가 중(重)하여 병(病)이 되기 때문이다. 서북운(西北運)이 길하다.

사궁(巳宮) 병화(丙火)가 용신(用神)인데, 임수(壬水)가 병화(丙火)를 곤(困)하게 하여 선발되는 선비에 불과한 것이다. 진유(辰酉)가 상합(相合)하고, 시지(時支)에서 신금(申金)을 만나나 정화(丁火)가 금(金)을 파(破)한다. 일지(日支)에 병화(丙火)가 득록(得祿)하여 아내가 어지나, 사신(巳申)이 상형(相刑)하여 해로하기 어려운 것이다. 그리고 시지(時支) 경금(庚金)이 득록(得祿)하여 을경(乙庚)이 상합(相合)하니, 자식이 많으며 효도하는 것이다. 그러나 을목(乙木)이 경금(庚金)을 향하고, 임수(壬水)가 갑목(甲木)을 생(生)하니, 모두 돌보지 않아 부모와 인연이 없고, 수족이 무력한 것이다.

丙 乙 戊 甲
子 亥 辰 寅

이 사주는 육을서귀격(六乙鼠貴格)이다. 병화(丙火)가 높이 투출(透

出)했는데, 무토(戊土)가 수(水)를 제(制)하여 지위가 안원(按院)에 올랐다. 년월(年月) 갑목(甲木)이 무토(戊土)를 파(破)하고, 시지(時支) 자수(子水)가 힘을 얻어 육을서귀격(六乙鼠貴格)이 되었고, 병화(丙火)로 비추며 계수(癸水)로 자윤(滋潤)하여 대귀격(大貴格)이 되었다.

丙 乙 庚 乙
子 丑 辰 亥

이 사주는 군장(軍長)에 오른 사람이다. 병화(丙火)가 투출(透出)하여 경금(庚金)을 파(破)하고, 계수(癸水)가 암장(暗藏)되어 목(木)을 자윤(滋潤)하고 있으니 상관가살(傷官駕殺)이 되었다.

戊 乙 壬 辛
寅 丑 辰 丑

이 사주는 재왕(財旺)하니 인궁(寅宮) 갑목(甲木)이 방신(幫身)하면 길하다. 병화(丙火)와 계수(癸水)가 모두 암장(暗藏)되어 있는데, 재운(財運)으로 흘러 상해(上海) 통세처장(統稅處長)이 되었다.

壬 乙 壬 辛
午 亥 辰 巳

이 사주는 임수(壬水)가 두 개 출간(出干)했는데 신금(辛金)이 상생

(相生)하여 춘수(春水)가 왕양(汪洋)하다. 사궁(巳宮) 무토(戊土)가 수(水)를 제(制)하면 길하다. 오궁(午宮) 정화(丁火)가 용신(用神)이 니, 정운(丁運)에서 성장(省長)이 되었다.

■ 삼하(三夏) 을목(乙木)

 삼하(三夏) 을목(乙木)은 매우 메말라 조후(調候)가 시급하기 때문에 계수(癸水)로 용신(用神)을 삼아야 한다. 만일 계수(癸水)는 없고 임수(壬水)가 있으면 별도로 용신(用神)을 잡는다. 임계수(壬癸水)는 배합상 없으면 안 된다.
 하월(夏月)은 하지(夏至)로 경계를 삼는다. 하지(夏至) 전은 계수(癸水)가 용신(用神)이고, 하지(夏至) 후는 병화(丙火)를 먼저 취한 다음에 계수(癸水)를 취한다. 여기서 계수(癸水)는 중요한 상신(相神)이 된다.
 삼하(三夏) 을목(乙木)이 병화(丙火)가 투출(透出)했는데, 지지(地支)에 병화(丙火) 또 있으면 목수화명(木秀火明)이라 한다. 이때 계수(癸水)가 하나 투출(透出)하면 과갑(科甲)에 준함이 있다. 만일 천간(天干)에 병화(丙火) 두 개와 계수(癸水) 하나가 투출(透出)하면, 일공(一貢)에 불과하나 수명이 길다.
 다시 말해, 삼하(三夏) 을목(乙木)이 병화(丙火)가 많으면 계수(癸水)가 용신(用神)이라는 뜻이다. 병화(丙火)가 투간(透干)하고 지지(地支)에 암장(暗藏)된 것이 있는데 계수(癸水)가 하나 투출(透出)하면, 화(火)를 제(制)하고 목(木)을 윤택하게 해주면 힘을 얻어 반드

시 귀격(貴格)을 이룬다. 그러나 병화(丙火)가 두 개 투간(透干)했는
데, 계수(癸水)가 하나밖에 없으면 힘이 부족하다.

 병화(丙火)는 태양이고 계수(癸水)는 우로(雨露)이니, 병화(丙火)가
계수(癸水)를 만나면 맑지도 흐리지도 않은 상태가 된다. 따라서 하
목(夏木)이 병계(丙癸)가 있으면 불청불우(不晴不雨)라 하여 귀격
(貴格)을 이루나, 양기(陽氣)가 매우 성(盛)하면 귀격(貴格)을 이루
지 못한다. 목화상관(木火傷官)은 인수(印綬)가 없으면 흉하다. 따라
서 계수(癸水)가 없으면 반드시 요절(夭折)이 따른다. 이때 계수(癸
水)가 하나 투출(透出)하면 요절(夭折)은 면할 수 있다.

 삼하(三夏) 을목(乙木)이 계수(癸水)가 많고, 정화(丁火)는 있으나
병화(丙火)가 없으면 평범한 명(命)이 된다. 계수(癸水)가 많으면 마
땅히 병화(丙火)가 용신(用神)이나, 정화(丁火)는 있는데 병화(丙火)
가 없으면 계수(癸水)가 정화(丁火)를 곤(困)하게 만들어 평범한 명
(命)이 되는 것이다.

 삼하(三夏) 을목(乙木)이 계수(癸水)가 하나 투출(透出)하면 지위는
높으나 과갑(科甲)은 기대하기 어렵고, 계수(癸水)가 자진(子辰)에
있으면 이도(異途)로 관직이 작고, 병화(丙火)가 암장(暗藏)되었는
데 계수(癸水)가 시간에 투출(透出)하고 기토(己土)가 월간(月干)에
투출(透出)하면 비록 과갑(科甲)은 아니더라도 이도(異途)로 발전이
있다.

 삼하(三夏)에는 화왕(火旺)하여 목(木)이 메마르기 때문에 계수(癸
水)가 진신(眞神)이다. 따라서 계수(癸水)가 있으면 천간(天干)에 투
출(透出)했든, 지지(地支)에 암장(暗藏)되었든 모두 귀격(貴格)을 이
룬다. 그러나 병화(丙火)가 돕지 않으면 정도(正途)를 기대하기 어렵

다. 만일 기계(己癸)가 나란히 출간(出干)하면 비록 기토(己土)가 계수(癸水)를 제(制)하나, 습토(濕土)가 목(木)을 배양(培養)하니 윤택함을 잃지 않아 이도(異途)로 발전한다. 이때 무토(戊土)를 만나면 무계(戊癸)가 상합(相合)하여 화(火)로 변하기 때문에 계수(癸水)는 무용지물이 된다.

삼하(三夏) 을목(乙木)이 계수(癸水)가 거듭 있거나, 지지(地支)에 계수(癸水)가 암장(暗藏)되어 있으면 군인으로 공명(功名)을 얻는다. 하월(夏月)에는 사오미(巳午未)에 모두 토(土)가 암장(暗藏)되어 있으니, 화염토조(火炎土燥)하여 목성(木性)이 메마르고 그을린다. 그러나 계수(癸水)가 있으면 윤택하게 만든다. 이때는 계수(癸水)가 아무리 많아도 꺼리지 않는다. 그리고 사주에 병화(丙火)가 없으면 음양(陰陽)이 기제(旣濟)의 힘을 잃게 되니, 공명(功名)이 무직(武職)에서 일어난다.

사월(巳月) 을목(乙木)

사월(巳月) 을목(乙木)은 사궁(巳宮)에 병화(丙火)가 있으니 계수(癸水)가 존신(尊神)이다. 그러나 사(巳)는 수(水)의 절지(絶地)이니, 경신(庚辛)이 생(生)하지 않으면 수원(水源)이 없어 메마른다. 따라서 반드시 경신(庚辛)으로 보좌해야 한다.

사월(巳月) 을목(乙木)이 계경신(癸庚辛)이 투출(透出)하면 과갑(科甲)에 준함이 있다. 만일 계수(癸水)가 하나 있는데 금(金)이 없으면 수원(水源)이 없는 것이니, 천간(天干)에 투출(透出)하여 수재(秀才)라고 하더라도 부(富)가 작다. 이때는 수운(水運)으로 흘러 서로 도와야 길하다. 만일 토(土)가 많아 계수(癸水)를 곤(困)하게 하면 빈천(貧賤)한 명(命)이 되고, 병무(丙戊)가 태다(太多)한데 지지(地支)에 화국(火局)이 있으면 장님이 된다.

사월(巳月) 을목(乙木)은 계수(癸水)가 경신금(庚辛金)의 상생(相生)을 받지 않으면, 수(水)가 근원이 없어 쉽게 마른다. 따라서 수재(秀才)라고 하더라도 부(富)가 작은 것이다. 경금(庚金)이 사궁(巳宮)에서 장생(長生)되나, 화토(火土)가 곤(困)하게 만들어 수(水)를 생(生)하기 어렵다. 이때는 경신신유(庚辛申酉)를 만나야 길히다.

사월(巳月) 을목(乙木)은 금(金)이 상생(相生)하지 못하면, 서북금수운(西北金水運)으로 흘러야 발전한다. 사주에 화토(火土)가 태다(太多)하면 적수(滴水)가 쉽게 마르니 있어도 없는 것과 같다. 이런 사람은 잔병이 많다. 이때 화토운(火土運)으로 흐르면 재(財)가 인수(印綬)를 파(破)하기 때문에 역시 재앙이 따른다.

고서(古書)에 이르길, 을목(乙木)이 이위(離位)를 거듭 만나면 기산지문(氣散之文)이라 했다. 을목(乙木)은 쇠갈(衰竭)한 목(木)이고, 사오(巳午)는 병사지(病死地)이니 계수(癸水)가 배양(培養)하지 못한다. 또 병무(丙戊)가 태다(太多)한데 지지(地支)에 화국(火局)이 있으면 목(木)이 불에 타 재로 변한다. 이런 사람은 잔병이 많거나, 빈천(貧賤)하거나, 요절(夭折)이 따른다.

사월(巳月) 을목(乙木)은 계수(癸水) 외에는 용신(用神)을 삼는 법이 없다. 따라서 금(金)이 아내요 수(水)가 자식이고, 관살(官殺)이 아내요 계인(癸印)이 자식이 된다. 이것은 관살(官殺)이 인수(印綬)

를 생(生)하기 때문이다.

 다시 말해, 사월(巳月) 을목(乙木)은 계수(癸水)로 용신(用神)을 삼고, 병화(丙火)는 참작하여 취한다. 그리고 경신(庚辛)으로 보좌해야 하는데, 이때 신금(辛金)이 투출(透出)하면 더욱더 청(淸)하다. 사월(巳月) 을목(乙木)은 계인(癸印)을 용신(用神)으로 잡는 것이 당연하나, 만일 금수(金水)가 많으면 병화(丙火) 상관(傷官)을 용신(用神)으로 삼는다. 이것은 예외의 경우다. 경금(庚金)은 계수(癸水)를 보좌하는 것이니, 을목(乙木)과 상합(相合)하지 않아 수원(水源)을 만들어야 용신(用神)을 삼을 수 있다. 경금(庚金)은 양금(陽金)이고 계수(癸水)는 음수(陰水)다. 따라서 경금(庚金)이 계수(癸水)를 보좌하는 것은, 신금(辛金)이 계수(癸水)를 보좌하여 청(淸)하게 만드는 것만은 못하다.

　　　丙 乙 乙 壬
　　　子 巳 巳 辰

 이 사주는 상관(傷官)이 사령(司令)하는 격이 되었다. 화(火)가 태다(太多)하여 목(木)이 쉽게 불사르니 위험하다. 그러나 년시(年時)의 임자수(壬子水)가 화(火)를 제(制)한다. 상관패인(傷官佩印)하고, 진토(辰土)가 하월(夏月)에 있으니 조토(燥土)가 되었다. 따라서 수(水)에 의지하니 오행(五行)이 조화되어 평생 의록(衣祿)이 풍족하다. 이런 사주는 스스로 직업을 찾으면 반드시 부유하고, 정치인으로 나가면 성공할 수 있다.

壬 乙 丁 戊
午 丑 巳 午

이 사주는 태위(太尉)에 오른 사람이다. 정무(丁戊)가 임수(壬水)를 합제(合制)하고 있으니, 축궁(丑宮) 신계(辛癸)를 용신(用神)으로 삼아야 한다. 살인상생(殺印相生)하며 사축(巳丑)이 회국(會局)하고 있으니, 흉변길(凶變吉)되어 귀격(貴格)을 이루었다.

戊 乙 辛 庚
寅 酉 巳 寅

이 사주는 상서사부(尙書師傅)를 지낸 사람이다. 임신(壬申)이 태원(胎元)인데 태원(胎元)을 취하여 대귀격(大貴格)을 이루었다. 이 사주의 9개월 태원(胎元)은 계유(癸酉)다. 따라서 계신(癸辛)을 취하면 정도(正途)이나, 임경(壬庚)을 취하면 이도(異途)로 귀(貴)를 얻는다.

辛 乙 癸 辛
巳 丑 巳 未

이 사주는 축궁(丑宮) 신계(辛癸)가 모두 투출(透出)했는데 사축(巳丑)이 회국(會局)하여 발전했다.

```
癸 乙 癸 丙
未 亥 巳 戌
```

이 사주는 계수(癸水)가 투출(透出)했으나 금(金)이 없다. 비록 해궁(亥宮)에 통근(通根)하나, 금(金)이 수(水)를 생(生)하여 근원이 멀고 흐름이 긴 것만은 못하다. 병화(丙火)가 투출(透出)하여 상관생재(傷官生財)하니 부(富)가 있다. 무술재운(戊戌財運)에서 재(財)가 인수(印綬)를 파(破)하는데 금(金)이 없으니, 재(財)를 화(化)하여 인수(印綬)를 생(生)할 수 없다. 따라서 토왕(土旺)하기 때문에 수(水)가 메마른다. 이 사람은 한 번 실패한 후 재기하지 못했다.

오월(午月) 을목(乙木)

오월(午月) 을목(乙木)은 정화(丁火)가 권리를 잡는 때에 있어 논밭이 모두 가물었다. 상반월은 양(陽)에 속하니 계수(癸水)를 취한 다음에 병화(丙火)를 취하고, 하반월은 음(陰)에 속하니 삼복생한(三伏生寒)이 되어 병계(丙癸)가 모두 중요하다. 사주에 금수(金水)가 많으면 병화(丙火)가 용신(用神)이고, 나머지는 모두 계수(癸水)가 용신(用神)이 된다.

오월(午月) 을목(乙木)은 하지(夏至)로 경계를 삼는다. 하지(夏至) 전은 양(陽)이 성(盛)하니 먼저 계수(癸水)를 취한 다음 병화(丙火)를 취하고, 하지(夏至) 후는 음(陰)이니 병계(丙癸)가 모두 존신(尊

神)이 된다. 그러나 삼하(三夏) 을목(乙木)은 조후(調候)가 시급하므로, 사주에 금수(金水)가 많은 경우 외에는 모두 계수(癸水)로 용신(用神)을 삼는다.

계선편(繼善篇)에 목분남이연겁(木奔南而軟怯)이라는 말이 있다. 이것은 사오미월(巳午未月)은 뿌리가 마르고 가지가 위축되니, 목기(木氣)가 심하게 설(洩)되어 계수(癸水)로 자양(滋養)하지 않으면 공(功)이 없고, 계수(癸水)가 조후하면 조화의 묘를 만회한다는 뜻이다. 따라서 계수(癸水)가 투출(透出)했는데 뿌리가 있으면 부귀격(富貴格)을 이루고, 금(金)이 수(水)를 생(生)하면 근원이 멀고 흐름이 길어진다.

오월(午月) 을목(乙木)이 계수(癸水)가 있고 병화(丙火)가 투출(透出)했는데, 지지(地支)에 화국(火局)을 이루면 목성(木性)이 메마르기 때문에 잔병이 많다. 만일 계수(癸水)가 없으면 반드시 요절(夭折)이 따른다. 이때 임수(壬水)라도 있으면 요절(夭折)은 면한다. 만일 화토(火土)가 태다(太多)하면 천하며 어리석고 승도팔자가 된다.

다시 말해, 오월(午月) 을목(乙木)이 천간(天干)에 병화(丙火)가 투출(透出)했는데, 지지(地支)에 화국(火局)을 이루면 목성(木性)이 메말라 타버린다. 이때 계수(癸水)로 돕지 않으면 잔병이 많거나 요절(夭折)이 따른다. 을목(乙木)은 본성이 쇠갈(衰竭)하여 갑목(甲木)과 비교하지 않는다. 반드시 계수(癸水)로 용신(用神)을 삼아야 귀격(貴格)을 이룬다. 임수(壬水)도 메마름을 풀어줄 수는 있으나 계수(癸水)만은 못하다. 임수(壬水)는 인위적인 것이기 때문에 자연의 힘에는 미치지 못하는 것이다.

丁 乙 庚 甲
亥 丑 午 子

이 사주는 을목(乙木)이 오월(午月)에 태어나 목화상관(木火傷官)
이고, 하지(夏至) 이전에 태어나 자축(子丑)에 계수(癸水)가 있다.
해자축북방수(亥子丑北方水)가 모여 메마를 염려가 없으니 부귀격
(富貴格)이 되었다.

壬 乙 戊 戊
午 巳 午 申

이 사주는 계수(癸水)가 없어 잔병이 따른다. 신궁(申宮) 임수(壬
水)가 있으나 년지(年支)에 있으니 멀고, 무토(戊土)가 중(重)하고,
병정(丙丁)이 강력하다. 그러나 조상의 음덕이 있어 흉하지는 않다.

丙 乙 戊 癸
戌 亥 午 未

이 사주는 진사(進士)에 오른 사람이다. 을목(乙木)이 해(亥)에 있
어 계수(癸水)의 뿌리가 된다. 그렇지 않으면 무계(戊癸)가 일합(一
合)하여 윤택함을 잃는다.

戊 乙 戊 癸
寅 卯 午 酉

이 사주는 군장(軍長)에 오른 사람이다. 계수(癸水)가 유금(酉金)의 상생(相生)함을 얻어 무토(戊土)가 곤(困)하게 하나 윤택함이 있다. 지지(地支)에 진사미신(辰巳未申)을 연주(聯珠)하여 끼고 있으니 손곤(巽坤)이 모두 적당하다.

丁乙丙丁
亥卯午丑

축궁(丑宮)에 계수(癸水)가 암장(暗藏)되고, 해궁(亥宮)에 임수(壬水)가 암장(暗藏)되고, 해축(亥丑)이 자(子)를 끼고 있고, 축궁(丑宮)에 신금(辛金)이 계수(癸水)를 생(生)하고 있다. 따라서 뿌리가 윤택하여 목화통명(木火通明)이 되었다.

미월(未月) 을목(乙木)

미월(未月) 을목(乙木)은 목성(木性)이 메말라 차가우니, 금수(金水)가 많으면 병화(丙火)가 존신(尊神)이다. 지지(地支)에 목국(木局)을 이루었는데 을목(乙木)이 상하지 않으면서 병계(丙癸)가 모두 투출(透出)하면 대부대귀격(大富大貴格)을 이룬다. 그러나 계수(癸水)가 없으면 평범한 명(命)에 불과하고, 북방운(北方運)으로 흐르지 않으면 평생 곤고(困苦)함을 면하기 어렵다.

삼하(三夏) 을목(乙木)은 반드시 계수(癸水)를 용신(用神)으로 삼아야 한다. 대서(大暑) 후에 태어나면 수(水)의 진기(進氣)가 있으니 삼복생한(三伏生寒)이라 한다. 만일 사주에 금수(金水)가 많으면 병화(丙火)가 존신(尊神)이고, 그렇지 않으면 계수(癸水)가 용신(用神)이다. 지지(地支)에 해묘미목국(亥卯未木局)을 이루었는데, 경신(庚辛)이 을목(乙木)을 상하게 하지 않으면서 병계(丙癸)가 모두 투출(透出)하면 반드시 대부대귀격(大富大貴格)을 이룬다.

미월(未月) 을목(乙木)의 핵심은 계수(癸水)이고, 병화(丙火)는 배합하는 것이다. 따라서 계수(癸水)가 없으면 평범한 명(命)이 된다. 이때 북방운(北方運)으로 흐르지 않으면 용신(用神)이 득지(得地)하지 못하여 일생이 곤고(困苦)한 것이다. 하목(夏木)이 비록 삼복생한(三伏生寒)하는 때에 있어도 계수(癸水)가 없으면 흉하다.

오월(午月)과 미월(未月) 을목(乙木)은 기(氣)가 물러가고 메마르니 계수(癸水)가 용신(用神)이다. 이때 무기토(戊己土)가 섞여 어지럽히면 하격(下格)이 된다. 만일 갑목(甲木)이 투출(透出)하면 토(土)를 제복(制伏)하여 거탁유청(去濁留淸)이 되어 준수함을 허락한다. 토(土)가 많은데 갑목(甲木)이 없으면 수기(秀氣)가 없으니 평범한 명(命)에 지나지 않는다.

오월(午月)과 미월(未月) 을목(乙木)은 계수(癸水)가 조후용신(調候用神)이니, 용신(用神)이 손상되면 흉하다. 만일 무기(戊己)가 극제(剋制)하면 조후(調候)하지 못하고, 갑목(甲木)이 출간(出干)하여 토(土)를 제(制)하면 병(病)이 있는데 약(藥)을 얻는 것이니 준수함을 허락한다. 그러나 토다(土多)하여 갑목(甲木)이 없으면 하격(下格)이 된다.

미월(未月) 을목(乙木)이 병계(丙癸)가 모두 투출했는데, 갑목(甲

木)이 투출(透出)하여 무토(戊土)를 제(制)하면 일방(一榜)은 이룬다. 이때는 풍수(風水)가 불급(不及)하더라도 반드시 선발됨이 있다. 만일 병계(丙癸)는 없는데 정화(丁火)가 있으면 평범한 명이 되고, 임수(壬水)가 있으면 의록(衣祿)은 있다.

다시 말해, 병계(丙癸)와 정임(丁壬)은 서로 다르다. 병화(丙火)는 태양의 불이니 자연적인 양화(陽和)의 기(氣)이고, 정화(丁火)는 등불과 같으니 기세가 쇠약하다. 그러므로 병화(丙火) 대신 정화(丁火)가 있으면 평범한 명(命)이 되는 것이다. 계수(癸水)는 우로(雨露)의 공(功)이고 임수(壬水)는 관개(灌漑)의 공(功)이니, 윤택함은 같으나 자연적인 것과는 비교가 되지 않는다. 따라서 계수(癸水) 대신 임수(壬水)가 있으면 의록(衣祿)이 있을 뿐이다.

미월(未月) 을목(乙木)이 정임(丁壬)이 모두 투출(透出)하면 목(木)으로 변하여 화(火)를 도와주기 때문에 흉하고, 임수(壬水)가 통근(通根)하지 못하면 쓸모가 없으니 귀격(貴格)을 이루기 어렵다. 갑목(甲木)이 투출(透出)하여 무토(戊土)를 제(制)한다는 것은, 무기토(戊己土)가 섞여 어지럽히면 반드시 갑목(甲木)으로 제(制)해야 한다는 뜻이다. 그러나 무기토(戊己土)가 없으면 갑목(甲木)이 있어도 무용지물이 된다.

미월(未月) 을목(乙木)이 수(水)가 없는데 비겁(比劫)이 출간(出干)하지 않으면, 기명종재(棄命從財)라 하여 부(富)는 크나 귀(貴)는 작다. 이런 사람은 납속주명(納粟奏名)되어 공감(貢監) 등으로 나가는 것이 이롭고, 현명하며 덕이 많은 아내를 맞는다. 종재격(從財格)은 화(火)가 아내요 토(土)가 자식이다.

종격(從格)은 양간(陽干)은 종기(從氣)하나 불종세(不從勢)요, 음간

(陰干)은 종세(從勢)하나 무정의(無情義)하다. 미월(未月) 미(未)는 목고(木庫)이니, 목(木)에 약한 뿌리가 있어 기세가 아직 절(絶)하지 않았다. 따라서 비록 갑목(甲木)이 약하다고 해도 종(從)하지 않으니, 인수(印綬)가 돕는 운으로 가야 길하다. 을목(乙木)이 토(土)가 많으면 토(土)의 왕세(旺勢)에 종(從)한다. 이것이 갑목(甲木)과 을목(乙木)이 다른 점이다. 수(水)가 윤토(潤土)하면 배목(培木)의 뿌리가 되기 때문에 절대로 종(從)하지 않는다. 따라서 반드시 수(水)가 없어야 한다. 종격(從格)은 종(從)하는 것이 용신(用神)이니 식상(食傷)은 아내요 재(財)는 자식이 된다.

미월(未月) 을목(乙木)이 일파(一派) 무토(戊土)가 출간(出干)했는데, 비겁(比劫)과 인수(印綬)가 없으면 재다신약(財多身弱)하여 끝내 부옥빈인(富屋貧人)의 명(命)이 된다. 그러나 이때 갑목(甲木)이 하나 있어 토(土)를 제(制)하면 반드시 길복이 따른다.

갑목(甲木)이 기토(己土)를 만나 토(土)가 많으나, 무토(戊土)를 만나지 않으면 종(從)이기는 하나 진종(眞從)이 아니다. 을목(乙木)이 무토(戊土)를 만나 토(土)가 많으나, 기토(己土)를 만나지 않으면 이것 역시 진종(眞從)이 아니다. 이것은 양(陽)은 양(陽)을 종(從)하고, 음(陰)은 음(陰)을 종(從)하기 때문이다. 종(從)하지 않으면 재다신약(財多身弱)하여 빈곤한 명(命)이 된다.

부옥빈인(富屋貧人)은 부잣집의 재물을 관리하는 사람이라는 뜻이다. 따라서 아무리 돈을 많이 관리하더라도 자기 것이 아니고, 사람을 도와 재물이 생기더라도 자기 것이 아니다. 이것은 일주(日柱)가 매우 약하여 자신의 책임을 감당하기 어렵기 때문이다. 재(財)가 많으면 겁재(劫財)로 구제해야 하기 때문에 갑목(甲木)을 만나면 길복이 있다. 그러나 이때 비겁지(比劫地)로 흐르면 부(富)는 있으나 고생이 많다.

미월(未月) 을목(乙木)이 병신(丙辛)이 탐합(貪合)되면 화류계로 나가거나 도박을 좋아하고, 병화(丙火)가 합(合)되는데 계수(癸水)도 합(合)되면 하천하거나 고향을 떠난다. 병화(丙火)가 합(合)되면 계수(癸水)가 합(合)되지 않아도 하격(下格)이 된다. 이것은 미월(未月) 을목(乙木)은 반드시 병계(丙癸)로 용신(用神)을 삼아야 한다는 뜻이다. 그러나 신무(辛戊)가 병계(丙癸)를 상합(相合)하면 용신(用神)이 손상되어 무용지물이 된다.

합(合)에는 길흉이 있는데, 무계(戊癸)가 합(合)되면 무토(戊土)가 계수(癸水)를 합거(合去)하고, 병신(丙辛)이 합(合)되면 병화(丙火)가 합거(合去)되지는 않으나 기반(羈絆)당한다. 이것은 양명(陽明)한 성질을 잃게 되기 때문이다. 따라서 합(合)의 가볍고 무거움을 가릴 줄 알아야 한다.

미월(未月) 을목(乙木)이 일파(一派) 을목(乙木)이 있는데, 병계(丙癸)를 만나지 않으면, 난신무주(亂臣無主)라 하여 평범하며 고생이 많다. 이때 지장간(支藏干)에 신금(辛金)이 또 있으면 한가하고 외로운 사람이니 승도의 명(命)이 된다.

다시 말해, 미월(未月) 을목(乙木)은 병계(丙癸)가 없으면 부귀격(富貴格)을 이루지 못한다. 지지(地支)에 신금(辛金)이 있으면 을목(乙木)을 제(制)하기가 어렵다. 편관(偏官)은 외롭고 거만한 성질이 있기 때문에 반드시 승도가 된다.

미월(未月) 을목(乙木)이 일파(一派) 갑목(甲木)이 있는데 병계(丙癸)와 경금(庚金)이 없으면 평생 실속이 없다. 이때 경금(庚金)이 삽

목(甲木)을 제(制)하면 비록 지위가 있어도 교묘하며 염치가 없고, 품행이 단정하지 못하며 주색으로 망한다.

　미월(未月) 을목(乙木)에게 미토(未土)는 재(財)인데, 일파(一派) 갑목(甲木)이 있으면서 병계(丙癸)와 경금(庚金)이 없으면 비겁(比劫)이 탈재(奪財)하여 실속이 없는 것이다. 이때 경금(庚金)이 겁재(劫財)를 제(制)하면 지위는 있으나, 병계(丙癸)가 없으면 덕이 없는 사람이다.

　종합하면, 하월(夏月) 을목(乙木)은 계수(癸水)로 용신(用神)을 삼고, 병화(丙火)는 참작하여 취하고, 그 다음은 경신(庚辛)을 취한다. 하월(夏月) 을목(乙木)은 계수(癸水)가 우선이나, 금수(金水)가 많으면 병화(丙火)가 용신(用神)이 된다. 그리고 하목(夏木)은 메말라 조후(調候)가 시급하니 경신(庚辛)으로 보좌해야 한다.

<pre>
庚 乙 丁 丁
辰 巳 未 亥
</pre>

　이 사주는 어사(御史)의 명(命)이다. 진궁(辰宮) 계수(癸水)가 용신(用神)이고, 계병경(癸庚丙)이 모두 중화(中和)되었다. 해미(亥未)가 묘(卯)를 끼고 있어 암록(暗祿)이 있으니 귀격(貴格)을 이루었다.

<pre>
己 乙 辛 己
卯 丑 未 亥
</pre>

　이 사주는 시랑(侍郎)에 오른 사람이다. 축궁(丑宮) 계수(癸水)가

용신(用神)이고, 금수(金水)가 상생(相生)하고, 길신(吉神)이 암장
(暗藏)되어 있다.

丁 乙 癸 庚
丑 亥 未 戌

이 사주는 대서(大暑) 5시간 전에 태어났다. 해미(亥未)가 회국(會
局)하고, 암(暗)으로 묘록(卯祿)을 공(拱)하였고, 계경(癸庚)이 모두
투출(透出)했고, 일시(日時)에 귀(貴)를 끼고 있다. 따라서 과갑(科
甲) 출신으로 태평재상(太平宰相)이 되었다. 부귀(富貴)와 수명을 모
두 갖춘 명(命)이다.

丁 乙 己 戊
丑 卯 未 寅

이 사주는 묘미(卯未)가 회국(會局)하니 축궁(丑宮)에 하나 있는 계
수(癸水)가 용신(用神)이다. 서북운(西北運)으로 흘러 부귀격(富貴
格)을 이루었다.

丁 乙 丁 丁
亥 酉 未 亥

이 사주는 해미(亥未)가 회국(會局)하여 묘록(卯祿)을 끼고 있다
일시(日時)에서 금수(金水)가 상생(相生)하니 임수(壬水)가 용신(用

神)이다. 가살위권(假殺爲權)이라 무(武)와 인연이 많다.

■ 삼추(三秋) 을목(乙木)

삼추(三秋) 을목(乙木)은 금신(金神)이 사령(司令)하는 때에 있으니, 먼저 병화(丙火)로 용신(用神)을 삼은 다음 계수(癸水)를 취한다. 그러나 술월(戌月)에 태어나면 반드시 계수(癸水)로 용신(用神)을 삼아야 한다. 병화(丙火)가 용신(用神)이면 무토(戊土)가 따뜻하니 병(病)이 될 염려가 있다. 삼추(三秋)에는 금신(金神)이 권리를 잡기 때문에 화(火)로 제살(制殺)하는 것이 가장 길하고, 계수(癸水)로 화살(化殺)하는 것은 그 다음이다.

신월(申月) 을목(乙木)

신월(申月) 을목(乙木)은 경금(庚金)이 사령(司令)하여 경금(庚金)이 정(情)을 을매(乙妹)에게 실어주나, 천간(天干) 을목(乙木)이 지지(地支) 경금(庚金)을 합(合)하기 어렵고, 천간(天干)에 경금(庚金)이 있으면 반드시 을목(乙木)이 상한다. 그러나 병계(丙癸)가 출간(出干)했는데 사주에 기토(己土)가 세 개나 있으면 오금(汚金)이라 하여 과갑(科甲)을 허락한다. 만일 기토(己土)가 투출(透出)했는데 병화(丙火)가 있으면 상격(上格)이 된다. 갑(甲)이 아내요 화(火)가 자식이다.

신월(申月) 을목(乙木)은 기토(己土)가 적으면 흉하니 반드시 기토 (己土)가 있어야 한다. 따라서 병계기(丙癸己)가 모두 투출(透出)하면 대부대귀격(大富大貴格)을 이룬다. 이때는 화(火)가 아내요 토(土)가 자식이다.

신월(申月) 경금(庚金)은 매우 날카롭기 때문에 관(官)이 강하면 살(殺)의 작용을 한다. 비록 을경(乙庚)이 상합(相合)하여 정이 있으나, 목(木)이 신궁(申宮)에 이르면 기(氣)가 절(絶)되어, 왕금(旺金)의 극(剋)을 이기기 어렵기 때문에 관(官)을 취하기 어렵다. 따라서 경금(庚金)이 출간(出干)하면 반드시 을목(乙木)이 상한다. 신궁(申宮) 임수(壬水)가 장생(長生)이나 수(水)가 금(金)의 생(生)에 의지하면 충분(沖奔)하는 성질이 있고, 비록 관인상생(官印相生)하나 무정(無情)하여 진퇴가 모두 어렵다.

다시 말해, 신월(申月) 을목(乙木)은 병계(丙癸) 외에 반드시 기토 (己土)가 있어야 한다. 삼기토(三己土)란 지지(地支)에서 축미(丑未)를 만나고, 기토(己土)가 출간(出干)하는 것을 말한다. 기토(己土)는 비습(卑濕)한 흙이니 임수(壬水)로 혼합하면 비옥한 땅이 되어, 을목 (乙木)의 뿌리를 배양(培養)하며 경금(庚金)의 예리함을 꺾는다. 그러므로 기토(己土)가 투출(透出)했는데 병계(丙癸)가 있으면 상격 (上格)이 된다. 그렇지 않으면 병계(丙癸)가 없다고 해도 기토(己土)가 없으면 불가하다. 물에 떠있는 목(木)을 태양으로 비추고 비로 자윤(滋潤)한들 무슨 소용이 있겠는가.

혹자는 왜 무토(戊土)를 취하지 않느냐고 할 것이다. 이것은 무토 (戊土)가 임수(壬水)를 극(剋)하는 것을 모르기 때문에 하는 소리다.

금(金)이 다시 목(木)을 상하게 하여 갑목(甲木)이 신월(申月)에 이르면 금(金)이 많은데 수(水)가 있으면 종살(從殺)을 짓기 어렵다. 그러나 토(土)가 많아 임수(壬水)를 제(制)하면 충분히 종살(從殺)할 수 있다.

신월(申月) 을목(乙木)은 기토(己土)가 있어야 가장 묘하다. 병계(丙癸)가 없어도 기토(己土)가 있으면 부귀(富貴)를 잃지 않고, 병계(丙癸)가 모두 투출(透出)하면 대부대귀격(大富大貴格)을 이룬다. 이때 을목(乙木)의 뿌리가 튼튼하면 관성(官星)을 취한다. 기토(己土)가 오금(汚金)하는 법은 세밀하게 살펴보면 알 수 있을 것이다.

해미(亥未)가 회국(會局)하는 것과 기토(己土)가 혼임(混壬)하는 것은 이치가 같다. 기토(己土)가 투출(透出)했는데 여기에 병화(丙火)까지 있으면 병기(丙己)가 용신(用神)이다. 신궁(申宮)에 임수(壬水)가 장생(長生)되어 있으니 계수(癸水)의 투출(透出) 여부는 중요하지 않다. 병화(丙火)가 용신(用神)이면 목(木)이 아내요 화(火)가 자식이고, 기토(己土)가 용신(用神)이면 화(火)가 아내요 토(土)가 자식이다.

갑목(甲木)은 진기(進氣)하는 목(木)이나, 생(生)이 휴수지(休囚地)에 있으니 인묘(寅卯)의 조력이 없으면 반드시 습토(濕土)로 기초를 잡아야 한다. 을목(乙木)과 보는 법이 많이 같다.

신월(申月) 을목(乙木)이 계수(癸水)가 투출(透出)했는데 병화(丙火)가 암장(暗藏)되고, 경금(庚金)이 적은데 기토(己土)가 없으면 공감(貢監)이나 생원(生員)은 허락하고, 병화(丙火)는 없으나 계수(癸水)가 투출(透出)하면 도필문호(刀筆門戶)는 잃지 않는다. 지지(地支)에 계수(癸水)가 암장(暗藏)되었는데 경금(庚金)이 많고 병기(丙

己)가 없으면 평범한 명이고, 계수(癸水)가 없으면 하격(下格)의 명(命)이 된다. 계수(癸水)가 용신(用神)이면 금(金)이 아내요 수(水)가 자식이다.

을목(乙木)은 퇴기(退氣)하는 목(木)으로, 휴수(休囚)가 본래의 기(氣)이니 금(金)이 갑목(甲木)을 상극(相剋)하는 것과는 비교되지 않는다. 앞에서 기토(己土)가 오금(汚金)한다는 것은, 신월(申月) 을목(乙木)이 용신(用神)을 잡는 기본법이다. 신궁(申宮) 임수(壬水)가 을목(乙木)을 생(生)하기 어려우니, 기토(己土)로 임수(壬水)를 혼합하면 을목(乙木)의 근기(根氣)를 배양(培養)할 수 있다.

신월(申月) 을목(乙木)이 기도(己土)가 없는데 계수(癸水)가 출간(出干)하고, 월령(月令) 외에는 경금(庚金)을 만나지 못하고, 지지(地支)에 병화(丙火)가 암장(暗藏)되었는데 기토(己土)가 없으면 계수(癸水)로 관인상생(官印相生)하여 역시 길하다. 그러나 격국(格局)이 평범하여 공감(貢監) 생원(生員)에 그치는 것이다. 이때 병화(丙火)로 배합하지 않으면 유림(儒林)의 준수함을 잃지 않을 뿐이다.

신월(申月) 을목(乙木)이 지지(地支)에 계수(癸水)가 암장(暗藏)되었는데 경금(庚金)이 많으면, 병기(丙己)로 을목(乙木)을 배식(培植)하여 화초가 영화로움을 향하는 격이니 길하다. 그러나 병기(丙己)와 계수(癸水)가 모두 없으면 하격(下格)이 된다. 계수(癸水)로 경금(庚金)을 설(洩)하여 목(木)을 생(生)하면, 금(金)이 아내요 수(水)가 자식이다.

신월(申月) 을목(乙木)이 진시생(辰時生)이면 종화(從化)하여 대부대귀격(大富大貴格)을 이룬다. 종화격(從化格)은 대개 생(生)하는 신(神)이 용신(用神)이 되는데, 화금(化金)하면 무도(戊土)가 용신

(用神)이다. 그러나 병정화(丙丁火)가 있으면 파격(破格)된다. 종화(從化)하면 화(火)가 아내요 토(土)가 자식이다. 이 외에는 모두 금(金)이 아내다. 따라서 아내는 반드시 현명하고 아름다우나, 수(水)가 자식이기 때문에 자식은 반드시 불효한다. 그러나 대개 아내가 형(刑)을 초래한다. 이 이치는 신월(申月) 을목(乙木)에게만 해당하는 것은 아니다.

신월(申月) 을목(乙木)이 진시생(辰時生)인데 천간(天干)이 상합(相合)하면, 화기(化氣)의 원신(元神)이 투출(透出)하니 반드시 경진(庚辰)이 있다. 신월(申月)은 금신(金神)이 사령(司令)하니, 화금(化金)하면 반드시 대부대귀격(大富大貴格)을 이룬다. 종화격(從化格)은 대개 기세가 한 쪽으로만 왕(旺)하기 때문에 금국(金局)의 기세를 위주로 한다. 화신(化神)은 왕(旺)함을 기뻐하니 화신(化神)을 생해주는 것을 용신(用神)으로 삼는다. 화금(化金)하면 토(土)가 용신(用神)이니 화(火)가 아내다. 여기서 주의할 것은, 화기격(化氣格)은 종살격(從殺格)이 아니라는 것이다. 종격(從格)은 종(從)하는 신(神)이 용신(用神)이니, 토(土)가 아내요 금(金)이 자식이다.

을경(乙庚)이 상합(相合)하면 부부금실이 좋고, 계수(癸水)가 을목(乙木)을 생(生)하여 반드시 자식이 총명하며 효도한다. 그러나 인사(寅巳)를 만나면 형충(刑沖)되고, 화토(火土)의 왕지(旺地)가 된다. 따라서 금수(金水)를 극상(剋傷)하여 형처극자(刑妻剋子)한다.

戊 乙 庚 戊
寅 丑 申 午

이 사주는 경금(庚金)이 신월(申月)에 있으니 화(化)하여 금(金)이 된다. 년시(年時)의 인오화국(寅午火局)이 금(金)의 왕신(旺神)과 대적하여 가화(假化)가 되었다. 금신(金神)으로 화(化)하여 토(土)로 용신(用神)을 삼고, 축궁(丑宮) 계수(癸水)가 기신(忌神)을 물리쳐 지사(知事)가 되었다. 아내는 현명했으나 자식은 불효했다.

丁乙甲庚
丑卯申午

이 사주는 경금(庚金)은 왕(旺)힌데 병화(丙火)가 없이 귀격(貴格)을 이루지 못했다. 사주가 청순하면 편고(偏枯)함에 가깝다. 적천수(滴天髓)에서는 일국(一局)이 지나치게 청(淸)하면 고생이 많이 따른다고 했다. 을목(乙木)이 묘(卯)에 앉아 추목(秋木)이 뿌리가 있고, 경금(庚金)이 출간(出干)했으나 정화(丁火)가 제(制)한다. 따라서 배합이 적당하여 승려이나 부자였던 것이다.

己乙丙辛
卯亥申巳

이 사주는 병기(丙己)가 출간(出干)하여 총독(總督)에 이르렀다.

庚乙丙丙
辰未申戌

이 사주는 경금(庚金)이 출간(出干)했는데 병기(丙己)가 있어 상서 (尙書)에 이르렀다.

戊 乙 丙 丙
寅 酉 申 寅

이 사주는 병인(丙寅)이 각각 두 개씩 있고, 살왕(殺旺)하여 제(制) 함이 강하나 애석하게도 계수(癸水)가 없다. 그러나 북방운(北方運) 으로 흘러 성주석(省主席)이 되었고, 서북(西北)의 중진(重鎭)이 되 었다.

壬 乙 庚 戊
午 丑 申 子

이 사주는 을경(乙庚)이 상합(相合)하고, 진(辰)이 없는데 시주(時 柱)에 오화(午火)가 있다. 화금(化金)하는데도 병(病)이 있으니, 자 (子)가 멀리서 충(沖)해도 가화(假火)를 지을 뿐이다. 북방운(北方 運)에서 오(午)의 병(病)을 제거하여 한때의 준걸이었다. 이 사주에 서 가장 길한 것은 자운(子運)으로 흐른 것이다. 신사시(辛巳時)가 아닌가 생각한다.

유월(酉月) 을목(乙木)

　유월(酉月) 을목(乙木)은 지란(芝蘭)과 화가(禾稼)가 모두 물러가는 때에 있으니, 단계(丹桂)로 을목(乙木)을 삼는다. 백로(白露)가 지난 후에는 단계(丹桂)의 꽃술이 피어나지 않으니, 계수(癸水)를 용신(用神)으로 삼아 단계(丹桂)의 꽃술을 자윤(滋潤)한다. 추분(秋分) 후에는 계화(桂花)가 피어 양(陽)을 향하니, 먼저 병화(丙火)를 용신(用神)으로 삼은 후에 계수(癸水)를 취한다. 따라서 유월(酉月) 을목(乙木)이 병계(丙癸)가 모두 투출(透出)하면 과갑(科甲)에 순함이 있다.

　을목(乙木)은 춘월(春月)에는 지란(芝蘭)과 같고, 하월(夏月)에는 화가(禾稼)와 같고, 추월(秋月)에는 단계(丹桂)와 같다. 다시 말해, 목기(木氣)가 쇠갈(衰竭)하여 유약하다는 뜻이다. 삼추(三秋)에는 금신(金神)이 사령(司令)하여 목(木)이 절태지(絶胎地)에 있으니, 인수(印綬)로 화살(化殺)하지 않으면 흉하다.

　추분(秋分) 전에는 계수(癸水)가 용신(用神)이고, 추분(秋分) 후에는 한기(寒氣)가 점점 증가하여 한목향양(寒木向陽)이 된다. 따라서 계수(癸水)로 화살(化殺)하는 것 외에는 모두 병화(丙火)가 용신(用神)이 된다. 만일 병계(丙癸)가 모두 투출(透出)하면, 계수(癸水)로 화살(化殺)하여 목(木)을 배양(培養)하면 병화(丙火)가 용신(用神)이다. 계수(癸水)는 우로(雨露)이고 병화(丙火)는 태양이니, 음양(陰陽)이 서로 도와 을목(乙木)을 생(生)하여 생기가 넘치는 형상이다.

　유월(酉月) 을목(乙木)이 지지(地支)에 금국(金局)을 이루면, 정화(丁火)가 암장(暗藏)되어 제(制)해야 한다. 이때 정화(丁火)가 없으

면 목(木)이 금(金)에게 상할 염려가 있다. 만일 계수(癸水)가 없는
데 화(火)까지 없으면 병(病)이 된다.

유월(酉月) 을목(乙木)은 병계(丙癸)가 모두 있어야 귀격(貴格)을
이룬다. 신금(辛金)이 출간(出干)했는데 지지(地支)에 금국(金局)을
이루면, 반드시 정화(丁火)로 제(制)해야 한다. 만일 계신정(癸辛丁)
이 모두 투출(透出)하면 대귀격(大貴格)을 이루고, 식신제살(食神制
殺)하면 무(武)와 인연이 많다. 만일 정계(丁癸)로 제화(制化)하지
못하면, 금(金)이 목(木)을 상하게 만들어 잔병이 많거나 요절(夭折)
이 따른다. 추을(秋乙)이 금(金)을 만나면 가난하거나 요절(夭折)한
다는 말이 이것이다.

유월(酉月) 을목(乙木)이 계수(癸水)가 있으면 자식이 어머니를 만
나는 것과 같아 일생이 풍성하고, 계수(癸水)가 출간(出干)하면 수재
(秀才)의 명(命)이 된다. 그러나 병계(丙癸)가 모두 투출(透出)했는
데 무토(戊土)가 잡출하면, 이로(異路)의 발전에 지나지 않는다.

추분(秋分) 전에는 을목(乙木)이 쇠갈(衰竭)하여 절지(絶地)에 이르
니, 신금(辛金) 칠살(七殺)이 당왕(當旺)한다. 이때 계수(癸水)로 화
살(化殺)하면 목(木)이 자배(滋培)되어 자식이 어머니를 만난 것과
같다. 따라서 계수(癸水)가 있으면 부격(富格)을 이룬다.

유월(酉月) 을목(乙木)이 계수(癸水)가 출간(出干)하면 의금(衣衿)
과 소귀(小貴)는 잃지 않고, 병계(丙癸)가 모두 투출(透出)하면 대부
대귀격(大富大貴格)을 이룬다. 이때는 무토(戊土)가 잡출해도 이로
현직(異路顯職)은 잃지 않는다. 대개 중추(仲秋)의 무계합(戊癸合)
은 화(火)로 화(化)하기 어렵다. 그러나 계수(癸水)가 무토(戊土)를
자윤(滋潤)하면 충분히 목(木)의 뿌리를 배양(培養)하나, 병계(丙癸)

가 불청(不淸)하여 이도(異途)가 된다.

 유월(酉月) 을목(乙木)이 추분(秋分) 후에 태어났는데, 병화(丙火)는 있으나 계수(癸水)가 없으면 부귀(富貴)가 작고, 계수(癸水)는 있으나 병화(丙火)가 없으면 명리(名利)가 있어도 허상에 불과하고, 지지(地支)에 병계(丙癸)가 암장(暗藏)되어 있으면 평범한 선비이고, 병계(丙癸)가 없으면 하격(下格)이고, 병계(丙癸)가 모두 있으면 상격(上格)이 된다.

 유월(酉月)은 추기(秋氣)가 점점 깊어지니 습윤(濕潤)하여 이슬로 변한다. 따라서 유궁(酉宮)에 계수(癸水)가 있으니 사주에 계수(癸水)가 없어도 크게 방해되지 않는다. 유월(酉月)은 한목향양(寒木向陽)하기 때문에 병화(丙火)가 우선이다. 따라서 병화(丙火)는 있으나 계수(癸水)가 없으면 부귀(富貴)가 작고, 계수(癸水)는 있으나 병화(丙火)가 없으면 한목(寒木)이 생(生)하지 않아 명리(名利)가 있어도 허상인 것이다. 그러나 지지(地支)에 병계(丙癸)가 암장(暗藏)되어 있는데, 남방운(南方運)으로 흘러 병화(丙火)를 인출(引出)하면 부귀격(富貴格)을 이룬다. 이때 병계(丙癸)가 없으면 금(金)이 목(木)을 상하게 하기 때문에 빈천(貧賤)하거나 요절(夭折)이 따른다.

 유월(酉月) 을목(乙木)이 추분(秋分) 후에 태어났는데, 지지(地支)에 계수(癸水)가 있고 시간(時干)에 병화(丙火)가 투출(透出)하면, 목화문성(木火文星)이라 하여 최상격(最上格)을 이룬다. 만일 지지(地支)에 계수(癸水)가 있으면 살인상생(殺印相生)이 된다. 이때 시간(時干)에 병화(丙火) 투출(透出)하면 목화(木火)의 수기(秀氣)를 설(洩)하여 문성(文星)이라 하고, 병계(丙癸)를 함께 취하여 서로 방해하지 않으면 최상격(最上格)을 이룬다.

유월(酉月) 갑목이 상반월에 태어났는데 계수(癸水)가 없으면 목이 메마르기 때문에 임수(壬水)가 있어야 한다. 그렇지 않으면 고목(枯木)이 무용지물이 되어 한가한 명(命)이 되고, 무기(戊己)가 많으면 하격(下格)이 된다. 추분(秋分) 후에는 계수(癸水)가 없어도 무방하나, 추분(秋分) 전에는 반드시 계수(癸水)가 있어야 한다. 만일 계수(癸水)가 없으면 임수(壬水)로 대신한다.

 유월(酉月)은 금신(金神)이 당왕(當旺)한 때이니 인성(印星)이 없으면 반드시 상한다. 따라서 인수(印綬)가 없으면 하격(下格)이 된다. 인수(印綬)가 있으나 무기토(戊己土)가 많아 재(財)가 인수(印綬)를 파(破)하면, 하격(下格)이 되어 빈천(貧賤)하다. 그러나 기토(己土)가 적게 있으면 재(財)가 인수(印綬)를 파(破)하지 않고, 진축(辰丑)의 습토(濕土)를 만나면 모두 장애가 없으니 계수(癸水)가 용신(用神)이 된다. 계수(癸水)가 용신(用神)이면 금(金)이 아내요 수(水)가 자식이다. 따라서 아내는 현명하고 자식은 효도한다. 병화(丙火)가 용신(用神)이면 목(木)이 아내요 화(火)가 자식이고, 임수(壬水)가 용신(用神)이면 금(金)이 아내요 수(水)가 자식이 된다.

甲 乙 癸 己
申 丑 酉 巳

이 사주는 검사의 명(命)이다. 계수(癸水)가 출간(出干)했으나 기토(己土)가 옆에서 상극(相剋)하고, 시상(時上) 갑목(甲木)이 재(財)를 극(剋)한다. 따라서 인수(印綬)를 보호하기 힘들기 때문에 가종격(假從格)이 되었다. 그러나 무진운(戊辰運)에서 계수(癸水)를 제거하여

부격(富格)이 되었다. 중등의 명은 환경에 따라 발전할 수는 있으나,
어느 계통에 있든지 부귀(富貴)가 크지는 않다.

丁 乙 辛 癸
亥 巳 酉 酉

이 사주는 계수(癸水)가 투출(透出)했으나 병화(丙火)가 암장(暗藏)
되어 있고, 신금(辛金)이 출간(出干)했으나 지지(地支)에 금국(金局)
이 있어 살왕(殺旺)하다. 그러나 정화(丁火)로 제(制)하여 지위가 높
았다.

甲 乙 乙 乙
申 酉 酉 酉

이 사주는 상서(尙書)에 오른 사람이다. 계수(癸水)가 투출(透出)하
지 않아 종살격(從殺格)이 되었다.

乙 乙 乙 乙
酉 酉 酉 亥

이 사주는 원나라 세조 홀필열(忽必烈)의 명(命)으로, 종살격(從殺
格)이다.

丙 乙 癸 甲
戌 卯 酉 申

이 사주는 병계(丙癸)가 모두 투출(透出)하여 순무(巡撫)에 올랐다.

丙 乙 辛 戊
戌 卯 酉 午

이 사주는 병신(丙辛)이 모두 투출(透出)했으나 합(合)되지 않고, 정화(丁火)가 오(午)에 암장(暗藏)되어 양광순열사(兩廣巡閱使)에 이르렀다.

辛 乙 辛 癸
巳 丑 酉 酉

이 사주는 병화(丙火)가 용신(用神)인데, 계수(癸水)가 투출(透出)하고 병화(丙火)가 암장(暗藏)되어 있다. 남방운(南方運)으로 흘러 귀격(貴格)을 이루었다. 그러나 애석하게도 정화(丁火)가 없기 때문에 제살(制殺)하는 힘이 부족하다.

乙 乙 乙 乙
酉 亥 酉 亥

이 사주는 협구격(夾邱格)이다. 계수(癸水)가 없으니 대신 임수(壬

水)를 취해야 한다. 천간(天干)과 지지(地支)가 모두 청(淸)하여 재정부장(財政部長)이 되었다. 62세인 정축년(丁丑年)에 생을 마쳤다.

辛 乙 己 丁
巳 未 酉 丑

이 사주는 정신(丁辛)이 모두 투출(透出)했는데 지지(地支)에 금국(金局)이 있고, 축궁(丑宮) 계수(癸水)가 미약하나 추분(秋分) 전에 태어났으니 부유한 가문의 출신이다. 수운(水運)에서 대부대귀격(大富大貴格)을 이루었다.

己 乙 丁 辛
卯 卯 酉 巳

이 사주는 추목(秋木)이 성(盛)하고 살왕(殺旺)한데 제(制)함이 있어 도독(都督)에 이르렀다. 초년인 오운(午運)에는 길했으나, 이후에는 득지(得地)하지 못하여 기복이 많았다. 진운(辰運)인 계유년(癸酉年)에 생을 마쳤다.

戊 乙 丁 辛
寅 亥 酉 巳

이 사주는 신금(辛金)이 출간(出干)했는데 지지(地支)에 금국(金局)이 있으니, 정화(丁火)가 투출(透出)하고 병화(丙火)가 암장(暗藏)되면 길하다. 계수(癸水)가 한로(寒露) 5시간 전에 태어났으나, 화(火)가 태왕(太旺)하면 흉하다. 계수(癸水)는 없으나 임수(壬水)가 있어 임계운(壬癸運)에서 귀(貴)를 얻었다.

丁 乙 辛 癸
亥 酉 酉 未

이 사주는 지지(地支)에 유(酉)가 두 개 있는데 신금(辛金)이 출간(出干)했으니, 정계(丁癸)가 모두 투출(透出)하면 길하다. 남방화운(南方火運)으로 흘러 대부대귀격(大富大貴格)을 이루었다.

丁 乙 辛 癸
亥 亥 酉 未

이 사주는 신정계(辛丁癸)가 모두 투출(透出)하여 무운(戊運)에서 도독(都督)에 이르렀다. 앞 사주와 한 글자가 다르다. 두 개 있는 해(亥)에 임수(壬水)가 중(重)하니, 칠살(七殺)이 설기(洩氣)되어 무운(戊運)에서 병(病)을 제거했다.

丙 乙 辛 戊
子 未 酉 子

이 사주는 병신(丙辛)이 모두 투출(透出)했으나 합(合)되지 않고, 계수(癸水)가 암장(暗藏)되어 병운(丙運)에서 산서성(山西城)의 주석(主席)이 되었다.

　　戊 乙 丁 丙
　　寅 亥 酉 申

　이 사주는 신금(辛金)이 투출(透出)하지 않았는데, 임수(壬水)가 약한 신금(辛金)을 설(洩)하여 살(殺)의 작용을 하지 못한다. 병정(丙丁)이 모두 투출(透出)하여 목화문성(木火文星)이 되었다. 상관생재격(傷官生財格)이니 추목(秋木)이 화(火)를 만나면 반드시 패인(佩印)해야 한다. 따라서 인수(印綬)가 용신(用神)이다.

　고서(古書)에서는 추월(秋月) 을목(乙木)이 금(金)을 만나면 가난하거나 요절(夭折)한다고 했다. 이것은 을목(乙木)이 추월(秋月)에 태어나면 뿌리가 말라 늙도록 빈곤하다. 삼추(三秋) 목(木)은 수(水)가 없으면 힘들다는 뜻이다.
　또 갑을목(甲乙木)이 강한 금(金)을 만나면 혼이 서토(西土)로 돌아가니 빈천(貧賤)하다고 했다. 이것은 을목(乙木)이 유(酉)에서 생(生)하여 사유축(巳酉丑)을 만나면 부귀(富貴)는 감리궁(坎離宮)에 있고, 빈곤함은 신유(申酉)에 있다. 목(木)이 금왕(金旺)하면 상하는데, 다시 금향(金鄕)을 만나면 어찌 수명을 온전하게 보전하겠는가. 이것은 추목(秋木)은 병계(丙癸)가 없으면 불능하다는 뜻이다.
　삼추(三秋) 갑을목(甲乙木)은 목성(木性)이 안으로 들어가 가지와 잎이 시들고 상한다. 그러나 가지치기를 해주면 살(殺)이 오히려 생(生)이 되어 동량(棟樑)의 재목을 이룬다. 이때는 병정계(丙丁癸)의 배합이 없으면 불가하다.

 계수(癸水)가 금(金)을 화(化)하여 목(木)의 뿌리를 배양(培養)하고, 정화(丁火)로 금(金)을 제(制)하면 목성(木性)이 상하지 않는다. 갑목(甲木)은 경금(庚金)이 마땅하고, 을목(乙木)은 신금(辛金)이 마땅하다. 제살(制殺)하는 것은 정화(丁火)가 우선이고, 그 다음은 병화(丙火)다. 신약(身弱) 사주는 계수(癸水)가 투출(透出)하면 극제(剋制)를 두려워하지 않고, 살인상생(殺印相生)이면 갑을목(甲乙木)이 의지할 것이 있으니 두려움이 없다.

 자평(子平眞詮)에 이르길, 추목(秋木)이 성(盛)하고, 칠살(七殺)이 투출(透出)했는데 제(制)함이 있으면 귀(貴)가 있다고 했다. 대개 갑목(甲木)은 왕(旺)으로 가는 목(木)이나 약함을 두려워하고, 을목(乙木)은 암장(暗藏)으로 가는 목(木)으로 목성(木性)이 쇠(衰)하니 약함을 두려워 하지 않는다.

 신금(辛金)이 출간(出干)하면 병정(丙丁)으로 제(制)하기 때문에 귀(貴)하지 않은 것이 없다. 수화(水火)를 쓸 때는 사주의 배합을 보아야 한다. 화왕(火旺)하면 수(水)를 쓰고, 수(水)가 많으면 화(火)를 쓴다. 여기서는 상반월과 하반월을 구분할 필요는 없다.

술월(戌月) 을목(乙木)

 술월(戌月) 을목(乙木)은 추기(秋氣)가 엄숙하고 삭막하여 조토(燥土)가 영(令)을 잡은 때에 있다. 따라서 계수(癸水)가 을목(乙木)을 배양(培養)하지 않으면 목(木)이 메마르니, 반드시 계수(癸水)가 있어야 한다. 그러나 해인(亥寅)에 통근(通根)하면 장생(長生)이나 녹왕(祿旺)을 얻는 것이니 여기에 해당하지 않는다. 이때는 재관(財官) 식상(食傷)이 있어야 귀격(貴格)을 이룬다. 을목(乙木)은 최절(最絶)한 목(木)이나, 갑목(甲木)을 만나면 생왕(生旺)으로 변하여 갑목(甲木)과 같은 등라계갑(藤蘿繫甲)이 된다. 이것은 갑신시(甲申時)를 말하는 것이다. 신(申)은 목(木)의 절지(絶地)로, 목기(木氣)가 가장 쇠(衰)한 때이고, 추동(秋冬)은 목기(木氣)가 쇠절(衰絶)한 때이니, 갑목(甲木)에 의지하면 영화가 있다.

만일 음간(陰干)이 겁재(劫財)가 투출(透出)했는데, 장생(長生)이나 임관(臨官)에 통근(通根)하면 기(氣)가 생왕(生旺)으로 변한다. 이때는 당연히 양간론(陽干論)을 따른다. 이것은 을목(乙木)에게만 해당하는 것이 아니라 오행(五行)이 모두 같다.

술월(戌月) 을목(乙木)이 계수(癸水)가 있는데 신금(辛金)이 수원(水源)을 발(發)하면 과갑(科甲)에 준함이 있고, 계수(癸水)는 있는데 신금(辛金)이 없으면 평범한 명(命)이 되고, 신금(辛金)은 있는데 계수(癸水)가 없으면 빈천(貧賤)한 명(命)이 되고, 임수(壬水)가 많으면 을목(乙木)이 물에 뜨기는 어려우나 평범한 명(命)이 된다.

다시 말해, 술월(戌月)은 조토(燥土)가 당왕(當旺)하여 계수(癸水)가 쉽게 마른다. 계수(癸水)는 있는데 신금(辛金)이 없으면 계수(癸水)의 발원(發源)이 없는 것이고, 신금(辛金)은 있는데 계수(癸水)가 없으면 을목(乙木)이 메말라 발전하기 어렵다. 토왕(土旺)하여 권리를 잡았으니, 사주에 비록 임수(壬水)가 많아도 을목(乙木)은 물에 뜨기 어렵나. 목(木)이 메마르면 수(水)를 취하고, 수(水)가 많으면 무토(戊土)를 취하는데 모두 평범한 가운데 발전이 있다.

술월(戌月) 을목(乙木)이 무토(戊土)가 많으면서 천간(天干)에 투출(透出)하면 종재격(從財格)이 된다. 이때는 비겁(比劫)이나 인수(印綬)가 없어야 길하다. 만일 비겁(比劫)이나 인수(印綬)가 있으면 부옥빈인(富屋貧人)의 명(命)이 된다. 이것은 삼추(三秋)에는 목기(木氣)가 휴수(休囚)되고, 토(土)가 많으면 종재(從財)하는 이치 때문이다. 그러나 비겁(比劫)이나 인수(印綬)가 있으면 어렵고, 비겁(比劫)이나 인수(印綬)를 한 번 만나면 재다신약(財多身弱) 사주가 되어 종재격(從財格)이 되지 않는다. 계수(癸水)가 용신(用神)이면 금(金)이 아내요 수(水)가 자식인데, 토(土)가 극제(剋制)하기 때문에 자식을 키우기 어렵다.

丙乙甲甲
子酉戌寅

이 사주는 갑목(甲木)이 있어 등라계갑격(藤蘿繫甲格)이 되었다. 천간(天干)에 병화(丙火)가 있는데, 자궁(子宮) 계수(癸水)가 건록(建祿)에 앉아 계수(癸水)가 득록(得祿)했다. 유궁(酉宮)에 신금(辛金)이 있어 금수(金水)가 생(生)한다. 따라서 신계(辛癸)가 모두 구비되어 부귀공명(富貴功名)을 이루었다.

庚乙庚壬
辰丑戌戌

이 사주는 진축(辰丑)에 있는 계수(癸水)가 용신(用神)인데, 축술형
(丑戌刑)되어 신금(辛金)이 빠져나오니 과갑(科甲)이 있다. 그러나
지지(地支)에 계신(癸辛)이 암장(暗藏)되어 있기 때문에 어렵게 5품
에 이르렀다. 이 사주는 겉으로는 길한 것 같으나 안으로 흉하다.

癸 乙 戊 辛
未 卯 戌 丑

이 사주는 신계(辛癸)가 모두 투출(透出)하고, 목국(木局)이 무토
(戊土)를 파(破)한다. 12세 서운(西運)에서부터 거듭 승진하다가, 계
운(癸運)에서 입각하여 상서(尙書)에 올랐다.

庚 乙 丙 庚
辰 亥 戌 辰

이 사주는 년상(年上)에 경금(庚金)이 투출(透出)했는데, 지지(地
支)에서 진(辰)을 두 개 만나 화합(化合)한다. 교묘하게 귀(貴)를 취
하나, 화(化)가 때를 만나지 못하여 외로움을 면하나 형(刑)이 따른
다. 화합(化合)이 때를 잃어 병화(丙火) 상관(傷官)이 경금(庚金)을
파(破)하니, 병화(丙火)로 용신(用神)을 삼는다. 그러나 용신(用神)
을 돌보지 않아 을경(乙庚)이 합(合)하여 경금(庚金)을 버리기 어렵
다. 다행히도 병화(丙火)가 투출(透出)하고, 임수(壬水)가 암장(暗
藏)되어 귀격(貴格)이 되었다. 그러나 간사하고 험악하여 교묘하게
귀(貴)를 취한나.

丁 乙 丙 庚
亥 丑 戌 申

이 사주는 초년에 형(刑)이 있어 빈고(貧苦)했다.

丙 乙 丙 乙
子 亥 戌 未

이 사주는 총독(總督)이 된 사람으로 육을서귀격(六乙鼠貴格)이다. 병화(丙火)가 투출(透出)했는데 계수(癸水)가 암장(暗藏)되어 있으니, 자궁(子宮) 계수(癸水)가 용신(用神)이다.

丁 乙 戊 丙
亥 亥 戌 寅

이 사주는 상강(霜降) 후에 태어났다. 인해(寅亥)가 합(合)되어 목(木)이 무토(戊土)를 파(破)하니, 식상(食傷)이 용신(用神)이다. 갑진운(甲辰運)에 절강성(浙江城)의 성장(省長)이 되었다.

丁 乙 庚 丁
丑 亥 戌 卯

이 사주는 상강(霜降) 하루 전에 태어났다. 지지(地支)에 해묘(亥卯)가 있고, 해축(亥丑) 사이에 자(子)의 귀(貴)를 끼고 있고, 정화

(丁火)가 두 개 있어 경금(庚金)을 제(制)한다. 갑진운(甲辰運)에 경금(庚金)이 벽갑인정(劈甲引丁)하여 절강성(浙江城)의 도독(都督)이 되었다.

乙 乙 庚 壬
酉 卯 戌 申

이 사주는 화(火)가 없는데 지지(地支)에 사유축서방(巳酉丑西方)을 이루었다. 병화운(丙火運)에서 강서(江西) 도독(都督)이 되었다.

己 乙 甲 己
卯 亥 戌 卯

이 사주는 해묘(亥卯)가 회국(會局)하고 갑목(甲木)이 출간(出干)하여, 아신(我身)과 재(財)가 모두 왕성하다. 따라서 식상(食傷)으로 통관(通關)해야 하나 화(火)가 없다. 오운(午運) 말에 정화(丁火)가 목(木)을 설(洩)하여 생재(生財)하니 수규(首揆)에 올랐다. 해궁(亥宮) 목기(木氣)가 장생(長生)되고, 임수(壬水)가 임관(臨官)하면 목(木)이 메말라도 흉하지 않다.

丁 乙 庚 壬
丑 未 戌 午

이 사주는 임수(壬水)가 용신(用神)이니 조상의 음덕이 있다. 묵유

(北運)으로 흘러 절강성(浙江城)의 운수과장이 되었다.

己 乙 丙 庚
卯 酉 戌 寅

이 사주는 을목(乙木)이 술월(戌月)에 태어났으니 반드시 계수(癸水)가 있어야 한다. 목화토금(木火土金)이 모두 있으니 수(水)를 만나면 발전할 수 있다. 태원(胎元)이 정축(丁丑)인데, 축궁(丑宮) 계수(癸水)에 여기(餘氣)가 있으니 원기(元機)가 암장(暗藏)되어 있다.

戊 乙 壬 癸
寅 巳 戌 巳

이 사주는 재인(財印)이 교차하며 임계(壬癸)가 있다. 금(金)으로 통관(通關)해야 하나 사주에 금(金)이 없다. 신유운(申酉運)이나 경신운(庚辛運)으로 흐르면 조상의 음덕이 매우 좋아진다. 그러나 기미운(己未運)이 와도 유약한 토(土)는 수(水)를 제지하기 어렵다. 따라서 공로국장(公路局長)이 되었으나 무운(戊運)에 사망했다.

■ 삼동(三冬) 을목(乙木)

해월(亥月)은 임수(壬水)가 왕성한 때다. 따라서 먼저 병화(丙火)로 목(木)을 따뜻하게 하고, 무토(戊土)로 수(水)를 억제하여 뿌리를 튼튼하게 만들어야 한다. 자월(子月)은 계수(癸水)가 건록지(建祿地)에 해당하나, 천지가 얼어붙어 있으니 계수(癸水)를 취하지 않고 병화(丙火)를 취한다. 이것을 일양해동(一陽解凍)이라 한다. 축월(丑月)은 융동(隆冬)하는 때이니 반드시 태양의 빛이 돌아와야 한다. 만일 병화(丙火)가 없으면 매우 춥기 때문에 목(木)이 얼어붙으니, 빈천(貧淺)하거나 요절(夭折)하는 명(命)이 된다.

해월(亥月) 을목(乙木)

해월(亥月) 을목(乙木)은 소양춘(小陽春)에 있으니, 겉으로는 시들어 상하나 안으로는 점차 생기가 싹트는 형상이다. 목기(木氣)가 장생(長生)된다는 것은 이때를 말하는 것이다. 따라서 임수(壬水)가 사령(司令)하니 병화(丙火)가 용신(用神)이고, 임수(壬水)가 많으면 무토(戊土)가 용신(用神)이다. 병화(丙火)가 해(亥)에 이르면 절지(絶地)가 되어 병화(丙火)의 기(氣)를 받지 않는다. 동목(冬木)이 양화(陽和)를 얻어 발영(發榮)함을 기뻐하니 한목향양(寒木向陽)이 된다. 따라서 반드시 병화(丙火)로 용신(用神)을 삼아야 한다. 그러나 임수(壬水)가 태왕(太旺)하면 생기가 험함을 받는다. 이때는 무토(戊土)로 제(制)해야 한다. 따라서 임수(壬水)가 많으면 무토(戊土)가 용신(用神)이 되고, 임수(壬水)가 당령(當令)했으니 투출(透出)하지 않아도 왕(旺)하다.

해월(亥月) 을목(乙木)이 병무(丙戊)가 모두 투출(透出)하면 과갑

(科甲)을 허락하고, 무토(戊土)는 있는데 병화(丙火)가 없으면 비록 과갑(科甲)은 아니더라도 유림(儒林)의 선비는 되고, 지지(地支)에 병화(丙火)가 암장(暗藏)되었는데 화토운(火土運)을 만나면 반드시 녹(祿)이 있다. 그렇지 않으면 풍토가 박하기 때문이다.

해월(亥月) 을목(乙木)은 병화(丙火)가 존신(尊神)이고, 무토(戊土)는 병(病)을 제거하는 약(藥)이 되니 반드시 서로 도와야 유용하다. 무토(戊土)는 있는데 병화(丙火)가 없으면, 부(富)는 있으나 귀(貴)가 없으니 단지 유림(儒林)의 선비에 불과하다. 만일 지지(地支)에 병화(丙火)가 암장(暗藏)되어 있어도 병무(丙戊)를 함께 취한다.

해월(亥月) 을목(乙木)이 수(水)는 많은데 무토(戊土)가 없으면 을목(乙木)이 물에 뜨게 되어 먹고 놀기를 좋아하고, 병기(丙己)가 없으면 아내와 자식을 두기 힘들고, 임수(壬水) 하나와 무토(戊土)를 만나면 평범한 명(命)이 된다.

해월(亥月)은 임수(壬水)가 영(令)을 잡는 때이니 을목(乙木)이 유약하다. 이때 수(水)가 많으면 나무가 물에 뜨게 된다. 따라서 무토(戊土)로 구제하지 않으면 먹고 놀기를 좋아하여 한가한 사람이 되는 것이다. 기토(己土)가 임수(壬水)를 제(制)하기 어려우나, 임수(壬水)로 혼합하면 목(木)의 뿌리를 배양(培養)할 수 있다. 따라서 병무(丙戊)가 없을 때는 반드시 병기(丙己)가 있어야 한다.

이것은 인수(印綬)가 많을 때는 재(財)로 인수(印綬)를 손상시켜 구제해야 한다는 뜻이다. 만일 해궁(亥宮)에 임수(壬水)가 하나밖에 없으면 무기토(戊己土)가 없어도 무방하고, 한목향양(寒木向陽)하니 병화(丙火)나 정화(丁火)로 용신(用神)을 삼아야 한다. 이때 재(財)가 인수(印綬)를 파(破)하면 평범한 명(命)이 되니 갑목(甲木)으로 구제해야 한다.

해월(亥月) 을목(乙木)이 무토(戊土)를 많이 만나면 좋지 않으나, 갑목(甲木)이 투출(透出)하여 무토(戊土)를 제(制)하면 선비는 허락한다. 이런 사람은 화를 부르며 쟁송을 좋아하고, 뛰어난 선비는 아니지만 교제가 넓고 말솜씨가 좋다. 월시(月時)에서 모두 갑목(甲木)이 투출(透出)했는데, 임수(壬水)는 많고 경병무(庚丙戊)가 없으면 빈천(貧賤)한 명(命)이 된다. 무토(戊土)가 많다는 것은 수(水)는 적은데 토(土)가 많다는 뜻이다. 이때는 갑목(甲木)으로 무토(戊土)를 제(制)해서 구제해야 한다. 그러나 비겁(比劫)이 쟁재(爭財)하여 재능이 출중하나, 그 재능을 믿고 시비를 일으킨다.

해월(亥月) 을목(乙木)이 임수(壬水)가 많으면 무토(戊土)가 용신(用神)이 되고, 무토(戊土)가 많으면 갑목(甲木)이 용신(用神)이 된다. 그러나 월시(月時)에서 모두 갑목(甲木)이 투출(透出)하면 경금(庚金)이 용신(用神)이다. 이것은 병(病)이 있으니 약(藥)을 쓰는 것이다. 다시 말해, 한목향양(寒木向陽)하면 반드시 병화(丙火)가 있어야 한다는 뜻이다. 만일 병(病)이 있는데 약(藥)으로 구제하지 않으면, 반드시 빈천(貧賤)한 명(命)이 된다.

해월(亥月)은 소양(小陽)이라 을목(乙木)이 지지(地支)에 목국(木局)을 이루면 춘목(春木)처럼 왕(旺)하다. 이때 계수(癸水)를 만나면 무토(戊土)가 존신(尊神)이고, 병화(丙火)가 출간(出干)하면 과갑(科甲)을 허락한다. 만일 병무(丙戊)가 모두 없으면 자성자패(自成自敗)하여 큰 뜻을 이루지 못한다. 따라서 해월(亥月) 을목(乙木)은 반드시 병화(丙火)를 겸해서 용신(用神)을 잡아야 한다.

해궁(亥宮)은 목(木)의 장생지(長生地)이나 목왕(木旺)하지 않나.

그러나 묘미(卯未)가 회국(會局)하면 춘목(春木)처럼 왕(旺)하다. 예를 들어, 사궁(巳宮) 경금(庚金)과 같아 유축(酉丑)이 회국(會局)하면 왕(旺)하다. 만일 목왕(木旺)하면 인수(印綬)로 생(生)하지 않아도 길하나, 계수(癸水)를 만나면 음습하여 생기가 막힌다. 이때 무토(戊土)로 제(制)하고 한목향양(寒木向陽)하니, 병화(丙火)가 출간(出干)하면 과갑(科甲)을 허락하는 것이다.

명나라 왕홍유(王鴻儒)의 사주를 살펴보면 기묘년(己卯年) 을해월(乙亥月) 을미일(乙未日) 병술시(丙戌時)다. 시상(時上)에 병술(丙戌)이 있어 힘을 얻었으나, 동목(冬木)이 실령(失令)했으니 병무(丙戌)가 없으면 상격(上格)이 되지 못한다.

종합하면, 해월(亥月) 을목(乙木)은 수왕(水旺)하면 무토(戊土)가 용신(用神)이고, 무토(戊土)가 많으면 갑목(甲木)이 용신(用神)이고, 갑목(甲木)이 많으면 경금(庚金)이 용신(用神)이 되는데, 병(病)에 따라 약(藥)을 써야 하므로 배합을 잘 살펴야 한다. 그러나 한목향양(寒木向陽)하기 때문에 반드시 병화(丙火)를 겸해서 용신(用神)을 잡아야 한다.

丁 乙 乙 己
亥 巳 亥 亥

이 사주는 사궁(巳宮)에 병무(丙戌)가 있으니 사록(巳祿)에 앉았다. 만일 병무(丙戌)가 투간(透干)하지 않으면 심장(深藏)되어 발전이 작다. 해(亥)가 세 개 있는데 사(巳)를 충(沖)하여 조후용신(調候用神)을 상하게 하니, 비록 사주가 잘 짜여져 있으나 패국(敗局)이 있어 실패한 후 다시 일어나기 어렵다. 그리고 사해충(巳亥沖)이 있으니 성격이 오만하며 행동이 민첩하다.

丙 乙 癸 戊
子 未 亥 子

이 사주는 병무(丙戊)가 투출(透出)하여 어사(御史)가 되었다. 해미(亥未)가 회국(會局)하여 기토(己土)가 임수(壬水)를 혼합한다. 계수(癸水)가 투출(透出)했으나 무토(戊土)가 제(制)하고, 여기에 병화(丙火)까지 투출(透出)하여 귀격(貴格)을 이룬 것이다.

戊 乙 丁 乙
寅 酉 亥 丑

이 사주는 무토(戊土)가 용신(用神)이 되어 남편이 수재(秀才)였으며 대부격(大富格)을 이루었다. 유(酉)가 부성(夫星)인데, 재(財)로 식신(食神)을 화(化)하여 관(官)을 생(生)한다. 년월(年月)의 해축(亥丑)에 자(子)를 끼고 있으니, 친정에도 귀(貴)가 있다.

己 乙 乙 甲
卯 亥 亥 戌

이 사주도 무토(戊土)가 용신(用神)이 되어 수재(秀才)였으며 대부격(大富格)이 되었다. 대원(胎元)이 병인(丙寅)인데 기토(己十)가 줄

간(出干)하고, 병화(丙火)가 겁재(劫財)를 화(化)하니, 생재(生財)하
여 부(富)가 따르며 유림(儒林)을 잃지 않은 것이다.

辛 乙 乙 甲
巳 亥 亥 戌

이 사주는 공생(貢生)으로 오복삼다(五福三多)의 명(命)이다. 사
(巳)에 병무(丙戊)의 녹(祿)이 있고, 시상(時上)에 용신(用神)이 있
어 복록이 끝이 없다. 이런 사주는 반드시 자식에게 귀(貴)가 따른다.

戊 乙 乙 甲
寅 亥 亥 申

이 사주는 양방(兩榜)했다. 병무(丙戊)에 인(寅)이 장생지(長生地)
인데, 신궁(申宮) 경금(庚金)이 갑목(甲木)을 제(制)한다. 따라서 병
무(丙戊)가 용신(用神)이다. 앞의 두 사주와 마찬가지로 태원(胎元)
이 병인(丙寅)이니 비교해보기 바란다.

庚 乙 乙 甲
辰 亥 亥 戌

이 사주는 수재(秀才)로 삼다(三多)의 명(命)을 이루었다. 합(合)이
있으나 불화하여 화합가격(化合假格)이 되었으니 경금(庚金)이 용신
(用神)이다. 태원(胎元)이 병인(丙寅)이니 태양의 도움을 받아 목

(木)에 생기가 있다. 이 사주에서 병화(丙火)는 자식인데, 자식이 부모를 도우니 만복이 아름답다.

丁乙丁庚
亥亥亥申

이 사주는 해궁(亥宮) 임수(壬水)가 득록(得祿)했는데, 장생지(長生地)를 거듭 만나니 수왕(水旺)하여 목(木)이 물에 뜬다. 그러나 무토(戊土)로 제살(制殺)하지 못하여 빈천(貧賤)한 명(命)이 되었다.

丁乙乙己
亥亥亥酉

이 사주는 선빈후부격(先貧後富格)이다. 처음에는 외롭고 가난했으나, 나중에는 부유하며 아들 5형제를 두었다. 태원(胎元)이 병인(丙寅)이고, 년상(年上)에 기토(己土) 재(財)가 있으나 비겁(比劫)이 빼앗는다. 따라서 초년에는 외로웠으나, 남방운(南方運)으로 역행(逆行)하여 재왕(財旺)하여 득지(得地)하니 나중에는 부유했던 것이다.

丙乙乙甲
子亥亥戌

이 사주는 병화(丙火)가 출간(出干)했는데 한목향양(寒木向陽)하여 대귀격(大貴格)을 이루었다. 그리고 태원(胎元)이 병인(丙寅)이나.

己 乙 丁 庚
卯 巳 亥 寅

이 사주는 병무(丙戊)가 사(巳)에서 녹(祿)을 얻어, 원기(元機)가 암장(暗藏)되어 있다. 생왕(生旺)한 동남운(東南運)으로 흘러 대학사(大學士)에 이르렀다.

丙 乙 丁 乙
子 丑 亥 未

이 사주는 청나라 자희(慈禧) 태후의 명(命)이다. 한목향양(寒木向陽)하여 병화(丙火)가 용신(用神)이 되었다. 그러나 애석하게도 축궁(丑宮)의 신금(辛金) 부성(夫星)이 투출(透出)하지 못하고, 초년인 재운(財運)에 생관(生官)하여 육궁(六宮)에 총관(寵冠)했고, 인운(寅運)에서 금(金)이 절(絶)되어 남편을 극(剋)했다. 그러나 동남운(東南運)은 본인이 왕(旺)한 때라, 45년 동안이나 수렴청정을 했다. 을운(乙運) 무신년(戊申年)에 74세로 생을 마쳤다.

己 乙 丁 乙
卯 未 亥 丑

이 사주는 해묘미(亥卯未)가 모두 있어 곡직인수격(曲直仁壽格)이나, 애석하게도 곡직(曲直)이 실령(失令)했고, 병화(丙火)가 없다. 비록 정화(丁火)가 출간(出干)했으나 평범한 농부에 지나지 않는다.

그러나 식신생재(食神生財)하여 자수성가하고, 오복삼다(五福三多)가 있어 한 마을의 어른은 되었다.

壬 乙 癸 戊
午 卯 亥 寅

이 사주는 임계(壬癸)가 모두 투출(透出)하여 무토(戊土)가 용신(用神)이 되었다. 지위와 명성이 높았다.

자월(子月) 을목(乙木)

자월(子月) 을목(乙木)은 해월(亥月) 을목(乙木)과 비슷하다. 자월(子月)은 목(木)의 뿌리와 잎이 차갑고 얼어붙는 때이니, 반드시 병화(丙火)로 용신(用神)을 삼아 해동(解凍)하고, 무토(戊土)로 계수(癸水)의 병(病)을 제거해야 한다. 따라서 병무(丙戊)가 투출(透出)하지 않으면 좋지 않고, 임계(壬癸)가 투간(透干)했는데 무토(戊土)고 제(制)하지 못하면 흉하고, 임계(壬癸)가 모두 없으면 무토(戊土)역시 무용지물이 된다.

자월(子月) 을목(乙木)은 한목향양(寒木向陽)하여 병화(丙火)가 부족하면 좋지 않으나, 조후(調候)하면 을목(乙木)이 생기를 이룰 수 있다. 동지(冬至)를 전후로 하여 차이가 있는데, 동지(冬至) 전은 양기(陽氣)가 움직이지 않으니 병화(丙火)가 있어도 단지 편안함과 재물에 불과하고, 동지(冬至) 후는 양(陽)이 돌아와 회복하는 때이니 병화(丙火)가 있으면 귀격(貴格)을 이룬다.

　자월(子月) 을목(乙木)이 병화(丙火)가 한 두개 출간(出干)했는데 계수(癸水)가 파(破)하지 않으면 과갑(科甲)을 허락한다. 그러나 지지(地支)에 병화(丙火)가 두 개 암장(暗藏)되어 있으면 선발됨에 불과하다. 만일 귀격(貴格)을 이루지 못한다면 풍수(風水)가 불급(不及)하기 때문이다. 만일 임수(壬水)가 출간(出干)했는데 무토(戊土)로 제(制)하면 재능이 있고, 병화(丙火)가 암장(暗藏)되어 있으면 수재(秀才)의 명이고, 임수(壬水)는 많은데 무토(戊土)가 없으면 빈천(貧賤)한 명(命)이 된다.

　다시 말하면, 병화(丙火)가 출간(出干)했는데 임계수(壬癸水)가 극제(剋制)하지 않으면 과갑(科甲)이 따르고, 병화(丙火)가 인사(寅巳)에 암장(暗藏)되어 있는데 신해(申亥)의 형충(刑沖)이 없으면 귀격(貴格)을 이룬다. 만일 임계(壬癸)가 출간(出干)하면 무토(戊土)로 구제해야 하는데, 이때 병화(丙火)가 출간(出干)하면 귀격(貴格)을 이루나, 병화(丙火)가 인사(寅巳)에 암장(暗藏)되어 있으면 수사(秀士)에 불과하다. 만일 임수(壬水)는 많은데 무토(戊土)가 없으면 임수(壬水)가 병화(丙火)를 파(破)하여 반드시 빈천(貧賤)한 명(命)이 된다.

　자월(子月) 을목(乙木)이 지지(地支)에 수국(水局)을 이루었는데, 천간(天干)에 임계(壬癸)가 출간(出干)하고 병화(丙火)가 하나도 없으면, 무토(戊土)로 제(制)해도 평생 빈한(貧寒)함을 면하기 어렵다. 그러나 남방운(南方運)으로 흐르면 작게나마 의록(衣祿)이 있다. 이때 정화(丁火)는 있어도 없는 것과 같다. 정화(丁火)는 등불이니 등불이 어떻게 엄한(嚴寒) 추위를 풀어주겠는가.

만일 병정무(丙丁戊)가 하나도 없는데 금수(金水)를 거듭 만나면 하천인으로 동분서주할 뿐이고, 무기토(戊己土)가 하나도 없으면 화(火)가 있어도 빈한(貧寒)하나 하천함에는 이르지 않고, 일파(一派) 정화(丁火)가 있으면 대간대사(大奸大詐)한 무리이니, 갑목(甲木)이 인정(引丁)하지 않으면 홀아비팔자가 된다. 그러나 정화(丁火)가 갑목(甲木)을 만나면 아내는 현명하고 자식은 효도하며 총명하다.

자월(子月) 을목(乙木)은 병화(丙火)가 가장 중요하고, 그 다음은 무토(戊土)다. 무토(戊土)가 임수(壬水)를 제(制)하나, 병화(丙火)가 없으면 을목(乙木)이 비록 물에 뜨지는 않아도 역시 생기가 없으니 평범한 명(命)이 된다. 이것을 근재묘선(根在苗先)이라 하여, 원국(原局)에 병화(丙火)의 뿌리가 없으면 남방운(南方運)에 이르더라도 발복하지 못한다. 따라서 의록(衣祿)은 근심하지 않아도 되나 발전하지는 못한다.

병화(丙火)는 태양이요 정화(丁火)는 등불이다. 따라서 조후(調候)할 때는 반드시 병화(丙火)가 있어야 한다. 정화(丁火)는 있어도 없는 것과 같다. 만일 병화(丙火)가 없으면 부득이 정화(丁火)를 써야 하나, 정화(丁火)가 오미(午未)에 통근(通根)하거나 갑목(甲木)이 있어야 유용하다. 이런 사람은 역량이 부족하다.

그러니 일파(一派) 정화(丁火)가 있으면 역량이 있으나, 음목음화(陰木陰火)이니 성격이 음침하고, 목화(木火)가 총명하여 대간대사(大奸大詐)의 무리가 된다. 정화(丁火)는 갑목(甲木)으로 친어머니를 삼고, 을목(乙木)이 등라계갑(藤蘿繫甲)하면 갑목(甲木)과 다름없다. 따라서 정화(丁火)가 갑목(甲木)을 만나면 길하나, 갑목(甲木)

이 인정(引丁)하지 않으면 홀아비 신세가 되는 것이다.

정화(丁火)가 있으면 목(木)이 아내요 화(火)가 자식이니, 갑목(甲木)이 없으면 홀아비가 되는 것이다. 그러나 갑목(甲木)이 인정(引丁)하면 아내는 현명하고 자식은 효도한다. 만일 병정(丙丁)이 모두 있으면 하천함에는 이르지 않으나, 무기토(戊己土)가 없으면 빈한(貧寒)함을 면하기 어렵다. 이것은 기후는 배합되었으나 근면하지 않기 때문이다.

자월(子月) 을목(乙木)이 지지(地支)에 수국(水局)을 이루었는데 임계(壬癸)가 모두 투출(透出)하면, 부목(浮木)이 되어 빈천(貧賤)하거나 요절(天折)이 따른다. 이때 무토(戊土)로 구제하면 요절(天折)은 면하나, 병화(丙火)를 만나지 못하면 평생 빈한(貧寒)하다.

동월(冬月) 을목(乙木)은 무토(戊土)로 구제할 수는 있으나, 정화(丁火)를 취하지 않고 반드시 병화(丙火)를 취한다. 그러나 임계수(壬癸水)가 많으면 무토(戊土)가 있어야 외로움이나 요절(天折)을 면한다. 화(火)가 용신(用神)이면 목(木)이 아내요 화(火)가 자식이고, 토(土)가 용신(用神)이면 화(火)가 아내요 토(土)가 자식이다.

다시 말해, 동월(冬月)에는 정화(丁火)를 무토(戊土)와 함께 취하나, 병(病)을 제거하는 약(藥)에 불과하다. 따라서 조후(調候)가 시급해도 정화(丁火)를 용신(用神)으로 삼지는 않는다. 한목향양(寒木向陽)하기 때문에 반드시 병화(丙火)가 용신(用神)이다. 토(土)가 용신(用神)인데 임계수(壬癸水)가 만국(滿局)을 이루면 부득이 무토(戊土)로 구한다.

자월(子月) 을목(乙木)이 동지(冬至) 후에 태어났는데, 좌하(坐下)에 목국(木局)을 이루며 병화(丙火)가 투간(透干)하면 부귀격(富貴

格)을 이룬다. 이때 정화(丁火)가 출간(出干)하면 의록(衣祿)이 있으나, 계수(癸水)가 정화(丁火)를 제(制)하면 흉하다. 을목(乙木)이 동월(冬月)에 태어났는데, 기토(己土)와 병화(丙火)가 모두 투간(透干)하면 대부대귀격(大富大貴格)을 이룬다. 을목(乙木)이 동지(冬至) 후에 태어나면 일양래복(一陽來復)이라 하여 대한(大寒) 전과 보는 방법이 같다.

 자월(子月) 을목(乙木)이 좌하(坐下)에 목국(木局)을 이루면 동목(冬木)이 숲을 이룬 격이 된다. 이때는 특별히 병화(丙火) 대신 정화(丁火)를 취해도 한목향양(寒木向陽)하여 부귀격(富貴格)을 이루고, 정화(丁火)를 만나면 역량은 부족해도 의록(衣祿)은 있다. 그러나 계수(癸水)를 만나지 않아야 한다. 성화(丁火)가 인사오(寅巳午)에 통근(通根)되면 병화(丙火)와 같다. 기토(己土)가 투간(透干)했는데 병화(丙火)도 투간(透干)되면, 기토(己土)가 계수(癸水)를 제(制)하니 병화(丙火)가 용신(用神)이다. 이때 지지(地支)에 자축합(子丑合)이 있으면 길하다. 그러나 임수(壬水)가 출간(出干)하면 기토(己土)는 이롭지 않다. 이때는 반드시 무토(戊土)로 용신(用神)을 삼아야 한다. 이것은 윗글과 모순되는 것 같으나, 동지(冬至) 후에는 반드시 지지(地支)에 목국(木局)이 있어야 하기 때문에 모순이 아니다.

```
丙 乙 戊 庚
子 巳 子 申
```

이 사주는 병무(丙戊)가 모두 투출(透出)하여 사림(詞林)이 되었다.

乙 乙 戊 庚
酉 巳 子 申

이 사주는 무토(戊土)가 투출(透出)했는데 병화(丙火)가 암장(暗藏)되어 지주(知州)가 되었다. 앞 사주와 마찬가지로 병무(丙戊)가 사(巳)에서 득록(得祿)했으나, 애석하게도 목(木)의 뿌리가 없다. 그렇지 않았다면 부귀(富貴)가 여기서 그치지는 않았을 것이다. 그래도 다행스러운 것은 을목(乙木)이 비록 약해도 장애가 없다는 것이다.

丙 乙 庚 辛
戌 卯 子 亥

이 사주는 화(化)가 때를 만나지 못하여 고아이성(孤兒異姓)이 되었다. 그러나 병화(丙火)가 해동(解凍)하여 무(武)로 수비(守備)를 얻었다.

丙 乙 壬 丁
子 未 子 未

이 사주는 한목향양(寒木向陽)하니 병화(丙火)가 용신(用神)이고, 정임(丁壬)이 일합(一合)하여 병(病)을 제거하니 귀격(貴格)을 이루었다. 그러나 신운(申運)에서 불운을 당했다.

丁 乙 庚 辛
亥 酉 子 巳

이 사주는 년지(年支) 사궁(巳宮)에 병화(丙火)가 암장(暗藏)되어
있고, 천간(天干)에 정화(丁火)가 투출(透出)하여 경금(庚金)을 제
(制)한다. 상해(上海)의 상업은행 총경리에 이르렀다.

축월(丑月) 을목(乙木)

축월(丑月) 을목(乙木)은 동목(冬木)이니 메말라 있다. 그러나 따뜻
하게 해주면 회춘할 수 있다. 따라서 반드시 병화(丙火)로 용신(用
神)을 삼아야 한다. 나머지는 자월(子月)과 비슷하고, 동지(冬至) 후
의 을목(乙木)과 보는 방법이 같다.

축월(丑月) 을목(乙木)은 병화(丙火)와 계수(癸水)가 투출(透出)하
여 파(破)하지 않으면 과갑(科甲)이 있다. 지지(地支)에 병화(丙火)
가 암장(暗藏)되어 있으면 생원(生員)에 불과하여 끝내 빈한(貧寒)
한 선비가 된다.

축월(丑月) 을목(乙木)은 한목향양(寒木向陽)하니, 병화(丙火) 하나
가 높이 떠서 비추면 힘이 배로 나타난다. 그러나 계수(癸水)를 만나
면 파격(破格)된다. 만일 병화(丙火)가 인사(寅巳)에 암장(暗藏)되었
는데, 동남운(東南運)으로 흐르면 반드시 귀격(貴格)을 이룬다. 그러
나 대운(人運)이 도와주지 않으면 끝내 빈한(貧寒)한 선비가 된다.

축월(丑月) 을목(乙木)이 일파(一派) 무토(戊土)가 있는데 갑목(甲木)을 만나면, 반드시 병화(丙火)가 용신(用神)이 된다. 이런 사람은 큰 부자는 되기 어려우나 의록(衣祿)은 잃지 않는다.

축월(丑月)은 목기(木氣)가 쇠(衰)한 때라, 사주에 임계수(壬癸水)가 없으면 무토(戊土)는 무용지물이 된다. 만일 무토(戊土)가 많이 있으면 재다신약(財多身弱) 사주가 된다. 이때는 반드시 갑목(甲木)으로 무토(戊土)를 파(破)한 다음, 병화(丙火)를 용신(用神)으로 삼고, 갑목(甲木)으로 보좌해야 한다. 재(財)가 많아 겁재(劫財)의 도움을 받으니 의록(衣祿)이 있는 것이다.

축월(丑月) 을목(乙木)이 사주가 모두 무기토(戊己土)인데 비겁(比劫)이 없으면, 종재격(從財格)이 되어 대부격(大富格)을 이룬다. 그러나 비겁(比劫)이 재(財)를 파(破)하면 빈한(貧寒)한 명(命)이 된다. 만일 사주가 모두 기토(己土)로 구성되어 있으면 종재격(從財格)이 되어 대부격(大富格)을 이룬다. 이때 병화(丙火)가 토(土)를 따뜻하게 해주면 추운 골짜기에 봄이 오는 형상이 된다.

을목(乙木)은 기토(己土)를 파(破)하지 못하나, 갑목(甲木)은 기토(己土)를 합(合)하여 종격(從格)을 이루지 못하게 한다. 따라서 재다신약(財多身弱)이 되어 빈한(貧寒)한 명(命)이 된다. 동목(冬木)은 설(洩)이 생(生)이 되니 병화(丙火)를 만나면 약함을 두려워하지 않고, 비겁(比劫)을 화(化)하여 생재(生財)한다. 따라서 부격(富格)을 이루지는 못해도 빈한(貧寒)한 명(命)이 되지는 않는다.

辛 乙 癸 壬
巳 卯 丑 午

이 사주는 병무(丙戊)가 득소(得所)했다. 따라서 일방(一榜)으로 부윤(府尹)에 이르렀다.

辛 乙 癸 壬
巳 酉 丑 午

이 사주는 앞 사주와는 한 글자가 다르다. 앞 사주 을묘(乙卯)는 활목(活木)인데, 활목(活木)은 화(火)를 만나면 스스로 귀(貴)가 있다. 그러나 이 사주의 을유(乙酉)는 사목(死木)이니, 병화(丙火)가 득소(得所)해도 부(富)가 작다. 그리고 사유축(巳酉丑)이 회국(會局)하여 금기(金氣)가 강하나, 병화(丙火)가 본분을 잃지 않아 의록(衣祿)은 있다. 사시생(巳時生)이 아니었다면 천간(天干)에 임계(壬癸)가 있으니 동목(冬木)이고, 지지(地支) 유축(酉丑)이 목(木)을 상하게 하니 어찌 이룰 수 있었겠는가.

庚 乙 己 庚
辰 巳 丑 子

이 사주는 살중신경(殺重身輕)하여 가난과 요절(夭折)이 따른다. 삼동(三冬)의 경신금(庚辛金)은 수(水)가 설(洩)하여 목(木)을 상하게 하기 어려우나, 기토(己土)를 만나면 계수(癸水)를 제(制)하여 경금(庚金)이 힘이 있다. 을목(乙木)이 경금(庚金)을 만나지만 화(化)하지 못하여 반드시 간섭을 받는다. 병화(丙火)가 사(巳)에 암장(暗藏)되어 있어 경금(庚金)을 제(制)하기 어렵고, 경금(庚金)을 쓰기노 어렵다. 따라서 금(金)이 목(木)을 상하게 만들어 살중신경(殺重身輕)이 되었다.

庚 乙 乙 戊
辰 巳 丑 午

이 사주는 재생관왕(財生官旺)하다. 지지(地支)가 축진사오(丑辰巳午)가 되어 인묘(寅卯)를 끼고 있으니, 을목(乙木)이 암강(暗强)하다. 사운(巳運)과 경운(庚運)에서 강남(江南)의 개부(開府)와 총통(總統)이 되었다. 오운(午運) 말 기미년(己未年)에 생을 마쳤다.

庚 乙 癸 壬
辰 亥 丑 申

이 사주는 임계(壬癸)가 모두 투출(透出)하여 금(金)을 설(洩)하며 목(木)을 생(生)한다. 여기다 을목(乙木)이 해(亥)에서 장생(長生)되어 화(化)하지 않는다. 비록 사주에는 화(火)가 없으나 남방운(南方運)으로 흘러 명리(名利)가 모두 있다. 그러나 화(火)가 없어 결국은 가난한 유림(儒林)으로 그쳤다.

辛 乙 癸 壬
巳 丑 丑 申

이 사주는 병화(丙火)가 득소(得所)하여 상해도(上海道)가 되었다.

丙 乙 丁 甲
戌 酉 丑 戌

이 사주는 진수사(鎭守使)를 지낸 사람이다. 갑병정(甲丙丁)이 모두 투출(透出)했으니, 반드시 병화(丙火)로 용신(用神)을 삼아야 한다.

庚 乙 丁 甲
辰 酉 丑 戌

이 사주는 화합(化合)이 때를 잃었다. 원명(原命)에서 정화(丁火)가 경금(庚金)을 제(制)하니, 갑목(甲木)이 을목(乙木)을 돕는다. 지지(地支)에 재(財)가 많아, 진운(辰運)과 임운(壬運)에서 인수(印綬)가 화살생신(化殺生身)하여 대부격(大富格)이 되었다. 오운(午運)에 생을 마쳤다.

丁 乙 己 乙
丑 酉 丑 亥

이 사주는 정화(丁火)가 용신(用神)이나, 엄한(嚴寒) 추위를 풀기 어렵다. 시(時)가 잘못 기록된 것이 아닌가 생각한다.

乙 乙 辛 丙
酉 巳 丑 子

이 사주는 사유축삼합(巳酉丑三合)이 있는데 신금(辛金)이 투간(透干)하고, 병신(丙辛)이 합(合)하여 용신(用神)을 기반(羈絆)한다. 살중신경(殺重身輕)하나 동방운(東方運)으로 흐르면 최상격(最上格)을 이룬다. 제살(制殺)하는 운도 좋으나 본신(本身)이 극설교집(剋洩交集)하여 호운(好運)에 죽게 된다. 병운(丙運) 말 경신년(庚申年)에 사망했다.

己 乙 癸 丁
卯 酉 丑 丑

이 사주는 묘유(卯酉)가 상충(相沖)하여 일록(日祿)이 손상되었는데, 유축(酉丑)이 회국(會局)하고 있으니 살왕신쇠(殺旺身衰)하다. 계수(癸水)가 정화(丁火) 식신(食神)을 극(剋)하여 유운(酉運)에 암살당했다.

3장. 병화(丙火)

병화(丙火)의 조후용법(調候用法)

병화(丙火)는 태양의 불이니 강력하고 염열(炎熱)하여 진화(眞火)라 한다. 화(火)는 남방(南方)에 해당하여 밝고, 본체인 목(木)이 없으면 화세(火勢)가 오래가지 못한다. 화(火)는 수(水)로 조후용신(調候用神)을 삼는데, 병화(丙火)는 태양의 불이고 임수(壬水)는 강호(江湖)의 물이니 수(水)로 양광(陽光)을 보조한다. 만일 수(水)가 없으면 화(火)가 매우 뜨거워 물체가 상하기 때문에 임수(壬水)를 만나야 길하다. 만일 계수(癸水)를 만나면 구름과 안개가 태양을 가린 것과 같아 불청불우(不晴不雨)라 한다. 따라서 병화(丙火)가 임수(壬水)를 만나면 귀격(貴格)을 이루나, 계수(癸水)를 만나면 귀격(貴格)을 이루지 못한다. 병화(丙火)는 이 원칙에서 벗어나지 않는다.

■ 삼춘(三春) 병화(丙火)

삼춘(三春) 병화(丙火)는 양(陽)이 대지로 돌아와 형상을 잡고 위력을 떨치는 때에 있으니, 설상(雪霜)을 업신여기며 기만한다. 그러나 임수(壬水)로 용신(用神)을 삼으면 수보양광(水輔陽光)이 되어 병화(丙火)를 극(剋)하지 않고, 천화지윤(天和地潤)이 되어 기제(旣濟)의 공(功)을 이룬다. 만일 토(土)가 많으면 무리지어 자애로움을 이루기 때문에 병화(丙火)를 설(洩)하지 않는다.

인월(寅月)은 임수(壬水)로 용신(用神)을 삼은 후 경금(庚金)으로 보좌하고, 묘월(卯月)은 임수(壬水)로 용신(用神)을 삼고, 진월(辰月)은 임수(壬水)로 용신(用神)을 삼은 후 갑목(甲木)으로 보좌하면 길하다.

삼춘(三春) 병화(丙火)는 대지에 양(陽)이 돌아오고 목기(木氣)가 이르니, 목왕화상(木旺火相)하여 세력이 병행한다. 병화(丙火)는 순양(純陽)의 기(氣)이니 만물이 병화(丙火)를 만나면 영화로움으로 향하여, 설상(雪霜)을 업신여기며 기만하여 층층이 쌓인 얼음를 녹인다. 즉 태양의 위력이 나타나는 것이다. 따라서 병화(丙火)는 임수(壬水)가 없으면 외로운 양(陽)이 보좌함을 잃어 기세가 청(淸)하지 않다. 그러나 임수(壬水)를 만나면 귀격(貴格)을 이룬다. 이때는 수보양광(水輔陽光)이 되어 병화(丙火)를 극(剋)하는 것이 아니다.

인월(寅月)은 갑목(甲木)이 득록(得祿)하여, 월령(月令)에 스스로 목기(木氣)가 있기 때문에 수화(水火)가 정(情)을 통한다. 땅은 윤택하고 하늘은 화애로우니 기제(旣濟)의 공(功)을 이룬다. 병화(丙火)는 염염(炎炎)한 세력이지만 토(土)가 많으면 위력이 줄어든다. 따라서 화왕(火旺)한데 수(水)가 없으면, 토(土)로 화(火)를 설(洩)해야 하니 부(富)는 크나 귀(貴)는 작다.

삼춘(三春) 병화(丙火)는 모두 임수(壬水)가 존신(尊神)이다. 특히 인월(寅月) 임수(壬水)는 절지(絶地)에 해당하며 갑목(甲木)이 생왕(生旺)하니, 임수(壬水)를 용신(用神)으로 삼은 후 경금(庚金)으로 보좌하고, 진월(辰月)은 토중(土重)하니 갑목(甲木)으로 보좌한다. 이것은 토중(土重)하면 병화(丙火)의 빛을 가리고, 임수(壬水)의 흐름을 막기 때문이다. 이때 갑목(甲木)으로 구제하면 수보양광(水輔陽光)이 되어 귀격(貴格)을 이룬다.

삼춘(三春)의 병계(丙癸)는 불청불우(不晴不雨)라 한다. 따라서 병일생(丙日生)이 월시(月時)에 계수(癸水)가 투출(透出)하면, 구름과 안개가 끼어 비가 올듯말듯한 형상이니 발전하지 못한다. 그러므로 임수(壬水)로 병화(丙火)를 보좌하는 것만 못하다.

다시 말해, 삼춘(三春) 병화(丙火)는 반드시 임수(壬水)로 용신(用神)을 삼고, 계수(癸水)는 취하지 않는다. 병화(丙火)가 임수(壬水)를 만나면 수정처럼 맑고 깨끗하여 밝아지는 이익이 있다.

양간(陽干)은 생왕(生旺)한 기(氣)이니 세력이 펼쳐지고, 음간(陰干)은 쇠갈(衰竭)한 기(氣)이니 물러남이 있다. 따라서 양간(陽干)은 반드시 양간(陽干)이 상극(相剋)해야 서로 밝아지는 이익이 있다.

예를 들어, 갑목(甲木)은 경금(庚金)으로 가지치기를 해주면 기뻐하고, 병화(丙火)는 임수(壬水)로 비추어 반사되면 기뻐하고, 무토(戊土)는 갑목(甲木)으로 소통하여 개천을 만들어주면 기뻐하고, 임수(壬水)는 무토(戊土)로 제방을 쌓아주면 기뻐한다. 이것은 모두 상극(相剋)하는 것이 아니다. 그러나 경금(庚金)만이 정화(丁火)를 기뻐하는 것은, 왕(旺)하지만 불염(不炎)한 성질을 이용하여 단련하는 공(功)을 이루기 때문이다. 이것은 오행(五行)의 성질이 서로 다르기 때문이다.

그리고 양(陽)은 양(陽)을 만나야 생왕(生旺)되어 귀격(貴格)을 이룬다. 음간(陰干)을 만나면 극(剋)하려는 기질이 있으나, 극할 힘이 없으니 격국(格局)이 그 다음이다. 이 이치는 병화(丙火)가 계수(癸水)를 만났을 때만 적용되는 것이 아니라 오행(五行)이 모두 같다.

인월(寅月) 병화(丙火)

인월(寅月)은 삼양(三陽)이 펼쳐지는 때이니 화기(火氣)가 점점 뜨거워진다. 따라서 임수(壬水)를 용신(用神)으로 삼은 후 경금(庚金)으로 보좌한다. 인월(寅月)은 갑목(甲木)이 월령(月令)에서 득록(得祿)하기 때문에 스스로 목기(木氣)가 있다. 목왕화상(木旺火相)하므로 반드시 임수(壬水)를 취해야 맑고 깨끗해진다. 인궁(寅宮)은 수(水)의 절지(絶地)이니 경금(庚金)으로 보좌해야 한다.

인월(寅月) 병화(丙火)가 경임(庚壬)이 모두 투출(透出)하면 과갑(科甲)을 허락하고, 임수(壬水)는 투출(透出)했는데 경금(庚金)이 암장(暗藏)되어 있으면 과갑(科甲)은 아니더라도 이도(異途)로 은봉(恩封)이 있다.

다시 말해, 경임(庚壬)이 모두 투출(透出)하면 재(財)가 나타나고, 인수(印綬)가 암장(暗藏)되니 서로 방해하지 않는다. 이때 재(財)로 자살(滋殺)하고 인수(印綬)로 화살(化殺)하면 발전한다. 만일 임수(壬水)가 투출(透出)했는데 경금(庚金)이 신(申)에 암장(暗藏)되어 있으면 인(寅)과 상충(相沖)한다. 인신(寅申)은 병임(丙壬)의 생지(生地)이고 용신(用神)이 있는 곳이니 서로 충(沖)하면 흉하다. 그러나 서로 떨어져 있으면 수보양광(水輔陽光)이 되어 귀격(貴格)을 이루나, 이도(異途)에 불과하다.

인월(寅月) 병화(丙火)가 임수(壬水) 하나가 고투(高透)하는데, 병화(丙火) 한두 개가 인사(寅巳)에 암장(暗藏)되어 있으면 납속주명(納粟奏名)이라 한다. 이런 사람은 지위와 영웅적인 기질이 있어 너그럽고 호탕하여 대중을 이끈다.

인월(寅月) 병화(丙火)가 임수(壬水)를 용신(用神)으로 삼으면 신왕(身旺)함이 중요하다는 뜻이다. 뿌리는 지지(地支)를 중요하게 여기니, 병화(丙火)가 인사(寅巳)에 통근(通根)되면 일원(日元)이 스스로 왕(旺)하다. 이것은 경임(庚壬)이 모두 투출(透出)했는데 재(財)로 자살(滋殺)하기 때문이다. 만일 임수(壬水)가 하나 투출(透出)했는데 경금(庚金)이 없으면, 병화(丙火)가 인사(寅巳)에 통근(通根)한 것이니 가살위권(假殺爲權)이 된다. 병화(丙火)는 성질이 양강(陽剛)하기 때문에 임수(壬水)를 만나면 빛이 비추는 것을 도와 광채를 발휘하게 하니, 영웅호걸로 너그럽고 호탕하다.

인월(寅月) 병화(丙火)가 병화(丙火)는 적고 임수(壬水)가 많은데, 무토(戊土)로 제(制)하지 못하면 살중신경(殺重身輕)하여 웃음 속에 칼을 감추고 있는 사람이다. 그러나 무토(戊土)가 임수(壬水)를 제(制)하면 대부대귀격(大富大貴格)을 이룬다. 이때는 반드시 비견(比肩)을 한두 개 정도 만나야 길하다

다시 말해, 인월(寅月) 병화(丙火)가 병화(丙火)는 적은데 임수(壬水)가 많으면 살중신경(殺重身輕)하다. 인월(寅月)은 목기(木氣)가 당왕(當旺)하여 인수(印綬)로 화살(化殺)한다. 따라서 아신(我身)이 상하지는 않으나 살(殺)이 많으면 좋지 않다. 이때 무토(戊土)로 임수(壬水)를 제(制)하면 부귀격(富貴格)을 이룬다. 식신(食神)으로 제살(制殺)하려면 역시 신왕(身旺)해야 한다. 그렇지 않으면 극설교가(剋洩交加)가 되므로 반드시 비견(比肩)이 한두 개 있어야 길하다.

인월(寅月) 병화(丙火)가 일파(一派) 경신(庚辛)이 혼잡하면 평범한 명(命)이 되고, 월시(月時)에 모두 경금(庚金)이 투출(透出)했는데 신금(辛金)이 잡란(雜亂)하지 않으면 수재(秀才)의 명(命)이 된다. 만일 신년(辛年) 신시생(辛時生)이면 탐합(貪合)하여 주색을 좋아한다. 따라서 직업을 갖기 힘들고 조업을 계승하기도 힘들다. 만일 병화(丙火)가 신금(辛金)과 합(合)되면 양강(陽剛)한 성질을 잃는다. 이때는 반드시 경금(庚金)이 있어야 한다.

월시(月時)에서 모두 경금(庚金)이 투출(透出)했다는 것은 경인월(庚寅月) 경인시생(庚寅時生)을 가리키는 말이다. 이런 사람은 신왕(身旺)하여 재(財)를 감당할 수 있으나, 재(財)가 절지(絶地)에 이르니 청귀(淸貴)할 뿐이다. 그러나 양신(兩辛)이 투출(透出)하면 병화(丙火)가 탐합(貪合)하기 때문에 본성을 잃어 흉하다.

인월(寅月) 병화(丙火)는 무토(戊土)로 설(洩)하는데 갑목(甲木)이 출간(出干)하지 않으면, 큰 기물을 이루기 어려울 뿐 아니라 빈천(貧賤)하며 객사할 염려가 있다. 따라서 인월(寅月) 병화(丙火)는 무토(戊土)가 빛을 가리는 것을 가장 꺼린다. 만일 지지(地支)에 화국(火局)을 이루면 임수(壬水)가 용신(用神)이니 청귀(淸貴)하다. 이때 임수(壬水)가 없으면 대신 계수(癸水)를 쓰고, 임계수(壬癸水)가 모두 없으면 무토(戊土)로 화기(火氣)를 설(洩)해도 평범한 명(命)에 지나지 않는다.

인월(寅月) 병화(丙火)는 인궁(寅宮)에 스스로 목기(木氣)가 있어 생(生)하니, 갑목(甲木)이 출간(出干)하지 않아도 무방하다. 이때 무토(戊土)가 빛을 가리면 갑목(甲木)이 출간(出干)하여 구제해야 한다. 이것을 식신패인(食神佩印)이라 한다. 인월(寅月) 병화(丙火)는 기(氣)가 생기는 때인데, 무토(戊土)를 만나면 빛을 가리니 가장 꺼리는 것이다. 이때 지지(地支)에 화국(火局)이 있는데 임계수(壬癸水)가 없으면, 무토(戊土)로 화기(火氣)를 설(洩)하나 역시 상격(上格)이 아니다. 재(財)나 식상(食傷)으로 용신(用神)을 삼으면, 대개 국(局)을 따라 배합되므로 진신(眞神)이 아니라 가신(假神)이 된다. 계수(癸水)가 용신(用神)이면 맑지도 흐리지도 않은 형상이니, 가신(假神)이 되어 모두 평범한 명(命)이 된다.

인월(寅月) 병화(丙火)가 지지(地支)에 화국(火局)을 이루면 염상격(炎上格)이 된다. 그러나 지지(地支)에서 득령(得令)하지 못했으니, 동남운(東南運)으로 흐르지 않으면 고빈(孤貧)한 명(命)이 된다.

인월(寅月)의 월건(月建)은 인(寅)이니, 오술(午戌)이 화국(火局)하는데 사주에 임계수(壬癸水)가 없으면 염상격(炎上格)이 된다. 사오월(巳午月)에 태어나면 때를 얻고 영(令)을 잡으나, 삼춘(三春)에 태어나면 전왕격(專旺格)이 때를 잃는다. 이때는 반드시 동남운(東南運)으로 흘러야 부귀격(富貴格)을 이룬다. 그렇지 않으면 격(格)을 이룬다고 해도 고빈(孤貧)한 명(命)이 된다.

다시 말해, 반드시 동남운(東南運)으로 흐르면서 득령(得令)해야 염상격(炎上格)이 된다. 예를 들어, 갑오년(甲午年) 경오월(庚午月) 병오일(丙午日) 갑오시(甲午時)이면, 때를 얻으면 아름다운 명(命)이 되나 서북운(西北運)으로 흐르면 흉하다. 이것은 감궁(坎宮)인 수(水)에 이르면 예의가 있으나, 화(火)의 본성은 염상(炎上)이니 서북운(西北運)으로 흐르면 성정을 거스르기 때문이다.

인월(寅月) 병화(丙火)가 갑목(甲木)이 있는데 경금(庚金)으로 암제(暗制)하면 수재(秀才)의 명(命)이 된다. 이것은 재(財)가 인수(印綬)를 손상하게 하기 때문이다. 인월(寅月)은 갑목(甲木)이 임관(臨官)하니, 사주에 갑목(甲木)이 많으면 목(木)이 성(盛)하여 화(火)가 꺼진다. 그러므로 경금(庚金)이 암제(暗制)해야 길하다. 이것은 월시(月時)에 모두 경금(庚金)이 투출(透出)한 경우와 비슷하다. 이런 사주는 유림(儒林)의 수사(秀士)이니 청귀(淸貴)함을 잃지 않는다.

인월(寅月) 병화(丙火)가 임수(壬水)가 없어, 대신 계수(癸水)로 용신(用神)을 삼으면 부귀(富貴)가 작다. 그러나 관살(官殺)이 왕(旺)하고 뿌리가 있어야 작게나마 부귀(富貴)가 있다. 병화(丙火)는 임수(壬水)가 없으면 빈천(貧賤)하기 쉽고, 화(火)는 많은데 수(水)가 없으면 수운(水運)에서 반드시 죽음이 따르거나 화액이 있다. 만일 오월(午月) 병화(丙火)가 염상격(炎上格)이면 수(水)가 격(格)을 파(破)하는 것을 꺼린다. 이때 계수(癸水)가 용신(用神)인데 뿌리가 없으면 안과질환이 따른다.

다시 말해, 인월(寅月) 병화(丙火)는 임수(壬水)를 용신(用神)으로 삼아야 하나, 임수(壬水)가 없으면 계수(癸水)를 쓴다. 임수(壬水)가 용신(用神)이면 귀격(貴格)을 이루나, 계수(癸水)가 용신(用神)이면 부귀(富貴)가 작다. 그러나 임수(壬水)든 계수(癸水)든 모두 관살(官

殺)이 통근(通根)하고 왕(旺)해야 한다. 인월(寅月)은 수(水)가 절지(絶地)에 해당하여 뿌리가 없으면 쉽게 마기 때문에 귀격(貴格)을 이루기 어렵다. 만일 계수(癸水)가 용신(用神)인데 뿌리가 없으면 안과 질환이 있다. 이것은 계수(癸水)가 메마르기 때문이다.

인월(寅月) 병화(丙火)는 먼저 임수(壬水)를 취한 다음 경금(庚金)을 취하나, 임수(壬水)가 많으면 흉하다. 임수(壬水)가 용신(用神)이면 금(金)이 아내요 수(水)가 자식이고, 경금(庚金)이 용신(用神)이면 토(土)가 아내요 금(金)이 자식이다.

인월(寅月) 병화(丙火)가 경임(庚壬)을 용신(用神)으로 삼으면 재자약살격(財滋弱殺格)이 된다. 목(木)이 많이 재(財)기 인수(印綬)를 파(破)하년 경금(庚金)이 용신(用神)이고, 토(土)가 많아 재성(財星)으로 설(洩)하면 격(格)이 그 다음이다. 임수(壬水)가 많으면 무토(戊土)가 용신(用神)이고, 무토(戊土)가 많으면 갑목(甲木)이 용신(用神)이니 이또한 격이 그 다음이다.

戊 丙 壬 丁
戌 子 寅 酉

이 사주는 년지(年支) 유(酉)가 인궁(寅宮) 갑목(甲木)을 제(制)하여 수재(秀才)의 명(命)이 되었다. 임계수(壬癸水)가 통근(通根)했으나 화토(火土)가 조잡하여, 처음에는 가난했으나 나중에는 부자가 되었다. 그리고 무술시(戊戌時)가 제살(制殺)하는 힘이 강하니 자식을 두기 어렵다.

戊 丙 壬 丁
子 子 寅 酉

이 사주는 정화(丁火)가 임수(壬水)를 합거(合去)하고, 무토(戊土)가 계수(癸水)를 제(制)하고, 년상(年上) 유금(酉金)이 임수(壬水)를 생(生)하여 수재(秀才)의 명(命)이 되었다. 처음에는 부자였으나 시(時)에서 무자(戊子)를 만나 나중에는 고빈(孤貧)했다. 오운(午運)에 생을 마친 것은 오(午)가 자수(子水)의 절지(絶地)이기 때문이다. 그러나 80세가 넘은 때였다.

己 丙 壬 丁
亥 子 寅 酉

이 사주는 해궁(亥宮)이 임수(壬水)의 장생지(長生地)이고, 천을귀인(天乙貴人)이 있다. 따라서 아들 5형제에게 모두 귀(貴)가 있다. 기토(己土)가 임수(壬水)를 제(制)하기 어렵고, 화(火)를 어둡게 하기도 어려워 지주(知州)가 되었다. 유운(酉運)에 사망했다.

庚 丙 庚 丙
寅 午 寅 午

이 사주는 양간부잡격(陽干不雜格)이다. 월시(月時)에 모두 경금(庚金)이 투출(透出)했으나 뿌리가 없고, 인오(寅午)가 회국(會局)하고, 비견(比肩)이 출간(出干)하니 재(財)를 쓰기 어렵다. 염상(炎上)이

때를 잃었으나 동남운(東南運)으로 흘러 안찰사(按察使)가 되었다.

壬 丙 戊 庚
辰 寅 寅 寅

이 사주는 경임(庚壬)이 모두 투출(透出)하여 주시(主試)에 이르렀다. 임수(壬水)가 출간(出干)했으니 무토(戊土)가 병(病)이다. 경금(庚金)이 투출(透出)하여 식신(食神)을 화(化)하며 살(殺)을 생(生)한다.

戊 丙 戊 庚
子 辰 寅 寅

이 사주는 경금(庚金)이 투출(透出)했는데 계수(癸水)가 암장(暗藏)되어 거부(巨富)가 되었고, 자식이 과갑(科甲)에 이르렀다. 자궁(子宮) 계수(癸水)가 용신(用神)이고, 경금(庚金)이 투출(透出)하여 무토(戊土)를 화(化)하고 계수(癸水)를 생(生)한다. 경금(庚金)이 없으면 계수(癸水)가 무토(戊土)의 제(制)를 받게 된다. 따라서 편재(偏財)가 중요하여 거부(巨富)가 되었고, 계수(癸水)가 자식궁인 시지(時支)에 있어 자식에게 귀(貴)가 따른 것이다.

辛 丙 戊 乙
卯 申 寅 未

이 사주는 목(木)이 성(盛)하니 경금(庚金)이 용신(用神)이다. 고빈(孤貧)한 명(命)으로 요절(夭折)했다. 경신금(庚辛金)이 잡난하니 신금(辛金)이 투출(透出)하는 것을 꺼리고, 신묘(辛卯)가 을목(乙木)을 억제하지 못하고 상극(相剋)하고 있다.

丁 丙 庚 辛
酉 子 寅 亥

이 사주는 과갑(科甲)에 이른 사람이다. 재왕생살(財旺生殺)하니 겁재(劫財)와 인수(印綬)를 함께 취하는데, 묘함은 병신(丙辛)이 떨어져 있어 합(合)되지 않는 것에 있다. 정운(丁運), 해운(亥運), 병운(丙運), 술운(戌運)이 오면 귀격(貴格)을 이룬다.

乙 丙 丙 己
未 午 寅 未

이 사주는 가염상격(假炎上格)으로 병화(丙火)가 왕(旺)하지 않다. 년시(年時)에 미(未)가 있는데 기토(己土)가 출간(出干)했으니, 기토(己土)로 화기(火氣)를 설(洩)하는 것과 같다. 인월(寅月)의 화토(火土) 가상관격(假傷官格)은 상격(上格)이 되지 못한다. 그러나 수기(秀氣)를 설(洩)하여 생재(生財)하니 수재(秀才)였으며 부자였다.

乙 丙 庚 辛
未 子 寅 亥

이 사주는 앞의 신해(辛亥) 사주와는 시간만 다르다. 앞 사주는 재왕(財旺)하여 겁인(劫印)을 쓰고, 이 사주는 인왕(印旺)하여 재관(財官)을 쓴다. 서북운(西北運)에서 과갑(科甲)에 이르렀고, 태평재상(太平宰相)이 되었다.

乙丙壬壬
未子寅申

이 사주는 임수(壬水)가 투출(透出)했는데 경금(庚金)이 암장(暗藏)되어 있다. 목(木)으로 화살(化殺)하여 살인상생(殺印相生)되어 봉강(封疆) 대시(大使)가 되었다.

庚丙壬壬
寅午寅子

이 사주는 총독(總督)에 오른 사람이다. 경임(庚壬)이 출간(出干)했는데 인오(寅午)가 회국(會局)하니 신살(身殺)이 양왕(兩旺)하다.

己丙甲戊
亥申寅戌

이 사주는 식상(食傷)이 화(火)를 어둡게 하는데 갑목(甲木)이 무기토(戊己土)를 파(破)하여 부방(副榜)이 되었다.

庚 丙 丙 甲
寅 辰 寅 子

이 사주는 경금(庚金)은 투간(透干)했으나 임수(壬水)가 출간(出干)하지 못했다. 지지(地支) 자인(子寅)이 축(丑)을 끼고 있어 갑경재인(甲庚財印)이 귀인(貴人)이 되었고, 인진(寅辰) 사이에 묘(卯)를 끼고 있어 기(氣)가 동방(東方)을 이루었다. 신운(申運)에 인(寅)을 충(沖)하여 공협(拱夾)을 파(破)하니 참사를 당했다.

癸 丙 甲 癸
巳 午 寅 酉

이 사주는 일주(日柱)에 양인(陽刃)이 있어 신왕(身旺)하니 관(官)이 용신(用神)이다. 자운(子運)에서 양인(陽刃)을 충(沖)하여 해외로 망명했고, 무운(戊運)에서 관성(官星)을 합거(合去)하여 녹(祿)을 얻지 못했다.

庚 丙 壬 丁
寅 寅 寅 丑

이 사주는 경임(庚壬)이 모두 투출(透出)하여 재자약살격(財滋弱殺格)이 되었다. 부귀격(富貴格)을 이루었다.

丙 丙 甲 戊
申 辰 寅 寅

이 사주는 오직 신궁(申宮) 경금(庚金) 재성(財星)이 용신(用神)이
다. 부자 상인의 명(命)이다.

乙 丙 壬 壬
未 申 寅 午

이 사주는 임수(壬水)가 투출(透出)했는데 경금(庚金)이 암장(暗藏)
되어 있다. 병화(丙火)가 왕(旺)하고 인수(印綬)로 화살(化殺)하니
부귀격(富貴格)을 이루었다.

己 丙 庚 辛
丑 戌 寅 卯

이 사주는 상관(傷官)이 왕(旺)하여 생재(生財)하고 있으니 인겁(印
劫)이 용신(用神)이다. 병신(丙辛)이 합(合)되지 않아 주석(主席)에
이르렀다.

戊 丙 甲 戊
戌 午 寅 戌

이 사주는 염상격(炎上格)이 때를 잃었다. 무토(戊土)가 매우 중

(重)하고, 월상(月上) 갑목(甲木)이 년상(年上) 무토(戊土)를 파(破)
하나, 시상(時上) 무토(戊土)는 파(破)하지 못한다. 따라서 부(富)는
있으나 귀(貴)는 없다. 시(時)에 화개살(華蓋殺)이 있으니 예술방면
에 재능이 있고, 동남운(東南運)으로 흐르면 예술로 발전할 수 있다.

乙 丙 戊 庚
未 申 寅 申

이 사주는 부잣집 자손이다. 그러나 재왕(財旺)하여 파인(破印)되니
수명이 온전하지 못할 염려가 있다.

묘월(卯月) 병화(丙火)

묘월(卯月) 병화(丙火)는 양기(陽氣)가 펼쳐오르는 때에 있으니 임
수(壬水)를 용신(用神)으로 삼아야 한다. 인월(寅月)은 갑목(甲木)이
영(令)을 잡은 때이니, 임수(壬水)로 용신(用神)을 삼은 다음 경금
(庚金)으로 보좌해야 하나, 묘월(卯月)은 양장(陽壯)하여 목이 메마
르기 때문에 반드시 임수(壬水)로 용신(用神)을 삼아야 한다. 인묘월
(寅卯月)은 임수(壬水)의 병사지(病死地)이므로, 임수(壬水)가 용신
(用神)이면 경금(庚金)으로 생조(生助)한다. 이것은 인월(寅月)과 묘
월(卯月)이 같다.
묘월(卯月) 병화(丙火)가 임수(壬水)는 투출(透出)했는데 정화(丁

火)가 없고 경신(庚辛)이 투출(透出)하면 임수(壬水)의 뿌리가 있어 반드시 과갑(科甲)에 이르고, 지지(地支)에 임수(壬水)가 암장(暗藏)되어 있으면 수재(秀才)의 명(命)이 된다. 그러나 반드시 경신(庚辛)이 있어야 한다.

다시 말해, 묘월(卯月) 병화(丙火)는 임수(壬水)로 용신(用神)을 삼은 다음 경신(庚辛)으로 보좌해야 한다. 이때는 목(木)을 제(制)하는 것이 아니라 수(水)를 생조(生助)하는 것이다. 만일 임수(壬水)가 투출(透出)했는데 경신(庚辛)이 있으면 길하고, 경금(庚金)이 투출(透出)했는데 신금(辛金)이 암장(暗藏)되어 있으면 반드시 부귀격(富貴格)을 이룬다. 이때 지지(地支)에 임수(壬水)가 암장(暗藏)되어 있으면 힘이 부족하나, 경신금(庚辛金)으로 생조(生助)하면 수재(秀才)로 그치지는 않는다. 그러나 정화(丁火)가 투출(透出)하면 용신(用神)을 합(合)하니 기반(羈絆)되어 흉하다.

묘월(卯月) 병화(丙火)가 임계수(壬癸水)가 모두 없으면 기토(己土)를 용신(用神)으로 삼는다. 이런 사람은 평범한 명(命)이 되어 학문이 높아도 명성을 얻지 못하고 단지 의록(衣祿)이 있을 뿐이다.

다시 말해, 묘월(卯月) 병화(丙火)가 임계수(壬癸水)가 모두 없으면, 기토(己土)가 용신(用神)이니 화토상관격(火土傷官格)이 되어 총명하고 학문이 있다. 월령(月令)에 인수(印綬)가 있고 천간(天干)에 상관(傷官)이 투출(透出)하니, 서로 방해하지 않아 아름다운 명(命)이 된다. 그러나 식상(食傷)이 왕(旺)하면 스스로 생재(生財)하니, 귀격(貴格)을 이루지는 못하나 부(富)는 있다.

묘월(卯月) 병화(丙火)가 일파(一派) 임수(壬水)가 있는데 무토(戊土)가 투출(透出)하면, 비록 과갑(科甲)은 아니더라도 이도(異途)로 발전한다. 이때 무토(戊土)가 투출(透出)하지 않았으나 진술축미(辰戌丑未) 사고(四庫)에 무토(戊土)가 있으면, 진궁(辰宮) 계수(癸水)가 합화(合化)하는 것을 꺼리니 임수(壬水)를 제(制)하기 어렵다. 이런 사람은 평범한 명(命)으로 의록(衣祿)이 있을 뿐이다. 만일 무토(戊土)를 하나도 만나지 못하면 떠돌이팔자가 되고, 금(金)이 많아 수(水)를 생(生)하면 하천한 명(命)이 된다.

일파(一派) 임수(壬水)가 있다는 것은 임수(壬水)가 매우 많다는 뜻이다. 이때 무토(戊土)로 제복(制伏)하면, 월령(月令)에 정인(正印)이 있으니 신왕(身旺)하여 부귀격(富貴格)을 이룬다.

진술축미(辰戌丑未)는 토(土)를 말하는데, 진축(辰丑)은 습토(濕土)이므로 수(水)를 제(制)하기 어렵고, 미토(未土)는 묘(卯)를 만나면 목국(木局)을 이룬다. 따라서 임수(壬水)를 설(洩)할 수는 있으나 제(制)하기는 어렵다. 이때는 오직 술토(戌土)만이 무토(戊土)의 공(功)을 세울 수 있다. 병화(丙火)는 양간(陽干)인데, 월령(月令)에서 정인(正印)이 영(令)을 잡았으니 종살(從殺)하지 않는다. 이때 칠살(七殺)을 제(制)하지 못하면 떠돌이팔자가 되고, 여기다 재(財)까지 많아 살(殺)을 생(生)하면 하천한 명(命)이 된다.

다시 말해, 묘월(卯月) 병화(丙火)는 임수(壬水)가 용신(用神)이니, 일파(一派) 무토(戊土)가 있으면 동방목운(東方木運)으로 흘러야 길하다. 만일 토운(土運)으로 흐르면서 토년(土年)을 만나면 죽음에 이른다. 화운(火運)으로 흘러도 역시 흉하다. 그리고 일파(一派) 무토(戊土)가 있으면 임수(壬水)를 극제(剋制)하게 된다. 이때는 반드시 갑목(甲木)으로 무토(戊土)를 제(制)해야 한다. 만일 사주에 갑목(甲木)이 없으면 동방목운(東方木運)으로 흘러 결점을 보충해야 한다.

그러나 근재묘선(根在苗先)이니, 갑목(甲木)이 없으면 동방목운(東方木運)으로 흘러도 크게 발전하지 못한다. 단지 운을 잃지 않을 뿐이다. 금운(金運)은 길하고, 수운(水運)은 이롭지 않고, 화운(火運)은 토왕(土旺)함을 돕기 때문에 흉하다.

묘월(卯月) 병화(丙火)가 병자일(丙子日) 신묘시(辛卯時)에 태어났으면, 가종(假從)으로 실령(失令)한 것이다. 이런 사주는 탐재괴인(貪財壞印)이라 하여 조업(祖業)을 계승하기 어렵다. 그러나 양중(兩重)으로 정화(丁火)를 얻어 신금(辛金)을 파(破)하면, 임수(壬水)가 득위(得位)하여 부귀격(富貴格)을 이룬다. 이런 사람은 과갑(科甲)은 아니디라도 이도(異途)가 있다. 설시 풍수(風水)기 불급(不及)해도 도읍에 명성을 전한다. 여기에 합(合)되면 처첩과 자식이 많다.

묘월(卯月) 병화(丙火)가 병자일(丙子日)에 태어났는데, 월시(月時)가 모두 신묘(辛卯)이면 쟁합(爭合)된다. 이런 사람은 년상(年上)에 정화(丁火)가 투출(透出)하여 신금(辛金)을 파(破)하지 않으면, 주색을 좋아하여 조업(祖業)을 깨트린다. 그러나 이때 정화(丁火)가 있으면 지지(地支)에서 미(未)를 만나 목국(木局)을 이루니, 오히려 간사함으로 녹(祿)을 얻고 주색으로 이익을 얻는나.

원리부(元理賦)에 이르길, 병자(丙子)와 신묘(辛卯)는 상형(相刑)하여 음탕하다고 했다. 병자일(丙子日) 신묘시(辛卯時)는 병화(丙火)가 정인(正印)을 얻어 화(化)하지 않고, 일주(日柱)가 재(財)를 향하여 탐재괴인(貪財壞印)이라 한다. 병화(丙火)가 묘(卯)를 만나면 함지살(咸池殺)이나 도화살(桃花殺)이 되고, 목(木)은 자(子)를 만나면 함지살(咸池殺)이나 도화살(桃花殺)이 된다. 이때 목화(木火)가 서로 바꾸어 교미하는데, 이깃을 곤랑도화(滾浪桃花)리고 힌디.

만일 정화(丁火)가 신금(辛金)을 극(剋)하는데 임수(壬水)가 출간(出干)하면, 신금(辛金)이 정화(丁火)와 합(合)되는 것이 아니라 임수(壬水)에게 설(洩)되는 것이다. 따라서 임수(壬水)를 쓰고 신금(辛金)을 보좌하는 것과 같으니 발전이 있다.

재(財)가 투출(透出)하면 처첩이 많은데, 이것은 임수(壬水)가 득위(得位)하면 시(時)에서 기해(己亥)를 만나기 때문이다. 신금(辛金) 두 개가 쟁합(爭合)하는데 정화(丁火)로 병(病)을 제거하지 못하면, 반드시 음탕하며 어리석은 명(命)이 된다. 만일 정화(丁火)가 신금(辛金)을 극거(剋去)하면 쟁합(爭合)하지 않으나, 자궁(子宮) 계수(癸水) 관성(官星)이 인수(印綬)에게 설기(洩氣)되어 평범한 명(命)이 된다.

만일 지지(地支)에 목국(木局)을 이루면 자묘(子卯)가 형(刑)되지는 않으나, 일주(日柱)가 관(官)을 향하지 않고 재(財)를 향한다. 즉 용신(用神)이 관(官)에 있는데 일주(日柱)가 재(財)를 사모하는 격이 되어, 간사함으로 녹(祿)을 얻는 것이다.

종합하면, 묘월(卯月) 병화(丙火)는 임수(壬水)를 용신(用神)으로 삼는 것이 정법(正法)이나, 임계수(壬癸水)가 없으면 기토(己土)를 용신(用神)으로 삼는다. 임수(壬水)가 용신(用神)이면 금(金)이 아내요 수(水)가 자식이고, 기토(己土)가 용신(用神)이면 화(火)가 아내요 토(土)가 자식이다.

壬 丙 丁 己
辰 午 卯 巳

이 사주는 묘월(卯月) 병일(丙日)에 태어났다. 목화(木火)가 중첩되어 생기가 왕(旺)하니 노력하면 크게 발전할 수 있다. 기진(己辰)에 있는 토(土)가 왕화(旺火)를 설(洩)하나, 시상(時上)에 임수(壬水)가 고투(高透)하여 조후용신(調候用神)으로는 가장 유용하다. 그러나 재성(財星)이 없고 편관(偏官)의 뿌리가 없는 것이 아쉬우나, 서북운(西北運)으로 흐르면 부족함을 보충하여 공명(功名)을 이룰 수 있다.

己 丙 丁 己
亥 申 卯 亥

이 사주는 신궁(申宮) 경금(庚金)이 수(水)를 생(生)하여 무거(武擧)에 이르렀다. 그러나 자식은 키우기 어렵다.

癸 丙 癸 丁
巳 辰 卯 巳

이 사주는 지지(地支)가 연결되었는데, 관인(官印)이 있어 대귀격(大貴格)을 이루었다.

辛 丙 己 乙
卯 子 卯 亥

이 사주는 병자(丙子)와 신묘(辛卯)가 상형(相刑)하여 탐재괴인(貪財壞印)이 되었다. 을목(乙木)이 투출(透出)하여 태왕(太旺)하나, 새

(財)가 인수(印綬)를 손상시킨다. 이때 기토(己土)가 출간(出干)하여 상관생재(傷官生財)하니 부귀격(富貴格)이 되었다. 이 사주의 묘미는 해묘회국(亥卯會局)에 있다.

戊 丙 己 庚
戌 申 卯 辰

이 사주는 병신일(丙申日)이 무술시(戊戌時)에 정유(丁酉)를 끼고 있다. 이것을 연주협귀(聯珠夾貴)라 한다. 병화(丙火)가 신(申)에 이르고, 무기토(戊己土)의 설기(洩氣)가 태중(太重)하여 묘인(卯印)이 용신(用神)이다. 인수운(印綬運)으로 흘러 총규(總揆)에 이르러 주석(主席)이 되었다.

병화(丙火) 일간(日干)이 무기토(戊己土)가 투출(透出)하면, 대개 귀격(貴格)이나 대부격(大富格)을 이루는데 염상격(炎上格)도 예외는 아니다. 병신일(丙申日)이나 병자일(丙子日)이 무술시(戊戌時)에 해당하면 협공(夾拱)으로 귀(貴)를 취한다. 이런 사주를 부(賦)에서는 병화(丙火)가 자신(子申)에 임하고, 무토(戊土)가 당두(當頭)하면 왕후에 버금간다고 했다.

壬 丙 癸 丁
辰 戌 卯 亥

이 사주는 절강성(浙江城)의 실업청장(實業廳長)을 지낸 사람이다. 임수(壬水)가 출간(出干)했는데 해묘(亥卯)가 회국(會局)하니, 반드시 살인(殺印)이 용신(用神)이 된다.

癸 丙 丁 己
巳 申 卯 丑

이 사주는 호북(湖北)의 재정청장(財政廳長)을 지낸 사람이다. 신궁(申宮)의 경금(庚金) 재(財)가 수(水)를 생(生)하고, 시상(時上)에 계수(癸水)가 투간(透干)하니 재관(財官)이 용신(用神)이다.

진월(辰月) 병화(丙火)

진월(辰月) 병화(丙火)는 왕(旺)을 향하니, 묘월(卯月)과 마찬가지로 반드시 임수(壬水)로 용신(用神)을 삼고, 갑목(甲木)으로 보좌해야 한다. 곡우(穀雨) 후는 토왕(土旺)하여, 무토(戊土)가 없어도 병화(丙火)를 어둡게 하며 임수(壬水)를 막히게 한다. 따라서 임수(壬水)가 용신(用神)인데 갑목(甲木)이 출간(出干)하면, 병임(丙壬)의 기(氣)가 청(淸)해지기 때문에 귀격(貴格)을 이룬다. 만일 토국(土局)이 있으면 지지(地支)에 사묘(四墓)가 있는 것이다.

진월(辰月) 병화(丙火)는 임수(壬水)가 용신(用神)이면 수보양광(水輔陽光)이라 하나, 토왕(土旺)한 때에 있으니 천간(天干)에 무기토(戊己土)가 투간(透干)하지 않고, 지지(地支)에 묘고(墓庫)가 없어도 갑목(甲木)으로 보좌하지 않으면 귀격(貴格)을 이루기 어렵다.

진월(辰月) 병화(丙火)가 임갑(壬甲)이 모두 투출(透出)하면 과갑(科甲)에 준함이 있으나, 금(金)이 출간(出干)하여 갑목(甲木)을 파(破)하면 수재(秀才)이나 선비에 머물고, 임수(壬水)는 투출(透出)했는데 갑목(甲木)이 암장(暗藏)되어 있으면 부(富)는 크나 귀(貴)는 작고, 갑목(甲木)은 없는데 경금(庚金)이 있으면 임수(壬水)를 생조(生助)하여 토기(土氣)를 설(洩)하고, 갑목(甲木)은 있는데 임수(壬水)가 없으면 부(富)가 작고, 임수(壬水)는 암장(暗藏)되어 있는데 갑목(甲木)이 없으면 한가한 유림(儒林)에 불과하고, 임갑(壬甲)이 모두 없으면 빈천(貧賤)한 명(命)이 된다.

다시 말해, 진월(辰月) 병화(丙火)는 갑목(甲木)이 있으면 경금(庚金)을 꺼리고, 갑목(甲木)이 없으면 경금(庚金)을 기뻐한다. 만일 토왕(土旺)한데 갑목(甲木)이 없으면 반드시 경금(庚金)으로 임수(壬水)를 생조(生助)해야 한다. 토기(土氣)를 설(洩)할 때는 반드시 일주(日柱)가 왕상(旺相)해야 한다. 이것은 갑목(甲木)이 토(土)를 제(制)하여 임수(壬水)를 보호하고, 신왕(身旺)함을 돕는 것과는 비교되지 않아 한 번 얻어 세 번 쓰는 격이 된다.

예를 들어, 병술년(丙戌年) 임진월(壬辰月) 병신일(丙申日) 병신시(丙申時)이면, 임수(壬水)는 투출(透出)했는데 갑목(甲木)이 없는 것이다. 그리고 지지(地支)에 진술(辰戌) 토국(土局)이 있는데, 신궁(申宮) 경금(庚金)으로 토(土)를 설(洩)하여 임수(壬水)를 생조(生助)하는 것과 같다. 따라서 재(財)가 당살(黨殺)하여 극신(剋身)하기 때문에 흉하다.

진월(辰月) 병화(丙火)는 갑목(甲木)이 없으면 임수(壬水)를 화(化)하여 병화(丙火)를 생(生)할 수 없으니, 갑목(甲木)이 없으면 평생 곤고하다. 이때 경금(庚金)으로 임수(壬水)를 생조(生助)하면, 반드시 병화(丙火)가 왕(旺)하고 임수(壬水)가 강해지니 재자약살격(財滋弱殺格)이 된다. 만일 토(土)가 국(局)을 이루었는데 임수(壬水)가 약하면, 부득이 경금(庚金)으로 토(土)를 설(洩)하여 임수(壬水)를 생조(生助)해야 한다. 그러나 이때 신약(身弱)하면 상격(上格)을 이루지 못한다.

진월(辰月) 병화(丙火)가 정기(丁己)가 잡란(雜亂)하면 평범한 명(命)이 된다. 다시 말해, 정화(丁火)가 임수(壬水)를 합(合)하거나, 기토(己土)가 갑목(甲木)을 합(合)하면 살인(殺印)이 무용지물이 된다. 따라서 한신(閑神)이 기반(羈絆)하기 때문에 평범한 명(命)이 되는 것이다.

진월(辰月) 병화(丙火)가 지지(地支)에 수국(水局)을 이루면 임수(壬水)를 취하지 않는다. 이때는 반드시 무토(戊土)로 용신(用神)을 삼는다. 이때 무토(戊土)가 투출(透出)하면 작게나마 부귀(富貴)가 있으나, 무토(戊土)가 암장(暗藏)되면 평범한 명(命)이 된다. 이것은 모두 임수(壬水)가 태왕(太旺)한 경우에만 해당한다.

진월(辰月) 병화(丙火)에게 진(辰)은 수묘(水墓)이니, 신자진수국(申子辰水局)이 있으면 갑목(甲木)으로 화살(化殺)하여 병화(丙火)를 생(生)하면 상격(上格)을 이룬다. 그러나 갑목(甲木)이 없는데 무토(戊土)로 임수(壬水)를 제(制)하려면 반드시 신왕(身旺)해야 한다. 따라서 무토(戊土)를 만나면 작게나마 부귀(富貴)가 있다는 것은 상격(上格)이 아니라는 말이다. 무토(戊土)가 용신(用神)이면 인수운(印綬運)으로 흘러야 아름다운 명(命)이 된다.

진월(辰月) 병화(丙火)는 임수(壬水)가 용신(用神)이면 금(金)이 이내요 수(水)가 자식이고, 갑목(甲木)이 용신(用神)이면 수(水)가 아내요 목(木)이 자식이다. 갑목(甲木)은 쓰는 경우는 두 가지인데, 하나는 토중(土重)할 때이고, 하나는 임수(壬水)가 태왕(太旺)할 때다.

壬 丙 丙 癸
辰 午 辰 丑

이 사주는 임수(壬水)는 투출(透出)했으나 갑목(甲木)이 없다. 진오(辰午) 사이에 사록(巳祿)을 끼고 있는데 일주(日柱)가 양인(陽刃)에 앉아 있으니, 신왕(身旺)하여 가살위권(假殺爲權)이 되었다. 임수(壬水)에 귀(貴)가 있어 태수(太守)가 되었다.

癸 丙 壬 辛
巳 戌 辰 卯

이 사주는 명경(明經)에 이른 사람이다. 임수(壬水)는 투출(透出)했으나 갑목(甲木)이 없고, 시(時)에 사록(巳祿)이 있으니 신금(辛金)으로 임수(壬水)를 보좌해야 한다. 그러나 관살(官殺)이 혼잡한 것이 흠이다. 비록 진월(辰月) 초기에 태어났으나 인수(印綬) 을(乙)이 용신(用神)이고, 임수(壬水)에 살(殺)이 있다. 그러나 인수(印綬)로 화살(化殺)하여 공명(功名)이 발전했다.

戊 丙 庚 庚
戌 午 辰 申

이 사주는 병화(丙火)가 오인(午刃)에 임했는데, 오술(午戌)이 회국(會局)하고 신궁(申宮)에 임수(壬水)가 암장(暗藏)되어 있다. 경금(庚金)으로 무토(戊土)를 설(洩)하여 임수(壬水)를 생(生)해야 한다.

丙 丙 甲 丁
申 子 辰 卯

이 사주는 신자진수국(申子辰水局)을 이루었는데, 화(火)는 위에 있고 수(水)는 아래에 있으니 조상(照象)이라 한다. 갑목(甲木)이 출간(出干)하여 힘을 얻어 수화(水火)가 정(情)을 통하니, 대귀격(人貴格)을 이루어 총규(總揆)에 이르렀다.

戊 丙 甲 丁
戌 子 辰 卯

이 사주는 사법총장을 지낸 사람이다. 자술(子戌) 사이에 해귀(亥貴)를 끼고 있고, 자진(子辰)이 회국(會局)하나 임수(壬水)가 없다. 무술토(戊戌土)가 중(重)하나 갑목(甲木)으로 제(制)하여 관성(官星)을 보호하고 있다.

甲 丙 戊 己
午 申 辰 巳

이 사주는 총규(總揆)에 오른 사람으로 재신(財神)이라 불렸다. 년시(年時)에 녹인(祿刃)이 있고, 토중(土重)하여 화(火)를 어둡게 하나 갑목(甲木)으로 제(制)한다. 신궁(申宮)이 임수(壬水)의 장생지(長生地)이니 경금(庚金)이 생(生)하고, 지지(地支)에서 진사오신(辰巳午申)이 미(未)를 끼고 있어 갑무(甲戊)가 귀(貴)를 얻었다. 진사(辰巳)가 유(酉)를 초대하여 병화(丙火) 귀인(貴人)이 되고, 신(申)은 기토(己土) 귀인(貴人)이 되고, 갑목(甲木)이 일원(日元)을 보호하고 있다.

戊 丙 丙 癸
子 午 辰 未

이 사주는 일주(日柱)가 양인(陽刃)에 앉았는데, 지지(地支)의 진오미(辰午未)가 사록(巳祿)을 끼고 있다. 자오충(子午沖)이 있어 협록(夾祿)이 살지 못하니, 살신(殺身)할 기미가 암복(暗伏)되어 있다. 무토(戊土)가 계수(癸水) 관성(官星)의 병(病)을 합거(合去)하여, 갑인운(甲寅運)과 계축운(癸丑運)에서 총령사간(總領師干)에 이르렀다. 임운(壬運) 갑자년(甲子年)에 자(子) 두 개가 오(午)를 충(沖)하고, 임운(壬運)에서 자수(子水)의 힘이 강해져 칼에 맞아 죽었다.

庚 丙 丙 戊
寅 午 辰 子

이 사주는 인오(寅午)가 회국(會局)하여 신왕(身旺)하고, 무토(戊土)가 화기(火氣)를 설(洩)하여 식신생재격(食神生財格)이 되었다.

戊 丙 丙 戊
子 辰 辰 子

이 사주는 저명한 실업가의 명(命)이다. 자진(子辰)이 회국(會局)하여 조상(照象)을 이루었고, 무토(戊土)가 출간(出干)했으나 갑목(甲木)이 없다. 따라서 부(富)는 있으나 귀격(貴格)을 이루지는 못했다.

壬 丙 戊 甲
辰 子 辰 辰

이 사주는 자진(子辰)이 회국(會局)하는데 임수(壬水)가 출간(出干)했다. 따라서 반드시 갑목(甲木)으로 무토(戊土)를 제(制)해야 한다. 갑목(甲木)이 출간(出干)하여 귀(貴)가 방면에 이르렀다.

■ 삼하(三夏) 병화(丙火)

삼하(三夏) 병화(丙火)는 양기(陽氣)가 조열(燥烈)한 때에 있으니, 반드시 임수(壬水)로 용신(用神)을 삼아야 한다. 이때 신궁(申宮)에 장생(長生)된 수(水)를 취하면 길하나, 극설(剋洩)하는 기(氣)가 돌이오는 때이니 해궁(亥宮) 임수(壬水)는 무력하다.

다시 말해, 삼하(三夏) 병화(丙火)는 반드시 임수(壬水)로 뜨거움을 풀어주어야 한다. 해궁(亥宮)은 임수(壬水)의 녹지(祿地)이니, 사주에 해(亥)가 있으면 임수(壬水)가 통근(通根)되어 녹왕(祿旺)히기 때

문에 쓸 수 있다. 그러나 사월(巳月) 병화(丙火)는 사해(巳亥)가 상
충(相沖)하는데 사궁(巳宮) 무토(戊土)가 임수(壬水)를 극(剋)하고,
오월(午月) 병화(丙火)는 오궁(午宮) 정기(丁己)가 해궁(亥宮) 임갑
(壬甲)을 상합(相合)하여 용신(用神)을 기반(羈絆)하고, 미월(未月)
병화(丙火)는 해미(亥未)가 목국(木局)을 이루어 수기(水氣)를 설
(洩)한다. 따라서 신궁(申宮)에 장생(長生)된 수(水)와는 다르다. 녹
왕(祿旺)한 경금(庚金)이 생(生)하여, 근원이 멀고 흐름이 길어 부귀
격(富貴格)을 이룬다.

  사월(巳月)과 오월(午月) 병화(丙火)는 반드시 임수(壬水)로 용신
(用神)을 삼아야 한다. 만일 정화(丁火)가 많으면 계수(癸水)도 함께
살펴야 한다. 미월(未月) 병화(丙火)도 임수(壬水)가 용신(用神)이나
경금(庚金)으로 보좌한다. 사월(巳月)과 오월(午月) 병화(丙火)는 임
수(壬水)가 출간(出干)하여 통근(通根)하면 부귀격(富貴格)을 이룬
다. 이때 금(金)으로 보좌하면 더욱더 아름다운 명(命)이 된다. 그리
고 미월(未月) 병화(丙火)는 토왕(土旺)하기 때문에 경금(庚金)이 보
좌하지 않으면 흉하다.

  삼하(三夏) 병화(丙火)가 양인합살(陽刃合殺)되면 만리에 위세를
떨친다. 만일 정화(丁火) 양인(陽刃)이 태왕(太旺)하면, 양인도과(羊
刃倒戈)라 하여 머리가 잘릴 징조가 있다. 이때 임수(壬水)가 용신
(用神)인데 생왕(生旺)하고 좌실(坐實)하면 길하다. 그러나 임수(壬
水)가 태다(太多)하면 살중신경(殺重身輕)하여 흉하다.

  오월(午月) 병화(丙火)는 살중신경(殺重身輕)한데 양인(陽刃)이 사
령(司令)했으니, 천간(天干)에 정화(丁火)가 투출(透出)하고 임수
(壬水)가 출간(出干)하면 양인(陽刃)을 합제(合制)한다. 이것을 양인

합살(陽刃合殺)이라 하여 대귀격(大貴格)을 이룬다. 이때 임수(壬水)가 생왕(生旺)하고 좌실(坐實)하면 길하다.

양인도과(羊刃倒戈)란, 양인(陽刃)은 아신(我身)을 도와 녹(祿)을 보조하는 것인데, 만일 갑목(甲木)이 화살(化殺)하여 인(刃)을 생(生)하면 오히려 자신을 해치는 것이다. 그러나 임수(壬水)가 생왕(生旺)하며 좌실(坐實)하면 도과(倒戈)의 염려가 없다.

그리고 삼하(三夏) 병화(丙火)가 살중신경(殺重身輕)한데 임수(壬水)가 태중(太重)하면, 병화(丙火)를 눌러 광채가 없다. 따라서 삼하(三夏)에 수(水)가 많으면 반드시 갑목(甲木)이나 무토(戊土)가 있어야 한다.

사월(巳月) 병화(丙火)

사월(巳月) 병화(丙火)는 사궁(巳宮)이 건록지(建祿地)에 해당하여 불꽃이 매우 강하다. 따라서 반드시 임수(壬水)로 용신(用神)을 삼아야 한다. 만일 임수(壬水)가 없으면 태양이 보좌를 잃기 때문에 맑은 빛이 투출(透出)하기 어렵다. 이때는 반드시 경금(庚金)이 있어야 근원이 있는 수(水)가 된다.

사월(巳月) 병화(丙火)가 임경(壬庚)이 모두 투출(透出)했는데, 무기토(戊己土)가 출간(出干)하지 않으면 강호(江湖)가 왕양(汪洋)하다. 따라서 이런 사주는 태양이 넓게 비추어 광휘가 뚜렷하게 나타나니, 유명의 상(象)을 이루어 과갑(科甲)은 물론 반드시 영화로운 자리에 오른다. 만일 그렇지 않으면 풍수(風水)가 불급(不及)하기 때문이다.

병화(丙火)는 태양의 빛이니 수(水)가 극(剋)하는 것을 두려워 하지 않는다. 게다가 사월(巳月)에 태어났으니 무엇이 두렵겠는가. 화왕(火旺)하여 영(令)을 잡았으니 염상(炎上)의 성질이 있다. 그러나 병화(丙火)는 임수(壬水)가 뜨거움을 풀어주지 않으면 기제(既濟)의 공(功)을 이루기 어렵고, 임수(壬水)가 없으면 수정의 상이 나타나지 않는다. 임수(壬水)가 사(巳)에 이르면 절지(絶地)에 들어가는 것이니, 경금(庚金)이 수원(水源)을 발(發)하지 않으면 수(水)는 쉽게 마른다. 따라서 임경(壬庚)이 모두 투출(透出)했는데 무토(戊土)로 제(制)하지 않으면 반드시 귀격(貴格)을 이루고, 임경(壬庚)이 출간(出干)했는데 지지(地支)에 신궁(申宮)이 있으면 더욱 묘해진다.

사월(巳月) 병화(丙火)는 임수(壬水)가 투출(透出)하지 않으면, 해궁(亥宮) 임수(壬水)가 갑목(甲木)에게 설(洩)되어 힘이 없다. 이때 신궁(申宮)에 임수(壬水)가 있으면 과갑(科甲)이 따르나, 해궁(亥宮)에 임수(壬水)가 있으면 선비에 지나지 않는다.

갑목(甲木)이 설(洩)하면 흉하다고 하는 것은, 삼하(三夏)에는 토(土)가 왕화(旺火)를 따르니 수(水)가 적으면 쉽게 마르고, 비록 해궁(亥宮) 갑목(甲木)이 토(土)를 파(破)하나 장생(長生)된 목(木)은 역량이 부족하여 토(土)를 제(制)하기 어려우니, 신궁(申宮) 경금(庚金)이 득록(得祿)하는 것과는 다르기 때문이다. 따라서 토(土)를 설(洩)하고 수(水)를 생(生)하여 신궁(申宮) 임수(壬水)가 용신(用神)이면 과갑(科甲)에 이르고, 해궁(亥宮) 임수(壬水)가 용신(用神)이면 선비에 불과한 것이다.

사월(巳月) 병화(丙火)는 임수(壬水)가 없으면 계수(癸水)로 용신(用神)을 삼는다. 이때 경계(庚癸)가 모두 투출(透出)하면 귀(貴)는 없으나 부(富)는 있다. 이런 사람은 모사에 능하고 말솜씨가 좋으니 무리를 이끈다. 계수(癸水)는 임수(壬水)와 작용은 같아도 힘이 부족하다. 병화(丙火)는 양화(陽火)이고, 임수(壬水)는 양수(陽水)이니 모두 양(陽)이다. 따라서 물이 맑아 수정이 밝게 비치니 너그럽고 영웅호걸이다. 계수(癸水)도 기제(旣濟)하는 것은 같으나, 불우불청(不雨不晴)하기 때문에 귀격(貴格)을 이루지는 못한다.

사월(巳月) 병화(丙火)가 임계수(壬癸水)가 모두 없으면 쓸모 없는 사람이 된다. 이때 화염토조(火炎土燥)하면 승도팔자가 되어 빈천(貧賤)하거나 요절(夭折)한다.

다시 말해, 사월(巳月) 병화(丙火)는 수(水)가 부족하면 흉하고, 수(水)가 있어도 금(金)으로 보좌하지 않으면 흉하다. 만일 금수(金水)가 모두 없는데 갑목(甲木)이 있으면 염상격(炎上格)을 이룬다. 그렇지 않으면 화왕무의(火旺無依)이니, 반드시 가난으로 고생하거나 요절(夭折)한다.

사월(巳月) 병화(丙火)는 일파(一派) 경금(庚金)이 있는데, 비겁(比劫)을 만나지 않으면 부(富)는 있으나 귀(貴)는 없다. 이때 화(火)가 출간(出干)하면 빈곤한 명(命)이 되고, 금(金)은 있는데 수(水)가 없으면 화장하천금첩첩(火長夏天金疊疊)이라 하여, 신재(身財)가 모두 왕(旺)하면 반드시 거부(鉅富)가 되고, 습토(濕土)가 화(火)를 어둡게 하여 금(金)을 보존하면 묘해진다.

사월(巳月) 병화(丙火)가 병오일(丙午日)에 태어나, 사주에 임수(壬水)가 많은데 무토(戊土)로 제(制)하지 않으면 양인살(陽刃殺)이 중

(重)하여 홀아비팔자가 된다. 이때 지지(地支)에 수국(水局)을 이루
고, 임수(壬水)가 한두 개 투출(透出)했는데 무토(戊土)로 제(制)하
지 않으면 도적의 명(命)이 된다. 기토(己土)를 만나도 역시 하천한
명(命)이 된다. 이것은 살인(殺刃)이 모두 왕성한 경우를 말하는 것
이다.

 사월(巳月) 병화(丙火)는 월령(月令)이 건록지(建祿地)이니, 병오일
(丙午日)에 태어나면 양인(陽刃)이 태왕(太旺)하다. 이때 임수(壬水)
가 많으면 칠살(七殺)이 중첩된다. 살인격(殺刃格)은 대개 살인(殺
刃)이 하나씩 있어 서로 제(制)하면 위권(威權)이 있으나, 세 개씩 있
어 살(殺)이 중(重)하거나 양인(陽刃)이 중(重)하면 흉폭하다. 그러
나 무토(戊土)로 제살(制殺)하면 귀격(貴格)을 이룬다. 이때 기토(己
土)가 있으면 수(水)를 제지하지 못하여 임수(壬水)를 혼탁하게 만드
니 하천한 명(命)이 된다.

 사월(巳月)과 오월(午月) 병화(丙火)가 살인격(殺刃格)이면 인수
(印綬)를 쓰지 못한다. 이것은 화(火)가 왕령(旺令)하여, 갑목(甲木)
을 만나면 화살(化殺)하여 양인(陽刃)을 돕기 때문에 도과(倒戈)의
우려가 있다. 사월(巳月) 병화(丙火)는 임수(壬水)를 용신(用神)으로
삼지 못하면 귀격(貴格)을 이루지 못한다. 임수(壬水)가 용신(用神)
이면 금(金)이 아내요 수(水)가 자식이 된다.

甲 丙 辛 乙
午 午 巳 未

이 사주는 병일생(丙日生)이 사오미남방화국(巳午未南方火局)을 이

루었는데, 년시(年時) 목화(木火)가 화(火)를 도와 권리를 잡으니 대부대귀격(大富大貴格)이 되었다. 그러나 수(水)를 만나면 파격(破格)되어 재화를 초래한다. 사월(巳月) 병화(丙火)가 임계(壬癸)를 꺼리는 것은 염상격(炎上格)이 되기 때문이다.

丙 丙 辛 庚
申 寅 巳 子

이 사주는 신궁(申宮)에 장생(長生)된 임수(壬水)를 용신(用神)으로 삼는다. 따라서 병화(丙火)의 불꽃을 풀이주니 신운(申運)에서 회원(會元)에 올랐다.

壬 丙 辛 庚
辰 申 巳 辰

이 사주는 임자년(壬子年)에 과갑(科甲)에 이르렀다. 임수(壬水)를 용신(用神)으로 삼고, 경신(庚辛)으로 보좌했기 때문이다.

戊 丙 乙 丁
子 子 巳 巳

이 사주는 경운(庚運)에서 향괴(鄕魁)에 올랐다. 자궁(子宮) 계수(癸水)가 용신(用神)인데 녹(祿)이 있으니, 금(金)으로 보좌하지 않아도 메마르지 않는다. 대운(大運)이 재생관(財生官)하여 길하나, 무토(戊土)가 출간(出干)했는데 금(金)이 없기 때문에 귀(貴)가 크지는 않았다.

丙 丙 乙 丁
申 寅 巳 卯

이 사주는 신궁(申宮) 계수(癸水)가 용신(用神)이니, 일품(一品) 부인이 되었다.

甲 丙 丁 癸
午 戌 巳 酉

이 사주는 계수(癸水)가 용신(用神)인데 사유(巳酉)가 회국(會局)하여 생(生)한다. 40세 이후에 금수운(金水運)으로 흘러 총령사간(總領師干)이 되었다.

癸 丙 丁 癸
巳 辰 巳 巳

이 사주는 임수(壬水)가 없기 때문에 계수(癸水)로 용신(用神)을 삼는다. 계수(癸水)가 두 개 출간(出干)하여 진고(辰庫)에 통근(通根)하고, 북방운(北方運)으로 흘러 격(格)을 이루었다.

己 丙 己 甲
亥 寅 巳 午

이 사주는 해궁(亥宮) 임수(壬水)가 용신(用神)인데, 오궁(午宮) 양인(陽刃)과 서로 제(制)하여 격(格)을 이루었으니 무(武)와 인연이 있다. 태원(胎元)이 경신(庚申)이니, 임수(壬水)가 통원(通源)하고 경록(庚祿)이 상생(相生)한다. 임신운(壬申運)과 계유운(癸酉運)에서 재살(財殺)이 상생(相生)하여 사려장(師旅長)이 되었다.

오월(午月) 병화(丙火)

오월(午月) 병화(丙火)는 화기(火氣)가 더욱 뜨거워지는 때에 있으니, 임수(壬水) 두 개와 경금(庚金) 하나가 출간(出干)하면 상격(上格)을 이룬다. 만일 임수(壬水)는 하나 있는데 경금(庚金)이 없으면 공감(貢監)이나 생원(生員)에 불과하고, 호운(好運)이 와야 길하다. 무기(戊己)가 출간(出干)했는데 정화(丁火)까지 출간(出干)하면, 임수(壬水)와 화합(化合)하여 평범한 명(命)이 된다. 경임(庚壬)이 투출(透出)하지 않았는데 신궁(申宮)에 장생(長生)된 수(水)가 있어, 좌록(坐祿)된 금(金)을 구제하면 사림(詞林)에 들어간다. 이때 무기토(戊己土)가 혼잡되면 이로(異路)로 은봉(恩封)이 있다.
다시 말해, 오월(午月) 병화(丙火)는 월령(月令)에 양인(陽刃)이 있으니, 화기(火氣)가 더욱더 뜨거워진다. 이때 임수(壬水) 두 개와 경금(庚金) 하나가 배합하면 귀격(貴格)을 이룬다. 만일 임수(壬水)는 하나 있으나 경금(庚金)이 없으면 수원(水源)이 없는 것이니 운이 없다. 따라서 벼슬길이 나타나지 않아 공감(貢監)이나 생원(生員)에 불과한 것이다. 임수(壬水)는 생왕(生旺)하는 기(氣)가 있어야 한다.

 계수(癸水)는 금(金)으로 생조(生助)하지 않으면 반드시 메마르나, 임수(壬水)는 메마르지는 않는다. 그러나 무기토(戊己土)가 제(制)하면 흉하고, 정임(丁壬)이 화합(化合)해도 흉하다. 무기토(戊己土)가 임수(壬水)를 극(剋)할 때는, 경금(庚金)이 무토(戊土)와 임수(壬水) 사이에 있으면 구제할 수 있다. 정임(丁壬)이 화합(化合)하면 양인합살(陽刃合殺)하니 어찌 꺼리겠는가.

 만일 임수(壬水)는 하나 있는데 경금(庚金)이 없으면 임수(壬水)가 근원이 없는 것이다. 이때는 정화(丁火)로 화합(化合)하면 화(火)를 제(制)하지 못하고, 오히려 화왕(火旺)함을 돕기 때문에 뜨거움을 풀어 줄 수 없다.

 만일 경임(庚壬)이 투출(透出)하지 않았는데 신금(申金)을 만나면, 신궁(申宮)에 장생(長生)된 수(水)가 있는데, 다시 좌록(坐祿)된 금(金)이 있으니, 금수(金水)가 상생(相生)하여 지극히 묘해진다. 이것은 경임(庚壬)이 출간(出干)한 것과 같아, 무기토(戊己土)가 잡란(雜亂)하면 흉하다. 만일 수(水)가 청(淸)함을 잃으면 부(富)한 가운데 귀(貴)를 취하니 이로(異路)로 공명(功名)이 있다.

 오월(午月) 병화(丙火)가 지지(地支)에 화국(火局)을 이루었는데, 수(水)를 하나도 만나지 못하면 승도나 홀아비가 된다. 이때는 계수(癸水)가 한두 개 있어도 화토(火土)를 많이 만나면 장님이 되고, 무기토(戊己土)가 출간(出干)하여 화기(火氣)를 설(洩)해도 형극(刑

剋)이 많아 고독하고, 북방운(北方運)으로 흘러도 흉하다. 이것은 지나치게 조열(燥烈)하면 수(水)와 격돌할 때 재앙이 생기기 때문이다.

다시 말해, 오월(午月) 병화(丙火)가 지지(地支)에 화국(火局)을 이루었는데, 한방울의 물도 만나지 못하면 매우 조열(燥烈)하여 편고(偏枯)한 명(命)이 된다. 이때는 계수(癸水)가 한두 개 있어도 경금(庚金)으로 생(生)하지 못하고, 화토(火土)를 많이 만나면 적수(滴水)가 핍박을 받아 뜨거움을 풀어주기 어렵다. 계수(癸水)는 눈을 나타내므로 주로 장님이 되는 것이다. 만일 무기토(戊己土)가 출간(出干)하면 화기(火氣)를 설(洩)하나, 화염토조(火炎土燥)하여 생기가 부족하니 형극(刑剋)이 많다. 원명(原命)에 금수(金水)가 없는데 북방운(北方運)으로 흐르면 매우 흉하다. 이것은 화토(火土)가 매우 조열(燥烈)한데 물이 한방울이라도 들어오면 오히려 불꽃을 격동시키기 때문이다.

화염토조(火炎土燥)한 국(局)도 부귀격(富貴格)을 이루는 경우가 많으나, 편고(偏枯)하면 반드시 부족한 것이 있다. 그렇다고 반드시 형극고과(刑剋孤寡)가 있는 것은 아니다. 북방운(北方運)으로 흐르면 길함이 많다.

만일 병화일주(丙火日柱)가 토(土)가 용신(用神)이면, 수운(水運)으로 흘러 토(土)가 극(剋)하여 수(水)의 윤택함을 얻으면 금(金)을 생(生)히어 부(富)가 따르나, 목화운(木火運)으로 흐르면 흉이 많다. 만일 무토일주(戊土日柱)가 병화(丙火)가 용신(用神)인데 북방운(北方運)으로 흐르면 화액이 많다. 용신(用神)을 상하게 하기 때문이다.

오월(午月) 병화(丙火)가 염상격(炎上格)을 이루었는데, 사주나 대운(大運)에서 경신(庚辛)을 만나지 않고 갑을목(甲乙木)을 많이 보면 대부대귀격(大富大貴格)을 이룬다. 그러나 이때 수운(水運)을 만나면 흉하다.

오월(午月) 병화(丙火)가 사주에 금수(金水)가 없는데, 지지(地支)에 화국(火局)이 있거나 남방(南方)을 이루면 염상격(炎上格)이 된다. 갑을목(甲乙木)이 생(生)하는 것을 기뻐하고, 화(火)가 허(虛)하고 불꽃이 있으니 대부대귀격(大富大貴格)을 이루는 것이다. 그러나 토(土)가 설(洩)하면 화염토조(火炎土燥)하여, 부(富)는 있으나 귀(貴)는 없다.

방(方)과 국(局)을 이루면 기세가 한 쪽으로 편중되어, 수(水)가 격돌하면 파격(破格)되니 화액이 있다. 화세(火勢)는 염상(炎上)이기 때문에 동남운(東南運)으로 흐르면 염상격(炎上格)이 되고, 서북운(西北運)으로 흐르면 아래로 향한다. 이것은 수운(水運)에만 해당하는 것이 아니라 서북(西北)이 모두 이롭지 않다.

다시 말해, 인묘방(寅卯方)에 이르면 화(火)를 생(生)하고 신유(申酉)를 만나면 반드시 죽음에 이른다. 또 생(生)이 이화(離火)에 이르면 결단성이 있으나, 감수(坎水)에 이르면 예의범절이 바르다.

오월(午月) 병화(丙火)가 경임(庚壬)이 모두 투출(透出)하면 부귀(富貴)가 가볍지 않다. 그러나 대운(大運)이 돕지 않으면 벼슬길에 올라도 두각을 나타내지는 못한다. 경계(庚癸)가 모두 투출(透出)하면 의록(衣祿)이 충분하고, 지지(地支)의 화(火)가 약하면 안과질환이 없고, 지지(地支)에 계수(癸水)가 있으면 이도(異途)가 있다.

오월(午月) 병화(丙火)는 경임(庚壬)을 용신(用神)으로 삼는 것이 정법(正法)이다. 계수(癸水)도 뜨거움을 풀어줄 수는 있으나, 병화(丙火)의 기세가 불청(不淸)하여 부(富)는 있으나 귀(貴)는 없다. 계수(癸水)는 눈을 나타내기 때문에, 지지(地支)의 화(火)가 약하면 계수(癸水)가 메마르지는 않으니 안과질환이 없는 것이다. 지지(地支)에서 계수(癸水)를 본다는 것은 자수(子水)를 말하는데 이도(異途)로 귀(貴)가 따른다.

오월(午月) 병화(丙火)는 지지(地支)에 토국(土局)을 이루면 설기(洩氣)가 심하다. 이때는 임수(壬水)로 화(火)를 보좌하고, 갑목(甲木)이 출간(出干)하여 토(土)를 제(制)하면 부귀(富貴)와 복수(福壽)가 모두 있다. 따라서 지지(地支)에 토국(土局)을 이루었을 때는 경임(庚壬)을 취하지 않고 임갑(壬甲)을 취한다.

오월(午月) 병화(丙火)가 토(土)가 많을 때는 갑목(甲木)으로 제(制)하지 않으면 좋지 않다. 그러나 목(木)이 화향(火鄉)에 이르면 스스로 불사르니, 임수(壬水)로 보좌하지 않으면 토(土)를 제(制)하기 어렵다. 토(土)를 제(制)하면 화(火)가 생부(生扶)를 얻으니 부귀(富貴)와 복수(福壽)가 모두 있다. 경금(庚金)으로 토기(土氣)를 설(洩)하면 귀격(貴格)을 이루지 못한다. 이때는 수(水)로 토(土)를 윤택하게 해야 한다.

오월(午月) 병화(丙火)는 반드시 임수(壬水)로 용신(用神)을 삼고, 경금(庚金)으로 보좌해야 길하다. 임수(壬水)가 용신(用神)이면 금(金)이 아내요 수(水)가 자식이다.

己 丙 戊 戊
丑 午 午 戌

이 사주는 토(土)가 화(火)를 가려 광채가 없으니 노비의 명(命)이

되었다. 화염토조(火炎土燥)하여 국(局)이 편고(偏枯)하나 염상격
(炎上格)도 되지 못한다. 토중(土重)하여 광채가 없는데 대운(大運)
까지 서북운(西北運)으로 흘러 흉하다.

　　己丙壬庚
　　亥戌午寅

　병화일생(丙火日生)이 지지(地支)에 인오술삼합화국(寅午戌三合火
局)을 이루었으나, 수토(水土)가 있으니 염상격(炎上格)이 아니다.
그러나 년월(年月)에서 임경(壬庚)이 고투(高透)하여 부귀격(富貴
格)이 되었다.

　　甲丙戊戊
　　午辰午申

　이 사주는 신궁(申宮) 임수(壬水)가 용신(用神)이다. 화토(火土)가
혼잡하니 갑목(甲木)으로 무토(戊土)를 제(制)하고, 임수(壬水)로 화
(火)를 제(制)하니 일방(一榜)하여 부윤(府尹)이 되었다. 무토(戊土)
가 태중(太重)하여 임수(壬水)가 투출(透出)하지 못하는 것이 아쉽
다. 그러나 신진(申辰)이 멀리서 합(合)하여 수기(水氣)를 끌어오니
힘을 얻는다.

　　壬丙丙丁
　　辰子午卯

이 사주는 정임(丁壬)이 멀리서 합(合)하고 있으니, 양인합살(陽刃合殺)이 되어 만리에 위세를 떨친다. 자진(子辰)이 회국(會局)하여 인(刃)을 충(沖)한 흉을 풀었고, 년지(年支) 묘목(卯木)이 길하다. 대운(大運)이 북방(北方)의 살지(殺地)로 흘러 양광순열사(兩廣巡閱使)가 되었다.

戊 丙 甲 辛
戌 申 午 未

이 사주는 변형된 염상격(炎上格)이다. 천간(天干)에 갑병무(甲丙戊)가 있으니 인궁(寅宮)에 장간(藏十)이 모두 나타났다. 신(申)이 인(寅)을 충(沖)하는데 오술(午戌)이 인(寅)을 끼고 있으니, 지지(地支)에 인오술화국(寅午戌火局)이 암암리에 이루어졌다. 동방운(東方運)에서 거듭 승진하여 양계(兩桂) 운사(運使)가 되었다.

월일(月日)에 을미(乙未)를 끼고 있어 갑무(甲戊)의 귀(貴)가 있고, 일시(日時)에 정유(丁酉)를 끼고 있어 병화(丙火)의 귀(貴)가 있다. 따라서 한 번에 삼위(三位)를 두루 펴 협공연주(夾拱聯珠)한다. 그러나 애석하게도 신궁(申宮)에 임수(壬水)가 있으니, 파격(破格)되어 겨우 운사(運使)에 이르렀다.

그러나 신오(甲午)가 살인(殺刃)이니 귀(貴)가 병병(兵柄)을 겸했다. 인묘운(寅卯運)에서 대귀격(大貴格)을 이루었고, 무기운(戊己運)에 만석군이 되었으나 자운(子運)에서 일패도지(一敗塗地)하여 망했다. 이 사주는 격(格)이 복잡하기 때문에 잘 살펴야 한다.

庚 丙 壬 乙
寅 午 午 亥

이 사주는 임수(壬水)가 용신(用神)인데, 경금(庚金)으로 보좌하여
대귀격(大貴格)을 이루어 성장(省長)이 되었다.

乙 丙 壬 乙
未 午 午 亥

이 사주는 임수(壬水)가 용신(用神)이나, 애석하게도 경금(庚金)으
로 보좌하지 못한다. 지지(地支)에 신(申)이 없으니, 해궁(亥宮)에
임수(壬水)가 득록(得祿)하나 갑목(甲木)이 설기(洩氣)한다. 과갑
(科甲) 출신으로 제학사(提學使)가 되었다.

庚 丙 甲 丙
寅 午 午 子

이 사주는 총장(總長)을 지낸 사람이다. 경계(庚癸)가 멀리 떨어져
있고, 왕화(旺火)가 자수(子水)를 충(沖)한다. 경금(庚金)이 상생(相
生)하여 계수(癸水)가 유용하나, 자운(子運)으로 흐르면 안 된다.

壬 丙 庚 己
辰 辰 午 丑

이 사주는 임경(壬庚)이 모두 투출(透出)하여 귀주독군(貴州督軍)
이 되었다.

　　甲 丙 庚 甲
　　午 午 午 午

이 사주는 염염(炎炎)한 진화(眞火)라 염상격(炎上格)이 되었다. 그
러나 애석하게도 서북운(西北運)으로 흘러, 뜻은 있으나 펴지 못한
다. 나약하여 세력을 잃어 아래로 향하기 때문이다. 태원(胎元)이 신
유(辛酉)인데 비겁(比劫)이 쟁재(爭財)하니, 파격(破格)되어 아름다
운 명(命)이 되지 못했다.

미월(未月) 병화(丙火)

미월(未月) 병화(丙火)는 화기(火氣)가 점점 물러나는 때에 있으나
화염토조(火炎土燥)하다. 대서(大暑) 전은 오월(午月)과 같이 보고,
대서(大暑) 후는 금수(金水)가 진기(進氣)하니 삼복생한(三伏生寒)
이라 한다. 따라서 기토(己土)가 당왕(當旺)한 때이니 임수(壬水)로
용신(用神)을 삼은 다음 경금(庚金)으로 보좌해야 한다. 기토(己土)
가 설기(洩氣)하여 병화(丙火)가 왕(旺)하지 못하니, 경임(庚壬)이
있어도 동남운(東南運)의 생왕지(生旺地)로 흘러야 길하고 서북운
(西北運)은 불리하다. 만일 사주에 생왕(生旺)함이 있으면 별도로 논

해야 한다.

미월(未月) 병화(丙火)가 경임(庚壬)이 모두 투출(透出)하여 상생(相生)하면 과갑명신(科甲名臣)이 된다. 만일 경금(庚金)은 없으나 임수(壬水)는 있고 무토(戊土)가 없으면 수재(秀才)의 명(命)이나 부(富)가 작다. 무토(戊土)가 임수(壬水)를 제(制)하면 한 방면에서 능하니 한 마을에는 명성을 전하고, 기토(己土)가 출간(出干)하면 혼탁해지니 평범한 명(命)이고, 지지(地支)에 임수(壬水)가 있는데 기토(己土)가 출간(出干)하면 빈고(貧苦)하고, 임수(壬水)가 없으면 하격(下格)이 되어 천하며 어리석다. 임수(壬水)가 용신(用神)이면 금(金)이 아내요 수(水)가 자식이다.

다시 말해, 미월(未月) 병화(丙火)가 경임(庚壬)이 모두 투출(透出)하면 상격(上格)으로 부귀(富貴)가 모두 있다. 만일 임수(壬水)는 있으나 경금(庚金)이 없으면 임수(壬水)의 근원이 없는 것이니 부귀(富貴)가 모두 작고, 무토(戊土)가 출간(出干)하여 제(制)하면 환경의 구속을 받는 격이니 발전을 기대하기 어렵고, 기토(己土)를 만나면 수(水)를 제(制)하지 못하여 수토(水土)가 혼탁하니 용부속자(庸夫俗子)이고, 임수(壬水)가 없으면 하천한 명(命)이 되어 어리석고 고집이 대단하다.

미월(未月) 병화(丙火)가 천간(天干)에서 일파(一派) 병화(丙火)를 만났는데, 천간(天干)과 지지(地支)에 경임(庚壬)이 모두 있으면 양극생음(陽極生陰)이라 하여 과갑대신(科甲大臣)이 된다.

다시 말해, 미월(未月) 병화(丙火)는 기토(己土)가 설기(洩氣)하니, 경임(庚壬)이 모두 투출(透出)하면 귀(貴)가 있다. 그러나 인비(印比)가 돕고 동남운(東南運)으로 흘러야 길하다. 만일 일파(一派) 병화(丙火)가 있으면 양극생음(陽極生陰)한다. 이때는 반드시 재살(財殺)이 있고 서북운(西北運)으로 흘러야 길하다. 경임(庚壬)으로 귀(貴)를 얻는 것은 같으나 그 쓰임이 다르다.

미월(未月) 병화(丙火)가 임수(壬水)를 용신(用神)으로 삼는 것과, 다른 월(月)이 임수(壬水)를 용신(用神)을 삼는 것은 다르다. 미월(未月)은 동남운(東南運)으로 흐르면 천석지기가 되나, 서북운(西北運)으로 흐르면 빈고(貧苦)하다. 그러나 다른 월(月)은 모두 서북운(西北運)으로 흐르면 길하다.

다시 말해, 미월(未月)은 삼복생한(三伏生寒)하는데 기토(己土)가 설기(洩氣)하여 병화(丙火)가 점점 쇠퇴한다. 비록 배합으로 귀격(貴格)을 이루나 경임(庚壬)을 용신(用神)으로 삼지 않으면 어렵다. 대운(大運)이 동남(東南) 생왕지(生旺地)로 흘러야 길하다. 설사 임수(壬水)가 용신(用神)이라도 나머지 월(月)과는 다르다. 만일 사주에 인비(印比)가 많으면 병화(丙火)가 생왕(生旺)하기 때문에 별도로 논한다.

壬 丙 丁 壬
辰 寅 未 寅

이 사주는 병화(丙火)가 세 개 있는데 임수(壬水)가 두 개 출간(出干)하여 각로(閣老)에 올랐다. 정임(丁壬)이 합(合)하여 살(殺) 하나를 제거한다. 시상(時上)에 하나 있는 살(殺)이 용신(用神)에 해당하여 양인합살(陽刃合殺)이 되지 않는다.

己 丙 己 戊
亥 午 未 午

이 사주는 토(土)가 화신(火神)을 설(洩)하여 귀(貴)가 없고, 해궁(亥宮)에 임갑(壬甲)이 있다. 초년에는 빈고(貧苦)했으나 북운(北運)으로 흘러 부(富)가 천금(千金)에 이르렀다. 화염토조(火炎土燥)하나 해궁(亥宮) 임수(壬水)가 토(土)를 윤택하게 만들어 길하다. 상관(傷官)이 왕(旺)하여 재(財)를 생(生)하니 부격(富格)을 이룬다. 인운(寅運)에서 인해(寅亥)가 합(合)하니, 수기(水氣)가 목(木)에 설(洩)되어 상관(傷官)을 파(破)한다. 따라서 수명이 손상되어 인운(寅運)에 사망했다.

丁 丙 丁 壬
酉 申 未 寅

이 사주는 살중신경(殺重身輕)한데 서북운(西北運)으로 흘러 거지가 되었고 임운(壬運)에 사망했다. 지지(地支)에 오(午)가 없으니 정화(丁火)를 인(刃)으로 논하지 않는다. 정화(丁火)가 임수(壬水)를 합거(合去)하니, 목(木)으로 화(化)하여 화(火)를 돕기 때문에 군겁쟁재(群劫爭財)가 있다.

癸 丙 辛 己
巳 午 未 巳

이 사주는 노비의 명(命)이다. 임수(壬水)는 없는데 지지(地支)에
화국(火局)이 있고 병신합(丙辛合)이 있다. 따라서 염상격(炎上格)
이 되지 못하여 계수(癸水)가 메마르기 때문에 잔병이 염려된다. 임
수(壬水)는 쉽게 마르지 않으나 계수(癸水)는 쉽게 마른다.

　　　甲 丙 辛 甲
　　　午 戌 未 辰

이 사주는 화토상관생재격(火土傷官生財格)이다. 원명(原命)이 인
왕(印旺)한데 화토목(火土木)이 모두 월령(月令)에 있으니 체용(體
用)이 같은 궁(宮)에 있는 것이다. 금(金)이 진기(進氣)하여 서북운
(西北運)에서 협판대학사(協辦大學士)가 되었다.

　　　乙 丙 辛 甲
　　　未 寅 未 戌

이 사수는 입추(立秋) 3일 전에 태어났다. 14세인 계유운(癸酉運)
정해년(丁亥年)에 시위를 받고, 계속 발전하여 군왕(郡王)이 되었다.
43세인 병운(丙運) 병진년(丙辰年)에 사망했다.

　　　丁 丙 丁 壬
　　　酉 午 未 申

이 사주는 병오일간(丙午日干)이 양인(陽刃)에 앉았는데 정회(丁

火)가 출간(出干)했다. 신궁(申宮)에 금(金)이 득록(得祿)되어 임수(壬水)가 생기가 있고, 살인상합(殺刃相合)하여 양인합살(陽刃合殺)이 되었다. 만리에 위세를 떨치며 강서(江西) 순무(巡撫)에 이르렀다. 살왕(殺旺)한데 해임운(亥壬運)에서 또 살지(殺地)로 흘러 업을 이루고 공(功)을 세우다 칼에 맞아 죽었다.

己 丙 丁 丁
丑 子 未 丑

이 사주는 화토상관격(火土傷官格)이다. 한림(翰林) 출신으로 대학사(大學士)가 되었다.

己 丙 丁 丁
丑 午 未 丑

이 사주는 임수(壬水)가 없어 기토(己土)를 용신(用神)으로 삼으니, 부(富)는 있으나 귀(貴)는 없다.

壬 丙 辛 己
辰 午 未 卯

이 사주는 임수(壬水)는 투출(透出)했으나 애석하게도 경금(庚金)이 상생(相生)하지 않는다. 기토(己土)가 설기(洩氣)하고 신금(辛金)이 상합(相合)한다. 모두 병(病)이 되어 귀(貴)가 크지 않았다.

甲丙丁壬
午辰未午

이 사주는 살인상합(殺刃相合)하여 경금(庚金)이 상생(相生)하지 않는다. 만사가 이루어질듯 하면서도 이루어지지 않는다. 수(水)가 얕아 뿌리가 없으니 귀격(貴格)을 이루지 못했다.

■ 삼추(三秋) 병화(丙火)

초추(初秋)에는 아직 화(火)의 엄열한 위력이 남아 있다. 따라시 식신제살격(食神制殺格)이면 오히려 귀격(貴格)을 이루고, 인격(印格)이 비겁(比劫)을 만나면 비록 부귀(富貴)가 있어도 오래가지 못한다. 추월(秋月) 화(火)가 종재(從財)하거나 식상생재(食傷生財)하면 부귀(富貴)가 있어도 지나치게 호탕하여 좋지 않다. 추월(秋月) 화(火)가 상관(傷官)이 있으면 인성(印星)이 있어야 아름다운 명(命)이 된다. 그렇지 않으면 고형(孤刑)이 있어 이룸이 작다.

신월(申月) 병화(丙火)

신월(申月) 병화(丙火)는 태양이 서쪽으로 기울어 양기(陽氣)가 점점 쇠(衰)하는 때에 있다. 태양이 강과 바다를 비추면 저물어 가는 밤의 경치가 광채가 불타오름과 같으니, 반드시 임수(壬水)를 용신(用神)으로 삼아 태양의 광휘를 도와야 한다.

병화(丙火)가 신(申)에 이르면 병지(病地)가 되고, 오월(午月)을 지나면 태양의 양기(陽氣)가 쇠(衰)해진다. 태양이 서산에 가까우니 토(土)를 만나면 어두워진다. 태양이 중천에 있어 쉽게 어두워지지 않는 때와는 비교하지 않는다. 따라서 식상(食傷)은 용신(用神)으로 삼지 않는다. 신궁(申宮)에 경금(庚金)이 득록(得祿)하여 임수(壬水)의 장생지(長生地)가 되니, 병화(丙火)가 인사(寅巳)에서 통근(通根)하면 신강(身强)하여 재(財)가 자살(滋殺)한다. 이것이 신월(申月) 병화(丙火)의 정격(正格)이다. 임수(壬水)가 용신(用神)인데 인비(印比)가 없으면 어려우니 주의해야 한다.

신월(申月) 병화(丙火)는 임수(壬水)가 많을 때는 무토(戊土)로 제(制)해야 길하다. 만일 신궁(申宮) 임수(壬水)가 출간(出干)했는데 무토(戊土)가 투출(透出)하면 과갑(科甲)에 준함이 있으나, 이때 무토(戊土)가 진술(辰戌)에 암장(暗藏)되어 있으면 생원(生員)에 불과하고, 임수(壬水)가 많은데 무토(戊土)로 제(制)하지 않으면 평범한 명(命)이 되고, 신궁(申宮)에 임수(壬水)가 하나 있는데 무토(戊土)로 제(制)함이 많으면 역시 평범한 명(命)이 되고, 임수(壬水)는 많고 계수(癸水)는 없는데 무토(戊土)로 제(制)하지 못하면 역시 평범한 명(命)에 지나지 않는다. 그러나 임수(壬水)는 많고 계수(癸水)는 없는데 무토(戊土)로 제(制)하면 중살(衆殺)이 창광(猖狂)하나, 일장당관(一將當關)하여 과갑현신(科甲顯臣)이 된다.

신월(申月) 병화(丙火)가 임수(壬水)가 많을 때는 무토(戊土)로 제(制)하지 않으면 흉하다. 그러나 신강살왕(身强殺旺)한데 제살운(制

殺運)으로 흐르면 자연적으로 귀격(貴格)을 이룬다. 신궁(申宮)에 임수(壬水)가 하나 있는데 무토(戊土)의 제(制)가 많으면, 칠살(七殺)을 지나치게 제(制)하는 것이니 신궁(申宮) 경금(庚金)이 용신(用神)이 되어야 길하다. 이때 식신(食神)을 화(化)하여 살(殺)을 생(生)하니 부(富)는 있으나 귀(貴)는 없고, 계수(癸水)가 무토(戊土)를 합(合)하면 역시 용신(用神)을 기반(羈絆)하여 부(富)만 있다.

신월(申月) 병화(丙火)가 일파(一派) 경금(庚金)이 있는데 인비(印比)나 신금(辛金)이 없으면 기명종재(棄命從財)가 되어 과갑(科甲)은 아니더라도 이도(異途)로 발전한다. 그러나 친척에게 의지하여 발전하는 경우가 많다.

다시 말해, 병화(丙火)가 신(申)에 이르면 기(氣)가 쇠절(衰絶)하는데, 이때 일파(一派) 경금(庚金)을 만나면 기명종재(棄命從財)를 이룬다. 종격(從格)은 대개 부격(富格)을 이룬다. 이도(異途)가 나타나는 것은 신궁(申宮)은 경금(庚金)의 녹지(祿地)이고 ,임수(壬水)의 장생지(長生地)이니 재왕(財旺)하면 관(官)을 생(生)하기 때문이다. 신금(辛金)이 병화(丙火)를 합(合)하고 수국(水局)을 이루면 화격(化格)이나, 화(火)가 때를 만나지 못하여 평범한 명(命)이 된다.

신월(申月) 병화(丙火)가 목(木)이 용신(用神)이면 수(水)가 아내요 목(木)이 자식인데, 아내는 반드시 어질며 현명하다. 신월(申月) 병화(丙火)는 양기(陽氣)가 이미 쇠(衰)했기 때문에 생부(生扶)해야 한다. 따라서 임수(壬水)가 용신(用神)인데 인수(印綬)가 없으면 안 되니 살인상생(殺印相生)을 취한다. 무토(戊土)가 임수(壬水)를 제(制)하면 화(火)가 어두워지는 것을 막아야 하므로, 갑목(甲木)이 없으면 흉하다. 이때 갑목(甲木)이 있으면 병임(丙壬)의 기(氣)가 청(淸)하여 귀격(貴格)을 이루고, 목(木)이 충분히 화살(化殺)하여 방신(幇身)하니 아내가 어질며 현명한 것이다. 다시 말해, 신월(申月) 병화(丙火)는 반드시 임수(壬水)로 용신(用神)을 삼은 후 무토(戊土)를 취한다.

　　癸 丙 戊 壬
　　巳 寅 申 寅

　이 사주는 신월(申月) 초에 태어나, 지지(地支)의 인사신(寅巳申)에 모두 무토(戊土)가 있다. 년간(年干)에 임수(壬水)의 조후용신(調候用神)이 있으니 편관(偏官)이 된다. 무토(戊土) 식신(食神)으로 제(制)해야 하는데 제신(制神)이 매우 많다. 더구나 인사신삼형(寅巳申三刑)과 칠충(七沖)이 있으니 무토(戊土)가 많아도 신금(申金)에게 설기(洩氣)된다. 따라서 부(富)는 있으나 귀격(貴格)은 아니다.

　　庚 丙 甲 乙
　　寅 申 申 未

　이 사주는 참정(參政)에 오른 사람으로, 신월(申月) 병화(丙火)의 정격(正格) 사주다. 재자칠살격(財資七殺格)이며 신(申) 두 개가 인(寅)을 충(沖)하나, 갑을목(甲乙木)이 투간(透干)하여 인수(印綬)가 상생(相生)한다. 일원(日元)이 약하지 않아 재(財)로 살(殺)을 생(生)한다.

丙 丙 丙 丙
申 午 申 申

이 사주는 총독(總督)에 오른 사람이다. 살인격(殺刃格)으로 인원
(人元)에 기(氣)가 있어 재(財)로 살(殺)을 생(生)한다.

癸 丙 甲 庚
巳 申 申 戌

이 사주는 재관인(財官印)이 모두 투출(透出)하여 살인상생(殺印相
生)한다. 정운(丁運) 정축년(丁丑年)에 수직편수(授職編修)했고, 무
운(戊運) 신묘년(辛卯年)에 남서방(南書房)에 이르렀고, 자운(子運)
정유년(丁酉年)에 절강성(浙江城) 학정임(學政任)이 되었다. 그러나
정년(丁年)에는 어려움이 있었다.

庚 丙 庚 戊
寅 寅 申 寅

이 사주는 식신생재(食神生財)하여 부격(富格)을 이루었다.

戊 丙 甲 乙
戌 辰 申 酉

이 사주는 갑목(甲木)이 출간(出干)하여 무토(戊土)를 파(破)하니,

신궁(申宮) 임수(壬水)가 용신(用神)이며 재자약살격(財滋弱殺格)이다. 진운(辰運) 무진년(戊辰年)에 비명횡사했다.

甲 丙 甲 乙
午 辰 申 酉

이 사주는 사신(巳申)이 상합(相合)하는데 무토(戊土)가 제살(制殺)하니 경금(庚金)이 용신(用神)이다. 신왕(身旺)하여 재(財)를 감당할 수 있어 은행 경리가 되었다. 이 사주는 계사시생(癸巳時生)이 아닌가 생각한다. 갑오시생(甲午時生)이라면, 임살(壬殺)이 있고 협록(夾祿)과 인귀(印貴)를 끼고 있으니, 금융계의 영수로 그치지 않고 정권을 잡았을 것이다.

유월(酉月) 병화(丙火)

유월(酉月) 병화(丙火)는 태양이 황혼에 가까운 때에 있다. 따라서 병화(丙火)에 남은 빛이 있으면 강호(江湖)가 있어야 하기 때문에, 임수(壬水)로 용신(用神)을 삼아 비추는 것을 도와야 한다. 다시 말해, 신월(申月)과 유월(酉月) 병화(丙火)는 태양이 서산으로 떨어지는 것과 같으니, 남은 빛이 강호(江湖)를 비추면 서로 비추어 광휘를 생(生)한다.

유월(酉月) 병화(丙火)는 임수(壬水)가 용신(用神)이나, 인수(印綬)

나 비겁(比劫)이 없으면 병화(丙火)의 기(氣)가 쇠(衰)하여 흉하다. 이때 재(財)가 있으면 당살(黨殺)하고, 토(土)가 있으면 빛을 어둡게 하고, 인수(印綬)나 비겁(比劫)으로 배합하면 상격(上格)을 이룬다.

유월(酉月) 병화(丙火)가 사주에 병화(丙火)가 많은데 임수(壬水) 하나가 고투(高透)하면 부귀(富貴)가 무궁하고, 지지(地支)에 임수(壬水) 하나가 암장(暗藏)되어 있으면 수재(秀才)의 명(命)이고, 토(土)가 많으면 수(水)가 곤(困)하니 선비에 불과하고, 임수(壬水)가 없으면 계수(癸水)로 용신(用神)을 삼으나 발전이 길지 못하다.

만일 임수(壬水)가 용신(用神)이면 병화(丙火)가 많이 필요하다는 뜻이다. 이 이치는 신월(申月)과 유월(酉月)이 모두 같다. 신강재왕(身强財旺)하여 살(殺)을 생(生)하면 부귀격(富貴格)을 이룬다. 이것은 금수(金水)가 진기(進氣)이기 때문이다. 만일 임수(壬水)가 지지(地支)에 암장(暗藏)되어 있으면 용신(用神)의 힘이 부족하다. 이때 대운(大運)에서 인출(引出)하면 발전하나, 그렇지 않으면 벼슬길이 곤(困)하다.

유월(酉月) 병화(丙火)에게 가장 흉한 것은, 무토(戊土)가 많아 수(水)를 곤(困)하게 하고 기토(己土)가 많아 혼탁해지는 것이다. 병화(丙火)가 임수(壬水)를 용신(用神)으로 삼는 것은 태양이 강호(江湖)를 비추는 것과 같고, 수정이나 옥영과 같다. 이때 계수(癸水)는 우로(雨露)이기 때문에 취하지 않는다.

유월(酉月) 병화(丙火)가 신금(辛金)이 많이 출간(出干)했는데 종화(從化)하지 않으면 조상덕이 있다. 그러나 부모가 돌아가신 후에는 늙도록 빈고(貧苦)하다. 이때 정화(丁火)가 신금(辛金)을 제(制)하면 여자는 말이 많고 음당하며 친박히다.

유월(酉月) 병화(丙火)가 신금(辛金)을 만나면 두려워 한다. 따라서 신금(辛金)이 출간(出干)했을 때는 반드시 지지(地支)에 금국(金局)이 있어야 한다. 이때 종재격(從財格)을 이루면 상격(上格)이 된다. 만일 사주에 비겁(比劫)이나 인수(印綬)가 있거나 약한 뿌리가 있으면, 종화(從化)하기 어려우니 아름다운 명(命)이 되지 못한다. 그러나 약한 병화(丙火)의 뿌리가 있으면 조상덕은 있다.

예를 들면, 무자년(戊子年) 신유월(辛酉月) 병신일(丙申日) 기축시(己丑時)는 화(火)가 유(酉)에 이르면 사지(死地)가 되고, 금신(金神)이 당왕(當旺)하여 인수(印綬)나 비겁(比劫)이 신왕(身旺)함을 돕지 않으면 재관(財官)을 쓰기가 어렵다. 정화(丁火)가 신금(辛金)을 제(制)하나 진퇴를 잃어 병화(丙火)가 여전히 쇠약하다. 이런 사주는 남녀 모두 색을 좋아하여 음탕하며 천박하다.

유월(酉月) 병화(丙火)가 지지(地支)에 금국(金局)을 이루었으나, 신금(辛金)이 출간(出干)하지 않으면 종재격(從財格)이 되지 못하여 부옥빈인(富屋貧人)의 명(命)이 된다. 만일 지지(地支)에 금국(金局)을 이루고 신금(辛金)이 출간(出干)했는데, 비겁(比劫)을 만나지 않으면 종재격(從財格)이 된다. 이런 사주는 부귀격(富貴格)을 이루고, 귀인(貴人)이나 친척의 도움이 있으며 아내가 현명하여 내조를 잘 한다. 만일 신금(辛金)이 출간(出干)하고 지지(地支)에 금국(金局)을 이루었는데, 인수(印綬)나 비겁(比劫)을 만나지 않으면 진종(眞從)이 된다. 이때 재격(財格)이 진국(眞局)으로 바르면 반드시 발전한다. 종격(從格)은 사람으로 인하여 부귀(富貴)에 이르고, 종재격(從財格)은 좋은 내조를 받는다.

유월(酉月) 병화(丙火)는 먼저 임수(壬水)로 용신(用神)을 삼은 다

음에 계수(癸水)를 취한다. 수(水)가 용신(用神)이면 금(金)이 아내
요 수(水)가 자식이고, 목(木)이 용신(用神)이면 수(水)가 아내요 목
(木)이 자식이다. 유월(酉月) 병화(丙火)가 신강(身强)하면 임수(壬
水)가 용신(用神)이다. 이때 재왕생살(財旺生殺)하면 상격(上格)이
된다. 만일 임계수(壬癸水)가 출간(出干)했는데 병화(丙火)가 왕(旺)
하지 않을 때는 인수(印綬)가 없으면 불가하다. 유월(酉月)은 대개
화(火)의 사지(死地)가 되기 때문에, 갑목(甲木)이 없으면 임수(壬
水)를 화(化)하여 병화(丙火)를 생(生)하기 어렵다.

　　　戊 丙 癸 己
　　　子 子 酉 卯

이 사주는 임수(壬水)가 없기 때문에 계수(癸水)로 용신(用神)을 삼
는데, 무기토(戊己土)가 조후용신(調候用神)을 파(破)한다. 자오묘
유(子午卯酉)가 사중신(四仲神)이나, 묘유자(卯酉子)만 있고 오(午)
는 없다. 따라서 오유운(午酉運)이 오면 유(酉)가 묘(卯)의 인수(印
綬)를 충파(沖破)하고, 오(午)가 파재(破財)하고 있으니 생명이 위험
하다.

　　　甲 丙 丁 丙
　　　午 午 酉 子

이 사주는 양간부잡(陽干不雜)이며 재자칠살격(財資七殺格)이다.
유월(酉月)에는 유금(酉金)이 영(令)을 잡으니 재왕생관(財旺生官)

한다. 관인(官刃)이 용신(用神)이니 출장입상격(出將入相格)이 되어 임인운(壬寅運)과 계묘운(癸卯運)에서 발전이 따른다. 유월(酉月)은 병화(丙火)가 퇴기(退氣)하는 때이니 오화(午火)에 의지해야 하는데, 자(子)가 년주(年柱)에 있기 때문에 오인(午刃)을 충하지 않아 길하다. 만일 자시(子時)에 태어났으면 자오(子午)가 상충(相沖)하여 선종(善終)하지 못하고, 귀(貴)가 없었을 것이다.

丁 丙 丁 丙
酉 辰 酉 寅

이 사주는 상서(尙書)에 오른 사람으로, 재성(財星)이 용신(用神)이다. 이 사주의 장점은 일원(日元)이 진(辰)의 관대지(冠帶地)에 앉아 병화(丙火)가 유기(有氣)하고, 년상(年上)에 병인(丙寅)이 있는 것이다. 병화(丙火)가 장생(長生)되는데 양간부잡(陽干不雜)하니, 격국(格局)이 청순하여 부귀격(富貴格)을 이루었다.

戊 丙 癸 己
子 子 酉 卯

이 사주는 참융(參戎)을 지낸 사람이다. 음형살중(陰刑殺重)하여 묘운(卯運)에 전쟁터에서 사망했다. 기토(己土)가 계수(癸水) 관성(官星)을 상하게 만들어 상관생재격(傷官生財格)이 되었다. 재관(財官)을 쓰지 않으나, 병화(丙火)가 묘인(卯印)의 상생(相生)에 의지하는데 묘유(卯酉)가 충(沖)하니, 인수(印綬)가 상하고 재성(財星)이 인

성(印星)을 파(破)한다. 따라서 묘운(卯運)이 오면 쇠신(衰神)이 왕
신(旺神) 충(沖)한다.

丁丙己丁
酉申酉酉

이 사주는 재자칠살격(財資七殺格)으로 임수(壬水)가 용신(用神)이
다. 정화(丁火)는 두 개 출간(出干)했는데 재(財)가 투출(透出)하지
않았으니, 유림(儒林)의 수재(秀才)와는 거리가 멀고, 형(刑)하여 고
독했다. 정회(丁火) 두 개가 병회(丙火)를 도우니, 병화(丙火)가 신
(申)에 있으니 통근(通根)하지 않는다. 재왕신약(財旺身弱) 사주가
인성(印星)이 생조(生助)하지 않았기 때문에 형(刑)이 있고 고독했
던 것이다.

적천수(滴天髓)에서는 기토(己土)가 출간(出干)하여 병화(丙火)를
어둡게 하고 임수(壬水)를 탁하게 하면, 청기(淸氣)가 돌아오나 관성
(官星)이 일어나지는 않는다고 했다. 따라서 선비와는 거리가 먼 것
이다.

乙丙丁丙
未戌酉申

이 사람은 수재(秀才)이며 큰 부자였다. 형제는 없으나 아들 5형제
를 두었다. 병화(丙火)가 술(戌)에 앉아 화고(火庫)에 통근(通根)하
는데, 을미(乙未) 인수(印綬)가 생(生)히니 회왕(火旺)히여 금(金)이

용신(用神)이다. 따라서 큰 부자가 된 것이고, 시(時)에서 힘을 얻었기 때문에 자식이 많은 것이고, 유월(酉月) 화(火)가 사지(死地)에 있기 때문에 형제가 없는 것이다.

己 丙 己 丁
丑 午 酉 丑

이 사주는 화왕(火旺)하여 금(金)이 용신(用神)이다. 기토(己土)가 생(生)하여 상관생재(傷官生財)하니 거부격(鉅富格)이 되었다.

戊 丙 癸 己
戌 辰 酉 卯

이 사주는 임수(壬水)가 없는데 무기토(戊己土)가 계수(癸水)를 곤(困)하게 만들어 상관생재격(傷官生財格)이 되었다. 부(富)도 없고 귀(貴)도 없으나, 묘진유술(卯辰酉戌)이 동서에서 협공(夾拱)하여 군장(軍長)에 이르렀다.

己 丙 丁 辛
亥 寅 酉 巳

이 사주는 신왕(身旺)하여 재(財)를 취하는데 정화(丁火)가 신금(辛金)을 제(制)한다. 따라서 기토(己土) 상관(傷官)이 용신(用神)이다. 병인(丙寅)이 홍염살(紅艶殺)과 도화살(桃花殺)에 해당하고, 상관

(傷官)이 합(合)하여 도화(桃花)를 일으키니 명배우가 되었다.

己 丙 辛 戊
丑 申 酉 子

이 사주는 신금(辛金)이 출간(出干)했으나 지지(地支)에 금국(金局)이 없어 종재격(從財格)이 아니다. 병화(丙火)가 뿌리가 없어 종(從)해야 하는데 종(從)하지 않으니 과방입계(過房入繼)의 명(命)이 되었다. 그러나 조상덕이 있고 한 방면에는 능하다.

술월(戌月) 병화(丙火)

술월(戌月) 병화(丙火)는 묘지(墓地)의 화(火)이기 때문에 토(土)가 빛을 어둡게 하기 쉽다. 따라서 빛을 가리는 것을 가장 꺼린다. 임수(壬水)가 있으면 태양이 지평선 아래로 떨어지는 것과 같으니, 남은 빛이 강호(江湖)의 물결을 따라 위로 비추는 것을 돌이켜서 광휘가 밖으로 갈라진다. 따라서 갑목(甲木)으로 용신(用神)을 삼아 토(土)를 제(制)하고, 임수(壬水)를 취하여 비추는 것을 도와야 한다.

술월(戌月) 병화(丙火)가 갑임(甲壬)이 모두 투출(透出)하면 과갑(科甲)에 준함이 있으니 부귀(富貴)가 비범하고, 임수(壬水)가 갑목(甲木)과 병화(丙火)를 돕지 않는데 계수(癸水)가 투간(透干)하면 이도(異途)로 발전하고, 시지(地支)에 임계수(壬癸水)가 암장(暗藏)되어 있으면 공감(貢監)에 불과하고, 갑목(甲木)은 암장(暗藏)되어 있으나 임수(壬水)가 투출(透出)하고 경금(庚金)이 갑목(甲木)을 파(破)하지 않으면 수재(秀才)의 명(命)이 되고, 경금(庚金)이 목(木)을 곤(困)하게 하는데 무토(戊土)가 수(水)를 곤(困)하게 하면 평범한 명(命)에 불과하고, 갑임계(甲壬癸)가 모두 없으면 하격(下格)의 명(命)이 된다.

술월(戌月)은 토(土)가 건조하고 목(木)이 메마른다. 따라서 갑목(甲木)은 있는데 수(水)가 없으면 흉하다. 임계수(壬癸水)를 취하는 것은 같으나 임수(壬水)는 병화(丙火)가 비추는 것을 돕고, 계수(癸水)는 목(木)을 윤택하게 만드는 역할만 한다.

술월(戌月) 병화(丙火)가 일파(一派) 화토(火土)가 있으면 왕(旺)하지 않아도 스스로 메마른다. 따라서 이런 사주는 고향을 떠나지 않더라도 평생 분주하고, 승려가 되거나 한가한 사람이 된다. 여기다 경신(庚辛)과 임계(壬癸)가 출간(出干)하지 않으면 가난이나 요절(夭折)이 따른다.

다시 말해, 술궁(戌宮)은 화(火)의 묘고(墓庫)라, 미월(未月)과 같은 조토(燥土)이니 병화(丙火)의 기(氣)를 설(洩)하여 약하게 만든다. 예를 들어, 무술년(戊戌年) 기미월(己未月) 병술일(丙戌日) 을미시(乙未時)이면, 병화(丙火)가 왕(旺)하지 않아도 가물어 메마른다. 이때 경금(庚金)을 만나면 출세하고, 사주에 있는 경신(庚辛)과 임계(壬癸)가 구제하지 않으면 가난이나 요절(夭折)이 따른다.

술월(戌月) 병화(丙火)가 지지(地支)에 화국(火局)이 있으나, 염상(炎上)이 영(令)을 잃어 서방운(西方運)으로 흐르면 매우 가난하며 처자식을 돌보지 않는다. 술월(戌月) 병화(丙火)는 입묘(入墓)에 해당하여 염상(炎上)의 때가 아니나, 염상격(炎上格)은 반드시 동남운(東南運)으로 흘러야 길하다. 서북운(西北運)으로 흐르면 때를 얻어 격(格)을 이루어도 발전하기 어려운데, 하물며 실령(失令)했으니 오죽하겠는가.

술월(戌月) 병화(丙火)가 기토(己土)는 출간(出干)했는데 갑목(甲木)이 투출(透出)하지 않으면, 비록 비견(比肩)의 도움이 있어도 권리를 잡은 토(土)를 제(制)하지 못하기 때문에 흉하다. 다시 말해, 술월(戌月)은 매우 토조(土燥)하기 때문에 반드시 수(水)로 갑목(甲木)을 윤택하게 해야 한다. 이때 임계갑(壬癸甲)이 없으면 병화(丙火)가 아무리 많아도 소용이 없다. 이것은 무기토(戊己土)가 빛을 어둡게 하기 때문이다.

술월(戌月) 병화(丙火)가 갑목(甲木)이 용신(用神)이면 수(水)가 아내요 목(木)이 자식이다. 무기토(戊己土)가 출간(出干)했을 때는 갑목(甲木)으로 병(病)을 제거하면 귀격(貴格)을 이룬다. 그러나 지지(地支)에 암장(暗藏)되어 있는 임계수(壬癸水)가 도와야 한다. 만일 화(火)가 많이 투출(透出)하면, 임계수(壬癸水)로 화(火)를 제(制)하고 토(土)를 윤택하게 하여 갑목(甲木)을 자양(滋養)하니, 임계(壬癸)를 용신(用神)으로 삼은 다음에 갑목(甲木)으로 보좌하는 것이다.

戊 丙 甲 己
子 子 戌 亥

이 사주는 천간(天干)에 갑목(甲木)이 투출(透出)했는데 생지(生地)를 만나 효렴(孝廉)이 되었다. 갑목(甲木)을 용신(用神)으로 삼아,

상관(傷官)을 제(制)하고 관살(官殺)을 화(化)한다.

庚 丙 甲 己
寅 寅 戌 酉

이 사주는 갑목(甲木)은 출간(出干)했는데 임계수(壬癸水)가 없고, 토(土)가 건조하여 목(木)이 메말라 고빈(孤貧)한 명(命)이 되었다.

戊 丙 戊 丙
戌 午 戌 申

이 사주는 선빈후부격(先貧後富格)이다. 양간부잡(陽干不雜)인데 지지(地支)에 화국(火局)을 이루었기 때문에 임수(壬水)가 용신(用神)이다. 일간(日干)이 양인(陽刃)에 앉아 있고, 년상(年上)에서 임살(壬殺)을 만나 살인상제(殺刃相制)한다. 격국(格局)에 귀(貴)가 있으나, 애석하게도 무토(戊土)가 출간(出干)했는데 사주에 갑목(甲木)이 없다. 무토(戊土)가 병화(丙火)를 어둡게 하고 임수(壬水)를 제(制)하나, 신궁(申宮) 경금(庚金)을 생(生)하니 변하여 부격(富格)이 되었다.

壬 丙 丙 庚
辰 寅 戌 戌

이 사주는 갑목(甲木)은 암장(暗藏)되어 있는데 임수(壬水)는 투출

(透出)했다. 따라서 부(富)는 크나 귀(貴)가 적어 공사(貢士)에 머물렀다. 경임(庚壬)이 모두 투출(透出)했으나 통근(通根)되지 않았기 때문이다.

壬 丙 壬 戊
辰 寅 戌 戌

이 사주는 월(月)의 중기(中氣)에 태어났다. 갑목(甲木)이 인(寅)에 심장(深藏)되어 있는데 임수(壬水)가 있으니 부(富)는 있으나 귀(貴)는 없다. 임수(壬水)는 질살(七殺) 편관(偏官)이나, 진(辰)에 을목(乙木) 인수(印綬)가 있으니 살인화격(殺印化格)이 되었다. 아신(我身)이 필요로 하는 격국(格局)이다.

壬 丙 甲 甲
辰 戌 戌 寅

이 사주는 재(財)가 임수(壬水)를 생(生)하지 않는다. 따라서 갑목(甲木)이 있어도 중등의 명(命)이 되었다.

戊 丙 戊 丙
子 申 戌 寅

이 사주는 신궁(申宮) 경금(庚金)을 용신(用神)으로 삼아 임계수(壬癸水)를 생(生)한다. 그러나 무토(戊土)가 태중(太重)한데 갑목(甲

木)이 인(寅)에 암장(暗藏)되어 있어 토(土)를 파(破)하지 못한다.
진사(進士)로 편수직(編修職)에 있었다.

    庚 丙 庚 丁
    寅 午 戌 丑

이 사주는 겉으로는 시상(時上) 편재(偏財)가 용신(用神)인 것 같으
나, 인오술(寅午戌)이 회국(會局)하여 염상격(炎上格)이 때를 잃었
다. 그러나 갑인운(甲寅運)과 을묘운(乙卯運)으로 흘러, 한림(翰林)
출신으로 대학사(大學士)가 되었다.

    壬 丙 戊 辛
    辰 戌 戌 巳

이 사주는 진사(進士) 출신으로 총독(總督)에 이른 사람이다. 신금
(辛金)이 토(土)를 설(洩)하여 임수(壬水)를 생(生)한다. 그러나 사
주에 갑목(甲木)이 없어 임진운(壬辰運)에서 사망했다.

    庚 丙 戊 辛
    寅 午 戌 酉

이 사주는 지지(地支)에 화국(火局)이 있는데 식신생재격(食神生財
格)이다. 입묘(入墓)된 화(火)는 생왕지(生旺地)로 흐르는 것을 기뻐
한다. 동남운(東南運)에서 아들로 인하여 대부대귀격(大富大貴格)이

되었다.

■ 삼동(三冬) 병화(丙火)

동월(冬月) 화(火)는 인수(印綬)나 비겁(比劫)이나 식상(食傷)을 취할 때는 원국(原局)에서 금(金)이 수(水)를 도와 범람하지 않아야 아름다운 명(命)이 되고, 원국(原局)에서 비겁(比劫)을 거듭 만나야 아름다운 명(命)이 된다.

해월(亥月) 병화(丙火)

해월(亥月) 병화(丙火)는 태양이 영(令)을 잃은 때에 있다. 따라서 갑무경(甲戊庚)이 나란히 투출(透出)하면 과갑(科甲)에 준함이 있다. 풍수(風水)가 불급(不及)하더라도 선발됨은 있다. 이런 사람은 청고(淸高)함을 좋아하고, 유림(儒林)의 우두머리가 된다.

해월(亥月) 화(火)는 절지(絶地)에 해당하고, 휴수(休囚)가 극(極)에 이르니 갑목(甲木)을 용신(用神)으로 삼아 생(生)해야 한다. 해궁(亥宮) 임수(壬水)가 영(令)을 잡아, 습목(濕木)이 불꽃이 없기 때문에 갑목(甲木)이 장생(長生)되나 왕(旺)하지는 않다. 무토(戊土)로 수(水)를 제(制)하면 목(木)을 배양(培養)하고, 목왕(木旺)하면 병화(丙火)를 생(生)한다. 병화(丙火)는 임수(壬水)를 만나면 귀(貴)가 되니, 무토(戊土)가 임수(壬水)를 제(制)하면 비추는 것을 도와 생

(生)함을 잃는다. 이때는 경금(庚金)으로 도와야 한다. 경금(庚金)이 무토(戊土)를 화(化)하여 임수(壬水)를 생(生)하면 살인상생(殺印相生)한다. 그러므로 갑무경(甲戊庚)이 나란히 투출(透出)하면 부귀격(富貴格)을 이루는 것이다.

해월(亥月) 병화(丙火)가 신금(辛金)이 모두 투출(透出)했는데 진(辰)을 만나면 화합(化合)하여 대귀격(大貴格)을 이룬다. 화기격(化氣格) 중에서 병화(丙火)가 신금(辛金)을 만나면 쉽게 화(化)하지 않는다. 갑목(甲木)이 기토(己土)를 만나는 것보다도 더 심하다.

적천수(滴天髓)에서는 오양(五陽)이 모두 양(陽)이나 병화(丙火)가 최고이고, 아극(我剋)이 극아(剋我)로 화(化)한다고 했다. 그러나 지지(地支)에 금수(金水)가 하나도 없으면, 병화(丙火)의 기세가 사절(死絶)되나 쉽게 화(化)하지는 않는다. 해월(亥月)의 수왕(水旺)한 때 태어났는데, 지지(地支)에 수국(水局)과 북방(北方)이 있으면서 진(辰)을 만나면, 진화(眞化)가 되어 화합(化合)하니 대부대귀격(大富大貴格)을 이룬다.

해월(亥月) 병화(丙火)는 수(水)가 많고 갑목(甲木)이 있는데, 무토(戊土)가 없으면 종살(從殺)하기 어렵다. 이때는 기토(己土)로 임수(壬水)의 살(殺)을 혼합하면 길하다.

다시 말해, 해궁(亥宮) 갑목(甲木)이 장생(長生)되어, 임수(壬水)가 많아 월령(月令)에서 녹(祿)을 얻어도 종살(從殺)이 아니다. 이때 병화(丙火)가 절(絶)한 것 같으면서도 절(絶)하지 않은 것은, 갑목(甲木)이 살기(殺氣)를 설(洩)하여 살인상생(殺印相生)되기 때문이다. 이것은 기토(己土)로 임수(壬水)를 제(制)하는 것이 아니라 혼합하는 것이다. 임수(壬水)가 충분(沖奔)하여 기토(己土)가 제(制)하지 못하나, 수(水)가 토(土)의 화(和)함을 얻으면 목(木)을 생(生)하여 병화(丙火)의 뿌리가 된다. 이때 갑목(甲木)이 출간(出干)하면 더욱 더 아름답다. 만일 갑목(甲木)이 없어 해궁(亥宮) 갑목(甲木)이 용신(用神)이면 목(木)에 생기가 있어 길하다.

해월(亥月) 목(木)은 묘미(卯未)가 회국(會局)하면 왕목(旺木)과 같고, 해미(亥未)가 모이면 기토(己土)가 임수(壬水)를 혼합하는 이치와 같다. 화(火)가 토(土)를 생(生)하여 토(土)가 수(水)를 제(制)하면 목(木)을 배양(培養)하여 화(火)가 생(生)한다. 이것이 적천수(滴天髓)에서 말하는 반생(反生)이다.

해월(亥月) 병화(丙火)는 임수(壬水)가 많은데 신금(申金)도 많으면 기명종살격(棄命從殺格)이 된다. 이런 사람은 과갑(科甲)은 아니더라도 벼슬길에는 오른다. 다시 말해, 해궁(亥宮) 갑목(甲木)이 있어도 신궁(申宮) 경금(庚金)이 있기 때문에, 경금(庚金)이 갑목(甲木)을 제(制)하여 목(木)의 생기가 단절되어 병화(丙火)가 충분히 종살(從殺)한다. 그러나 신금(申金)이 없으면 종살(從殺)하지 않는다.

해월(亥月) 병화(丙火)는 목(木)이 많으면 경금(庚金)이 용신(用神)이고, 수(水)가 많으면 무토(戊土)가 용신(用神)이고, 화(火)가 많으면 임수(壬水)가 용신(用神)이 되어야 길하다. 그러나 수(水)는 많은데 무토(戊土)가 없거나, 목(木)은 성(盛)한데 경금(庚金)이 없으면 평범한 명(命)에 지나지 않는다. 이것은 병(病)이 있으면 약(藥)이 되는 것을 용신(用神)으로 삼아야 된다는 뜻으로, 앞에서 갑무경(甲戊庚)이 나란히 투출(透出)한다는 것과는 다르다.

해월(亥月) 병화(丙火)는 목왕(木旺)하면 경금(庚金)이 인수(印綬)를 상하게 하고, 수왕(水旺)하면 무토(戊土)로 제방해야 한다. 그러나 반드시 병화(丙火)가 생왕(生旺)해야 무토(戊土)를 용신(用神)으로 삼을 수 있다. 그렇지 않으면 극설교집(剋洩交集)되어 좋지 않다. 만일 화왕(火旺)하면 임수(壬水)가 용신(用神)이기 때문에 광휘를 돕는다. 한마디로, 해월(亥月) 병화(丙火)는 갑목(甲木)이 우선이고, 경무임(庚戊壬)은 경우에 따라 취한다.

壬 丙 己 辛
辰 子 亥 巳

이 사주는 수(水)가 많으니 기토(己土)가 용신(用神)이다. 병화(丙火)가 해월(亥月)에 태어나 절처봉생(絕處逢生)이 되면 대귀격(大貴格)을 이룬다. 절처봉생(絕處逢生)은 일원(日元)이 절(絕)을 만나나 인수(印綬)가 장생(長生)되는 것이다. 그러나 해궁(亥宮) 임수(壬水)가 당왕(當旺)하여, 충분(沖奔)하는 수(水)이니 목(木)을 생(生)하기가 어렵다. 이때는 기토(己土)로 임수(壬水)를 혼합하면 반생(反生)의 공(功)을 이루게 된다.

다시 말해, 이 사주는 기토(己土)가 임수(壬水)를 혼합하는 격국(格局)이다. 용신(用神)이 갑목(甲木)에 있기 때문에 무토(戊土)로 제방하는 사주와는 다르다. 임수(壬水)가 용신(用神)인데 기토(己土)가 혼탁하게 하면 흉하나, 이 격(格)은 혼탁하게 하는 것을 이용하여 갑목(甲木)을 배양(培養)하고 병화(丙火)를 생(生)한다. 따라서 이 사람은 대부대귀(大富大貴)를 누리며 장수했고, 자식에게까지 귀(貴)가 있었다.

庚 丙 乙 甲
寅 戌 亥 申

이 사주는 경갑(庚甲)이 모두 투출(透出)했는데 무토(戊土)가 득위(得位)하여 늠사에 이르렀다. 해월(亥月)에 태어나 인수(印綬)가 왕(旺)하니 신강(身强)하다. 경금(庚金) 재(財)로 관(官)을 생(生)하여 술궁(戌宮) 무토(戊土)가 왕(旺)하다.

戊 丙 辛 壬
子 戌 亥 辰

이 사주는 청렴하며 효심이 깊은 사람이다. 병화(丙火)가 고(庫)에 통근(通根)했는데 임수(壬水)가 출간(出干)했으니, 갑목(甲木)이 있으면 귀격(貴格)을 이룬다. 그러나 신살(身殺)이 왕(旺)하지 않은데 무토(戊土)가 용신(用神)이 되어 귀(貴)가 부족했다.

壬 丙 辛 壬
辰 午 亥 辰

이 사주는 병오일간(丙午日干)이 양인(陽刃)에 앉았는데 진오(辰午)에 사록(巳祿)을 끼고 있다. 따라서 병화(丙火)가 암왕(暗旺)하여 종화(從化)하지 않는다. 오궁(午宮) 정기(丁己)가 해궁(亥宮) 임갑(壬甲)과 상합(相合)하여 기세가 모인다. 정임(丁壬)이 화합(化合)하고, 기토(己土)가 임수(壬水)를 혼합하여 갑목(甲木)을 생(生)하니,

갑인(甲印)이 용신(用神)이다. 살왕(殺旺)하여 인수(印綬)를 쓰니 갑
인운(甲寅運)과 을묘운(乙卯運)에 뜻을 이루었다.

　　　　己 丙 己 辛
　　　　亥 辰 亥 未

　이 사주는 기토(己土)가 임수(壬水)를 혼합하여 출장입상(出將入
相)이 되었다. 해미(亥未)가 묘(卯)를 끼고 있어 인수(印綬)로 화살
(化殺)하니 더욱 빛난다.

　　　　庚 丙 辛 壬
　　　　寅 午 亥 申

　이 사주는 병오일간(丙午日干)이 양인(陽刃)에 앉았는데, 임살(壬
殺)이 생(生)하여 녹(祿)을 얻었으니 살인양정(殺刃兩停)이 되었다.
인궁(寅宮) 갑목(甲木)이 용신(用神)이다. 초년인 임자운(壬子運)과
계축운(癸丑運)에는 곤(困)했으나, 갑인운(甲寅運)과 을묘운(乙卯
運)에는 동남운(東南運)으로 흘러 총독(總督)에 이르렀다.

　　　　庚 丙 辛 壬
　　　　寅 寅 亥 申

　이 사주는 임수(壬水)가 당왕(當旺)하여 재(財)가 생(生)되었고, 인
궁(寅宮) 갑목(甲木)이 용신(用神)이 되어 총독(總督)에 이르렀다.

壬 丙 己 丙
辰 子 亥 戌

이 사주는 기토(己土)가 임수(壬水)를 혼합하여 갑목(甲木)을 생
(生)하고, 병화(丙火)가 투간(透干)하여 태양이 비추는 것을 돕는다.

자월(子月) 병화(丙火)

자월(子月) 동지(冬至)는 양(陽)이 생(生)하는 때이니, 병화(丙火)
가 약한 가운데 생왕(生旺)하다. 먼저 임수(壬水)로 용신(用神)을 삼
은 다음에 무토(戊土)로 보좌해야 한다. 중동(仲冬) 병화(丙火)는 동
지(冬至) 전은 해월(亥月)과 같이 보고, 동지(冬至) 후는 양(陽)이
다시 돌아오는 때이니 약한 가운데 다시 강해진다. 중동(仲冬)은 임
수(壬水)가 전왕(專旺)한 때이니 무토(戊土)로 보좌해야 하나, 일원
(日元)이 생왕(生旺)하지 않으면 불가하다.
자월(子月) 병화(丙火)가 임무(壬戊)가 모두 투출(透出)하면 과갑
(科甲)에 쥬함이 있다. 설사 풍수(風水)가 불급(不及)하더라도 선발
됨은 있다. 만일 무토(戊土)가 많은데 기토(己土)가 있으면 수재(秀
才)에 불과하나, 경우에 따라 이도(異途)로 발전하기도 한다. 무토
(戊土)가 용신(用神)인데 갑목(甲木)이 적으면 불가하니, 임무(壬戊)
는 참작해서 취한다.
무토(戊土)가 용신(用神)인데 갑목(甲木)이 적으면 불가하다는 것

은 매우 중요한 사항이다. 동지(冬至) 후는 양(陽)이 돌아왔다고는 하나, 기세가 매우 미약하여 임수(壬水)로 비추어주는 것을 기뻐한다. 그러나 반드시 갑목(甲木)이 화왕(火旺)함을 생조(生助)해야 도움이 된다.

다시 말해, 임수(壬水)가 용신(用神)일 때나 무토(戊土)가 용신(用神)일 때나 모두 갑목(甲木)이 적으면 불가하다. 만일 일원(日元)이 생왕(生旺)하면 식신(食神)으로 제살(制殺)해야 한다.

자월(子月) 병화(丙火)가 무토(戊土)가 많은데 기토(己土)가 있으면 지나치게 제살(制殺)하나, 임수(壬水)가 승왕(乘旺)하여 유림(儒林)의 수사(秀士)는 잃지 않고, 갑병(甲丙)이 있으면 배합되어 이도(異途)로 발전한다. 그렇지 않으면 칠살(七殺)을 지나치게 제(制)하기 때문에 공명(功名)을 얻기 어렵다. 자월(子月) 병화(丙火)는 신왕(身旺)하면 임수(壬水)가 용신(用神)이고, 임수(壬水)가 많으면 무토(戊土)가 용신(用神)이다. 그러나 일원(日元)의 왕약(旺弱)을 잘 살펴서 정해야 한다.

자월(子月) 병화(丙火)가 일파(一派) 임수(壬水)가 있는데 무토(戊土)가 용신(用神)이면, 명성을 얻기는 어려우나 문장이 뛰어난 사람이고, 설사 명리(名利)가 있더라도 실속이 없다. 이것은 무토(戊土)가 빛을 어둡게 하기 때문이다. 이때는 갑목(甲木)이 약(藥)이 된다. 만일 수(水)는 많은데 무토(戊土)가 없고, 화(火)는 많은데 임수(壬水)가 없으면 중화(中和)되지 못하여 하격(下格)이 된다.

자월(子月)은 화(火)가 실령(失令)하는 때이니, 일파(一派) 임수(壬水)가 있는데 무토(戊土)로 용신(用神)을 삼지 않으면 흉하다. 무토(戊土)가 병임(丙壬)의 광채를 돕지 않고, 병화(丙火)가 미약하여 기

(氣)가 없으니 재능이 출중해도 실속이 없는 것이다. 그러나 갑목(甲木)으로 구제하면 명리(名利)를 모두 이룰 수 있다.

다시 말해, 일원(日元)이 쇠약하면 재살(財殺)이나 식신제살(食神制殺)을 취해도 상격(上格)을 이루지 못한다. 이때는 반드시 인수(印綬)가 있어야 한다. 그러나 인수(印綬)나 비겁(比劫)이 태다(太多)한데 살(殺)이 없으면 역시 상격(上格)을 이루지 못한다.

자월(子月) 병화(丙火)가 임수(壬水)는 없는데 계수(癸水)가 투간(透干)하면 금(金)의 도움을 받아 상하지 않는다. 이때 병화(丙火)가 투출(透出)하여 해동(解凍)하면 의금(衣衿)은 허락한다.

다시 말해, 사주에 인수(印綬)나 비겁(比劫)이 매우 많을 때는 임수(壬水)가 없으면 귀격(貴格)을 이룰 수 없다. 만일 임수(壬水)가 없으면 계수(癸水)를 취하나, 중동(仲冬) 계수(癸水)는 눈이나 서리와 같아 병화(丙火)가 차가워진다. 이때 비견(比肩)으로 해동(解凍)하지 않으면 구제할 수 없다. 따라서 병화(丙火)가 투출(透出)하면 의금(衣衿)은 있는 것이다.

자월(子月) 병화(丙火)가 임수(壬水)는 많은데 갑목(甲木)이 없으면, 기명종살격(棄命從殺格)이 되어 운로(雲路)가 있다. 병화(丙火)가 자월(子月)에 이르면 기세가 절(絶)하여 기명종살격(棄命從殺格)이 된다. 이때 지지(地支)에 수국(水局)이 있거나 북방(北方)이 완전하면 변격(變格)으로 아름다운 명(命)이 된다.

자월(子月) 병화(丙火)는 수(水)가 많고 갑목(甲木)이 있는데 무토(戊土)가 없으면 종살(從殺)이 아니다. 이때 기토(己土)가 임수(壬水)를 혼잡하는 것은 해월(亥月) 병화(丙火)와 같다. 그러나 해월(亥月)은 해궁(亥宮) 갑목(甲木)이 유기(有氣)하기 때문에, 갑목(甲木)

이 투출(透出)하지 않아도 해궁(亥宮) 갑목(甲木)을 쓸 수 있으나,
자월(子月)은 갑목(甲木)이 출간(出干)하지 않으면 취하지 않는다.
이때는 병화(丙火) 비견(比肩)의 도움이 있어야 한다. 수토(水土)가
한동(寒凍)하기 때문에 병화(丙火)가 없으면 목(木)에 생기가 없다.
그러나 지지(地支)에서 인(寅)을 만나면 취할 수 있다.

　자월(子月) 병화(丙火)는 갑목(甲木)이 적으면 흉하다. 이것은 토
(土)가 빛을 가릴 때 갑목(甲木)으로 파(破)해야 하기 때문이다. 만
일 임수(壬水)가 용신(用神)이면 동수(冬水)가 얼음을 이루니, 비견
(比肩)이 없으면 참작하여 용신(用神)을 정한다. 자월(子月) 병화(丙
火)는 쇠절지(衰絶地)에 있어 기세가 휴수(休囚)된다. 이때 갑목(甲
木)으로 생(生)하지 않으면 흉하고, 수왕(水旺)한데 무토(戊土)로 제
(制)하지 않으면 흉하다. 쇠절(衰絶)된 화(火)가 토(土)를 만나면 광
채가 가려지니, 갑목(甲木)으로 토(土)를 파(破)하지 않으면 발전하
기 어렵다는 것이다.

　중동(仲冬)은 천한지동(天寒地凍)하여 임수(壬水)가 얼게 된다. 이
때 지지(地支)에 화국(火局)이 있거나, 천간(天干)에 비견(比肩)이
없으면 임수(壬水)를 쓸 수 없다. 대개 쇠절(衰絶)된 화(火)가 당왕
(當旺)한 수(水)를 만나면, 극제(剋制) 당하기 쉽기 때문에 신중하게
잘 살펴야 한다.

　　　庚 丙 庚 辛
　　　寅 寅 子 亥

　이 사주는 포정(布政)을 지낸 사람이다. 년월(年月)의 금수(金水)가

왕(旺)하니 일시(日時)에 있는 인(寅) 두 개를 기뻐한다. 인궁(寅宮)에 갑목(甲木)이 암장(暗藏)되어 있는데 병화(丙火)가 도와주고, 남방운(南方運)으로 흘러 귀격(貴格)이 되었다.

癸 丙 庚 辛
巳 子 子 酉

이 사주는 병화(丙火)가 용신(用神)이 되어 수재(秀才)였으나 부(富)는 작았다. 일록귀시(日祿歸時)가 있고, 중년 후에 을미(乙未)와 갑오(甲午)의 목화(木火)가 상생(相生)하여 선종(善終)했다.

戊 丙 壬 丁
子 戌 子 巳

이 사주는 금한수동(金寒水凍)하여 정임(丁壬)을 모두 잃고, 무토(戊土)가 병화(丙火)를 어둡게 만들어 가난으로 고생하다 질병으로 사망했다. 앞 사주는 사(巳)에 녹(祿)이 있고, 이 사주는 술(戌)에 뿌리가 있으니 기(氣)가 쇠약하다. 더구나 정임(丁壬)이 합(合)하여 쓸모가 없어졌다. 다시 말해, 수왕화쇠(水旺火衰)하여 갑목(甲木)이 없으면 흉하다. 동남운(東南運)은 길하나, 서북운(西北運)은 목화(木火)의 사절지(死絶地)가 되어 흉하다.

己 丙 庚 辛
丑 辰 子 酉

중동(仲冬) 병화(丙火)는 병갑(丙甲)이 없으면 흉한데, 이 사주는
자유(子酉) 사이에 술해(戌亥)가 끼어 있고, 진축(辰丑) 사이에 인묘
(寅卯)가 끼어 있다. 묘술(卯戌)과 인해(寅亥)가 상합(相合)하여 몰
래 인수(印綬)와 비겁(比劫)을 이루니 목화(木火)의 허신(虛神)을 취
한다. 가지런히 모인 지지(地支)에 귀(貴)가 있어, 남방운(南方運)으
로 흐를 때 총규(總揆)에 이르렀다.

甲 丙 庚 辛
午 戌 子 未

이 사주는 추운 가운데 따뜻함이 있으니, 오술(午戌)이 회국(會局)
하나 갑목(甲木)이 용신(用神)이다. 을운(乙運)과 갑운(甲運)에서 명
의(名醫)로 명성을 떨쳤고, 계운(癸運)에 사망했다.

庚 丙 戊 庚
寅 子 子 辰

이 사주는 인궁(寅宮) 갑목(甲木)이 용신(用神)이다. 병화(丙火)가
무토(戊土)를 만나 빛이 어두어져 귀격(貴格)을 이루지 못했다. 그러
나 무토(戊土)가 수(水)를 제(制)하여 생재(生財)하니, 갑목(甲木)이
생부(生扶)하여 부격(富格)이 되었다. 동남운(東南運)에서 대륙은행
경리가 되었고, 54세인 계유년(癸酉年)에 망했다.

丙 丙 丙 甲
申 寅 子 子

이 사주는 갑목(甲木)이 용신(用神)이고, 병화(丙火)의 도움을 받으
나 부중귀경(富重貴輕)하다. 임수(壬水)가 광휘를 돕지 않아 청기(淸
氣)가 부족하다. 미운(未運) 갑술년(甲戌年)에 망했다.

丁 丙 丙 己
酉 子 子 卯

자(子)는 제왕(帝旺)의 자리인데, 년상(年上)에 묘(卯)가 있고 시상
(時上)에 유(酉)가 있으니 동서로 대립한다. 묘유(卯酉)는 해와 달의
출입문이고, 재관인(財官印)이 갖추어져 대귀격(大貴格)이 되었다.
그러나 상관(傷官)이 인수(印綬) 위에 있고, 겁재(劫財)가 재지(財
地)에 있고, 동지(冬至) 전에 태어났으니 양(陽)이 다시 돌아온다. 그
러나 목화운(木火運)이 서로 돕지 않으면 뜻을 이루기 어렵다.

辛 丙 甲 癸
卯 戌 子 木

이 사주는 임수(壬水)는 없으나 계수(癸水)가 있다. 관성(官星)이
영(令)을 잡고 갑목(甲木)을 생조(生助)하나, 병신합(丙辛合)하여 일
원(日元)이 재(財)를 시모하기 때문에 관인(官印)을 향하지 않는다.
따라서 용신(用神)이 병(病)이 되어 행정원 비서장에 이르렀다. 또

임진시(壬辰時)의 명(命)이 있었으니, 년월일(年月日)이 모두 같으나 임수(壬水)가 출간(出干)하여 대리원장(大理院長)이 되었다.

축월(丑月) 병화(丙火)

축월(丑月) 병화(丙火)는 이양(二陽)이 진기(進氣)하는 때에 있다. 따라서 설상(雪霜)을 가볍게 생각하여 기만하기 때문에 임수(壬水)로 용신(用神)을 삼아야 한다. 그리고 기토(己土)가 사령(司令)하는 때이니, 기토(己土)가 많으면 갑목(甲木)으로 보좌해야 한다. 병화(丙火)는 수(水)가 극(剋)하는 것은 두려워하지 않으나, 토(土)가 설(洩)하면 흉하다. 태양이 강호(江湖)를 비추면 수정같이 빛나니, 임수(壬水)가 없으면 귀(貴)를 취할 수 없고, 갑목(甲木)이 없으면 병화(丙火)를 생(生)할 수 없다. 이때 토(土)는 중요하지 않으나, 기토(己土)가 많은데 갑목(甲木)이 없으면 불가하다.

축월(丑月) 병화(丙火)가 임갑(壬甲)이 모두 투출(透出)하면 과갑(科甲)에 준함이 있다. 설사 풍수(風水)가 불급(不及)하더라도 공감(貢監)은 허락한다. 만일 갑목(甲木)이 암장(暗藏)되어 있으면 수재(秀才)에 불과하고, 갑목(甲木)은 없는데 임수(壬水)가 하나 투출(透出)하면 부(富)한 가운데 귀(貴)가 있어 삼춘(三春)이 모두 이롭다.

다시 말해, 축월(丑月) 병화(丙火)는 임갑(壬甲)이 모두 투출(透出)하면 반드시 과갑(科甲)에 준함이 있다. 만일 갑목(甲木)이 암장(暗藏)되어 있는데 동남운(東南運)으로 흐르면 목화(木火)가 득지(得

地)하여 역시 귀격(貴格)을 이룬다. 축월(丑月)은 기토(己土)가 영(令)을 잡는 때이니, 병화(丙火)를 어둡게 하고 임수(壬水)를 탁하게 만들기 때문에, 갑목(甲木)이 없으면 귀격(貴格)을 이루지 못한다. 그러나 임수(壬水)가 투출(透出)하면 수정과 같으니 삼춘(三春)이 모두 이롭다. 그러나 부(富)는 중(重)하나 귀(貴)는 가볍다.

축월(丑月) 병화(丙火)가 일파(一派) 기토(己土)가 있는데 갑을목(甲乙木)이 없으면 가상관격(假傷官格)이 된다. 이런 사람은 총명하나 거만하고, 명리(名利)가 허상이다. 동월(冬月)에 태어났으니 이양(二陽進氣)이나 춘월(春月)이나 하월(夏月)만은 못하다. 그러나 갑목(甲木)이 있으면 상관패인(傷官佩印)이 되어 명리(名利)가 모두 있다.

축월(丑月) 병화(丙火)가 일파(一派) 계수(癸水)가 있는데 기토(己土)가 출간(出干)하면 반드시 자수성가한다. 만일 기토(己土)가 계수(癸水)를 지나치게 제(制)하면 신금(辛金)으로 기토(己土)를 설(洩)하여 계수(癸水)를 도와야 한다. 계수(癸水)가 투출(透出)하면 뛰어난 사람으로, 설사 명성은 얻지 못하더라도 우아하며 풍모가 있다.

다시 말해, 축궁(丑宮)에 기계신(己癸辛)이 같이 있는데 기계(己癸)가 투출(透出)하면 반드시 자수성가하고, 신금(辛金)이 나란히 투출(透出)하면 기토(己土)를 설(洩)하여 계수(癸水)를 돕기 때문에 귀격(貴格)을 이룬다. 이런 사람은 명성을 얻지 못하더라도 우아한 기풍이 있다.

壬 丙 乙 癸
辰 午 丑 卯

이 사주는 통령(統領)이었다. 일원(日元)이 인(刃)에 앉아 있고, 칠살(七殺)이 출간(出干)하여 살인격(殺刃格)이 되었다. 을묘(乙卯)에 정인(正印) 녹(祿)이 있고, 진오(辰午) 사이에 사록(巳祿)을 끼고 있고, 축묘(丑卯)가 장생(長生)을 끼고 있으니 일원(日元)이 암왕(暗旺)하다. 금수운(金水運)에서 인수(印綬)가 화(化)하여 대귀격(大貴格)이 되었다.

庚 丙 己 乙
寅 寅 丑 丑

이 사주는 갑목(甲木) 두 개가 토(土)를 제(制)하여 안찰사(按察使)가 되었다. 화토상관패인격(火土傷官佩印格)이니 인수(印綬)가 없으면 귀격(貴格)을 이루지 못한다. 기토(己土)가 많은 것을 갑목(甲木)으로 파(破)하고, 갑목(甲木)의 녹(祿)이 인(寅)에 있으니 용신(用神)이 귀(貴)를 얻어 장원급제했다. 이 사주는 인궁(寅宮) 갑목(甲木)이 용신(用神)이다. 기토(己土)가 병화(丙火)의 수기(秀氣)를 설(洩)하여 총명하나, 상관(傷官)이 태중(太重)하여 반드시 패인(佩印)한다.

庚 丙 丁 己
寅 午 丑 丑

이 사주는 갑목(甲木)을 용신(用神)으로 삼아 기토(己土)를 제(制)하니 일방(一榜)이 있었다. 화토상관격(火土傷官格)이 인오(寅午)가 회국(會局)하나, 역시 상관패인(傷官佩印)이 되었다.

庚 丙 丁 己
寅 戌 丑 巳

이 사주도 갑목(甲木)이 용신(用神)이 되어 일방(一榜)이 있었다.

癸 丙 己 乙
巳 申 丑 巳

이 사주는 상업에 종사한 사람으로, 신금(辛金)이 금국(金局)을 이루어 자수성가했다. 병화(丙火)가 신(申)에 임하여 매우 약하나, 다행히도 년시(年時)에 사(巳)가 있으니 병화(丙火)가 녹(祿)을 얻었다. 사축(巳丑)이 회국(會局)하여 상관용재격(傷官用財格)이나, 계수(癸水)가 상하여 귀격(貴格)을 이루지는 못했다.

戊 丙 乙 戊
戌 辰 丑 戌

이 사주는 토(土)가 중(重)하고 실(實)하여 가색격(稼穡格)이 되었다. 대한(大寒) 3일 전에 태어나 천한지동(天寒地凍)하니 을목(乙木)이 용신(用神)이다. 화토상관(火土傷官)의 변격(變格)이다. 적천수(滴天髓)에서는 자왕모쇠(子旺母衰)하면 반드시 어머니를 따라야 한다고 했다. 남방운(南方運)에서 토(土)가 따뜻하여 윤택하게 생

(生)해주니 만물이 생(生)한다. 사운(巳運) 임오년(壬午年)에 원무(院撫)에 올랐고, 오운(午運) 경인년(庚寅年)에 독량강(督兩江)에 올랐다. 62세인 미운(未運) 기해년(己亥年)에 사망했다.

壬 丙 辛 辛
辰 寅 丑 酉

이 사주는 재왕(財旺)하고 살고(殺高)하니 인궁(寅宮) 목화(木火)가 용신(用神)이다. 인진(寅辰) 사이에 묘(卯)를 끼고 있어 기(氣)가 동방(東方)에 모였다. 임수(壬水)의 귀(貴)가 묘(卯)에 있고, 병(丙)의 귀(貴)가 유(酉)에 있고, 신금(辛金)의 귀(貴)가 인(寅)에 있다. 천을귀인(天乙貴人)과 화개살(華蓋殺)이 되니 승도의 우두머리가 된다. 을미운(乙未運)과 갑오운(甲午運)에서 천하에 명성을 떨쳤고, 계운(癸運)에 수양을 그쳤다.

戊 丙 癸 丁
子 申 丑 卯

이 사주는 년상(年上) 겁인(劫刃)이 용신(用神)이다. 만년인 남방운(南方運)에서 중앙 연구원장이 되었다.

戊 丙 辛 丙
子 申 丑 子

이 사주는 병신(丙辛)이 쟁합(爭合)하나, 진(辰)이 없으니 종화격(從化格)이 아니다. 신금(辛金)으로 무토(戊土)를 설(洩)하여 자수(子水) 관성(官星)을 보호한다. 이양(二陽)이 진기(進氣)하는 때이나 신약(身弱)하면 흉하다. 동남운(東南運)에서 재정(財政)·교통총장(交通總長)이 되었다.

庚 丙 乙 癸
寅 寅 丑 未

이 사주는 일시(日時)에 인(寅)이 있는데 이양(二陽)이 진기(進氣)하는 때이니, 병화(丙火)가 왕상(旺相)하여 경금(庚金)으로 기토(己土)를 설(洩)하여 계수(癸水)를 돕는다. 이때 계수(癸水)가 출간(出干)하여 행정원 비서장이 되었다.

癸 丙 乙 戊
巳 戌 丑 戌

이 사주는 계수(癸水)가 출간(出干)했으나 무토(戊土)가 상하게 만들고, 토중(土重)하여 계수(癸水)를 상하게 만드니 명배우가 되었다.

4장. 정화(丁火)

정화(丁火)의 조후용법(調候用法)

정화(丁火)는 등불에 해당하고, 퇴기(退氣)하는 불이기 때문에 화(火)가 아무리 왕(旺)해도 열화(烈火)라고 하지 않는다. 겉으로는 밝게 비치는 것 같아도 안으로는 쇠갈(衰竭)하다. 따라서 인수(印綬)이며 모성(母星)인 갑목(甲木)이 반드시 있어야 한다. 어머니인 갑목(甲木)이 있으면 추동월생(秋冬月生)이라도 쇠절(衰絶)할 근심이 없다. 그러나 임계수(壬癸水)가 태다(太多)하면 관살(官殺)이 혼잡되어 불이 꺼질 근심이 있다. 이때 어머니인 갑목(甲木)이 도와야 한다. 정화(丁火)는 등촉의 불이고, 갑목(甲木)은 정화(丁火)의 땔감이다. 따라서 정일생(丁日生)이 갑목(甲木)이 있으면, 땔감이 풍부한 격이 되어 부귀공명(富貴功名)을 이룬다.

■ 삼춘(三春) 정화(丁火)

정화(丁火)는 음화(陰火)이니 하늘에 있으면 별이요, 땅에 있으면 등불이다. 인월생(寅月生)은 먼저 어머니인 갑목(甲木)을 취한 다음에 경임계(庚壬癸)를 취하고, 묘월생(卯月生)은 금(金)은 태지(胎地)요 화(火)는 패지(敗地)이니, 먼저 양금(陽金)을 취한 다음에 갑목(甲木)을 취하여 화(火)를 도와주면 자연적으로 발전하고, 진월생(辰月生)은 토(土)가 왕성하니 화기(火氣)를 설(洩)한다. 이때 천간(天干)에 임수(壬水)가 투출(透出)하고, 지지(地支)에 신자수국(申子水局)이 있으면 살중신경(殺重身經)이 되어 요절(夭折)이 따른다.

인월(寅月) 정화(丁火)

인월(寅月) 정화(丁火)는 갑목(甲木)이 권리를 잡은 때에 있으니 모왕(母旺)하다. 따라서 경금(庚金)이 없으면 벽갑인정(劈甲引丁)하기 어려우니, 먼저 경금(庚金)을 용신(用神)으로 삼은 다음에 임수(壬水)를 취해야 한다.

다시 말해, 정화(丁火)는 반드시 갑목(甲木)이 있어야 한다. 갑목(甲木)이 없으면 의지할 곳이 없고, 경금(庚金)으로 벽갑(劈甲)하지 못하면 인정(引丁)할 수 없다. 따라서 목화(木火)가 영활(靈活)하지 못하다. 인월(寅月)의 인궁(寅宮)에는 스스로 갑목(甲木)이 있기 때문에 먼저 경금(庚金)을 쓰는데, 수(水)기 없으면 흉히디. 만일 수(水)

가 없으면 목화(木火)가 매우 뜨거워 중화(中和)하지 못하니, 경임(庚壬) 재관(財官)을 용신(用神)으로 삼는 것이다.

인월(寅月) 정화(丁火)는 임수(壬水)가 투출(透出)하면, 목(木)으로 화(化)하여 생왕(生旺)으로 회복된다. 이것은 아신(我身)이 제왕(帝旺)과 합(合)하기 때문이다. 그러나 경금(庚金)이 있으면 격(格)을 파(破)하니, 수재(秀才)의 명(命)에 불과하다.

인월(寅月) 정화(丁火)가 정임화목격(丁壬化木格)이면 인(寅)을 기뻐한다. 따라서 인월(寅月) 인시생(寅時生)은 반드시 대귀격(大貴格)을 이룬다. 그러나 경금(庚金)이 있으면 파격(破格)된다. 이때는 재관(財官)을 용신(用神)으로 삼아도 유림(儒林)의 선비에 불과하다. 인월(寅月) 정화(丁火)는 갑경(甲庚)을 떠날 수 없으나, 홀로 화목격(化木格)을 이루는 경우도 있다. 이때는 갑목(甲木)이 있으면 유리하나, 경금(庚金)이 있으면 격(格)을 이루지 못한다.

인월(寅月) 정화(丁火)는 경금(庚金)과 임계수(壬癸水)가 있는데 기토(己土)가 출간(出干)하여 제(制)하면, 과갑(科甲)은 아니라도 은봉(恩封)은 있다.

다시 말해, 인월(寅月) 정화(丁火)는 경금(庚金)이 있으면 화목격(化木格)을 이루지 못한다. 이때는 재관(財官)이 용신(用神)이나, 재(財)로 생관(生官)할 때 무토(戊土) 상관(傷官)이 있으면 흉하다. 만일 기토(己土)가 있으면 임계수(壬癸水)를 제(制)하기가 어려우니 식신생재(食神生財)한다. 이런 사람은 부(富)한 가운데 귀(貴)를 취하나, 정도(正途)는 아니다.

인월(寅月) 정화(丁火)가 일파(一派) 임계수(壬癸水)가 있는데, 인시생(寅時生)이 아니고 경금(庚金)이 없으면 반드시 곤궁한 명(命)

이 된다. 인월(寅月) 정화(丁火)에게 임수(壬水)가 있다는 것은, 인월(寅月) 인시생(寅時生)이라는 뜻으로 화목(化木)을 이룬다. 화격(化格)은 인수(印綬)로 용신(用神)을 삼는데 계수(癸水)를 말한다. 경금(庚金)이 있으면 화격(化格)을 파(破)하니 재관(財官)이 용신(用神)이라는 말이다. 화기(火氣)를 이루지 못한데다 재관(財官)까지 없으면 반드시 곤궁한 명(命)이 된다.

 인월(寅月) 정화(丁火)가 일파(一派) 갑목(甲木)이 있는데 경금(庚金)으로 제(制)하지 못하면 가난하거나 요절(夭折)할 명(命)이 된다. 만일 갑목(甲木)은 하나밖에 없는데 을목(乙木)이 많으면 고향을 떠나거나 분주한 사람이 되고, 아내와 자식이 온전하기 어렵다. 그러나 경자시생(庚子時生)은 갑을목(甲乙木)이 모두 있으면 아내와 자식과 인연이 두텁다.

 다시 말해, 인월(寅月) 정화(丁火)는 갑목(甲木)이 태다(太多)하면 목(木)이 성(盛)하여 화(火)가 막힌다. 이때는 반드시 재(財)로 인수(印綬)를 파(破)해야 한다. 즉 경금(庚金)으로 제(制)하지 못하면 가난하거나 요절(夭折)할 명(命)이 된다. 또 을목(乙木)이 많으면 효인(梟印)이 태왕(太旺)하니, 경금(庚金)이 을목(乙木)을 파(破)하지 못하면 아내와 자식이 온전하기 어렵다.

 그러나 경자시생(庚子時生)은 경금(庚金) 재성(財星)이 인수(印綬)를 파(破)하여 자수(子水) 편관(偏官)을 만나니, 아내와 자식과 인연이 두텁다. 그러나 편관(偏官)이 투출(透出)하지 않아 유림(儒林)의 선비에 불과하다. 적천수(滴天髓)에서는 이것을 청기(淸氣)가 돌아와도 관(官)이 일어나지 않으면 좋지 않다고 했다.

 남명(男命)이 정년(丁年) 임월(壬月) 정일(丁日) 임시(壬時)이면 반드시 부(富)가 있다. 그러나 여명(女命)은 불길하다. 이 격(格)은 화(火)가 아내요 토(土)가 자식인데, 자식을 키우기 어렵다. 여명(女命)이 여기에 해당하면 음탕하며 빈천(貧賤)하고, 형부극자(刑夫剋子)한다. 이것은 정임(丁壬)이 화(化)하는 작용이 아니다. 인월(寅月) 인시생(寅時生)은 천간(天干)에서 쌍으로 상합(相合)하나, 일원(日元)이 정유(丁酉)이면 재(財)가 관왕(官旺)을 생(生)하여 화격(化格)이 아니다.

인월(寅月) 정화(丁火)는 관(官)이 중(重)하면 살(殺)이 된다. 이때는 식상(食傷)으로 제(制)해야 하기 때문에 토(土)가 용신(用神)이 된다. 남명(男命)이 관(官)이 중(重)하면 귀(貴)는 없으나, 재관(財官)이 상생(相生)하여 사업으로 재물을 모은다. 여명(女命)은 부성(夫星)인 관(官)이 중(重)하면 정임(丁壬)은 음란한 합(合)이니 남편을 형(刑)하고 음탕하며 천박하다. 이 격(格)은 토(土)가 용신(用神)이니 임인시생(壬寅時生)은 목왕(木旺)하여 토(土)가 붕괴된다. 따라서 자식을 키우기 어렵고 형극(刑剋)이 있다. 이런 사주는 신살(神殺)을 참고해서 감정해야 한다.

인월(寅月) 정화(丁火)가 지지(地支)에 화국(火局)이 있는데, 적수(滴水)가 불꽃을 풀어주지 않으면 승도팔자가 된다. 이런 사람은 고빈(孤貧)하고 용렬하나 갑목(甲木)이 출간(出干)하면 약간의 길함이 있다. 인월(寅月) 정화(丁火)는 쇠갈(衰竭)한 불이기 때문에 염상(炎上)을 이루지 못한다. 이때는 반드시 경임(庚壬)으로 배합해야 한다. 갑목(甲木)이 출간(出干)하면 생왕(生旺)을 돕는 격이 된다. 따라서 동남운(東南運)으로 흐르면 귀격(貴格)을 이룬다. 이것을 가염상격(假炎上格)이라 한다.

다시 말해, 정화(丁火)는 쇠(衰)를 향하는 불이기 때문에 생왕(生旺)한 목(木)의 도움이 없으면 쓰임새가 없다. 따라서 반드시 갑목(甲木)이 있어야 한다. 갑목(甲木)이 있으면 친어머니를 만난 것과 같아 만사형통한다. 그러나 이때 수(水)가 적거나 많으면 좋지 않다.

인월(寅月) 정화(丁火)가 을목(乙木)이 있으면 같은 쇠갈(衰竭)한 기(氣)이니 생부(生扶)하기 어렵다. 그러나 갑목(甲木)이 있으면 동월(冬月)이나 추월(秋月)에 태어나 약하더라도 무방하다. 정화(丁火)는 소융(昭融)하여 병화(丙火)와는 비교할 수 없으나, 수(水)가 없거나 많으면 불가하다. 병화(丙火)는 수화(水火)가 기제(旣濟)되어야 아름다운 명(命)이 된다. 따라서 임수(壬水)를 떠날 수 없다. 정화(丁火)는 갑목(甲木)이 있으면 임수(壬水)로 용신(用神)을 삼아 귀격(貴格)을 이룬다.

辛 丁 丙 甲
亥 巳 寅 午

이 사주는 태감(太監)이었다. 지지(地支)에 화국(火局)이 있어 해궁(亥宮) 임수(壬水)가 용신(用神)이나 귀(貴)가 크지는 않다. 사해(巳亥)가 상충(相沖)하여 만년에 고생이 많았다.

壬 丁 戊 庚
寅 未 寅 辰

이 사주는 정임(丁壬)이 목(木)으로 화(化)하는데, 인월(寅月) 인시

(寅時)에 진(辰)이 있어 다시 화목격(化木格)을 이룬다. 그러나 경금(庚金)이 출간(出干)하여 화목격(化木格)을 깨니, 재관(財官)이 용신(用神)이 된다. 목(木)은 인수(仁壽)이니 70세인 유운(酉運)에 생을 마쳤다.

戊 丁 壬 壬
申 卯 寅 戌

이 사주는 화목(化木)이 파격(破格)되어 임수(壬水)가 용신(用神)이고, 인묘(寅卯) 인성(印星)을 신궁(申宮) 경금(庚金)이 파(破)하여 신약(身弱) 사주가 되었다. 무토(戊土) 상관(傷官)으로 제살(制殺)하나, 극설교집(剋洩交集)하여 흉한 명(命)이 되었다.

癸 丁 庚 辛
卯 酉 寅 卯

이 사주는 여자의 명(命)이다. 재왕생살(財旺生殺)하나 살(殺)을 제(制)하지 못하여 빈천(貧賤)한 명(命)이 되었다.

辛 丁 甲 癸
丑 巳 寅 未

이 사주는 시랑(侍郞)에 오른 사람이다. 계수(癸水)가 용신(用神)이고 재자약살격(財滋弱殺格)이다.

己丁甲戊
酉卯寅辰

이 사주는 인묘진동방(寅卯辰東方)을 이루었는데 갑목(甲木)이 출간(出干)하여 인수(印綬)가 태왕(太旺)하다. 재(財)로 인수(印綬)를 손상시켜 경신운(庚申運)과 신유운(辛酉運)에서 원수(元首)가 되었다. 무신시(戊申時)라고도 하지만 쓰임은 같다.

己丁甲癸
酉亥寅木

이 사주는 선통(宣統)의 아버지다. 목왕(木旺)하니 금(金)이 용신(用神)이다. 신금(辛金)이 무력하여 신운(辛運) 무신년(戊申年)과 기유년(己酉年)에 섭정을 했고, 해운(亥運) 신해년(辛亥年)에 나라를 물려줬다. 임수(壬水) 관성(官星)이 천을귀인(天乙貴人)을 만나, 아버지가 자식으로 인하여 귀(貴)를 얻은 것이다.

己丁庚丙
酉未寅戌

이 사주는 시상(時上) 기유(己酉)가 용신(用神)이니 식신생재(食神生財)한다.

甲 丁 甲 戊
辰 卯 寅 子

이 사주는 가염상격(假炎上格)이다. 자수(子水)가 병(病)인데 오운
(午運)에서 자수(子水)를 충거(沖去)하니, 크게 발전이 있었으나 영
화로움이 길지 않았다. 적천수(滴天髓)에서 강중적과(强衆敵寡)하면
세재거과(勢在去寡)라고 하는 것이 이런 경우를 가리키는 말이다.

乙 丁 戊 庚
巳 巳 寅 寅

이 사주는 경금(庚金)으로 벽갑(劈甲)하나, 수(水)가 윤택하게 함이
없어 부귀(富貴)가 완전하지 않았다.

丙 丁 丙 甲
午 酉 寅 午

이 사주는 병화(丙火)가 정화(丁火)의 빛을 빼앗는데 인오(寅午)가
회국(會局)하여 염상격(炎上格)이 아니지만 이치는 같다. 적천수(滴
天髓)에서는 강중적과(强衆敵寡)하면 세재거과(勢在去寡)라 했으니,
유금(酉金)이 병(病)이 된다. 운에서 유(酉)를 제거하면 반드시 발전
이 있다.

壬 丁 庚 丙
寅 酉 寅 午

이 사주는 화목(化木)을 이루지 않았다. 임수(壬水)를 용신(用神)으로 삼고, 경금(庚金)으로 보좌해야 한다.

묘월(卯月) 정화(丁火)

묘월(卯月) 정화(丁火)는 습한 을목(乙木)이 상하게 만들기 때문에 경금(庚金)이 없으면 을목(乙木)을 제거하기 어렵고, 갑목(甲木)이 없으면 인정(引丁)하기가 어렵다. 따라서 경금(庚金)으로 용신(用神)을 삼은 다음에 갑목(甲木)을 취한다. 묘월(卯月)은 목왕(木旺)하여 화(火)가 막히니, 반드시 재(財)로 인수(印綬)를 파(破)해야 한다. 정화(丁火)는 반드시 갑목(甲木)이 있어야 불꽃이 있는 화(火)가 된다. 을목(乙木)은 훼목(卉木)과 같아 불에 타지 않기 때문에 습을(濕乙)이라 한다. 따라서 묘월(卯月) 정화(丁火)가 경금(庚金)으로 을목(乙木)을 제거하고, 갑목(甲木)으로 인정(引丁)하면 귀격(貴格)을 이룬다.

묘월(卯月) 정화(丁火)가 경갑(庚甲)이 모두 투출(透出)하면 과갑(科甲)에 준함이 있고, 경금(庚金)이 투출(透出)했으나 갑목(甲木)이 암장(暗藏)되면 공감(貢監)이나 생원(生員)에 불과하고, 갑목(甲木)이 투출(透出)했으나 경금(庚金)이 암장(暗藏)되어 있으면 이토(異

路)로 공명(功名)이 있고, 경금(庚金)이 있으나 갑목(甲木)이 없으면 청아한 선비가 되고, 갑목(甲木)이 있으나 경금(庚金)이 없으면 평범한 명(命)을 이루고, 인왕살고(印旺殺高)하면 대귀격(大貴格)을 이룬다.

묘월(卯月)은 목기(木氣)가 극왕(極旺)한 때이니, 기(氣)가 다했다고 해도 쇠한 것은 아니다. 편인(偏印)이 태왕(太旺)하니 재(財)로 손상시켜야 한다. 이때 갑목(甲木)은 없어도 무방하나 경금(庚金)이 없으면 흉하다. 묘월(卯月)에는 을목(乙木)이 영(令)을 잡아 월령(月令)에 인수(印綬)가 당왕(當旺)하므로, 갑경(甲庚)이 모두 투출(透出)했는데 칠살(七殺)이 출간(出干)하면 신강살천(身强殺淺)하여 가살위권(假殺爲權)이 되어 재관인삼기격(財官印三奇格)을 이룬다. 따라서 인왕살고(印旺殺高)하면 반드시 대귀격(大貴格)을 이룬다.

묘월(卯月) 정화(丁火)가 경금(庚金)과 을목(乙木)이 모두 투출(透出)하면 반드시 경금(庚金)이 을매(乙妹)에게 정(情)을 주므로 탐합(貪合)을 면하지 못한다. 이때 금수운(金水運)으로 흐르면 빈한(貧寒)한 명(命)이 된다. 그러나 경금(庚金)은 투출(透出)했으나 을목(乙木)이 암장(暗藏)되어 있으면 탐합(貪合)하지 않는다. 이때는 경금(庚金)이 을목(乙木)을 해치기 때문에 을목(乙木)이 정화(丁火)를 상하게 하지 못하고 오히려 정화(丁火)의 불꽃을 이끈다. 다시 말해, 을목(乙木)이 용신(用神)이 되어도 해롭지 않다는 뜻이다. 이때 목화운(木火運)으로 들어가면 부귀(富貴)가 청아하다. 그렇지 않으면 풍수(風水)가 불급(不及)하기 때문이다. 을목(乙木)이 용신(用神)이면 수(水)가 아내요 목(木)이 자식이 된다.

다시 말해, 묘월(卯月) 정화(丁火)가 갑경(甲庚)이 모두 투출(透出)

하면 부귀격(富貴格)을 이룬다. 만일 갑목(甲木)은 없는데 을목(乙木)이 투출(透出)하면, 을목(乙木)은 반드시 상합(相合)하여 정(情)을 준다. 정화(丁火)는 소융(昭融)하여 경금(庚金)을 극하지 못하고 오히려 탐재괴인(貪財壞印)하니, 재왕(財旺)해져 신약(身弱) 사주가 되는 것이다. 이때 재살운(財殺運)으로 흐르면 반드시 빈한(貧寒)한 명(命)이 된다. 그러나 경금(庚金)은 투출(透出)했으나 을목(乙木)이 암장(暗藏)되어 있으면, 재(財)와 인(印)이 서로 방해하지 않기 때문에 을목(乙木)이 용신(用神)이라도 장애가 없다. 이런 경우에는 목화운(木火運)으로 흐르면 부귀격(富貴格)을 이룬다. 이것은 재왕(財旺)하여 인수(印綬)를 취할 수 있기 때문이다.

정화(丁火)는 반드시 갑목(甲木)으로 도와야 목화통명(木火通明)되어 경금(庚金)을 극제(剋制)할 수 있다. 이때 갑목(甲木)이 없으면 정화(丁火)의 힘이 부족하다. 만일 을목(乙木)이 암장(暗藏)되어 있는데 경금(庚金)이 투출(透出)하면, 갑목(甲木)이 필요없으니 정화(丁火)를 이끌어 생(生)한다. 따라서 을목(乙木)이 용신(用神)이라도 해롭지 않다는 뜻이다.

묘월(卯月) 정화(丁火)가 일파(一派) 을목(乙木)이 있는데 갑목(甲木)이 하나도 없으면 부귀(富貴)가 길지 못하다. 졸렬하여 욕심으로 화를 초래하고, 조업(祖業)을 잇기 어렵다. 을목(乙木)이 있는데 경금(庚金)이 없으면 빈고(貧苦)하며 의지할 데가 없는 사람이다. 이것은 을목(乙木)이 용신(用神)인 경우를 말하는 것이다. 을목(乙木)은 풀과 같은 약한 초목이라, 화(火)를 만나면 스스로 불사르며 순식간에 소멸되어 길게 가지 못한다. 따라서 정화(丁火)는 반드시 갑목(甲木)이 있어야 불꽃이 있는 화(火)가 되어 오래간다. 만일 갑목(甲木)

이 없으면 부귀(富貴)가 길지 못하고, 경금(庚金)으로 을목(乙木)을 제거하지 못하면 빈고(貧苦)하며 의지할데가 없다. 이것은 을정(乙丁)의 기(氣)가 모두 쇠잔하기 때문이다.

묘월(卯月) 정화(丁火)가 일파(一派) 계수(癸水)가 있는데 무기토(戊己土)로 제(制)하지 못하면 빈한(貧寒)한 명(命)이 된다. 그러나 을목(乙木)이 적고 계수(癸水)가 많은데 토(土)가 출간(出干)하여 제(制)하면 이도(異途)로 발전이 있다. 토(土)가 용신(用神)이면 화(火)가 아내요 토(土)가 자식이다.

다시 말해, 일파(一派) 계수(癸水)가 있으면 살왕(殺旺)하나, 정화(丁火)가 월령(月令) 편인(偏印)에 의지하기 때문에 두려움이 없다. 그러므로 무기토(戊己土)로 제살(制殺)하는 것이다. 칠살(七殺)을 제(制)하지 못하면 빈한(貧寒)한 명(命)이 된다. 만일 임수(壬水)가 있으면 정화(丁火)와 합(合)하기 때문에 인월(寅月)과 같은 이치로 본다.

묘월(卯月) 정화(丁火)가 지지(地支)에 화국(火局)을 이루었는데 경금(庚金)이 투출(透出)하면, 반대로 청귀(淸貴)함을 이루어 발전한다. 그러나 경금(庚金)이 없으면 평범한 명(命)이 된다. 이런 사람은 게으르고 간사하다. 즉 신왕(身旺)하여 재(財)가 있어야 한다는 말이다. 이때는 식상(食傷)이 출간(出干)하여 화기(火氣)를 설(洩)하고, 재(財)를 생(生)하면 오히려 청귀(淸貴)한 명(命)이 된다. 그러나 경금(庚金)이 없는데 가염상격(假炎上格)도 이루지 못하면 하격(下格)의 명(命)이 된다.

지금까지의 설명을 종합하면, 묘월(卯月) 정화(丁火)는 을목(乙木)이 권리를 잡은 때이니 경금(庚金)이 없으면 흉하다. 만일 을목(乙

木)이 있는데 경금(庚金)이 없으면 빈고(貧苦)하여 의지할데가 없다.
경금(庚金)이 용신(用神)이면 토(土)가 아내요 금(金)이 자식이다.
묘월(卯月) 정화(丁火)는 을목(乙木)이 영(令)을 잡아 편인(偏印)이
당왕(當旺)했기 때문에 재(財)로 인(印)을 손상시켜야 한다. 정인(正
印)과 편인(偏印)은 용법이 달르기 때문에 경갑(庚甲)과 경을(庚乙)
을 나누어 설명했으니 잘 살펴보기 바란다.

丁 丁 乙 戊
未 巳 卯 子

 이 사주는 사궁(巳宮) 경금(庚金)을 용신(用神)으로 삼아 목(木)을
제(制)한다. 경운(庚運)에서 계속 승진하여 상서(尙書)에 이르렀다.
춘월(春月) 정화(丁火)는 인왕(印旺)하기 때문에 재(財)가 용신(用
神)이면 대귀격(大貴格)을 이룬다. 만년인 경신운(庚申運)과 신유운
(辛酉運)에 발전했다. 사궁(巳宮) 경금(庚金)이 용신(用神)이 되는
것이 쉽지 않으나, 진신(眞神)이니 사주에 있으면 반드시 발전한다.
자수(子水)가 병(病)이 되나 무토(戊土)로 제(制)한다. 계수(癸水)가
출간(出干)하는 것 같지만 다르다. 사미(巳未)에 오(午)를 끼고 있으
니 자(子)기 오록(午祿)을 충(沖)하여, 삼태(三台)의 귀(貴)가 은밀
히 모이게 되어 상서(尙書)에 이른 것이다.

丁 丁 乙 戊
未 卯 卯 子

이 사주는 각로(閣老)에 오른 사람이다. 앞 사주와 마찬가지로 목
(木)이 성(盛)하여 화(火)가 막힌다. 경신운(庚申運)과 신유운(辛酉
運)으로 흘러 귀격(貴格)이 되었고, 자궁(子宮) 계수(癸水)를 무토
(戊土)가 제(制)하여 기격(奇格)이 되었다.

庚丁癸丁
子卯卯卯

이 사주는 방안(榜眼)이었다. 경금(庚金) 재(財)가 투간(透干)했으
나, 계수(癸水)가 출간(出干)하여 금(金)을 설(洩)하고 목(木)을 생
(生)하여 병(病)이 된다. 그러나 무기토운(戊己土運)에서 병(病)을
제거하여 발전이 있었다.

甲丁己庚
辰丑卯辰

이 사주는 상서(尙書)에 이른 사람이다. 경갑(庚甲)이 모두 투출(透
出)했고, 취재파인격(取財破印格)이다.

乙丁丁己
巳卯卯未

이 사주는 해군총장에 오른 사람이다. 목(木)이 성(盛)하여 화(火)
가 막히니 사궁(巳宮) 경금(庚金)이 용신(用神)이다. 노년에 서방운

(西方運)으로 흘러 발전이 있었다.

丙丁丁己
午巳卯未

이 사주는 지지(地支)에 묘사오(卯巳午) 삼기(三奇)가 모였으나, 사궁(巳宮) 경금(庚金)이 용신(用神)이다. 노년의 신유운(辛酉運)과 경신운(庚申運)에서 흑룡강 도독(都督)이 되었다.

癸丁己庚
卯卯卯申

이 사주는 계수(癸水)가 출간(出干)했으나 기토(己土)로 제(制)한다. 인왕(印旺)한데 재(財)가 투출(透出)했으니, 역시 경금(庚金)을 용신(用神)으로 삼아 을목(乙木)을 제거한다.

癸丁丁甲
卯卯卯戌

이 사주는 인왕(印旺)하고 살(殺)이 투출(透出)했으나, 애석하게도 금(金)이 생(生)하지 못한다. 목(木)이 기(氣)를 설(洩)하고, 갑목(甲木)이 출간(出干)하여 등잔의 불꽃이나마 길게 간다. 살기(殺氣)를 설(洩)히어 성장(省長)에 이르렀고, 자선사업을 많이 펼쳤다.

己丁己乙
酉丑卯亥

이 사주는 신왕(身旺)하여 재(財)를 감당할 수 있고, 유축(酉丑)이 회국(會局)하는데 기토(己土)가 출간(出干)하여 길하다. 식신생재(食神生財)가 용신(用神)이다.

壬丁乙戊
寅未卯寅

이 사주는 정임(丁壬)이 목(木)으로 화(化)하는데 인(寅)이 있으니 길하다. 묘미(卯未)가 회국(會局)하여 화목(化木)이 때를 얻었다. 동남운(東南運)에서 귀격(貴格)을 이루었다.

甲丁乙癸
辰巳卯未

이 사주는 앞의 갑술(甲戌) 사주와 비슷하다. 목(木)이 계수(癸水) 칠살(七殺)을 설(洩)하고 있다. 묘진사미(卯辰巳未)에 오록(午祿)을 끼고 있어 암(暗)으로 삼기(三奇)를 얻었다. 자운(子運)에 오록(午祿)을 충기(沖氣)하여 성장(省長)이 되었고, 자선사업을 많이 했다.

丁丁丁甲
未卯卯午

이 사주는 가염상격(假炎上格)이다. 동남운(東南運)으로 흘러 경비사령부 참모장에 올랐다. 그러나 서북(西北) 금수운(金水運)으로 흐르면 흉하다.

진월(辰月) 정화(丁火)

진월(辰月) 정화(丁火)는 무토(戊土)가 영(令)을 잡은 때에 있으니 정화(丁火)가 설(洩)되어 약하다. 먼저 갑목(甲木)으로 용신(用神)을 삼아, 정화(丁火)를 이끌어 무토(戊土)를 제(制)한 다음에 경금(庚金)을 취한다. 진월(辰月)은 곡우(穀雨) 전은 묘월(卯月)과 같은 이치를 적용하고, 곡우(穀雨) 후는 토왕(土旺)하기 때문에 먼저 갑목(甲木)으로 토(土)를 파(破)한 후, 경금(庚金)으로 벽갑인정(劈甲引丁)하고 왕토(旺土)를 설(洩)해야 한다.

진월(辰月) 정화(丁火)가 갑경(甲庚)이 모두 투출(透出)하면 과갑(科甲)에 준함이 있다. 그렇지 않으면 풍수(風水)가 불급(不及)하기 때문이다. 만일 하나는 암장(暗藏)되고 하나는 투출(透出)하면 유림(儒林)의 수사(秀士)이고, 하나가 없으면 평범한 명(命)이 된다. 갑경(甲庚)이 모두 있으면 월령(月令) 상관(傷官)이 생재(生財)하는 격이 되어, 갑목(甲木)이 토(土)를 파(破)하며 인정(引丁)한다. 그러나 갑목(甲木)이 없으면 정화(丁火)가 생왕(生旺)하지 못하고, 경금(庚金)이 없으면 국세(局勢)가 불령(不靈)하다. 따라서 하나라도 없으면 흉하다.

진월(辰月) 정화(丁火)가 지지(地支)에 목국(木局)을 이루면 인왕(印旺)하여 재(財)가 용신(用神)이 된다. 따라서 경금(庚金)을 먼저 취하는 것은 묘월(卯月)과 같다. 재(財)가 용신(用神)이면 비견(比肩)을 꺼리니, 정화(丁火)가 경금(庚金)을 제(制)하면 흉하다. 관살(官殺)이 재(財)를 설(洩)하는 것도 꺼리므로 계수(癸水)가 경금(庚金)을 설(洩)하면 흉하다. 재성(財星)이 있으면 부(富)한 가운데 귀(貴)가 있다. 이것을 납속주명(納粟奏名)이라 하는데 이도(異途)로 발전이 있다.

진월(辰月) 정화(丁火)가 지지(地支)에 수국(水局)을 이루었는데 임수(壬水)가 투출(透出)하면 살중신경(殺重身輕)이 된다. 이런 사람은 평생 손상되어 요절(夭折)하거나 흉사한다. 만일 무기토(戊己土)가 모두 투출(透出)하면 조정(祖庭)의 재목이 된다. 비록 풍수(風水)가 불급(不及)하더라도 공감(貢監)이나 생원(生員)은 잃지 않는다. 그러나 갑목(甲木)이 출간(出干)하여 토(土)를 파(破)하면 평범한 명(命)이 된다.

진월(辰月)은 화(火)가 진기(進氣)하고 목(木)의 여기(餘氣)가 있기 때문에 종살(從殺)하지 않는다. 지지(地支)에서 자신(子申)이 회국(會局)하는데 임수(壬水)가 출간(出干)하면, 수(水)가 많아 화(火)가 꺼지니 살중신경(殺重身輕)이 되어 반드시 요절(夭折)한다. 그러나 이때 식상(食傷)으로 제(制)하면 대귀격(大貴格)을 이룬다. 정화(丁火)는 음간(陰干)이라 약함을 두려워하지 않고, 또 관대지(冠帶地)에 있으니 식상(食傷)으로 제살(制殺)하는 것이 용신(用神)이 된다. 갑목(甲木)이 있으면 제살(制殺)하는 것을 제거하기 때문에, 용신(用神)이 손상되면 발전하기 어렵다.

종합하면, 진월(辰月) 정화(丁火)는 반드시 경갑(庚甲)이 있어야 길하다. 토성(土盛)하기 때문에 경금(庚金)이 용신(用神)이든 갑목(甲木)이 용신(用神)이든 모두 길하다. 이때 경갑(庚甲)이 모두 있으면 더욱더 길하다. 지지(地支)에 수국(水局)이 있으면 무토(戊土)가 용신(用神)이니, 화(火)가 아내요 토(土)가 자식이다. 갑목(甲木)이 용신(用神)이면 수(水)가 아내요 목(木)이 자식이고, 금(金)이 용신(用神)이면 토(土)가 아내요 금(金)이 자식이다.

甲 丁 壬 辛
辰 酉 辰 木

이 사주는 고독하며 부(富)가 작았다. 갑목(甲木)이 있으나 경금(庚金)이 없어 귀격(貴格)을 이루지 못했다.

辛 丁 庚 庚
丑 未 辰 申

이 사주는 입하(立夏) 3일 전에 태어나, 화토(火土)가 진기(進氣)한다. 경금(庚金)으로 토기(土氣)를 설(洩)하니, 정화(丁火)가 음간(陰干)이나 약함을 두려워하지 않는다. 토중(土重)하고 금왕(金旺)하니 남방운(南方運)으로 흐르면 아름다운 명(命)이 된다.

戊 丁 戊 己
申 卯 辰 卯

이 사주는 토중(土重)하여 화(火)를 어둡게 한다. 따라서 먼저 갑목(甲木)으로 병(病)을 제거한 다음 경금(庚金)으로 토기(土氣)를 설(洩)해야 한다. 갑운(甲運)이 가장 길하다.

乙 丁 丙 癸
巳 酉 辰 未

이 사주는 재(財)로 살(殺)을 자윤(滋潤)해야 한다. 병화(丙火)가 출간(出干)하여 사(巳)에서 녹(祿)을 얻었다. 따라서 정화(丁火)가 생왕(生旺)하여 재살(財殺)이 용신(用神)이 된다. 그러나 진용신(眞用神)이 아니기 때문에 부(富)는 있으나 귀(貴)는 없다.

戊 丁 丙 癸
申 未 辰 未

이 사주는 신진(申辰)이 회국(會局)하는데 계수(癸水)가 출간(出干)했다. 따라서 무토(戊土)로 제살(制殺)하는 것이 용신(用神)이다. 계무(癸戊)가 모두 진고(辰庫)에 통근(通根)하여, 용신(用神)이 같은 궁에 있으니 성주석(省主席)이 되었다.

壬 丁 壬 丙
寅 未 辰 戌

이 사주는 정임(丁壬)이 투합(妬合)하고 관(官)이 중(重)한데, 사주

에 금(金)이 없으니 임수(壬水)가 용신(用神)이다. 그러나 고독한 관
(官)을 도와줌이 없다.

庚 丁 戊 己
戌 巳 辰 丑

이 사주는 토중(土重)하여 화(火)를 어둡게 한다. 따라서 경금(庚
金)으로 용신(用神)을 삼아 토기(土氣)를 설(洩)해야 한다. 그러나
평생 금운(金運)이 오지 않으니 애석하기 그지없다.

■ 삼하(三夏) 정화(丁火)

진월(辰月)과 사월(巳月) 정화(丁火)는 먼저 갑목(甲木)을 취한 다
음에 경금(庚金)을 취한다. 갑목(甲木)으로 토(土)를 억제하여 화
(火)를 어둡게 하는 것을 막은 다음에 재(財)를 쓰는 것이 정법(正
法)이다. 그러나 사월(巳月) 정화(丁火)는 계수(癸水)가 있으면 꺼린
다. 만일 계수(癸水)가 있으면 금(金)을 설(洩)하고 화(火)를 극(剋)
하니 하격(下格)이 된다. 오월(午月) 정화(丁火)는 천간(天干)에 경
임(庚壬)이 투출(透出)하고 지지(地支)에 인오술(寅午戌)이 모두 있
으면 반드시 발전하고, 미월(未月)은 정화(丁火)가 약하기 때문에 먼
저 목(木)으로 생(生)해야 한다. 만일 갑목(甲木)이 투출(透出)하고
지지(地支)에 해묘(亥卯)가 모두 있으면, 암암리에 수(水)의 뿌리가
있는 것이니 문명기상(文明氣象)이 된다.

사월(巳月) 정화(丁火)

사월(巳月) 정화(丁火)는 화기(火氣)가 왕세(旺勢)를 탄 시기에 있다. 따라서 갑목(甲木)으로 인정(引丁)하나, 반드시 경금(庚金)으로 갑목(甲木)을 제(制)해야 한다. 경금(庚金)이 있는데 갑목(甲木)도 있으면 목화통명(木火通明)이 된다. 갑목(甲木)이 많으면 먼저 경금(庚金)으로 용신(用神)을 삼는다. 그러나 이때 계수(癸水)가 있으면 흉하다. 수(水)가 있으면 경금(庚金)이 엉겨 갑목(甲木)을 습하게 만들기 때문에 정화(丁火)가 상한다. 따라서 사월(巳月) 정화(丁火)는 계수(癸水)가 병(病)이 된다.

사월(巳月) 정화(丁火)에게 사궁(巳宮)은 병화(丙火)가 임관(臨官)한 곳이다. 정화(丁火)가 병화(丙火)의 위력에 의지하니 더할 수 없이 염열하여 정화(丁火)가 소융(昭融)하나 스스로 왕(旺)하다. 병화(丙火)가 출간(出干)하면 병탈정광(丙奪丁光)이니 보는 방법이 병화(丙火)와 같다. 병화(丙火)가 없는데 갑목(甲木)으로 인정(引丁)하지 못하면 흉하다. 정화(丁火)는 대개 음유(陰柔)하기 때문에 왕지(旺地)에 임해도 기(氣)가 바르지 못하다.

사월(巳月) 정화(丁火)가 갑병(甲丙)이 있으면 양(陽)으로 바뀌니 스스로 밝아지고, 재관(財官)으로 귀(貴)를 취한다. 갑목(甲木)이 많으면 경금(庚金)을 취하니 용재파인(用財破印)이 된다. 화왕(火旺)한 곳이니 인수(印綬)가 생(生)해주지 않아도 된다. 갑목(甲木) 하나를 인정(引丁)해야 하기 때문에 갑목(甲木)이 많으면 오히려 병(病)이 된다. 갑목(甲木)으로 인정(引丁)하면 계수(癸水)를 꺼리나, 병화

(丙火)가 정화(丁火)를 도와주면 계수(癸水)가 있어도 흉하지 않다.
하월(夏月)은 화왕(火旺)한 때이기 때문에 수화(水火)가 기제(旣濟)
되어야 아름다운 명(命)이 된다. 계수(癸水)를 꺼리는 것은 습목(濕
木)이 불꽃이 없으면 흉하기 때문이다.

사월(巳月) 정화(丁火)가 계수(癸水)가 암장(暗藏)되지 않았는데
임수(壬水)가 출간(出干)하여 병화(丙火)를 제(制)하면, 정화(丁火)
빛을 빼앗기지 않으니 스스로 청귀(淸貴)함이 있어 극품에 이른다.
을목(乙木)은 등라계갑(藤蘿繫甲)을 기뻐하나, 정화(丁火)는 병화
(丙火)가 빛을 빼앗는 것을 꺼린다. 따라서 을목(乙木)이 갑목(甲木)
을 만나면 을목(乙木)이 아니라 갑목(甲木)으로 논하고, 정화(丁火)
가 병화(丙火)를 만나면 정화(丁火)가 아니라 병화(丙火)로 논한다.
이것은 기(氣)가 생왕(生旺)함을 따르는 것으로 설법은 다르나 이치
는 같다. 병화(丙火)는 임수(壬水)가 있으면 기뻐하니, 임병(壬丙)이
모두 투출(透出)하면 귀(貴)가 극품에 오른다.

사월(巳月) 정화(丁火)가 무토(戊土)가 용신(用神)인데, 경금(庚金)
은 있으나 갑목(甲木)이 없으면 상관생재(傷官生財)하여 부(富)가
천금(千金)에 이른다. 만일 무토(戊土)가 많은데 갑을목(甲乙木)이
없고 수(水)도 없으면 상관상진(傷官傷盡)이 된다. 따라서 출중한 수
재(秀才)로 청고(淸高)하나 부귀(富貴)가 작다. 이때 을목(乙木)이
많으면 평범한 명(命)이 된다.

사월(巳月)은 월령(月令)에 화토금(火土金)이 같이 있으니, 경무(庚
戊)가 모두 투출(透出)하면 상관생재(傷官生財)가 동궁(同宮)에 있
기 때문에 변형된 격국(格局)이 된다. 즉 무토(戊土)가 빛을 어둡게
하여 귀(貴)가 없으나, 경금(庚金)이 장생(長生)되어 거부(巨富)를

이룬다. 만일 무토(戊土)가 많으면 정화(丁火)를 심하게 설(洩)한다.
이때 갑목(甲木)으로 인정(引丁)하여 무토(戊土)를 파(破)하면 반드
시 인(印)을 취해야 한다.

 수(水)가 있으면 윤토(潤土)하여 금(金)을 생(生)하니 반드시 경금
(庚金)이 있어야 한다. 갑목(甲木)과 임계수(壬癸水)가 없으면 상관
상진(傷官傷盡)이나, 상관(傷官)이 태중(太重)하게 설기(洩氣)하여
정화(丁火)의 빛을 어둡게 하니, 수재(秀才)이나 대귀격(大貴格)을
이루지 못한다. 이때는 조토(燥土)로 금(金)을 생(生)하는 것도 어렵
다. 을목(乙木)은 인정(引丁)도 못하고, 무토(戊土)를 파(破)하지도
못하니 많이 있어도 이롭지 않다. 오히려 용신(用神)을 손상될 염려
가 있으니 평범한 사람이 된다.

 사월(巳月) 정화(丁火)는 병화(丙火)가 정화(丁火)의 빛을 빼앗고,
임계수(壬癸水)가 병화(丙火)를 파(破)하지 않으면 빈고(貧苦)한 명
(命)으로 의지할 곳이 없다. 그러나 임계수(壬癸水)가 병화(丙火)를
파(破)하면 이도(異途)로 발전한다. 다시 말해, 정화(丁火)가 병화
(丙火)에게 의지하니 임계수(壬癸水)가 용신(用神)이라는 말이다.
이런 사람은 이도(異途)로 발전한다. 그러나 임계수(壬癸水)가 없으
면 신왕무의(身旺無依)가 되어 빈고(貧苦)한 명(命)이 된다.

 사월(巳月) 정화(丁火)가 정년(丁年) 사월(巳月) 정사일(丁巳日) 병
오시(丙午時)이면 병화(丙火) 하나가 정화(丁火) 두 개를 빼앗기 어
렵기 때문에 발전은 없어도 명성을 도읍에 전한다. 또 갑년(甲年) 사
월(巳月) 정일(丁日) 병시생(丙時生)이면, 갑인정광(甲引丁光)이니
오복(五福)을 갖춘 명(命)이 된다. 고서(古書)에서는 정화(丁火)는
등불이기 때문에 병화(丙火) 태양을 만나면 광명을 빼앗기나, 사주에

갑목(甲木)이 투출(透出)하면 복수(福壽)가 오래 이어진다고 했다.

사월(巳月) 정화(丁火)가 정년(丁年) 을사월(乙巳月) 정사일(丁巳日) 병오시(丙午時)이면 염상격(炎上格)의 변형이다. 정화(丁火)는 음간(陰干)이며 쇠갈(衰竭)한 화(火)이니 염상(炎上)의 이치가 없으나, 병화(丙火)가 출간(出干)하면 같이 왕(旺)해져 염상(炎上)이 된다. 염상격(炎上格)은 갑목(甲木)이 없으면 불가하다. 만일 갑년(甲年) 기사월(己巳月) 정일(丁日) 병오시(丙午時)이면 갑목(甲木)이 출간(出干)하기 때문에 정화(丁火)가 장명(長明)한 형상을 이룬다.

종합하면, 사월(巳月) 정화(丁火)가 갑병(甲丙)을 만나면 기(氣)가 양(陽)으로 바뀌니 염상(炎上)의 이치와 같다. 동남운(東南運)으로 흐르면 부귀격(富貴格)을 이루나, 서북운(西北運)으로 흐르면 곤궁한 명(命)이 된다. 염상격(炎上格)이 득시(得時)하고 득지(得地)하면 도읍에 명성이 전하며 오복(五福)이 있다.

사월(巳月) 정화(丁火)는 갑경(甲庚)을 용신(用神)으로 삼는 것이 정법(正法)이다. 임계수(壬癸水)가 용신(用神)이 되거나, 염상격(炎上格)은 모두 변형된 격국(格局)이다. 갑목(甲木)이 용신(用神)이면 수(水)가 아내요 목(木)이 자식이고, 경금(庚金)이 용신(用神)이면 토(土)가 아내요 금(金)이 자식이다.

7. 丁 癸 辛
　　巳 巳 巳 酉

이 사주는 사유반국(巳酉半局)을 이루었는데, 년간(年干)에 신금(辛金)이 있고 일주(日柱)에 사궁(巳宮) 경금(庚金)이 있다. 따라서 제왕신강(財旺身强)하여 장하천금첩첩격(長夏天金疊疊格)이 되었다. 재(財)가 계수(癸水)를 제(制)하여 귀격(貴格)이 되었고, 재(財)가 성(盛)하고 신강(身强)하여 반드시 부유하다.

乙 丁 己 甲
巳 丑 巳 午

이 사주는 갑목(甲木)이 인정(引丁)하니 목화통명(木火通明)이 되어 사림(詞林)의 귀(貴)가 있다. 비록 축궁(丑宮) 계수(癸水)가 용신(用神)이나, 갑목(甲木)이 없으면 격국(格局)을 이루기 어렵다.

乙 丁 辛 庚
巳 未 巳 辰

이 사주는 국공(國公)에 오른 사람이다. 지지(地支)의 진사미(辰巳未) 사이에 오록(午祿)을 끼고 있으니 경금(庚金)이 용신(用神)이다. 태원(胎元)이 임신(壬申)이라 부귀격(富貴格)이 되었다.

丙 丁 辛 庚
午 酉 巳 午

이 사주는 제독(提督)에 오른 사람으로, 화장하천금첩첩격(火長夏天金疊疊格)이다. 태원(胎元)이 임신(壬申)이니 부귀격(富貴格)이 되었다.

壬 丁 辛 乙
寅 丑 巳 亥

이 사주는 관성(官星)이 용신(用神)인데 천을귀인(天乙貴人)까지 있어 성장(省長)이 되었다.

甲 丁 乙 丁
辰 酉 巳 亥

이 사주는 갑목(甲木)은 투출(透出)했으나 임수(壬水)가 암장(暗藏)되어 있다. 따라서 재(財)가 관(官)을 생(生)하여 왕(旺)하다. 초상국독판(招商局督辦)에 올랐으나 경운(庚運) 경오년(庚午年)에 암살당했다. 이 사주는 지지(地支)에 자형(自刑)이 셋이나 있는데, 해년(亥年)에 진(辰)을 만나 자액살(自縊殺)이 되었다. 따라서 귀격(貴格)을 이루었으나 수명이 온전하지는 못했다.

丙 丁 乙 壬
午 卯 巳 辰

이 사주는 관성(官星)이 용신(用神)이다. 태원(胎元)에서 신궁(申宮)이 생(生)되는데 천간(天干)에는 을병정(乙丙丁)이 있고, 지지(地支)에는 묘사오(卯巳午)가 있으니 상하가 모두 삼기(三奇)로 이루어졌다. 묘진사오(卯辰巳午)가 연주(聯珠)하여 도독(都督)이 되었다.

丙 丁 丁 癸
午 卯 巳 巳

이 사주는 임수(壬水)가 없으니 대신 계수(癸水)로 용신(用神)을 삼는다. 태원(胎元)이 신궁(申宮)이니 재(財)가 관(官)을 생(生)한다. 지지(地支)에 삼기(三奇)가 모여 귀격(貴格)을 이루어 총장(總長)과 성주석(省主席)이 되었다.

甲 丁 乙 丁
辰 亥 巳 酉

이 사주는 사유(巳酉)가 회국(會局)하고 해궁(亥宮)에 귀(貴)가 있다. 천간(天干) 갑목(甲木)이 인정(引丁)하여 부장(部長)이 되었다.

오월(午月) 정화(丁火)

오월(午月) 정화(丁火)는 화왕(火旺)하여 영(令)을 잡았는데, 건록지(建祿地)에 있으니 함부로 갑목(甲木)을 취하면 안 된다. 임수(壬水)가 떨어져 있어 합(合)되지 않으면 충효가 나타나고, 정화(丁火)가 합(合)되어 정(情)을 주면 관(官)을 향해 기운다. 정화(丁火)가 갑목(甲木)을 떠날 수 없는 것은 정화(丁火)의 본성이 쇠갈(衰竭)하기 때문이다. 적천수(滴天髓)에서는 정화(丁火)와 임수(壬水)가 합

(合)하면 충(忠)이 된다고 했다. 관(官)은 대개 보좌하는 위치이기 때문에 부탁의 중(重)함을 감당하고, 충(忠)으로 직위를 지키기 때문이다.

오월(午月) 정화(丁火)가 지지(地支)에 화국(火局)을 이루었는데, 천간(天干)에 화(火)가 투출(透出)하고 경임(庚壬)이 모두 투출(透出)하면 과갑(科甲)에 준함이 있다. 그러나 토(土)가 투출(透出)하여 임수(壬水)를 제(制)하면 평범한 명(命)이 되고, 지지(地支)에 임수(壬水)가 암장(暗藏)되어 있으면 서북운(西北運)으로 흘러야 부귀(富貴)가 있고, 지지(地支)에 임수(壬水)는 없으나 계수(癸水)가 하나 투출(透出)하면 독살당권(獨殺當權)이 되어 대중 위에 군림하며 은봉(恩封)을 잃지 않는다.

고서(古書)에 이르길, 건록월(建祿月)에 태어났는데 천간(天干)에 재관(財官)이 투출(透出)하면 길하나, 이때 아신(我身)이 왕(旺)하면 좋지 않다고 했다. 이것은 재원(財源)이 무성해야 길하다는 뜻이다. 월령(月令) 건록(建祿)은 임계수(壬癸水)로 해염(解炎)해야 하나, 사월(巳月)과 오월(午月)은 수(水)가 절지(絶地)에 이르는 때이니, 지지(地支)에 화국(火局)을 이루면 적수(滴水)가 핍박을 받아 메마른다. 이때는 반드시 경금(庚金)이 수(水)의 근원을 발해주어야 한다. 이때 임경(壬庚)이 상생(相生)하면 근원이 끊어지지 않는다.

다시 말해, 화국(火局)이 없더라도 금(金)이 임수(壬水)를 생(生)하기 때문에 고갈될 염려가 없다. 그러나 임수(壬水) 대신 계수(癸水)가 있으면 이와 같지 않다. 살(殺)이 있으면 반드시 우두머리가 되어 독당일면(獨當一面)하니 은봉(恩封)을 잃지 않는다. 대귀격(大貴格)은 관(官)을 취하지 않고 살(殺)을 취하는 것이 이것이다. 만일 지지

(地支)에 임계(壬癸)가 암장(暗藏)되어 있으면 서북운(西北運)으로 흘러야 부귀격(富貴格)을 이룬다.

오월(午月) 정화(丁火)가 해묘미(亥卯未)가 모두 있어 목생화(木生火)하면 평범한 명(命)이나 의식(衣食)은 풍족하다. 대운(大運)이 좋으면 중년에 부(富)가 있으나, 끝내 자식을 형(刑)하고 노력해도 없다. 이것은 임계수(壬癸水)를 취한 경우를 말하는 것이다.

다시 말해, 인수(印綬)가 수기(水氣)를 설(洩)하여 화(火)를 생(生)하면, 해염(解炎)하지 못하기 때문에 끝내 평범한 명(命)이 되는 것이다. 만일 목화(木火)가 왕(旺)하면 화기(火氣)를 설(洩)해야 한다.

예를 들어, 병자년(丙子年) 갑오월(甲午月) 정묘일(丁卯日) 임인시(壬寅時)에 태어났으면, 사주에 재(財)가 없으니 고관(孤官)이 보좌하지 않으면 임자수(壬子水)가 목(木)에게 설(洩)되어 종왕격(從旺格)으로 변한다. 이 사주는 대운(大運)이 무술(戊戌) 기(己)로 흘러, 15년간 토왕(土旺)하여 화(火)를 설(洩)하니 큰 뜻을 얻었다. 그러나 자운(子運)에 이르러 재앙이 일어났다. 적천수(滴天髓)에서는 이것을 강중적과(强衆敵寡)하면 세재거기과(勢在去其寡)라고 했다. 이것은 임자수(壬子水)가 외로우니 제(制)하는 것이 오히려 길하다는 뜻이다. 목(木)은 많고 금(金)이 없는데 화목(化木)도 불가하면, 반드시 토(土)로 화(火)를 설(洩)해야 한다. 그러나 부득이한 용법이다.

오월(午月) 정화(丁火)가 병오년(丙午年) 갑오월(甲午月) 정미일(丁未日) 병오시(丙午時)에 태어났으면, 수(水)로 해염(解炎)하지 못하니 승도팔자가 되어 고독하다. 병오월(丙午月) 정해일(丁亥日) 병오시(丙午時)는 해수(亥水)가 병화(丙火)를 제(制)하여 고빈(孤貧)함에는 이르지 않는다. 만일 년지(年支)에 자(子)가 있으면 청귀(清

貴)하여 과갑(科甲)은 아니더라도 의금(衣衿)이 적지 않고, 도읍에 명성을 전한다.

위의 병오년생(丙午年生)은 병탈정광(丙奪丁光)이라, 염상격(炎上格)을 이루나 서북운(西北運)으로 흘러 화성(火性)을 거슬러 승도팔자가 되어 고독한 것이고, 병오월생(丙午月生)은 만일 정년(丁年)이라면 해궁(亥宮) 임수(壬水)가 득록(得祿)했으니 고빈(孤貧)함에는 이르지 않는다. 만일 년지(年支)에 자(子)가 있으면 임자년(壬子年)이라는 뜻이다. 이때는 수왕(水旺)하여 통근(通根)하니 비록 경금(庚金)이 보좌하지 않아도 고갈되지는 않는다. 따라서 의금(衣衿)이 적지 않고 도읍에는 명성을 전하는 것이다.

오월(午月) 정화(丁火)가 지지(地支)에 화국(火局)이 없으면서 임수(壬水)가 투간(透干)하면, 갑목(甲木)을 취하여 경금(庚金)이 벽갑(劈甲)하여 목화통명(木火通明)이 되면 대부대귀격(大富大貴格)을 이룬다. 그러나 목(木)은 적은데 화(火)가 많으면 목성(木性)이 불사르다 꺼진다. 따라서 하늘에 빛을 비추기가 어려우니 영화가 길지 못하다. 화국(火局)은 반드시 인술(寅戌)이 있어야 하는 것은 아니다.

위의 두 사주와 같이 지지(地支)에 오(午)가 두세 개 있으면 화국(火局)을 이룬다. 화국(火局)이 없는데 임수(壬水)가 투간(透干)하면 반드시 재인(財印)으로 보좌해야 한다. 임수(壬水)가 있으면 갑목(甲木)이 스스로 불사르지 않고, 경금(庚金)이 있으면 임수(壬水)가 고갈되지 않는다. 갑목(甲木)으로 인정(引丁)하고, 경금(庚金)으로 임수(壬水)를 생(生)하면 수화(水火)가 양정(兩停)하여 대부대귀격(大富大貴格)을 이룬다. 이것은 사월(巳月) 갑목(甲木)과 같은 이치다. 그러나 임계수(壬癸水)가 없으면 목(木)이 불사르기 때문에 성화(丁

火)가 의지할 곳이 없어 영화가 길지 못하다.

　오월(午月) 정화(丁火)가 생월(生月)에 녹(祿)이 있는데, 지지(地支)가 모두 생왕(生旺)한 국(局)에 합(合)하고 화(火)가 투간(透干)하면 정화(丁火)는 염상(炎上)이 아니기 때문에 수(水)가 해염(解炎)하지 않으면 신왕무의(身旺無依)가 되어 승도의 명(命)이 된다. 여명(女命)은 반드시 승려나 과부가 된다. 이때는 북방운(北方運)으로 흘러도 흉액을 면하기 어렵다.

　정화(丁火)는 소융(昭融)하여 병화(丙火)가 없으면 염상(炎上)이 되지 않는다. 이때는 반드시 수(水)로 해염(解炎)해야 하고, 수(水)가 있으면 서북운(西北運)으로 흘러야 길하다. 만일 갑병(甲丙)이 있으면 가염상(假炎上)이 되어 동남운(東南運)은 길하나 서북운(西北運)은 흉하다. 이런 경우에는 염상격(炎上格)과 이치가 같으나, 수(水)가 하나라도 있으면 적용되지 않는다. 이것은 하월(夏月) 정화(丁火)는 대개 수(水)로 해염(解炎)하기 때문이다.

　오월(午月) 정화(丁火)는 임계수(壬癸水)를 용신(用神)으로 삼는 것이 정법(正法)인데, 임계수(壬癸水)가 태왕(太旺)하면 갑목(甲木)을 취하는 경우도 있다. 임수(壬水)가 용신(用神)이면 금(金)이 아내요 수(水)가 자식이고, 갑목(甲木)이 용신(用神)이면 수(水)가 아내요 목(木)이 자식이다.

辛 丁 丙 壬

亥 未 午 寅

　이 사주는 정임(丁壬)이 상합(相合)하고 있으나 서로 화(化)하지는 않는다. 임수(壬水)가 해(亥)에 통근(通根)하고, 동시에 병화(丙火)를 제(制)하며 신금(辛金)이 상생(相生)한다. 이처럼 오행(五行)이 골고루 갖춰져 기세가 순수하니 반드시 의록(衣祿)이 풍족하다.

```
戊 丁 壬 庚
申 亥 午 午
```

이 사주는 년월(年月)에 오(午)의 건록지(建祿地)가 있어 회록격(會祿格)이 되었다. 정임(丁壬)이 간합(干合)하나 화(化)하지는 않아 화기격(化氣格)은 아니다. 해(亥)에서 임수(壬水)가 인출(引出)되어 정관(正官) 통근격(通根格)이 되었다. 또 신(申)이 임수(壬水)의 장생지(長生地)인데 경금(庚金)이 신(申)을 만나 건록(建祿)을 이룬다. 이때 합화(合化)하지 않으면 수명은 있으나 부(富)는 없고, 무토(戊土)가 출간(出干)하여 관성(官星)을 형극(刑剋)하니 귀(貴)는 없다. 그러나 재관(財官)이 생록(生祿)을 만나기 때문에 만년에는 반드시 아름다운 명(命)을 이룬다.

```
甲 丁 甲 辛
辰 未 午 巳
```

이 사주는 건록격(建祿格)으로 총병(總兵)에 올랐다. 갑목(甲木)이 정광(丁光)을 이끌고, 지지(地支)에 진사오미(辰巳午未)가 연주(聯珠)하나, 임수(壬水)가 없어 가염상격(假炎上格)이 되었다. 무(武)에 귀(貴)기 있으니 기복이 많다.

甲 丁 戊 癸
辰 丑 午 卯

이 사주는 갑목(甲木)으로 정화(丁火)를 이끌고, 무계(戊癸)가 화합(化合)하고, 지지(地支)에 인사(寅巳)를 끼고 있고, 갑목(甲木)이 인정(引丁)하여 가염상격(假炎上格)이 되었다. 동방운(東方運)으로 흘러 상서(尙書)에 올랐다.

癸 丁 甲 丙
卯 酉 午 子

이 사주는 살인상생격(殺印相生格)으로 계수(癸水)가 용신(用神)이다. 좋은 점은 계수(癸水)가 자(子)에서 녹(祿)을 얻어 유금(酉金)이 생(生)한다. 따라서 재자약살(財滋弱殺)로 편관(偏官)이 되었다. 지지(地支)에 자오묘유(子午卯酉)가 있어 사극(四極)을 이루니 사해에 명성을 떨쳤다. 그러나 무기운(戊己運)에는 풍파가 많았다. 무운(戊運)에는 갑목(甲木)이 오히려 제(制)하고, 기운(己運)에는 갑목(甲木)을 합(合)하니 토(土)로 화(化)하여 사망했다.

乙 丁 甲 丙
巳 丑 午 寅

이 사주는 갑경(甲庚)이 득소(得所)하여 부귀(富貴)가 극품에 이르렀다. 축궁(丑宮) 금수(金水)가 용신(用神)이니 서북운(西北運)으로 흐르면 부귀(富貴)가 있다. 사궁(巳宮)이 경금(庚金)의 장생지(長生地)인데 사축(巳丑)이 있고, 습토(濕土)가 금(金)을 생(生)하여 왕금(旺金)이 수(水)를 생(生)하니 축궁(丑宮) 계수(癸水)가 용신(用神)이다.

乙 丁 甲 丙
巳 亥 午 辰

이 사주는 갑목(甲木)이 정광(丁光)을 이끌고, 일주(日柱)가 해궁(亥宮)에 앉아 있으니 임수(壬水)가 병화(丙火)를 제(制)하여 도읍에 명성을 전한다. 천간(天干)에 을병정(乙丙丁) 삼기(三奇)와 지지(地支)에 사오(巳午)가 연주(聯珠)하여 절강성(浙江城)의 철로총리(鐵路總理)가 되었다.

己 丁 丙 丁
酉 酉 午 酉

이 사주는 화장하천금첩첩격(火長夏天金疊疊格)이고, 기토(己土)가 출간(出干)하여 화금(火金)을 통하게 만들어 부격(富格)이 되었다.

미월(未月) 정화(丁火)

미월(未月) 정화(丁火)는 삼복생한(三伏生寒)의 때에 있고 음유(陰柔)하여 매우 약하다. 따라서 먼저 갑목(甲木)으로 용신(用神)을 삼은 다음에 임수(壬水)를 취해야 한다. 하지(夏至) 후는 화기(火氣)가 다하는 때이고, 극성하면 쇠(衰)하는 것이 정화(丁火)의 본성인데, 미월(未月)은 기세가 발설(發洩)되어 왕성함의 끝이 된다.

만일 미월(未月) 정화(丁火)가 대서(大暑) 후에 태어나면, 금수(金水)가 진기(進氣)하여 삼복생한(三伏生寒)하는 때라, 토왕(土旺)하여 정화(丁火)를 설(洩)하니 갑목(甲木)으로 용신(用神)을 삼아 생조(生助)하지 않으면 영화를 기대하기 어렵다. 특히 염조(炎燥)한 화토(火土)를 수(水)로 윤택하게 하지 않으면 목기(木氣)가 메말라 분목(焚木)되기 때문에 임수(壬水)로 보좌해야 한다.

미월(未月) 정화(丁火)가 천간(天干)에 갑목(甲木)이 투출(透出)했는데, 지지(地支)에 목국(木局)이 있고 해궁(亥宮) 임수(壬水)가 있으면 임수(壬水)는 갑목(甲木)의 뿌리가 되니, 정화(丁火)를 이끌어 경금(庚金)이 투출(透出)하면 반드시 과갑(科甲)에 이른다. 만일 목국(木局)은 없는데 지지(地支)에서 임수(壬水)가 갑목(甲木)을 생(生)하면 공감(貢監)이나 의금(衣衿)에 그치나, 성품이 고상하여 세속을 초탈하려는 뜻이 있다. 그러나 경금(庚金)이 없으면 좋지 않다.

다시 말해, 갑목(甲木)이 해궁(亥宮)에 장생(長生)되어 미(未)와 회국(會局)하면, 목(木)이 생왕(生旺)해져 정화(丁火)를 인생(引生)한다. 그러나 경금(庚金)이 없으면 목(木)이 해궁(亥宮) 임수(壬水)를 설(洩)하니 귀격(貴格)을 이루기 어렵다. 따라서 정화(丁火)가 왕(旺)해지려면 반드시 해미(亥未)가 회국(會局)해야 하고, 임수(壬水) 관성(官星)이 쓰임새가 있고, 경금(庚金)이 있어야 한다.

미월(未月)은 기토(己土)가 당왕(當旺)한 때이기 때문에 출간(出干)하지 않아도 반드시 임수(壬水)를 탁하게 만든다. 이때 갑목(甲木)이 없으면 정화(丁火)가 설(洩)되어 약해지니 관(官)을 감당하기 어렵고, 경금(庚金)이 없으면 임수(壬水)가 혼탁해지기 때문에 귀(貴)를 얻기 어려운 것이다. 따라서 미월(未月) 정화(丁火)는 반드시 경금(庚金)이 있어야 길하다.

미월(未月) 정화(丁火)가 지지(地支)에 목국(木局)을 이루었는데 수(水)가 투출(透出)하면, 목성(木性)이 습해져 인정(引丁)하기 어려우니 평범한 명(命)이 된다. 이때 갑목(甲木)이 있으면 재능은 있으나, 반드시 경금(庚金)이 투출(透出)해야 형상(刑傷)되지 않는다. 만일 갑목(甲木)이 없으면 가명가리(假名假利)가 되어 생재(生財)해도 나약하며 고집이 대단하다.

다시 말해, 미월(未月) 정화(丁火)가 임수(壬水)가 출간(出干)하면, 해미(亥未)가 목국(木局)을 이루어도 습목(濕木)이 불꽃을 만들기 어렵다. 이때는 반드시 갑목(甲木)이 인정(引丁)하고, 경금(庚金)이 임수(壬水)를 생(生)해야 재능과 명리(名利)가 모두 따른다. 만일 갑목(甲木)이 없으면 기토(己土)가 임수(壬水)를 탁하게 만든다. 이때는 경금(庚金)으로 기토(己土)를 화(化)하고, 임수(壬水) 관성(官星)을 생(生)하여 경금(庚金) 재성(財星)이 있으나 신약(身弱)하여 감당하기 어렵다. 그러므로 나약하며 고집이 대단한 것이다.

만일 미월(未月) 정화(丁火)가 정미년(丁未年) 정미월(丁未月) 정미일(丁未日) 정미시(丁未時)에 태어났으면 일편순음(一片純陰)이 되어 지극히 평범하기 때문에 무용한 사람이 된다. 비록 좋은 가문에서 태어났더라도 대업을 이루기 어렵다.

만일 임자년(壬子年) 정미월(丁未月) 정사일(丁巳日) 정미시(丁未時)에 태어났으면, 정화(丁火)가 많아 임수(壬水)가 흩어지니 겁이 많고 무능하여 아내와 자식에게 가권을 빼앗긴다.

만일 년월일시(年月日時)가 모두 정미(丁未)로 구성되어 있으면 순수한 사주이나, 왕토(旺土)가 정화(丁火)를 설(洩)하여 약하게 만들기 때문에 간지(干支)가 일기(一氣)라도 좋지 않다.

앞에서 예를 든 임자년생(壬子年生)은 정화(丁火) 세 개가 임수(壬水) 하나를 쟁합(爭合)하여 임수(壬水)가 분산된다. 정화(丁火)는 임수(壬水)를 남편으로 삼고, 임수(壬水)는 정화(丁火)를 아내를 삼는데, 사미(巳未) 사이에 오록(午祿)을 끼고 있으니 화왕(火旺)하여 수(水)가 쇠한다. 여기에 정화(丁火)는 음유(陰柔)하기 때문에 아내와 자식이 가권을 잡는 것이다. 다시 말해, 재인(財印)이 고관(孤官)을 보좌하지 않으면 대업을 이루기 어렵다는 뜻이다.

미월(未月) 정화(丁火)는 갑목(甲木)으로 용신(用神)을 삼아야 한다. 이것은 토왕(土旺)하여 영(令)을 잡기 때문에 갑목(甲木)이 가장 필요한 것이다. 임수(壬水)나 경금(庚金)을 용신(用神)으로 삼는 것은 사월(巳月)이나 오월(午月)과 같다.

다시 말해, 미월(未月) 정화(丁火)는 갑목(甲木)이 존신(尊神)이고, 임수(壬水)는 그 다음이다. 대서(大暑) 전은 임수(壬水)를 겸해서 취하는데 오월(午月)과 같고, 대서(大暑) 후는 금수(金水)가 진기(進氣)하니 반드시 갑목(甲木)을 용신(用神)으로 삼아야 한다. 갑목(甲

木)이 용신(用神)이면 수(水)가 아내요 목(木)이 자식이다.

　　　丙 丁 丁 丁
　　　午 未 未 卯

　이 사주는 금수(金水)가 없어 가염상격(假炎上格)이 되었다. 대운(大運)이 역행(逆行)하여 동남운(東南運)으로 흐르니 길하여 무과(武科)에 올랐다.

　　　癸 丁 癸 庚
　　　卯 未 未 寅

　이 사주는 천간(天干)에 계수(癸水)가 투출(透出)하여 습목(濕木)이 인정(引丁)하지 못한다. 따라서 매우 평범한 명(命)이 되었다.

　　　甲 丁 癸 乙
　　　辰 卯 未 亥

　이 사주는 해묘미목국(亥卯未木局)을 이루었는데 갑목(甲木)이 투간(透干)하니, 신강살천(身强殺淺)하여 가살위권(假殺爲權)이 되었다. 그러나 애석하게도 금(金)이 없으니 계수(癸水)가 메말라 목(木)이 타버린다.

庚 丁 乙 辛
戌 酉 未 丑

이 사주는 경신(庚辛)이 모두 투출(透出)하여 유축(酉丑)에서 뿌리를 얻었다. 임진운(壬辰運)으로 흐를 때 윤택하게 하여 금국(金局)을 깨끗하게 만든다. 따라서 소년에 뜻을 이루고 권위가 높았다.

辛 丁 癸 乙
丑 酉 未 卯

이 사주는 묘미목국(卯未木局)이 있는데 을목(乙木)이 투출(透出)하고, 유축금국(酉丑金局)이 있는데 신금(辛金)이 투출(透出)했으니 재인(財印)이 교차한다. 계수(癸水)를 용신(用神)으로 삼아 금목(金木)을 조화시킨다. 독살위권(獨殺爲權)이 되어 부귀격(富貴格)을 이루었다.

乙 丁 己 戊
巳 未 未 午

이 사주는 지지(地支)에 사오미남방(巳午未南方)을 이루었는데 토(土)가 많다. 따라서 재(財)로 식상(食傷)을 설(洩)해야 한다. 국(局)이 편조(偏燥)하기 때문에 무(武)와 인연이 많다.

戊 丁 癸 庚
申 卯 未 申

이 사주는 묘미(卯未)가 회국(會局)하여 정화(丁火)의 뿌리가 된다.
경신(庚申) 재(財)가 왕(旺)하여 살(殺)을 생(生)하니 무토(戊土)로
제살(制殺)해야 한다. 방신(幫身)하고 제살(制殺)하는 운으로 흘러
강소(江蘇) 순무(巡撫)에 이르렀다.

丙 丁 己 戊
午 巳 未 辰

이 사주는 지지(地支)에 사오미남방(巳午未南方)을 이루었는데 무
진기미(戊辰己未)의 토(土)가 많아 화(火)를 어둡게 만든다. 그러나
식상(食傷)이 왕(旺)하여 생재(生財)하니 부격(富格)이 되었다.

甲 丁 乙 丙
辰 丑 未 子

이 사주는 갑목(甲木)이 인정(引丁)하여 도독(都督)에 이르렀다.

丁 丁 丁 丁
未 酉 未 丑

이 사주는 유축금국(酉丑金局)이 있어 화상하천금접첩격(火長夏天

金疊疊格)이 되었다. 따라서 부격(富格)을 이루었다.

신월(申月) · 유월(酉月) · 술월(戌月) 정화(丁火)

삼추(三秋)의 정화(丁火)는 음유(陰柔)하여 물러나는 기(氣)다. 따라서 갑목(甲木)을 용신(用神)으로 삼아야 한다. 비록 왕금(旺金)이 권리를 잡은 때이나 정화(丁火)를 상하게 하지는 않는다. 경금(庚金)으로 벽갑(劈甲)하여 인화(引火)하고, 병화(丙火)로 금(金)을 따뜻하게 만들어 갑목(甲木)을 말려야 한다. 따라서 병화(丙火)가 정화(丁火)의 빛을 빼앗는 것을 두려워 하지 않는다. 병화(丙火) 두 개가 정화(丁火)를 끼고 있으면 하월(夏月)에는 흉하나 그 외는 그렇지 않다. 이 격(格)은 초년에는 곤액과 형극(刑剋)이 따르나 중년 후에는 부귀(富貴)가 있다. 그러나 반드시 지지(地支)에서 수(水)로 병화(丙火)를 제(制)해야 한다.

다시 말해, 정화(丁火)가 신유술월(申酉戌月)에 이르면 병사묘지(病死墓地)가 되어, 음유(陰柔)하여 기(氣)가 물러난다. 이때 갑목(甲木)으로 생조(生助)하지 않으면 재관(財官)을 감당하기 어렵다. 신월(申月)은 경금(庚金)이 영(令)을 잡고, 임수(壬水)가 장생(長生)되는 때이니, 수(水)가 출간(出干)하면 좋지 않다. 비록 경금(庚金)이 정화(丁火)를 상하게 하지는 않으나, 기후가 점점 차가워지니 조후(調候)하여 병화(丙火)의 도움을 받아야 한다. 이것은 정화(丁火)의 빛을 빼앗는 것이 아니라 재성(財星)을 제(制)하여 인수(印綬)를 보호하는 것이다. 따라서 삼추(三秋) 정화(丁火)가 갑경병(甲庚丙)이 모두 투출(透出)하면 상격(上格)을 이룬다.

위에서 설명한 병화(丙火) 두 개가 정화(丁火)를 끼고 있는 격국(格局)은, 정화(丁火)가 하월(夏月)에 이르면 매우 성(盛)하니, 병화(丙火)가 있으면 더욱 성(盛)해지기 때문에 이를 꺼리는 것이다. 그러나 그 외는 정화(丁火)가 병화(丙火)를 만나면 생왕(生旺)함을 도와주기 때문에 기뻐한다. 소년기에 형극(刑剋)이 있고 곤고한 것은 비겁(比劫)이 쟁재(爭財)하기 때문이다.

신월(申月) 정화(丁火)는 신궁(申宮)에 스스로 장생(長生)된 수(水)가 화(火)를 제(制)한다. 그러나 유월(酉月)과 술월(戌月) 정화(丁火)는 지지(地支)에 수(水)가 있어야 병화(丙火)를 제(制)한다. 이때는 관살(官殺)이 겁재(劫財)를 제(制)하여 재(財)를 보호해야 중년에 부귀(富貴)를 이룬다.

삼추(三秋) 정화(丁火)가 갑경병(甲庚丙)이 모두 있으면 우열을 가려야 한다. 신월(申月) 정화(丁火)는 신궁(申宮)에 경금(庚金)이 있으니 갑병(甲丙)을 용신(用神)으로 삼을 수 있고, 유월(酉月) 정화(丁火)는 갑경병(甲庚丙)을 모두 용신(用神)으로 삼을 수 있고, 술월(戌月) 정화(丁火)는 갑경(甲庚)을 용신(用神)으로 삼을 수 있다. 만일 신월(申月)과 유월(酉月) 정화(丁火)가 갑목(甲木)이 없으면 을목(乙木)을 취해야 한다. 이것을 고초인등격(枯草引燈格)이라 하는데, 이때는 병화(丙火)로 말려야 한다.

다시 말해, 갑목(甲木)은 반드시 경금(庚金)이 있어야 하고, 을목(乙木)은 반드시 병화(丙火)가 있어야 한다. 갑목(甲木)이 있는데 경병(庚丙)이 투출(透出)하면 과갑(科甲)에 준함이 있다. 이때는 풍수(風

水)가 불급(不及)하더라도 선발됨이 있다. 갑목(甲木)이 없고 을목(乙木)이 있으면 부귀(富貴)가 모두 작다. 설사 부(富)가 있더라도 귀(貴)는 없고, 부유하지는 않으나 의식(衣食)은 충분하다.

삼추(三秋) 정화(丁火)는 갑목(甲木)이 용신(用神)인데 경금(庚金)이 없으면 흉하고, 을목(乙木)이 용신(用神)인데 병화(丙火)가 없으면 흉하다. 을목(乙木)은 습한 초목이므로 병화(丙火)가 말려주지 않으면 인정(引丁)하지 못한다.

술월(戌月)은 무토(戊土)가 당왕(當旺)하여 화(火)를 어둡게 만든다. 이때 을목(乙木)은 무력하기 때문에 반드시 갑목(甲木)으로 제(制)해야 한다. 신월(申月)과 유월(酉月) 정화(丁火)가 갑목(甲木)이 없으면 을목(乙木)을 용신(用神)으로 삼을 수 있으나, 술월(戌月) 정화(丁火)는 반드시 갑목(甲木)으로 용신(用神)을 삼아야 한다. 이때 을목(乙木)은 쓸모가 없으니 병화(丙火)도 무용지물이 된다.

신월(申月)과 유월(酉月) 정화(丁火)는 편재(偏財)나 정재(正財)가 영(令)을 잡으니, 갑목(甲木)이 용신(用神)이면 병화(丙火)로 보호해야 갑목(甲木)이 유용해진다. 술월(戌月) 정화(丁火)는 상관(傷官)이 영(令)을 잡으니, 인수(印綬)로 상관(傷官)을 제(制)하며 재성(財星)이 파(破)해도 근심이 없다. 이것 역시 병화(丙火)를 취하지 않는다는 뜻이다.

갑목(甲木)은 반드시 경금(庚金)이 있고, 을목(乙木)은 반드시 병화(丙火)가 있어야 경금(庚金)이 벽갑(劈甲)한다. 따라서 병화(丙火)로 금(金)을 따뜻하게 하여 갑목(甲木)을 말린다. 이 이치는 매우 정밀하여 명리학(命理學)에서는 가장 중요하다.

삼추(三秋) 정화(丁火)는 임수(壬水)가 중(重)한데 계수(癸水)가 많으면, 무기토(戊己土)로 제(制)해야 부귀격(富貴格)을 이룬다. 삼추(三秋)에는 왕금(旺金)이 영(令)을 잡으니, 임계(壬癸) 관살(官殺)이 출간(出干)하면 재왕(財旺)하여 당살(黨殺)한다. 이때는 반드시 무기토(戊己土)로 제(制)하고, 갑병(甲丙) 인겁(印劫)이 생부(生扶)하여 신강(身强)해지면, 상관제살(傷官制殺)이 되어 상격(上格)의 명(命)을 이룬다.

신월(申月) 정화(丁火)가 일파(一派) 경금(庚金)이 있으면 재다신약(財多身弱)하여 부옥빈인(富屋貧人)의 명(命)이 되고, 아내를 두려워 하고, 아내와 자식이 가권을 잡는 경우가 많다. 만일 임수(壬水)가 많아 경금(庚金)을 설(洩)하는데 정임(丁壬)이 화살(化殺)하면 대부격(大富格)을 이루고, 경금(庚金)이 많은데 임수(壬水)가 없으면 떠돌이팔자가 된다.

다시 말해, 신월(申月) 정화(丁火)는 경금(庚金)이 임관(臨官)하고, 임수(壬水)가 장생(長生)되어 수(水)가 경금(庚金)을 설(洩)한다. 따라서 비록 일파(一派) 경금(庚金)이 있더라도 종재(從財)하는 것이 아니라, 재다신약(財多身弱)이 되어 재성(財星)이 당왕(當旺)한 것이다. 따라서 아내를 두려워 하고, 아내와 자식이 가권을 잡는 것이다. 만일 임수(壬水)가 경금(庚金)을 설(洩)하는데 정화(丁火)가 출간(出干)하여 임수(壬水)를 합(合)하면, 화목(化木)하여 방신(幫身)하니 흉변길(凶變吉)되어 대부격(大富格)을 이룬다. 이때는 용신(用神)이 관(官)이 아니라 재(財)에 해당한다.

유월(酉月) 정화(丁火)가 일파(一派) 신금(辛金)이 있는데, 경금(庚金)이 없고 비겁(比劫)이나 인수(印綬)도 없으면, 기명종재격(棄命從財格)이 되어 부귀격(富貴格)을 이룬다. 이런 사람은 과감(科甲)은 아니더라도 이도(異途)로 발전하여 명성을 떨친다. 종재(從財)하는 사람은 금(金)이 아내인데 극(剋)하지는 않으나 첩이 있고, 수(水)가 자식인데 형(刑)하지 않는다.

 다시 말해, 유월(酉月) 정화(丁火)가 일파(一派) 신금(辛金)이 있는데 경금(庚金)이 없으면, 종격(從格)이 순수하여 귀격(貴格)을 이룬다. 정화(丁火)가 신금(辛金)을 만나면 진종(眞從)이 되기 때문이다. 종격(從格)은 사람으로 인하여 부귀(富貴)에 이르기 때문에 이도(異途)라고 하는 것이다.

 술월(戌月) 정화(丁火)가 일파(一派) 무토(戊土)가 있으면 정화(丁火)를 설(洩)한다. 무토(戊土)가 있는데 임수(壬水)와 갑목(甲木)이 없으면 상관상진(傷官傷盡)이 되어 부귀(富貴)가 비범하다. 이때 갑목(甲木)이 투출(透出)하면 문장으로 청귀(淸貴)함에 이르고, 동방운(東方運)으로 흐르면 귀격(貴格)을 이룬다. 그러나 갑목(甲木)이 용신(用神)인데 경금(庚金)이 적게 있으면 좋지 않다. 이런 사람은 수(水)가 아내요 목(木)이 자식이다.

 다시 말해, 술궁(戌宮)에는 무정신(戊丁辛)이 암장(暗藏)되어 있는데, 화토상관(火土傷官)이 생재(生財)하니 체용(體用)이 동궁(同宮)에 있다. 임갑(壬甲)이 잡난하지 않으면 상관상진(傷官傷盡)이 되니, 특수한 격국(格局)으로 부귀(富貴)가 비범한 것이다.

 예를 들어, 명나라 태조(太祖)의 사주를 살펴보면 무진년(戊辰年) 임술월(壬戌月) 정축일(丁丑日) 정미시(丁未時)다. 임수(壬水)가 있으나 무토(戊土)가 극거(剋去)하여 상관상진(傷官傷盡)이 되었고, 진술축미(辰戌丑未) 사묘(四墓)가 완전하니 대격을 이루었고, 사우(四隅)가 완전하여 위세가 사방에 이른다. 그러나 갑목(甲木)을 만나면 변하여 상관패인(傷官佩印)이 되니 문서로 인한 청귀(淸貴)함에 불과하다. 이때는 동방운(東方運)으로 흘러 인수(印綬)를 도와야 귀격(貴格)을 이룬다.

丙 丁 丙 辛
午 丑 申 亥

이 사주는 병화(丙火) 두 개가 정화(丁火)를 끼고 있으니 경금(庚金)으로 용신(用神)을 삼는다. 지지(地支)에 임수(壬水)가 암장(暗藏)되어 병화(丙火)를 제(制)하고, 정화(丁火)가 쇠퇴하여 동남운(東南運)으로 흐르면 대부격(大富格)을 이룬다.

丙 丁 丙 辛
午 酉 申 亥

이 사주는 앞 사주와는 유(酉) 한 글자가 다르다. 재왕(財旺)하여 방(方)을 이루고, 일록귀시(日祿歸時)하여 부격(富格)이 되었다.

丙 丁 甲 庚
午 酉 申 辰

이 사주는 갑경병(甲庚丙)이 모두 투출(透出)하여 상서(尚書)에 올랐다. 인수(印綬)와 비겁(比劫)이 아신(我身)을 돕고, 경금(庚金)이 투출(透出)하여 진신(眞神)이 쓰임이 있으니 귀격(貴格)이 되었다.

庚 丁 甲 乙
戌 巳 申 酉

이 사주는 갑경(甲庚)이 모두 투출(透出)했는데 병화(丙火)가 암장(暗藏)되어 총장(總長)에 이르렀다.

丁 丁 癸 己
未 巳 酉 未

이 사주는 사미(巳未)가 오(午)를 끼고 있고, 미유(未酉)가 신(申)을 끼고 있다. 재왕생살(財旺生殺)하여 식신(食神)으로 제(制)하고, 신강살천(身强殺淺)하여 가살위권(假殺爲權)이 되었다. 남방운(南方運)으로 흘러 북양(北洋) 총독(總督)에 이르렀고, 정묘운(丁卯運)에 총통(總統)이 되었다. 묘운(卯運) 병진년(丙辰年)에 생을 마쳤다.

戊 丁 辛 癸
申 巳 酉 巳

이 사주는 갑목(甲木)이 없는데 무토(戊土)가 계수(癸水)를 합거(合去)하여 재왕신약(財旺身弱)하다. 정화(丁火)가 사(巳)에 있으니 종재(從財)할 수도 없어 고빈(孤貧)한 명(命)이 되었다.

癸 丁 丁 丙
卯 丑 酉 寅

이 사주는 재왕(財旺)하고, 살(殺)을 제(制)하지 못하니 잔병이 많
거나 요절(夭折)할 명(命)이다. 정화(丁火)는 쇠갈(衰竭)한 불이기
때문에 약한 살(殺)을 만나도 상하므로 반드시 제(制)해야 한다.

庚 丁 己 壬
戌 亥 酉 午

이 사주가 만일 신시생(申時生)이나 술시생(戌時生)이면 귀격(貴
格)을 이루나, 유시생(酉時生)이면 흉하다. 정일(丁日)이 신궁(申宮)
에 경금(庚金)이 있는데 술시(戌時)에 태어나면, 천간(天干)에 경금
(庚金)이 있다는 뜻으로 반드시 귀격(貴格)을 이룬다.

壬 丁 丁 丙
寅 亥 酉 戌

이 사주는 여명(女命)으로 아들 4형제를 두었지만 모두 외롭고 가난
했다.

甲 丁 己 壬
辰 丑 酉 戌

이 사주는 유축(酉丑)이 회국(會局)하는데 기토(己土)가 출간(出干)
하니, 화련진금(火煉眞金)이 되어 부격(富格)을 이루었다.

丁 丁 辛 戊
未 巳 酉 寅

이 사주는 사미(巳未) 사이에 오록(午祿)이 끼어 있고, 재성(財星)이 회국(會局)하여 갑병(甲丙)이 지지(地支)에 있으니 귀(貴)가 암장(暗藏)되고, 신왕용재(身旺用財)하여 부귀격(富貴格)이 되었다.

壬 丁 丙 庚
寅 未 戌 午

이 사주는 지지(地支)에 화(火)가 많아 정화(丁火)를 돕는데, 경병(庚丙)이 투출(透出)하여 청귀(淸貴)한 명(命)이 되었다. 지지(地支)에서 인오술(寅午戌)이 회국(會局)하는데 천간(天干)에 경임(庚壬)이 투출(透出)했으니 재관(財官)이 용신(用神)이다.

丙 丁 甲 己
午 卯 戌 亥

이 사주는 여명(女命)이다. 갑병(甲丙)이 고투(高透)하는데 정화(丁火)가 득록(得祿)하여 대부격(大富格)이 되었다. 상관(傷官)이 영(令)을 잡았으니 갑목(甲木) 인수(印綬)를 용신(用神)으로 삼아, 상관(傷官)을 제(制)하여 인정(引丁)한다.

甲 丁 丙 庚
辰 亥 戌 寅

이 사주는 여명(女命)으로 아들 7형제를 두었고, 의록(衣祿)이 충분
했다.

丁 丁 壬 戊
未 丑 戌 辰

이 사주는 명나라 태조의 명(命)이다. 화토상관(火土傷官)이 가색격
(稼穡格)으로 변하고, 지지(地支)에 진술축미(辰戌丑未)의 사고(四
庫)가 있으니 생각이 깊은 사람이다. 귀격(貴格)이면 명성을 사방에
떨치나, 그렇지 않으면 산만하여 한 가지도 이루지 못한다. 자오묘유
(子午卯酉)도 이와 같다. 삼추(三秋)에 태어났으니 화(火)로 토(土)
를 따뜻하게 해야 하기 때문에 정화(丁火)가 용신(用神)이다. 따라서
초년인 북방수운(北方水運)에는 가난했으나, 중년 동방운(東方運)인
병인운(丙寅運)과 정묘운(丁卯運)에 천자에 올랐다.

고법(古法)은 년(年)을 중요시 했으나, 서자평(徐子平)이 처음으로
현재 사용하는 일(日)을 중요하게 다루기 시작했다. 그러나 하나의
명조(命造)는 반드시 전국(全局)을 통론해야 하기 때문에 년(年)으
로 주(主)를 삼는다. 그러나 전국(全局)이 주(主)가 되었으니 년(年)
으로 주(主)를 삼은 것은 아니다.

辛 丁 庚 丁
亥 卯 戌 未

이 사주는 지지(地支)에 목국(木局)을 이루고 있는데, 재(財)로 인수(印綬)를 파(破)하고 상관(傷官)을 설(洩)하여 대학사(大學士)에 이르렀다.

甲 丁 戊 丙
辰 亥 戌 戌

이 사주는 상관패인격(傷官佩印格)이 되어 순무(巡撫)에 이르렀다.

甲 丁 甲 甲
辰 未 戌 子

이 사주는 갑목(甲木)이 용신(用神)인데 동방운(東方運)으로 흘러 총통(總統)에 올랐다.

丙 丁 戊 丙
午 巳 戌 子

이 사주는 화토상관(火土傷官)이 상진(傷盡)하여 부귀(富貴)가 비범한 명(命)이 되었다.

己 丁 庚 壬
酉 亥 戌 辰

이 사주는 유술해(酉戌亥)가 서북(西北)에 있는데 재관(財官)이 모두 왕(旺)하나, 해궁(亥宮) 갑목(甲木)으로 인정(引丁)해야 한다. 동방운(東方運)에서 명성을 떨쳤다.

해월(亥月)·자월(子月)·축월(丑月) 정화(丁火)

삼동(三冬) 정화(丁火)는 약하고 차갑기 때문에 반드시 갑경(甲庚)이 있어야 한다. 경금(庚金)은 갑목(甲木)의 좋은 짝이니, 갑목(甲木)이 용신(用神)인데 경금(庚金)이 적으면 흉하다. 따라서 경금(庚金)이 없으면 벽갑(劈甲)할 수 없고, 갑목(甲木)이 없으면 인정(引丁)할 수 없어 목화통명(木火通明)이 되지 않는다.

다시 말해, 동월(冬月) 정화(丁火)는 갑목(甲木)이 있으면 금수(金水)가 많아도 상격(上格)을 이루고, 천간(天干)에 경금(庚金)이 투출(透出)하면 과갑(科甲)에 준함이 있다. 비록 과갑(科甲)이 아니더라도 선비의 우아함과 풍류는 잃지 않는다. 그러나 기토(己土)가 합(合)하면 평범한 명(命)이 된다.

갑목(甲木)은 정화(丁火)의 어머니다. 적천수(滴天髓)에서는 친어머니가 있으면 가추가동(可秋可冬)이라 하였다. 따라서 삼동(三冬) 정화(丁火)는 반드시 갑목(甲木)이 있어야 한다. 갑목(甲木)이 있으면 의지할 곳이 있고, 경금(庚金)이 있으면 갑목(甲木)이 인정(引丁)한다. 따라서 경금(庚金)으로 갑목(甲木)을 보좌해야 한다.

동월(冬月) 정화(丁火)는 갑목(甲木)이 있으면 인수(印綬)가 화살(化殺)하여 수(水)가 많아도 흉하지 않고, 경금(庚金)이 벽갑(劈甲)하면 공격이 생(生)이 되기 때문에 금(金)이 있어도 흉하지 않다. 따라서 동월(冬月) 정화(丁火)가 갑경(甲庚)이 모두 투출(透出)하면 반드시 상격(上格)을 이룬다. 그러나 기토(己土)가 갑목(甲木)을 합(合)하면 갑목(甲木)의 정(情)이 기토(己土)를 향한다. 따라서 정화(丁火)를 생(生)할 수 없어 용신(用神)이 기반(羈絆)되어 발전하지 못한다.

동월(冬月) 정화(丁火)는 병화(丙火) 하나가 정화(丁火)의 빛을 빼앗으면 지지(地支)의 수(水)로 병화(丙火)를 파(破)하고, 지지(地支)의 금(金)으로 수(水)의 근원을 삼으면 지위와 권세가 높다. 그러나 이때 금수(金水)가 없으면 흉하다. 만일 금(金)은 있으나 수(水)가 없으면 빈한(貧寒)한 선비에 불과하고, 임수(壬水)는 있으나 금(金)이 없으면 청귀(淸貴)한 명(命)을 이룬다.

다시 말해, 정화(丁火)는 소융(昭融)하여 병화(丙火)가 불꽃을 도우면 재관(財官)을 기뻐한다. 삼동(三冬)에는 월령(月令)에 수(水)가 암장(暗藏)되어 있는데도 금수(金水)가 없다고 하는 것은 토(土)가 수(水)를 극(剋)하기 때문이다. 그러므로 금(金)은 있는데 수(水)가 없으면 비겁(比劫)이 탈재(奪財)하여 빈한(貧寒)한 선비가 되는 것이고, 수(水)는 있는데 금(金)이 없으면 병임(丙壬)이 비추는 것을 도와주기 때문에 청귀(淸貴)한 선비가 되는 것이다.

동월(冬月) 정화(丁火)가 월시(月時)에서 임수(壬水) 두 개가 쟁합

(爭合)하면 무토(戊土)로 파(破)해야 한다. 이때 무토(戊土)가 있으면 작게나마 부귀(富貴)가 따르고, 무토(戊土)가 암장(暗藏)되어 있으면 의금(衣衿)은 잃지 않고, 무토(戊土)가 없으면 평범한 명(命)이 된다. 정화(丁火)는 비록 쇠퇴하는 기(氣)이나, 병화(丙火)의 도움이 있으면 생왕(生旺)해져 상관(傷官)으로 제살(制殺)할 수 있다. 그러나 단지 상격(上格)을 이루지 못할 뿐이다.

동월(冬月) 정화(丁火)는 병화(丙火) 두 개가 정화(丁火)의 빛을 빼앗는데 계수(癸水)가 출간(出干)하고, 지지(地支)에서 합(合)되어 금수(金水)가 득소(得所)하면 이도(異途)로 중직이 있어 길하다. 이때는 계수(癸水)가 출간(出干)하시 않아도 유능한 수재(秀才)의 명(命)을 이룬다. 이것을 재자약살격(財滋弱殺格)이라고 하는데, 정화(丁火)는 음유(陰柔)하여 약한 살(殺)에게도 상한다. 두 개의 병화(丙火)가 정화(丁火)를 도와주면 생왕(生旺)해져 계수(癸水)가 상하게 하지 못하니, 살(殺)이 관(官)으로 화(化)한다.

동월(冬月) 정화(丁火)가 중동(仲冬)에 태어나, 금왕(金旺)하고 수(水)가 많은데 비겁(比劫)이나 인수(印綬)가 없으면 기명종살격(棄命從殺格)이 되어 대귀격(大貴格)을 이룬다. 그러나 만일 비겁(比劫)이나 인수(印綬)가 있으면 파격(破格)되어 평범한 명(命)이 되고, 혈육이 뜬구름과 같다. 이때 무토(戊土)가 투출(透出)하여 계수(癸水)를 파(破)하면 형제가 어질고 육친(六親)에게도 힘이 있다. 무토(戊土)가 용신(用神)이면 화(火)가 아내요 토(土)가 자식이다.

해월(亥月) 정화(丁火)는 해궁(亥宮)에 갑목(甲木)이 있으나, 지지(地支)에서 묘미(卯未)가 회국(會局)하지 않으면 습목(濕木)이 불꽃이 없어 종격(從格)이 된다. 따라서 자월(子月)의 슈수함에는 미치지

못한다. 그러나 비겁(比劫)이나 인성(印星)을 만나면 파격(破格)이
된다.

고서(古書)에서는 종격(從格)이 종(從)하지 않으면 화기(化氣)와 비
슷하나 국(局)을 이루지 않고, 인수(印綬)와 비슷하나 인수(印綬)를
이루지 않으면 의타심이 많아 입췌과방(入贅過房)의 명(命)이 된다
고 했다. 그러므로 골육이 뜬구름과 같은 것이다. 무토(戊土)가 출간
(出干)하여 계수(癸水)를 파(破)하면 제살(制殺)하는 것이다. 정화
(丁火)는 쇠갈(衰竭)한 불이나, 사주에 비겁(比劫)이나 인수(印綬)가
상생(相生)하면 쇠약함을 두려워하지 않는다. 그러므로 무토(戊土)
로 용신(用神)을 삼는 것이다.

동월(冬月) 정화(丁火)는 병화(丙火)가 태다(太多)하면, 계수(癸水)
로 파(破)해야 하니 계수(癸水)로 용신(用神)을 삼는다. 계수(癸水)
가 용신(用神)이면 금(金)이 아내요 수(水)가 자식이다. 이것은 병화
(丙火) 두 개가 정화(丁火)를 빼앗는 것과 같은 이치다. 이때는 재
(財)는 아내요 관살(官殺)은 자식이 된다.

요약하면, 삼동(三冬) 정화(丁火)는 먼저 갑목(甲木)을 취한 다음에
경금(庚金)으로 보좌하고, 무계(戊癸)는 참작해서 취한다. 만일 갑목
(甲木)이 용신(用神)이면 수(水)가 아내요 목(木)이 자식이니, 아내
는 어질고 자식은 효도한다.

삼동(三冬) 정화(丁火)는 경금(庚金)으로 벽갑(劈甲)하여 인정(引
丁)하는 것이 정법(正法)이다. 수왕(水旺)하면 무토(戊土)가 용신(用
神)이고, 화왕(火旺)하면 수(水)가 용신(用神)인데, 모두 병(病)을
제거하는 약(藥)이다. 약(藥)을 쓰는데는 정법(正法)이 따로 없으니
사주에 맞게 골라서 취하면 된다.

辛　丁　癸　癸
亥　亥　亥　亥

이 사주는 시랑(侍郎)에 오른 사람이다. 해궁(亥宮)에 암장(暗藏)된 목(木)이 미약한데 수왕(水旺)하다. 따라서 습목(濕木)이 불꽃이 없으니 종살격(從殺格)이 되었다.

庚　丁　丁　乙
戌　未　亥　卯

이 사주는 과갑(科甲)에 이른 사람으로 정관격(正官格)이다. 해궁(亥宮)이 갑목(甲木)이 장생(長生)하고, 경금(庚金)이 고투(高透)했고, 임수(壬水)가 당령(當令)하여 혼잡하지 않다. 해궁(亥宮) 갑목(甲木)이 장생(長生)되는데 묘미목국(卯未木局)을 이루었다. 목(木)이 생왕(生旺)하여 을목(乙木)이 투출(透出)하니, 반대로 관성(官星)을 설(洩)하면 흉하다. 그러나 경금(庚金)으로 인수(印綬)를 파(破)하여, 관(官)을 생(生)하니 재관격(財官格)이 되었다.

辛　丁　辛　壬
亥　巳　亥　寅

이 사주는 갑목(甲木)이 용신(用神)인데 무토(戊土)와 갑목(甲木)이 득소(得所)하여 대부격(大富格)이 되었다. 오운(午運)에 사망했다.

癸 丁 丁 庚
卯 卯 亥 戌

이 사주는 지지(地支)에 목국(木局)을 이루었는데 년간(年干)에 경금(庚金)이 있으니, 경금(庚金)이 용신(用神)이다. 경운(庚運)에 회원(會元)에 올랐다.

丁 丁 癸 癸
未 卯 亥 丑

이 사주는 지지(地支)에 목국(木局)을 이루었는데 수(水)가 많아 고봉(誥封)을 얻었다.

癸 丁 癸 癸
卯 卯 亥 卯

이 사주는 살인상생(殺印相生)하여 대학사(大學士)에 올랐다.

辛 丁 丁 庚
丑 丑 亥 辰

이 사주는 청나라 인종의 명(命)이다. 경금(庚金)이 투출(透出)하고 갑목(甲木)이 암장(暗藏)되어 있다. 경금(庚金)으로 벽갑(劈甲)하여 인정(引丁)하니, 갑목(甲木)이 용신(用神)이다. 동방운(東方運)으로 흐를 때 등기(登基)하여 25년 동안 재위하다가 신운(辛運)에 사망했다. 경술시(庚戌時)라고도 하니 잘 살펴보도록 한다.

辛 丁 丁 乙
亥 未 亥 丑

이 사주는 해궁(亥宮)이 갑목(甲木)의 장생지(長生地)인데, 미(未)가 회국(會局)하여 갑목(甲木)이 생왕(生旺)하다. 기토(己土)와 임수(壬水)가 혼합하여 인정(引丁)하니, 관인(官印)이 용신(用神)이다. 신운(申運) 임진년(壬辰年)에 진사(進士)가 되었고, 임운(壬運)에 농상부 상서(尙書)에 올랐고, 사운(巳運)에 사망했다.

丙 丁 辛 丁
午 未 亥 卯

이 사주는 해묘미목국(亥卯未木局)을 이루고 있는데 시(時)에 귀록(歸祿)이 있으니, 병화(丙火)가 용신(用神)이다. 남방운(南方運)으로 흘러 교육 총장에 올랐다. 부귀격(富貴格)이다.

辛 丁 癸 戊
丑 酉 亥 寅

이 사주는 계수살(癸水殺)이 투출(透出)하는데 무토(戊土)로 제(制)한다. 제살(制殺)하는 운으로 흘러 강부(江北) 제독(提督)에 올랐나,

丙 丁 癸 癸
午 巳 亥 未

이 사주는 계수(癸水)가 투출(透出)했는데 무토(戊土)가 득소(得所)
한다. 제살(制殺)하는 운으로 흘러 귀격(貴格)이 되었다.

辛 丁 乙 己
丑 巳 亥 丑

이 사주는 을목(乙木)이 용신(用神)이니 고초인등격(枯草引燈格)이
되었다. 반드시 병화(丙火)로 말려야 한다.

丙 丁 庚 丙
午 卯 子 戌

이 사주는 화(火)는 많은데 갑목(甲木)이 없으니, 계수(癸水)가 용
신(用神)이다. 평범한 사람으로 광곤(光棍)한 명(命)이 되었다. 갑운
(甲運)에는 크게 발전했으나 오운(午運)에 이르러 망하고, 미운(未
運)에 사망했다.

辛 丁 戊 庚
亥 酉 子 申

이 사주는 해궁(亥宮)에 장생(長生)된 갑목(甲木)이 용신(用神)이

다. 임수(壬水)가 그 뿌리를 도와주나, 애석하게도 경(庚) 두 개가 수
(水)를 생(生)하여 습목(濕木)이 되었다. 수재(秀才)였으나 발전하지
는 못했다.

壬 丁 甲 戊
寅 酉 子 午

이 사주는 청나라 세종의 명(命)이다. 갑목(甲木)이 인궁(寅宮)에서
득록(得祿)하여 용신(用神)이 된다. 남방운(南方運)에 이르러 등기
(登基)하고, 사운(巳運) 말 경금(庚金) 초에 금왕(金旺)하니 갑목(甲
木)을 파(破)하여 58세에 사망했다.

壬 丁 壬 丁
寅 酉 子 酉

이 사주는 재관격(財官格)이고, 인궁(寅宮) 갑목(甲木)이 용신(用
神)이다. 남방운(南方運)으로 흘러 총독(總督)에 올랐다.

辛 丁 壬 丁
亥 卯 子 亥

이 사주에는 의문점이 있다. 자월생(子月生)이 갑목(甲木)이 출간
(出干)하지 않았는데, 지지(地支)에서도 인(寅)을 만나지 않고 병무
(丙戊)도 없으니 습목(濕木)이 불꽃이 없다. 하나의 사주에 기해(己

亥), 병자(丙子), 정묘(丁卯), 경자(庚子)가 모두 있으니 목(木)에 불꽃이 없다. 기(氣)가 금수(金水)를 종(從)하여 금수운(金水運)에 발(發)하니 같은 경우다.

丁丁庚辛
未丑子卯

이 사주는 월령(月令)에 편관(偏官)이 당왕(當旺)하여 재성(財星)이 생(生)한다. 축미(丑未)가 상충(相沖)하는데 자축(子丑)이 합(合)하여 풀어준다. 을미운(乙未運)에 이르러 정화(丁火)가 득기(得氣)하여 주미대사가 되었다. 미(未)가 화개살(華蓋殺)에 해당하여 문학으로 명성을 떨쳤다.

甲丁壬丁
辰卯子酉

이 사주는 소한(小寒) 하루 전에 태어났다. 갑목(甲木)이 출간(出干)하여 인정(引丁)하고, 아신(我身)이 묘(卯)의 인(印)에 앉아 있고, 정임(丁壬)이 합(合)하여 관성(官星)을 제거하여 자궁(子宮) 계수(癸水)가 용신(用神)이다. 편관(偏官)이 득시(得時)하여 병령(秉令)하고, 재성(財星)을 만나 유묘자(酉卯子)의 삼편(三偏)이 모두 녹왕(祿旺)하다. 중병(重兵)을 손에 잡고 독당일면(獨當一面)하니 영수(領袖)가 되었다.

甲 丁 乙 戊
辰 未 丑 子

이 사주는 지지(地支)가 한습(寒濕)하나 갑무(甲戊)가 모두 투출(透出)하여 어사(御史)에 이르렀다.

甲 丁 辛 辛
辰 卯 丑 卯

이 사주는 신왕인왕(身旺印旺)하나 경금(庚金)이 없어 승려가 되었으나 부자였던 것이다.

壬 丁 己 乙
寅 亥 丑 卯

이 사주는 경금(庚金)이 없으니 부(富)는 있으나 요절(夭折)했다. 이런 사주는 대개 을운(乙運)에서 죽는다. 인수(印綬)가 임수(壬水) 관성(官星)을 설(洩)하여 기토(己土)가 용신(用神)인데, 을목(乙木)이 제(制)한다. 용신(用神)이 손상되어 요절(夭折)한 것이다.

甲 丁 己 庚
辰 酉 丑 午

이 사주는 경갑(庚甲)이 모두 투출(透出)했다. 갑운(甲運)에 과갑

(科甲)에 이르렀다.

　　　　癸 丁 己 庚
　　　　卯 酉 丑 午

이 사주는 신강살천(身强殺淺)하니 가살위권(假殺爲權)이 되어 원수(元首)가 되었다.

　　　　庚 丁 辛 丙
　　　　戌 巳 丑 戌

이 사주는 상관상진(傷官傷盡)되어 수비(守備)에 올랐다.

　　　　丙 丁 癸 壬
　　　　午 卯 丑 午

이 사주는 여명(女命)으로 계수(癸水)가 용신(用神)이다. 이런 사주는 대개 고독을 면하기 어렵다.

　　　　乙 丁 癸 壬
　　　　巳 巳 丑 辰

이 사주는 갑목(甲木)이 없는데 병화(丙火)가 을목(乙木)을 말리고 있으니 고초인등격(枯草引燈格)이 되었다. 따라서 을목(乙木)이 용신(用神)이다. 그러나 광곤(光棍)에 유능함에 불과하여 귀격(貴格)을 이루지 못하고 단지 부옹(富翁)에 불과했다.

癸 丁 己 庚
卯 亥 丑 子

이 사주는 해묘(亥卯)가 회국(會局)하여 인수(印綬)가 용신(用神)이다. 순무(巡撫)에 이르렀다.

甲 丁 辛 辛
辰 亥 丑 酉

이 사주는 재정총장(財政總長)에 오른 사람이다. 재왕(財旺)하여 인수(印綬)가 용신(用神)이다.

辛 丁 己 乙
亥 亥 丑 丑

이 사주는 천간(天干)에 을정기신(乙丁己辛)이 있는데, 지지(地支)에서 축해(丑亥)가 자(子)를 끼고 있고, 계수(癸水)가 암장(暗藏)되이 있다. 따라서 오음(五陰)이 모두 있어 음승음위(陰乘陰位)하니 기격(奇格)이라고도 하고 축요사격(丑遙巳格)이라고도 한다.

戊 丁 己 庚
申 卯 丑 午

이 사주는 정화(丁火)가 오(午)에 통근(通根)하고, 묘인(卯印)이 있
다. 따라서 비겁(比劫)과 인수(印綬)가 있어 시랑(侍郎)이 되었다.

5장. 무토(戊土)

무토(戊土)의 조후용법(調候用法)

무기토(戊己土)는 중앙으로 사우(四隅)에 미치니, 춘하추동(春夏秋冬) 4계절의 기(氣)를 포함한다. 따라서 목화금수(木火金水)의 사행(四行)이 모두 왕(旺)하기 때문에 토(土)로 잘 배합해야 한다. 이때 토(土)는 전왕지(專旺地)로 들어가도 화(火)로 생(生)해야 한다. 만일 화(火)가 죽으면 토왕(土旺)해도 뜻을 이루지 못한다.

토(土)는 수(水)의 재(財)를 만나면 길하나, 수세(水勢)가 태왕(太旺)하면 토(土)가 허물어질 염려가 있다. 토(土)는 춘하월(春夏月)에 가장 왕(旺)하며 실(實)하고, 추동월(秋冬月)에는 약해져 허왕(虛旺)하다. 토(土)는 중후할수록 좋다. 토(土)가 왕지(旺地)로 들어갔으나 사주에 재관식(財官食)이 없으면 생의(生意)가 없다. 따라서 토(土)가 많으면 막히기 때문에 난관이 많고, 토(土)가 흩어지면 가볍게 움직인다.

■ 삼춘(三春) 무토(戊土)

초춘(初春)에는 한기(寒氣)가 아직 남아 있으니 화(火)로 생부(生扶)해야 한다. 관인상생(官印相生)되는데 재(財)가 인(印)을 파(破)하고, 관살(官殺)을 도와주면 흉하다. 묘월(卯月)과 진월(辰月)의 토(土) 역시 반드시 인수(印綬)가 있어야 하고, 나머지는 참작해서 금수(金水)를 취해야 한다.

인월(寅月) · 묘월(卯月) 무토(戊土)

삼춘(三春) 무토(戊土)는 병화(丙火)로 따뜻하게 하지 않으면 생(生)하지 못하고, 갑목(甲木)으로 소토(疏土)하지 않으면 불령(不靈)하고, 계수(癸水)로 자윤(滋潤)하지 않으면 만물이 성장하지 못한다.

인월(寅月)과 묘월(卯月) 무토(戊土)는 먼저 병화(丙火)로 용신(用神)을 삼은 후 갑목(甲木)을 취하고, 그 다음에는 계수(癸水)를 쓴다. 진월(辰月) 무토(戊土)는 먼저 갑목(甲木)으로 용신(用神)을 삼은 후 병화(丙火)를 취하고, 그 다음에 계수(癸水)를 취한다. 진월(辰月)에는 무토(戊土)가 사령(司令)하는 때이니 갑목(甲木)으로 용신(用神)을 삼는 것이다.

삼춘(三春) 무토(戊土)는 병갑계(丙甲癸)가 모두 투출(透出)하면 부귀(富貴)가 극품에 이른다. 그러나 운정(運程)에 따라 더디거나 일찍 발전할 수는 있다. 만일 두 개는 투출(透出)했으나 한 개가 암장(暗

藏)되어 있으면 과갑(科甲)에 준함이 있고, 한 개는 투출(透出)했으나 두 개가 암장(暗藏)되어 있으면 수재(秀才)에 그치거나 이도(異途)로 발전한다.

다시 말해, 삼춘(三春) 무토(戊土)는 인(寅)에서 장생(長生)되고, 인궁(寅宮) 갑목(甲木)이 임관(臨官)한다. 이때 목왕(木旺)하면 토(土)가 붕괴되어 세력이 점점 기울어 무너진다. 따라서 병화(丙火)가 있으면 토(土)가 실(實)하고, 병화(丙火)가 없으면 토(土)가 허(虛)하다. 그러므로 먼저 병화(丙火)를 용신(用神)으로 삼고, 양화(陽和)의 기(氣)가 성(盛)하면 무토(戊土)가 생(生)하지 못하니 계수(癸水)로 보좌하는 것이다. 토(土)가 많아 실(實)하면 갑목(甲木)이 용신(用神)이나, 역시 계수(癸水)로 보좌해야 한다. 삼춘(三春) 무토(戊土)의 용신법(用神法)은 여기서 벗어나지 않는다.

병계(丙癸)가 춘월(春月)에 있으면 불청불우(不晴不雨)한 형상이 되어, 서로 꺼리지 않고 각각 쓰임새를 얻으니 아름다운 명(命)이 된다. 만일 병계(丙癸)가 나란히 투출(透出)하면 관인(官印)이 모두 있는 것이니 부귀(富貴)가 극품에 이르나, 쓰임에는 선후가 있으니 격국(格局)의 배합을 잘 살펴야 한다.

인월(寅月)과 묘월(卯月) 무토(戊土)는 먼저 병화(丙火)가 투출(透出)해야 하고, 진월(辰月) 무토(戊土)는 먼저 갑목(甲木)이 투출(透出)해야 길하다. 인월(寅月)과 묘월(卯月) 무토(戊土)는 계갑(癸甲)은 있으나 병화(丙火)가 없으면, 한기(寒氣)를 제거하기 어려우니 비바람이 몰아치는 것과 같아 만물이 성장하지 못한다. 따라서 성패가 많아 부귀(富貴)를 얻기 힘들다. 만일 병화(丙火)는 있으나 계갑(癸甲)이 없으면 춘한(春旱)이라 한다. 이때는 만물이 생(生)하나, 재앙이 많기 때문에 노력해도 공(功)이 없고 평생 고생이 많다.

삼춘(三春) 무토(戊土)가 일파(一派) 갑목(甲木)이 있으나 병화(丙火)가 없으면 평범한 명(命)에 불과하고, 경금(庚金) 하나가 투출(透出)하면 부귀(富貴)가 있고, 지지(地支)에 목국(木局)을 이루었는데 갑목(甲木)이 출간(出干)하고 경금(庚金)이 투출(透出)하면 과갑(科甲)이 따르며 부귀(富貴)가 비상하다.

다시 말해, 갑목(甲木)은 살(殺)인데 인성(印星)으로 화(化)하지 않으면 식신(食神)으로 제(制)해야 한다. 일파(一派) 갑목(甲木)은 인월(寅月) 무토(戊土)를 말하는 것이고, 지지(地支)에 목국(木局)을 이룬다는 것은 묘월(卯月) 무토(戊土)를 말하는 것이다. 모두 무토(戊土)가 진술(辰戌)에 이르러 일원(日元)이 스스로 왕(旺)하니 신강살왕(身强殺旺)하다. 이때 제(制)함이 있으면 부귀(富貴)가 따른다. 인월(寅月) 무토(戊土)는 인궁(寅宮)에 스스로 병화(丙火)가 있는데 목국(木局)을 이루면, 수(水)가 암장(暗藏)되어 있으니 부귀격(富貴格)을 이룬다.

삼춘(三春) 무토(戊土)가 경금(庚金)이 없는데 비겁(比劫)과 인성(印星)을 만나지 않으면, 종살격(從殺格)이 되지 못하여 대흉이 따르며 도둑이 된다. 만일 일주(日柱) 아래에 오(午)가 있으면 선종(善終)하지 못한다. 무토(戊土)가 인궁(寅宮)에 기생(寄生)하고, 월령(月令)에 비겁(比劫)과 인수(印綬)가 암장(暗藏)되어 있으니 종(從)이 아니다. 이때 살왕(殺旺)하고 신(身)이 쇠(衰)하면 대흉하다. 즉 일원(日元)이 오(午) 양인(陽刃)에 앉아 있으면, 인오(寅午)에 모두 인수(印綬)가 암장(暗藏)되어 있는 것이니 선종(善終)하지 못하는 것이다. 일원(日元)이 갑목(甲木)에 앉는다는 것은 무인(戊寅)을 가

리킨다.

삼춘(三春) 무토(戊土)가 일파(一派) 을목(乙木)이 있으면 권관회당(權官會黨)이라 한다. 이때는 경금(庚金)이 있어도 을목(乙木)을 제(制)하기 어렵다. 이런 사람은 말과 마음이 달라 교유하기 어렵다. 여기에 갑목(甲木)이 하나 있는데 경금(庚金)이 없으면, 게으르고 욕심이 많아 만족할 줄 모르는 사람이 된다. 만일 병화(丙火)가 많은데 목(木)도 많으면 계경(癸庚)을 잘 살펴서 용신(用神)을 정해야 한다.

묘월(卯月) 무토(戊土)는 을목(乙木)이 권리를 잡고, 권관회당(權官會黨)은 지지(地支)에 목국(木局)이 있다는 뜻이다. 이때 경금(庚金)이 을목(乙木)을 만나면 정(情)을 주어 상합(相合)한다. 따라서 상극(相剋)할 늦이 없으니 을목(乙木)을 제(制)하기 어렵다. 여기다 갑목(甲木)이 하나 있으면 관살(官殺)이 혼잡되니, 경금(庚金)으로 관살(官殺)을 제거하지 않으면 반드시 하천한 명(命)이 된다. 칠살(七殺)을 제(制)하지 못하면 이지력이 부족하여 스스로 절제하지 못한다. 만일 병화(丙火)가 많은데 목(木)도 많으면 양장(陽壯)하여 목(木)이 마른다. 이때는 일파(一派) 병화(丙火)가 있는 경우나, 일파(一派) 갑목(甲木)이 있는 경우와 같다. 이상은 인월(寅月)과 묘월(卯月) 무토(戊土)의 용신(用神)을 잡는 방법을 설명한 것이다.

　　　庚 戊 庚 丙
　　　申 辰 寅 寅

이 사주는 병갑계(丙甲癸)가 모두 있어 장군이 되었다. 신진(申辰)이 회국(會局)하여 무토(戊土)가 마르지 않으니 병화(丙火)가 용신

(用神)이다. 인궁(寅宮) 갑목(甲木)이 병화(丙火)를 생(生)하여 살인상생(殺印相生)이 되었고, 칠살격(七殺格)이라 경금(庚金)이 벽갑(劈甲)하니 식신(食神)이 제살(制殺)한다.

甲 戊 庚 辛
寅 寅 寅 巳

이 사주는 화(火)는 많은데 수(水)가 없으니 빈천(貧賤)한 명(命)이 되었다.

丙 戊 壬 丁
辰 辰 寅 巳

이 사주는 계운(癸運)에 요절(夭折)했다.

丁 戊 甲 戊
巳 寅 寅 申

이 사주는 갑목(甲木)은 투출(透出)했는데 병화(丙火)가 암장(暗藏)되어 있고, 더구나 계수(癸水)까지 없어 생원(生員)에 불과했다.

甲 戊 庚 辛
寅 午 寅 卯

이 사주는 신왕살고(身旺殺高)한데 제(制)하여 방백(方伯)에 이르렀다.

壬 戊 庚 丙
戌 午 寅 戌

이 사주는 갑목(甲木)이 영(令)을 잡았는데 병화(丙火)가 출간(出干)하여 살인상생(殺印相生)이 되어 병병(兵柄)을 잡았고, 인오술(寅午戌)이 회국(會局)하는데 임수(壬水)가 투출(透出)하여 부격(富格)을 이루었다.

甲 戊 戊 庚
寅 寅 寅 寅

이 사주는 성주석(省主席)에 오른 사람이다. 인궁(寅宮) 병화(丙火)가 용신(用神)이고, 식신제살격(食神制殺格)이다.

壬 戊 丙 甲
戌 子 寅 午

이 사주는 여명(女命)으로 갑병계(甲丙癸)가 모두 있고, 부성(夫星)이 당왕(當旺)했다. 재(財)가 좌하(坐下)로 돌아가 부귀격(富貴格)을 이루었다.

庚 戊 辛 丙
申 辰 卯 辰

이 사주는 화(化)하여 병화(丙火)를 산만하게 하는데, 계수(癸水)는 있으나 갑목(甲木)이 없다. 따라서 수재(秀才)로 그쳤고, 혈육간에 정이 없었다.

丙 戊 乙 癸
辰 寅 卯 未

이 사주는 병갑계(丙甲癸)가 모두 있어 낭중(郎中)에 올랐다.

壬 戊 乙 癸
子 寅 卯 未

이 사주는 병갑(丙甲)이 득소(得所)했는데, 자궁(子宮) 계수(癸水)가 출간(出干)하여 일방(一榜)을 이루었다.

壬 戊 癸 丁
子 寅 卯 卯

이 사주는 여명(女命)이다. 병갑계(丙甲癸)가 득소(得所)했으니, 흥부왕자(興夫旺子)가 되어 노년에 은봉(恩封)을 받았다.

丁 戊 丁 己
巳 子 卯 亥

이 사주는 병갑계(丙甲癸)가 모두 암장(暗藏)되어 있는데, 해묘(亥卯)가 회국(會局)하고 인수(印綬)가 왕(旺)하여 재(財)가 용신(用神)이다. 재왕지(財旺地)로 흐를 때 장군이 되었다. 귀(貴)가 있으나 기(氣)가 청(淸)하지 않아 무(武)에 오른 것이다.

壬 戊 辛 辛
戌 戌 卯 卯

앞 사주는 양정(兩丁)이 나란히 투출(透出)했으니 재(財)로 인수(印綬)를 파(破)하여 살(殺)을 돕고, 이 사주는 양신(兩辛)이 출간(出干)했으니 역시 재(財)로 상관(傷官)을 화(化)하여 살(殺)을 돕는다. 기(氣)가 청(淸)하지 않아 사장(師長)이 되었다.

壬 戊 己 乙
戌 戌 卯 卯

이 사주는 관성(官星)이 용신(用神)이 되어 순무(巡撫)에 이르렀다.

壬 戊 丁 己
子 午 卯 未

이 사주는 묘미(卯未)가 회국(會局)하여 정화(丁火)를 생(生)하고, 인수(印綬)가 왕(旺)하여 재(財)가 용신(用神)이니 정격(正格)이다. 월령(月令) 관성(官星)이 오궁(午宮) 양인(陽刃)을 만나 관인상제(官刃相制)가 되었다. 부(賦)에 이르길, 월일시(月日時)에서 양인(陽刃)이 관살(官殺)을 만나면 공명(功名)을 떨친다고 했다. 재향지(財鄕地)로 흐를 때 부귀격(富貴格)을 이루어 개부(開府)에 올랐다.

丙 戊 癸 壬
辰 辰 卯 戌

이 사주는 병계(丙癸)가 나란히 투출(透出)했다. 진사(進士) 출신으로 총독(總督)이 되었다.

甲 戊 辛 丙
寅 寅 卯 午

이 사주는 병갑(丙甲)이 출간(出干)했는데 인오(寅午)가 회국(會局)하고 있다. 그러나 애석하게도 임계수(壬癸水)가 없다. 병신(丙辛)이 합(合)하면 병(病)이 되는데, 사주의 기(氣)가 왕(旺)하다. 따라서 성격이 과감하고, 사회적으로 상당한 지위에 올랐다.

戊 戊 乙 癸
午 申 卯 巳

이 사주는 신오(申午)가 미(未)를 끼고 있어 암(暗)으로 미귀(未貴)를 끼고 있고, 사(巳)에 계귀(癸貴)가 있고, 신(申)에 을귀(乙貴)가 있으니 천간(天干)에 모두 녹귀(祿貴)가 있다. 묘월(卯月) 무토(戊土)는 수화(水火)로 도와주면 길하다. 을목(乙木) 관성(官星)이 당왕(當旺)하여 재생관(財生官)이 용신(用神)이다. 또 묘사오(卯巳午) 삼태(三台)의 귀(貴)가 있고, 을목(乙木)이 당령(當令)하여 유용하니 우두머리가 되었다.

진월(辰月) 무토(戊土)

진월(辰月)은 무토(戊土)가 사령(司令)하는 때이니, 갑계병(甲癸丙)이 없으면 빈천(貧賤)하며 무용한 사람이 된다. 만일 계수(癸水)가 투출(透出)하면 과갑(科甲)에 이르고, 병화(丙火)가 투출(透出)하면 늠공으로 의금(衣衿)은 있고, 병화(丙火)가 투출(透出)했는데 갑목(甲木)이 암장(暗藏)되어 있고 계수(癸水)가 없으면 부(富)가 있고, 계수(癸水)가 있으면 이도(異途)로 발전한다.

다시 말해, 진월(辰月) 무토(戊土)는 토왕(土旺)하나, 갑목(甲木)으로 용신(用神)을 삼은 후 계수(癸水)로 보좌해야 한다. 이는 재생살(財生殺)을 말하는 것이니 상격(上格)을 이루고, 인수(印綬)로 화살(化殺)하면 격(格)이 그 다음이다. 만일 계수(癸水)가 투출(透出)하면 갑목(甲木)을 용신(用神)으로 삼고, 계수(癸水)로 보좌한다. 만일 병화(丙火)가 투출(透出)했으면 갑목(甲木)으로 용신(用神)을 삼고,

병화(丙火)로 보좌한다. 따라서 병화(丙火)가 투출(透出)했는데 갑목(甲木)이 암장(暗藏)되어 있고 계수(癸水)가 없으면 부(富)는 있으나 귀(貴)는 없고, 계수(癸水)가 있으면 재자약살격(財滋弱殺格)이 되어 부(富)한 가운데 귀(貴)가 있다.

 진월(辰月) 무토(戊土)가 병화(丙火)는 많은데 계수(癸水)가 없으면 한전(旱田)에 파종하는 격이 되어 선부후빈(先富後貧)하고, 화(火)가 많은데 임수(壬水)가 투출(透出)하면 선빈후부(先貧後富)하고, 임수(壬水)가 투출(透出)하면 선천후귀(先賤後貴)한 명을 이룬다. 이때 임수(壬水)가 암장(暗藏)되어 있으면 의식(衣食)이 족할 뿐이고, 계수(癸水)가 암장(暗藏)되어 있으면 재능이 있으니 명성을 얻는다. 임계수(壬癸水)가 모두 암장(暗藏)되어 있으면 일생이 풍족하나 운이 아름다워야 한다. 만일 지지(地支)에 화국(火局)을 이루었는데 계수(癸水)가 투출(透出)하면 부귀(富貴)를 쉽게 이루고, 임수(壬水)가 투출(透出)하면 부귀(富貴)를 어렵게 이룬다. 이것은 계수(癸水)는 하늘의 비이니 자연이고, 임수(壬水)는 강호(江湖)의 물결이기 때문이다. 노력으로 얻는 것과 편안하게 얻는 것과의 차이다.

 다시 말해, 진월(辰月) 무토(戊土)가 병화(丙火)는 있는데 계수(癸水)가 없으면, 한전(旱田)과 같아 처음에는 편안하나 나중에는 흉하다. 임계수(壬癸水)가 자윤(滋潤)하는 것은 같으나 쓰임새가 각각 다르다. 임수(壬水)가 용신(用神)이면 부(富)가 있고, 계수(癸水)가 용신(用神)이면 귀(貴)가 있고, 임계수(壬癸水)가 지지(地支)에 암장(暗藏)되어 있으면 행운(行運)에서 인출(引出)해야 부귀격(富貴格)을 이룬다. 이때 원명(原命)에 결함이 있으면 대운(大運)에서 도와야 한다. 계수(癸水)는 우로(雨露)와 같아 자연적인 윤택함이니 쉽게 부

귀(富貴)를 얻고, 임수(壬水)는 강호(江湖)와 같아 인위적인 윤택함
이니 어렵게 부귀(富貴)를 이루는 것이다.

 진월(辰月) 무토(戊土)가 병화(丙火)는 많은데 계수(癸水)가 없으면
윗사람의 음덕은 있으나 복택(福澤)이 없다. 따라서 처음에는 부귀
(富貴)하나 나중에는 빈천(貧賤)하다. 화(火)가 많으면 임계수(壬癸
水)로 구제해야 하는데, 인수(印綬)는 병신(病神)이고 재(財)는 좋은
약과 같아, 처음에는 빈천(貧賤)하나 나중에는 부귀(富貴)하다. 그러
나 이 이치에 너무 집착하는 것은 바람직하지 않다. 희신(喜神)과 용
신(用神)이 년(年)에 있는지 시(時)에 있는지를 잘 살펴서 정해야 한
다. 운의 빠름과 늦음, 가능한지 아닌지도 관계가 있다.

 진월(辰月) 무도(戊土)가 무계(戊癸)가 상합(相合)하면, 재(財)의
정(情)이 일주(日柱)를 향하여 기울어지니 자연히 편안하게 얻는다.
임수(壬水)가 무토(戊土)를 만나면 무정(無情)하여 아신(我身)이 제
하니 어렵게 얻는다. 고서(古書)에서는 정재(正財)는 자신의 재물이
고, 편재(偏財)는 남의 재물이라 했다. 지금까지는 인수(印綬)가 많
으면 재(財)로 용신(用神)을 삼는 것을 설명한 것이다. 재(財)가 많
으면 비겁(比劫)이니 인수(印綬)를 용신(用神)으로 삼아야 하는데,
이에 비추어 추측하기 바란다.

 진월(辰月) 무토(戊土)가 지지(地支)에 목국(木局)을 이루었는데,
갑을목(甲乙木)이 출산(出十)하면 관살회당(官殺會黨)이 된다. 이것
은 관살(官殺)을 제거하거나 머무르게 하지 않는다는 뜻이다. 이때
경금(庚金) 하나가 투출(透出)하여 관살(官殺)을 제거하면 부귀(富
貴)가 작고, 경금(庚金)이 없으면 천한 명(命)이 된다. 이런 사람은
재물을 모아노 화를 당하여 잃게 된다. 이때는 화(火)로 목기(木氣)

를 설(洩)해야 한다.

 예를 들어, 정미년(丁未年) 계묘월(癸卯月) 무인일(戊寅日) 을묘시(乙卯時)에 태어나면 여기에 해당한다. 그러나 이 사주는 다행히 정화(丁火)가 출간(出干)했는데 무토(戊土)가 화(火)로 화(化)하여 갑목(甲木)이 암분(暗焚)되니, 오히려 무과(武科)로 탐화((探花)를 얻었다.

 다시 말해, 관살(官殺)을 거듭 만나면 관(官)이 아니라 살(殺)이 되기 때문에 관살(官殺)을 거류(去留)하지 않는다. 무토(戊土)가 갑목(甲木)이 있으면 귀(貴)가 따르는 것은 진술축미월(辰戌丑未月)이 모두 같다. 그러나 을목(乙木)은 관성(官星)이나 소토(疏土)할 힘이 없기 때문에 혼잡하게 할 뿐이다.

 만일 관살(官殺)의 기(氣)가 혼잡되면 비록 경금(庚金)이 있어도 부귀(富貴)가 크지 않고, 경금(庚金)이 없으면 귀(貴)가 없다. 만일 관살(官殺)이 겁재(劫財)를 제(制)하여 재(財)를 보호하나, 관살(官殺)을 제(制)하지 못하면 반드시 흉액이 따른다. 진(辰)은 재고(財庫)이나, 토(土)의 겁재(劫財)가 중(重)하니, 비록 재물을 모아도 화액이 따른다. 관살(官殺)이 많은데 제(制)하지 못하면 인수(印綬)로 설(洩)해야 한다.

 앞에서 예를 든 정미년(丁未年) 사주는 계수(癸水)가 목(木)에게 설(洩)되고, 관살(官殺)이 왕(旺)한데 제(制)하지 못하니 정화(丁火)로 목기(木氣)를 설(洩)하고, 계수(癸水)가 무토(戊土)와 합(合)하여 정화(丁火)가 상하지 않는 것이다. 따라서 화(火)로 화(化)하는 것이 아니다. 화토(火土)가 편조(偏燥)하기 때문에 귀(貴)가 무(武)에 있다. 이때 계수(癸水)가 있으면 금수운(金水運)으로 흘러 발전하나,

용신(用神)이 상하는 것은 어쩔 수 없다.

진월(辰月) 무토(戊土)가 목(木)이 많은데 비겁(比劫)이나 인수(印綬)가 없으면 종살격(從殺格)이 되어 대부대귀격(大富大貴格)을 이루고, 비겁(比劫)이나 인수(印綬)가 있는데 월시(月時)에 계수(癸水)가 있으면 귀격(貴格)을 이룬다. 그러나 계수(癸水)는 있는데 화금(火金)이 없으면 토목(土木)이 자전(自戰)하여 복부에 질병이 있고, 근심이 많으묘 고생한다.

삼춘(三春)에는 목(木)이 주인이고, 토(土)는 객에 해당한다. 설사 객이 강하더라도 주인을 쫓아내는 법은 없으니, 지지(地支)에 방국(方局)을 이루면 종(從)하는 것과 같다. 특히 진월(辰月)은 토왕(土旺)하여 종살(從殺)이 쉽지 않으니 잘 살펴야 한다. 일원(日元)이 비겁(比劫)이나 인수(印綬)를 만나면, 화토(火土)가 염조(炎燥)하니 계수(癸水)로 용신(用神)을 삼아야 귀격(貴格)을 이룬다. 앞의 병화(丙火)가 많은데 계수(癸水)가 없다는 귀절을 참고하기 바란다.

삼춘(三春) 무토(戊土)가 갑계병(甲癸丙)으로 용신(用神)을 삼지 않으면 토목자전(土木自戰)이 된다. 이런 사람은 신약(身弱)하면 잔병이 있고, 신강(身强)해도 무용지물이 된다.

진월(辰月) 무토(戊土)가 갑목(甲木)이 용신(用神)이면 수(水)가 아내요 목(木)이 자식이니 자식이 효도하고, 병화(丙火)가 용신(用神)이면 목(木)이 아내요 화(火)가 자식이니 아내가 어질다. 삼춘(三春) 무토(戊土)는 병화(丙火)로 용신(用神)을 삼은 후 계수(癸水)로 보좌해야 한다. 따라서 목(木)이 충분히 소토(疏土)할 수 있기 때문에 자식이 효도하고 아내가 어진 것이다. 계수(癸水)가 용신(用神)이면 다음의 사월(巳月)과 같다.

甲 戊 戊 己
寅 寅 辰 未

.이 사주는 일간(日干) 무토(戊土)가 월령(月令)을 얻어, 토성(土性)이 왕성하여 신왕(身旺) 사주가 되었다. 시상(時上)에 갑목(甲木)이 하나 투출(透出)하고, 인궁(寅宮) 병화(丙火)가 목기(木氣)를 설(洩)한다. 토(土)가 태왕(太旺)하니 목운(木運)을 만나면 길하다. 고명(高命)으로 통달함에 의심할 여지가 없는 사주다.

丙 戊 戊 甲
辰 申 辰 午

이 사주는 시상(時上)에 병화(丙火)가 있어 토성(土性)이 후하며 따뜻하고, 갑목(甲木)이 토(土)를 소통시켜 주고 있다. 신진(申辰)에 임계수(壬癸水)의 재(財)가 있어 갑목(甲木) 약살(弱殺)을 도와주니 발전이 있었다.

戊 戊 庚 庚
午 辰 辰 申

이 사주는 진오(辰午)가 사록(巳祿)을 끼고 있으니 신궁(申宮) 임수(壬水)가 용신(用神)이다. 얼핏 보기에는 경금(庚金)이 상생(相生)되어 상관생재격(傷官生財格)과 비슷한 것 같으나 인왕(印旺)하여 재(財)를 취할 수 있다.

壬 戊 丙 癸
子 午 辰 亥

이 사주는 병계(丙癸)가 나란히 투출(透出)했다. 한림(翰林) 출신으로 대학사(大學士)에 이르렀다.

癸 戊 戊 己
亥 子 辰 巳

이 사주는 계수(癸水)가 투간(透干)했는데 지지(地支)에 갑병(甲丙)이 암장(暗藏)되어 있다. 진월(辰月) 무토(戊土)가 토중(土重)하니 갑목(甲木)으로 소토(疏土)하지 않으면 흉하다. 그러나 운정(運程)이 인출(引出)하여 발전했다.

丙 戊 甲 丁
辰 寅 辰 丑

이 사주는 갑병(甲丙)은 출간(出干)했는데 지지(地支)에 계수(癸水)가 암장(暗藏)되어 있다. 재(財)로 살(殺)을 생(生)해야 한다, 총장(總長)이 되었으나 무운(戊運) 기묘년(己卯年)에 피살되었다

丁 戊 丙 癸
巳 申 辰 未

이 사주는 귀록격(歸祿格)이고, 녹마동향(祿馬同鄉)을 만났다. 사(巳)에 무록(戊祿)이 있는데 미년(未年)에 사(巳)에서 또 역마(驛馬)를 만난다. 진월(辰月) 무토(戊土)는 병계(丙癸)가 나란히 투출(透出)하면, 태양이 내리비치고 비가 와서 윤택하게 되는 형상이 된다. 따라서 병계(丙癸)를 모두 취한다. 사(巳)에 병록(丙祿)이 있는데, 계수(癸水)의 천을귀인(天乙貴人)도 사(巳)에 있으니, 정미(精美)함이 모여 스스로 대귀격(大貴格)이 되었다.

진사(辰巳)는 손궁(巽宮)이고, 미신(未申)은 곤궁(坤宮)이고, 오화(午火)는 이궁(離宮)이다. 다시 말해, 정화(丁火)가 출간(出干)하여 신기(神氣)가 모두 모였다. 초년인 을묘(乙卯)나 갑인(甲寅) 관살운(官殺運)으로 흐를 때 파격(破格)되었고, 인운(寅運) 신해년(辛亥年)에 섭정하는 과정에서 몇 번의 화액이 있었다. 자운(子運)에 오궁(午宮)을 충(沖)하여 행정원장(行政院長)에 이르렀으나, 해운(亥運) 무인년(戊寅年)에 하야를 했고, 신사년(辛巳年)에는 풍파가 심했다.

丙 戊 庚 庚
辰 午 辰 戌

이 사주는 경금(庚金)으로 용신(用神)을 삼아 토기(土氣)를 설(洩)하는데, 병화(丙火)가 출간(出干)하여 용신(用神)을 상하게 한다. 정축년(丁丑年) 술월(戌月)에 28세의 나이로 사망했다.

甲 戊 戊 甲
寅 辰 辰 寅

이 사주는 인진(寅辰)이 묘(卯)를 끼고 있고, 양갑(兩甲)이 나란히
투출(透出)했는데 무진(戊辰)이 홍염살(紅艶殺)과 도화살(桃花殺)이
되어 배우가 되었다.

■ 삼하(三夏) 무토(戊土)

하월(夏月)의 토(土)는 관인상생(官印相生)이나 살인상생(殺印相
生)되는데, 재(財)나 식상(食傷)이 없으면 용신(用神)으로 취할 것이
없다. 이것은 화(火)가 왕성하여 토(土)가 메마르기 때문이다. 따라
서 가벼우면 질병이 있고, 누거우면 요절(夭折)하는 명(命)이 된다.

사월(巳月) 무토(戊土)

사월(巳月) 무토(戊土)는 밖으로는 양기(陽氣)를 발(發)하나, 안으
로는 한기(寒氣)가 남아 있어 외실내허(外實內虛)하고, 화염(火炎)
을 두려워 하지 않는다. 양기(陽氣)는 서로 베풀지 않으면 만물이 섬
성하지 못하니, 먼저 갑목(甲木)으로 용신(用神)을 삼아 소토(疏土)
한 다음에 병계(丙癸)로 보좌해야 한다.

다시 말해, 사월(巳月)은 병무(丙戊)가 녹(祿)을 얻는 때이므로 화
토(火土)가 염조(炎燥)하다. 토(土)가 실(實)하니 먼저 갑목(甲木)으
로 소토(疏土)하고, 병화(丙火)가 승왕(乘旺)한 때이니 목(木)이 메

마르는 것을 막아야 한다. 따라서 갑목(甲木)을 용신(用神)으로 삼은 다음에 반드시 계수(癸水)로 보좌해야 한다. 만일 사주에 수(水)가 많으면 지나치게 윤택하니 병화(丙火)로 화살(化殺)해야 한다. 후중(厚重)한 토(土)는 갑목(甲木)으로 소토(疏土)하고, 계수(癸水)나 병화(丙火)로 보좌해야 하나, 토(土)의 조습(燥濕)을 살펴 정한다. 이것은 비록 재관인(財官印)이 모두 있어도 편중될 수 있기 때문이다.

사월(巳月) 무토(戊土)가 병갑(丙甲)이 투출(透出)하면 낭묘(廊廟)의 재목이 되고, 병계(丙癸)가 투출(透出)하면 과갑(科甲)에 이르고, 하나는 투출(透出)했는데 하나는 지지(地支)에 암장(暗藏)되어 득소(得所)하면 평범한 명(命)은 아니다.

다시 말해, 사월(巳月) 무토(戊土)는 갑병계(甲丙癸)가 모두 있으면 귀(貴)는 있으나 쓰임의 편중이 있다. 병갑(丙甲)이 투출(透出)했는데 계수(癸水)가 지지(地支)에 암장(暗藏)되어 있으면 인수(印綬)로 화살(化殺)해야 한다. 병화(丙火)는 당왕(當旺)한 신(神)인데 진신(眞神)이 득시(得時)하여 쓰임새를 얻으니 낭묘(廊廟)의 재목이 되는 것이다. 병계(丙癸)가 모두 투출(透出)하면 화왕(火旺)하기 때문에 계수(癸水)로 구제해야 한다. 이때는 계수(癸水)가 용신(用神)이 되어 과갑(科甲)에 이르는 것이다. 하나는 투출(透出)했으나 하나는 지지(地支)에 암장(暗藏)되어 득소(得所)하면, 사주에 재관인(財官印)의 배합이 있는 것이니 평범한 명(命)은 아니다.

사월(巳月) 무토(戊土)가 일파(一派) 병정화(丙丁火)가 있는데 임계수(壬癸水)가 없으면, 화염토조(火炎土燥)하여 승도의 명(命)이 되어 고빈(孤貧)하다. 계수(癸水) 하나가 투출(透出)했는데 지지(地支)에 임수(壬水)가 암장(暗藏)되어 있으면 부귀(富貴)에 준함이 있고,

지지(地支)에 계수(癸水)가 하나 암장(暗藏)되어 병화(丙火)를 제(制)하면 의식(衣食)이 풍족하고 골육간에도 형(刑)이 없다.

다시 말해, 사월(巳月) 무토(戊土)는 갑병계(甲丙癸)를 모두 취하나, 수(水)로 배합하지 않으면 좋지 않다. 계수(癸水)가 투출(透出)했는데 신해(申亥)에 통근(通根)하면 반드시 귀격(貴格)을 이룬다. 지지(地支)에 계수(癸水) 하나가 암장(暗藏)되어 있으면 비록 역량은 부족하나 의식(衣食)이 풍족하고, 형극(刑剋)은 면할 수 있다. 재(財)는 처첩을 나타내므로 화토(火土)가 조열(燥烈)하면 수(水)가 살아남기 어렵다. 승도의 명(命)으로 고빈(孤貧)하다는 것은 골육간에 형극(刑剋)이 많다는 뜻이다.

사월(巳月) 무토(戊土)는 화합(化合)이 국(局)을 이루었는데 파(破)되지 않으면 부귀(富貴)가 가볍지 않다. 즉 계수(癸水)가 하나 투출(透出)했는데 지지(地支)에 통근(通根)되지 않으면, 화합(化合)이 때를 만나 격국(格局)이 파(破)되지 않았으니 부귀(富貴)가 가볍지 않다는 것이다. 화합격(化合格)은 인(印)을 취하니 화화격(化火格)은 갑목(甲木)이 용신(用神)이 된다. 예를 들어, 병술년(丙戌年) 계사월(癸巳月) 무오일(戊午日) 정사시(丁巳時)이면, 화화(化火)가 때를 얻어 대귀격(大貴格)을 이룬다.

사월(巳月) 무토(戊土)가 지지(地支)에 금국(金局)을 이루었는데 계수(癸水)가 출산(出十)하면 기격(奇格)이 된다. 이때 토(土)가 유택하여 금(金)을 생(生)하면, 대부대귀(大富大貴)할 뿐 아니라 경륜과 지용을 겸비한 사람이 된다. 사궁(巳宮)에 경금(庚金)이 장생(長生)하나, 화토(火土)가 염조(炎燥)하니 금기(金氣)가 매우 미약하여 유용하지 못하다. 축(丑)과 사(巳)가 모이면 국(局)을 이루니, 습토(濕

土)가 금(金)을 생(生)하여 경금(庚金)이 유용하다. 여기다 계수(癸水)까지 출간(出干)하면 토윤생금(土潤生金)하여 토금상관(土金傷官)이 된다. 따라서 체용(體用)이 동궁(同宮)에 있는데 계수(癸水)가 윤토(潤土)해주면, 공격함이 오히려 생(生)을 이루어 조화의 묘를 발휘한다. 이것을 기특한 격(格)이라 한다. 이런 사람은 개인의 부귀(富貴)에 그치지 않고 경륜과 지용으로 국가의 복을 이룬다.

사월(巳月) 무토(戊土)가 계수(癸水)가 용신(用神)이면 금(金)이 아내요 수(水)가 자식인데, 아내는 어질며 능하고 자식은 효도한다. 사월(巳月) 무토(戊土)는 갑병계(甲丙癸)를 모두 취하는데, 갑병(甲丙)을 용신(用神)으로 삼는 것은 진월(辰月)과 같다. 이때는 화토(火土)가 염조(炎燥)하기 때문에 반드시 수(水)가 있어야 한다. 따라서 수(水)가 용신(用神)이면 아내가 어질고 자식이 효도하는 것이다.

丁 戊 丁 癸
巳 午 巳 丑

이 사주는 무계(戊癸)가 간합(干合)하고 있으나, 정(丁)이 사이에 있어 간합화기격(干合化氣格)은 아니다. 비록 계수(癸水)가 축(丑)에 통근(通根)되어 해염(解炎)하나, 갑목(甲木)이 없으면 토(土)가 불령(不靈)하여 가난한 수재(秀才)에 불과하다.

丙 戊 癸 辛
辰 午 巳 亥

이 사주는 화합(化合)이 때를 만났으니 명성이 옥당(玉堂)에 이르렀
다. 년(年)에 신해(辛亥)가 있으니 어찌 무계(戊癸)가 화(化)하겠는
가. 사해(巳亥)가 상충(相冲)하나 해궁(亥宮) 임갑(壬甲)이 오궁(午
宮) 정기(丁己)와 상합(相合)하고, 진(辰)을 만나 변화를 일으킨다.
맹하(孟夏)를 만나 화기(火氣)가 당왕(當旺)하니 화합(化合)이 때를
만난 것이다.

乙 戊 己 己
卯 午 巳 未

이 사주는 지지(地支)에 사오미남방(巳午未南方)을 이루었는데 묘
사오(卯巳午) 삼기(三奇)가 있고, 사주에서 적수(滴水)가 해염(解炎)
하지 못하여 을묘(乙卯) 관성(官星)이 화(火)에 설(洩)되니 전왕격
(專旺格)이 되었다. 화토(火土)가 염조(炎燥)하여 수(水)가 용신(用
神)을 파(破)하면 좋지 않다. 이것을 배수거신(杯水車薪)이라 한다.
어찌 한 잔의 물로 수레의 장작불을 끄겠는가. 오히려 격동시켜 화를
부를 뿐이다. 그나마 을축운(乙丑運)과 갑운(甲運)으로 흘러 상해도
(上海道)에 이르렀으나, 자운(子運)에 실직했다. 계해운(癸亥運)에
는 비겁쟁재(比劫爭財)가 있었고, 임술운(壬戌運)에서 선종(善終)하
지 못했다.

丁 戊 辛 庚
巳 戌 巳 辰

이 사주는 경신(庚辛)이 출간(出干)했으나, 계수(癸水)가 진궁(辰宮)에 암장(暗藏)되어 토윤생금(土潤生金)한다. 그러나 금(金)이 국(局)을 이루지 못하고, 계수(癸水)가 출간(出干)하지 않았다. 따라서 사주가 전체적으로 미약하여 격(格)을 이루지 못했다.

오월(午月) 무토(戊土)

오월(午月) 무토(戊土)는 화염토조(火炎土燥)한 때에 있다. 따라서 먼저 임수(壬水)로 용신(用神)을 삼은 다음 갑목(甲木)을 취하고, 병화(丙火)는 참고해서 취한다. 만일 임수(壬水) 대신 계수(癸水)가 용신(用神)이 되면 미약하여 좋지 않다. 삼하(三夏) 무토(戊土)는 임계수(壬癸水)가 반드시 있어야 한다. 수(水)로 화염토조(火炎土燥)함을 중화(中和)시켜야 하기 때문이다. 삼하(三夏)에는 토(土)가 실(實)하니 갑목(甲木)이 있으면 길하고, 임수(壬水)가 있으면 갑목(甲木)이 유용하나, 임수(壬水)가 없으면 목(木)이 화(化)하여 불타게 되니 무용지물이 된다.

오월(午月) 무토(戊土)가 임갑(壬甲)이 나란히 투출(透出)하면, 군신경회(君臣慶會)라 하여 위권(威權)이 중(重)하다. 게다가 년간(年干)에 신금(辛金)이 있으면 관(官)이 극품에 이른다. 예를 들어, 사주가 신미년(辛未年) 갑오월(甲午月) 무인일(戊寅日) 임자시(壬子時)이면, 임갑(壬甲)이 나란히 투출(透出)하여 인왕살강(印旺殺强)하니 사해에 명성을 떨친다. 이것은 재자약살격(財滋弱殺格)을 설명한 것으로, 임수(壬水)가 사오월(巳午月)에 이르면 절지(絶地)에 해당한다. 이때 신금(辛金)이 생(生)하면 임수(壬水)의 근원이 되어 격국(格局)이 더욱 아름다워진다.

오월(午月) 무토(戊土)가 지지(地支)에 화국(火局)이 있으면 계수(癸水)가 있어도 크게 구제되지 않는다. 마치 한 잔의 물로 수레에 쌓인 장작불을 끄는 것과 같이 어렵다. 이런 사람은 학문을 좋아하며 게으르지 않으나 명성을 얻기 어렵고, 중년에는 안과질환이 따른다. 그러나 임수(壬水)가 출간(出干)하면 갑목(甲木)이 없어도 부귀(富貴)와 명성이 모두 아름다워, 경륜이 가득하며 유림(儒林)의 우두머리기 된다. 그러나 임수(壬水)가 암장(暗藏)되어 있으면 수재(秀才)에 불과하고, 토(土)가 투출(透出)하면 평범한 명(命)이 된다.

다시 말해, 계수(癸水)는 힘이 미약하다. 앞에서 예를 든 신미년(辛未年) 사주는 인오(寅午)가 회국(會局)하는데 임수(壬水)는 없고 계수(癸水)가 있다. 따라서 적수(滴水)가 뜨겁고 건조하기 때문에 명성을 얻기 힘들다. 수(水)는 눈(目)을 의미하기 때문에 계수(癸水)가 뜨겁고 건조하면 안과질환이 따르는 것이다. 이때는 화토(火土)가 왕(旺)한데 한두 개의 계수(癸水)가 있으면 오월(午月) 병화(丙火)와 이치가 같다.

그러나 임수(壬水)의 장류수(長流水)를 만나면 여기에 해당하지 않는다. 이때 신궁(申宮)에 득록(得祿)된 금(金)이 도와주면 반드시 부귀격(富貴格)을 이룬다. 인왕(印旺)하면 재(財)로 인수(印綬)를 상하게 해야 갑목(甲木)이 필요하지 않다. 토(土)가 출간(出干)하여 임수(壬水)를 제(制)하면 평범한 명(命)이 된다. 목화(木火)가 중(重)한데 적수(滴水)가 하나도 없으면 승도팔사로 고빈(孤貧)한 명(命)이 된다.

지금까지 설명한 것 중에는 두 가지의 변격(變格)이 있다. 첫번째는 토(土)가 많은데 금(金)이 수기(秀氣)를 설(洩)하면 대부대귀(大富大貴)하나, 지지(地支)에 한두 개의 계수(癸水)가 암장(暗藏)되어 배합해야 한다. 이런 격국(格局)은 미월(未月) 무토(戊土)에게 가장 많이 나타난다. 두 번째는 목(木)이 많은데 수(水)가 없으면 화왕(火旺)하여 목(木)을 불사르니 오히려 토왕(土旺)해진다. 이런 사주는 화토(火土)의 기세가 순수하니 귀(貴)하지 않은 것이 없다. 그러나 양인도과살(羊刃倒戈殺)이 흉하여 선종(善終)하기 어렵다.

오월(午月) 무토(戊土)는 임수(壬水)가 용신(用神)이면 금(金)이 아내요 수(水)가 자식인데, 임수(壬水)가 화(火)를 제(制)하며 토(土)를 윤택하게 해주기 때문에 아내는 어질고 자식은 효도한다. 갑병계(甲丙癸)를 용신(用神)으로 삼는 방법은 앞의 진월(辰月)과 사월(巳月) 무토(戊土)에서 설명했으니 참고하기 바란다.

　　　己 戊 甲 辛
　　　未 子 午 亥

이 사주는 월지(月支) 인수(印綬)가 왕(旺)한데 천간(天干)에는 살성(殺星)이 있다. 임수(壬水) 재(財)가 살(殺)을 생부(生扶)하고, 신금(辛金)은 수원(水源)이 되어 갑목(甲木)을 극상(剋傷)하지 않는다. 갑임(甲壬)이 모두 있으니 부귀(富貴)한 명(命)이 되어 대학사(大學士)에 이르렀다.

丙 戊 丙 丁
辰 寅 午 丑

이 사주는 축진궁(丑辰宮) 계수(癸水)가 용신(用神)이다. 화토(火
土)가 뜨겁고 말라 잔병이 많다. 장님으로 평범한 사람이었다.

戊 戊 庚 己
午 午 午 丑

이 사주는 축궁(丑宮) 계수(癸水)가 뜨겁고 말라 전왕격(專旺格)이
되었다. 동방운(東方運)으로 흘러 궁보(宮保)에 이르렀다.

戊 戊 丙 丁
午 子 午 未

이 사주는 무계화화격(戊癸化火格)이고, 무자(戊子)가 상하로 상합
(相合)하고 있다. 동방운(東方運)으로 흘러 총독(總督)에 이르렀다.

壬 戊 庚 己
子 戌 午 未

이 사주는 오술(午戌)이 회국(會局)하고 있는데 임수(壬水)가 출간
(出干)하여 경금(庚金)이 생(生)하고, 재(財)로 인수(印綬)를 파(破)
한다. 비록 갑목(甲木)은 없으나 부귀(富貴)와 명성이 있어 해군부장

(海軍部長)에 이르렀다.

丙 戊 庚 己
辰 寅 午 卯

이 사주는 무토(戊土)가 오월(午月)에 태어났으니 수(水)가 없으면 좋지 않다. 인묘진(寅卯辰)이 모두 있어 살인(殺印)이 모두 왕(旺)하고, 기토(己土) 양인(陽刃)이 출간(出干)했으니 반드시 경금(庚金)으로 인(刃)을 화(化)하여 생재(生財)한다. 시상(時上) 재(財)가 고지(庫地)에 있으니 빛이 반대로 비추는 형상이 되었다. 그리고 대운(大運)도 만년의 을축(乙丑) 10년 동안만이 좋을 뿐이다. 기토(己土)가 임관(臨官)하니 당왕(當旺)하여 형은 곤(困)하나 동생은 귀(貴)하게 되었다. 무진년(戊辰年)에 절해관(浙海關) 감독에 이르렀고, 병자년(丙子年)에 사망했다.

甲 戊 丙 丁
寅 午 午 丑

이 사주는 인왕살고(印旺殺高)하나, 목화(木火)가 스스로 불사르는데 재(財)가 없다. 칠살(七殺)이 인(刃)을 제(制)하지 않고 오히려 돕고 있으니 양인도과살(羊刃倒戈殺)이 두렵다. 자운(子運) 경진년(庚辰年) 신월(申月)을 지나자 파격(破格)되어 사망했다.

丙 戊 庚 甲
辰 戌 午 申

이 사주는 신궁(申宮)에 장생(長生)된 임수(壬水)가 용신(用神)이
다. 갑목(甲木)이 상하여 무용지물이 되었다. 임수(壬水)로 인수(印
綬)를 파(破)하고, 토(土)를 윤택하게 하여 금(金)을 생(生)한다. 따
라서 귀(貴)는 없으나 부(富)는 있다. 신금(申金)이 년상(年上)에 있
어 조상의 음덕으로 부격(富格)이 되었으나, 괴강살이 충(沖)되어 술
운(戌運)에 암살당했다.

戊 戊 戊 戊
午 午 午 戌

이 사주는 양인화인격(陽刃化印格)이다.

미월(未月) 무토(戊土)

미월(未月) 무토(戊土)는 건고(乾枯)한 하월(夏月)에 있으니, 먼저
계수(癸水)로 용신(用神)을 삼은 다음에 병화(丙火)와 갑목(甲木)을
취한다. 대서(大暑) 전은 오월(午月)과 같아 반드시 임계수(壬癸水)
로 용신(用神)을 삼아야 한다. 대서(大暑) 후는 금수(金水)가 진기
(進氣)하는 때이니, 삼복생한(三伏生寒)이라 하여 금수(金水)가 많

으면 병화(丙火)로 용신(用神)을 삼는다. 토왕(土旺)하여 갑목(甲木)으로 소토(疏土)하나, 갑목(甲木)이 용신(用神)인데 계수(癸水)가 없으면 흉하다. 그렇지 않으면 토(土)가 메말라 갈라지고, 목성(木性)이 스스로 불사른다. 따라서 반드시 계수(癸水)를 먼저 취하는 것이다. 그래서 계수(癸水) 대신 임수(壬水)가 있으면 인위적인 윤택함이니 계수(癸水)만은 못하다.

 미월(未月) 무토(戊土)가 갑계병(甲癸丙)이 나란히 투출(透出)하면 과갑(科甲)에 준함이 있다. 설사 풍수(風水)가 불급(不及)하더라도 공감(貢監)이나 생원(生員)은 잃지 않는다. 계수(癸水)와 갑목(甲木)은 있는데 병화(丙火)가 없으면 수재(秀才)는 허락하고, 갑목(甲木)이 없으면 약간의 부(富)가 있고, 병화(丙火)는 있으나 계수(癸水)가 없으면 유림(儒林)의 도(道)가 거짓이나 의록(衣祿)은 풍족하고, 계수(癸水)가 투출(透出)했는데 신금(辛金)도 출간(出干)하면 도필(刀筆)의 재능이 있어 이로(異路)로 도모하여 작게나마 부귀(富貴)를 이루고, 계신(癸辛)이나 병화(丙火)가 없으면 평범한 명(命)이 되고, 갑목(甲木)이 없으면 가난하며 아내와 자식이 온전하기 어렵다.

 다시 말해, 미월(未月) 무토(戊土)가 갑계병(甲癸丙)이 나란히 투출(透出)하면, 재(財)로 자살(滋殺)하고 병화(丙火)로 배합해야 하는데, 배합이 완벽하여 아름다우니 과갑(科甲)이 따르는 것이다. 만일 계갑(癸甲)이 모두 투출(透出)했으나 병화(丙火)가 없으면 재(財)가 살(殺)을 도와 귀격(貴格)을 이루고, 갑목(甲木)은 없는데 재성(財星)이 있으면 부(富)는 있으나 귀(貴)는 없고, 계신(癸辛)이 투출(透出)하면 상관생재(傷官生財)되어 부(富)한 가운데 귀(貴)가 있다. 계수(癸水)가 용신(用神)이면 신금(辛金)이 아내이고, 병화(丙火)가 용신(用神)이면 갑목(甲木)이 아내인데, 금수목화(金水木火)가 모두 없으면 아내와 자식이 온전하기 어렵다.

미월(未月) 무토(戊土)는 토(土)가 많은데, 갑목(甲木)이 하나 출간(出干)하고 경금(庚金)이 없으면 의기당당한 사람이다. 인정이 많으며 진실하고, 명성을 떨치지는 못하더라도 명리(名利)를 좋아하는 호걸이다.

미월(未月)은 토왕(土旺)하니 갑목(甲木)이 있으면 살(殺)이 독투(獨透)한다는 뜻이다. 이때 경신(庚辛)으로 극제(剋制)하지 않으면 반드시 일을 도모하는 사람이 되고, 임계수(壬癸水)로 목(木)을 배양(培養)하면 명성을 떨치고, 갑목(甲木)은 있는데 계수(癸水)가 없으면 명리(名利)가 있어도 허상에 불과하다.

미월(未月) 무토(戊土)는 계병을(癸丙甲)을 모두 취할 수 있는데, 화(火)가 많으면 토(土)로 용신(用神)을 삼고, 토중(土重)하면 계수(癸水)로 용신(用神)을 삼고, 수(水)가 많으면 병화(丙火)로 용신(用神)을 삼는다. 계수(癸水)가 용신(用神)이면 금(金)이 아내요 수(水)가 자식이고, 병화(丙火)가 용신(用神)이면 목(木)이 아내요 화(火)가 자식이고, 갑목(甲木)이 용신(用神)이면 수(水)가 아내요 목(木)이 자식이 된다.

```
癸 戊 己 戊
丑 辰 未 戌
```

이 사주는 가색격(稼穡格)이니 금(金)이 용신(用神)이다. 수(水)가 토(土)를 윤택하게 하여 금(金)을 생(生)하니 부귀격(富貴格)이 되었다. 수(水)나 화(火)가 용신(用神)이면 상격(上格)이 되지 못한다. 이 사주는 무일생(戊日生)으로 진술축미(辰戌丑未)가 있는데 축토(丑土)에 계수(癸水)가 있으니 통근(通根)된다. 비록 병신(丙辛)이 없으나 왕토(旺土)를 자윤(滋潤)하니 만물이 무성한 형상이다. 부귀격(富貴格)으로 명성이 높다.

丙 戊 己 戊
辰 戌 未 戌

이 사주는 가색격(稼穡格)이다. 그러나 금(金)은 투출(透出)하지 않았는데 병화(丙火)가 투출(透出)하여 상격(上格)을 이루지 못했다. 다만 음비(蔭庇)의 복이 있을 뿐이다. 초년인 금운(金運)에는 길했으나, 계해운(癸亥運)에 용신(用神)이 상하여 병자년(丙子年)에 요절(夭折)했다.

辛 戊 己 戊
酉 午 未 申

이 사주는 가색격(稼穡格)인데 화(火)는 병(病)이고, 수(水)는 약(藥)이다. 신금(辛金)이 국(局)을 이루어 부(富)가 있거나 귀(貴)가 있다. 월일시(月日時)가 동순(同旬)에 있는데 오미신유(午未申酉)가 연주(聯珠)하고 있으니, 정기(精氣)가 단결되어 우두머리가 되었다. 그러나 신금(辛金)이 유(酉)에 있는데 오(午)가 유(酉)를 파(破)하여 자식을 두지 못했다.

癸 戊 辛 己
丑 子 未 巳

이 사주는 사궁(巳宮) 병화(丙火)가 용신(用神)인데 계수(癸水) 두 개가 쟁합(爭合)하고 있으니, 색을 좋아하여 부(富)는 있으나 명성은 없다. 금수(金水)가 왕(旺)하니 삼복생한(三伏生寒)이 되어 병화(丙火)가 용신(用神)이다. 상관생재격(傷官生財格)이 인수(印綬)가 있기 때문이다. 재성(財星)이 아신(我身)을 따르기 때문에 부(富)는 있으나 호색가다.

丁 戊 癸 庚
巳 子 未 子

이 사주는 가상관격(假傷官格)으로 아들 5형제를 두었다. 삼복생한(三伏生寒)이 되어 상관생재격(傷官生財格)이 인수(印綬)를 용신(用神)으로 삼는다. 시상(時上)에 일록(日祿)과 병화(丙火)가 임하여 아들이 많고, 무계(戊癸)가 상합(相合)하여 거부(鉅富)가 되었다.

壬 戊 癸 庚
子 寅 未 子

이 사주는 금수(金水)가 진기(進氣)이니 삼복생한(三伏生寒)이다. 인궁(寅宮) 병화(丙火)가 용신(用神)인데, 계수(癸水) 재성(財星)이 무토(戊土)에게 정(情)을 주어 대부격(大富格)이 되었다. 무토(戊土)

가 인(寅)에 임했는데 인수(印綬)가 좌하(坐下)에 있으니 자신의 힘으로 부(富)를 세운다. 자인(子寅) 사이에 축(丑) 귀인(貴人)이 끼어 있는데, 미(未)가 충(沖)하고 자(子)가 합(合)하니 보이지 않게 귀인(貴人)의 도움을 받는다.

丁 戊 己 癸
巳 戌 未 未

이 사주는 태원(胎元)이 경술(庚戌)인데 시(時)에 일록(日祿)이 있다. 태원(胎元) 경금(庚金)이 용신(用神)이 되어 총독(總督)에 이르렀다.

乙 戊 辛 己
卯 寅 未 亥

이 사주는 삼복생한(三伏生寒)이 되어 인궁(寅宮) 병화(丙火)가 용신(用神)이다. 관살(官殺)을 화(化)하여 상서(尙書)에 이르렀다.

■ 삼추(三秋) 무토(戊土)

삼추(三秋)의 무토(戊土)는 상관패인(傷官佩印)되면 문무(文武)가 모두 이롭기 때문에 부귀(富貴)와 명성을 얻는다. 그러나 식상(食傷)이 혼잡되었는데 인수(印綬)가 도와주지 않거나 재다신약(財多身弱)

하면 모두 하격(下格)의 명(命)이 된다. 이런 사람은 예의가 없고, 재능이 많아도 가난을 면하기 어렵다.

신월(申月) 무토(戊土)

신월(申月) 무토(戊土)는 양기(陽氣)는 들어가고 한기(寒氣)가 나오는 때에 있다. 따라서 먼저 병화(丙火)로 용신(用神)을 삼은 다음에 계수(癸水)와 갑목(甲木) 순으로 취한다. 토(土)는 중앙과 사시(四時) 중에 있어 왕(旺)하지 않은 때가 없고, 사우(四隅)에 기생(寄生)하니 4계절에 모두 전왕(專旺)하고, 사맹(四孟)에 있으니 기생지(寄生地)이며 기왕지(寄旺地)다. 화(火)가 인(寅)에서 생(生)하고 사(巳)에 녹(祿)이 있으니 화왕(火旺)하면 토(土)가 유용하고, 수(水)가 신(申)에서 생(生)하고 해(亥)에 녹(祿)이 있으니 수왕(水旺)하면 토(土)는 무용지물이 된다. 토(土)는 오행(五行)의 중심이라, 수장(收藏)한 기(氣)를 만나면 쓰임이 줄어든다. 따라서 신월(申月) 무토(戊土)는 생지(生地)에 있더라도 왕(旺)으로 논하지 않는다.

다시 말해, 신월(申月) 무토(戊土)는 화기(火氣)가 쇠퇴하여 양기(陽氣)는 들어가고, 금수(金水)는 진기(進氣)하여 한기(寒氣)가 나오는 때에 있다. 이때 태양으로 따뜻하게 해주어야 하고, 양기(陽氣)가 성(盛)하면 우로(雨露)로 윤택하게 해주어야 한다. 그러므로 먼저 병화(丙火)로 용신(用神)을 삼은 다음에 계수(癸水)를 취하는 것이다. 토(土)가 많아 막히면 갑목(甲木)으로 소통시켜 준화(中和)되면 토

(土)가 유용해진다.

신월(申月) 무토(戊土)가 병계갑(丙癸甲)이 모두 투출(透出)하면 부귀(富貴)가 극품에 이르고, 병화(丙火)는 투출(透出)했으나 계수(癸水)가 암장(暗藏)되어 있으면 일방(一榜)은 기대해도 되고, 임수(壬水)는 투출(透出)했으나 병화(丙火)가 암장(暗藏)되어 있으면 선발됨이 있다. 만일 병갑(丙甲)이 모두 투출(透出)했는데 계수(癸水)가 회국(會局)하여 진(辰)에 암장(暗藏)되어 있으면, 유림(儒林)의 우두머리로 사려가 깊은 사람이다. 이런 사주는 설사 풍수(風水)가 불급(不及)하더라도 부귀(富貴)를 잃지 않으며 사해에 위세를 떨친다. 만일 병화(丙火)는 없으나 계갑(癸甲)이 투출(透出)하면, 청아하여 부(富)가 천금(千金)이며 이도(異途)로 발전한다. 그러나 계갑(癸甲)이 없으면 평범한 명(命)이 된다. 병화(丙火)가 있으면 아내는 어질고 자식은 효도한다. 계수(癸水)가 없는데 병갑(丙甲)도 없으면 무용한 사람이고, 아내와 자식이 온전하기 어렵다.

신월(申月) 무토(戊土)가 지지(地支)에 수국(水局)을 이루면 기명종재격(棄命從財格)이 된다. 이때는 갑목(甲木)으로 수기(水氣)를 설(洩)해야 하는데, 갑목(甲木)이 투출(透出)하면 작게나마 부귀(富貴)가 있고, 다재다능하며 성격이 원만하다. 갑목(甲木)이 암장(暗藏)되어 있으면 도(道)가 후하며 오복(五福)이 있다. 용신(用神)과 아내와 자식을 보는 방법은 앞의 설명과 같다.

토(土)는 신(申)에 기생(寄生)하고 생지(生地)가 되기 때문에 비록 기세가 허한(虛寒)해도 쉽게 종격(從格)이 되지는 않는다. 토(土)는 사시(四時)가 모두 왕(旺)하기 때문에 목화금수(木火金水)와는 달라 적게나마 쓰임이 있다. 지지(地支)에 수국(水局)을 이루면 용신(用

神)이 많으니, 갑목(甲木)으로 수기(水氣)를 설(洩)해야 한다. 용신
(用神)이 많으면 반드시 설(洩)해야 한다는 것이 이것을 가리키는 말
이다.

신월(申月) 무토(戊土)는 계수(癸水)가 용신(用神)이면 금(金)이 아
내요 수(水)가 자식이고, 병화(丙火)가 용신(用神)이면 목(木)이 아
내요 화(火)가 자식이고, 갑목(甲木)이 용신(用神)이면 수(水)가 아
내요 목(木)이 자식이다.

甲 戊 戊 壬
寅 辰 申 寅

이 사주는 신진(申辰)이 회국(會局)하는데 임수(壬水)가 투출(透出)
하니, 갑목(甲木)으로 용신(用神)을 삼아 수기(水氣)를 설(洩)해야
한다. 병계갑(丙癸甲)이 모두 있어 대귀격(大貴格)이 되었다.

戊 戊 戊 壬
午 辰 申 寅

이 사주는 진궁(辰宮) 계수(癸水)가 용신(用神)이다 병화(丙火)가
인궁(寅宮)에서 장생(長生)되고, 갑목(甲木)이 녹(祿)을 얻었다. 그
러나 모두 지지(地支)에 암장(暗藏)되어 있기 때문에 지부(知府)로
그쳤다.

丙 戊 丙 辛
辰 子 申 酉

이 사주는 구진득위격(勾陳得位格)이다. 시상(時上) 병화(丙火)가
용신(用神)이니 천사(天師)의 명(命)이다. 신자진수국(申子辰水局)
을 이루어 재왕(財旺)하나, 인수(印綬)와 서로 장애가 되지 않는다.
월간(月干) 병화(丙火)가 신금(辛金)을 합(合)하여 효용을 잃으니,
시상(時上) 병화(丙火)가 용신(用神)이다.

壬 戊 壬 己
子 申 申 酉

이 사주는 부(富)는 있으나 공명(功名)은 허상에 불과하다. 대개 사
주에 오행(五行)이 골고루 들어 있지 않으면 자식이 없는 경우가 많
다. 자신(子申)이 회국(會局)하고, 양임(兩壬)이 투간(透干)하여 재
왕(財旺)하나, 관인(官印)이 모두 없어 부(富)만 있고, 재(財)가 많
아 처첩이 많다. 인비운(印比運)으로 흐르면 길하다. 이것은 신약(身
弱)을 보충하기 때문이다. 그렇지 않으면 부(富)도 허상에 불과하다.

癸 戊 甲 庚
丑 寅 申 寅

이 사주는 계갑(癸甲)이 투간(透干)했는데 지지(地支)에 병화(丙火)
가 암장(暗藏)되어 있다. 그러나 경금(庚金)이 갑목(甲木)을 극(剋)

하여 수재(秀才)에 불과하고, 선빈후부(先貧後富)하며 자식이 많다.

丁 戊 甲 庚
巳 寅 申 寅

이 사주는 천극지충(天剋地沖)하여 부성(夫星)을 제거하고, 살(殺)이 이어져 남편을 일곱이나 두었다. 목(木)은 적은데 경금(庚金)이 많기 때문이다. 앞 사주와 마찬가지로 년월일(年月日)의 천지(天地)가 모두 극(剋)되어 아름다운 명(命)이 되지 못한 것이다. 앞 사주는 계수(癸水)가 투간(透干)하여 무(戊)에게 정(情)을 주어 재성(財星)이 유용하고, 계수(癸水)가 시(時)에 있으니 선빈후부(先貧後富)한 명(命)이 된 것이다. 이 사주는 경금(庚金)이 많아 목(木)을 극(剋)할 뿐 아니라, 화염토조(火炎土燥)하고 삼형(三刑)이 모두 있어 형극(刑剋)이 많았다.

丙 戊 壬 甲
辰 子 申 午

이 사주는 천간(天干)에 임병갑(壬丙甲)이 모두 투출(透出)했는데, 지지(地支)에 수국(水局)을 이루어 내각한림(內閣翰林)에 올랐다. 지지(地支)에 수국(水局)을 이루었으나 종재격(從財格)이 되지 못하여 갑목(甲木)으로 수기(水氣)를 설(洩)해야 하고, 병화(丙火)가 투간(透干)하니 갑목(甲木)을 취하여 귀격(貴格)을 이루었다.

甲 戊 庚 癸
寅 午 申 酉

이 사주는 갑계(甲癸)가 투출(透出)했는데 병화(丙火)가 암장(暗藏)되어 있고, 인오(寅午)가 회국(會局)하여 신강인왕(身强印旺)하다. 경금(庚金)이 갑목(甲木)을 극(剋)하여 부(富)는 있으나 귀(貴)는 없다. 지지(地支)의 오신유(午申酉) 사이에 미(未)가 있어, 갑무경(甲戊庚)의 귀인(貴人)이나 귀(貴)를 취하기 어렵다. 이것은 경금(庚金)이 갑목(甲木) 편관(偏官)을 극(剋)하여 귀(貴)가 손상되었기 때문이다. 계수(癸水)가 무토(戊土)에게 정(情)을 주어 대실업가의 명(命)이 되었다.

丙 戊 庚 癸
辰 午 申 酉

이 사주는 병계(丙癸)가 함께 투출(透出)했는데 식신(食神)이 왕(旺)하여 재(財)를 생(生)한다. 따라서 병화(丙火)가 용신(用神)이 되어 부(富)한 가운데 귀(貴)가 있다.

유월(酉月) 무토(戊土)

유월(酉月) 무토(戊土)는 금신(金神)이 영(令)을 잡아 자왕모쇠(子

旺母衰)하고, 기(氣)가 설(洩)되어 차가우니 태양의 빛으로 말려야 하고, 조토(燥土)는 생(生)하지 않으니 우로(雨露)로 윤택하게 해주어야 한다. 따라서 먼저 병화(丙火)로 용신(用神)을 삼은 후 계수(癸水)로 보좌해야 한다. 월령(月令)에 당왕(當旺)한 금(金)이 수기(秀氣)를 설(洩)하니, 갑목(甲木)이 소토(疏土)하지 않아도 무방하다.

유월(酉月) 무토(戊土)는 병계(丙癸)가 모두 투출(透出)하면 과갑(科甲)에 준함이 있고, 병화(丙火)는 투출(透出)했으나 계수(癸水)가 암장(暗藏)되어 있으면 부귀(富貴)가 작고, 계수(癸水)는 투출(透出)했으나 병화(丙火)가 암장(暗藏)되어 있으면 부(富)한 가운데 귀(貴)가 있고, 병화(丙火)는 투출(透出)했으나 계수(癸水)가 없으면 수재(秀才)에 불과하고, 계수(癸水)는 투출(透出)했으나 병화(丙火)가 없으면 재주꾼에 불과하다. 병화(丙火)는 암장(暗藏)되어 있는데 계수(癸水)가 없거나, 계수(癸水)가 많으나 투출(透出)하지 않고 병화(丙火)가 없으면 모두 평범한 명(命)이 되고, 병계(丙癸)가 모두 없으면 흉한 명(命)이 된다.

다시 말해, 유월(酉月) 무토(戊土)는 신금(辛金)이 투출(透出)하지 않아야 하고, 재인(財印)을 함께 취하는 것이 정법(正法)이다. 월령(月令) 상관(傷官)이 재(財)를 생(生)하는데, 무토(戊土)가 차가우니 반드시 인수(印綬)로 용신(用神)을 삼아야 한다. 따라서 병계(丙癸) 중에 하나라도 없으면 상격(上格)이 되지 못한다.

유월(酉月) 무토(戊土)는 사주가 모두 신금(辛金)인데 병정화(丙丁火)가 없으면 토금상관(土金傷官)이 되어 총명하다. 이런 사주는 문과(文科)는 불리하나 무과(武科)는 이롭고, 이때 계수(癸水)가 있으면 부귀격(富貴格)을 이룬다. 이것은 금(金)이 출간(出干)한 것이 아니라 병정화(丙丁火)가 함께 투출(透出)하여 용신(用神)을 묶고 상하게 하기 때문이다. 그러나 이때 화(火)가 없으면 귀격(貴格)을 이루지 못한다. 병정화(丙丁火)는 지지(地支)에 암장(暗藏)되어 토(土)를 따뜻하게 하고, 용신(用神)을 상하게 하지 않으면 상격(上格)이 된다. 이때 계수(癸水)가 출간(出干)하면 지지(地支)의 병정화(丙丁火)가 상하지 않으니 부귀격(富貴格)을 이루는 것이다.

유월(酉月) 무토(戊土)가 지지(地支)에 수국(水局)을 이루었는데 임계수(壬癸水)가 출간(出干)하면 재다신약(財多身弱)하여 부옥빈인(富屋貧人)의 명(命)이 된다. 이런 사람은 우유부단하며 무능하고 인색하다. 그러나 이때 천간(天干)에 비겁(比劫)이 있어 재신(財神)을 분산시키면 의록(衣祿)은 있다.

다시 말해, 중추(仲秋)에는 왕금(旺金)이 설기(洩氣)하기 때문에 무토(戊土)가 허(虛)하다. 지지(地支)에 수국(水局)을 이루었는데 임계수(壬癸水)가 출간(出干)하면, 금기(金氣)가 수(水)에 진설(盡洩)되어 재다신약(財多身弱) 사주가 되는 것이다. 부옥빈인(富屋貧人)은 부잣집의 재산을 관리하는 사람이라는 뜻으로, 이런 사람은 재물이 있으면 부하(負荷)를 이기지 못하기 때문에 재물로 인하여 오히려 고통을 받는다. 우유부단하며 인색한 것은, 지나치게 설기(洩氣)되어 성격이 당당하지 못하기 때문이다. 재(財)가 많을 때는 비겁(比劫)으로 분산하면 반대로 부격(富格)을 이룬다. 그러나 대운(大運)이 돕지 않으면 불가하다.

유월(酉月) 무토(戊土)는 추토(秋土)가 금(金)을 생(生)하기 때문에, 매우 약하여 병정화(丙丁火)가 출간(出干)하면 묘해진다. 신금(辛金)이 많은데 화(火)가 극(剋)하지 않으면 청귀(清貴)한 명(命)이 된다.

지금까지의 설명을 종합하면, 중추(仲秋)에는 왕금(旺金)이 토기(土氣)를 설(洩)하므로 무토(戊土)가 매우 약하다. 토(土)는 병정화(丙丁火)가 출간(出干)하여 따뜻하게 하지 않으면 생기가 없고, 용신(用神)을 상하게 하거나 빼앗는 것도 불가하다. 따라서 신금(辛金)이 출간(出干)했는데 병정(丙丁)이 함께 투출(透出)하면 좋지 않다. 중추(仲秋)에는 심하게 차갑지 않기 때문에, 지지(地支)에 화(火)가 암장(暗藏)되어 있으면 토(土)를 따뜻하게 하며 금(金)을 제(制)하지 않아 청귀(淸貴)한 명(命)이 된다. 용신(用神)과 아내와 자식을 보는 방법은 미월(未月) 무토(戊土)와 같으니 참고하기 바란다.

　　　丁 戊 辛 癸
　　　巳 辰 酉 酉

　이 사주는 무토(戊土)가 유월(酉月)에 태어나, 금성(金性)은 왕(旺)하나 토성(土性)은 약하다. 금성(金星)이 중(重)하여 설기(洩氣)가 태과(太過)하니, 무토(戊土)의 역량이 부족하다. 그러므로 비견(比肩)이나 겁재(劫財)나 인성(印星)이 있어야 아신(我身)을 부조(扶助)될 수 있고, 상관(傷官)을 막아야 아신(我身)을 보호할 수 있다. 이 사주는 계병(癸丙)이 모두 있어 부귀격(富貴格)이 되었다.

　　　壬 戊 辛 戊
　　　子 子 酉 子

이 사주는 편재격(偏財格)이며 재다신약(財多身弱)하다. 따라서 무토(戊土) 비견(比肩)으로 재신(財神)을 분산하지 않으면 흉하다. 국세(局勢)가 청(淸)하여 지위와 신분이 있으나, 병인운(丙寅運)이나 정묘운(丁卯運)이 오지 않으면 발전을 기대하기 어렵다.

辛 戊 辛 戊
酉 申 酉 子

이 사주는 총병(總兵)에 이른 사람으로, 양간부잡격(陽干不雜格)이다. 비록 무토(戊土)가 신(申)에 임하여 장생(長生)되나 왕(旺)하지 않고, 신금(辛金)이 많으나 극제(剋制)하지 못하는데 계수(癸水)를 만난다. 이것은 토금상관(土金傷官)이 계수(癸水)를 만날 때와 같은 이치다. 그러나 병정운(丙丁運)을 만나면 발전할 수 있다.

丁 戊 己 丁
巳 子 酉 亥

이 사주는 상관생재격(傷官生財格)이다. 시(時)에 일록(日祿)이 있고, 인수(印綬)와 비겁(比劫)이 함께 투출(透出)하여 신왕(身旺)하니 재(財)를 감당할 수 있고, 재(財)가 좌하(坐下)에 있어 일원(日元)과 상하로 상합(相合)한다. 따라서 재(財)가 일원(日元)에게만 정(情)을 주니, 분탈(分奪)하지 않아 부귀격(富貴格)을 이루었다. 이 사주는 부(富)가 귀(貴)보다 더 중(重)하다.

丙 戊 辛 戊

辰 戊 酉 戊

이 사주는 토금상관격(土金傷官格)이다. 병화(丙火)가 투간(透干)하여 상관(傷官)을 합(合)으로 묶는데, 진(辰)은 재고(財庫)이니 재성(財星)이 고(庫)에 있어 부격(富格)이 되었다. 아들 5형제와 딸 8형제를 두었다.

술월(戌月) 무토(戊土)

술월(戌月)은 무토(戊土)가 당권(當權)한 때이니 계수(癸水)가 있으면 묘해지고, 병화(丙火)는 필요하지 않다. 무토(戊土)와 계수(癸水)가 합(合)하는 것을 꺼린다. 따라서 먼저 갑목(甲木)으로 용신(用神)을 삼은 다음에 계수(癸水)를 취한다. 병화(丙火)가 천간(天干)에서 배합하면 토(土)가 생기가 있다. 이런 사람은 운정(運程)이 발(發)하여 과갑(科甲)에 준함이 있다.

다시 말해, 술월(戌月) 무토(戊土)는 갑계병(甲癸丙)을 용신(用神)으로 삼아야 한다. 토왕(土旺)하여 영(令)을 잡았으니 병화(丙火)는 필요하지 않다. 먼저 갑목(甲木)을 용신(用神)으로 삼은 다음에 계수(癸水)를 취하면 재자약살격(財滋弱殺格)이 된다. 계수(癸水)가 무토(戊土)와 합(合)하는 것을 꺼리는 것은 재(財)기 살(殺)을 생(生)하지 않고, 일원(日元)이 재(財)를 사모하여 살(殺)을 향하지 않기 때문이다. 병화(丙火)가 배합하면 화(火)로 따뜻하게 하고 수(水)로 자윤(滋潤)하면, 토(土)가 생기가 있어 귀격(貴格)을 이룬다.

술월(戌月) 무토(戊土)가 병화(丙火)는 없는데 계수(癸水)가 있으면서 갑목(甲木)이 출간(出干)하지 않으면 부(富)는 작으나 의록(衣祿)은 있고, 갑목(甲木)은 있는데 계병(癸丙)이 없으면 의록(衣祿)과 능력이 있고, 병계(丙癸)가 있으나 갑목(甲木)이 없으면 빈고(貧苦)하고, 계갑(癸甲)이 모두 없으면 병화(丙火)가 있어도 의록(衣祿)이 부족하여 승려나 도인이 되거나 평생 남에게 의지한다.

다시 말해, 술월(戌月) 무토(戊土)는 병갑(丙甲)은 없는데 계수(癸水)가 있으면 재(財)가 용신(用神)인데, 무계(戊癸)가 상합(相合)하여 재(財)가 아신(我身)을 따른다. 따라서 의록(衣祿)은 있지만 부(富)가 작은 것이다. 만일 갑목(甲木)은 있는데 계병(癸丙)이 없으면 고살(孤殺)을 보좌하지 못하니, 의록(衣祿)은 부족하지 않으나 명리(名利)는 허상이다.

만일 병계(丙癸)는 있는데 갑목(甲木)이 없으면 재인(財印)이 서로 어긋나고, 무토(戊土)가 화(火)를 만나면 메마르니 한 방울의 물이 들어와도 구제하지 못하여 빈고(貧苦)한 명(命)이 되는 것이다. 만일 계갑(癸甲)은 없는데 병화(丙火)가 있으면 토(土)가 생의(生意)가 없고, 재관(財官)이 모두 부족하기 때문에 반드시 대가 끊긴다. 이런 사람은 왕기(旺氣)가 아신(我身)에서 그치니, 승려나 도인이 되거나 남에게 의지하여 살아가는 것이다.

술월(戌月) 무토(戊土)가 지지(地支)에 수국(水局)을 이루었는데 임계(壬癸)가 투간(透干)하면 무토(戊土)로 흐름을 막아야 한다. 이때 비견(比肩)이 투출(透出)하면 부(富)를 이룬다. 술월(戌月) 무토(戊

土)는 일원(日元)이 영(令)을 잡아 왕(旺)하나, 재(財)가 왕(旺)하여 국(局)을 이루었는데 임계수(壬癸水)가 투간(透干)하면 반드시 부격(富格)을 이룬다. 이때 재(財)가 태왕(太旺)하면 반드시 비겁(比劫)으로 도와야 한다.

술월(戌月) 무토(戊土)가 지지(地支)에 화국(火局)을 이루면 토조불발(土燥不發)이라 한다. 이때 금수(金水)가 모두 투출(透出)하면 청고(淸高)하며 약간의 부귀(富貴)가 있고, 수(水)가 없으면 평생 곤고하다. 아내와 자식은 앞과 같다.

다시 말해, 술월(戌月) 무토(戊土)가 지지(地支)에 화국(火局)을 이루면 화염토조(火炎土燥)하다. 따라서 계갑(癸甲)이 모두 없는데 병화(丙火)가 있는 것과 같아, 승도팔자로 빈고(貧苦)한 명(命)이 된다. 만일 계갑(癸甲)이 없는데 금수(金水)가 있으면 수(水)로 화(火)를 제(制)하며 토(土)를 윤택하게 하고, 금(金)으로 토(土)의 완둔함을 설(洩)하면 토금상관(土金傷官)이 된다. 이런 사람은 반드시 청고(淸高)한 명(命)이 되고, 상관생재(傷官生財)하여 부귀격(富貴格)을 이룬다. 이것은 수(水)가 윤토(潤土)하며 제화(制火)하기 때문이다. 그러나 수(水)가 없으면 평생 고생이 많다.

무토(戊土)가 지지(地支)에 화국(火局)을 이루었는데 남방운(南方運)으로 흐르면, 사월(巳月)과 오월(午月) 무토(戊土)는 종왕격(從旺格)을 이루나, 양인(陽刃)이 아신(我身)을 상하게 하여 선종(善終)하지 못한다. 술월(戌月) 무토(戊土)는 발(發)하지 못하기 때문에, 술월(戌月)은 화기(火氣)가 입고(入庫)하여 광휘가 부족하다. 이때 금수(金水)와 수목(水木)이 서로 돕지 않으면 격(格)을 이루지 못한다. 아내와 자식을 보는 방법은 미월(未月) 무토(戊土)와 같으니 참고하기 바란다.


```
己 戊 戊 丙
未 辰 戌 子
```

 이 사주는 맹호순산격(猛虎巡山格)으로, 소보(少保)에 이른 사람이다. 가색격(稼穡格)이니 변형된 국(局)이다. 술월(戌月) 무토(戊土)가 화(火)가 있으니 귀(貴)가 있고, 자진(子辰)이 멀리서 합(合)하니 무토(戊土)가 마르지 않고, 병화(丙火)로 수화(水火)를 기제(旣濟)하여 대귀격(大貴格)을 이루었다. 이 사주는 맹호순산격(猛虎巡山格)인 것으로 보아, 병자년(丙子年)이 아니라 병인년(丙寅年)이다.


```
丙 戊 甲 己
辰 辰 戌 酉
```

 이 사주는 병갑(丙甲)이 출간(出干)했는데 진(辰) 두 개에 계수(癸水)가 암장(暗藏)되어 양방(兩榜)하였다. 갑기(甲己)가 합(合)하고 있으니 용신(用神)을 기반(羈絆)하는 것이 병(病)이 된다. 그렇지 않았다면 지위가 여기서 그치지는 않았을 것이다.


```
丙 戊 甲 己
辰 寅 戌 亥
```

 이 사주는 갑목(甲木)이 투출(透出)했는데 계수(癸水)가 진(辰)에 암장(暗藏)되어 있고, 병화(丙火)가 배합하고 있다. 그러나 갑기(甲己)가 합(合)하여 소토(疏土)하는 것을 기반(羈絆)하니 부귀(富貴)가 크지 않다.

甲戊甲甲
寅子戌辰

이 사주는 갑목(甲木)이 투출(透出)했는데 계수(癸水)가 암장(暗藏)되어 있다. 인(寅)에 암장(暗藏)된 병화(丙火)가 배합하여 우전부(郵傳部) 상서(尙書)에 올랐고, 재(財)가 좌하(坐下)에 있어 대부격(大富格)이 되었다.

癸戊庚丁
丑戌戌亥

이 사주는 공사(貢士)로 큰 부자였다. 계수(癸水)가 용신(用神)이고, 상관생재격(傷官生財格)이라 부격(富格)이 되었다.

乙戊庚丁
卯寅戌酉

이 사주는 자수성가하여 큰 부자가 되었다. 재(財)가 을목(乙木) 관성(官星)을 보좌하지 못하는데 경금(庚金)이 출간(出干)하여 관성(官星)이 상한다. 이때는 정화(丁火)로 경금(庚金)을 제(制)하여 구

해주면 길하다. 남방운(南方運)으로 흐르면 발전하나, 재(財)가 생관
(生官)하지 못하여 부(富)는 있으나 귀(貴)는 없다.

　　乙 戊 壬 癸
　　卯 戌 戌 未

　이 사주는 진사(進士) 출신으로 순무(巡撫)에 오른 것으로 보아 을
묘시(乙卯時)가 아니라 갑인시(甲寅時生)다. 만일 을묘시(乙卯時)라
면 순무(巡撫)에 오를 수 없다.

　　甲 戊 壬 癸
　　寅 子 戌 未

　이 사주는 수정주임(綏靖主任)에 오른 사람이다. 계갑(癸甲)이 출간
(出干)했는데 병화(丙火)가 인(寅)에 암장(暗藏)되어 배합하니 대부
대귀격(大富大貴格)이 되었다.

　　壬 戊 戊 丙
　　子 寅 戌 戌

이 사주는 병계갑(丙癸甲)이 모두 있으나 출간(出干)하지 않아 공생
(貢生)에 불과했고, 인술(寅戌)이 회국(會局)하여 살인상생(殺印相
生)이 되었으나, 재성(財星)이 용신(用神)이 되어 재자약살격(財滋
弱殺格)이 아니다. 비견(比肩)이 출간(出干)하여 쟁재(爭財)하나, 대

운(大運)이 도와 아름다운 명(命)이 되었다.

癸 戊 丙 庚
丑 子 戌 寅

이 사주는 계병(癸丙)은 투출(透出)했는데 갑목(甲木)이 암장(暗藏)되어 있다. 따라서 부(富)는 중(重)하나 귀(貴)는 가볍다.

己 戊 壬 癸
未 戌 戌 酉

이 사주는 토중(土重)하며 갑목(甲木)이 없는데 비겁(比劫)이 쟁재(爭財)하여 고고(孤苦)한 명(命)이 되었다. 그러나 수명은 있다.

壬 戊 丙 庚
子 申 戌 子

이 사주는 광서제(光緒帝)의 아버지의 명(命)으로, 자식으로 인하여 귀(貴)를 얻었다. 병화(丙火)에 음비(蔭庇)의 복이 있다.

辛 戊 丙 庚
酉 戌 戌 辰

이 사주는 경찰청장에 오른 사람이다. 토금상관(土金傷官)이 패인

(佩印)하고, 신묘운(辛卯運)에 피살되었다.

■ 삼동(三冬) 무토(戊土)

삼동(三冬) 무토(戊土)는 매우 추운 때에 있으니 화(火)의 도움이 있어야 한다. 만일 관인상생(官印相生)하는데 충극(冲剋)되고 금(金)이 있으면 가난하며 만사가 이루어지지 않고, 수(水)가 왕성하면 질병이 있거나 가난하거나 요절(夭折)이 따른다.

해월(亥月) 무토(戊土)

해월(亥月) 무토(戊土)는 소양(小陽)에 있으니 미약하나마 양기(陽氣)가 있다. 따라서 먼저 갑목(甲木)으로 용신(用神)을 삼은 다음에 병화(丙火)를 취해야 한다. 만일 갑목(甲木)이 없으면 토(土)가 불령(不靈)하고, 병화(丙火)가 없으면 토(土)가 따뜻하지 않아 뜻을 이루지 못한다.

다시 말해, 무토(戊土)는 후중(厚重)하기 때문에 갑목(甲木)으로 소토(疏土)하지 않으면 토(土)가 불령(不靈)하고, 동월(冬月)에는 만물이 수장(收藏)되는 때이니 병화(丙火)로 따뜻하게 해주지 않으면 흉하다. 해월(亥月) 무토(戊土)는 갑병(甲丙)은 취하나, 계수(癸水)는 취하지 않는다. 이것은 해궁(亥宮)에서 임수(壬水)가 득록(得祿)했기 때문이다.

해월(亥月) 무토(戊土)가 갑병(甲丙)이 모두 투출(透出)하면 과갑(科甲)에 준함이 있다. 갑목(甲木)이 장생지(長生地)에 있는데 수(水)가 녹지(祿地)에 있으니, 병(丙) 하나가 고투(高透)하면 반드시 지위를 얻어 명성을 떨친다. 그러나 지지(地支)에 경금(庚金)이 많으면 수재(秀才)에 불과하고, 경금(庚金)이 많아 갑목(甲木)을 파(破)하면 평범한 명(命)이 된다.

다시 말해, 해월(亥月) 한토(寒土)는 반드시 병화(丙火)가 있어야 하고, 토(土)가 많고 따뜻하면 갑목(甲木)이 용신(用神)이다. 월령(月令) 해궁(亥宮)에서 재성(財星)이 영(令)을 잡아 스스로 관(官)을 생(生)한다. 이때 갑목(甲木)이 출간(出干)하지 않으면 병화(丙火)가 용신(用神)이니 귀격(貴格)을 이룬다. 지지(地支)에 경금(庚金)이 많다는 것은 신금(申金)을 말하는 것이다. 관성(官星)이 상하지 않으면 의금(衣衿)은 잃지 않고, 상하게 되면 평범한 명(命)이 된다.

해월(亥月) 무토(戊土)가 경금(庚金)은 없는데 갑목(甲木)이 해궁(亥宮)에 암장(暗藏)되어 있고, 병화(丙火)가 고투(高透)하면 역시 과갑(科甲)에 준함이 있다. 그러나 경금(庚金)이 있는데 정화(丁火)가 파(破)하면, 권위가 모두 통달하며 도필(刀筆)로 이도(異途)로 나간다. 이것은 경금(庚金)이 많으면 갑목(甲木)을 파(破)한다는 뜻이나. 만일 경금(庚金)으로 갑목(甲木)을 제(制)하지 못하면 과갑(科甲)에 준함이 있고, 경금(庚金)이 있으면 발전하지 못한다. 그러나 경금(庚金)을 정화(丁火)로 제(制)하면 이도(異途)로 공명(功名)을 이룬다.

해월(亥月) 무토(戊土)가 경정(庚丁)이 없는네 삽병(甲丙)이 모두 지지(地支)에 암장(暗藏)되어 있으면, 용신(用神)이 청(淸)하여 부귀격(富貴格)을 이룬다. 그러나 갑병(甲丙)이 모두 곤(困)하면 하격(下格)이 되고, 병화(丙火)가 없으면 고빈(孤貧)한 명(命)으로 승도팔자가 된다.

 다시 말해, 해월(亥月) 무토(戊土)는 갑병(甲丙)이 중요한 용신(用神)이라는 뜻이다. 경금(庚金)이 있으면 정화(丁火)로 제(制)할 수 있으나, 경금(庚金)이 없으면 정화(丁火)도 쓸모가 없어진다. 반드시 병갑(丙甲)이 있어야 하는데, 병갑(丙甲)이 모두 암장(暗藏)되어 있더라도 부귀(富貴)를 잃지 않는다.

 병갑(丙甲)이 모두 곤(困)하다는 것은, 임수(壬水)가 있으면 병화(丙火)가 곤(困)하고, 경금(庚金)이 있으면 갑목(甲木)이 곤(困)해진다는 뜻이다. 이때는 경금(庚金)이 많아 갑목(甲木)을 파(破)하는 것과 같으니 평범한 명(命)이 된다. 임수(壬水)가 병화(丙火)를 곤(困)하게 하면, 비록 용신(用神)이 상해를 입어도 그런대로 병화(丙火)의 쓰임이 있으나, 병화(丙火)가 없으면 하격(下格)의 명(命)이 된다.

 해월(亥月) 무토(戊土)가 임수(壬水)가 투출(透出)했을 때는, 무토(戊土)로 병화(丙火)를 구제하면 부(富)한 가운데 귀(貴)가 있다. 이것은 임수(壬水)가 출간(出干)하여 병화(丙火)를 곤(困)하게 만든다는 뜻이다. 경금(庚金)이 출간(出干)하여 갑목(甲木)을 곤(困)하게 하면 정화(丁火)가 투출(透出)하여 구제해야 하고, 임수(壬水)가 출간(出干)하여 병화(丙火)를 곤(困)하게 하면 무토(戊土)가 투출(透出)하여 구제해야 한다. 임수(壬水)는 편재(偏財)에 해당하여 부(富)한 가운데 귀(貴)를 취하는 것이다.

庚戊辛壬
申寅亥申

　이 사주는 부윤(府尹)에 오른 사람으로, 합록격(合祿格)이다. 사지(四支)가 모두 생지(生地)이면 대개 동남운(東南運)으로 흐를 때 대귀격(大貴格)을 이룬다. 희기편(喜忌篇)에서는 무일(戊日) 경신시생(庚申時生)은 식신간왕격(食神干旺格)이라 하여, 년(年)이나 월(月)에서 갑병인묘(甲丙寅卯)를 범하면 만나도 만나지 않은 것과 같다고 했다.

　그리고 무일(戊日) 경신시생(庚申時生)은 전식합록격(專食合祿格)에도 해당한다. 이때는 신(申)이 사(巳)를 합(合)하여 무토(戊土)의 녹(祿)이 되고, 인(寅)이 사(巳)를 형(刑)하며 해(亥)가 사(巳)를 충(沖)하니, 전국(全局)이 허신(虛神)인 사록(巳祿)이 모여 무토(戊土)가 왕(旺)하지 않다. 그러나 반드시 식신(食神)으로 수기(秀氣)를 설(洩)해야 한다. 이 사주는 동남운(東南運)에서 화토(火土)가 득위(得位)하여 발전이 있었다.

乙戊辛壬
卯辰亥申

　이 사주는 을목(乙木)이 소토(疏土)하여 충성심이 대단하나, 을묘(乙卯)가 파(破)되어 자식이 있어도 키우기 어렵다. 자식인 관성(官星)을 신금(辛金)이 극(剋)하고, 무토(戊土)가 인궁(寅宮)에서 생(生)하나, 묘(卯)에 이르러 목욕(沐浴) 파패지(破敗地)기 되기 때문에자식이 있어도 키우기 어려운 것이다.

　壬 戊 乙 己
　戌 子 亥 亥

　이 사주는 편재격(偏財格)인데 화운(火運)으로 흐를 때 발전이 있다. 임수(壬水)가 출간(出干)하여 편재(偏財)가 태왕(太旺)하다. 시(時)는 종국(終局)인데, 무토(戊土)가 시지(時支) 술궁(戌宮)에 통근(通根)하고 있으니 만년이 되어야 길하다. 화지(火地)는 무토(戊土)가 생왕(生旺)하는 곳이니, 중년 후 남방운(南方運)으로 흐르면 인수(印綬)와 비겁(比劫)이 재신(財神)을 분산시키며 아신(我身)을 도와 발전한다. 그러나 부(富)는 있어도 귀(貴)는 없다.

　丙 戊 乙 己
　辰 戌 亥 酉

　이 사주는 양방(兩榜)이었다. 갑목(甲木)이 암장(暗藏)되어 있는데 병화(丙火)가 투출(透出)했다. 갑목(甲木)이 장생(長生)에 앉아 있는데 임수(壬水)는 녹지(祿地)에 앉아 있고, 병(丙) 하나가 고투(高透)하여 반드시 지위와 명성을 떨친다.

　戊 戊 癸 癸
　午 辰 亥 卯

이 사주는 부윤(府尹)에 오른 사람이다. 갑목(甲木)은 암장(暗藏)되
어 있는데 병화(丙火)는 없고, 시(時)에 오(午) 양인(陽刃)이 있는데
양무(兩戊)가 간합(干合)하여 군후(郡侯)가 되었다.

 그리고 이 사주는 무진(戊辰)이 괴강살에 해당한다. 무일생(戊日生)
이 시(時)에 오(午)가 있으면 양인(陽刃)을 이루고, 월(月)의 중기
(中氣)에 태어났는데 해(亥)에 갑목(甲木) 칠살(七殺)이 있어 양인가
살격(陽刃駕殺格)이 되었다. 살인(殺刃)이 약하기 때문에 양무(兩
戊)와 병계(丙癸)가 간합(干合)하면, 진화화살(眞火化殺)이 되어 양
인(陽刃)을 돕기 때문에 명성이 높다.

　　壬 戊 辛 丁
　　戌 午 亥 卯

 이 사주는 임수(壬水)가 해궁(亥宮)에서 득록(得祿)하여 재물을 많
이 모았다. 신금(辛金)이 상생(相生)하는데 지지(地支)에서 오술(午
戌)이 회국(會局)하니, 신왕(身旺)하여 충분히 재(財)를 감당할 수
있다. 초년 서방운(西方運)에서 재물을 모았고, 중년 후 일파(一派)
남방(南方) 인운(印運)에서 자선사업으로 명성을 떨쳤다. 갑운(甲
運) 무인년(戊寅年) 자월(子月), 72세의 나이로 생을 마감했다.

　　甲 戊 辛 壬
　　寅 辰 亥 申

 이 사주는 병화(丙火)가 인(寅)에 암장(暗藏)되어 있고, 갑목(甲木)

이 극(剋)되지 않으나 인신(寅申)이 멀리서 충(沖)하여 영화가 길지
못했다.

丁 戊 癸 癸
巳 子 亥 酉

이 사주는 일록귀시격(日祿歸時格)이고, 사궁(巳宮) 병무(丙戊)가
용신(用神)이다. 남방운(南方運)과 비겁운(比劫運)에서 거만금(鉅萬
金)을 모았고, 염무총상(鹽務總商)이 되었다. 병화(丙火)가 투출(透
出)하지 않았는데 유금(酉金)이 갑목(甲木)을 손상시켜 부(富)는 있
으나 귀(貴)는 없다.

癸 戊 乙 甲
亥 子 亥 戌

이 사주는 지지(地支)에 술해자(戌亥子)의 서북(西北) 건감(乾坎)이
모이니, 재왕(財旺)하여 관(官)을 생(生)한다. 태원(胎元)의 병화(丙
火)가 용신(用神)이 되어 총장(總長)에 이르렀다.

자월(子月) · 축월(丑月) 무토(戊土)

자월(子月)과 축월(丑月)은 매우 추운 때이니, 토(土)가 얼어붙어

조후(調候)가 시급하다. 그러므로 먼저 병화(丙火)를 용신(用神)으로 삼고, 갑목(甲木)으로 보좌해야 한다. 갑목(甲木)은 없어도 무방하나 병화(丙火)는 없으면 흉하다. 만일 병갑(丙甲)이 모두 투출(透出)하면 생원(生員)은 가능하고, 병(丙) 두 개와 갑목(甲木) 하나가 투출(透出)하면 과갑(科甲)에 준함이 있고, 병화(丙火)가 출간(出干)했는데 갑목(甲木)이 암장(暗藏)되어 있으면 의금(衣衿)으로 그치지 않고, 병화(丙火)가 암장(暗藏)되어 있는데 갑목(甲木)이 투출(透出)하면 생원(生員)에 불과하고, 병화(丙火)는 있는데 갑목(甲木)이 없으면 부(富)는 있으나 평범한 명(命)이 되고, 갑목(甲木)은 있는데 병화(丙火)가 없으면 빈고(貧苦)하여 의지할 곳이 없고, 병갑(丙甲)이 모두 없으면 하천한 명(命)이 된다.

다시 말해, 엄동(嚴冬)에는 조후(調候)가 시급하기 때문에 화(火)가 중(重)해도 흉하지 않다. 화성(火盛)하면 영화가 있고, 수(水)가 많으면 허물은 없으나 화(火)가 있어야 재관(財官)을 감당할 수 있다. 만일 화(火)가 없으면 식상(食傷), 관살(官殺), 재성(財星)이 모두 쓸모없게 된다. 한마디로, 동토(冬土)는 화(火)가 가장 중요한 용신(用神)이라는 뜻이다.

축월(丑月) 무토(戊土)는 일파(一派) 병화(丙火)가 있는데, 이양(二陽)에 이르고 병화(丙火)가 투출(透出)하면 약변강(弱變强)된다. 이때 임수(壬水)가 하나 투간(透干)하면 청고(淸高)하며 부(富)한 가운데 귀격(貴格)을 이룬다. 그러나 임수(壬水)가 없으면 승도가 되거나 고독하다. 무토(戊土)는 화(火)가 태왕(太旺)하면 약변강(弱變强)되기 때문에, 임수(壬水)로 용신(用神)을 삼으면 수(水)는 재성(財星)이므로 부(富)한 가운데 귀(貴)를 취하는 것이다.

축월(丑月) 무토(戊土)는 토수(土水)가 차가워 엉기고 막히는데, 병화(丙火)는 하나도 없고 사(巳)가 있으면 의기가 있는 사람이다. 사궁(巳宮)에 병화(丙火)가 암장(暗藏)되어 있는데 무토(戊土)가 녹(祿)을 얻으면 호방한 뜻을 이룬다. 이때 운정(運程)이 인출(引出)하면 부귀(富貴)가 있다. 이것은 축요사격(丑遙巳格)과 같아, 비록 사(巳)를 만나지 않아도 허신(虛神)이 암(暗)으로 요합(邀合)하여 유용해진다.

자월(子月)과 축월(丑月) 무토(戊土)는 일파(一派) 임수(壬水)가 있는데 비겁(比劫)이 없으면, 종재격(從財格)을 이루어 사람으로 인하여 명리(名利)를 얻는다. 다시 말해, 지지(地支)에 신자진수국(申子辰水局)이나 해자축북방(亥子丑北方)을 이루면서 비겁(比劫)이나 인수(印綬)가 없으면, 종재격(從財格)을 이루니 사람으로 인하여 부귀(富貴)를 얻는 것이다.

자월(子月)과 축월(丑月) 무토(戊土)가 비겁(比劫)이 많이 있는데 갑목(甲木)이 출간(出干)하면 대부격(大富格)을 이루나, 토(土)와 수(水)가 차가우니 갑목(甲木)은 있으나 병정화(丙丁火)가 없으면 외실내허(外實內虛)한 사람이 된다. 예를 들어, 무인년(戊寅年) 갑자월(甲子月) 무진일(戊辰日) 무오일(戊午日)에 태어났으면, 갑병(甲丙)은 있으나 무토(戊土)가 많아 화(火)를 어둡게 한다. 따라서 명성을 얻기 어렵고 재물이 있어도 인색하다. 이것은 군겁쟁재(群劫爭財)하기 때문이다. 이때는 겁재(劫財)를 편관(偏官)으로 제(制)하여 재성(財星)을 보호해야 한다.

자월(子月) 무토(戊土)는 재왕(財旺)하여 영(令)을 잡았으니, 비겁(比劫)이 많은데 갑목(甲木)이 출간(出干)하여 겁재(劫財)를 제(制)

하면, 재통문호(財通門戶)라 하여 거부격(鉅富格)을 이룬다. 그러나 병정화(丙丁火)로 따뜻하게 해주지 않으면 외실내허(外實內虛)한 사람이 된다.

앞에서 예를 든 무인년(戊寅年) 사주는 자인(子寅) 사이에 축(丑) 귀인(貴人)이 있고, 진오(辰午) 사이에 사록(巳祿)을 끼고 있다. 천간(天干)이 모두 녹(祿)을 얻고 귀인(貴人)이 있으나, 병화(丙火)가 출간(出干)하지 않았고 사(巳)가 없어 명성을 얻기 힘들다. 또 재성(財星)이 영(令)을 잡았으나 무토(戊土)가 합(合)하여 심하게 긴축시키고, 고(庫)를 깔고 앉았으니 비록 재물이 있어도 인색한 것이다.

자월(子月)과 축월(丑月) 무토(戊土)가 월시(月時)에 계수(癸水) 두 개가 투출(透出)하면 쟁합(爭合)되어 재물이 많아도 고생이 많고, 병기(丙己)가 출간(出干)하면 계수(癸水)를 제(制)하기 때문에 충의지사(忠義之士)로 의리를 중요하게 생각하는 사람이다. 계수(癸水)는 무토(戊土)의 재(財)인데, 동토(冬土)는 병화(丙火)가 없으면 허한(虛寒)하다. 신약(身弱)한데 재(財)가 있으면 인겁운(印劫運)을 만나 도움을 받아도 고생이 많고, 노력으로 부(富)를 얻으니 평생 고생이 많다.

그러나 이때 기토(己土)가 출간(出干)하여 도와주면, 기계(己癸)가 동궁(同宮)에 있어 유용하니 별도의 격국(格局)을 이룬다. 기토(己土)가 출간(出干)하여 계수(癸水)를 제(制)하면, 기계신(己癸辛)이 축궁(丑宮) 월령(月令)에 있으니 토금상관격(土金傷官格)이 되고, 동궁(同宮)에 기(氣)가 모이니 이로(異路)로 공명(功名)을 얻는 것이다. 수(水)가 용신(用神)이니 상관(傷官)이 아내요 재(財)는 자식이다. 동토(冬土)는 병화(丙火)를 용신(用神)으로 삼는 것이 정법(正

法)이다. 병화(丙火)가 용신(用神)이면 목(木)이 아내요 화(火)가 자
식이다.

庚 戊 丙 己
申 戌 子 亥

이 사주는 시랑(侍郞)에 오른 사람이다. 병화(丙火)가 용신(用神)이
고, 전식합록격(專食合祿格)이다. 동남운(東南運)으로 흘러 발전이
있었다.

壬 戊 壬 壬
子 子 子 子

이 사주는 한림(翰林) 학사(學士)에 오른 사람이다. 비겁(比劫)과
인수(印綬)가 전혀 없어 종재격(從財格)이 되었다. 이런 사주는 후세
인들이 맞지 않는다고 생각하여 고치는 경우가 많다.

壬 戊 丙 己
戌 寅 子 巳

이 사주는 재정총장(財政總長)에 오른 사람이다. 병화(丙火)가 투출
(透出)하여 인사(寅巳)에 통근(通根)되는데, 재성(財星)이 영(令)을
잡았다.

庚 戌 戊 庚
申 子 子 辰

이 사주는 도독(都督)이 된 사람이다. 전식합록격(專食合祿格)이고,
상관생재(傷官生財)하여 사궁(巳宮) 병무(丙戊)가 용신(用神)이다.

壬 戊 乙 癸
子 申 丑 卯

이 사주는 시상편재격(時上偏財格)으로 대귀격(大貴格)이 되었다.

癸 戊 乙 癸
丑 申 丑 卯

이 사주는 화(火)가 없으나 무계(戊癸)가 합화(合化)하여 화(火)를
얻었고, 태원(胎元)이 병화(丙火)를 이끄니 신임(辛壬)으로 병화(丙
火)를 보좌하여 2품에 올랐다. 앞 사주와 마찬가지로 태원(胎元)에
병화(丙火)가 있고, 묘축(卯丑) 사이에 인(寅)을 끼고 있는데 신금
(辛金)이 충(沖)하니, 병화(丙火) 허신(虛神)이 유기(有氣)하고, 사
수에 재관(財官)이 득록(得祿)했다. 그러나 한토한목(寒土寒木)이기
때문에 병화(丙火)가 양화(陽和)하지 못하면 불가하다. 동토(冬土)
는 수목(水木)을 취하지 않으나 불가한 것은 아니다. 단지 병화(丙
火)가 없으면 무력하여 귀격(貴格)을 이루지 못한다.

丙 戊 丁 己
辰 子 丑 未

이 사주는 부잣집 태생으로 수재(秀才)였다.

己 戊 丁 己
未 子 丑 未

이 사주는 궁보(宮保)에 오른 사람이다. 무기축미(戊己丑未)가 모두
토성(土性)인데, 자축(子丑)이 육합(六合)하고 무자(戊子)가 상하로
합(合)하여 진가색격(眞稼穡格)을 이루고 있다. 병화(丙火)는 없으
나 정화(丁火)가 있으니, 토(土)를 따뜻하게 만들어 부격(富格)이 되
었다.

甲 戊 癸 壬
寅 寅 丑 午

이 사주는 일방(一榜)으로 교육자였으며 부(富)가 있었다.

癸 戊 辛 丙
丑 子 丑 子

이 사주는 축궁(丑宮)에 신계(辛癸)가 함께 투출(透出)했는데 병화
(丙火)가 출간(出干)하여 동궁(同宮)에 기(氣)가 모였다. 병화(丙火)

진신(眞神)이 용신(用神)이니, 일시적인 발전이 아니라 천고(千古)
의 인물이 되었다.

　　辛 戊 辛 辛
　　酉 寅 丑 酉

　이 사주는 토금상관패인격(土金傷官佩印格)이고, 인궁(寅宮) 병화
(丙火)가 용신(用神)이다. 정유운(丁酉運)과 병신운(丙申運)에서 뜻
을 이루어 섭규(攝揆)에 이르렀다. 그러나 아쉬운 것은 사오미남방운
(巳午未南方運)이 늦게 온 것이다.

　　壬 戊 辛 辛
　　子 申 丑 巳

　이 사주는 토금상관패인격(土金傷官佩印格)이고, 병화(丙火)가 사
궁(巳宮)에 암장(暗藏)되어 도독(都督)에 올랐다.

　　甲 戊 辛 辛
　　寅 申 丑 巳

　이 사주는 상관견관격(傷官見官格)이다. 병화(丙火)가 인사(寅巳)
에 암장(暗藏)되어 있는데 삼형(三刑)이 충(沖)되어 장군이 되었으
나 선종(善終)하지 못했다. 병신운(丙申運)인 병인년(丙寅年)에 사
망했다.

6장. 기토(己土)

기토(己土)의 조후용법(調候用法)

토성(土性)은 중앙에 위치한다. 다시 말해, 무기토(戊己土)는 갑을 병정(甲乙丙丁)과 경신임계(庚辛壬癸)의 중앙에 위치한다. 토(土)는 전왕지(專旺地)가 없으니 사시(四時)의 기(氣)에 따라 왕쇠(旺衰)를 취하는데, 토(土)가 때를 잡으면 큰 기물을 이룬다.

토(土)가 때를 잡으면 꺼린다는 것은 기신(忌神)을 가리키는 말이다. 이때는 금목수화(金木水火)의 배합에 의지해야 한다. 무토(戊土)는 고항(高亢)한 토(土)이니 건토(乾土)라 하고, 기토(己土)는 전원(田園)의 흙이니 습토(濕土)라 하여, 용신(用神)을 취하는 방법이 크게 다르다.

■ 삼춘(三春) 기토(己土)

삼춘(三春)은 아직 한기(寒氣)가 남아 있는 때이니, 병화(丙火)로 따뜻하게 한 다음에 계수(癸水)로 윤택하게 하고, 갑목(甲木)으로 보좌해야 한다. 따라서 삼춘(三春) 기토(己土)가 갑계병(甲癸丙)이 모두 투출(透出)하면 부귀격(富貴格)을 이루나, 하나라도 없으면 아름다운 명(命)이 되지 못한다. 기토(己土)는 기(氣)가 쇠절(衰絶)한 흙이기 때문이다.

인월(寅月) 기토(己土)

인월(寅月)은 한기(寒氣)가 아직 남아 있는 때이니 전원(田園)이 얼어 있다. 따라서 따뜻하게 만들어야 하기 때문에 병화(丙火)가 존신(尊神)이다. 병화(丙火)로 따뜻하게 해주면 만물이 생하나, 임수(壬水)가 있으면 기토(己土)의 병(病)이 되어 흉하다. 임수(壬水)는 긴 강과 같아 범람하면 전원(田園)이 잠기게 되므로 제방을 쌓아야 파종할 수 있다. 이때는 무토(戊土)로 제방하여 전원(田園)을 보호해야 한다.

인월(寅月) 기토(己土)는 임수(壬水)가 많은데 무토(戊土)가 있으면 부귀(富貴)가 청아하나, 무토(戊土)가 없으면 평범한 명(命)이 된다. 기토(己土)도 무토(戊土)와 마찬가지로 갑병계(甲丙癸)가 있으면 긴하다. 그러나 인월(寅月) 기토(己土)는 한기(寒氣)가 아직 남아 있으니 반드시 병화(丙火)로 따뜻하게 해줘야 한다. 적천수(滴天髓)에서는 기토(己土)를 왕성하게 하려면 돕고 막아줘야 한다고 했다. 여기서 돕는 것은 병화(丙火)를 말하고, 막는 것은 무토(戊土)를 말한다.

인월(寅月) 기토(己土)가 일파(一派) 갑목(甲木)이 있는데 경금(庚金)이 출간(出干)하면서 계병(癸丙)이 나란히 투출(透出)하면, 중화(中和)되어 과갑(科甲)에 준함이 있어 명리(名利)가 모두 있다. 병화(丙火)는 인월(寅月)에 장생(長生)되기 때문에, 천간(天干)에 경금(庚金)이 있으면 의금(衣衿)은 잃지 않는다. 만일 갑목(甲木)은 많은데 경금(庚金)이 없으면 잔병이 많고 게으른 사람이 된다. 그러나 이때 정화(丁火)로 설(洩)하면 작게나마 구제할 수 있다.

다시 말해, 인월(寅月) 기토(己土)는 병화(丙火)로 한기(寒氣)를 제거해야 하는데, 이때 반드시 갑목(甲木)이 있어야 하는 것은 아니다. 일파(一派) 갑목(甲木)이 있으면 관(官)이 많아 살(殺)로 화(化)한다. 이때는 반드시 경금(庚金)으로 제(制)한 다음에 병계(丙癸)로 배합해야 한다.

인월(寅月) 기토(己土)는 인궁(寅宮)에 병화(丙火)가 있으니, 천간(天干)에 경금(庚金)이 투출(透出)하면 갑목(甲木)을 제(制)하고, 병화(丙火)가 인궁(寅宮)에 암장(暗藏)되어 있으나, 토(土)를 따뜻하게 해주기 때문에 의금(衣衿)은 잃지 않는 것이다.

인월(寅月) 기토(己土)는 대개 병화(丙火)가 용신(用神)이다. 그러나 갑목(甲木)이 많은데 경금(庚金)으로 제(制)하지 못하면, 목(木)이 기토(己土)를 상하게 만들어 반드시 잔병이 많다. 이때 정화(丁火)가 갑목(甲木)을 설(洩)하여 기토(己土)를 생(生)하면, 관인상생(官印相生)이 되어 작게나마 구제되는 것이다.

인월(寅月) 기토(己土)는 일파(一派) 병정화(丙丁火)가 있으면 수(水)가 전혀 없어도 무방하다. 이것은 인월(寅月)은 기토(己土)가 한습(寒濕)한 때이니, 화성(火盛)하면 오히려 후록해지기 때문이다. 여기에 계수(癸水)가 하나 투출(透出)하면 과갑(科甲)으로 극품에 오르나, 무토(戊土)가 투출(透出)하면 평범한 명(命)이 된다.

다시 말해, 인월(寅月) 기토(己土)는 반드시 병화(丙火)로 따뜻하게 하고, 계수(癸水)로 윤택하게 만들어 서로 도와야 한다. 기토(己土)의 본성이 한습(寒濕)하기 때문에 계수(癸水)가 없어도 흉하지 않다. 쇠갈(衰竭)한 토(土)를 화(火)가 도와주면 후록해지고, 여기에 계수(癸水)가 하나 더 있으면 귀격(貴格)을 이룬다. 원명(原命)에 임수(壬水)가 있으면 무토(戊土)로 도와야 하나, 임수(壬水)가 없으면 무토(戊土)가 필요하지 않다. 이때 무토(戊土)가 계수(癸水)를 극(剋)하면 평범한 명(命)이 된다.

인궁(寅宮) 무토(戊土)는 인궁(寅宮) 갑목(甲木)이 무토(戊土)를 제(制)하기 때문에 이루기 어렵다. 이때는 오직 병화(丙火)만이 유용한데, 출간(出干)하지 않아도 묘해진다. 만일 일파(一派) 무토(戊土)가 있으면 갑목(甲木)이 투출(透出)하여 제(制)해야 영화가 나타난다. 여기서 무토(戊土)가 투출(透出)하면 평범한 명(命)이 된다는 것은, 갑목(甲木)이 인궁(寅宮)에서 녹(祿)을 얻고 병무(丙戊)가 장생(長生)되나, 갑목(甲木)이 당왕(當旺)하여 무토(戊土)를 제(制)하니, 있어노 없는 것과 같아 병화(丙火)만이 유용한 것이다.

다시 말해, 출간(出干)하지 않아도 묘한 곳에 있기 때문이다. 그러나 무토(戊土)가 출간(出干)하지 않으면 이와 같지 않다. 사주에 무토(戊土)가 많으면 반드시 갑목(甲木)이 출간(出干)하여 제(制)해야 하는데, 지지(地支)에 있는 갑목(甲木)은 천간(天干)에 투출(透出)한 무토(戊土)를 제(制)하기 어렵다.

인월(寅月) 기토(己土)는 갑목(甲木)이 없으면 을목(乙木)이 아무리 많이 투출(透出)해도 소토(疏土)하기 어렵고, 을목(乙木)이 있으면 간사한 사람이 된다. 이것은 기토(己土)는 쇠한 토(土)요 을목(乙木)은 쇠갈(衰竭)한 목이니, 음유(陰柔)함이 지나치기 때문이다. 병화(丙火)가 용신(用神)이면 목(木)이 아내요 화(火)가 자식이다. 인월(寅月) 기토(己土)는 반드시 병화(丙火)를 용신(用神)으로 삼고, 계수(癸水)로 보좌해야 한다. 무경정갑(戊庚丁甲)은 병(病)에 대한 약(藥)이다.

甲 己 丙 甲
子 丑 寅 子

이 사주는 갑기합(甲己合)하나 화토격(化土格)은 아니다. 인궁(寅宮)에 갑병(甲丙)이 함께 투출(透出)했는데 지지(地支)에 계수(癸水)가 암장(暗藏)되어 있으니, 병화(丙火)가 용신(用神)이다. 갑병(甲丙)이 동궁(同宮)에서 상생(相生)되어 유정유력(有情有力)하고, 지지(地支)에 자축인(子丑寅)이 있어 정(精)과 신(神)이 강하다. 과갑(科甲)으로 명신(名臣)이 되었고, 태평재상(太平宰相)이 되었다.

甲 己 戊 庚
子 酉 寅 午

이 사주는 갑기(甲己)가 토(土)로 화(化)하는데 무토(戊土)가 투출(透出)하니, 토중(土重)하여 갑목(甲木)을 용신(用神)으로 삼는다. 금지(金地)를 만나면 흉한데 이 사주는 운기(運氣)가 좋지 않아 선빈후부(先貧後富)한 명(命)이 되었다.

다시 말해, 갑기합(甲己合)하나 화(化)하지 않아 토중(土重)하니, 갑목(甲木)으로 소토(疏土)해야 한다. 경금(庚金)이 갑목(甲木)을 제(制)하여 병(病)이 된다. 목(木)이 많을 때는 제(制)해야 하지만, 목(木)이 적을 때는 제(制)하는 것이 좋지 않다. 경진운(庚辰運)과 신사운(辛巳運)으로 흘러 처음에는 가난했으나, 임오운(壬午運)과 계미운(癸未運)에서 제화(制化)되어 나중에는 부유해진 것이다.

丁 己 戊 庚
卯 酉 寅 申

이 사주는 공원(貢元)이었다. 무토(戊土)는 출간(出干)했는데 갑목(甲木)은 투출(透出)하지 않았다. 그러나 인궁(寅宮) 병화(丙火)가 힘이 있어 의금(衣衿)으로 그치지는 않았다.

戊 己 戊 乙
辰 丑 寅 未

기토(己土)는 음유(陰柔)한데 인월(寅月)은 한토(寒土)이니, 비록 토중(土重)하더라도 병화(丙火)로 따뜻하게 해줘야 한다. 을목(乙木) 편관(偏官)이 병화(丙火)를 만나면 영화로움이 있다. 살(殺)이

투출(透出)하여 군계(軍界)의 인물이 되었고, 술운(戌運)에 상해(上
海)의 정찰부대 대장이 되었다.

    己 己 丙 己
    巳 巳 寅 亥

이 사주는 병화(丙火)가 용신(用神)인데 기토(己土)가 한습(寒濕)하
니, 화(火)가 많으면 후록이 두텁다.

묘월(卯月) 기토(己土)

묘월(卯月) 기토(己土)는 양기(陽氣)가 점점 오르는 때에 있으니,
비록 화가(禾稼)를 이루지는 못하나 만물이 발생한다. 그러나 전원
(田園)이 전개되지 않아, 갑목(甲木)으로 소토(疏土)한 다음에 계수
(癸水)로 윤택하게 해야 한다. 갑목(甲木)으로 소토(疏土)할 때는 합
(合)되면 흉하다.

다시 말해, 묘월(卯月)은 춘월(春月)이 깊어지는 때이니, 양기(陽
氣)가 성(盛)하여 병화(丙火)를 필요로 하지는 않는다. 재관(財官)을
용신(用神)으로 삼는 것이 정법(正法)이니, 먼저 갑목(甲木)으로 용
신(用神)을 삼은 다음에 계수(癸水)로 보좌해야 한다. 이때 병화(丙
火) 인수(印綬)로 배합하면 복록이 더욱더 후해진다.

화가(禾稼)는 을목(乙木)을 말하는 것이다. 묘월(卯月)에는 을목(乙

木)이 당왕(當旺)한 때이기는 하나, 을목(乙木)으로 용신(用神)을 삼지 않는 것은 화가(禾稼)를 이루지 않았기 때문이다. 그러나 갑목(甲木)이 출간(出干)하여 기토(己土)와 합(合)하면 흉하다. 중춘(仲春)에는 목왕(木旺)하여 영(令)을 잡았으니 갑기(甲己)는 절대로 종화(從化)할 수 없다. 따라서 소토(疏土)할 힘이 없어 하격(下格)의 명(命)을 이룬다.

묘월(卯月) 기토(己土)가 생왕(生旺)하면서 계갑(癸甲)의 재관(財官)이 있으면 반드시 귀격(貴格)을 이룬다. 이때 병화(丙火) 인수(印綬)가 배합하면 녹(祿)이 중(重)하며 권세가 높다. 임수(壬水)가 갑목(甲木)을 생(生)하나, 무징(無情)하여 부귀(富貴)가 작고 가볍다. 경금(庚金)이 관성(官星)을 극상(剋傷)하여 용신(用神)이 손상되거나, 임수(壬水)가 중(重)하여 병화(丙火)가 곤(困)하거나, 무토(戊土)가 중(重)하여 계수(癸水)를 약하게 만들면, 모두 병(病)이 있는데 약(藥)이 없는 것이니 평범한 명(命)이 된다. 그러나 이때 병화(丙火)가 있으면 의록(衣祿)은 잃지 않는다.

묘월(卯月) 기토(己土)가 지지(地支)에 목국(木局)을 이루었는데 경금(庚金)이 투출(透出)하면 부귀격(富貴格)을 이룬다. 그러나 을목(乙木)이 많은데 또 출간(出干)하면 경금(庚金)이 을매(乙妹)에게 정(情)을 주기 때문에 교활한 사람이 된다. 이때 동남운(東南運)으로 흐르면 죽거나 불길한 일이 생긴다. 만일 정화(丁火)로 설(洩)하면 불길함에는 이르지 않으나 소인의 명(命)이 된다.

다시 말해, 묘월(卯月) 기토(己土)가 지지(地支)에 목국(木局)을 이루면, 관살(官殺)이 당(黨)을 이루니, 반드시 경금(庚金)으로 제(制)해야 상격(上格)이 된다. 만일 을목(乙木)이 출간(出干)하면 을경(乙

庚)이 상합(相合)하여 유정(有情)하니, 관병이 도적과 정(情)을 통하는 것과 같고, 동남목화운(東南木火運)으로 흐르면 도적의 구역에 들어가는 것과 같으니 어찌 편안함을 얻으랴. 이때는 정화(丁火)로 목기(木氣)를 설(洩)하고 기토(己土)를 생(生)하면 경금(庚金)이 없어도 진퇴를 잃지 않는다. 비겁(比劫)과 인성(印星)이 없으면 종살격(從殺格)이 되어 대귀격(大貴格)을 이룬다.

묘월(卯月)에는 목왕(木旺)하여 영(令)을 잡는 때다. 따라서 지지(地支)에 해묘미목국(亥卯未木局)을 이루거나, 인묘진동방(寅卯辰東方)이 완전하면서 비겁(比劫)이나 인성(印星)이 없으면 반드시 종살격(從殺格)을 짓는다. 갑목(甲木)이 투간(透干)해도 아내가 남편을 따르는 것과 같이, 목(木)을 따라 화(化)하니 역시 종살격(從殺格)을 짓는다. 묘월(卯月) 기토(己土)는 갑계병(甲癸丙)이 모두 없으면 하격(下格)의 명(命)이 된다. 아내와 자식을 보는 방법은 인월(寅月) 기토(己土)와 같으니 참고하기 바란다.

乙 己 乙 癸
丑 巳 卯 卯

이 사주는 중살(衆殺)이 당권(當權)했는데 사축(巳丑)이 회국(會局)하고, 경금(庚金)이 을목(乙木)과 합(合)되지 않았다. 따라서 중살(衆殺)을 제(制)하여 과갑(科甲)에 이르렀다. 지지(地支) 경금(庚金)이 천간(天干) 을목(乙木)과 합(合)하지 않고, 사궁(巳宮)에 병화(丙火)가 있으니 중살(衆殺)을 화(化)한다.

庚 己 乙 癸
午 巳 卯 卯

이 사주는 경금(庚金)이 떨어져 있어 을목(乙木)이 합(合)하기 어렵다. 따라서 사악한 무리가 스스로 복종하여 무원(無院)에 올랐다. 을경(乙庚)이 떨어져 있어 합(合)하지 않고, 오히려 상제(相制)되어 격(格)을 이룬다. 지지(地支)에 삼태(三台)가 있는데 시(時)에 오록(午祿)이 있으니, 신강살왕(身强殺旺)하여 살(殺)이 권(權)으로 화(化)한다. 그러나 경금(庚金)이 약하기 때문에 금운(金運)으로 흘러 제살(制殺)해야 발전할 수 있다.

辛 己 乙 癸
未 巳 卯 卯

이 사주는 도적의 명(命)이다. 신금(辛金)이 제살(制殺)하려는 뜻은 있으나 힘이 부족하다. 기토(己土)가 사(巳)에 임하여 병무(丙戊)의 녹지(祿地)가 되고, 사미(巳未) 사이에 오록(午祿)을 끼고 있으니 신강살왕(身强殺旺)하여 살(殺)이 권(權)으로 화(化)한다. 그러나 묘미(卯未)가 회국(會局)하여 중살(衆殺)이 창광(猖狂)한데, 제(制)가 부족하여 관병(官兵)을 우습게 여긴다.

戊 己 丁 甲
辰 亥 卯 子

이 사주는 무토(戊土)가 출간(出干)하여 갑목(甲木)으로 소토(疏土)하는데, 갑기(甲己)가 떨어져 있어 합(合)되지 않는다. 정화(丁火)가 투출(透出)했는데 계수(癸水)가 암장(暗藏)되어 있으니 토(土)가 따뜻하며 윤택하다. 수목화토(水木火土)가 순서대로 상생(相生)하여 도독(都督)에 이르렀다.

庚 己 己 庚
午 未 卯 午

이 사주는 묘미(卯未)가 회국(會局)하는데 경금(庚金)이 출간(出干)하여 제(制)하고, 기토(己土)가 생왕(生旺)하여 부귀격(富貴格)이 되었다.

己 己 乙 癸
巳 巳 卯 酉

이 사주는 계수(癸水)가 투출(透出)했는데 병화(丙火)가 암장(暗藏)되어 있고, 을목(乙木)이 출간(出干)했으나 사유(巳酉)가 회국(會局)하여 제(制)하니, 중의원(衆議院) 의장(議長)이 되었다.

庚 己 癸 壬
午 巳 卯 午

이 사주는 묘사오(卯巳午) 삼태(三台)가 있는데 경금(庚金)이 투출

(透出)하고 을목(乙木)이 암장(暗藏)되어 있다. 따라서 제살(制殺)하는 힘을 얻어 성주석(省主席)이 되었다. 신미시생(辛未時生)이라고도 하는데, 그렇다면 격국(格局)이 크게 떨어진다. 유운(酉運) 기묘년(己卯年)에 사망했다.

庚 己 丁 甲
午 未 卯 申

이 사주는 도독(都督)에 오른 사람이다. 경금(庚金)이 신(申)에서 득록(得祿)하니, 정화(丁火)로 경금(庚金)을 제(制)하여 관(官)을 보호해야 한다.

乙 己 乙 戊
丑 卯 卯 子

이 사주는 칠살(七殺)이 모여 영(令)을 잡았는데 을(乙)이 두 개 출간(出干)했으나 제(制)하지 못한다. 목(木)은 왕(旺)하나 토(土)는 허(虛)하고 종(從)도 하지 않는다. 그러나 병오(丙午)가 태원(胎元)이니 인수(印綬)로 화살(化殺)하여 대귀격(大貴格)을 이루었다.

진월(辰月) 기토(己土)

진월(辰月) 기토(己土)는 화가(禾稼)를 재배하는 때에 있다. 따라서 먼저 병화(丙火)로 용신(用神)을 삼은 다음에 계수(癸水)로 보좌해야 하고, 토(土)가 따뜻하고 윤택해지면 갑목(甲木)으로 소토(疏土)해야 한다.

진월(辰月)과 사월(巳月)에는 토(土)의 양기(陽氣)가 왕성해져 만물이 발생한다. 무기토(戊己土)는 갑병계(甲丙癸)를 취하는 것은 같으나, 무토(戊土)는 후중(厚重)하기 때문에 우선 갑목(甲木)으로 소토(疏土)해야 하고, 기토(己土)는 축장(蓄藏)하는 흙이기 때문에 병계(丙癸)로 따뜻하고 윤택하게 해줘야 한다. 다시 말해, 무토(戊土)와 기토(己土)는 기(氣)의 생왕(生旺)과 쇠갈(衰竭)의 차이가 있다.

진월(辰月) 기토(己土)는 먼저 병계(丙癸)를 취하나, 진(辰)에 계수(癸水)가 있어 기(氣)가 반영되니, 먼저 병화(丙火)를 취한 다음에 계수(癸水)를 취하고, 갑목(甲木)으로 소토(疏土)해야 한다. 기토(己土)는 병무(丙戊)가 투출(透出)하면, 토왕(土旺)한 월(月)에 태어난 것이니 무토(戊土)와 같다. 이때 갑목(甲木)으로 소토(疏土)하지 못하면 토(土)가 불령(不靈)하다. 이것은 그 쓰임이 따뜻하며 윤택해진 후이기 때문이다.

진월(辰月) 기토(己土)는 천간(天干)에 갑병계(甲丙癸)가 모두 투출(透出)하면 관(官)이 극품에 오른다. 그렇지 않다면 풍수(風水)가 박하기 때문이다. 만일 갑병계(甲丙癸) 중에 하나라도 투출(透出)하면 부귀격(富貴格)을 이루나, 득소(得所)하고 제(制)함이 없어야 한다.

병화(丙火)가 있는데 임수(壬水)가 투출(透出)했거나, 계수(癸水)가 있는데 비견(比肩)이 투출(透出)했거나, 갑목(甲木)이 있는데 경금(庚金)이 투출(透出)하면 흉하다.

득소(得所)는 장생(長生)이나 임관(臨官)에 이르는 것을 말한다. 예를 들면, 병화(丙火)가 인사(寅巳)에 암장(暗藏)되고, 갑목(甲木)이 인해(寅亥)에 암장(暗藏)되고, 계수(癸水)가 자(子)에 암장(暗藏)되는 것이다. 병화(丙火)가 있는데 임수(壬水)가 제(制)하지 않고, 계수(癸水)가 있는데 무기토(戊己土)가 제(制)하지 않고, 갑목(甲木)이 있는데 경금(庚金)이 제(制)하지 않으면 부귀격(富貴格)을 이룬다.

병화(丙火)는 있는데 계수(癸水)가 없으면 부(富)는 있으나 귀(貴)는 없고, 계수(癸水)는 있는데 갑병(甲丙)이 없으면 평범하나 의금(衣衿)은 있고, 병계(丙癸)는 있는데 갑목(甲木)이 없으면 재능이 있는 선비이고, 병계(丙癸)가 모두 없으면 용렬한 명(命)이 된다.

진월(辰月) 기토(己土)는 병갑(丙甲)이 있는데 계수(癸水)가 없으면 진(辰)에 계수(癸水)가 있지만 힘이 미약하다. 계수(癸水)는 있는데 갑병(甲丙)이 없으면 진월(辰月)에는 목왕화상(木旺火相)하니 무형(無形)의 기(氣)이나 쓰임이 있다. 청명(淸明) 후나 곡우(穀雨) 전에 태어났는데, 병계(丙癸)는 있고 갑목(甲木)이 없으면 목(木)에 여기(餘氣)가 있으니 재능이 있는 선비가 되고, 병계갑(丙癸甲)이 모두 없으면 무용한 사람이 된다.

진월(辰月) 기토(己土)는 일파(一派) 을목(乙木)이 있는데 금(金)으로 제(制)하지 못하면 칠살무제(七殺無制)라 한다. 이때 신약(身弱)하면 빈천(貧賤)하며 요절(夭折)이 따르고, 신강살왕(身强殺旺)한데 제(制)하지 못하면 도적의 명(命)이 된다.

乙 己 丙 癸
亥 巳 辰 丑

　이 사주는 병계갑(丙癸甲)이 모두 있어 원수(元帥)가 되었다. 을해
(乙亥)가 있는데 갑목(甲木)이 암장(暗藏)되어 득소(得所)했고, 비록
사해(巳亥)가 충(沖)하나 사(巳)에 있는 경금(庚金)을 병화(丙火)가
제(制)하여 갑목(甲木)을 극(剋)하기 어렵다. 그러나 을목(乙木) 칠
살(七殺)이 투출(透出)하여 병화(丙火) 인수(印綬)를 얻으니, 화살
(化殺)하여 원수(元帥)가 되었다.

辛 己 丙 癸
未 巳 辰 丑

　이 사주는 수려한 토(土)가 갑목(甲木)이 없으니 수재(秀才)에 그쳤
고, 지지(地支)에 토국(土局)을 이루어 골육이 뜬구름과 같다. 앞 사
주와 마찬가지로 병계(丙癸)가 출간(出干)했는데 진축미(辰丑未)의
토성(土星)이 국(局)을 이루었다. 토중(土重)하면 갑목(甲木)으로 소
토(疏土)해야 하는데, 갑목(甲木)이 없으니 병계(丙癸)가 있어도 부
유한 선비에 불과하다. 갑병계(甲丙癸)를 모두 용신(用神)으로 삼을
수 있으나, 토중(土重)하면 갑목(甲木)을 먼저 취하고, 메마르면 계
수(癸水)를 먼저 취하고, 습윤(濕潤)하면 병화(丙火)를 먼저 취한다.
선후에 집착하지 않아도 된다.

丙 己 甲 壬
寅 卯 辰 子

이 사주는 병갑계(丙甲癸)가 모두 있는데 신강살왕(身强殺旺)하여 재상(宰相)이 되었다. 갑병(甲丙)은 투출(透出)했으나, 계수(癸水)가 암장(暗藏)되어 병화(丙火) 인수(印綬)로 화살(化殺)하여 권위가 높고, 살인(殺印)이 모두 왕(旺)하여 지위가 높다.

壬 己 甲 壬
申 卯 辰 子

이 사주는 과갑(科甲)에 이른 사람으로, 잡기재관격(雜氣財官格)이다. 병화(丙火)가 없어 재왕생살(財旺生殺)하나, 기토(己土)가 한습(寒濕)하여 청귀(淸貴)함에 그쳤다.

甲 己 壬 辛
子 巳 辰 未

이 사주는 신왕(身旺)하여 재(財)를 감당할 수 있다. 병계갑(丙癸甲)이 모두 있으나 신금(辛金)이 출간(出干)했다. 따라서 금(金)이 관성(官星)을 상하게 하기 때문에 재성(財星)이 용신(用神)이다. 부(富)는 있으나 귀(貴)는 없다.

丁 己 戊 甲
卯 酉 辰 戌

이 사주는 묘진유술(卯辰酉戌)이 동서로 대립하고 있으니 대방면(大方面)격국(格局)이 되었다. 재관(財官)이 용신(用神)이나, 재성(財星)이 입묘(入墓)하여 임신운(壬申運)과 계유운(癸酉運)에서 원수(元帥)가 되었다. 그러나 일시(日時)의 묘유(卯酉)가 상충(相冲)하고, 편인(偏印)이 개두하여 자식을 두지 못했다.

丙 己 丙 戊
寅 卯 辰 寅

이 사주는 입하(立夏) 5일 전에 태어나, 지지(地支)에 동방(東方)을 이루었으나 병무(丙戊)가 함께 투출(透出)했다. 기토(己土)가 신왕(身旺)하나 살(殺)을 제(制)하지 못하여, 경신운(庚申運)과 신유운(辛酉運)에서 거만금(鉅萬金)을 벌었다. 신왕(身旺)하면 인수(印綬)의 생(生)이 필요하지 않으나 인수(印綬)가 화살(化殺)한다. 이때는 식상(食傷)으로 살(殺)을 제(制)해야 하는데, 금(金)이 없으니 부(富)는 있으나 귀(貴)는 없었다.

戊 己 壬 辛
辰 亥 辰 巳

이 사주는 입하(立夏) 5일 전에 태어나, 갑병(甲丙)이 모두 암장(暗

藏)되어 토(土)가 윤택하고 강하다. 화(火)가 진기(進氣)하여 병화
(丙火)가 암장(暗藏)되어 있어도 장애가 되지 않으나, 갑목(甲木)이
암장(暗藏)되어 있으면 힘이 부족하다. 임수(壬水) 재성(財星)이 용
신(用神)이 되어 재정총장(財政總長)이 되었다.

戊 己 戊 己
辰 卯 辰 丑

이 사주는 여덟 글자 중에 일곱 글자가 토(土)이나, 일지(日支)에 묘
(卯)가 있어 가색격(稼穡格)을 이루지 못하고 잡기재관격(雜氣財官
格)이 되었다. 묘목(卯木) 하나가 화가(禾稼)가 밭에 있는 것과 같아
재운(財運)에 대귀격(大貴格)을 이루었다. 묘(卯)가 칠살(七殺)에 해
당하여 주외(駐外) 대사(大使)를 역임했으나, 귀(貴)는 무직(武職)에
있다. 이 사주는 기사시생(己巳時生)이 아닌가 하는 의문이 있다. 진
월(辰月) 기토(己土)는 따뜻하고 윤택하면 소토(疏土)하는데, 무진
시(戊辰時)는 양화(陽和)가 부족하여 토(土)의 쓰임이 나타나지 않
고, 화가(禾稼)가 무성하지 않아 귀(貴)가 부족하다.

사월(巳月) · 오월(午月) · 미월(未月) 기토(己土)

삼하(三夏) 기토(己土)는 화가(禾稼)가 밭에 있는 때라, 우선 우로
(雨露)로 윤백하게 만들어야 한다. 따라서 먼서 계수(癸水)를 취한

다음에 병화(丙火)를 취해야 한다. 하월(夏月)은 뜨거운 계절인데도 병화(丙火)를 쓰는 것은, 하월(夏月)이라도 뜨거울수록 더욱더 성장하기 때문이다. 따라서 삼하(三夏) 기토(己土)는 계수(癸水)가 없으면 한전(旱田)이라 하고, 병화(丙火)가 없으면 고음(孤陰)이라 한다. 이것은 기토(己土)는 쇠갈(衰竭)한 흙이라, 무토(戊土)와는 다르기 때문이다.

삼하(三夏) 기토(己土)가 병계(丙癸)가 투출(透出)했는데 신금(辛金)이 계수(癸水)의 근원을 발(發)하면 부귀(富貴)가 극품에 이르고, 무토(戊土)가 출간(出干)하면 계수(癸水)가 상하며 병화(丙火)를 어둡게 하고, 병화(丙火)가 염열(炎熱)한데 지지(地支)에 계수(癸水)가 암장(暗藏)되어 있으면서 신금(辛金)이 생(生)하면 수화(水火)가 기제(旣濟)되어 과갑(科甲)에 준함이 있고, 계수(癸水)는 있는데 병화(丙火)가 없으면 재능이 높으니 과갑(科甲)은 아니더라도 선발됨이 있고, 병화(丙火)는 있는데 계수(癸水)가 없으면 임수(壬水)가 유용하나 큰 발전은 기대하기 어렵다.

사월(巳月) 기토(己土)는 조후(調候)가 시급하기 때문에 계수(癸水)를 용신(用神)으로 삼아야 한다. 그러나 수(水)가 사오(巳午)에 이르면 절지(絶地)가 되어 한 방울의 물이 말라붙게 된다. 이때 도움이 없으면 화염토조(火炎土燥)해지니, 신금(辛金)으로 생(生)하여 흐름이 끊기지 않으면 윤택해진다.

사월(巳月)과 오월(午月) 기토(己土)는 스스로 병정(丙丁)이 있기 때문에, 병화(丙火)가 없고 계수(癸水)가 있으면 과갑(科甲)은 아니더라도 선발됨이 있다. 그리고 계수(癸水) 대신 임수(壬水)가 있고, 신금(辛金) 대신 경금(庚金)이 있으면 격국(格局)의 높고 낮음은 있

으나 쓰임은 같다. 만일 무토(戊土)가 출간(出干)하면 계수(癸水)를
상하게 하지는 않아도, 계수(癸水)를 합(合)하여 화(火)로 화(化)하
니 막아야 한다. 계수(癸水)가 용신(用神)이면 대개 무토(戊土)를 두
려워 하는데, 이것은 사월(巳月) 기토(己土)에게만 해당하는 것은 아
니다. 무계(戊癸)가 상합(相合)하면 격국(格局)이 변하여 화가 되기
도 하고 복이 되기도 한다. 그러므로 격국(格局)을 잘 살펴서 정해야
한다.

 삼하(三夏) 기토(己土)가 일파(一派) 병화(丙火)가 있어 염열(炎熱)
한데 정화(丁火)가 금(金)을 제(制)하고, 계수(癸水)가 있으나 뿌리
가 없으면 7~8월의 가뭄과 같으니 싹이 마른다. 이런 사람은 홀아비
팔자로 자식이 있어도 키우기 어렵고, 의록(衣祿)이 있어도 오래가지
못하니 빈한(貧寒)하다.

 다시 말해, 일파(一派) 병화(丙火)가 있어 염열(炎熱)할 때는 수
(水)로 구제하지 않으면 흉하다. 임계수(壬癸水)의 근원이 없으면 가
뭄을 이루는 형상이 된다. 따라서 전답이 말라터져 생기가 털끝만큼
도 없으니, 반드시 빈한(貧寒)하며 외로운 홀아비팔자가 된다. 이런
사주는 금(金)이 아내요 수(水)가 자식인데, 적수(滴水)가 마르니 자
식이 있어도 키우기 어렵고, 화(火)가 금(金)을 극(剋)하니 아내가
온전하기 어렵다. 임계수(壬癸水)는 재록(財祿)인데 수(水)가 마르
고 근원이 없으니, 의록(衣祿)이 오래가지 못하여 빈한(貧寒)한 것
이다.

 삼하(三夏) 기토(己土)가 갑목(甲木)이 있으면서 병정화(丙丁火)가
중(重)한데, 적수(滴水)를 해염(解炎)하지 못하면 지나치게 편고(偏
枯)하여 늙도록 고빈(孤貧)하다. 임수(壬水)가 해염(解炎)하나 경신

금(庚辛金)이 수(水)를 생(生)하지 못하면, 토(土)가 수(水)를 극(剋)하여 홀아비팔자는 면한다. 그러나 반드시 안과질환, 심장질환, 신장질환 등이 따른다. 그러나 경신금(庚辛金)이 수(水)를 생(生)하면 부귀(富貴)가 가볍지 않다.

다시 말해, 사월(巳月) 무토(戊土)는 목화(木火)가 중(重)한데 수(水)로 해염(解炎)하지 못하면 양인도과살(陽刃倒戈殺)이 된다. 기토(己土)는 비록 양인(陽刃)의 액은 없으나, 편고(偏枯)한 명(命)이라 빈한(貧寒)하며 홀아비팔자가 된다. 토(土)가 수(水)를 극(剋)하고, 정화(丁火)가 경금(庚金)을 상하게 하면 격국(格局)이 꺼린다. 그러나 경신금(庚辛金)이 수(水)를 생(生)하면 부귀(富貴)가 가볍지 않다. 이것은 병(病)이 중(重)하나 약(藥)이 있기 때문이다. 수(水)는 눈, 심장, 신장 등을 나타내기 때문에 수(水)가 마르면 이곳에 질환이 따르는 것이다.

예를 들어, 사주가 기사년(己巳年) 기사월(己巳月) 기사일(己巳日) 무진시(戊辰時)이면 도성을 덮을 정도의 부(富)를 이룬다. 기토(己土)가 하월(夏月) 초에 태어나, 병화(丙火)와 무기토(戊己土)가 많다. 그러나 묘한 것은 경(庚) 세 개가 진궁(辰宮) 계수(癸水)의 생(生)을 얻고, 여기다 경신(庚辛)이 태원(胎元)이니 파갈(破碣)된 물과 같다. 서북운(西北運)으로 흘러 횡재가 많았으며 육친(六親)을 얻었고, 자식을 많이 두었고, 장수했다.

오성법(五星法)은 명궁(命宮)을 중요하게 다루고, 자평법(子平法)은 태원(胎元)을 중요하게 다룬다. 태원(胎元)은 임신한 때를 말한다. 임신 기간은 보통 10개월이나 7개월에서 13개월까지 이르는 사람도 있다. 부격(富格)이 아닌데 부(富)가 있고, 귀격(貴格)이 아닌데 귀(貴)가 있는 사람은 태원월(胎元月)과 관계가 있다.

앞에서 예를 든 기사년생(己巳年生)이 큰 부자가 된 것도 역시 태원(胎元)에 있다. 화토(火土)가 사궁(巳宮) 경금(庚金)을 핍박하여 진궁(辰宮) 계수(癸水)를 생(生)하기 어렵고, 묘고(墓庫) 속에 있는 적수(滴水)가 핍박당하여 메마르는데 어찌 해염(解炎)할 수 있겠는가. 신궁(申宮)에 장생(長生)된 수(水)와 득록(得祿)된 금(金)을 얻지 못하면 구제할 힘이 없다.

파갈(破碣)된 물은 하천이 갈석(碣石)에서 나와 일사천리로 흐르는 것을 말한다. 갈석(碣石)에서 나온 물은 산에서 흐르는 시냇물과 같아, 진궁(辰宮)에 묘고(墓庫)된 수(水)가 경신금(庚辛金)을 얻어 수(水)를 인출(引出)하는 것과 같다. 다시 말해, 흐름이 길고 멀어 끊어지지 않는다. 그러므로 서북금수운(西北金水運)으로 흐르면 횡재를 많이 하는 것이다.

태기(胎氣)란 부모에게서 얻는 것이다. 따라서 재(財)는 부모의 음덕으로부터 오는데, 시상(時上)에서 고(庫)에 들어가 나오지 않으니 거부(鉅富)가 되는 것이고, 수(水)가 자식이니 자식이 많은 것이다. 그리고 사록(巳祿)이 삼중(三重)으로 있어 토중(土重)하니 장수하는 것이다.

요약하면, 사주가 토중(土重)하고, 금(金)이 결국(結局)하고 있으니 귀(貴)니 부(富)가 있나. 이 이치는 미월(未月) 기토(己土)에게만 해당하는 것은 아니다. 그러나 사월(巳月)과 오월(午月) 기토(己土)는 수(水)로 윤택하게 해야 한다.

삼하(三夏) 기토(己土)가 지지(地支)에 화국(火局)을 이루었는데 수(水)가 없으면 승도팔자로 고빈(孤貧)한 명(命)이 된다. 그러나 계수

(癸水)가 투출(透出)하여 근원이 있으면 부귀격(富貴格)을 이룬다.
만일 임수(壬水)가 투출(透出)하여 근원이 있으면 부(富)는 있으나
귀(貴)는 없다. 이때는 대운(大運)이 좋아야 발전한다. 임계수(壬癸
水)가 모두 투출(透出)하여 정화(丁火)의 국(局)을 파(破)하고, 기토
(己土)를 윤택하게 하여 습니(濕泥)가 되면 영기(靈氣)가 사방으로
발(發)한다. 이런 사람은 사리가 밝으며 부귀(富貴)가 있다. 사수(死
水)가 영변(靈變)을 극(剋)하지 않으면 화토(火土)가 화습(和濕)하
여 아름다운 명(命)이 된다.

　다시 말해, 임수(壬水)와 계수(癸水)는 쓰임이 다르다. 지지(地支)
에 화국(火局)을 이루었는데, 수(水)로 해염(解炎)하지 않으면 흉하
다. 근원이 있다는 것은 금수(金水)가 상생(相生)한다는 뜻이다. 계
수(癸水)는 자연의 힘으로 윤택하게 하는 것이니 부귀(富貴)가 있지
만, 임수(壬水)는 노력에서 나오는 것이기 때문에 부(富)는 있으나
귀(貴)는 없다. 요점은 유정(有情)과 무정(無情)의 차이다.

　대운(大運)이 좋다는 것은 서북운(西北運)을 말하는 것이고, 임계수
(壬癸水)가 모두 투출(透出)했다는 것은 정편재(正偏財)가 모두 있
다는 뜻으로, 재(財)로 인수(印綬)를 파(破)하는 것이다. 수(水)가
화국(火局)을 파(破)하여 기토(己土)를 윤택하게 만들어 습니(濕泥)
가 되면 반드시 총명하며 선하고, 부(富)한 가운데 귀(貴)를 얻는다.
수(水)가 삼하(三夏)에 이르면 사절지(死絶地)가 되므로 사수(死水)
라고 하는 것이다. 화(火)가 당왕(當旺)하여 기(氣)가 펼쳐지니 수
(水)로 극(剋)하기 어려우나, 윤토(潤土)하고 해염(解炎)하니 만물의
발생을 도와 화가 복으로 변한다.

　사월(巳月)과 오월(午月) 기토(己土)는 계수(癸水)가 용신(用神)이

고, 미월(未月) 기토(己土)는 금수(金水)가 진기(進氣)이니 계수(癸水)와 병화(丙火)를 함께 취한다. 계수(癸水)가 용신(用神)이면 금(金)이 아내요 수(水)가 자식이고, 병화(丙火)가 용신(用神)이면 목(木)이 아내요 화(火)가 자식이다.

庚 己 辛 乙
午 巳 巳 丑

이 사주는 방백(方伯)에 오른 사람이다. 신금(辛金)과 축궁(丑宮)에 계수(癸水)가 있는데 임수(壬水)가 태원(胎元)이니 한선(부田)이 아니다.

乙 己 辛 乙
亥 酉 巳 酉

이 사주는 태수(太守)에 이른 사람이다. 금(金)이 해궁(亥宮) 임수(壬水)를 생(生)한다.

辛 己 辛 乙
未 巳 巳 巳

이 사주는 지부(知府)에 이른 사람이다. 금(金)이 많아 토(土)를 설(洩)한다. 힌전(부田)에 수(水)가 없으니 태원(胎元)을 용신(用神)으로 삼는디.

앞의 세 사주는 모두 태원(胎元)인 임신(壬申)이 용신(用神)이 되었다. 삼하(三夏) 기토(己土)는 미월(未月)을 제외하고 토성(土盛)한데 ,금(金)이 결국(結局)했으니 반드시 부귀격(富貴格)을 이룬다.

사월(巳月)과 오월(午月)은 화토(火土)가 염조(炎燥)하기 때문에 수(水)가 없으면 흉하다. 을축년생(乙丑年生)은 경금(庚金)이 출간(出干)하여 태원(胎元)인 임수(壬水)를 인출(引出)하니 방백(方伯)에 이르렀고, 을유년생(乙酉年生)과 을사년생(乙巳年生)은 태원(胎元)인 임신(壬申)이 용신(用神)이고, 격국(格局)이 같으니 지위도 같다. 이것은 우연이 아니다. 만일 태원(胎元)이 구제하지 않았다면 한전(旱田)을 면하기 어려운 사주다.

    戊 己 癸 辛
    辰 卯 巳 未

이 사주는 여명(女命)이다. 계수(癸水)가 출간(出干)했는데 신금(辛金)이 생(生)하여 부격(富格)이 되었고, 시상(時上)에 계수(癸水)가 입묘(入墓)하고 무토(戊土)가 겁탈하여 자식을 두지 못했다.

    乙 己 癸 丙
    亥 亥 巳 申

이 사주는 병계(丙癸)가 모두 투간(透干)하여 재왕생관(財旺生官)한다. 을목(乙木)으로 부성(夫星)을 삼으니 재(財)가 을목(乙木)의 살(殺)을 도와 현모양처가 되었다.

丙己乙壬
寅巳巳戌

이 사주는 임병(壬丙)이 함께 투출(透出)하여 임수(壬水)가 용신(用神)이다. 병신(丙申)이 태원(胎元)이니, 임수(壬水)가 통근(通根)하여 해군총장(海軍總長)이 되었다.

甲己丁癸
戌卯巳酉

이 사주는 계수(癸水)는 투출(透出)했으나 병화(丙火)가 암장(暗藏)되어 있다. 그러나 사유(巳酉)가 회국(會局)하여 계수(癸水)를 생(生)하니 성장(省長)이 되었다.

戊己己己
辰酉巳丑

이 사주는 사유축(巳酉丑)이 회국(會局)하여 진궁(辰宮) 계수(癸水)를 생(生)하고, 경신(庚申)이 태원(胎元)이니 경록(庚祿)을 얻어 임수(壬水)를 생(生)한다. 토(土)가 윤택하며 금(金)을 생(生)하여 부귀격(富貴格)을 이루었다.

丁己戊癸
卯巳午丑

이 사주는 계수(癸水)와 무토(戊土)가 합화(合化)하고, 정기(丁己)가 오궁(午宮)에서 녹(祿)이 되어 종왕격(從旺格)이 되었다. 정기(丁己)가 동궁(同宮)에 있고, 묘사오(卯巳午)의 삼태(三台)가 있다. 따라서 동남운(東南運)에서 실업부장(實業部長)이 되었다.

丁 己 甲 丙
卯 丑 午 辰

이 사주는 축궁(丑宮) 금수(金水)가 용신(用神)이니 서방운(西方運)으로 흐르면 길하다.

辛 己 庚 己
未 丑 午 未

이 사주는 독무(督撫)에 오른 사람이다. 토(土)가 윤택하여 금(金)을 생(生)하니 부격(富格)이나 귀격(貴格)을 이루고, 축궁(丑宮) 계수(癸水)가 용신(用神)이니 부귀격(富貴格)을 이룬다.

己 己 壬 乙
巳 未 午 亥

이 사주는 지지(地支)에 사오미(巳午未)가 있는데, 임수(壬水)가 출간(出干)하여 해궁(亥宮)에서 득록(得祿)했으나, 금(金)이 상생(相生)하지 않는다. 근원이 없는 물은 쉽게 마르는 법이니 허상에 불과하다.

乙 己 庚 己
亥 巳 午 丑

이 사주는 경금(庚金)은 투출(透出)했는데 임수(壬水)가 암장(暗藏)되어 있다. 임수(壬水)가 용신(用神)이니 군장(軍長)이 되었고, 부귀격(富貴格)을 이루었다.

己 己 丙 丁
巳 亥 午 酉

이 사주는 사유(巳酉)가 회국(會局)하여 해궁(亥宮) 임수(壬水)를 생(生)하니 부귀격(富貴格)이 되었다.

己 己 辛 甲
巳 酉 未 戌

이 사주는 태원(胎元)이 용신(用神)이니 부격(富格)이 되었다. 이술(壬戌)이 태원(胎元)인데 사유(巳酉)가 회국(會局)하여 상생(相生)한다. 신궁(申宮)에 장생(長生)된 수(水)에 비할 바가 아니다. 임수(壬水)가 투출(透出)했는데 근원이 있으면 부(富)는 있으나 귀(貴)가 없다는 것은 이런 경우를 두고 하는 말이다.

戊 己 丁 丁
辰 卯 未 亥

이 사주는 해묘미(亥卯未)가 회국(會局)하는데 시(時)에 무진(戊辰)이 있으니 신강살왕(身强殺旺)하다. 미월(未月)은 토조목고(土燥木枯)한 때이니 임계수(壬癸水)가 있으면 길하다. 재(財)가 왕(旺)하여 살(殺)을 생(生)하니 무직(武職)에 올랐다.

乙 己 乙 辛
丑 丑 未 卯

이 사주는 토(土)가 많으니 신금(辛金)으로 설(洩)하고, 을목(乙木)을 제(制)해야 한다. 금(金)이 년상(年上)에 있으니 음덕으로 형통할 수 있다.

乙 己 丁 壬
亥 卯 未 寅

이 사주는 임수(壬水)와 정화(丁火)가 합(合)되어 목(木)으로 화(化)하고, 해묘미(亥卯未)가 목국(木局)을 이루고, 을목(乙木)이 투출(透出)하고, 갑목(甲木)이 암장(暗藏)되어 있으니 종살격(從殺格)이다. 동방운(東方運)에서 외교총장과 내각총리가 되었다.
미월(未月)은 기토(己土)가 당왕(當旺)해도 종살(從殺)한다. 적천수(滴天髓)에 음간(陰干)은 종세(從勢)하나 정의가 없다는 구절이 있는데, 바로 이런 경우를 두고 하는 말이다.

辛 己 癸 乙
未 亥 未 亥

이 사주는 계신(癸辛)이 모두 투출(透出)했으나 애석하게도 병화(丙火)가 없고, 기토(己土)가 허한(虛寒)하여 교통총장(交通總長)이 되었다.

庚 己 己 戊
午 未 未 辰

이 사주는 여명(女命)으로, 진술축미(辰戌丑未) 중에서 미월(未月)이 극왕(極旺)하다. 토(土)가 미월(未月)에 태어났는데 토중(土重)하면, 화염토조(火炎土燥)하여 가색격(稼穡格)을 이루지 못한다. 그러나 금(金)이 결국(結局)하면 귀격(貴格)이나 부격(富格)을 이룬다.
고서(古書)에서는 토(土)가 진술축미월(辰戌丑未月)에 있으면서 금(金)이 많으면 귀(貴)가 있는데, 미월생(未月生)은 더욱더 그러하다고 했다. 이 사주는 토중(土重)한데 금(金)이 결국(結局)했으니 가색격(稼穡格)이 되어 현모양처가 되었고, 오복(五福)과 삼다(三多)를 모두 갖추고 있다. 그러나 미월생(未月生)이 화(火)가 있으면 화염토조(火炎土燥)하여 만물이 건고(乾枯)해진다.

신월(申月) · 유월(酉月) · 술월(戌月) 기토(己土)

삼추(三秋) 기토(己土)는 만물이 수장(收藏)되며 한기(寒氣)가 점점 더하는 때에 있다. 따라서 병화(丙火)로 따뜻하게 만들고, 계수(癸水)로 윤택하게 해야 한다. 금(金)을 계수(癸水)로 설(洩)하고 병화(丙火)로 제(制)하여 토(土)의 정신(精神)을 보충하면, 추월(秋月)에 태어났더라도 춘하(春夏)와 같이 무성하다.

다시 말해, 삼추(三秋)에는 금신(金神)이 영(令)을 잡았으니, 자왕모쇠(子旺母衰)하여 토기(土氣)가 설(洩)되어 약하다. 병계(丙癸)를 쓰는 것은 단순히 따뜻하고 윤택하게 하려고 하는 것만은 아니다. 예를 들어, 금(金)이 방국(方局)을 이루었는데 경신(庚辛)이 출간(出干)하면 계수(癸水)로 금기(金氣)를 설(洩)해야 하고, 병정화(丙丁火)가 있으면 금(金)을 제(制)하여 토(土)를 도와주어야 무성함이 춘하(春夏)와 같다. 따라서 삼추(三秋) 기토(己土)는 병계(丙癸)가 없으면 흉하다.

삼추(三秋) 기토(己土)는 계수(癸水)가 먼저 투출(透出)한 다음 병화(丙火)가 투출(透出)하면, 과갑(科甲)이 따르며 권세가 백료(百僚)를 누른다. 만일 임병(壬丙)은 모두 투출(透出)했으나 계수(癸水)가 없으면, 이도(異途)로 지위를 얻고 무직(武職)으로 권세가 높다. 병화(丙火)는 있으나 임계수(壬癸水)가 없으면, 성실하지 못하여 유림(儒林)의 도가 거짓이다. 임계수(壬癸水)는 있는데 병화(丙火)가 없으면 일방(一榜)에는 능하나, 의식(衣食)이 있을 뿐이니 작은 부(富)는 있으나 귀격(貴格)은 아니다.

신월(申月) 기토(己土)는 신궁(申宮)에 금수(金水)가 장생(長生)되어 있으니, 병화(丙火)가 중요한 용신(用神)이다. 병화(丙火)가 기토(己土)를 돕는데 계수(癸水)가 출간(出干)하면 상격(上格)을 이루나, 임수(壬水)가 투출(透出)하면 그 다음이고, 수화(水火) 중에서 하나라도 없으면 발전하기 어렵다.

유월(酉月) 기토(己土)가 지지(地支)에 금국(金局)을 이루었는데 계수(癸水)가 투출(透出)하여 뿌리가 있으면, 반드시 대부격(大富格)을 이루어 부(富)한 가운데 귀(貴)를 취한다.

다시 말해, 용신(用神)이 많으면 반드시 설(洩)해야 하니, 지지(地支)에 금국(金局)을 이루었는데 계수(癸水)가 투출(透出)하여 뿌리가 있으면, 식신생재격(食神生財格)이 되어 대부격(大富格)을 이루는것이다. 그러나 원국(原局)에 병무(丙戊)가 암장(暗藏)되어 있기 때문에, 일주(日柱)가 유기(有氣)해야 부(富)한 가운데 귀(貴)가 있다. 부(富)한 가운데 귀(貴)를 취하는 것은 이도공명(異途功名)을 뜻한다.

술월(戌月) 기토(己土)가 지지(地支)에 사고(四庫)가 있는데 갑목(甲木)이 투출(透出)히면 부격(富格)이 되나, 갑목(甲木)이 없으면 승도팔자로 빈천(貧賤)한 명(命)이 된다. 갑목(甲木)이 투출(透出)하고 계수(癸水)가 있는데 경금(庚金)이 갑목(甲木)을 상하게 하지 않으면, 원기(元氣)를 후하게 북돋아 과갑(科甲)이 따른다. 만일 그렇지 않다면 풍수(風水)가 박하기 때문이다.

다시 말해, 술월(戌月) 기토(己土)가 지지(地支)에 사고(四庫)가 모두 있어 토중(土重)하면, 반드시 갑목(甲木)으로 소토(疏土)해야 한다. 갑목(甲木)이 투출(透出)했는데 합(合)하지 않고 계수(癸水)가 도와주면, 재관(財官)이 있으니 귀격(貴格)을 이룬다. 계수(癸水)가 고(庫)에 암장(暗藏)되어 있는데 갑목(甲木)이 겁재(劫財)를 제(制)하고 재성(財星)을 보호하면 부격(富格)을 이룬다. 갑목(甲木)이 투출(透出)하여 기토(己土)와 상합(相合)하면 화토격(化土格)이 되는데, 이때 화(火)가 있으면 귀격(貴格)을 이룬다. 추토(秋土)는 기(氣)가 설(洩)되어 차가우니 기토(己土)의 원신(元神)을 병정화(丙丁火)가 보호해주면 반드시 귀격(貴格)을 이룬다. 이것은 변형된 격국(格局)이다. 갑목(甲木)이 없는데 무기토(戊己土)가 전국(全局)하면 가색격(稼穡格)이 되는데, 이때는 화(火)가 있어야 귀격(貴格)을 이룬다.

삼추(三秋) 기토(己土)가 지지(地支)에 화국(火局)을 이루었는데 수(水)로 구제하지 않으면, 간사하고 흉악한 사람이 된다. 병화(丙火)가 투출(透出)하고 계수(癸水)가 암장(暗藏)되어 있는데 금(金)이 생(生)하면, 선발됨이 있으니 의금(衣衿)으로 그치지는 않는다. 더구나 임수(壬水) 하나가 더하여 계수(癸水)를 도와주면 부귀격(富貴格)을 이룬다. 이런 사람은 강개심과 재략이 있다. 그러나 무토(戊土)가 있으면 흉액이 따라 빈천(貧賤)한 명(命)이 된다.

다시 말해, 삼추(三秋) 기토(己土)가 지지(地支)에 인오술화국(寅午戌火局)을 이루면, 화(火)가 조열(燥烈)하기 때문에 토(土)가 생기가 없다. 이때 수(水)로 구제하지 않으면 반드시 흉악한 사람이 된다. 지지(地支)에 계수(癸水)가 암장(暗藏)되어 있으면 압박되어 말라붙을 염려가 있으니, 금(金)이 상생(相生)해야 윤택해져 작게나마 귀(貴)가 있다. 여기에 임수(壬水) 하나가 더하여 계수(癸水)를 도와주면, 신왕재왕(身旺財旺)해져 영웅호걸이 되고 부귀격(富貴格)을 이룬다.

만일 무토(戊土)가 있어 병(病)이 되면 갑목(甲木)을 약(藥)으로 삼는다. 수(水)가 목(木)을 윤택하게 해주면 토(土)를 파(破)한다. 이때 구제되면 길하나, 구제되지 못하면 빈천(貧賤)한 명(命)이 된다.

삼추(三秋) 기토(己土)가 지지(地支)에 금국(金局)을 이루었는데 병정화(丙丁火)로 구제하지 못하면, 빈한(貧寒)하며 고고(孤苦)한 명(命)이 된다. 그러나 병정화(丙丁火)가 있으면 기토(己土)의 원신(元神)을 생(生)하니, 오복(五福)이 모여 부귀(富貴)가 가볍지 않다. 설사 풍수(風水)가 불급(不及)해도 호걸의 명(命)으로 재능이 있다.

지금까지의 설명을 요약하면, 삼추(三秋) 기토(己土)가 지지(地支)에 금국(金局)을 이루면, 계수(癸水)가 출간(出干)하여 금(金)을 설기(洩氣)하는 것과는 같지 않다. 토(土)가 금화(金火)를 만나면 큰 기물을 이룬다. 삼추(三秋)에는 금왕(金旺)하여 영(令)을 잡으니, 강한 금(金)이 화(火)를 만나면 강제적인 규범으로 만들며 다스려 기물을 이룬다. 이때 토금상관격(土金傷官格)이 되고 인수(印綬)가 있으니, 병정화(丙丁火)가 토(土)의 원신(元神)을 도와 무직(武職)으로 대귀격(大貴格)을 이룬다. 이것은 자연적인 배합이기 때문에 한 가지를 얻어 두 가지로 쓰인다.

병정화(丙丁火)가 출간(出干)하여 구제한다는 말은, 왕금(旺金)이 기토(己土)를 설(洩)하여 약하게 만드니, 병정화(丙丁火)가 없으면 격국(格局)을 이루기 어렵다는 뜻이다. 경신금(庚辛金)이 출간(出干)했는데 지지(地支)에 병정화(丙丁火)가 암장(暗藏)되어 있어도 마찬가지다. 중요한 것은, 금(金)이 강하고 신왕(身旺)해야 격(格)을 이룰 수 있다는 것이다. 수(水)가 있으면 파격(破格)되어 매우 흉한 명(命)이 된다. 이것은 금(金)을 설(洩)할 뿐 아니라 토(土)를 흩어지게 만들기 때문이다. 목화상관격(木火傷官格)은 문직(文職)에 해당하고, 토금상관격(土金傷官格)은 무직(武職)에 해당한다.

삼추(三秋) 기토(己土)는 먼저 병화(丙火)로 용신(用神)을 삼고, 다음에 계수(癸水)를 취하고, 그 다음에 신금(辛金)으로 계수(癸水)를 보좌해야 한다. 술월(戌月)은 토성(土盛)하기 때문에 반드시 갑목(甲木)으로 소토(疏土)해야 한다. 나머지는 참고해서 쓴다.

다시 말해, 삼추(三秋) 기토(己土)는 기(氣)가 차갑고 설(洩)되어, 병계(丙癸)를 용신(用神)으로 삼는 것이 정법(正法)이다. 재(財)가 용신(用神)이나 인수(印綬)가 없으면 불가하고, 인수(印綬)가 있어도 윤택하지 않으면 불가하다. 술월(戌月)은 격국(格局)의 높고 낮음은 있으나, 토성(土盛)한 때이니 갑목(甲木)을 취한 다음에 계병(癸丙)으로 보좌하는 것이 통례이고, 한 가지 예로 추측하여 각각의 월(月)을 보는 것이 통례다.

癸 己 甲 庚
酉 丑 申 申

이 사주는 지지(地支)에 금국(金局)을 이루었는데 계수(癸水)가 출간(出干)하여 뿌리가 있으니, 대부대귀격(大富大貴格)이 되었다.

戊 己 壬 己
辰 卯 申 巳

이 사주는 임수(壬水)가 투출(透出)했는데 병화(丙火)가 암장(暗藏)

되어 있다. 병화(丙火)가 용신(用神)이 되어 총장(總長)이 되었다.

丙 己 戊 壬
寅 酉 申 午

이 사주는 임병(壬丙)이 모두 투출(透出)했으나 계수(癸水)가 없으니 이도(異途)로 귀(貴)가 있다. 혹자는 정묘시(丁卯時)나 무진시(戊辰時)로 보기도 하지만, 이치로 보아 인시(寅時) 말이나 묘시(卯時) 초가 아닌가 생각한다.

壬 己 癸 甲
申 未 酉 寅

이 사주는 갑병계임(甲丙癸壬)이 모두 있어 제독(提督)이 되었다. 갑병계임(甲丙癸壬)이 모두 있으나 병화(丙火)가 용신(用神)이다. 한기(寒氣)가 점점 더하여, 인수(印綬)와 비겁(比劫)이 생부(生扶)하여 길한 명(命)이 되었다.

乙 己 乙 乙
丑 巳 酉 亥

이 사주는 사유축(巳酉丑)이 회국(會局)하고 있으니 자왕모허(子旺母虛)하다. 병화(丙火)가 용신(用神) 인데 사궁(巳宮)에 암장(暗藏) 되어 길하고, 병자(丙子)가 태원(胎元)이니 병화(丙火)를 이끌어 태복(太僕)이 되었다.

庚己乙乙
午卯酉亥

이 사주는 해묘(亥卯)가 회국(會局)하고, 을목(乙木)이 두 개 출간
(出干)하여 중살(衆殺)이 창광(猖狂)하다. 그러나 경금(庚金)이 떨어
져 있으니 합(合)되지 않아 중살(衆殺)을 소제(掃除)한다. 이런 경우
를 일장당관(一將當關)에 군사자복(群邪自服)이라 한다. 귀(貴)가
강소(江蘇) 독군(督軍)에 이르렀고, 경진운(庚辰運) 경신년(庚申年)
에 사망했다.

壬己甲己
申丑戌巳

이 사주는 갑목(甲木)으로 소토(疏土)하니, 원명(原命)의 재(財)가
왕(旺)하여 관(官)을 생(生)한다. 병화(丙火) 인수(印綬)가 사궁(巳
宮)에 암장(暗藏)되어 있는데 인수운(印綬運)으로 흘러 도당(都堂)
에 이르렀다.

戊己丙乙
辰未戌丑

이 사주는 병화(丙火)는 투출(透出)했는데 계수(癸水)는 암장(暗藏)

되어 있다. 을목(乙木)이 출간(出干)하여 가색격(稼穡格)을 이루지 못하고, 관인상생(官印相生)되나 을목(乙木)이 때를 잃어 무력하다. 마치 바위 아래에 있는 거친 밭과 같아 메마른 풀만이 있을 뿐이다. 귀(貴)를 얻기 어려워 교원(敎員)으로 그쳤다.

己 己 壬 癸
巳 卯 戌 丑

이 사주는 묘목(卯木)이 무력하여 소토(疏土)할 수 없으니, 사궁(巳宮) 병화(丙火)로 화살(化殺)해야 한다. 천간(天干)에서 비겁(比劫)이 쟁재(爭財)하여 탐욕스럽고 인색한 명(命)이 되었다.

庚 己 壬 戊
午 巳 戌 寅

이 사주는 임수(壬水)는 투출(透出)했으나 갑병(甲丙)이 모두 암장(暗藏)되어 있다. 갑목(甲木)이 용신(用神)이 되어 재관격(財官格)을 이룬다. 한림(翰林) 출신으로 동방운(東方運)에서 시랑(侍郎)에 이르렀다.

癸 己 戊 辛
酉 卯 戌 巳

이 사주는 순무(巡撫)에 이른 사람이다. 사유(巳酉)가 회국(會局)하

는데 계수(癸水)가 투출(透出)하여 뿌리가 있으니 부귀격(富貴格)이
되었다.

　　乙己丙乙
　　亥巳戌亥

이 사주는 총장(總長)에 이른 사람이다. 병화(丙火)가 투출(透出)했
는데 임수(壬水)가 해궁(亥宮)에 암장(暗藏)되어 있다. 그러나 애석
하게도 갑목(甲木)이 투출(透出)하지 않았다.

　　庚己庚壬
　　午酉戌午

경금(庚金)이 두 개 투출(透出)했는데 유술서방(酉戌西方)을 이루
니, 정화(丁火)를 용신(用神)으로 삼아 구제해야 한다. 임수(壬水)가
투출(透出)하여 병(病)이 되니, 비록 년시(年時)에 오(午)가 두 개
있어 일원(日元)이 녹(祿)을 얻었으나, 기토(己土)가 유(酉)에 임하
여 왕기(旺氣)가 부족하다. 그러나 부귀(富貴)가 가볍지 않아 부위원
장에 이르렀다.

　　庚己壬癸
　　午丑戌未

이 사주는 토금상관격(土金傷官格)이다. 추토(秋土)가 차가운데 금

수(金水)가 진기(進氣)이니, 오궁(午宮) 정화(丁火)가 용신(用神)이다. 축술미삼형(丑戌未三刑)이 방신(幇身)하여 유용하고, 시상(時上)에 귀록(貴祿)이 있고, 관성(官星)이 격(格)을 파(破)하지 않아 참모총장에 이르렀다.

丁 己 丙 乙
卯 未 戌 酉

이 사주는 병인시(丙寅時)가 아닌가 생각한다. 술월(戌月) 기토(己土)는 대개 갑목(甲木)이 없으면 귀(貴)를 얻기 힘든 법이다. 병화(丙火)가 투출(透出)했으나 계수(癸水)가 없으니 토조(土燥)하여 메말랐다. 이런 사주는 무직(武職)과 인연이 많다.

辛 己 庚 丁
未 巳 戌 亥

이 사주는 기사일주(己巳日柱)가 왕지(旺地)에 임했고, 사미(巳未) 사이에 오록(午祿)을 끼고 있고, 금(金)이 두 개 투출(透出)했다. 삼추(三秋)에 왕금(旺金)이 토기(土氣)를 설(洩)하나, 병정화(丙丁火)가 구제하여 토(土)의 원신(元神)을 보충해준다. 정화(丁火)가 투출(透出)했는데 병화(丙火)가 암장(暗藏)되어 있으니, 화운(火運)에 영수(領袖)가 되었다.

己 己 丙 庚
巳 卯 戌 寅

이 사주는 토금상관격(土金傷官格)이고, 인수(印綬)가 있으니 병화
(丙火)가 용신(用神)이다. 화토금(火土金)이 모두 술궁(戌宮)에 있어
제독(提督)이 되었다.

乙 己 丙 庚
亥 丑 戌 寅

이 사주는 해축(亥丑) 사이에 자(子)가 있으니 재왕(財旺)하여 방
(方)을 이루고, 기축(己丑)이 한토(寒土)이므로 병화(丙火)가 용신
(用神)이다. 겁살(劫殺)은 합(合)되면 흉한데, 묘해(卯亥)와 인해(寅
亥)가 모두 합(合)되어 은행 경리로 그쳤고, 묘운(卯運) 무인년(戊寅
年)에 사망했다.

구진(勾陳)이 윤하(潤下)를 갖추면 고생이 많으며 분파(奔波)하는
명(命)이 되고, 수(水)에 토(土)가 엉겨서 흐르니 이향배정(離鄉背
井)하는 명(命)이 된다. 여기서 구진(勾陳)은 무기토(戊己土)를 말하
고, 윤하(潤下)는 신자진수국(申子辰水局)을 말한다. 토(土)가 충분
히 수(水)를 극(剋)하나, 수(水)가 많으면 토(土)가 무너지게 된다.
부(賦)에서는 무기(戊己)가 윤하(潤下)에 이르면 고향을 떠나고, 빈
천(貧賤)하거나 분파(奔波)하지 않으면 안과질환이 따르거나, 악
창 · 농혈 등으로 죽게 된다고 했다. 진술축운(辰戌丑運)에 있어도 수

(水)에 토(土)가 엉겨 흐른다.

천간(天干)에 무기토(戊己土)가 있는데 지지(地支)에 사고(四庫)가 모여 있으면서 임계수(壬癸水)가 한 두개 정도 있으면, 구제함이 부족하기 때문에 역시 이향배정(離鄕背井)하는 명(命)이 된다. 앞 글은 수왕(水旺)하여 토(土)가 허(虛)한 것이고, 아래의 글은 토왕(土旺)하여 수(水)가 메마른 것이다.

구진(勾陳)이 득위(得位)하는데 재관(財官)이 있고 충파(沖破)가 없으면 반드시 단정한 사람이 된다. 기토(己土)는 해묘미(亥卯未) 관(官)과 신자진(申子辰) 재(財)가 있으면 길하고, 형충파해(刑沖破害)되면 흉하다. 무기토(戊己土)가 사고(四庫)에서 득위(得位)하면 토왕(土旺)하기 때문에 반드시 갑목(甲木)으로 소토(疏土)해야 하고, 토조(土燥)하면 반드시 계수(癸水)로 윤택하게 만들어야 재(財)로 관(官)을 생(生)한다. 이때 충파(沖破)가 없으면 반드시 귀격(貴格)을 이루고, 북방(北方) 재운(財運)으로 흐르거나 동방(東方) 관운(官運)으로 흐르면 귀격(貴格)을 이루며 오복(五福)을 갖춘다.

해월(亥月)·자월(子月)·축월(丑月) 기토(己土)

삼동(三冬) 기토(己土)는 습니(濕泥)로 한동(寒凍)한 때에 있으니, 병화(丙火)로 따뜻하게 해주지 않으면 생(生)하지 못한다. 따라서 병화(丙火)를 존신(尊神)으로 삼고, 갑목(甲木)은 참고하여 취하고, 계수(癸水)는 취하지 않는다. 초동(初冬)에 임수(壬水)가 왕(旺)하면 제(制)할 수 있는 무토(戊土)를 취하나, 그외는 모두 병화(丙火)로 용신(用神)을 삼는다. 만일 병화(丙火)가 없으면 정화(丁火)를 대신 취하나, 정화(丁火)는 해동(解凍)하거나 한기(寒氣)를 제(制)하기는 어렵다. 따라서 병화(丙火)가 없으면 정화(丁火)가 아무리 많아도 의록(衣祿)이 있을 뿐이다.

다시 말해, 기토(己土)는 전원(田園)의 비습(卑濕)한 흙이니, 동월(冬月)에 태어나면 습니(濕泥)로 한동(寒凍)하다. 따라서 삼동(三冬) 기토(己土)는 병화(丙火)가 없으면 털끝만큼도 생의(生意)가 없어 조후(調候)가 시급하기 때문에 병화(丙火)가 중요한 용신(用神)이 되는 것이다.

한마디로, 토왕(土旺)하면 갑목(甲木)으로 제(制)해야 하고, 수왕(水旺)하면 무토(戊土)로 제(制)해야 한다. 이것은 병(病)이 있어 약(藥)을 쓰나, 병화(丙火)가 없으면 이루기 어렵다는 뜻이다. 따라서 병화(丙火)로 용신(用神)을 삼고, 나머지는 참고해서 취한다.

계수(癸水)는 자월(子月)에 당왕(當旺)한 신(神)이나, 삼동(三冬)에는 기토(己土)가 한동(寒凍)하여 병(病)이 되니, 계수(癸水)가 출간(出干)하면 더욱더 한동(寒凍)하여 흉하다. 사주에 화토(火土)가 극왕(極旺)하면 계수(癸水)를 취할 수 있다. 그러나 매우 드문 일이다.

무토(戊土)를 용신(用神)으로 삼는 것은 해월(亥月) 초에 태어난 경우에만 해당한다. 임수(壬水)가 당왕(當旺)한 때이니, 임수(壬水)가 출간(出干)하면 무토(戊土)로 제(制)해야 하기 때문이다. 이를 제외하고는 용신(用神)으로 삼는 법이 없다.

병정(丙丁)이 같은 화(火)이기는 하나, 한동(寒凍)은 병화(丙火)만이 풀 수 있다. 정화(丁火)는 등불과 같아 역량이 부족하여 불가하다.

따라서 정화(丁火)는 아무리 많이 있어도 의록(衣祿)에 불과한 것이다. 그러나 병화(丙火)가 인사(寅巳)에 암장(暗藏)되어 있으면 유용하다.

삼동(三冬) 기토(己土)는 병화(丙火)가 천간(天干)에 하나 투출(透出)했는데 지지(地支)에도 하나 암장(暗藏)되어 있고, 갑목(甲木)이 투출(透出)했는데 임수(壬水)가 없으면 과갑(科甲)에 준함이 있다. 즉 병화(丙火)가 암장(暗藏)되어 있는데 제(制)되지 않으면 의금(衣衿)은 잃지 않는다는 뜻이다.

다시 말해, 삼동(三冬)은 수장(收藏)하는 때라, 병화(丙火)가 하나밖에 없으면 역량이 부족하다. 병화(丙火)가 천간(天干)에 투출(透出)하고 지지(地支)에 암장(暗藏)되어 있는데, 갑목(甲木)이 이를 도와주면 관인상생(官印相生)이 되고, 임수(壬水)가 인수(印綬)를 파(破)하지 않으면 유용하다. 병화(丙火)가 암장(暗藏)되어 있는데 제(制)되지 않는다는 것은, 인(寅)이 있으면 신(申)이 충(沖)하지 않고, 사(巳)가 있으면 해(亥)가 충(沖)하지 않는다는 말이다. 이때 운정(運程)에서 인출(引出)되면 귀격(貴格)을 이룬다.

삼동(三冬) 기토(己土)는 임수(壬水)가 많은데 무토(戊土)가 투출(透出)하여 파(破)하면, 재(財)를 파(破)하여 영화가 있으니 부(富)한 가운데 귀(貴)를 얻는다. 그러니 무토(戊土)가 없으면 부옥비인(富屋貧人)의 명(命)이 된다. 삼동(三冬) 기토(己土)는 임수(壬水)가 출간(出干)하면, 밭에 호수가 침범한 것과 같아 평범하며 고고(孤苦)한 명(命)이 된다. 그러나 화(火)가 있으면 외롭지 않고, 토(土)가 있으면 가난을 면할 수 있다.

다시 말해, 기토(己土)는 비습(卑濕)하여 임수(壬水)를 제(制)하기 어렵기 때문에 반드시 무토(戊土)로 방신(帮身)해야 한다. 이때 재왕(財旺)하면 겁재(劫財)로 분산시키고 화(火)로 따뜻하게 해주면 오히려 부(富)한 가운데 귀(貴)를 얻는다. 그래서 재(財)를 파(破)하면 영화롭다는 것이다. 무토(戊土)가 없으면 신약(身弱)하여 재(財)를 감당하지 못한다. 삼동(三冬) 기토(己土)가 화(火)가 있으면 토(土)에 따뜻한 기(氣)가 있으니 외롭지 않고, 토(土)가 있으면 재(財)를 충분히 감당할 수 있어 가난을 면할 수 있다는 것이다. 따라서 삼동(三冬) 기토(己土)는 반드시 화토(火土)가 있어야 부귀격(富貴格)을 이룬다.

삼동(三冬) 기토(己土)가 일파(一派) 계수(癸水)가 있는데 비겁(比劫)과 인성(印星)이 없으면 종재격(從財格)을 짓는다. 이런 사주는 오히려 부귀격(富貴格)이 되어 과갑(科甲)은 아니더라도 은봉(恩封)을 기대할 수 있다. 그러나 비겁쟁재(比劫爭財)하면 평범한 명(命)이 되고, 아내나 자식이 가권을 잡는다. 종재격(從財格)은 금(金)이 아내요 수(水)가 자식인데, 자식이 많다.

다시 말해, 삼동(三冬)은 수왕(水旺)한 때이니, 일파(一派) 임계수(壬癸水)가 있는데 비겁(比劫)과 인성(印星)이 없으면, 그 세력에 순종해야 하기 때문에 종재격(從財格)이 되는 것이다. 이것은 전국(全局)의 세력을 위주로 하는 것이지, 일원(日元)을 위주로 하는 것이 아니다. 일원(日元)이 고립되므로 순종하는 것이 좋다. 만일 기토(己土) 비견(比肩)이 있거나 무토(戊土) 겁재(劫財)가 있는데, 병화(丙火) 인수(印綬)가 없으면 기토(己土)가 외롭지 않으나, 재다신약(財多身弱) 사주가 되어 평범한 명(命)이 되는 것이다. 이런 사람은 재왕(財旺)하여 영(令)을 잡으니 아내나 자식이 가권을 잡는 것이다.

삼동(三冬) 기토(己土)는 병화(丙火)를 용신(用神)으로 삼는 것이 정법(正法)이다. 병화(丙火)가 용신(用神)이면 목(木)이 아내요 화(火)가 자식이다. 이미 앞에서 설명했듯이 종재격(從財格) 사주는 종(從)하는 신(神)으로 용신(用神)을 삼는다. 그러므로 금(金)이 아내요 수(水)가 자식이고, 수왕(水旺)하니 자식이 많은 것이다.

삼동(三冬) 기토(己土)가 일파(一派) 무기토(戊己土)가 있으면 갑목(甲木)으로 제(制)해야 하는데, 이때 갑목(甲木)이 투출(透出)하면 부귀격(富貴格)을 이룬다.

다시 말해, 일파(一派) 무기토(戊己土)가 있으면 약변강(弱變强)되고, 토(土)가 실(實)하면 갑목(甲木)으로 소토(疏土)하니, 월령(月令)이 재왕(財旺)하여 관(官)이 앉아 부귀격(富貴格)을 이루는 것이다. 그러나 이때 병화(丙火)가 없으면 불가하다.

삼동(三冬) 기토(己土)는 일파(一派) 경금(庚金)이 있으면 병화(丙火)가 용신(用神)이나, 정화(丁火)가 도와야 한다. 이때 정화(丁火)가 투출(透出)했는데 병화(丙火)가 암장(暗藏)되어 있으면 부귀쌍전(富貴雙全)한다.

삼동(三冬) 기토(己土)는 일파(一派) 경금(庚金)이 있으면 병화(丙火)로 조후용신(調候用神)을 삼는 것이 정법(正法)이다. 경금(庚金)은 정화(丁火)로 제(制)해야 하니, 정화(丁火)가 투출(透出)했는데 병화(丙火)가 암장(暗藏)되어 있으면 금토(金土)가 따뜻하다. 추동(秋冬)의 토금상관(土金傷官)은 인성(印星)이 있으면 부귀격(富貴格)을 이룬다. 축월(丑月)에는 체용(體用)이 동궁(同宮)에 있어 길하나, 병정(丙丁)이 없으면 불가하다.

戊己乙甲　　甲己丁乙　　甲己癸戊
辰丑亥午　　子丑亥巳　　子卯亥辰

· 위의 세 사주는 모두 재관격(財官格)이다. 갑오년생(甲午年生)은 보경(寶卿)에 오른 사람이고, 을사년생(乙巳年生)은 대학사(大學士)에 오른 사람이고, 무진년생(戊辰年生)은 포정(布政)에 오른 사람이다.

　이들은 모두 토중(土重)하여 갑목(甲木)으로 소토(疏土)하니 재생관(財生官)이 되었다. 을사년생(乙巳年生)은 병화(丙火)가 암장(暗藏)되어 토(土)가 따뜻하기 때문에 대학사(大學士)에 이른 것이고, 갑오년생(甲午年生)은 병인(丙寅)이 태원(胎元)이고, 무진년생(戊辰年生)은 갑인(甲寅)이 태원(胎元)이다. 이처럼 격국(格局)이 서로 비슷하기 때문에 각각 보경(寶卿)과 포정(布政)에 오른 것이다.

丙己辛壬
寅巳亥申

　이런 사주를 검봉금(劍鋒金)이 홍노화(洪爐火)를 만났다고 한다. 자평법(子平法)으로 논하면, 시상(時上) 병화(丙火)가 투출(透出)하여 생(生)되었으니 녹(祿)을 얻고, 지지(地支)에 인신사해(寅申巳亥)가 모두 있어 귀(貴)가 극품에 이르렀다. 사생(四生)이 충(沖)되어 화액이 따르나, 어질기 때문에 만년에도 길했다.

乙己己辛
丑巳亥巳

이 사주는 양사(兩巳)에 병화(丙火)가 암장(暗藏)되어 있는데, 중년 후에 남방운(南方運)으로 흘러 외교부장(外交部長)과 각국 대사(大使)를 역임했다. 혹자는 병인시(丙寅時)라고도 하니 잘 살펴야 한다.

庚 己 丁 乙
午 卯 亥 酉

이 사주는 해묘(亥卯)가 회국(會局)하는데 을목(乙木)이 투간(透干)했다. 정화(丁火)로 따뜻하게 하고, 경금(庚金)으로 목(木)을 제(制)하고, 정기(丁己)가 모두 오(午)에서 녹(祿)이 되니 신강(身强)하다. 따라서 살(殺)을 대적하여 제화(制化)한다.

甲 己 丙 甲　　戊 己 丙 甲　　丙 己 丙 甲
子 丑 子 戌　　辰 未 子 辰　　寅 未 子 寅

위의 세 사주는 모두 관인(官印)이 나란히 투출(透出)하여, 목(木)을 화(化)하여 토(土)를 따뜻하게 해준다. 동월(冬月) 기토(己土)는 병화(丙火)가 없으면 따뜻하게 할 수 없고, 한목(寒木)은 양(陽)을 향하므로 병화(丙火)가 없으면 생의(生意)가 없다. 모두 병화(丙火)가 용신(用神)이다. 갑술년생(甲戌年生)은 상서(尚書)에 이르렀고, 갑진년생(甲辰年生)은 학사(學士)에 이르렀고, 갑인년생(甲寅年生)은 귀격(貴格)을 이루어 권세가 있었다.

丁 己 戊 乙
卯 卯 子 卯

이 사주는 특이하다. 무자(戊子)가 상하로 상합(相合)하여, 수(水)
가 비록 화(火)로 화(化)하지는 않으나 곱고 착하다. 지지(地支)에
묘(卯)가 세 개나 있는데 을목(乙木)이 출간(出干)하고, 시상(時上)
에 정화(丁火)가 투출(透出)했다. 이런 경우를 중살(衆殺)이 창광(猖
狂)하여 일인(一仁)이 가화(可化)라고 한다. 다시 말해, 해동(解凍)
하고 한기(寒氣)를 제(制)하는 것과는 달라 대귀(大貴)한 명(命)이
되었다.

丙 己 庚 丙　　丙 己 壬 壬
寅 卯 子 辰　　寅 卯 子 寅

위의 두 사주는 모두 병화(丙火)가 투출(透出)했는데 통근(通根)하
니, 과갑(科甲)으로 진사(進士)가 되었다.

癸 己 壬 丁
酉 卯 子 巳

이 사주는 명나라 건문제(建文帝)의 명(命)이다. 임수(壬水)가 정화
(丁火)를 합거(合去)하는데 계수(癸水)가 출간(出干)하니, 동토(冬
土)가 겨우 년지(年支) 사궁(巳宮)에 있는 일점 병화(丙火)에 의지해
야 한다. 이 사람은 조상덕을 제외하고는 성사되는 일이 없다.

癸己丁甲　　乙己丁己
酉未丑午　　丑丑丑丑

갑오년생(甲午年生)은 목(木)이 소토(疏土)하여 사령(司令)에 이르렀고, 기축년생(己丑年生)은 구진득위(勾陳得位)하여 지부(知府)에 이르렀고, 갑오년생(甲午年生)은 갑목(甲木)으로 소토(疏土)하나 정화(丁火)가 없으면 불가하다. 그러나 정화(丁火)가 오미(午未)에 통근(通根)되면 길하다. 이것은 따뜻하며 소벽(疏闢)하기 때문이다. 기축년생(己丑年生)은 구진득위(勾陳得位)하나, 역시 정화(丁火)가 없으면 불가하다. 도(土)가 따뜻함을 기뻐하고, 수왕(水旺)하지 않기 때문에 정화(丁火)를 취할 수 있다.

乙己辛辛
亥卯丑巳

이 사주는 병갑(丙甲)이 득위(得位)하여 상서(尙書)에 이르렀다. 기신(己辛)이 축궁(丑宮)에서 나란히 투출(透出)하여 동궁(同宮)에 기(氣)가 모이고, 병화(丙火)가 사궁(巳宮)에서 득록(得祿)하여 토(土)를 따뜻하게 하니 유용하고, 해묘(亥卯)가 회국(會局)하여 병화(丙火)를 생(生)하니 사주에 한신(閑神)이 하나도 없다. 축월(丑月) 무토(戊土)를 참고하기 바란다.

戊己癸丁
辰酉丑丑

이 사주는 금왕(金旺)하여 정화(丁火)가 용신(用神)인데, 정화(丁火)가 투출(透出)하여 시랑(侍郎)에 이르렀다. 기계(己癸)가 축궁(丑宮)에 투출(透出)하고, 유축(酉丑)이 회국(會局)하여 기토(己土)를 설(洩)한다. 따라서 정화(丁火)로 금(金)을 제(制)하고, 토(土)를 따뜻하게 한다.

己 己 癸 丁
巳 未 丑 亥

이 사주는 기계(己癸)가 축궁(丑宮)에서 나란히 투출(透出)했는데, 정화(丁火)가 출간(出干)했으니 앞 사주와 같다. 병화(丙火)가 시지(時支) 사(巳)에 있으니 득위(得位)하여 대귀격(大貴格)이 되었다.

甲 己 癸 壬
戌 丑 丑 申

이 사주는 목(木)이 소토(疏土)하여 시랑(侍郎)에 이르렀다. 갑목(甲木)이 용신(用神)이고, 정화(丁火)가 술(戌)에 암장(暗藏)되어 있다. 토(土)가 따뜻하고, 기계(己癸)가 월령(月令)에 모여 귀격(貴格)이 되었다.

戊 己 癸 壬
辰 丑 丑 午

이 사주는 신왕용재(身旺用財)한데 정화(丁火)가 오(午)에 암장(暗藏)되어 있다. 따라서 토(土)가 따뜻하고, 기계(己癸)가 축궁(丑宮)에 모여 재성(財星)이 유정(有情)하다. 천간(天干)에 있는 비겁(比劫)이 쟁재(爭財)하나 시상(時上)에 재고(財庫)가 있으니 거부격(鉅富格)이 되었다. 그러나 자식을 키우기 어렵다.

己 己 癸 壬
巳 卯 丑 子

이 사주는 과갑(科甲)하여 상서(尙書)에 이른 사람인데, 살펴보면 앞 사주와 비슷하다. 시상(時上)에서 병화(丙火)가 득위(得位)하여 부귀격(富貴格)을 이루었다.

乙 己 乙 戊
亥 丑 丑 寅

이 사주는 병화(丙火)가 인(寅)에 암장(暗藏)되어 있으나, 애석하게도 떨어져 있기 때문에 힘이 부족하여 검사(儉事)로 그쳤다.

乙 己 乙 癸
亥 丑 丑 卯

이 사주는 기축(己丑)이 신강(身强)하나, 을목(乙木)이 고초(枯草)이기 때문에 무용지물이 되었다. 해궁(亥宮)에 갑목(甲木)이 있으나,

한목(寒木)이라 무력하니 귀(貴)는 얻기 어렵다. 그러나 축궁(丑宮)에 계수(癸水)가 출간(出干)하여 재물은 풍족하다.

 만일 사주의 여덟 글자가 비슷하면 태원(胎元)이나 생지(生地)를 살펴야 한다. 이 사주의 태원(胎元)은 병진(丙辰)인데, 9개월 태원(胎元)은 정사(丁巳)이니 암장(暗藏)되었느냐 출간(出干)했느냐에 따라 부귀(富貴)가 달라진다. 그렇지 않으면 습니(濕泥)가 한동(寒凍)하여 부귀격(富貴格)을 이루기 어렵다.

<pre>
丁 己 丁 己
卯 巳 丑 丑
</pre>

이 사주는 태전(太傳)에 이른 사람이다. 정화(丁火)는 투출(透出)했는데 병화(丙火)가 암장(暗藏)되어 있다.

<pre>
己 己 乙 癸
巳 亥 丑 卯
</pre>

 지지(地支)의 해축묘사(亥丑卯巳) 사이에 귀(貴)를 끼고 있고, 사궁(巳宮) 병화(丙火)가 용신(用神)이다. 그러나 애석하게도 서북운(西北運)으로 흐르고 있으니 초년의 발전은 기대하기 어렵다. 그러나 다행히도 만년에는 남방운(南方運)으로 흘러 순무(巡撫)에 이르렀다.

<pre>
戊 己 癸 丁
辰 亥 丑 亥
</pre>

이 사주는 갑목(甲木)이 해궁(亥宮)에 암장(暗藏)되어 있으나, 태원
(胎元)이 갑진(甲辰)이니 인출(引出)되었다. 따라서 갑목(甲木)으로
소토(疏土)하고 인정(引丁)하여 외교의 중임을 맡았고, 신왕(身旺)
하여 재(財)를 감당할 수 있는데 태원(胎元)이 재관(財官)에 앉아 대
부격(大富格)을 이루었다.

7장. 경금(庚金)

경금(庚金)의 조후용법(調候用法)

경금(庚金)은 견고하고 강한 성질이 있기 때문에 다른 오행(五行)과는 다르다. 겉으로는 음(陰)이나 속으로는 양(陽)의 성정이 내포되어 있다. 경금(庚金)은 정화(丁火)로 단련하면 반드시 큰 기물을 이루고, 임수(壬水)가 있으면 강건한 기(氣)를 설(洩)하여 금백수청(金白水淸)을 이룬다.

오행(五行)은 갑병무임(甲丙戊壬)을 불문하고 모두 양(陽)으로 제(制)하면 길하다. 예를 들어, 갑목(甲木)은 경금(庚金)으로 제(制)하면 길하고, 병화(丙火)는 임수(壬水)로 제(制)하면 길하고, 무토(戊土)는 갑목(甲木)으로 제(制)하면 길하고, 임수(壬水)는 무토(戊土)로 제(制)하면 길하다.

그러나 경금(庚金)만은 정화(丁火)로 제(制)해야 길하다. 이것이 경금(庚金)이 다른 오행(五行)과 다른 점이다. 을목(乙木)은 유약하나 경을(庚乙)이 상합(相合)하면 유정(有情)하여 강금(剛金)을 온화하고 너그럽게 만든다. 경금(庚金)이 춘하(春夏)에 태어나면 휴수(休囚)하는 때이니, 진축(辰丑) 습토(濕土)가 있으면 호명(好命)이 되나, 술미토(戌未土)가 있으면 취약한 명(命)이 된다.

■ 삼춘(三春) 경금(庚金)

초춘(初春)에는 추위가 아직 남아 있으니 화(火)로 따뜻하게 만들고 토(土)로 배양해야 부귀격(富貴格)을 이룬다. 춘금(春金)이 관살(官殺)이 혼잡되고 인수(印綬)가 생부(生扶)하지 않으면 아내와 자식을 극(剋)한다. 인수(印綬)가 있고 관살(官殺)이 없어도 역시 고생이 많고, 재성(財星)이 왕성하면 의식(衣食)이 있을 뿐이고, 식상(食傷)을 거듭 만나면 외롭고 나약하여 이루어지는 것이 없다.

인월(寅月) 경금(庚金)

인월(寅月) 경금(庚金)은 목기(木氣)가 점점 왕(旺)해지는 때에 있으니, 토(土)를 극(剋)하여 금(金)을 생(生)하기 어렵다. 금기(金氣)에 아직 한기(寒氣)가 남아 있으니, 먼저 병화(丙火)로 경금(庚金)을 따뜻하게 한 다음에 갑목(甲木)으로 소토(疏土)하여 금(金)이 묻히지 않게 해야 한다.

경금(庚金)이 인월(寅月)에 이르면 절지(絶地)가 되고, 목왕(木旺)하여 영(令)을 잡았으니 금(金)이 극(剋)하기 어렵다. 화토(火土)가 인궁(寅宮)에서 같이 생(生)하니 조토(燥土)가 금(金)을 생(生)하기 어렵고, 토(土)가 후하면 금(金)이 묻힌다. 따라서 춘금(春金)이 약하면 비겁(比劫)을 기뻐하나 인성(印星)이 생(生)하면 꺼린다. 따라서 금(金)의 비겁(比劫)이 도와주면 가장 길하고, 토(土)가 상생(相生)하는데 기토(己土)만 있으면 길하나 무토(戊土)가 있으면 흉하다.

다시 말해, 유약할 때는 후토(厚土)로 도와주어야 한다는 것이다. 만일 비겁(比劫)과 인성(印星)이 있으면 반드시 병갑(丙甲)이 있어야 하고, 정화(丁火)가 경금(庚金)을 단련해주면 길하다. 이것은 병화(丙火)가 조후용신(調候用神)이라는 뜻이다. 무토(戊土)가 인궁(寅宮)에서 장생(長生)되니 갑목(甲木)으로 소토(疏土)하면 공격이 오히려 생(生)이 된다. 인월(寅月) 경금(庚金)은 재(財)가 있으면 살(殺)을 생(生)하여, 아신(我身)을 도와주기 때문에 상격(上格)의 명(命)을 이룬다.

인월(寅月) 경금(庚金)이 병갑(丙甲)이 모두 투출(透出)하면 과갑(科甲)에 준함이 있어 부귀(富貴)가 가볍지 않고, 병갑(丙甲) 중에 하나라도 투출(透出)하면 공감(貢監)이나 생원(生員)은 잃지 않고, 병화(丙火)가 암장(暗藏)되어 있으면 이도(異途)로 귀격(貴格)을 이룬다.

다시 말해, 인월(寅月)은 목화(木火)의 기세가 병행하기 때문에 비록 출간(出干)하지 않아도 유용하고, 희신(喜神)과 용신(用神)이 동궁(同宮)에서 나란히 투출(透出)하기 때문에 부귀(富貴)가 가볍지 않은 것이다. 병갑(丙甲) 중에 하나라도 투출(透出)하면 이도(異途)로 발전하거나 유림(儒林)의 수사(秀士)가 된다. 공감(貢監)과 생원(生員)은 명나라 때 지위가 있는 직책이었으니 도읍의 수령 정도는 기대해도 된다.

인월(寅月) 경금(庚金)이 토(土)가 많은데 갑목(甲木)이 투출(透出)하면 귀격(貴格)을 이루고, 갑목(甲木)이 암장(暗藏)되어 있으면 부격(富格)을 이룬다. 그러나 경금(庚金)이 갑목(甲木)을 파(破)하면 부귀격(富貴格)을 이루지 못한다.

다시 말해, 재(財)로 인수(印綬)를 파(破)한다는 뜻이다. 춘월(春月) 경금(庚金)이 비록 약하기는 하나, 무토(戊土) 편인(偏印)을 취할 수는 없다. 사금(死金)은 정수리에 흙이 덮히는 것을 싫어하니, 무토(戊土)가 많은데 갑목(甲木)이 출간(出干)하지 않으면 흉하고, 경금(庚金) 비견(比肩)을 만나 재(財)를 빼앗으면 명리(名利)가 있어도 허상에 불과하다.

인월(寅月) 경금(庚金)이 정화(丁火)가 많이 출간(出干)했는데, 무기토(戊己土)는 있고 수(水)가 없으면 부귀격(富貴格)을 이룬다. 인궁(寅宮) 갑목(甲木)이 정화(丁火)를 이끄는데, 정화(丁火)의 뿌리가 있고 수(水)의 병(病)이 없기 때문이다. 이것을 관성유기(官星有氣)라 한다. 이런 사주는 재왕(財旺)하여 생부(生扶)하니 부귀(富貴)가 따르는 것이다. 화(火)가 있어야 토(土)가 유용하니 토(土)가 아내요 금(金)이 자식이다.

다시 말해, 관왕(官旺)하면 인수(印綬)가 있어야 하는데, 춘월(春月) 경금(庚金)은 연금(煉金)하면 좋지 않다는 뜻이다. 만일 정화(丁火)가 출간(出干)했는데 인수(印綬)로 화(化)하지 않으면 흉하다. 이때 기토(己土)는 유용하나 무토(戊土)는 쓸모 없다.

인수(印綬)가 있으면 부귀(富貴)가 따르는 것은, 갑목(甲木)이 인궁(寅宮)에 임하여 정화(丁火)를 이끌어 생(生)하니, 재왕(財旺)하여 관(官)을 생(生)하기 때문에 관성(官星)이 유기(有氣)한데, 이때 무기토(戊己土)가 인화(引化)하면 경금(庚金)이 상하지 않기 때문이다. 비록 격국(格局)이 재관(財官)을 취하나 토(土)가 용신(用神)이다. 그리고 화(火)가 있어야 토(土)가 유용하므로 토(土)가 아내요 금(金)이 자식이 되는 것이다.

인월(寅月) 경금(庚金)이 지지(地支)에 화국(火局)을 이루었는데, 임수(壬水)가 출간(出干)하고 경금(庚金)이 있으면 대부대귀격(大富大貴格)을 이룬다. 그러나 경금(庚金)이 없으면 부귀(富貴)가 작고, 임계수(壬癸水)가 없으면 잔병이 많이 따른다. 이것은 임수(壬水)가 식신제살(食神制殺)하기 때문이다. 관살(官殺)이 회국(會局)할 때는 반드시 임계수(壬癸水)로 구해야 한다. 그러나 수(水)가 인궁(寅宮)에 이르면 병지(病地)가 되어, 금(金)이 상생(相生)하지 않으면 수원(水源)이 없고 경금(庚金)이 절(絶)된다. 이때 경금(庚金) 비견(比肩)이 돕지 않으면 식신제살(食神制殺)하나, 극설교가(剋洩交加)를 꺼린다. 따라서 경금(庚金)이 있으면 대부대귀격(大富大貴格)을 이루나, 경금(庚金)이 없으면 부귀(富貴)가 작은 것이다.

인월(寅月) 경금(庚金)이 지지(地支)에 화국(火局)을 이루었는데, 임계수(壬癸水)로 구제하지 않으면 화(火)가 금(金)을 녹인다. 이런 사람은 잔병이 많고 요절(夭折)이 따른다.

인월(寅月) 경금(庚金)이 금(金)이 갑목(甲木)을 상하게 하는데 정병화(丁丙火)가 없으면 평범한 명(命)이 되고, 병화(丙火)가 계수(癸

水)를 만나 곤(困)한데 무토(戊土)로 제(制)하지 않아도 역시 평범한 명(命)이 된다.

　다시 말해, 인월(寅月) 경금(庚金)은 먼저 갑목(甲木)으로 용신(用神)을 삼고, 그 다음에 정화(丁火)로 보좌해야 한다. 춘금(春金)이 화(火)가 많으면 요절(夭折)하거나 가난한 명(命)이 된다. 양금(陽金)은 화(火)가 연금(煉金)해주면 가장 길하나, 지나치면 떠도는 명(命)이 된다.

丙 庚 庚 丙　　　戊 庚 庚 丙　　　丙 庚 戊 辛
戌 戌 寅 寅　　　寅 寅 寅 午　　　戌 戌 寅 巳

　위의 세 사주는 모두 지지(地支)에 화국(火局)을 이루었는데, 수(水)로 구제하지 못하여 고빈(孤貧)하고 잔병이 많다. 병인년생(丙寅年生)은 화(火)로 심하게 단련하고 있고, 적수(滴水)가 금(金)을 윤택하게 만들지 못하여 오운(午運)에 눈을 다쳤고, 병오년생(丙午年生)은 수(水)가 없어 고빈(孤貧)한 명(命)이 되었고, 신사년생(辛巳年生)은 승도의 명(命)이 되었다.

乙 庚 壬 丁
酉 子 寅 丑

　이 사주는 병화(丙火)로 용신(用神)을 삼아 따뜻하게 하나, 합(合)이 많기 때문에 부(富)는 있으나 귀(貴)는 없다. 경금(庚金)이 을유시(乙酉時)에 태어나면 일원(日元)이 약하지 않으니 병화(丙火)로

따뜻하게 하고, 임계수(壬癸水)가 병정(丙丁)을 곤(困)하게 만드니
재(財)로 식상(食傷)을 화(化)하여 관살(官殺)을 생(生)한다. 따라서
부(富)는 있으나 귀(貴)는 없는 것이다.

　　　庚 庚 壬 壬
　　　辰 申 寅 子

　이 사주는 수성(水盛)하여 금(金)이 차가우니 병무(丙戊)가 용신(用
神)이다. 따라서 골육이 처량하고 초년에 형액이 많았으나, 만년에는
동남운(東南運)으로 흘러 의금(衣衿)으로 발전했다. 금수(金水)가
모두 왕(旺)한데 임수(壬水)가 출간(出干)했으니 무토(戊土)가 없으
면 흉하다. 인궁(寅宮)이 목왕(木旺)하여 토(土)가 붕괴되어 초년에
는 형액이 많았다. 그러나 중년의 남방운(南方運)에 이르러 병화(丙
火)가 왕지(旺地)가 되고, 목(木)을 화(化)하여 토(土)를 생(生)하니
만년에는 형통한 것이다.

　　　丙 庚 壬 壬
　　　戌 申 寅 子

　이 사주는 병화(丙火)가 출간(出干)했으나 임수(壬水)가 곤(困)하게
만들어 수비(守備)에 그쳤다.

　　　丙 庚 丙 己
　　　戌 戌 寅 未

이 사주는 갑목(甲木)이 인화(引火)하고 기토(己土)가 출간(出干)했으나, 수(水)가 없으니 병(病)이 되어 의금(衣襟)에 불과하다. 만일 정화(丁火)가 투출(透出)했다면 귀격(貴格)이 되었을 것이다. 정화(丁火)가 출간(出干)하려면 정해시(丁亥時)여야 한다. 따라서 관살(官殺)이 왕(旺)하여 인수(印綬)를 취하니 부귀격(富貴格)이 되었다.

丙 庚 甲 癸
戌 午 寅 卯

이 사주는 지지(地支)에 화국(火局)을 이루었는데 계수(癸水)의 뿌리가 없고, 목(木)이 설(洩)하는데 화왕(火旺)하여 금(金)을 녹이고 있으니 잔병이 많다.

己 庚 庚 辛
卯 子 寅 酉

이 사주는 기토(己土)가 수(水)를 제(制)하는데, 양인(陽刃)이 년상(年上)에 출간(出干)했으니 병화(丙火)가 용신(用神)이다. 정해운(丁亥運)과 병술운(丙戌運)으로 흘러 양호순열사(兩湖巡閱使)가 되었다.

乙 庚 庚 丙
酉 戌 寅 寅

이 사주는 한기(寒氣)가 남아 있는 입추(立秋) 6시간 후에 태어났으니, 병화(丙火)를 용신(用神)으로 삼는다. 그러나 다행히도 을유시(乙酉時)에 태어나 일원(日元)이 약하지 않다.

己 庚 庚 辛
卯 午 寅 卯

이 사주는 양묘(兩卯)가 비인(飛刃)에 해당하는데, 신금(辛金)이 출간(出干)하고 양묘(兩卯)가 유궁(酉宮)을 충동(沖動)하니 인(刃)의 허신(虛神)을 얻었다. 그러나 병정(丙丁)이 인(刃)을 제(制)하고, 정해운(丁亥運)과 병술운(丙戌運)으로 흘러 산동(山東) 주석(主席)이 되었으나, 유운(酉運) 정축년(丁丑年)에 귀(貴)를 잃었다.

묘월(卯月) 경금(庚金)

묘월(卯月) 경금(庚金)은 묘궁(卯宮) 을목(乙木)이 권리를 잡았으니 자연적으로 사주에 을목(乙木)이 있다. 경진시생(庚辰時生)이 정화(丁火)가 있으면 반드시 경금(庚金)이 을매(乙妹)에게 정(情)을 주기 때문에, 금(金)이 암강(暗强)하니 추금(秋金)과 비슷하다.

오행(五行)의 이치는 모왕(母旺)하면 자상(子相)한 법이니, 갑목(甲木)이 인궁(寅宮)에 임관(臨官)하고, 병화(丙火)가 장생(長生)하고, 묘궁(卯宮)이 을목(乙木)의 제왕지(帝旺地)가 되어 암(暗)으로 정화

(丁火)를 생(生)한다. 유궁(酉宮)에 신금(辛金)이 있고, 자궁(子宮)에 계수(癸水)가 있고, 오궁(午宮)에 기토(己土)가 있으니 그 이치가 정밀하다.

묘월(卯月) 경금(庚金)은 인월(寅月) 경금(庚金)과 이치가 같다. 춘금(春金)이 쇠절(衰絶)하여 비겁(比劫)이나 인수(印綬)가 생부(生扶)하지 않으면 불가하고, 지지(地支)에 신진(申辰)이 있으면 약변왕(弱變旺)되어 정화(丁火)가 있으면 길하다. 만일 을목(乙木)이 출간(出干)하면 을목(乙木)이 경금(庚金)에게 정(情)을 준다. 따라서 삼춘(三春)에는 목왕(木旺)해도 종화(從化)를 취하지 않는다.

묘월(卯月) 경금(庚金)은 일주(日柱)가 재(財)를 따르기 때문에, 탐합망관(貪合忘官)하는 것이 병(病)이 된다. 그러나 떨어져 있어 합(合)되지 않거나, 지지(地支)에 암장(暗藏)되어 투출(透出)하지 않으면 무방하다. 경금(庚金)의 납갑(納甲)을 논할 때는 진(震)에 있어 묘위(卯位)가 되니, 경금(庚金)이 묘(卯)에 이르면 암강(暗强)하다. 그러나 비겁(比劫)이나 인수(印綬)가 생부(生扶)하지 않으면 재관(財官)을 취하기 어렵다.

묘월(卯月) 경금(庚金)이 천간(天干)에 정화(丁火)가 있는데 갑목(甲木)이 투출(透出)하여 인정(引丁)하고 지지(地支)에 경금(庚金)이 하나 있으면, 갑목(甲木)을 제(制)하여 벽갑(劈甲)하니 쥬화(中和)되어 과갑(科甲)을 의심하지 않아도 된다. 만일 그렇지 않다면 풍수(風水)가 박하기 때문이다.

묘월(卯月) 경금(庚金)이 지지(地支)에 암장(暗藏)된 경금(庚金)이 없으면, 비록 정갑(丁甲)이 모두 투출(透出)해두 한 방면에 능할 뿐이다. 춘월(春月)에는 대개 정화(丁火)의 기(氣)기 비르기 때문에 읭

(旺)하지도 않고 쇠(衰)하지도 않다. 따라서 갑목(甲木)으로 인정(引丁)하고 경금(庚金)으로 벽갑(劈甲)하면 관성(官星)이 유기(有氣)하다. 이때는 을목(乙木)이 많아도 경금(庚金)과 합(合)되어 강하게 만들 수 있고, 을목(乙木)은 습하여 정화(丁火)를 상하게 하여 정화(丁火)의 어머니를 어렵게 만든다. 따라서 정갑(丁甲)이 있으나 경금(庚金)이 없으면 평범한 명(命)이 된다. 만일 정갑경(丁甲庚)이 모두 있으면 출간(出干)하지 않아도 의금(衣衿)은 잃지 않고, 정화(丁火)가 투출(透出)했는데 경갑(庚甲)이 암장(暗藏)되어 있으면 공감(貢監)은 허락하고, 정화(丁火)는 없는데 병화(丙火)가 있으면 이도(異途)로 부격(富格)을 이룬다.

묘월(卯月) 경금(庚金)이 묘궁(卯宮)에 정화(丁火)가 있는데 정화(丁火)가 또 출간(出干)하면, 월령(月令)에서 스스로 투출(透出)하는 것과 같다. 정화(丁火)는 갑목(甲木)을 떠날 수 없고, 갑목(甲木)은 경금(庚金)을 떠날 수 없다. 다시 말해, 정화(丁火)와 경금(庚金)과 갑목(甲木)은 따로 생각할 수 없다는 뜻이다.

묘월(卯月) 경금(庚金)이 지지(地支)에 경금(庚金)이 있다는 것은 신궁(申宮) 경금(庚金)을 말한다. 묘(卯)를 합(合)하고 벽갑(劈甲)하여 인정(引丁)하고, 일원(日元)이 통근(通根)되어 득록(得祿)하니 두 가지의 쓰임이 있다.

묘월(卯月) 경금(庚金)이 신(申)이 묘(卯)를 합(合)하지 않으면 비록 정갑(丁甲)이 있어도 크게 이루지 못한다. 즉 경금(庚金)이 휴수(休囚)되어 재관(財官)을 감당하기 어렵기 때문이다. 예를 들어, 경진(庚辰)이 있으면 지지(地支)에서 편인(偏印)이 생부(生扶)하니 왕(旺)해진다. 삼춘(三春) 정화(丁火)는 왕(旺)하지도 쇠(衰)하지도 않으니 갑목(甲木)이 없으면 정화(丁火)가 의지할 곳이 없고, 경금(庚金)으로 벽갑(劈甲)하지 못하면 정화(丁火)가 불령(不靈)하여 화기(火氣)에 불꽃이 일어나지 않는다. 따라서 관성(官星)이 유기(有氣)하지 못하기 때문에, 정갑(丁甲)이 있어도 경금(庚金) 비견(比肩)이 없으면 평범한 명(命)이 되는 것이다.

묘월(卯月) 경금(庚金)이 정화(丁火)가 투출(透出)하면 귀격(貴格)을 이루나, 정화(丁火) 대신 병화(丙火)가 있으면 부(富)만 있을 뿐이다. 그러나 간혹 이도(異途)로 부(富)한 가운데 귀(貴)를 얻는 경우도 있다. 정화(丁火)가 갑목(甲木)을 얻으면 왕(旺)하나, 갑목(甲木) 대신 을목(乙木)이 있으면 아무리 많아노 이롭지 않다. 습한 을목(乙木)이 인정(引丁)하지 못하는 것은, 경금(庚金)과 합(合)되어 강함을 도와주기 때문이다.

묘월(卯月) 경금(庚金)이 일파(一派) 갑목(甲木)이 있으면 방신(幫身)하니, 재(財)를 파(破)하는 것을 꺼린다. 이때 비견(比肩)이 없으면 종재격(從財格)이 되어 대부대귀격(大富大貴格)을 이루나, 비견(比肩)이 있으면 부옥빈인(富屋貧人)의 명(命)이 된다. 종재격(從財格)은 화(火)가 아내요 토(土)가 자식이다.

묘월(卯月)은 왕목(旺木)이 영(令)을 잡았으니 금기(金氣)가 쇠절(衰絶)한다. 따라서 갑목(甲木)이 많은데 비겁(比劫)이나 인수(印綬)가 없으면 종재격(從財格)이 되고, 을목(乙木)이 있으면 남편이 아내를 따라 화(化)하니 역시 종재격(從財格)이 된다. 이때 비겁(比劫)이나 인수(印綬)가 있으면 목(木)이 견고하여 금(金)이 이지러지니, 재왕신쇠(財旺身衰)하여 부옥빈인(富屋貧人)의 명(命)이 되는 것이다. 부옥빈인(富屋貧人)은 부잣집의 재산을 관리하는 사람으로, 남의 돈

을 만지는 것이다. 이런 사주는 재물이 있어도 신약(身弱)하여 감당
하기 어렵다. 마치 작은 배에 물건을 많이 실은 것과 같아 반드시 전
복된다.

여기서 화(火)가 아내요 토(土)가 자식이라는 것은 잘못 기록된 것
이 아닌가 생각한다. 종격(從格)은 종(從)하는 것이 용신(用神)이기
때문에 마땅히 수(水)가 아내요 목(木)이 자식이 되어야 한다. 정화
(丁火)가 용신(用神)이면 갑목(甲木)이 아내에 해당한다. 그러나 경
금(庚金)이 갑목(甲木)을 제(制)하면 공명(功名)은 있으나 아내가 온
전하기 어렵다.

다시 말해, 묘월(卯月) 경금(庚金)은 정화(丁火)로 용신(用神)을 삼
는 것이 정법(正法)이다. 정화(丁火)가 용신(用神)이면 목(木)이 아
내요 화(火)가 자식이다. 경금(庚金)으로 벽갑(劈甲)하여 인정(引丁)
하면 부귀격(富貴格)을 이룬다. 그러나 경금(庚金)이 갑목(甲木)을
제(制)하여 재성(財星)이 겁탈당하니, 아내가 형극(刑剋)을 면하기
어렵다. 이것은 양쪽의 세력을 모두 보전하기 어렵기 때문이다.

묘월(卯月) 경금(庚金)은 정화(丁火)로 용신(用神)을 삼아 강함을
억제하고, 갑목(甲木)으로 인정(引丁)하고, 경금(庚金)으로 벽갑(劈
甲)해야 한다. 정화(丁火) 대신 병화(丙火)가 있으면 노력으로 부귀
(富貴)를 취한다.

다시 말해, 한동(寒凍)을 풀 때는 병화(丙火)가 있어야 하고, 경금
(庚金)을 단련할 때는 정화(丁火)가 있어야 한다. 묘월(卯月)은 양화
(陽和)하여 태양이 따뜻하기 때문에 병화(丙火)를 필요로 하지 않으
나, 중화(中和)되어 이도(異途)가 있는 것이다.

사금(死金)은 정수리에 진흙이 덮히는 것을 싫어한다. 이것은 무기

토(戊己土)가 많으면 눌리고 굴복당하는 형상이 되기 때문이다. 이때는 갑목(甲木)이 투출(透出)해야 한다. 경금(庚金)이 인묘월(寅卯月)에 이르면 금(金)이 사절(死絶)되어 유약하다. 그러나 기토(己土)가 하나라도 있거나, 진축(辰丑) 습토(濕土)가 있으면 길하다. 만일 토(土)가 적으면 생(生)이 되어 이로우나, 중(重)하면 매몰되어 빛이 나지 않는다. 이때는 갑목(甲木)으로 소토(疏土)해야 금(金)이 유용해진다. 이 이치는 인월(寅月)과 묘월(卯月)이 모두 같다.

丁 庚 辛 丙
亥 辰 卯 申

이 사주는 관성(官星)이 출간(出干)하고, 묘(卯)에 을목(乙木)이 있고, 해(亥)에 갑목(甲木)이 있고, 신궁(申宮) 경금(庚金)이 갑목(甲木)을 벽갑(劈甲)하여 대귀한 명(命)이 되었다. 정화(丁火)가 용신(用神)이니 목(木)이 아내요 화(火)가 자식이다. 화(火)가 절지(絶地)에 임하여 자식이 하나 있으나, 신진(申辰)이 회국(會局)하여 극(剋)하고 있으니 대를 잇기 어렵다.

丁 庚 己 庚
丑 寅 卯 申

이 사주는 정화(丁火)가 투출(透出)했는데 갑목(甲木)이 암장(暗藏)되어 있다. 따라서 과갑(科甲)은 아니라도 납속주명(納粟奏名)은 있어 지현(知縣)에 이르렀고, 거부(鉅富)로 상개심이 많다. 정도(正途)

로는 불리했으나 오운(午運)에 무직(武職)으로 발전한 것이다. 앞 사주와 마찬가지로 기경(己庚)이 나란히 투출(透出)했는데, 경금(庚金)이 암강(暗强)하여 정화(丁火)가 용신(用神)이 되었고, 인묘(寅卯) 재(財)가 왕성하여 거부(鉅富)가 되었다.

庚 庚 辛 辛
辰 寅 卯 丑

이 사주는 무거(武擧)이며 부자였다. 지지(地支)에 인묘진(寅卯辰)이 모두 있어 갑부가 되었고, 일방(一榜)이 있었다. 그러나 비겁(比劫)은 있는데 정화(丁火)가 없어 귀(貴)가 작았다. 이 사주는 양간(兩干)이 잡되지 않아 기세가 청(淸)하다.

丁 庚 辛 辛
亥 寅 卯 酉

이 사주는 무과(武科)에 장원한 사람이다. 앞 사주와 비슷하나 정화(丁火)가 출간(出干)하여 귀격(貴格)이 되었다.

己 庚 丁 己
卯 戌 卯 卯

이 사주는 정화(丁火)가 용신(用神)이다. 묘(卯)가 많아 인정(引丁)할 수 없으나, 수(水)가 없으니 정화(丁火)가 상하지 않는다. 비겁운

(比劫運)이 길하다.

丁 庚 己 乙
丑 辰 卯 亥

이 사주는 경금(庚金)이 진(辰)에 앉아 있는데, 기토(己土)가 출간(出干)하여 금세(金勢)가 암강(暗强)하다. 따라서 정화(丁火)가 용신(用神)이다. 해궁(亥宮) 갑목(甲木)이 인정(引丁)하는데, 을목(乙木)이 떨어져 있어 합(合)되지 않는다. 경오(庚午)가 태원(胎元)이니 경금(庚金)이 벽갑(劈甲)하고, 오(午)는 정화(丁火)의 녹(祿)이 되고, 축묘진(丑卯辰) 사이에 인(寅)을 끼고 있고, 해(亥)가 암합(暗合)하여 재(財)가 방(方)을 이루었다. 이는 모두 형체가 보이지 않은 것이니 무직(武職)으로 발전했다. 부귀(富貴)가 극품에 이르러 대원수(大元帥)가 되었으나, 해년(亥年)에 진(辰)을 만나 자액살(自縊殺)이 되어 선종(善終)하지 못했다. 술운(戌運) 무진년(戊辰年)에 사망했다.

戊 庚 乙 癸
寅 辰 卯 卯

이 사주는 순무(巡撫)에 오른 사람인데, 정축시(丁丑時)가 아닌가 생각한다. 년상(年上)에 계수(癸水)가 있으나 을목(乙木)이 인화(引化)되어 정화(丁火)가 상하지 않는다.

진월(辰月) 경금(庚金)

 진월(辰月) 경금(庚金)은 무토(戊土)가 사령(司令)한 때에 있으니, 한기(寒氣)를 두려워 하지 않으나 금(金)이 묻힐 염려가 있다. 그러므로 먼저 갑목(甲木)으로 소토(疏土)한 다음, 정화(丁火)로 단련하여 기물을 이루고, 경금(庚金)으로 벽갑(劈甲)해야 한다. 그러나 경금(庚金)은 반드시 필요한 것은 아니다.

 청명(淸明) 후 10일 내에는 을목(乙木)이 사령(司令)하는 때이니, 묘월(卯月)과 보는 방법이 같다. 10일 후에는 무토(戊土)가 사령(司令)하고, 병화(丙火)가 점점 커지기 때문에 한기(寒氣)가 생(生)하는 것을 두려워 하지 않고, 월령(月令)이 토왕금상(土旺金相)하여 금(金)이 약한 것을 두려워 하지 않는다. 그러나 무토(戊土)가 출간(出干)하면 금(金)이 묻힐 염려가 있다. 그래서 먼저 갑목(甲木)으로 소벽(疏闢)한 다음에 정화(丁火)로 단련하는 것이다. 월령(月令)이 인왕(印旺)하기 때문에 비겁(比劫)이 도와주지 않아도 무방하다.

 진월(辰月) 경금(庚金)이 정갑(丁甲)이 모두 투출(透出)했는데, 비겁(比劫)이 갑목(甲木)을 파(破)하지 않으면 과갑(科甲)에 준함이 있다. 그러나 반드시 대운(大運)이 도와야 한다. 갑목(甲木)은 투출(透出)했으나 정화(丁火)가 암장(暗藏)되어 있으면 공감(貢監)이나 생원(生員)은 허락하고, 갑목(甲木)이 암장(暗藏)되어 있는데 정화(丁火)가 투출(透出)하면 이도(異途)로 귀(貴)가 있고, 정갑(丁甲)이 모두 암장(暗藏)되어 있는데 경금(庚金)이 제(制)하지 않으면 부(富)한 가운데 귀(貴)가 있다. 이런 사람은 도필(刀筆)로 가문을 일으킨다.

진월(辰月) 경금(庚金)이 갑목(甲木)은 있는데 정화(丁火)가 없으면 평범한 명(命)이 되고, 정화(丁火)는 있는데 갑목(甲木)이 없으면 유림(儒林)의 선비와는 거리가 멀고, 정갑(丁甲)이 모두 없으면 하격(下格)의 명(命)이 된다. 대개 상등(相等) 격국(格局)은 호운(好運)이 없어도 반드시 발전한다. 이것은 원명(原命)에 복택(福澤)이 후하여 운세가 험하거나 방해하지 않기 때문이다. 그러나 차등(次等) 격국(格局)은 원명(原命)에 약점이 있기 때문에, 대운(大運)에서 보충하지 않으면 발전하기 어렵다.

진월(辰月) 경금(庚金)은 월령(月令)에서 편인(偏印)이 상생(相生)하나, 무기(無氣)하여 체용(體用)이 모두 때와 장소를 잃게 된다. 이때는 반드시 대운(大運)이 도와야 한다. 만일 진월(辰月) 경금(庚金)이 정갑(丁甲)이 모두 없으면 용신(用神)을 취할 수 없어 아름다운 명(命)이 되지 못한다.

진월(辰月) 경금(庚金)은 갑목(甲木)이 있는데 정화(丁火)가 없으면서 병화(丙火)가 하나밖에 없으면 무직(武職)으로 5품에 이른다. 그러나 임계수(壬癸水)가 병화(丙火)를 곤(困)하게 하지 않아야 무직(武職)으로 발전한다.

오양간(五陽干)이 서로 제(制)할 때는 갑목(甲木)은 경금(庚金)을 기뻐하고, 병화(丙火)는 임수(壬水)를 기뻐하고, 무토(戊土)는 갑목(甲木)을 기뻐하고, 임수(壬水)는 무토(戊土)를 기뻐한다. 모두 양(陽)이 양(陽)을 제(制)하는 것이니 귀격(貴格)을 이룬다. 그러나 경금(庚金)만이 병화(丙火)로는 제(制)할 수 없고, 정화(丁火)로 단련해야 기뻐한다.

진월(辰月) 경금(庚金)이 갑정(甲丁)이 있으면 과갑(科甲)이 있고,

갑병(甲丙)이 있으면 무직(武職)으로 나간다. 그러나 병정(丙丁)을 막론하고 임계수(壬癸水)가 격(格)을 파(破)하면 흉하다.

진월(辰月) 경금(庚金)이 지지(地支)에 토국(土局)을 이루었는데 목(木)이 없으면 빈천(貧賤)한 승도가 되고, 을목(乙木)이 있으면 간사하다.

다시 말해, 진월(辰月)은 왕토(旺土)가 영(令)을 잡은 때이니, 지지(地支)에 사고(四庫)가 있는데 천간(天干)에 토(土)가 투출(透出)하면 금(金)이 묻힐 염려가 있다. 이때는 반드시 갑목(甲木)으로 구제해야 한다. 그러나 갑목(甲木) 대신 을목(乙木)이 있으면 소토(疏土)할 뜻은 있으나 힘이 부족하여 간사한 사람이 되는 것이다.

요약하면, 진월(辰月) 경금(庚金)은 토왕(土旺)하여 금(金)이 완고하기 때문에 정화(丁火)가 없으면 흉하다. 무토(戊土)가 많으면 갑목(甲木)이 있어야 한다. 만일 갑목(甲木)이 없으면 자립하기 어렵다. 정화(丁火)가 없으면 명성을 얻기 어렵고, 갑정(甲丁) 중에 하나라도 없으면 평범한 명(命)이 된다. 정화(丁火)가 없으면 대신 병화(丙火)를 취하는데, 이때 임계수(壬癸水)는 모두에게 병(病)이 된다. 진월(辰月) 경금(庚金)이 화(火)가 없으면 요절(夭折)하거나 빈한(貧寒)하고, 신약재다(身弱財多)하면 부귀(富貴)가 오래가지 못한다.

다시 말해, 진월(辰月) 경금(庚金)은 모왕자상(母旺子相)하나 진왕(眞旺)은 아니다. 실시실령(失時失令)하여 완금(頑金)이라고 한다. 왕토(旺土)는 갑목(甲木)이 있어야 하고, 완금(頑金)은 정화(丁火)가 있어야 한다. 갑목(甲木)으로 소토(疏土)하면 금기(金氣)가 나타나므로 이룰 수 있고, 정화(丁火)로 연금(煉金)하면 대업을 이루어 명성을 얻는다. 정갑(丁甲)은 반드시 모두 있어야 길하다. 하나라도 없으면 흉하다. 토중(土重)하면 갑목(甲木)을 위주로 하고, 가벼우면 정화(丁火)를 위주로 한다. 정화(丁火)가 없으면 대신 병화(丙火)를 취한다.

진월(辰月) 경금(庚金)이 화(火)가 없으면 빈한(貧寒)하거나 요절(夭折)하는 것은, 금(金)이 지나치게 실(實)하여 완금(頑金)이 되기 때문이다. 삼춘(三春)은 왕목(旺木)이 영(令)을 잡았으니, 목(木)이 방국(方局)을 이루었는데 갑을목(甲乙木)이 모두 투출(透出)하면 재다신약(財多身弱)이 되어 부귀(富貴)가 오래가지 못하는 것이다.

진월(辰月) 경금(庚金)이 지지(地支)에 화국(火局)을 이루었는데 천간(天干)에서 계수(癸水)가 제(制)하면 부귀격(富貴格)을 이루고, 병정(丙丁)이 있는데 임수(壬水)가 출간(出干)하여 제(制)하면 길하다. 그러나 수(水)로 화(火)를 제(制)하지 못하면 잔병이 많고 폐인(廢人)이 된다. 또 지지(地支)에 화국(火局)을 이루었는데 비겁(比劫)이 없으면, 종살격(從殺格)이 되어 부귀(富貴)가 가볍지 않으나 요절(夭折)이 따른다.

다시 말해, 진월(辰月) 경금(庚金)은 화(火)가 없으면 불가하고, 임계수(壬癸水)는 모두 병(病)이 되기 때문에 흉하다. 지지(地支)에 화국(火局)을 이루었는데 화왕(火旺)하여 금(金)을 녹이면, 계수(癸水)가 출간(出干)하여 제(制)해야 한다. 이때 병정화(丙丁火)가 출간(出干)하고 임수(壬水)가 출간(出干)해서 제(制)하면 길하나, 계수(癸水)만 있으면 힘이 부족하다. 수(水)가 화(火)를 제(制)하지 못하면, 화(火)가 금(金)을 상하게 만들어 잔병이 많거나 요절(夭折)하는 것이다.

진월(辰月) 경금(庚金)이 지지(地支)에 화국(火局)을 이루었는데 비겁(比劫)이 없으면 부귀(富貴)가 가볍지 않다. 그러나 진종격(眞從格)이 되어야 한다. 월령(月令)에 진토(辰土)가 있으니, 습윤(濕潤)이 혼합된 격이 되어 금(金)을 생(生)하니 진종격(眞從格)을 이루기 어렵기 때문에 요절(夭折)이 많이 따르는 것이다.

진월(辰月) 경금(庚金)은 토왕(土旺)하면 갑목(甲木)으로 용신(用神)을 삼고, 금왕(金旺)하면 병정화(丙丁火)로 용신(用神)을 삼는다. 갑목(甲木)이 용신(用神)이면 수(水)가 아내요 목(木)이 자식이고, 화(火)가 용신(用神)이면 목(木)이 아내요 화(火)가 자식이다.

壬 庚 庚 庚
午 申 辰 子

이 사주는 지지(地支)에 수국(水局)을 이루었는데 천간(天干)에 비겁(比劫)이 투출(透出)하여, 정란차격(井欄叉格)이 되어 태사(太師)에 이르렀다. 수국(水局)은 이것을 참고해서 살펴야 한다.

희기편(喜忌篇)에서는 경일생(庚日生)이 윤하(潤下)를 만나면 임계사오방(壬癸巳午方)을 꺼린다고 했다. 임계(壬癸)는 북방(北方)을 말하고, 사오(巳午)는 남방(南方)을 말하는데, 원명(原命)에 임계사오(壬癸巳午)가 없어도 흉하다.

辛 庚 丙 癸
巳 申 辰 卯

이 사주는 병화(丙火)가 출간(出干)하여 사(巳)에서 녹(祿)을 얻고,

계수(癸水)가 묘(卯)에 앉아 있어 병화(丙火)가 곤(困)하지 않다. 무직(武職)으로 귀(貴)가 극품에 이르러 순열사(巡閱使)가 되었다.

　　　壬 庚 壬 丙
　　　午 辰 辰 辰

이 사주는 청나라 목종(穆宗)의 명(命)이다. 갑오운(甲午運) 갑술년(甲戌年)에 일범태세(日犯太歲)로 생을 마쳤다.

　　　甲 庚 壬 辛
　　　申 子 辰 酉

이 사주는 총독(總督)에 오른 사람으로, 정란차격(井欄叉格)이다. 51세인 신해년(辛亥年)에 사망했다.

　　　辛 庚 丙 戊
　　　巳 申 辰 寅

이 사주는 경신전록(庚申專祿)인데, 인궁(寅宮) 갑목(甲木)이 병화(丙火)를 생(生)하여 재자약살격(財滋弱殺格)이 되었다. 인궁(寅宮)이 녹마동향(祿馬同鄉)이니 귀(貴)가 극품에 이르는데, 병화(丙火)가 용신(用神)이니 무직(武職)에서 나타난다. 병신(丙辛)이 멀리서 합(合)하여 용신(用神)을 기반(羈絆)하지 못하나, 신운(辛運)에서 병살(丙殺)을 쟁합(爭合)히여 암살당했다.

丁 庚 庚 庚
亥 辰 辰 辰

이 사주는 정화(丁火)가 출간(出干)했는데, 갑목(甲木)이 해궁(亥宮)에 암장(暗藏)되어 운남(雲南) 도독(都督)이 되었다. 혹자는 이 사주를 계미년(癸未年) 경신월(庚申月) 경인일(庚寅日) 임오시(壬午時)라고도 한다.

■ 삼하(三夏) 경금(庚金)

하월(夏月)의 금(金)은 매우 유약하기 때문에 일주(日主)가 금수지(金水地)에 있어야 한다. 수(水)가 왕성하고, 비겁(比劫)으로 돕고, 약간 습한 토(土)가 상생(相生)해야 길하다. 하금(夏金)이 목화(木火)가 왕성하면 빈천(貧賤)하거나 요절(夭折)할 명(命)이 되고, 화(火)가 왕성한테 토(土)가 메마르면 관인상생(官印相生)이라도 길하지 않다. 이때 수(水)가 약하면 오히려 뜨거움을 증가시기 때문에 빈천(貧賤)하며 요절(夭折)이 따른다.

사월(巳月) 경금(庚金)

사월(巳月) 경금(庚金)은 사(巳)에서 장생(長生)되는데, 사(巳)에 병화(丙火)가 있으나 안으로 무토(戊土)가 있어, 병화(丙火)가 금(金)을 녹이지 않으니 화염(火炎)함을 두려워 하지 않는다. 그러므로 먼저 임수(壬水)로 용신(用神)을 삼아 중화(中和)한 다음에 무토(戊土)를 취하고, 그 다음에 병화(丙火)를 취해서 보좌해야 한다. 고서(古書)에서는 하월(夏月) 군금(群金)은 원무(元武)가 있어야 묘해진다고 했다. 임무병(壬戊丙)이 모두 고투(高透)하면 부귀쌍전(富貴雙全)하나, 한두 개만 투출(透出)하면 공감(貢監)이나 의록(衣祿)에 불과하다.

다시 말해, 경금(庚金)은 사(巳)에서 장생(長生)되나, 병화(丙火)가 당왕(當旺)하여 경금(庚金)이 약하다. 무토(戊土)가 득록(得祿)하여 병화(丙火)가 금(金)을 녹이지는 못하나, 무토(戊土) 역시 금(金)을 생(生)하기 어렵다.

원무(元武)는 북방임계수(北方壬癸水)를 말하는데, 수(水)로 화(火)를 제(制)하여 토(土)를 윤택하게 하면 오히려 생(生)이 된다. 그러므로 금(金)이 하월(夏月)에 태어났는데 수(水)가 없으면 흉하다. 수(水)가 없으면 무토(戊土)로 화(火)를 어둡게 하여 금(金)을 보호해야 한다. 만일 금수(金水)가 태왕(太旺)하면, 월령(月令)에 당왕(當旺)한 화(火)가 용신(用神)이니 변격(變格)이다.

사월(巳月) 경금(庚金)이 일파(一派) 병화(丙火)가 있으면 가살위권(假殺爲權)이나, 임수(壬水)로 제(制)하지 않으면 청고(淸高)함이 거짓이고 인의(仁義)가 없다. 항상 새 것만을 좋아하며 형처극자(刑妻剋子)한다. 만일 임수(壬水)가 출간(出干)하여 제(制)하면 대부대귀(大富大貴)한 명(命)이 되나, 임수(壬水)가 암장(暗藏)되어 있으면 부귀(富貴)가 작다. 이런 사람은 명성이 있더라도 실속이 없다.

다시 말해, 사월(巳月) 경금(庚金)이 경금(庚金)이 많은데 병화(丙火)가 출간(出干)하면, 신왕살고(身旺殺高)하여 가살위권(假殺爲權)이 된다. 이때 임수(壬水)로 살(殺)을 제(制)하면, 병(病)이 무거운데 약(藥)을 얻는 것과 같으니 대부대귀(大富大貴)한 명(命)이 되는 것이다. 그렇지 않으면 화염토조(火炎土燥)하기 때문에 경금(庚金)이 많아도 왕(旺)하지 않고, 무토(戊土)가 인화(引化)하여 화(火)가 금(金)을 상하게 하지 않아도 반드시 형처극자(刑妻剋子)한다. 만일 신금(辛金) 일주(日柱)이면 요절(夭折)하거나 빈천(貧賤)한 명(命)이 된다. 그러나 지지(地支)에 임수(壬水)가 암장(暗藏)되어 있는데, 대운(大運)에서 인출(引出)되면 작게나마 부귀(富貴)가 있다.

사월(巳月) 경금(庚金)이 지지(地支)에 금국(金局)을 이루면 약변강(弱變强)된다. 이때 정화(丁火)로 제(制)하면 귀격(貴格)을 이루나, 병화(丙火)가 있으면 힘이 부족하다. 정화(丁火)가 투출(透出)했는데 임수(壬水)가 없으면 부귀격(富貴格)이 되고, 정화(丁火)가 없으면 무용지물이 되고, 정화(丁火)가 서너 개 정도 출간(出干)하면 심하게 단련하기 때문에 늙도록 분파(奔波)하는 명(命)이 된다.

다시 말해, 비록 경금(庚金)의 장생(長生)이 사(巳)에 있으나 매우 약하다. 그러나 유축(酉丑)이 회국(會局)하면 약변강(弱變强)된다. 축(丑)이 있으면 습토(濕土)가 금(金)을 생(生)하기 때문에 더욱 묘해진다. 해(亥)가 갑목(甲木)을 생(生)하나, 묘미(卯未)가 있으면 회국(會局)하는 것과 같다. 경금(庚金)이 강해지면 정화(丁火)에 귀(貴)가 있으나, 임계수(壬癸水)가 정화(丁火)를 상하게 하면 흉하다. 병화(丙火)도 유용하지만 정화(丁火)로 제(制)하여 귀(貴)를 얻는 것과는 비교되지 않는다. 정화(丁火)가 서너 개 정도 출간(出干)하면 관(官)이 많아 화살(化殺)한다. 이때는 수(水)로 구제해야 한다.

요약하면, 사월(巳月) 경금(庚金)은 임병무(壬丙戊)가 모두 없어도 무방하다. 그러나 병(病)이 많으면 약(藥)을 써야 하고, 아내와 자식을 보는 방법은 앞과 같다. 경금(庚金)이 사월(巳月)에 태어나면 병무(丙戊)가 당왕(當旺)했으니 반드시 수(水)가 있어야 한다. 임수(壬水) 대신 계수(癸水)가 있으면 그 뜻이 같기 때문에 약(藥)으로 쓴다. 칼이나 창으로 만드는 공이 이미 이루어졌는데, 다시 화향(火鄕)으로 들어가면 오히려 해가 된다. 따라서 화(火)가 금(金)을 만나면 반드시 상한다. 경신금(庚辛金)이 화왕(火旺)하면 남방운(南方運)이 흉하나, 진사(辰巳)가 있으면 영화롭다.

다시 말해, 금(金)이 신유사축(申酉巳丑)에 이르러 정화(丁火)로 단련되면 검극성공(劍戟成功)이라 한다. 화향(火鄕)은 남방화운(南方火運)으로 흐르는 것을 말한다. 금(金)이 화(火)를 만나면 손상된다는 것은, 금(金)이 하월(夏月)에 태어난 것을 말한다. 이때 화(火)가 있으면 반드시 상한다. 그래서 서북운(西北運)은 길하나 남방운(南方運)은 불리하다.

정리하면, 경신금(庚辛金)이 화왕(火旺)하면 남방운(南方運)은 흉하나, 진사운(辰巳運)은 영화가 따른다. 대개 진(辰)은 습토(濕土)로 금(金)을 생(生)하고, 사(巳)는 경금(庚金)의 생지(生地)이고, 진사(辰巳)는 손궁(巽宮)이 되어 진(辰)은 유(酉)와 합(合)하고, 사유(巳酉)가 회국(會局)하면 금기(金氣)를 암장(暗藏)한다. 만일 유(酉)가 있는데 진사(辰巳)가 회합(會合)하면, 오히려 왕(旺)해지기 때문에 남방운(南方運)으로 흘러도 흉하지 않다.

丙 庚 乙 壬
戌 戌 巳 寅

　이 사주는 형극(刑剋)이 많아 분류(奔流)하는 명(命)이 되었다. 임
수(壬水)에 뿌리가 없는데 인(寅)이 설(洩)하니 병화(丙火)를 제(制)
하기 어렵고, 화토(火土)가 무정(無情)하여 고향을 떠나 떠도는 팔자
가 되었다.

丁 庚 丁 癸
亥 子 巳 丑

　이 사주는 수재(秀才)로 큰 부자였고, 아들 5형제도 모두 귀격(貴
格)을 이루었다. 사축(巳丑)이 회국(會局)하여 경금(庚金)이 왕(旺)
하니, 정화(丁火)가 용신(用神)이다. 그러나 관(官)이 중(重)하여 귀
(貴)는 없으나, 계수(癸水)가 상하게 만들어 부(富)는 있다. 수(水)
가 해(亥)에 임관(臨官)했기 때문에 아들 5형제가 모두 좋은 것이다.

戊 庚 己 甲
寅 午 巳 申

　이 사주는 인오(寅午)가 회국(會局)하여 신궁(申宮) 임수(壬水)가
용신(用神)이다. 서북운(西北運)으로 흘러 공감(貢監)이 되었고, 군
기(軍機)에 이르렀다.

丙 庚 辛 乙
子 子 巳 丑

　앞에서 하월(夏月) 군금(群金)은 원무(元武)가 있으면 묘하다고 했
다. 이 사주는 지지(地支)에 금국(金局)을 이루어 사궁(巳宮)에 당왕
(當旺)한 화(火)가 용신(用神)이니, 반드시 부귀(富貴)가 있다. 만일
병화(丙火) 칠살(七殺)이 있으면 무계(武階)로 나가고, 정화(丁火)
관성(官星)이 있으면 문과(文科)로 나가는데 이 사람은 성장(省長)
에 올랐다. 혹시 정축시(丁丑時)가 아닌가 생각한다.

辛 庚 己 己
巳 申 巳 卯

　이 사주는 병화(丙火)가 용신(用神)인데 신궁(申宮) 임수(壬水)가
제(制)하고 있고, 임병(壬丙)이 모두 암장(暗藏)되어 있는데 지지(地
支)에 삼형(三刑)이 있다. 여러 번 병병(兵柄)을 잡고 농상(農商)의
장(長)이 되었으나 기복이 많았다.

辛 庚 乙 壬
巳 戌 巳 午

　이 사주는 지지(地支)에 화국(火局)을 이루었는데 양사(兩巳)에 병
화(丙火)가 암장(暗藏)되어 있다. 그러나 임수(壬水)가 출간(出干)하
어 제(制)하고, 태원(胎元)이 병신(丙申)이니 임수(壬水)의 뿌리가

있다. 가살위권(假殺爲權)이 되어 해군총장에 올랐다.

壬 庚 乙 壬
午 戌 巳 午

이 사주는 총장에 오른 사람이다. 오궁(午宮) 정화(丁火)가 용신(用神)이니, 귀(貴)가 문관(文官)에 있다. 년시(年時)에 오(午) 두 개가 술(戌)과 회국(會局)하는데, 화왕(火旺)한 때를 만나니 수(水)로 제(制)하지 않으면 흉하다.

오월(午月) 경금(庚金)

오월(午月) 경금(庚金)은 정화(丁火)가 왕(旺)하여 매우 뜨거운 때에 있다. 따라서 경금(庚金)이 패지(敗地)를 만나기 때문에 임수(壬水)로 용신(用神)을 삼은 다음에 계수(癸水)로 보좌해야 한다.

다시 말해, 오월(午月)은 정화(丁火)가 사령(司令)한 때이니, 심하게 경금(庚金)을 단련하기 때문에 임계수(壬癸水)가 없으면 흉하다. 만일 사주에 수(水)가 없으면 대운(大運)이라도 북방(北方)으로 흘러야 한다. 이때 원무(元武)가 있으면 묘해진다는 말이 이것이다. 패지(敗地)란 목욕지(沐浴地)를 말한다.

오월(午月) 경금(庚金)이 임수(壬水)가 투출(透出)했는데, 계수(癸水)가 암장(暗藏)되어 있고 지지(地支)에 경신금(庚辛金)이 있으면 부귀격(富貴格)을 이룬다. 만일 무기토(戊己土)가 출간(出干)하여 수(水)를 제(制)하면 평범한 명(命)이 되고, 지지(地支)에 무토(戊土)가 암장(暗藏)되어 있으나 목(木)으로 제(制)하면 유림(儒林)의 수사(秀士)는 잃지 않고, 천간(天干)에 금(金)이 투출(透出)했는데 지지(地支)에 임수(壬水)가 암장(暗藏)되어 있고 금(金)이 생조(生助)하면 선발됨이 있고, 임수(壬水)가 암장(暗藏)되고 무토(戊土)가 출간(出干)했는데 목(木)으로 제(制)하지 못하면 평범한 명(命)이 되고, 계수(癸水)가 출간(出干)했는데 금(金)이 있으면 길하나 부귀(富貴)가 모두 가볍다. 이런 사람은 이도(異途)로 나가는 것이 이롭다.

오월(午月)은 금(金)이 패지(敗地)를 만나기 때문에 수(水)도 절지(絶地)에 이른다. 이때 한두 개의 임계수(壬癸水)를 만나면 화(火)를 파(破)하기가 부족하다. 오히려 왕화(旺火)와 조토(燥土)가 수(水)를 핍박한다. 이때 임수(壬水)가 출간(出干)하면 계수(癸水)로 도와야 하고, 지지(地支)에서 경신금(庚辛金)이 생(生)해주면 근원이 있는 수(水)가 되어 부귀(富貴)를 이룰 수 있다. 금(金)이 투출(透出)했는데 임수(壬水)가 암장(暗藏)되어 있어도 이치가 같다.

만일 임수(壬水)가 용신(用神)인데 무기토(戊己土)가 출간(出干)하면 흉하다. 이때는 목(木)으로 제(制)해야 한다. 제(制)의 여부로 격국(格局)의 고하(高下)를 구분한다. 계수(癸水)는 힘이 약하여 부귀(富貴)가 가벼운데, 이도(異途)로 나간다는 것은 올바른 방법으로 귀격(貴格)을 이루기 어렵다는 뜻이다.

오월(午月) 경금(庚金)이 지지(地支)에 화국(火局)을 이루었는데, 수(水)가 없으면 분파(奔波)하여 의지할 곳이 없다. 그러나 임계수(壬癸水)가 출간(出干)하여 화(火)를 제(制)하면 괴갑(科甲)은 아니라도 이도(異途)의 은봉(恩封)이 있다. 그러나 이때 무기토(戊己土)가 출간(出干)하면 평범한 명(命)이 된다. 지지(地支)에 화국(火局)을 이루었는데 수(水)는 없고 무기토(戊己土)가 투출(透出)하면, 화(火)를 설(洩)하고 경금(庚金)을 보충하니 요절(夭折)과 고빈(孤貧)함은 면할 수 있다. 그러나 토(土)가 투출(透出)하지 않으면 하천한 명(命)이 되어 폐인(廢人)이 된다.

다시 말해, 오월(午月) 경금(庚金)이 지지(地支)에 화국(火局)을 이루면, 심하게 단련되기 때문에 반드시 수(水)로 구제해야 한다. 이때 무기토(戊己土)가 있으면 흉하고, 수(水)가 없으면 토(土)로 화기(火氣)를 설(洩)하여 관인상생(官印相生)이 된다. 따라서 화(火)가 금(金)을 상하게 하지 않고, 북방운(北方運)으로 흐르면 아름다운 명(命)이 된다.

오궁(午宮)에 정기(丁己)가 득록(得祿)하고 관인(官印)이 왕(旺)하여 귀(貴)가 있으나, 희신(喜神)과 용신(用神)이 서로 어긋나 부(富)는 있어도 귀(貴)는 없다. 그리고 지지(地支)에 술미(戌未) 조토(燥土)가 있는데, 기토(己土)까지 출간(出干)하지 않으면 종살(從殺)이 되지 못한다. 이때 수(水)로 구제하지 않으면 하천한 명(命)이 되어, 잔병이 많고 폐인(廢人)이 된다.

오월(午月) 경금(庚金)이 일파(一派) 목화(木火)가 있는데 식상(食傷)이나 인성(印星)이나 비겁(比劫)이 없으면, 종살격(從殺格)이 되어 부귀(富貴)가 가볍지 않다. 오월(午月)은 오궁(午宮)에 스스로 기토(己土)가 있으니, 식신상관(食神傷官)인 임계수(壬癸水)가 있으면 반생(反生)의 공(功)을 이룬다. 이때 비겁(比劫)이나 인성(印星)이나 식상(食傷)이 없으면 종살격(從殺格)이 된다.

　오월(午月) 경금(庚金)은 월령(月令)에서 관인(官印)이 모두 왕(旺)한데, 오궁(午宮)에 기토(己土)가 있으니 경금(庚金)을 생(生)하기 어려우나 상생(相生)하려는 뜻이 있다. 따라서 종살격(從殺格)을 지을 때는 절대로 가볍게 정하지 않아야 한다.

　한마디로, 오월(午月) 경금(庚金)은 수(水)가 없으면 절대로 상격(上格)을 이루지 못한다. 만일 수(水)가 없으면 대운(大運)이라도 북방(北方)으로 흘러 수운(水運)을 만나야 발전할 수 있다. 원무(元武)가 있어야 묘하다는 것은 이것을 두고 하는 말이다.

　　　壬 庚 丙 丁
　　　午 戌 午 亥

　이 사주는 화세(火勢)가 태왕(太旺)하여 아신(我身)을 극상(剋傷)한다. 그러나 년시(年時)에 있는 임수(壬水)와 해(亥)가 제(制)하니 조후(調候)된다. 처음에는 가난했으나 나중에는 부(富)한 명(命)이 되었다.

　　　壬 庚 庚 己
　　　午 戌 午 未

　이 사주는 초년에 형액이 많았고, 아내와 자식을 늦게 두었으나, 만년에는 대부격(大富格)을 이루며 장수했다. 종격(從格)과 비슷하나, 인비(印比)와 식신(食神)이 모두 출간(出干)하여 종격(從格)을 이루지 않았다. 이런 경우를 유상(類象)이라 한다. 이와 비슷한 사주로는 정묘년(丁卯年) 병오월(丙午月) 경오일(庚午日) 기묘시(己卯時)가 있다. 이 사주도 일파(一派) 목화(木火)가 있으니 종격(從格)인 것 같으나, 기토(己土)가 투출(透出)하여 오궁(午宮)에서 녹(祿)을 얻으니 종격(從格)이 아니다.

신축운(辛丑運)과 경자운(庚子運)에 뜻을 얻어 선빈후부(先貧後富) 했으나, 부(富)가 신축운(辛丑運)과 경자운(庚子運)에 있는 것이 염려된다. 경금(庚金)은 양간(陽干)이기 때문에 쉽게 종론(從論)을 짓기 어렵다. 태원(胎元)인 유(酉)에 양인(陽刃)이 암장(暗藏)되어, 수(水)를 띤 토금운(土金運)이 가장 길하다. 다시 말해, 서북운(西北運)은 길하나 남방운(南方運)은 불리하다.

고서(古書)에서는 경금(庚金)이 오(午)에 있는데 출간(出干)하면 정기(丁己)가 밝아 양쪽이 모두 가능하다고 했다. 간지(干支)에 병화(丙火)가 있어 혼잡하지 않고, 수(水)가 절(絶)되어도 비견(比肩)이 많으면 부격(富格)을 이룬다. 그리고 오월(午月) 경오일생(庚午日生)이 정기(丁己)가 투출(透出)하면, 관인(官印)이 밝아 명리(名利)가 발전한다고 했다.

그러나 임오시생(壬午時生)이 오(午)가 많으면 길하나 병화살(丙火殺)을 만나면 불리하고, 종살격(從殺格)인데 수(水)로 제(制)하면 흉하다. 이와 비슷한 사주로는 기축년(己丑年) 경오월(庚午月) 경오일(庚午日) 정축시(丁丑時)가 있다. 양축(兩丑)이 있으니 암장(暗藏)된 금수(金水)가 있어 종살(從殺)하지 않고 명현(明顯)한다. 이런 사주는 초년 고생이 많다.

팔법관건(八法關鍵)에서는 유화기이불성국(類化氣而不成局)하거나 유인수이불성인(類印綬而不成印)하면, 남에게 많이 의지해야 하는 입계과방(入繼過房)의 명(命)이 된다고 했다. 이것은 어릴 때 고고(孤苦)하지 않으면 반드시 남의 복음(福蔭)을 이어받는다는 뜻이다.

壬 庚 壬 庚
午 寅 午 申

이 사주는 양간부잡(陽干不雜)이니 일방(一榜)으로 지부(知府)가 되었다. 경임(庚壬)이 용신(用神)이다.

甲 庚 丙 壬
申 午 午 申

이 사주는 년시(年時)에 양신(兩申)이 있어 경금(庚金)이 녹(祿)을 얻고, 병화살(丙火殺)이 왕(旺)하니 식신(食神)으로 제살(制殺)한다. 한림(翰林) 출신으로 양강(兩江) 총독(總督)에 이르렀다.

庚 庚 甲 辛
辰 戌 午 酉

이 사주는 진술(辰戌) 괴강이 있고, 년(年)에 신유(辛酉) 양인(陽刃)이 있고, 오궁(午宮)에 정화(丁火)가 당왕(當旺)하여 관인격(官刃格)이 되었다. 서북운(西北運)이 길하다.

己 庚 丙 丁
卯 午 午 卯

이 사주는 기토(己土)가 용신(用神)이나 서북운(西北運)이 길하다.

庚 庚 丙 壬
辰 寅 午 午

이 사주는 시(時)에 경진(庚辰)이 있기 때문에 일원(日元)이 약하지 않고, 인오(寅午)가 회국(會局)하는데 임수(壬水)로 용신(用神)을 삼아 제(制)하고 있다.

미월(未月) 경금(庚金)

미월(未月) 경금(庚金)은 삼복(三伏)에 한기(寒氣)가 생(生)하는 때에 있으니, 금(金)이 완고하여 극(極)에 이른다. 따라서 정화(丁火)로 용신(用神)을 삼은 다음에 갑목(甲木)을 취해야 한다. 미월(未月) 경금(庚金)은 대서(大暑) 전에는 오월(午月)과 보는 방법이 같다. 대서(大暑) 후에는 금수(金水)가 진기(進氣)하니, 사주에 금수(金水)가 많으면 삼복생한(三伏生寒)이 된다. 토(土)가 삼하(三夏)에 이르면 왕화(旺火)가 상생(相生)하는데, 진술축미(辰戌丑未) 중에서 미토(未土)가 가장 왕(旺)하다.

다시 말해, 토왕(土旺)하면 금(金)이 완고하기 때문에 먼저 정화(丁火)를 취한 다음에 갑목(甲木)을 취하는 것이다. 신왕(身旺)하면 재관(財官)을 기뻐하고, 신약(身弱)하면 인수(印綬)를 기뻐하나, 갑목(甲木)으로 소토(疏土)해야 경금(庚金)이 유용해진다.

미월(未月) 경금(庚金)이 정갑(丁甲)이 투출(透出)하면 과갑(科甲)이 청(淸)하게 나타난다. 그러나 이때 계수(癸水)가 정화(丁火)를 상하게 하면 흉하다. 갑목(甲木)이 있고 정화(丁火)가 없으면 평범한 명(命)이 되고, 정화(丁火)가 있고 갑목(甲木)이 없으면 유능한 수재(秀才)이고, 정갑(丁甲)이 모두 없으면 하천한 명(命)이 된다. 미월(未月)은 대개 정화(丁火)가 있어도 출간(出干)하지 않으면 없는 것과 같다. 수(水)가 미궁(未宮) 정화(丁火)를 상하게 하지 않으면 무역업으로 나가 의록(衣祿)이 풍족하고, 지지(地支)에 수(水)가 있으면 교육계로 나간다.

미월(未月)은 화(火)의 쇠지(衰地)이기 때문에 염염(炎炎)하다고 해도 왕성함의 끝이 된다. 정화(丁火)가 출간(出干)했는데 갑목(甲木)이 인정(引丁)하지 않으면, 경금(庚金)을 단련하여 기물을 이루기 어렵다. 따라서 반드시 정갑(丁甲)이 투출(透出)해야 귀격(貴格)을 이룬다. 목(木)이 미월(未月)에 이르면 묘지(墓地)가 되어 기(氣)가 쇠한다. 따라서 재(財)가 있는데 관(官)이 없으면 유속한 사람이 되고, 관(官)이 있는데 재(財)가 없으면 유림(儒林)의 수재(秀才)로 유능한 선비가 된다. 그러나 모두 상격(上格)은 아니다.

미궁(未宮)에 스스로 정화(丁火)가 있는데 정화(丁火)가 없다고 하는 것은, 대개 미월(未月)은 기토(己土)가 당왕(當旺)하여 정화(丁火)가 투출(透出)하지 않으면, 정화(丁火)로 논하지 않고 토(土)로

논하기 때문이다. 따라서 왕토(旺土)가 정화(丁火)를 설(洩)하니 있
어도 없는 것과 같다. 그러나 전혀 쓰임이 없는 것은 아니다. 재관(財
官)이 모두 쇠갈(衰竭)하나 약하게나마 작용하기 때문에 의록(衣祿)
은 있으나 귀(貴)는 기대하기 어렵다는 것이다. 정화(丁火)는 암장
(暗藏)되었든 투출(透出)했든 계수(癸水)에게 상하면 흉하다. 다시
말해, 용신(用神)은 손상되면 안 된다는 뜻이다.

 미월(未月) 경금(庚金)이 지지(地支)에 토국(土局)을 이루면, 먼저
갑목(甲木)을 취한 다음에 정화(丁火)를 취한다. 갑목(甲木)이 투출
(透出)하면 문장이 뛰어나고 부귀(富貴)가 있다.

 다시 말해, 지지(地支)에 토국(土局)을 이루면 갑목(甲木)으로 소토
(疏土)해야 경금(庚金)이 나타난다. 따라서 갑목(甲木)을 용신(用神)
으로 삼고, 정화(丁火)로 보좌하는 것이다. 그리고 갑목(甲木)은 반
드시 출간(出干)해야 소토(疏土)할 수 있다.

 미월(未月) 경금(庚金)이 금(金)이 많은데 정(丁)이 두 개 출간(出
干)하여 제(制)하면 이도(異途)로 비상하게 발전하고, 정(丁)이 하나
출간(出干)하여 제(制)하면 도필(刀筆)로 명성을 얻는다. 미월(未月)
은 경금(庚金)이 진기(進氣)이니, 비견(比肩)이 있는데 정(丁)이 두
개 출간(出干)하여 제(制)하지 못하면 귀격(貴格)을 이루기 어렵다.
그러나 이도(異途)로 발전할 수는 있다. 정화(丁火) 하나로는 힘이
약하여 도필(刀筆)로 명성을 얻으나, 역시 이도(異途)로 나간다. 한
마디로, 미월(未月) 경금(庚金)은 정화(丁火)로 용신(用神)을 삼고,
갑목(甲木)으로 보좌해야 한다.

丁 庚 丁 丙
亥 申 未 辰

이 사주는 경신일주(庚申日柱)가 전록일(專祿日)에 태어났다. 병정화(丙丁火)가 있어 관살(官殺)이 혼잡되니, 재신(財神)이 있으면 흉하나 인수(印綬)로 화(化)하면 길하다. 정화(丁火)가 있는데 해궁(亥宮)에 갑목(甲木)이 암장(暗藏)되어 있어 장년에 뜻을 이루었으나, 관살(官殺)이 많아 형제는 적었다.

癸 庚 乙 丙
未 申 未 辰

이 사주는 미궁(未宮)에 두 개 있는 정화(丁火)가 용신(用神)이다. 초년에 크게 발전하여 가문을 일으켰다.

丁 庚 乙 丙
亥 申 未 辰

이 사주는 정화(丁火)는 투출(透出)했으나 갑목(甲木)이 암장(暗藏)되어 있다. 초년에 뜻을 이루어 일방(一榜)했고, 큰 부자였으나 형제는 적었다. 앞 사주와는 시(時)만 다르다. 이 사주는 정화(丁火)는 투출(透出)했으나 갑목(甲木)이 암장(暗藏)되어 향거(鄕擧)의 귀(貴)가 있고, 계미시생(癸未時生)은 미궁(未宮) 정화(丁火)가 용신(用神)이니 의록(衣祿)은 있으나 귀(貴)는 없다.

壬 庚 乙 丙
午 寅 未 午

이 사주는 임수(壬水)가 투출(透出)하여 화(火)를 제(制)하니, 현령
(縣令)에 이르렀으며 재능이 있었다. 임수(壬水)가 제살(制殺)하는
용신(用神)인데, 신약(身弱)하기 때문에 금수운(金水運)이 길하다.

己 庚 乙 辛
卯 子 未 亥

이 사주는 수재(秀才)였으며 주동(州同)에 이르렀다. 갑목(甲木)이
해궁(亥宮)에 암장(暗藏)되어 있고, 정화(丁火)가 투출(透出)하지 않
았는데, 지지(地支)에서 수(水)가 극(剋)한다. 그러나 기토(己土)가
출간(出干)하여 계수(癸水)를 제(制)하고, 갑목(甲木)이 미(未)를 파
(破)하여 정화(丁火)가 나온다. 잡직으로 관(官)이 작다.

甲 庚 己 癸
申 子 未 巳

이 사주는 제살(制殺)이 태왕(太旺)하니, 목화운(木火運)에서 재왕
생살(財旺生殺)하여 거인(擧人)이 되었다. 자신(子申)이 회국(會局)
하는데 계수(癸水)가 투출(透出)하여 상관격(傷官格)이 되었고, 미
궁(未宮) 정화(丁火)가 아래에 있으니 압박당하고 있다. 재운(財運)
에서 상관(傷官)을 화(化)하고 관(官)을 생(生)하여 인수(印綬)를 파

(破)하니 발전할 수 있다.

丙 庚 己 戊
戌 午 未 申

이 사주는 지지(地支)의 오미신술(午未申戌) 사이에 유인(酉刃)을
끼고 있으니 경금(庚金)이 암왕(暗旺)하고, 병화(丙火)가 출간(出干)
했는데 북방수운(北方水運)으로 흘러, 한림(翰林) 출신으로 상서(尙
書)에 이르렀다.

丁 庚 癸 庚
亥 申 未 午

이 사주는 정화(丁火)가 투출(透出)했는데 갑목(甲木)이 암장(暗藏)
되어 있으니, 정화(丁火)를 용신(用神)으로 삼는다. 계수(癸水)가 정
화(丁火)를 상하게 하여 병(病)이 된다. 무운(戊運)에 상관(傷官)을
제거하여 총규(總揆)에 이르렀고, 명예가 있었다.

■ 삼추(三秋) 경금(庚金)

추월(秋月) 금(金)은 당권(當權)하여 영(令)을 잡았으니 화(火)로
단련하면 종정(鐘鼎)의 재목을 이루고, 수(水)로 예리한 기(氣)를 설
(洩)하면 금백수청(金白水淸)이 된다. 그러니 토(土)가 왕성하면 꺼

채가 쉽게 매몰되기 때문에 고한(孤寒)한 명(命)이 되고, 비겁(比劫)이 금(金)을 돕는데 화(火)가 없으면 지나치게 강하여 오히려 꺾어지니 흉함이 많고 길함이 적다.

신월(申月) 경금(庚金)

신월(申月) 경금(庚金)은 경금(庚金)이 사령(司令)하는 때에 있으니 매우 강하며 예리하다. 따라서 정화(丁火)로 용신(用神)을 삼아 단련하고, 갑목(甲木)으로 정화(丁火)의 불꽃을 이끌어야 한다.

고서(古書)에서는 추금(秋金)이 예리하면 가장 묘하나 임계수(壬癸水)가 서로 만나면 흉하고, 수화(水火)를 만나 국(局)을 이루면 복수(福壽)가 산처럼 가지런하다고 했다. 또 명리부(明理賦)에서는 강금(剛金)이 수(水)가 있으면 예리한 봉우리가 꺾여 길할 것 같으나, 이것은 경금(庚金)의 성질을 모르기 때문이라고 했다.

다시 말해, 신월(申月) 경금(庚金)은 반드시 단련해야 큰 기물을 이루고, 정화(丁火)가 있어야 귀격(貴格)을 이룬다. 인월(寅月) 갑목(甲木)은 설(洩)해야 길하고 극(剋)되면 흉하나, 신월(申月) 경금(庚金)은 극(剋)되어야 길하고 설(洩)되면 흉하다. 이렇게 오행(五行)이 다른 것은 조후(調候)의 관계 때문이다.

월령(月令)에 건록(建祿)이 있으면 재관(財官)이 정당한 용법이나, 초춘(初春) 갑목(甲木)은 병화(丙火)를 기뻐하니 예외이고, 중춘(仲春)에는 재관(財官)이 마땅하다. 경금(庚金)을 단련하려면 정화(丁

火)가 우선이고, 반드시 갑목(甲木)이 정화(丁火)를 도와야 노화(爐火)가 항상 붉게 불타오른다. 그래서 갑목(甲木)으로 보좌하는 것이다. 적천수(滴天髓)에서는 친어머니가 있으면 추동(秋冬)이라도 만사형통한다고 했다. 다시 말해, 정화(丁火)는 갑목(甲木)을 떠날 수 없는데, 추동(秋冬)에는 더욱 그렇다는 뜻이다.

신월(申月) 경금(庚金)이 정갑(丁甲)이 모두 투출(透出)하면 권세가 백료(百僚)보다 더 중(重)하고, 정화(丁火)는 있는데 갑목(甲木)이 없으면 수사(秀士)의 명(命)이고, 갑목(甲木)은 있는데 정화(丁火)가 없으면 평범한 명(命)이고, 정갑(丁甲)이 모두 없으면 하격(下格)의 명(命)이 된다. 만일 정화(丁火)가 없으면 병화(丙火)를 취한다.

다시 말해, 신월(申月) 경금(庚金)이 정갑(丁甲)이 있으면 왕금(旺金)을 억제하여 모범을 따르게 하므로 위권(威權)이 있고, 갑목(甲木)이 없으면 정화(丁火)의 힘이 약하여 경금(庚金)을 단련하지 못하므로 선비에 불과하고, 갑목(甲木)이 있는데 정화(丁火)가 없으면 평범한 명(命)이 된다. 이것은 식신생재격(食神生財格)과 같아, 목(木)이 휴수(休囚)되어 재성(財星)이 왕(旺)하지 않기 때문이다. 이때 정화(丁火)가 없어 병화(丙火)를 취해도 부귀(富貴)가 있으나 정화(丁火)만은 못하다.

신월(申月) 경금(庚金)이 지지(地支)에 수국(水局)을 이루었는데 병정화(丙丁火)가 있고 갑목(甲木)의 뿌리가 없으면 반드시 나약하고 어리석은 사람이 된다. 이것은 맹추(孟秋)에 왕금(旺金)이 수(水)를 생(生)하여 병정화(丙丁火)를 곤(困)하게 하기 때문이다. 갑목(甲木)이 출간(出干)하여 인정(引丁)하면 공감(貢監)이나 생원(生員)은 잃지 않으나, 갑목(甲木)이 암장(暗藏)되어 있으면 입방(榜)에 능한 선비로 의록(衣祿)이 작다.

신월(申月) 경금(庚金)이 지지(地支)에 수국(水局)을 이루었는데, 병정(丙丁)이 없고 천간(天干)에 경금(庚金)이 세 개 나란히 투출(透出)하면 정란차격(井欄叉格)이 된다. 이때는 병정화(丙丁火)의 허신(虛神)을 충(沖)하여 용신(用神)으로 삼으니, 갑을인묘운(甲乙寅卯運)이 이끌어야 한다. 병정(丙丁)이 실(實)하면 유용하나, 허(虛)하면 무용지물이 된다. 수왕화쇠(水旺火衰)하여 식상(食傷)이 관살(官殺)을 심하게 제(制)하기 때문에 재(財)가 생(生)해주지 않으면 불가하다.

신월(申月)은 임수(壬水)가 장생(長生)되는데 수국(水局)을 이루면 수왕(水旺)함이 극(極)에 이르기 때문에 비록 지지(地支)에 있더라도 화(火)가 스스로 두려워한다. 그러니 어찌 경금(庚金)을 단련하여 기물을 이룰 것이고, 갑목(甲木)이 수(水)를 설(洩)하여 화(火)를 생(生)하지 않으면 어찌 유용하겠는가. 갑목(甲木)이 출간(出干)하면 공감(貢監)이나 생원(生員)은 잃지 않고, 갑목(甲木)이 암장(暗藏)되어 있으면 힘이 부족하기 때문에 의록(衣祿)이 있는 선비이나 발전하기는 어렵다.

신월(申月) 경금(庚金)이 지지(地支)에 토국(土局)을 이루면 먼저 갑목(甲木)을 취한 다음에 정화(丁火)로 보좌하면 대부격(大富格)을 이룬다. 다시 말해, 신월(申月) 경금(庚金)이 지지(地支)에 토국(土局)을 이루면 소토(疏土)해야 한다. 이때 토(土)를 파(破)하면 금(金)이 나타나 인정(引丁)하여 지위가 높은데 재(財)를 위주로 하니 대부격(大富格)을 이루는 것이다.

신월(申月) 경금(庚金)이 지지(地支)에 화국(火局)을 이루면 부귀격

(富貴格)을 이룬다. 다시 말해, 지지(地支)에 화국(火局)을 이루면 인궁(寅宮)에 스스로 갑목(甲木)이 있는 것이니 갑목(甲木)이 없어도 무방하다.

신월(申月) 경금(庚金)이 금강목명(金剛木明)하면 상업에 종사하는 사람이 되고, 금(金)이 신유술(申酉戌)을 모두 갖추면 부귀(富貴)를 의심하지 않아도 되고, 금신(金神)이 화향(火鄕)에 들어가 양인(陽刃)을 만나면 부귀격(富貴格)을 이룬다.

다시 말해, 금강목명(金剛木明)하면 재성(財星)이 용신(用神)이 되어 상업에 종사하는 사람이 되는 것이다. 금(金)이 신유술서방(申酉戌西方)을 이루었는데 화(火)가 있으면 관살(官殺)이 유용하나, 화(火)가 없으면 종혁격(從革格)이 되어 부귀격(富貴格)을 이룬다. 삼추(三秋) 경금(庚金)이 유(酉)에 있으면 양인(陽刃)이 되어 경금(庚金)이 당왕(當旺)한다. 이때 화(火)로 단련하고 남방운(南方運)으로 흐르면 금신입화향(金神入火鄕)이라 한다.

대개 강금(剛金)이 모범을 보이면 위무와 불굴의 정신이 있다. 이것은 신월(申月)이나 유월(酉月)이나 술월(戌月)이 모두 같다. 자평법(子平法)에서는 추금(秋金)이 영(令)을 잡으면 모두 금신(金神)이지만, 을축(乙丑)과 기사(己巳)와 계유(癸酉)는 예외라고 했다.

丙 庚 庚 戊
子 申 申 申

이 사주는 정란차격(井欄叉格)이 되어 원수(元帥)에 올랐다. 신강살천(身强殺淺)하여 가살위권(假殺爲權)이 되었다. 시상(時上) 편관

(偏官)이 용신(用神)이고, 자신(子申)이 수국(水局)을 이루나 무토
(戊土)가 제(制)하여 병화(丙火)가 곤(困)하지 않다.

丁 庚 庚 癸　　丁 庚 甲 乙
亥 申 申 巳　　亥 戌 申 未

위의 두 사주는 모두 정화(丁火)가 있어 매우 명현(明顯)하다. 계사
년생(癸巳年生)은 일방(一榜)으로 부윤(府尹)이 되었고, 을미년생
(乙未年生)은 효자를 두었으며 선빈후부(先貧後富)했다.

丙 庚 丙 辛
戌 子 申 酉

이 사주는 지지(地支)에 신유술서방(申酉戌西方)을 이루었는데, 자
술(子戌)이 해(亥)를 끼고 있고 병신(丙辛)이 합(合)하여 살(殺)을
제거한다. 따라서 시상(時上) 병화(丙火)가 용신(用神)이다. 금신(金
神)이 화향(火鄕)에 들어가 부귀격(富貴格)이 되어 북양(北洋) 군벌
(軍閥)의 영수(領袖)가 되었다.

유월(酉月) 경금(庚金)

유월(酉月) 경금(庚金)은 아직 강하고 예리함이 남아 있다. 따라서

정갑(丁甲)으로 용신(用神)을 삼은 다음에 병화(丙火)로 보좌해야 한다. 그러나 이때 병화(丙火)가 적게 있으면 불가하다.

다시 말해, 유월(酉月) 경금(庚金)은 월령(月令)의 양인(陽刃)이 영(令)을 잡았으니 금기(金氣)가 가장 강하며 예리하고, 추기(秋氣)가 깊어지는 때이니 한기(寒氣)가 심하다. 따라서 정화(丁火)로 단련하고, 병화(丙火)로 한기(寒氣)를 제거해야 한다. 이것은 관살(官殺)을 함께 취하는 것이다.

그동안의 경험으로 보아 관살(官殺)이 혼잡을 꺼리지 않는 것은 아니나, 반드시 함께 있어야 귀격(貴格)을 이룬다. 살인격(殺刃格) 사주는 대개 월령(月令)에 살(殺)이 당왕(當旺)하면 인수(印綬)로 양인(陽刃)을 도와야 하고, 양인(陽刃)이 당왕(當旺)하면 재(財)로 살(殺)을 생(生)해야 한다. 이 이치는 오행(五行)이 모두 같다.

유월(酉月) 경금(庚金)이 정갑(丁甲)이 투출(透出)했는데 병화(丙火)가 하나 있으면 과갑(科甲)에 이른다. 월(月)에 양인(陽刃)이 하나 있는데 충(沖)되지 않고, 지지(地支)에 병화(丙火)가 하나 암장(暗藏)되어 있으면 양인가살격(陽刃駕殺格)을 이룬다. 이런 사람은 출장입상(出將入相)하고 절개가 굳으며 충성심이 강하다. 만일 그렇지 않다면 풍수(風水)가 박하기 때문이다. 이것은 정병(丁丙)을 함께 취한다는 뜻이다.

유월(酉月) 경금(庚金)은 월령(月令)의 양인(陽刃)이 영(令)을 잡았으니 관살(官殺)이 절태지(絶胎地)에 이른다. 이때는 역량이 부족하기 때문에 반드시 재(財)로 생(生)해야 한다. 양인(陽刃)은 충(沖)을 꺼리기 때문에 선종(善終)하지 못한다. 따라서 충(沖)되지 않아야 아름다운 명(命)을 이룰 수 있다.

만일 정화(丁火)가 투출(透出)했는데 병화(丙火)가 암장(暗藏)되어 있으면 관살(官殺)이 혼잡되나 혼잡하지 않은 것과 같다. 금성옥진부(金聲玉振賦)에서는 종혁격(從革格)이 삼기(三奇)를 만나면 천추에 명성을 날린다고 했다. 삼기(三奇)란 을병정(乙丙丁)이나 묘사오(卯巳午)를 말한다. 경금(庚金)이 유인(酉刃)에 있는데 삼기(三奇)를 만나면, 반드시 출장입상(出將入相)하는 명(命)이 된다. 이런 사람은 후덕하며 충성심이 강하다. 만일 그렇지 않다면 반드시 파패(破敗)된 것이 있으니 잘 살펴야 한다.

유월(酉月) 경금(庚金)이 병화(丙火)가 중(重)한데, 정화(丁火)가 하나 출간(出干)하고 지지(地支)에 갑목(甲木)이 암장(暗藏)되어 있으면 과갑(科甲)으로 벼슬길에 오른다. 만일 병화(丙火)가 출간(出干)했는데 정화(丁火)가 암장(暗藏)되어 있으면 이도(異途)로 귀(貴)가 나타난다. 이것은 살인(殺刃)이 균등하다는 것을 논한 것으로 귀(貴)가 왕후에 이른다. 이 말은 살왕인경(殺旺刃輕)하면 과갑(科甲)으로 벼슬길에 오른다는 뜻이다. 살인(殺刃)은 주로 귀(貴)가 무직(武職)에 있는데, 이것을 이도(異途)의 귀(貴)라 한다.

유월(酉月) 경금(庚金)이 지지(地支)에 병정화(丙丁火)가 있는데, 갑목(甲木)이 투출(透出)하고 수(水)가 투출(透出)하지 않으면 청고(淸高)하다. 그러나 귀(貴)가 낮아 의금(衣衿)이 있는 선비에 불과하다. 다시 말해, 양인가살격(陽刃駕殺格)이 되어 수(水)가 화(火)를 곤(困)하게 하지 않으면, 지지(地支)에 병정화(丙丁火)가 암장(暗藏)되어 있어도 청귀(淸貴)한 선비는 잃지 않는다는 뜻이다.

유월(酉月) 경금(庚金)이 천간(天干)에 정화(丁火)가 없는데 병화(丙火)가 중첩되어 출간(出干)하면, 가살(假殺)이 중(重)하나 양인

(陽刃)이 있어 종살격(從殺格)을 짓기 어렵기 때문에 평범한 명(命)
이 된다. 즉, 병화(丙火)가 하나 투출(透出)해도 수사(秀士)이기는
하나 귀(貴)는 없다.

 다시 말해, 경금(庚金)은 정화(丁火)로 단련해야 큰 기물을 이룰 수
있는데, 정화(丁火)가 없고 병화(丙火)가 있으면 부(富)에 불과하다.
월령(月令)의 양인(陽刃)이 영(令)을 잡았으니 병화(丙火)가 중첩되
고, 지지(地支)에 화국(火局)을 이루어 기(氣)가 편왕(偏旺)해도 종
살(從殺)하지 못하여 귀격(貴格)을 이루지 못한다.

 유월(酉月) 경금(庚金)이 병정갑(丙丁甲)이 하나도 없는데 지지(地
支)에 금국(金局)을 이루면, 수(水)가 출간(出干)하여 금기(金氣)를
설(洩)해야 한다. 이때 서북운(西北運)으로 흘러 화향(火鄕)을 만나
지 않으면 종혁격(從革格)이 된다. 이런 사람은 청아하고 부(富)한
가운데 귀(貴)를 얻으나 흉사가 많이 따른다. 만일 화운(火運)으로
들어가면 파격(破格)되어 수명을 보전하기 어렵다. 또 사주에 화(火)
가 있으면 파격(破格)되어 표류하니, 고고(孤苦)하거나 승도팔자가
된다. 만일 목향운(木鄕運)으로 들어가면 작게나마 의식(衣食)이 있
으나, 구류기예(九流技藝)에 가까운 사람이다.

 유월(酉月) 경금(庚金)이 목화(木火)가 없는데 지지(地支)에 금국
(金局)을 이루거나 서방운(西方運)이 와전하면, 금기(金氣)가 순수
하기 때문에 한 방면으로 편왕(偏旺)하여 종혁격(從革格)을 이룬다.
강금(剛金)이 수(水)가 있으면 날카로운 끝이 꺾인다. 이때 수(水)로
금기(金氣)를 설(洩)해야 한다. 이것을 금수동심(金水同心)이라 한
다. 사주에 화(火)가 있으면 파격(破格)되어 화운(火運)으로 들어가
면 흉하다 그러나 어떻게 서북운(西北運)으로만 흐를 수 있겠는기.

따라서 흉사가 많고, 남방운(南方運)으로 흐르면 목숨을 보전하기 어렵다.

 유월(酉月) 경금(庚金)이 수(水)가 출간(出干)하여 화(火)를 곤(困)하게 만들면 살인격(殺刃格)을 이루기 어렵다. 이때 서북운(西北運)으로 흐르면 더욱더 곤(困)해져 반드시 표류하여 고고(孤苦)하다. 동방목운(東方木運)으로 흐르면 수(水)를 설(洩)하여 화(火)를 생(生)한다. 따라서 목(木)인 재운(財運)으로 흘러야 길하다. 이런 사주는 작게나마 의식(衣食)은 있으나, 격국(格局)이 혼잡되어 구류기예(九流技藝)에 가까운 사람이 되는 것이다.

 유월(酉月) 경금(庚金)이 지지(地支)에 갑을목(甲乙木)이 중(重)하면 무용지물이 되고, 금왕목쇠(金旺木衰)하여 화(火)가 없으면 제(制)하기 어렵다. 따라서 병정화(丙丁火)가 없으면 반드시 예술방면에 재능이 있다.

 유월(酉月)은 경금(庚金)이 영(令)을 잡은 때에 있으니, 먼저 화(火)로 인(刃)을 제(制)하면 살인격(殺刃格)이 되고, 수(水)로 금(金)을 설(洩)하면 종혁격(從革格)이 된다. 금왕목쇠(金旺木衰)하여 화(火)가 있으면 살인격(殺刃格)과 같고, 수(水)가 있으면 식상생재격(食傷生財格)이 된다. 종혁격(從革格)을 이루지 않으면 상업이나 예술방면에서 재능이 있다. 왕금(旺金)은 인수(印綬)를 취하지 않으니 논하지 않는다.

　　　辛 庚 癸 甲
　　　巳 申 酉 辰

이 사주는 사궁(巳宮) 병화(丙火)가 용신(用神)이다. 천간(天干)에 계수(癸水)가 있으나, 갑목(甲木)이 인화(引化)하여 병화(丙火)가 상하지 않는다. 따라서 귀(貴)가 지주(知州)에 이르렀다.

丁 庚 乙 乙
亥 午 酉 巳

이 사주는 재왕생관(財旺生官)하여 거인(擧人)이었고, 관(官)이 양도(糧道)에 이르렀다. 정화(丁火)가 출간(出干)하여 오(午)에서 녹(祿)을 얻고, 년월(年月)에 을목(乙木) 정재(正財)가 있으니 재왕생관(財旺生官)한다. 월지(月支)에 유(酉)의 양인살(羊刃殺)이 있으니 아신(我身)이 왕지(旺地)로 들어갈 때 공명(功名)을 떨친다. 이런 사주를 귀령격(歸靈格)이라고도 한다.

丙 庚 丁 丙
子 子 酉 子

이 사주는 신왕(身旺)하여 살(殺)을 감당할 수 있으니 승상(丞相)이 되었다. 천간(天干)에 병화(丙火) 두 개와 정(丁)이 하나 있고, 지지(地支)에 계수(癸水)가 있다. 그러나 천간(天干)의 병정화(丙丁火)를 상하게 하지 않아 귀(貴)가 극품에 이르렀다.

乙 庚 己 丁　　辛 庚 己 丁
酉 辰 酉 未　　巳 辰 酉 丑

정미년생(丁未年生)은 정화(丁火)가 출간(出干)했으나 병화(丙火)가 없어 평범한 명(命)이 되었고, 정축년생(丁丑年生)은 정화(丁火)가 출간(出干)했으나 병화(丙火)가 암장(暗藏)되어 거인(擧人)으로 지부(知府)가 되었다. 이처럼 한 글자 차이로도 귀(貴)가 달라진다.

戊 庚 癸 己
寅 申 酉 亥

이 사주는 승상(丞相)에 이른 사람으로, 양인가살격(陽刃駕殺格)이다. 인궁(寅宮) 병화(丙火)가 인(刃)을 제(制)하고, 갑목(甲木)이 인궁(寅宮)에 모두 암장(暗藏)되어 병화살(丙火殺)을 인생(引生)하고, 천간(天干)에 계수(癸水)가 있으나 무토(戊土)가 극제(剋制)하여 암(暗)으로 화(化)하여 살(殺)을 돕고, 대운(大運)이 남방운(南方運)으로 역행(逆行)하여 귀(貴)가 극품에 이르렀다.

丁 庚 辛 癸
亥 子 酉 丑

이 사주는 형극(刑剋)이 있어 고빈(孤貧)한 명(命)이 되었다. 계수(癸水)가 정화(丁火)를 상하게 하는데 토(土)로 구제하지 못했기 때문이다.

丙 庚 丁 辛
子 午 酉 卯

이 사주는 청나라 고종의 명(命)이다. 고서(古書)에서는 자오묘유(子午卯酉)가 입격(入格)하면 사극(四極)이고, 입격(入格)하지 못하면 사충(四沖)이라 했다. 이 사주는 살인(殺刃)이 함께 투출(透出)하여 통근(通根)했으니 살인격(殺刃格)이 되었다. 이런 경우에는 충(沖)으로 논하지 않는다. 정화(丁火)가 출간(出干)하여 60년 동안 천자의 자리를 지키며 사해에 위세를 떨치고, 89세의 나이로 생을 마감했다.

壬 庚 乙 庚
午 子 酉 午

이 사주는 년월(年月)에 있는 오유(午酉)가 상파(相破)하는데, 관성(官星)이 인(刃)을 띠고 있으니 살인격(殺刃格)과 같다. 그러나 일주(日柱) 경금(庚金)이 을목(乙木)과 합(合)되어 관성(官星)을 돌보지 않고 재(財)를 따르니, 탐재망관(貪財忘官)하여 화액을 감추고 있다. 일시(日時) 자오(子午)가 상충(相沖)하여 선종(善終)하지 못했다. 이런 사주는 대개 권력에 뜻이 있다.

辛 庚 辛 戌
巳 申 酉 申

이 사주는 주사(主事)가 된 사람이다. 금(金)이 많아 화(火)가 꺼지나, 세상에 저서를 남겼다.

丁 庚 己 丁
亥 子 酉 巳

이 사주는 병정화(丙丁火)가 출간(出干)했는데 지지(地支)에 병갑
(丙甲)이 암장(暗藏)되어 시랑(侍郎)에 이르렀다.

丁 庚 癸 甲
亥 辰 酉 申

이 사주는 총령사려(總領師旅)에 오른 사람이다. 정갑(丁甲)이 출간
(出干)했으나 애석하게도 지지(地支)에 병화(丙火)가 없다.

丙 庚 辛 癸
戌 申 酉 巳

이 사주는 지지(地支)에 신유술서방(申酉戌西方)을 이루었는데, 병
화(丙火)가 출간(出干)하여 사(巳)에서 득록(得祿)하니 가살위권(假
殺爲權)이 되었다. 사주에 정화(丁火)가 없어 총령사간(總領師干)으
로 성주석(省主席)이 되었다.

술월(戌月) 경금(庚金)

술월(戌月) 경금(庚金)은 무토(戊土)가 사령(司令)하는 때에 있으니, 토(土)가 후하여 묻힐 염려가 있다. 따라서 먼저 갑목(甲木)으로 용신(用神)을 삼아 소토(疏土)한 다음에 임수(壬水)로 세척하면 유용해진다. 그러나 기토(己土)가 임수(壬水)를 탁하게 만들면 흉하다.

다시 말해, 술월(戌月) 경금(庚金)은 상강(霜降) 전에는 유월(酉月) 경금(庚金)의 이치와 같다. 그러나 토왕(土旺)하기 때문에 무형(無形) 중에 막히게 하니, 무토(戊土)가 출간(出干)하면 흉하다. 토(土)가 후하면 금(金)이 묻힐 염려가 있으니, 반드시 갑목(甲木)을 먼저 취한 다음에 임수(壬水)를 취해야 경금(庚金)이 유용해진다. 금수(金水)는 반드시 청(淸)해야 하는데 무토(戊土)가 있으면 임수(壬水)의 흐름을 막는다. 이때 기토(己土)가 있으면 임수(壬水)를 탁하게 만든다. 따라서 술월(戌月) 경금(庚金)이 무기(戊己)가 모두 출간(出干)하면 흉하다.

술월(戌月) 경금(庚金)이 갑임(甲壬)이 모두 투출(透出)하면 과갑(科甲)에 준함이 있으나, 무기토(戊己土)가 있으면 흉하다. 갑목(甲木)이 투출(透出)했는데 임수(壬水)가 암장(暗藏)되어 있으면 향괴(鄕魁)는 잃지 않고, 갑목(甲木)이 암장(暗藏)되어 있는데 임수(壬水)가 투출(透出)하면 늠공은 도모하고, 갑목(甲木)이 있는데 임수(壬水)가 없으면 재능과 학문이 높은 선비이고, 임수(壬水)는 있는데 갑목(甲木)이 없으면 평범한 명(命)으로 의금(衣衿)을 물을 필요가 없고, 임갑(壬甲)이 모두 없으면 승도가 되거나 무용지물이 된다.

술월(戌月) 경금(庚金)은 무토(戊土)가 무형(無形) 중에 왕(旺)하기 때문에 갑목(甲木)으로 소토(疏土)한 다음에 임수(壬水)로 세척하면 자연히 발전한다. 무기토(戊己土)가 출간(出干)하면 갑목(甲木) 하나로는 힘이 부족하다. 따라서 갑목(甲木)이 두 개 정도는 있어야 왕토(旺土)를 제(制)할 수 있다. 갑목(甲木)이 소토(疏土)하면 경금(庚金)이 유용해져 성망(聲望)과 지위가 있고, 임수(壬水)로 금(金)을 세척하여 경금(庚金)의 수기(秀氣)를 설(洩)하면 학식과 재능이 있다. 이처럼 암장(暗藏)과 투출(透出), 많음과 적음에 따라 달라진다. 술월(戌月) 신금(辛金)을 참고하기 바란다.

술월(戌月) 경금(庚金)이 지지(地支)에 화국(火局)을 이루면 공명(功名)이 뛰어난 선비가 된다. 이때 계수(癸水)가 없으면 일방(一榜)은 기대할 수 있다. 다시 말해, 술월(戌月)은 월건(月建)이 술(戌)인데, 인오(寅午)가 있으면 화국(火局)을 이룬다. 따라서 갑목(甲木)이 있으면 화왕(火旺)을 돕기 때문에 불가하다. 이때는 반드시 임수(壬水)로 구제해야 한다.

술월(戌月)은 무토(戊土)가 당왕(當旺)한 때이니, 지지(地支)에 화국(火局)을 이루었는데 계수(癸水)가 있으면 반드시 무토(戊土)와 합(合)하여 화(火)로 화(化)한다. 이것은 적수(滴水)가 홍로(洪爐)에 들어가는 것과 같아 불꽃을 증가시킨다.

술월(戌月) 경금(庚金)이 무토(戊土)가 많아 금(金)을 생(生)하는데 갑임(甲壬)이 모두 없으면 혼탁하다. 이런 사람은 졸렬하고, 의록(衣祿)이 있어도 오래가지 못한다. 경(庚)이 하나 있는데 무토(戊土)는 많고 갑임(甲壬)이 없으면 하천한 명(命)이 된다. 무토(戊土)가 많아 금(金)을 생(生)하는데, 비견(比肩)이 출간(出干)하고 토금(土金)이 많으며 정화(丁火) 정관(正官)이 있으면 유용하다. 그러나 금기(金氣)가 설(洩)되지 않아 혼탁하고, 금실무성(金實無聲)하기 때문에 졸렬하여 의록(衣祿)이 있어도 오래가지 못한다. 만일 경금(庚金)은 하나밖에 없는데 무토(戊土)가 많으면 반드시 매몰된다. 따라서 하천한 명(命)이 되어 게으르고 어리석다.

　　丁 庚 庚 丁
　　丑 子 戌 未

이 사주는 양방(兩榜)하였다. 토(土)가 출간(出干)하지 않았으니 정화(丁火)가 용신(用神)이고, 자수(子水)가 윤토(潤土)하여 금(金)을 생(生)한다. 삼추(三秋) 경금(庚金)의 정법(正法)이다.

　　辛 庚 丙 庚
　　巳 戌 戌 寅

술월(戌月)은 신금(辛金)의 남은 기(氣)가 왕성하기 때문에 신금(辛金)이 투출(透出)하면 양인(陽刃)이 된다. 병화(丙火) 칠살(七殺)로 인(刃)을 제(制)하여 방백(方伯)에 이르렀고, 문무(文武)를 겸하였으니 살인격(殺刃格)으로 본다.

　　甲 庚 戊 辛
　　申 申 戌 酉

이 사주는 무토(戊土)가 출간(出干)했는데 지지(地支)에 신유술(申酉戌)이 모두 있다. 갑목(甲木)으로 토(土)를 파(破)하고, 남방운(南方運)으로 흘러 상서(尙書)에 올랐다.

　辛 庚 戊 辛
　巳 申 戌 酉

이 사주는 지지(地支)에 신유술서방(申酉戌西方)을 이루었는데, 신금(辛金) 양인(陽刃)이 출간(出干)하여 사궁(巳宮) 병화(丙火)가 용신(用神)이다. 남방운(南方運)으로 흐르면 길하고, 칠살(七殺)이 득지(得地)하여 귀(貴)가 있다. 살인격(殺刃格)이 되어 태위(太尉)에 이르러 병병(兵柄)을 장악했다. 종혁격(從革格)과 비슷하나 종혁격(從革格)은 아니다.

　戊 庚 庚 壬
　寅 戌 戌 申

이 사주는 무토(戊土)가 출간(出干)했으니 인궁(寅宮) 갑목(甲木)으로 용신(用神)을 삼아 소토(疏土)한 다음에 임수(壬水)로 경금(庚金)을 세척해야 한다. 그러나 애석하게도 갑목(甲木)이 암장(暗藏)되어 있는데 무토(戊土)가 출간(出干)하여 양도(糧道)에 머물렀다.

　己 庚 丙 乙
　卯 寅 戌 亥

이 사주는 여명(女命)인데, 목(木)으로 소토(疏土)하여 일품(一品)의 봉고(封誥)를 받았다. 기토(己土)가 출간(出干)했으니 갑목(甲木)으로 소토(疏土)하고, 임수(壬水)로 제살(制殺)해야 한다.

壬 庚 甲 甲
午 辰 戌 申

이 사주는 갑목(甲木)이 토(土)를 파(破)하고, 임수(壬水)로 윤택하게 하여 금(金)을 생(生)한다. 오궁(午宮) 정화(丁火)가 용신(用神)이니 과갑(科甲)은 아니나, 지지(地支)의 진오신술(辰午申戌) 사이에 연주(聯珠)하여 협공(夾拱)하니, 봉강(封疆)에 이르러 자작(子爵)에 봉해졌다.

壬 庚 丙 庚
午 戌 戌 申

이 사주는 경금(庚金)이 신(申)에서 득록(得祿)했는데, 지지(地支)에 화국(火局)을 이루어 공명(功名)이 높은 선비가 되었다. 진사(進士) 출신으로 축운(丑運) 경인년(庚寅年)에 절강성(浙江城)의 재정 감리관에 이르렀고, 대호수리국독판(太湖水利局督辦)이 되었다.

庚 庚 壬 癸
辰 申 戌 亥

이 사주는 임수(壬水)를 용신(用神)으로 삼아 수기(秀氣)를 설(洩)하는데, 갑목(甲木)이 해궁(亥宮)에 암장(暗藏)되어 소토(疏土)하지 못하니 여양도윤(汝陽道尹)에 머물렀다.

■ 삼동(三冬) 경금(庚金)

동월(冬月) 금(金)은 매우 추운 때에 있으니 강한 성질을 발휘할 수 없다. 따라서 목(木)이 많으면 재다신약(財多身弱)이 되고, 수(水)가 있으면 금한수냉(金寒水冷)이 되고, 수(水)가 왕성하면 매우 흉하다. 그러나 화(火)로 금(金)을 따뜻하게 만들고, 토(土)가 금(金)을 배양해주면 길하다. 관인상생격(官印相生格)을 이루면 복수(福壽)가 모두 있다.

해월(亥月) 경금(庚金)

해월(亥月) 경금(庚金)은 금한수냉(金寒水冷)한 때에 있으니 정화(丁火)가 없으면 단련할 수 없고, 병화(丙火)가 없으면 따뜻하게 만들 수 없다. 다시 말해, 해월(亥月)은 임수(壬水)가 영(令)을 잡은 때이니, 경금(庚金)이 설(洩)되어 한냉(寒冷)하다. 경금(庚金)은 견강(堅剛)하여 정화(丁火)가 없으면 단련하지 못하고, 병화(丙火)가 없으면 한기(寒氣)를 제거할 수 없다. 따라서 반드시 관살(官殺)이 함께 있어야 아름다운 명(命)이 된다. 정화(丁火)가 용신(用神)이면 반드시 갑목(甲木)이 있어야 하는데, 먼저 정화(丁火)를 취한 다음에 병갑(丙甲)으로 보좌해야 한다.

해월(亥月) 경금(庚金)이 병정(丙丁)이 모두 투출(透出)했으나, 지지(地支) 자수(子水)가 통류(通流)하지 못하면 일방(一榜)은 있다. 이때 병화(丙火)가 인사(寅巳)에 암장(暗藏)되어 있으면 양방(兩榜)에 준함이 있다. 지지(地支)에 자수(子水)가 두 개 있는데 기토(己土)가 출간(出干)하여 제(制)하면, 수재(秀才)로 공사(貢士)는 잃지 않고 능력이 있다.

해궁(亥宮)은 경금(庚金)의 병지(病地)에 해당하는데 자(子)가 또 있으면, 수국(水局)을 이루어 경금(庚金)이 약해진다. 그러나 병정(丙丁)이 있는데 수성(水盛)하면 화기(火氣)가 두려워하니, 지지(地支)에 자수(子水)가 통류(通流)하지 않아야 귀격(貴格)을 이룬다. 병정화(丙丁火)는 인사(寅巳)에 뿌리가 있는데, 지지(地支)에 자수(子水)가 없고 기토(己土)가 출간(出干)하여 제(制)하면 역시 공명(功名)이 있다. 이것은 기토(己土)가 임수(壬水)를 혼합하여 갑목(甲木)을 생(生)하니, 목(木)이 생부(生扶)되어 병정화(丙丁火)가 의지할 곳이 있어 두려움이 없기 때문이다. 이런 사주는 유림(儒林)의 수사(秀士)가 된다

삼동(三冬) 경금(庚金)은 왕목(旺木)이 영(令)을 잡아 금수진상관(金水眞傷官)이 된다. 금한수냉(金寒水冷)하기 때문에 병화(丙火)가 없으면 따뜻하게 만들 수 없고, 경금(庚金)의 기(氣)가 설(洩)된다. 이때 신약(身弱) 사주는 반드시 비겁운(比劫運)으로 흘러야 길하다. 이것은 상관(傷官)은 겁재향(劫財鄕)을 가장 기뻐하기 때문이다. 인

수(印綬)가 없으면 금수(金水)가 청(淸)하니 길하고, 토(土)가 있으면 혼탁해진다. 부(賦)에서는 해월(亥月) 경금(庚金)은 금수(金水)가 있으면 총명하나, 토(土)가 있으면 완고하고 어리석다고 했다.

해월(亥月) 경금(庚金)이 병갑(丙甲)이 투출(透出)했는데 정화(丁火)가 없으면 평범한 명(命)이니 발전하지 못하나, 병화(丙火)는 투출(透出)했는데 정화(丁火)가 암장(暗藏)되어 있으면 이도(異途)로 무직(武職)에 오른다. 그러나 합(合)되면 용속한 사람이 된다. 병갑(丙甲)이 투출(透出)했으나 정화(丁火)가 없으면 경금(庚金)을 단련하기 어려우니 발전하지 못한다.

다시 말해, 경금(庚金)을 단련하려면 반드시 정화(丁火)가 있어야 하고, 한동(寒凍)을 해제하려면 반드시 병화(丙火)가 있어야 한다. 신강(身强)하면 병정운(丙丁運)이 길하고, 신약(身弱)하면 비겁운(比劫運)이 길하다.

해월(亥月) 경금(庚金)이 정화(丁火)는 없으나 병화(丙火)가 투출(透出)하면 대부격(大富格)을 이룬다. 이것은 정화(丁火)가 없는데 갑병(甲丙)이 출간(出干)하면 경금(庚金)이 기물을 이루지는 못하나, 금온수난(金溫水暖)하여 부(富)가 있기 때문이다.

해월(亥月) 경금(庚金)은 금수(金水)가 혼잡한데 병정화(丙丁火)가 전혀 없으면 하격(下格)이 되고, 지지(地支)에 금국(金局)을 이루었는데 화(火)가 없으면 승도나 고빈(孤貧)한 명(命)이 된다. 고서(古書)에서는 금한수냉(金寒水冷)하면 병정화(丙丁火)를 좋아한다고 했다. 따라서 해월(亥月) 경금(庚金)은 금한수냉(金寒水冷)하기 때문에 병정화(丙丁火)가 없으면 귀격(貴格)을 이루기 어렵다.

壬 庚 辛 丁
午 子 亥 亥

이 사주는 갑정(甲丁)이 모두 있는데 정화(丁火) 두 개가 득소(得所)하여 염방(廉訪)에 올랐다.

丙 庚 辛 壬
子 辰 亥 辰

이 사주는 금수식신격(金水食神格)이다. 금왕(金旺)한데 수(水)가 청(淸)하게 투출(透出)했으니, 금수상관(金水傷官)이 관(官)을 만나면 길하다. 시(時)에 있는 병화(丙火)가 용신(用神)이니, 남편에게는 영화가 있고 자식은 현명하다. 아신(我身) 역시 총명하고 아름다우니 호명(好命)이다.

庚 庚 丁 庚
辰 子 亥 辰

이 사주는 정화(丁火)가 금(金)을 단련하여 순무(巡撫)에 이르렀다.

乙 庚 丁 庚
酉 寅 亥 寅

이 사주는 정화(丁火)는 출간(出干)했으나 병화(丙火)가 암장(暗藏)

되어 상서(尙書)에 이르렀다.

丙 庚 辛 壬
子 辰 亥 午

이 사주는 병화(丙火)는 투출(透出)했으나 정갑(丁甲)이 모두 암장(暗藏)되어 있다. 정화(丁火)가 오(午)에 암장(暗藏)되어 있으니 힘이 부족하다. 부(富)는 중간이었고, 귀(貴)는 재정부 염무서장(鹽務署長)에 머물렀다.

戊 庚 癸 癸
寅 午 亥 未

이 사주는 인오(寅午)가 회국(會局)하는데 병정갑(丙丁甲)이 모두 암장(暗藏)되어 있다. 그러나 무계(戊癸)가 상합(相合)하고, 미해(未亥)가 회국(會局)하여 암(暗)으로 왕화(旺火)를 돕는다. 재정부장(財政部長)이 되었고, 오운(午運) 병자년(丙子年)에 사망했다.

戊 庚 癸 戊
寅 寅 亥 子

이 사주는 유명한 실업가다. 인궁(寅宮)에 병갑(丙甲)이 암장(暗藏)되어 있는데, 정화(丁火)가 없으니 부(富)는 있으나 귀(貴)가 없다.

己 庚 乙 甲
卯 辰 亥 午

이 사주는 갑목(甲木)이 출간(出干)하여 정화(丁火)가 득위(得位)하니 재왕생관(財旺生官)한다. 을경(乙庚)이 합(合)하는데 해묘(亥卯)가 회국(會局)하여 정화(丁火)를 인생(引生)하고, 경진(庚辰) 일원(日元)이 약하지 않아 대부대귀격(大富大貴格)을 이루어 행정원장(行政院長)에 올랐다.

자월(子月) 경금(庚金)

자월(子月) 경금(庚金)은 매우 추운 때에 있으니, 먼저 병화(丙火)로 따뜻하게 해주어야 한다. 삼동(三冬) 경금(庚金)은 금수진상관(金水眞傷官)과 같기 때문에 해월(亥月) 경금(庚金)의 이치와 같다. 따라서 병정화(丙丁火)로 용신(用神)을 삼고, 갑목(甲木)으로 보좌해야 한다.

자월(子月) 경금(庚金)은 정갑(丁甲)이 모두 투출(透出)했는데 지지(地支)에 병화(丙火)기 있으면 과갑(科甲)에 준함이 있고, 병화(丙火)가 없어도 공감(貢監)이나 생원(生員)은 잃지 않는다. 만일 정화(丁火)는 있으나 갑목(甲木)이 없으면 정화(丁火)의 뿌리가 없는 것이니 부(富)는 있으나 귀(貴)는 없고, 갑목(甲木)은 있으나 정화(丁火)가 없으면 심상(尋常)한 인물이 되고, 병화(丙火)는 투출(透出)했으나 정화(丁火)가 암장(暗藏)되어 있으면 이도(異途)로 발전하고, 정화(丁火)가 암장(暗藏)되어 있는데 갑목(甲木)이 있으면 무학(武學)은 허락한다. 금수상관(金水傷官)이 관성(官星)이 있으면 길하고, 정병갑(丙甲)이 모두 있으면 상격(上格)을 이룬다.

자월(子月) 경금(庚金)은 신왕(身旺)하면 재관운(財官運)이 길하고, 신약(身弱)하면 비겁운(比劫運)이 길하다. 경금(庚金)이 해자월(亥子月)에 태어나면 병사지(病死地)에 해당하니 수왕(水旺)하여 기(氣)를 설(洩)한다. 그러나 무기토(戊己土) 인수(印綬)가 있으면 금수(金水)가 청(淸)함을 잃으니 비겁(比劫)이 있어야 길하다.

자월(子月) 경금(庚金)은 금수(金水)가 한냉(寒冷)하니 조후(調候)를 살펴야 한다. 이때 병정화(丙丁火)가 없으면 부귀(富貴)를 얻기 힘들다. 사주에 병정화(丙丁火)가 있으면 경금(庚金)의 강약을 살펴 운정(運程)의 희기(喜忌)를 논해야 한다.

예를 들어, 을축년(乙丑年) 정해월(丁亥月) 경자일(庚子日) 임오시생(壬午時生)이면, 정화(丁火)는 있으나 갑목(甲木)이 없으니 부(富)는 있으나 귀(貴)는 없다. 이런 사주는 경금(庚金)이 약하기 때문에 신유운(申酉運)으로 흐르면 이도(異途)로 발전한다. 만일 갑목(甲木)은 있는데 병정화(丙丁火)가 없으면 갑목(甲木) 재성(財星)으로 식신(食神)을 설(洩)한다. 이런 사주는 상업이나 무역업에 종사하는 사람으로 귀격(貴格)은 아니다.

자월(子月) 경금(庚金)이 병화(丙火)와 계수(癸水)가 모두 투출(透出)하면 평범한 명(命)이 된다. 이때 병화(丙火)가 많이 투출(透出)하면 부(富)는 허락하나, 비속하고 고생이 많다. 만일 인궁(寅宮)에 병화(丙火)가 한두 개 정도 있으면 귀(貴)는 없으나 부(富)는 있다.

이때 계수(癸水)가 출간(出干)하면 한유(寒儒)에 불과하고, 정갑병(丁甲丙)이 없으면 하격(下格)의 명(命)이 된다.

다시 말해, 자월(子月) 경금(庚金)이 병화(丙火)와 계수(癸水)가 나란히 투출(透出)하면, 차가운 구름이 태양을 가리는 것과 같다. 따라서 용신(用神)이 손상되어 평범한 명(命)이 된다. 그러나 용신(用神)의 힘은 감소하나 여광이 있으니 재능이 많다. 병화(丙火)가 거듭 투출(透出)했는데 계수(癸水)가 출간(出干)하면 부(富)는 있으나 비속하며 고생이 많다. 지지(地支)의 인사(寅巳)에 병화(丙火)가 암장(暗藏)되어 있으면, 한기(寒氣)를 풀어주니 해월(亥月) 경금(庚金)과 같다. 정화(丁火)는 없는데 병화(丙火)가 있으면 거부격(鉅富格)을 이룬다. 그러나 계수(癸水)가 출간(出干)하면 병정화(丙丁火)가 압박을 받아 꺼진다. 이때는 병정화운(丙丁火運)이 와도 계수(癸水)가 회극(回剋)하여 한유(寒儒)에 불과하다.

자월(子月) 경금(庚金)이 지지(地支)에 수국(水局)을 이루었는데 병정화(丙丁火)가 없으면 상관격(傷官格)이 된다. 이런 사람은 총명하며 청아하고, 작게나마 부(富)가 있어 의록(衣祿)은 풍족하나 자식을 키우기 어렵다. 그러나 이때 무토(戊土)가 출간(出干)하면 대귀격(大貴格)을 이룬다.

금수윤하(金水潤下)는 경금(庚金)이 중동(仲冬)에 태어나면 수(水)가 설(洩)하는데, 이때 지지(地支)에 수국(水局)이 있으면 격국(格局)이 윤하(潤下)로 변하는 것을 말한다. 오월(午月) 갑목(甲木)이 지지(地支)에 화국(火局)이 있으면 격국(格局)이 화토염상(火土炎上)으로 변하는 것과 같은 이치다. 무토(戊土)가 투출(透出)하면 토(土)는 관(官)이 되고, 병정화(丙丁火)는 재(財)가 되어 재왕생관(財

旺生官)하기 때문에 귀격(貴格)을 이룬다. 이것은 임수(壬水)가 자월
(子月)에 생(生)하는 것과 같으니, 자월(子月) 신금(辛金)을 참고하
기 바란다.

　자월(子月) 경금(庚金)은 병정화(丙丁火)가 태다(太多)하면 관살
(官殺)이 혼잡된다. 고서(古書)에서는 관살(官殺)이 혼잡되면 신경
(身輕)하기 때문에 손상된다고 했다. 이때 동남운(東南運)으로 흐른
다면 어떻게 때가 지난 빛을 얻겠는가. 매우 청냉(淸冷)한데 일파(一
派) 금수(金水)가 있으면서 화토향(火土鄕)으로 흐르지 않으면, 평생
방황하고 방탕하여 이루기 어려우니 고빈(孤貧)한 명(命)이 된다.

　어떤 사주든 격국(格局)이 혼잡하면 흉하다. 동월(冬月) 금수상관격
(金水傷官格)은 병정화(丙丁火)가 없으면 불가하나, 지나치게 많아
도 손님이 주인의 자리를 빼앗는 격이 된다. 따라서 금(金)이 중동
(仲冬)에 태어났는데 설기(洩氣)되면 흉하다. 더구나 병정화(丙丁
火)까지 태다(太多)하면 극설교집(剋洩交集)한다. 이때 동남운(東南
運)으로 흐르면 아신(我身)을 극(剋)하여 흉하고, 북방운(北方運)으
로 흐르면 설기(洩氣)되기 때문에 흉하다. 반드시 서방(西方) 비겁운
(比劫運)으로 흘러야 길하다.

　　　戊 庚 戊 乙
　　　寅 寅 子 卯

　이 사주는 금수상관격(金水傷官格)인데 인궁(寅宮)에 갑병(甲丙)이
있다. 길신(吉神)인 병화(丙火)가 암장(暗藏)되어 선부후귀(先富後
貴)한 명(命)이 되었다.

庚 庚 壬 壬
辰 申 子 子

이 사주는 경금(庚金)이 신자진삼합수국(申子辰三合水局)을 이루어 정란차격(井欄叉格)이 되었다. 화(火)로 조후(調候)하지 않으니 남방화운(南方火運)을 만나면 크게 발전한다.

壬 庚 丙 甲
午 午 子 子

이 사주는 무거(武擧)였다.

丙 庚 丙 己
子 子 子 未

이 사주는 편비(偏妃)에 오른 사람이다. 정화(丁火)가 없으니 병화(丙火)로 용신(用神)으로 삼는다.

癸 庚 庚 辛
未 辰 子 亥

이 사주는 지지(地支)에 정갑(丁甲)이 있으니, 부귀(富貴)가 작고 자식을 기우기 어렵다.

庚 庚 丙 甲
辰 申 子 子

이 사주는 상서(尙書)에 이른 사람이다. 정란차격(井欄叉格)이 동남
목화운(東南木火運)으로 흘러 대귀격(大貴格)이 되었다.

辛 庚 丙 甲
巳 申 子 寅

이 사주는 갑병(甲丙)이 출간(出干)하여 인사(寅巳)에 통근(通根)되
었다. 비겁향(比劫鄕)인 경진운(庚辰運)과 신사운(辛巳運)으로 흘러
순열사(巡閱使)에 이르렀다.

丙 庚 壬 壬
子 子 子 戌

이 사주는 비천녹마격(飛天祿馬格)이다. 병화(丙火)가 출간(出干)
했는데 술궁(戌宮) 무토(戊土)가 득위(得位)하니 금수윤하격(金水潤
下格)이 되었다. 병무(丙戌)가 용신(用神)이다. 정사운(丁巳運)에서
전성시대를 이루어 총통(總統)이 되었다. 무인시생(戊寅時生)이라고
도 하니 잘 살펴야 한다.

辛 庚 丙 己
巳 寅 子 卯

이 사주는 경금(庚金)이 자월(子月)에 태어나 사지(死地)에 있다. 그러나 경인(庚寅)이 살인상생(殺印相生)하여 시상(時上)에서 장생(長生)되고, 병화(丙火)와 기토(己土)가 나란히 투출(透出)하여 독살위권(獨殺爲權)이 되었다. 병화(丙火)가 장생(長生)되어 녹왕(祿旺)한 기(氣)를 얻어 경금(庚金)이 쇠퇴하니, 금수운(金水運)으로 흐르면 극성하여 인수(印綬)에 핵심이 있다. 기토(己土) 인수(印綬)가 파(破)할 때 사망했다. 이 사람은 한때는 권세가 대단하여 보계(報界)의 왕으로 불렸다.

甲 庚 壬 壬
申 辰 子 午

이 사주는 대설(大雪) 후에 태어나, 오궁(午宮) 정화(丁火)가 용신(用神)이다. 그러나 다행히도 갑목(甲木)이 출간(出干)하여 인정(引丁)하니 부장(部長)이 되었다.

축월(丑月) 경금(庚金)

축월(丑月) 경금(庚金)은 한기(寒氣)가 매우 심한 때에 있는데, 축토(丑土)는 습한 진흙이니 더욱더 한동(寒凍)하다. 따라서 먼저 병화(丙火)로 용신(用神)을 삼아 해동(解凍)한 다음에 정화(丁火)로 단련해야 하는데, 갑목(甲木)이 없으면 흉하다.

다시 말해, 삼동(三冬) 경금(庚金)은 반드시 병정화(丙丁火)가 있어
야 한다. 축월(丑月)은 비록 토왕(土旺)하여 유용하나, 축(丑)은 습
니(濕泥)이므로 연못이 얼어붙는다. 이때 병화(丙火)로 해동(解凍)
하고, 정갑(丁甲)으로 보좌해야 한다. 자월(子月) 경금(庚金)의 이치
와 같으니 참고하기 바란다.

축월(丑月) 경금(庚金)이 병정화(丙丁火)가 모두 투출(透出)했는데
갑목(甲木)까지 있으면 대부대귀격(大富大貴格)을 이루고, 병화(丙
火)는 있으나 정갑(丁甲)이 없으면 부(富)는 크나 귀(貴)는 작고, 정
갑(丁甲)은 있으나 병화(丙火)가 없으면 유능한 수재(秀才)로 부(富)
는 없으나 스스로 귀(貴)가 있다. 그러나 이때 계수(癸水)가 투출(透
出)하면 의록(衣祿)은 있으나 평범한 명(命)이 된다.

축월(丑月) 경금(庚金)이 병정화(丙丁火)는 있는데 갑목(甲木)이 없
으면 자수성가하여 이도(異途)로 귀(貴)가 있고, 도필(刀筆)로 발전
한다. 이때 병화(丙火)로 조후(調候)하면 부(富)가 있고, 정화(丁火)
가 경금(庚金)을 단련하면 귀격(貴格)을 이룬다.

다시 말해, 삼동(三冬) 경금(庚金)은 병갑정(丙甲丁)이 모두 있으면
상격(上格)이 된다. 이때 계수(癸水)가 출간(出干)하면 병화(丙火)를
곤(困)하게 만들어 용신(用神)이 손상되나, 병화(丙火)가 전혀 없는
것과는 다르다. 병화(丙火)가 없으면 청빈하고, 병화(丙火)가 있는데
계수(癸水)가 곤(困)하게 만들면 의록(衣祿)은 잃지 않는다. 이 이치
는 자월(子月) 경금(庚金)과 같으니 잘 살펴야 한다.

축월(丑月) 경금(庚金)이 지지(地支)에 금국(金局)을 이루었는데 화
(火)가 없으면, 승도가 되거나 빈천(貧賤)한 명(命)이 된다. 대개 사
궁(巳宮)에 병화(丙火)가 있으나, 축(丑)과 회국(會局)하여 금(金)을

이루니 하격(下格)이 되는 것이다. 정갑병(丁甲丙)이 모두 없으면 지지(地支)에 금국(金局)이 있어도 무용지물이 된다.

다시 말해, 축월(丑月) 경금(庚金)이 지지(地支)에 금국(金局)을 이루었는데 병정화(丙丁火)가 없으면 불가하다. 사유축금국(巳酉丑金局)이 있으면 금기(金氣)가 삼지(三支)에서 회동하기 때문에 전일(專一)함이 나뉘지 않아, 사궁(巳宮) 병화(丙火)가 방해를 받지 않는다. 따라서 병화(丙火)로 용신(用神)을 삼는 것이 불가한 것은 아니나, 병화(丙火)는 단지 조후용신(調候用神)으로만 취해야 한다. 이때 지지(地支)에 금국(金局)을 이루면 경금(庚金)이 약변강(弱變强)되므로 정화(丁火)로 단련해야 한다. 사궁(巳宮)에 병화(丙火)가 하나밖에 없으면 역량이 약하여 없는 것이나 다름없다. 이때 정화(丁火)가 출간(出干)하면 사(巳)가 뿌리가 되어 남방운(南方運)으로 흐르고, 사궁(巳宮)에 병화(丙火)가 하나라도 있으면 원기(元機)가 암장(暗藏)되었으니 전혀 없다고 할 수는 없다.

壬 庚 己 乙
午 子 丑 巳

이 사주는 금수(金水)가 태왕(太旺)한데 정화(丁火)에 뿌리가 없으니, 잔병이 많으며 폐인(廢人)이 되었다. 이것은 자오충(子午沖)에 병(病)이 있어 오궁(午宮) 정화(丁火)가 손상되기 때문이다.

甲 庚 丁 己　　　乙 庚 丁 己
申 子 丑 巳　　　酉 子 丑 巳

이 두 사주는 쌍둥이다. 형은 거인(擧人)이었으나 동생은 생원(生員)이었다. 을유시생(乙酉時生)인 동생은 갑목(甲木)이 없어 인정(引丁)하지 못하고, 비록 정화(丁火)가 출간(出干)했으나 뿌리가 없다. 따라서 귀(貴)에 차이가 있는 것이다.

戊 庚 乙 癸
寅 辰 丑 丑

이 사주의 장점은 무인시생(戊寅時生)이라는 것이다. 인궁(寅宮)에 병갑(丙甲)이 암장(暗藏)되어, 천작(天爵)의 귀(貴)를 얻어 사해에 명성을 떨쳤다.

丁 庚 辛 辛
丑 辰 丑 未

이 사주는 지지(地支)에 사고(四庫)가 있으니 토왕(土旺)하여 금(金)을 생(生)하고, 정화(丁火)가 출간(出干)하여 경금(庚金)을 단련하니 귀격(貴格)이 되었다. 발공(拔貢) 출신으로 광동(廣東) 순안사(巡按使)에 이르렀다.

丙 庚 乙 癸
子 寅 丑 酉

이 사주는 병화(丙火)가 인(寅)에 통근(通根)하는데, 을목(乙木)이

계수(癸水)를 화(化)하여 병화(丙火)가 곤(困)하지 않다 . 진수사(鎭
守使)와 절강성(浙江城)의 성장(省長)을 지냈다.

　　辛 庚 辛 辛
　　巳 申 丑 巳

　이 사주는 종혁격(從革格)인데 실령(失令)했다. 서북운(西北運)으
로 흘러 부귀(富貴)가 있었고, 을미운(乙未運)에서 남방운(南方運)
으로 바뀌어 59세인 기묘년(己卯年) 인월(寅月)에 갑자기 암살되었
다. 망신살(亡神殺)과 겁살(劫殺)이 합(合)되어 선종(善終)하지 못한
것이다.

8장. 신금(辛金)

신금(辛金)의 조후용법(調候用法)

신금(辛金)의 성질은 연약하고 습윤(濕潤)하며 청(淸)하다. 신금(辛金)은 숙살기(肅殺氣)가 쇠갈(衰竭)했기 때문에 부드러운 힘에 의해 화(化)하면 청량한 금(金)이 된다. 이렇게 되면 연약하여 강건하지 않고, 유약하여 한기(寒氣)가 심하지 않으며 조열(燥烈)함도 심하지 않다.

적천수(滴天髓)에서는 신금(辛金)은 토(土)가 많으면 흉하고, 수(水)가 많으면 길하다고 했다. 이것은 더우면 서늘함을 좋아하고, 추우면 따뜻한 것을 좋아하는 이치와 같다. 따라서 신일생(辛日生)은 춘하추동(春夏秋冬)을 불문하고 임수(壬水)로 조후용신(調候用神)을 삼아야 한다. 금수(金水)가 청(淸)하면 가장 청고(淸高)한 명(命)이 되는 것은 명리학(命理學)의 법칙이다.

■ 삼춘(三春) 신금(辛金)

신금(辛金)은 음금(陰金)이기 때문에 인월(寅月)에 태어나면 매우 쇠약하다. 그러므로 먼저 기토(己土)로 생부(生扶)한 다음에 임수(壬水)로 길러야 한다. 따라서 기임(己壬)이 모두 투출(透出)하고, 지지(地支)의 경금(庚金)이 도와주면 발전할 수 있다. 묘월(卯月)은 금(金)이 휴수(休囚)되는 때이니, 임수(壬水)를 취한 다음에 갑목(甲木)을 취하면 칼끝이 예리해져 충분히 나무를 다듬을 수 있다. 진월(辰月)은 인수(印綬)가 왕성하기 때문에 임갑(壬甲)이 모두 투간(透干)하면 길하다.

인월(寅月) 신금(辛金)

인월(寅月) 신금(辛金)은 양기(陽氣)가 조금씩 오르고 있으나 한기(寒氣)가 있는 때에 있다. 그러나 월건(月建)이 인(寅)이기 때문에 인궁(寅宮)에 장생(長生)된 병화(丙火)가 한기(寒氣)를 제거한다. 그러나 갑목(甲木)이 권리를 잡았으니 꺼린다. 신금(辛金)이 실령(失令)하여 습니(濕泥)로 자양(滋養)하면 좋아힌다. 따리서 먼저 기토(己土)로 근본을 삼은 다음에 임수(壬水)로 세척하면 신금(辛金)이 유용해진다.

인월(寅月) 신금(辛金)은 인궁(寅宮)에 으스로 병화(丙火)기 있으니 조후용신(調候用神)으로 삼지는 않는다. 신금(辛金)은 쇠살(衰竭)한

금(金)인데 휴수(休囚)하는 때를 만났으니 기토(己土)로 금(金)을 생(生)하지 않으면 근본을 확립하기 어렵고, 임수(壬水)로 충쇄(沖刷)하지 않으면 유용하지 못하다. 따라서 인월(寅月) 신금(辛金)은 기임(己壬)을 용신(用神)으로 삼아야 한다. 그러나 갑목(甲木)이 권리를 잡았으니, 임수(壬水)를 설(洩)하고 기토(己土)를 파(破)하면 병(病)이 된다. 실령(失令)한 금(金)은 갑목(甲木)을 제(制)하지 못한다.

인월(寅月) 경금(庚金)은 병화(丙火)로 한기(寒氣)를 제거하면 길하고, 토(土)가 압박하여 매몰되면 흉하다. 그러나 신금(辛金)은 이와 반대다. 이것은 경금(庚金)은 강하며 예리하고, 스스로 차가우니 병화(丙火)가 출간(出干)하여 해동(解凍)하면 기뻐하기 때문이다. 신금(辛金)은 온윤(溫潤)하며 가볍고 청(淸)하기 때문에 인궁(寅宮)에 병화(丙火)가 있어 양(陽)이 돌아와 대지를 비추니 금기(金氣)가 스스로 따뜻하다.

병화(丙火)가 출간(出干)하여 병신(丙辛)이 상합(相合)할 때 관성(官星)이 없으면 불가하고, 신금(辛金)이 매우 약하여 재관(財官)을 감당하기 어려우니 반드시 곤(困)해진다. 인월(寅月) 금(金)이 토(土)가 없으면 불가하나, 토(土)가 많으면 금(金)이 매몰될 염려가 있다.

신금(辛金)은 쇠갈한 금(金)이기 때문에 기토(己土)를 취하는데, 갑목(甲木)이 인수(印綬)를 파(破)하면 흉하다. 경금(庚金)은 극(剋)하면 공(功)이 되고, 신금(辛金)은 설(洩)하면 아름다워진다. 이것은 경금(庚金)과 신금(辛金)의 성질이 다르기 때문이다.

인월(寅月) 신금(辛金)이 기임(己壬)이 모두 투출(透出)했는데 지지의 (地支) 경금(庚金)이 갑목(甲木)을 제(制)하면, 기토(己土)가 상하지 않으니 과갑(科甲)으로 관직에 나간다. 만일 기토(己土)가 출간(出干)했는데 지지(地支)에 갑목(甲木)이 암장(暗藏)되어 있으면, 과갑(科甲)은 아니더라도 이도(異途)로 은영(恩榮)이 있다. 오궁(午宮)에 기토(己土)가 암장(暗藏)되어 있는데 신궁(申宮)에 임수(壬水)가 암장(暗藏)되어 있으면, 이도(異途)로 발전하여 공감(貢監)이나 생원(生員)으로 그치지 않는다. 기임(己壬) 중에 하나라도 없으면 군신실세(君臣失勢)라 하여 부귀(富貴)를 모두 갖추기 어렵고, 비록 총명하더라도 정도(正途)로 발전하기 어렵다. 이때 병화(丙火)가 용신(用神)이면 무직(武職)이나 도필(刀筆)로 발전하고, 임수(壬水)가 있는데 기토(己土)나 경금(庚金)이 없으면 빈천(貧賤)한 명(命)이 된다.

다시 말해, 지지(地支)에서 경금(庚金)이 갑목(甲木)을 제(制)한다는 것은, 신지(申支)를 만난다는 뜻이다. 인신(寅申)이 상충(相沖)하면 경금(庚金)이 충분히 갑목(甲木)을 제(制)할 수 있다. 임수(壬水)가 토(土)를 윤택하게 하고, 신금(辛金)이 신지(申支)를 얻으면 불왕(不旺)한 것 같으나, 자왕(自旺)하여 서로 제(制)하니 유용하다.

갑목(甲木)이 인(寅)에 암장(暗藏)되어 있는데 기토(己土)가 출간(出干)하면 지지(地支)의 목(木)이 천간(天干)의 토(土)를 제(制)하기 어렵고, 인궁(寅宮) 병화(丙火)가 화(化)하여 배합이 떨어지기는 하나 이도(異途)로 발전한다. 오궁(午宮)에 정기(丁己)가 있으니, 신지(申支)를 얻어 신궁(申宮) 임수(壬水)가 정화(丁火)를 제거하여 기토(己土)를 윤택하게 하는 것은, 신금(辛金)이 인겁(印劫)의 도움을 받았기 때문이다. 임수(壬水)로 세척하는 것이니, 기임(己壬)이 출간(出干)하지 않아도 이도(異途)로 발전한다.

다시 말해, 인월(寅月) 신금(辛金)은 기토(己土)로 용신(用神)을 삼고, 임수(壬水)로 보좌해야 한다. 따라서 기임(己壬) 중에 하나라도 없으면 군신실세(君臣失勢)라 하여 부귀(富貴)가 완전하지 않은 것이다. 만일 기경(己庚)의 인겁(印劫)이 있는데 임수(壬水)가 없으면, 갑병(甲丙) 재관(財官)을 취하기 때문에 무직(武職)이나 도필(刀筆)로 나간다. 임수(壬水)가 있는데 기경(己庚)이 없으면, 매우 약한 금(金)이 설기(洩氣)를 감당하지 못하기 때문에 빈천(貧賤)한 명(命)이 된다.

인월(寅月) 신금(辛金)이 지지(地支)에 화국(火局)을 이루면 임수(壬水)와 기토(己土)가 있어도 가업을 잇기 어렵고, 화(火)가 신금(辛金)을 심하게 극(剋)하면 비록 기토(己土)가 생(生)하나 이롭지 않아 평범한 명(命)이 되고, 경임(庚壬)이 모두 투출(透出)하면 임수(壬水)가 화(火)를 파(破)하고 경금(庚金)이 수원(水源)을 발(發)하니 부귀격(富貴格)을 이룬다.

인월(寅月) 신금(辛金)은 연약한데, 휴수월(休囚月)에 태어나 지지(地支)에 인오술화국(寅午戌火局)을 이루면, 임수(壬水)로 구제하지 않으면 반드시 상한다. 그러나 춘수(春水) 역시 쇠갈(衰竭)하기 때문에 경금(庚金)으로 생(生)해야 화(火)를 제(制)하여 금(金)을 보호할 수 있다. 그렇지 않으면 기토(己土)가 있어도 화왕토조(火旺土燥)하기 때문에 금(金)을 생(生)하지 못하여 이롭지 않다.

인월(寅月) 신금(辛金)이 지지(地支)에 수국(水局)을 이루었는데 병화(丙火)가 없으면, 금(金)이 약하며 침몰하여 한기(寒氣)가 생(生)한다. 이런 사람은 초년에 고생이 많고, 심상(尋常)한 인물이 된다. 고서(古書)에서는 금수(金水)가 매우 차가우면 초년 근심을 면하기 어렵다고 했다. 그러나 병화(丙火)가 투출(透出)하여 따뜻하게 해주면 부귀격(富貴格)을 이룬다.

다시 말해, 지지(地支)에 수국(水局)을 이루면 쇠한 금(金)이 설(洩)되고, 인궁(寅宮) 병화(丙火)는 신자(申子)에게 극제(剋制)당하기 때문에 심상(尋常)한 인물이 된다. 인월(寅月)의 병신합(丙辛合)은 수(水)로 화(化)하지 않으니, 반드시 조후(調候)하고 출간(出干)해야 유용해진다. 인월(寅月) 신금(辛金)은 인겁(印劫)의 도움이 있고, 병화(丙火)가 조후(調候)하면 부귀격(富貴格)을 이룬다. 신약(身弱)해도 병화(丙火)가 있으면 곤궁함은 면할 수 있다.

요약하면, 인월(寅月) 신금(辛金)은 먼저 기토(己土)를 취한 다음에 임수(壬水)를 취한다. 그리고 경금(庚金)으로 보좌해야 하고, 병화(丙火)는 참고해서 취한다. 기토(己土)가 용신(用神)이면 화(火)가 아내요 토(土)가 자식이고, 임수(壬水)가 용신(用神)이면 금(金)이 아내요 수(水)가 자식이다.

다시 말해, 인월(寅月) 신금(辛金)은 기임(己壬)을 용신(用神)으로 삼아야 한다. 인궁(寅宮) 갑목(甲木)이 권리를 잡아 기토(己土)를 파(破)하니, 경금(庚金)으로 갑목(甲木)을 제(制)해서 구해야 한다. 만일 신금(辛金)이 약변왕(弱變旺)되면, 금수(金水)가 강하기 때문에 병화(丙火)를 용신(用神)으로 삼는다. 이처럼 인월(寅月) 신금(辛金)은 강약을 잘 살핀 다음에 결정해야 한다.

인월(寅月) 신금(辛金)은 쇠갈(衰竭)한 금이기 때문에 극제(剋制)되거나 화(火)가 있으면 흉하다. 인월(寅月)에 태어나 휴수(休囚)되었으니, 오술(午戌)을 만나 화국(火局)을 이루면 흉하다. 가장 흉한 것은 홍로(洪爐)에 들이기는 것이다. 육신일(六辛日)이 자시(子時)에 태어나면 소양격(朝陽格)을 이루어 화(火)를 꺼린다. 이때는 수(水)

로 구해야 한다.

 비결(秘訣)에서는 신일(辛日) 자시(子時)에 태어나면 화운(火運)은 흉하고, 서북운(西北運)이 길하다고 했다. 동남운(東南運)도 근심이 있어 흉하다. 금수(金水)는 수려하기 때문에 구제되면 귀격(貴格)을 이루게 된다. 이 이치는 인월(寅月) 신금(辛金)에게만 해당하는 것이 아니다.

　　　己 辛 庚 丙
　　　丑 酉 寅 辰

 이 사주는 유능한 수재(秀才)로, 형제는 많았으나 자식은 적게 두었다. 이것은 기토(己土)는 있으나 임수(壬水)가 없기 때문이다. 기토(己土)가 상생(相生)하고, 병화(丙火)가 따뜻하게 하고, 경금(庚金)이 갑목(甲木)을 제(制)한다. 격국(格局)이 완전한 것 같으나, 임수(壬水)가 없기 때문에 신금(辛金)의 수기(秀氣)를 유통시키지 못한다. 따라서 수사(秀士)에 불과했던 것이다.

　　　壬 辛 戊 乙
　　　辰 卯 寅 酉

 이 사주는 입추(立秋)가 지난 첫 날에 태어나, 인궁(寅宮) 병화(丙火)가 한기(寒氣)를 풀어주니 임수(壬水)가 용신(用神)이다. 비록 기토(己土)는 없으나, 진유(辰酉)가 육합(六合)하여 금(金)이 되기 때문에 아신(我身)을 생(生)하는 근본이 된다.

壬 辛 庚 辛
辰 亥 寅 卯

이 사주는 임수(壬水)가 용신(用神)이다. 한림(翰林) 출신으로 순무(巡撫)에 이르렀다.

묘월(卯月) 신금(辛金)

묘월(卯月) 신금(辛金)은 양기(陽氣)가 외부로 발(發)하니 임수(壬水)가 존신(尊神)이다. 무기토(戊己土)의 병(病)은 갑목(甲木)으로 제(制)하면 신금(辛金)이 매몰되지 않고, 임수(壬水)도 혼탁해지지 않아 용신(用神)이 청(淸)하게 된다. 이런 사주는 병(病)이 있는데 좋은 약(藥)을 얻은 것과 같다. 따라서 청고(淸高)하고 수려하여 한림(翰林)에 상당하는 지위는 기대할 수 있다.

신금(辛金)은 본래 쇠갈(衰竭)한데, 인월(寅月)과 묘월(卯月)은 휴수(休囚)하는 때이니 토(土)가 많으면 매몰된다. 이때는 아신(我身)이 유약하기 때문에 홍로(洪爐)에 들어가는 것을 가장 꺼리니, 신금(辛金)이 많아도 관살(官殺)을 쓸 수 없다. 따라서 경금(庚金) 비겁(比劫)으로 돕고, 임수(壬水)로 설(洩)하면 최상격(最上格)을 이루게 된다.

묘월(卯月) 신금(辛金)은 금수(金水)가 격(格)을 이루면 무기토(戊己土)를 가장 꺼린다. 금성옥진부(金聲玉振賦)에서는 금수(金水)가 있으면 총명하나, 토(土)가 있으면 금(金)이 매몰되어 탁해지기 때문에 완고하며 어리석다고 했다. 이때는 갑목(甲木)을 약(藥)으로 삼아 병(病)을 제거하면 귀격(貴格)을 이룬다.

묘월(卯月) 신금(辛金)이 임무(壬戊)는 출간(出干)했으나 갑목(甲木)이 출간(出干)하지 않으면, 병(病)이 있는데 약(藥)이 없는 것과 같아 평범한 명(命)이 된다. 이때 을목(乙木)이 투출(透出)하여 무토(戊土)를 파(破)하면 외화내허(外華內虛)한 명(命)이 된다. 따라서 명성과 부귀(富貴)가 거짓이고, 의금(衣衿)이 있더라도 간사하며 각박한 사람이 된다.

다시 말해, 갑목(甲木)으로 무토(戊土)를 파(破)하여 신임(辛壬)을 구제해야 한다는 것이다. 을목(乙木)은 토(土)를 극(剋)하려고 해도, 음유(陰柔)하여 유명무실하니 명리(名利)가 모두 거짓이 되는 것이다. 을목(乙木)이 묘월(卯月)에 태어나면 비록 목기(木氣)는 다했으나, 매우 왕성한 때에 있어 남은 힘이 있으니 의금(衣衿)은 잃지 않는다. 그러나 무토(戊土)를 파(破)하기 어렵기 때문에 외화내허(外華內虛)한 것이다. 달도 차면 기울듯이 점점 전이되어 나가기 때문이다. 그러므로 운명을 감정할 때는 아주 미세한 부분까지 잘 살펴야 한다.

묘월(卯月) 신금(辛金)이 일파(一派) 임수(壬水)가 있으면 금수왕양(金水汪洋)이라 한다. 이것은 심하게 세척하여 중화(中和)를 잃었다는 뜻이다. 이런 사람은 일을 도모하기 어려우며 만사가 불능하다. 또한 지지(地支)에 목국(木局)을 이루어 임수(壬水)를 설(洩)하고, 경금(庚金)이 임수(壬水)를 도와 목(木)을 제(制)하지 못하면 평범한 명(命)이 된다. 그러나 경금(庚金)이 투출(透出)하면 부귀격(富貴格)을 이루고, 임수(壬水)가 있으나 무토(戊土)로 제(制)함이 중(重)하면 길하다.

다시 말해, 신금(辛金)이 휴수(休囚)되는데 임수(壬水)가 왕양(汪洋)하면, 신금(辛金)을 설(洩)하여 약하게 만들기 때문에 무능해진다. 이때는 종아격(從兒格)을 이루나, 재성(財星)을 만나기 때문에 귀(貴)가 부족하다. 이런 경우를 자왕모쇠(子旺母衰)라 하는데, 이때는 어머니를 도와야 한다. 이때 용신(用神)이 많으면 극(剋)하면 좋지 않으니 설(洩)해야 한다. 갑목(甲木)을 참고하기 바란다.

묘월(卯月) 신금(辛金)이 지지(地支)에 목국(木局)이 있으면 임수(壬水)를 설(洩)한다. 그러나 삼춘(三春) 신금(辛金)은 매우 약하기 때문에 경금(庚金) 겁재(劫財)로 돕지 않으면 재(財)를 감당할 수 없어 평범한 명(命)이 되고, 경금(庚金)이 있으면 부귀격(富貴格)을 이룬다. 만일 경금(庚金)이 없을 때는 무토(戊土)로 제(制)하면 요절(夭折)이나 잔병에는 이르지 않는다. 이때 토중(土重)하면 금(金)이 묻혀 지하로 압몰되는 것을 면하기 어렵다.

묘월(卯月) 신금(辛金)이 지지(地支)에 화국(火局)을 이루면, 화토(火土)의 세력이 잡(雜)하여 관인(官印)이 서로 쟁탈하니, 금수(金水)가 모두 상하여 빈천(貧賤)한 명(命)이 된다. 그러나 임수(壬水)가 두 개 출간(出干)하여 제(制)하면 오히려 부귀(富貴)가 기묘하다.

다시 말해, 묘월(卯月) 신금(辛金)이 지지(地支)에 화국(火局)을 이루면 왕화(旺火)가 금(金)을 녹여 잔병이나 요절(夭折)이 따르고, 무기토(戊己土)가 출간(出干)하면 화왕토조(火旺土燥)하니 금수(金水)가 모두 상하여 빈천(貧賤)한 명(命)이 되는 것이다. 이때는 반드시 경임(庚壬)이 모두 투출(透出)해야 구제된다.

요약하면, 묘월(卯月) 신금(辛金)이 국(局)을 이루지 않았는데, 임

갑(壬甲)이 모두 투출(透出)하면 과갑(科甲)으로 부귀격(富貴格)을
이룬다. 임수(壬水)가 지지(地支) 해수(亥水)에 암장(暗藏)되어 있는
데, 무토(戊土)가 출간(出干)하지 않으면 수재(秀才)의 명(命)으로
부격(富格)을 이룬다. 이때 신궁(申宮) 임수(壬水)가 있으면 이도(異
途)로 명성이 따른다. 지지(地支)에 임수(壬水)가 있는데 갑임(甲壬)
이 출간(出干)하면 부(富)한 가운데 귀(貴)가 있다. 그러나 임수(壬
水)가 없으면 하격(下格)의 명(命)이 된다. 화(火)가 많은데 임수(壬
水) 대신 계수(癸水)가 있으면 평범한 명(命)이 된다. 묘월(卯月) 신
금(辛金)의 생극(生剋) 이치는 인월(寅月) 신금(辛金)과 같으니 참고
하기 바란다.

 다시 말해, 신궁(申宮)에는 경금(庚金)이 있으니, 임수(壬水)가 지
지(地支) 해수(亥水)에 암장(暗藏)되어 있으면 부(富)는 중(重)하나
귀(貴)는 가볍다. 그러나 신지(申支)에 암장(暗藏)되어 있으면 비록
이도(異途)이기는 하나 상당한 지위와 성망(聲望)을 얻는다. 화(火)
가 극제(剋制)하면 반드시 임수(壬水)로 구제해야 한다. 임수(壬水)
가 없고 계수(癸水)가 있으면 힘이 부족하나, 무기토(戊己土)가 없으
면 유용하다. 그러나 평범한 명(命)에 지나지 않는다.

 삼춘(三春) 신금(辛金)이 일파(一派) 임수(壬水)가 있는데 병화(丙
火)가 없으면, 발전할 수는 있으나 가정적인 사람은 아니다. 임병(壬
丙)이 나란히 투출(透出)하면 대부대귀격(大富大貴格)을 이루는데
변격(變格)이다. 신금(辛金)은 일파(一派) 임수(壬水)가 있으면 기세
가 진설(盡洩)되어 임수(壬水)로 논하기 때문이고, 병화(丙火)는 재
(財)에 해당하는데, 임병(壬丙)이 광휘를 도와 부귀격(富貴格)이 되
는 것이다. 삼동(三冬)의 금수상관(金水傷官) 변격(變格)을 참고하

기 바란다.

　　　甲 辛 己 乙
　　　午 酉 卯 卯

이 사주는 태원(胎元)인 경금(庚金)으로 목(木)을 파(破)하여 태수
(太守)에 이르렀으나, 임수(壬水)가 없기 때문에 대를 잇기 어렵다.

　　　壬 辛 己 乙　　　丙 辛 己 乙
　　　辰 酉 卯 卯　　　申 卯 卯 酉

위의 두 사주는 모두 태원(胎元)인 경금(庚金)의 도움을 받는다. 묘
월(卯月) 신금(辛金)이 매우 약하니 무기토(戊己土)가 있으면 금(金)
이 묻힐 염려가 있다. 이때 경금(庚金)이 돕지 않으면 임수(壬水)로
세척해도 힘이 없어 이기기 어렵다. 을묘년생(乙卯年生)은 도당(都
堂)에 이르렀고, 을유년생(乙酉年生)은 시랑(侍郎)에 이르렀다. 을유
년생(乙酉年生)은 목(木)이 많으니 경금(庚金)이 용신(用神)이다. 아
내를 일곱이나 얻었어도 아들이 없었다.

　　　己 辛 丁 己
　　　亥 卯 卯 未

이 사주는 공사(貢士)의 명(命)이다. 성품이 온아하며 칭준하고, 문
학으로 명성을 떨쳤다. 형제는 있으나 아내와 자식의 힘이 무속하다.

지지(地支)에 목국(木局)을 이루었는데 기토(己土)가 해궁(亥宮) 임수(壬水)를 탁하게 만들고, 기세가 진설(盡洩)된다. 정화(丁火)를 용신(用神)으로 삼아 목기(木氣)를 설(洩)하여 토(土)를 생(生)해야 한다. 기토(己土)가 출간(出干)했으니 종재격(從財格)을 이루지 못했는데, 신금(辛金)이 매우 약하여 만사를 이루기 어렵다.

戊 辛 丁 己
子 丑 卯 未

이 사주는 노비의 명(命)이다. 임수(壬水)가 없어 수기(秀氣)가 부족하다. 자축(子丑)이 일합(一合)하니 습토(濕土)가 엉기어 막히고, 무기토(戊己土)가 출간(出干)하니 토중(土重)하여 금(金)이 묻힌다. 이때 갑목(甲木)으로 구제하지 못하여 지하에 암몰된다. 춘하(春夏) 신금(辛金)은 쇠약해도 인수(印綬)를 취할 수 없기 때문에 용신(用神)을 잡기가 매우 어렵다.

己 辛 丁 甲
亥 未 卯 午

이 사주는 과갑(科甲)에 이른 사람이다. 오(午)에 정기(丁己)가 같이 있고, 년상(年上) 갑목(甲木)이 정화(丁火)를 생(生)하여 기토(己土)가 상하지 않는다. 지지(地支)에 목국(木局)을 이루어 재왕생관(財旺生官)하는데, 기토(己土) 인수(印綬)가 신금(辛金)을 상생(相生)하니 귀격(貴格)을 이루었다.

戊辛辛辛　　壬辛癸壬
子卯卯卯　　辰卯卯子

위의 두 사주는 모두 과부였다. 임자년생(壬子年生)은 금수(金水)가 왕양(汪洋)한데, 서북운(西北運)으로 흘러 어릴 때부터 음천했다. 이것은 수왕(水旺)하여 금(金)이 침몰되는데, 무토(戊土)로 제(制)하지 못했기 때문이다.

戊辛乙戊
子亥卯申

이 사주는 육음조양격(六陰朝陽格)이다. 신궁(申宮) 경금(庚金)이 무토(戊土)를 설(洩)하여 길하고, 신왕(身旺)하여 재(財)를 감당할 수 있으니 부(富)한 가운데 귀(貴)를 얻는다. 금수운(金水運)에서 뜻을 이루었다.

己辛己庚
丑亥卯午

이 사주는 경금(庚金)이 출간(出干)했으니 기토(己土)를 설(洩)하여 신금(辛金)을 돕는다. 오궁(午宮) 정화(丁火)가 용신(用神)이고, 해묘(亥卯)가 회국(會局)하여 재왕생관(財旺生官)한다. 사천독판(四川督辦)에 이르렀다.

己 辛 辛 丙
亥 丑 卯 子

이 사주는 재왕생관(財旺生官)하여 총령사려(總領師旅)가 되었다.
그러나 년상(年上) 병자(丙子)와 월상(月上) 신묘(辛卯)가 형합(刑
合)하여 병(病)이 된다.

戊 辛 癸 丁
戌 卯 卯 丑

이 사주는 무토(戊土)가 계수(癸水)를 제(制)하여 정화(丁火)를 보
호하고, 재왕생관(財旺生官)하여 총령사려(總領師旅)가 되었다.

庚 辛 丁 甲
寅 酉 卯 申

이 사주는 경금(庚金)이 투출(透出)하여 신금(辛金)을 돕고, 신왕
(身旺)하여 관(官)을 감당할 수 있다. 정화(丁火) 관성(官星)이 갑목
(甲木)에 의지하여 방면(方面)에 이르렀다.

진월(辰月) 신금(辛金)

진월(辰月) 신금(辛金)은 무토(戊土)가 사령(司令)하는 때에 있으니,모왕자상(母旺子相)하여 임수(壬水)가 존신(尊神)이다. 월령(月令) 정인(正印)이 영(令)을 잡았으니, 습토(濕土)가 상생(相生)하여 신금(辛金)이 약하지 않다. 진(辰)은 동방토(東方土)이기 때문에 목(木)의 쇠지(衰地)에 해당한다. 따라서 인묘(寅卯)가 모두 있으면 목(木)이 방(方)을 이루기 때문에 목(木)으로 논하지만, 인묘(寅卯)가 없으면 토왕지(土旺地)가 되어 목(木)으로 논하지 않는다.

진월(辰月) 신금(辛金)은 병화(丙火)가 출간(出干)하여 합(合)을 탐하면 가장 흉하고, 월시(月時)에 병화(丙火)가 두 개 출간(出干)하면 쟁합(爭合)이 되어 심상(尋常)하나, 청아함과 교유함을 좋아한다.

진월(辰月) 신금(辛金)은 년간(年干) 계수(癸水)가 병화(丙火)를 파(破)하면 의금(衣衿)은 잃지 않는다. 그러나 일주(日柱)의 쓰임으로는 결함이 있으니, 지지(地支)의 해자축(亥子丑)에 앉으면 계수(癸水)가 통원(通源)되어 병화(丙火)를 파(破)하기 때문에 합(合)을 풀 수 있다. 이때 해궁(亥宮)에 임수(壬水)가 있으면 비록 과갑(科甲)은 아니더라도 녹(祿)을 잃지 않는다. 그러나 무토(戊土)가 출간(出干)하여 수국(水局)을 파(破)하는데, 갑목(甲木)이 무토(戊土)를 파(破)하지 않으면 학문이 뛰어나더라도 가난한 선비에 불과하다.

진월(辰月) 신금(辛金)은 인수(印綬)가 왕(旺)하여 영(令)을 잡았으나, 휴수지(休囚地)에 들어가니 임수(壬水)가 있으면 심하다. 이때 병화(丙火)가 출간(出干)하면 합(合)을 탐(貪)하여 용신(用神)을 돌보지 않는다. 따라서 일주(日柱)의 정(情)이 관성(官星)을 향하여 심상(尋常)하나, 청아함과 교유함을 좋아하는 것이다.

진월(辰月) 신금(辛金)이 년간(年干)에 계수(癸水)가 있으나, 지지(地支)에 통근(通根)하지 않으면 병화(丙火)를 파(破)하나, 힘이 부족하여 수사(秀士)이기는 해도 청빈하다. 이때는 반드시 임수(壬水)가 있어야 부귀격(富貴格)을 이룬다.

진월(辰月) 신금(辛金)이 임수(壬水)가 해신(亥申)에 암장(暗藏)되어 있으면, 진월(辰月)은 토왕(土旺)하기 때문에 해궁(亥宮) 갑목(甲木)이 해궁(亥宮) 임수(壬水)를 도와 녹(祿)을 잃지 않는다. 그러나 해(亥)가 없는데 신궁(申宮)에 임수(壬水)가 있으면 취할 수는 있으나, 잘 살펴보면 갑목(甲木)이 무토(戊土)를 파(破)하지 않는다. 신진(申辰)이 수국(水局)을 이루었는데 수(水)가 출간(出干)하지 않으면, 학문이 뛰어나도 빈한(貧寒)한 선비가 된다.

진월(辰月)은 토왕(土旺)한 때이니, 무토(戊土)가 출간(出干)하지 않아도 금(金)이 묻히고 수(水)가 막힌다. 이때 무토(戊土)가 출간(出干)하여 수국(水局)을 파(破)하는데, 갑목(甲木)으로 구제하지 못하면 끝내 매몰된다. 이런 사람은 재주는 있으나 빈한(貧寒)한 명(命)이 된다. 한마디로, 진월(辰月) 신금(辛金)은 반드시 임갑(壬甲)이 모두 있으면서 서로 도와야 길하다.

진월(辰月) 신금(辛金)이 지지(地支)에 사고(四庫)가 있으면 토후매금(土厚埋金)이 된다. 이때 갑목(甲木)으로 제(制)하지 않으면 완고하며 어리석은 사람이 된다. 다시 말해, 진월(辰月) 신금(辛金)은 임수(壬水)가 용신(用神)인데 토중(土重)하면 병(病)이 된다. 그런데 지지(地支)에 사고(四庫)가 있고, 천간(天干)에 무기토(戊己土)가 투출(透出)하면, 토(土)가 후하여 금(金)을 묻히게 하므로 반드시 갑목(甲木)으로 제(制)해야 한다. 이때 갑목(甲木)이 없으면 병(病)이 있는데 약(藥)을 구하지 못한 격이 되어, 끝내 매몰되기 때문에 어리석고 천한 명(命)이 되는 것이다.

 다시 말해, 진월(辰月) 신금(辛金)은 먼저 임수(壬水)로 용신(用神)을 삼은 다음에 갑목(甲木)으로 보좌해야 한다. 따라서 임갑(壬甲)이 모두 투출(透出)하면 반드시 부귀격(富貴格)을 이루고, 임수(壬水)는 투출(透出)했는데 갑목(甲木)이 암장(暗藏)되어 있으면 늠공은 잃지 않고, 갑목(甲木)은 투출(透出)했는데 임수(壬水)가 암장(暗藏)되어 있으면 이도(異途)로 부귀격(富貴格)을 이루고, 임갑(壬甲)이 모두 없으면 빈천(貧賤)한 명(命)이 된다.

 다시 말해, 진월(辰月) 신금(辛金)은 임수(壬水)로 용신(用神)을 삼은 다음에 갑목(甲木)으로 보좌하여, 토(土)가 어둡고 막히게 하는 것을 방지해야 한다. 따라서 임갑(壬甲)이 모두 투출(透出)하면 반드시 부귀격(富貴格)을 이룬다. 만일 임수(壬水)는 투출(透出)했는데 갑목(甲木)이 암장(暗藏)되어 있으면, 비록 토(土)를 파(破)하는 힘은 부족하나 늠공의 귀(貴)는 잃지 않는다. 갑목(甲木)은 투출(透出)했는데 임수(壬水)가 신해(申亥)에 암장(暗藏)되어 있으면, 임갑(壬甲)이 투출(透出)한 것과 같으나 이도(異途)로 부귀(富貴)를 얻고, 임갑(壬甲)이 모두 없으면 빈천(貧賤)한 명(命)이 된다.

 진월(辰月) 신금(辛金)이 화(火)는 많은데 임수(壬水)가 하나도 없으면 화토잡란(火土雜亂)이라 한다. 이때는 갑목(甲木)이 있어도 묘한이 없다. 이런 사주는 승도가 되거나 고빈(孤貧)한 명(命)이 된다 그러나 이때 계수(癸水)가 있으면 면할 수 있다.

진월(辰月)은 양기(陽氣)가 펼쳐오르는 때인데, 신금(辛金)이 태양지(胎養地)에 있으니 기세가 매우 약하다. 만일 화(火)는 많은데 임수(壬水)가 없으면, 갑목(甲木)이 있어도 토(土)를 파(破)하지 못하고 오히려 화왕(火旺)함을 돕는다. 이때 계수(癸水)로 병화(丙火)를 파(破)하면 청빈하나 의금(衣衿)은 있다.

진월(辰月) 신금(辛金)은 비겁(比劫)이 많은데 임계수(壬癸水)가 약하면 요절(夭折)하나, 갑목(甲木)이 출간(出干)하면 귀격(貴格)을 이룬다. 그러나 이때 경금(庚金)으로 제(制)하지 않아야 묘해진다.

다시 말해, 비겁(比劫)이 중(重)하면 반드시 수(水)로 수기(秀氣)를 설(洩)하는 것이 정법(正法)이다. 그러나 수(水)가 약하여 월령(月令)에 당왕(當旺)한 진토(辰土)가 수(水)를 파(破)하니 요절(夭折)이 따르는 것이다. 그리고 갑목(甲木)이 출간(出干)하여 토(土)를 제(制)하면 귀격(貴格)을 이루나, 경금(庚金)이 갑목(甲木)을 파(破)하면 갑목(甲木)이 있어도 없는 것과 같다. 이때는 경금(庚金)이 제(制)하지 않아야 묘해진다.

戊 辛 丙 癸
子 亥 辰 丑

이 사주는 병화(丙火)가 출간(出干)했는데 계수(癸水)가 병화(丙火)를 파(破)한다. 따라서 합(合)을 풀어주어야 길하고, 계수(癸水)가 지지(地支)의 해자축(亥子丑)에 앉아 유력하다. 해궁(亥宮) 갑목(甲木)이 무토(戊土)를 파(破)하는 것은 화기(化氣)가 아니므로, 무토(戊土)가 격(格)을 파(破)하는 것이 아니다. 북방운(北方運)으로 흘러 사천(四川) 총독(總督)으로 명신(名臣)이었다.

庚 辛 壬 辛
寅 卯 辰 巳

이 사주는 지지(地支)에 인묘진동방(寅卯辰東方)을 이루었는데 상관(傷官)이 생재(生財)하니, 재왕(財旺)하여 방(方)을 이룬다. 신약(身弱)하면 진토(辰土) 정인(正印)을 취해야 한다. 무자운(戊子運)과 기축운(己丑運)에서 습토(濕土)가 금(金)을 생(生)하니, 은행을 세워 금융계의 영수(領袖)가 되었다. 그러나 무인년(戊寅年) 맹추(孟秋)에 비행기 습격사고로 비명횡사 했다.

그리고 시(時)에서 병화(丙火)가 장생지(長生地)인데, 재왕생관(財旺生官)하여 자식을 8명이나 두었다. 임수(壬水)가 출간(出干)하여 사회적으로 명성을 얻었고, 병화(丙火)가 축(丑)에 이르러 양지(養地)에 해당하여 쇠절(衰絶)되니, 늦게서야 아들 하나를 두었다.

癸 辛 丙 癸
巳 卯 辰 巳

이 사주는 계수(癸水)가 두 개 출간(出干)하어 병화(丙火)를 파(破)한다. 총령사간(總領師干)이 되었다.

 삼하(三夏) 신금(辛金)

사월(巳月)은 병화(丙火)가 권리를 잡은 때이니 수(水)가 없으면 금(金)이 상한다. 따라서 임계수(癸水)가 모두 투출(透出)하고, 사주에 형충(刑沖)이 없으면 상관부주격(傷官扶主格)을 이루어 길하다. 오월(午月)은 화(火)가 왕성하기 때문에 반드시 습니(濕泥)로 보호해야 하는데, 기임계(己壬癸)가 모두 있으면 길하다. 미월(未月)은 토(土)가 왕성하기 때문에 임수(壬水)와 경금(庚金)을 함께 취해야 길하다.

사월(巳月) 신금(辛金)

사월(巳月) 신금(辛金)은 하월(夏月)이 시작되는 때에 있으니, 조열(燥烈)한 병화(丙火)를 싫어하고 습한 수(水)를 좋아한다. 삼하(三夏)의 월령(月令)에는 모두 토(土)가 있기 때문에, 수(水)로 윤택하게 하면 신금(辛金)이 스스로 왕(旺)하여 반생(反生)의 공(功)을 이룬다. 그러나 수(水)가 없으면 화왕토조(火旺土燥)하여 연약해진다. 대개 화(火) 사이에 토(土)가 떨어져 있으면 화왕(火旺)해도 금(金)을 녹이지 못하고, 토조(土燥)하여 금(金)을 생(生)하지도 못한다.

조열(燥烈)하게 만드는 병화(丙火)를 꺼린다는 것은 다른 의견이 있을 수 없고, 습한 수(水)를 좋아한다는 것은 화(火)를 제(制)하여 토(土)를 윤택하게 하면 금(金)이 온전하기 때문이다. 이때 지지(地支)

에 금국(金局)이 있거나, 경금(庚金)의 도움으로 생왕(生旺)해야 한다. 따라서 사월(巳月) 신금(辛金)은 반드시 임경(壬庚)이 있어야 길하고, 갑목(甲木)은 병(病)을 제거하는 약(藥)으로 쓴다.

사월(巳月) 신금(辛金)이 지지(地支)에 금국(金局)을 이루었는데, 임수(壬水)와 갑목(甲木)이 출간(出干)하여 무토(戊土)를 파(破)하면 일청철저(一淸澈底)라 한다. 이런 사람은 과갑(科甲)으로 부귀격(富貴格)을 이룬다. 만일 임수(壬水)가 암장(暗藏)되어 있는데 계수(癸水)가 투출(透出)하면 부(富)는 있으나 귀(貴)는 없고, 임계수(壬癸水)가 모두 암장(暗藏)되어 있는데 무기토(戊己土)까지 암장(暗藏)되어 있으면 약간의 부(富)는 있고, 임계수(壬癸水)가 없는데 열화(烈火)가 공격하면 승도가 되거나 빈천(貧賤)한 명(命)이 된다. 그러나 이때 갑목(甲木)이 출간(出干)하여 무토(戊土)를 제(制)하면 의록(衣祿)은 잃지 않는다.

사월(巳月) 신금(辛金)은 장생지(長生地)를 만나도 화(火)가 핍박하기 때문에 약하다. 따라서 화(火)가 있으면 병(病)이 되고, 토(土)가 있어도 병(病)이 된다. 이때는 지지(地支)에서 유축(酉丑)이 금국(金局)을 이루어 신금(辛金)을 약변강(弱變强)시켜야 한다. 만일 축(丑)이 있으면 습토(濕土)가 금(金)을 생(生)하여 묘해진다. 사월(巳月) 신금(辛金)은 사월(巳月) 경금(庚金)과 비슷하니 참고하기 바란다. 그러나 신금(辛金)은 경금(庚金)과는 달리 임수(壬水)가 있으면 길하다.

사월(巳月) 신금(辛金)은 임수(壬水)가 출간(出干)했는데 갑목(甲木)으로 무토(戊土)를 제(制)하면, 금수(金水)에 일청철저(淸澈底)를 더하여 스스로 부귀격(富貴格)을 이룬다. 계수(癸水)가 두출

(透出)했는데 임수(壬水)가 암장(暗藏)되어 있다는 것은, 지지(地支)에 금국(金局)을 이루었다는 뜻이다. 그러나 신금(辛金)은 유약하기 때문에, 사월(巳月)에 태어나 지지(地支)에 금국(金局)이 있어도 수(水)가 없으면 불가하다.

사월(巳月) 신금(辛金)이 임계수(壬癸水)가 모두 없는데 열화(烈火)의 공격이 많으면, 화(火)가 금(金)을 녹이기 때문에 잔병이 많고 빈천(貧賤)한 명(命)이 된다. 목화(木火)가 단련하는 것은 신금(辛金)이 아니라 양금(陽金)이다. 갑목(甲木)이 출간(出干)하여 무토(戊土)를 제(制)한다는 것은, 금국(金局)이 있을 때 해당한다. 갑목(甲木)은 재(財)에 해당하여 의록(衣祿)은 있으나, 수(水)가 없으면 아름다운 명(命)이 되지 못한다. 갑목(甲木)은 대개 수(水)가 없으면 무토(戊土)를 제(制)하지 못하고 오히려 화(火)를 생(生)한다.

사월(巳月) 신금(辛金)이 지지(地支)에 화국(火局)을 이루면 모두 하격(下格)의 명(命)이 된다. 이때는 제(制)하면 길하나 그렇지 못하면 흉하다. 화왕(火旺)할 때는 수(水)가 없으면 토(土)로 설(洩)해야 한다.

다시 말해, 사월(巳月) 신금(辛金)이 사궁(巳宮)에 병무(丙戊)가 같이 있는데 지지(地支)에 화국(火局)이나 목국(木局)을 이루면, 생이불생(生而不生)이요 종이불종(從而不從)이라 한다. 이때는 반드시 경임(庚壬)으로 구제해야 한다. 제(制)하면 길하나 제(制)하지 못하면 흉하다. 화왕(火旺)한데 수(水)가 없으면 부득이 토(土)로 설(洩)해야 하는데, 용신(用神)이 많으면 설(洩)해야 한다. 설(洩)하면 요절(夭折)이나 고빈(孤貧)함은 면할 수 있어도 상격(上格)은 되지 못한다. 오월(午月) 경금(庚金)을 참고하기 바란다.

사월(巳月) 신금(辛金)이 지지(地支) 해궁(亥宮)에 임수(壬水)가 암장(暗藏)되어 있는데, 무토(戊土)가 출간(出干)하지 않으면 발전하여 의금(衣衿)은 있다. 이때 무토(戊土)가 있으면 평범한 명(命)이나, 갑목(甲木)이 투간(透干)하면 의록(衣祿)은 있다. 만일 무토(戊土)가 없는데 임계수(壬癸水)가 출간(出干)하면, 부(富)는 있고 이도(異途)로 도모할 수 있다. 갑목(甲木)이 있으나 임계수(壬癸水)가 없으면 귀(貴)는 있으나 명성은 얻지 못하고, 임계갑(壬癸甲)이 모두 없으면 하격(下格)의 명(命)이 된다.

사월(巳月) 신금(辛金)이 지지(地支)에 금국(金局)이 없는데, 수(水)가 없으면 흉하다. 이때 임계수(壬癸水)가 출간(出干)하면 이도(異途)로 부귀(富貴)를 이룬다. 임수(壬水)가 해신(亥申)에 암장(暗藏)되어 있으면 발전하여 의록(衣祿)은 있으나, 무토(戊土)가 출간(出干)하여 수(水)를 제(制)하면 꺼린다.

따라서 무토(戊土)가 출간(出干)했을 때는 반드시 갑목(甲木)으로 구제해야 의록(衣祿)을 잃지 않고, 갑목(甲木)도 임계수(壬癸水)가 화(火)를 파(破)해야 무토(戊土)를 제(制)할 수 있다. 그렇지 않으면 화왕(火旺)함을 도와줄 뿐이다. 이런 사주는 재관(財官)이 모두 왕(旺)해도 부귀(富貴)가 공허하고, 양가죽을 쓴 늑대와 같은 사람이 된다.

사월(巳月) 신금(辛金)은 종살격(從殺格)이 되어도 길하지 않다. 월령(月令)에 무토(戊土) 정인(正印)이 당왕(當旺)하고, 경금(庚金)이 장생(長生)에 해당한다. 따라서 뿌리가 없는 것 같아도 뿌리가 있기 때문에 기명(棄命)하여 종(從)하지 않는다.

庚 辛 己 甲
寅 未 巳 午

이 사주는 경금(庚金)이 출간(出干)하여 도와주고, 기토(己土)가 생(生)한다. 그러나 화왕(火旺)한데 수(水)가 없으니 고빈(孤貧)한 명(命)이 되었다.

乙 辛 辛 乙
未 亥 巳 未

이 사주는 해궁(亥宮)에 임수(壬水)가 있으니 의금(衣衿)은 잃지 않고, 양간부잡(陽干不雜)이나 때를 만나지 못하여 재능이 있으나 발전하지는 못했다.

戊 辛 丁 癸
子 酉 巳 卯

이 사주는 신유(辛酉)가 전록(專祿)을 이루었는데 사유(巳酉)가 회국(會局)하고, 여기에 육음조양(六陰朝陽)까지 갖추었다. 계수(癸水)가 녹(祿)을 얻어 토(土)를 윤택하게 만들어 금(金)을 생(生)하니 신금(辛金)이 왕(旺)해졌다. 정화(丁火) 편관(偏官)이 있는데 묘목(卯木)이 생(生)해주니, 재자칠살격(財資七殺格)이 되어 무(武)에서 귀(貴)를 얻는다. 을묘운(乙卯運)과 갑인운(甲寅運)에서 군수사령관과 육군소장이 되었다.

庚 辛 癸 丙
寅 巳 巳 戌

이 사주는 병화(丙火)가 태왕(太旺)하여 계수(癸水)로 용신(用神)을 삼아 병화(丙火)를 파(破)하는데, 경금(庚金)이 생조(生助)하여 길하다. 신유운(申酉運)에서 스스로 몸을 일으켜 전곤이 되었으나, 무운(戊運)에서 계수(癸水)를 제거할 때 비명횡사했다.

오월(午月) 신금(辛金)

오월(午月) 신금(辛金)은 정화(丁火)가 권리를 잡은 때에 있다. 따라서 신금(辛金)이 실령(失令)하여 매우 음유(陰柔)하기 때문에 단련하면 좋지 않고, 기임(己壬)을 겸하여 용신(用神)을 잡아야 한다. 이것은 기토(己土)는 습한 토(土)이고, 임수(壬水)는 강호(江湖)에 해당하여 기토(己土)는 임수(壬水)가 없으면 습하지 않고, 신금(辛金)은 기토(己土)가 없으면 생(生)하지 않기 때문이다. 이때 임수(壬水)가 없으면 계수(癸水)를 내신 취할 수는 있으나 힘이 부족하다.

나시 말해, 신금(辛金)은 유악하기 때문에 인수(印綬)가 없으면 좋지 않다. 진월(辰月)과 사월(巳月)은 무토(戊土)가 당왕(當旺)한 때라, 토중(土重)하여 매금(埋金)될 염려가 있으나 오월(午月)은 무방하다. 그러나 중하(仲夏)는 화왕토조(火旺土燥)하여 금(金)을 생(生)하기가 어렵기 때문에 반드시 임수(壬水)를 겸해서 취해야 한다. 임수(壬水)로 윤토(潤土)하면 신금(辛金)의 수기(秀氣)를 설(洩)하는 것이 아니라, 반생(反生)의 공(功)을 이룬다. 금수(金水)가 청(淸)한데 기토(己土)가 혼탁하게 만들면 흉하나, 혼탁함을 이용하여 반생(反生)의 공(功)을 취하는 것이다. 만일 임수(壬水)가 없으면 대신 계수(癸水)를 취하나 힘이 부족하다.

오월(午月) 신금(辛金)이 지지(地支)에 화국(火局)을 이루면, 비록 계수(癸水) 세 개가 출간(出干)해도 구하기 어렵다. 다시 말해, 관직에 있더라도 명성을 얻기 어렵다는 뜻이다. 임수(壬水)가 출간(出干)하여 계수(癸水)와 함께 화(火)를 파(破)하면, 공감(貢監)이나 생원(生員)이라도 재략이 뛰어난 사람이다. 임수(壬水)가 화(火)를 파(破)하지 않는데 계수(癸水)가 출간(出干)하여 무토(戊土)와 합(合)되면, 비록 오궁(午宮)에 기토(己土)가 있어도 신금(辛金)이 반드시 용해된다. 이런 사람은 승도나 노비의 명(命)이 되나, 비견(比肩)이 한두 개 정도 있으면 고독함은 면할 수 있다.

다시 말해, 오월(午月)의 월건(月建)은 오(午)이기 때문에 인술(寅戌)이 있으면 화국(火局)으로 변한다. 따라서 계수(癸水)가 거듭 있어 배합되어도 평범한 인물에 불과하다. 그러나 임수(壬水)로 구제하면, 배합에 결함이 있어 공감(貢監)이나 생원(生員)에 불과하더라도 재략이 있는 사람이 된다.

한마디로, 오월(午月) 신금(辛金)은 지지(地支)에 화국(火局)을 이루었는데 임수(壬水)가 없으면 구할 수 없다. 경금(庚金)은, 화왕(火旺)한데 수(水)가 없으면 토(土)로 설(洩)할 수 있으나, 신금(辛金)은 매우 약하기 때문에 오궁(午宮)에 기토(己土)가 있어도 반드시 녹아버린다. 이런 사람은 잔병이 많거나 요절(夭折)하지 않으면 승도나 노비가 된다. 이때 비견(比肩)이 한두 개 있어도 생이불생(生而不生)이니 단지 고독을 면할 뿐이다.

요약하면, 오월(午月) 신금(辛金)은 임계기(壬癸己) 중에서 하나라도 없으면 흉하다. 만일 임기(壬己)가 모두 투출(透出)했는데, 지지(地支)의 자궁(子宮)에 계수(癸水)가 암장(暗藏)되어 있으면서 충(沖)되지 않으면, 귀격(貴格)을 이루어 과갑(科甲)과 권세가 따른다. 임수(壬水)는 암장(暗藏)되어 있는데 계수(癸水)가 투출(透出)하면 공감(貢監)이나 생원(生員)은 잃지 않고, 임수(壬水)는 없는데 기계(己癸)가 있으면 이도(異途)로 공명(功名)을 이룬다. 계수(癸水)가 경금(庚金)을 만나면 왕실에 버금가는 식록(食祿)이 있고, 이도(異途)로 귀(貴)가 있다. 만일 토(土)가 많으면서 수(水)가 있을 때는 갑목(甲木)이 있으면 길하다.

오월(午月) 신금(辛金)은 임기(壬己)가 모두 투출(透出)했는데, 지지(地支)에 계수(癸水)가 암장(暗藏)되어 있으면 최상격(最上格)을 이룬다. 오궁(午宮)에 스스로 기토(己土)가 있으니, 임계수(壬癸水)가 있으면 공명(功名)이 적지 않다. 계수(癸水)는 비록 힘이 약하나 경금(庚金)이 생조(生助)해주면 근원이 끊어지지 않고, 힘이 스스로 증가하여 반드시 이도(異途)가 나타난다. 만일 토다(土多)할 때는 반드시 수(水)가 있어야, 갑목(甲木)으로 토(土)를 파(破)할 수 있다. 수(水)가 없으면 토(土)를 제(制)하기 어려울 뿐 아니라, 목(木)이 화왕(火旺)함을 도와주기 때문에 흉하다.

다시 말해, 하월(夏月) 경신금(庚辛金)은 임계수(壬癸水)가 득지(得地)해야 한다. 만일 목화(木火)는 많은데 금수(金水)가 없으면, 금수운(金水運)에서 반드시 패한다. 여기서 득지(得地)는 해자축(亥子

丑)을 말한다. 하월(夏月) 수(水)는 휴수지(休囚地)에 들어가기 때문에, 득지(得地)하지 못하면 반드시 메말라 무용지물이 된다. 수(水)의 근본은 금(金)이니 신(申)이 근원이고, 해자축북방(亥子丑北方)을 이루면 득지(得地)하는 것이다.

 만일 목화(木火)가 많은데 금수(金水)가 없으면, 종살격(從殺格)과 비슷하여 조토(燥土)가 생(生)하지 못하나 상생(相生)의 뜻은 있다. 종격(從格) 사주는 대운(大運)에서 뿌리를 만나면 막히기 때문에 하월(夏月) 신금(辛金)이 살(殺)을 종(從)하니 종론(從論)을 짓기 어렵고, 이때 금수운(金水運)으로 흐르면 수화(水火)가 서로 격돌하여 반드시 흉액이 따른다.

　　　　壬 辛 甲 丙
　　　　辰 亥 午 子

 이 사주는 년상(年上)에 병화(丙火) 정관(正官)이 있는데, 시상(時上)에 임수(壬水) 편관(偏官)이 있어 정관(正官)을 파(破)한다. 월상(月上)의 갑목(甲木) 재성(財星)으로 통관(通關)시켜 상관(傷官)이 생재(生財)하고, 재(財)가 정관(正官)을 생(生)하고, 기토(己土)가 정관(正官)을 설(洩)하니, 아신(我身)을 부조(扶助)하여 중화(中和)된다. 이런 사람은 재관인(財官印)이 완전하기 때문에 반드시 복택(福澤)이 두텁다.

　　　　戊 辛 丙 壬
　　　　戌 酉 午 午

이 사주는 임수(壬水)가 출간(出干)했으나 무토(戊土)가 파(破)하고, 지지(地支)에 화국(火局)을 이루어 노비의 명(命)으로 고독했다.

미월(未月) 신금(辛金)

미월(未月) 신금(辛金)은 기토(己土)가 권리를 잡은 때에 있으니, 자부(滋扶)함이 지나쳐 금(金)이 빛을 잃을 염려가 있다. 따라서 임수(壬水)를 용신(用神)으로 삼은 다음에 경금(庚金)으로 보좌해야 한다. 미월(未月) 경금(庚金)과 이치가 같으나 상반월과 하반월이 다르다.

다시 말해, 미월(未月) 신금(辛金)은 기토(己土)가 권리를 잡았기 때문에 왕성하지도 약하지도 않다. 이때 임수(壬水)로 충쇄(沖刷)하고, 경금(庚金)으로 보좌하면 광휘가 나타난다. 만일 기토(己土)가 태왕(太旺)하면 토중(土重)하여 금(金)이 묻힐 염려가 있고, 금(金)이 묻히면 광채가 나지 않는다.

미월(未月) 신금(辛金)이 임경(壬庚)이 모두 투출(透出)하면 과갑(科甲)으로 귀격(貴格)을 이루고, 모두 암장(暗藏)되어 있기 때문에 득지(得地)하여 생(生)을 만나도 역시 대부대귀격(大富大貴格)을 이루어 과갑(科甲)은 아니더라도 은봉(恩封)이 있다. 그러나 무기토(戊己土)가 출간(出干)하면 흉하다. 갑목(甲木)이 떨어져 있으면서 토(土)를 제(制)하면 역시 부귀격(富貴格)을 이룬다. 그러나 갑목(甲木)이 떨어져 있지 않으면 기토(己土)를 탐합(貪合)하여 토(土)로 회

(化)한다. 따라서 토(土)가 매금(埋金)하여 금(金)을 더럽히고, 임수(壬水)를 혼탁하게 만들어 막히게 되니 빈천(貧賤)한 명(命)이 된다.

다시 말해, 미월(未月) 신금(辛金)은 갑목(甲木)이 출간(出干)하여 무토(戊土)를 제(制)해야 귀격(貴格)을 이루고, 경금(庚金)이 출간(出干)하여 갑목(甲木)을 제(制)하면 빈천(貧賤)한 명(命)이 된다. 경임(庚壬)이 모두 암장(暗藏)되어 득지봉생(得地逢生)한다고 하는 것은, 지지(地支)에서 신해(申亥)를 만난다는 뜻이다.

미토(未土)는 조토(燥土)이기 때문에 임수(壬水)로 금(金)을 설(洩)하면 나타나고, 토(土)를 윤택하게 하면 금(金)을 생(生)한다. 신금(辛金)이 미월(未月)에 태어나면 왕성하지도 약하지도 않다. 이때 임경(壬庚)이 있으면 신금(辛金)이 수기(秀氣)를 나타내기 때문에, 암장(暗藏)되거나 투간(透干)하거나를 불문하고 모두 부귀격(富貴格)을 이룬다.

미월(未月) 신금(辛金)은 무기토(戊己土)가 암장(暗藏)되어 있어야 길하다. 만일 투출(透出)하면 금(金)이 묻히고 임수(壬水)를 막히게 한다. 무기(戊己)는 구분해서 논하는데, 무토(戊土)가 출간(出干)했을 때는 갑목(甲木)이 있으면 구제할 수 있으나, 기토(己土)가 출간(出干)했을 때는 반드시 갑목(甲木)이 떨어져 있어야 한다. 그렇지 않으면 갑목(甲木)이 합(合)을 탐(貪)하여 기토(己土)를 극(剋)하지 못하고, 기토(己土)를 따라 토(土)로 화(化)하기 때문에 오히려 해가 된다. 갑목(甲木)으로 토(土)를 제(制)할 때는, 경금(庚金)이 갑목(甲木)을 극(剋)하면 하격(下格)의 명(命)이 되어 흉하다.

요약하면, 미월(未月) 신금(辛金)이 무기토(戊己土)가 투출(透出)하지 않았으면 임경(壬庚)이 모두 있어야 귀격(貴格)을 이루고, 무기토

(戊己土)가 출간(出干)했으면 구하고 보호해야 하기 때문에 억제하는 것이 많으면 중화(中和)되기 어렵다.

미월(未月) 신금(辛金)이 미궁(未宮) 기토(己土)만 있는데 임수(壬水)가 있으면 습니(濕泥)가 되므로 갑목(甲木)을 만나지 않아야 한다. 이때 갑목(甲木)이 출간(出干)하면 평범한 명(命)이 된다. 다시 말해, 임수(壬水)와 기토(己土)가 각각 하나씩 있는데 경금(庚金)은 있으나 갑목(甲木)이 없으면 오월생(午月生)이 기임(己壬)을 취하는 것과 같다.

미월(未月) 신금(辛金)이 무기토(戊己土)가 출간(出干)하면 갑목(甲木)으로 구제해야 한다. 신금(辛金)은 매우 약하기 때문에 기토(己土)가 상생(相生)하지 않으면 불가하다. 오직 미궁(未宮) 기토(己土)밖에 없으면 극제(剋制)함이 필요하지 않다. 오월(午月)과 미월(未月) 신금(辛金)은 이치가 같다.

미월(未月) 신금(辛金)이 정기(丁己)가 출간(出干)했는데 신궁(申宮)에 임수(壬水)가 있고, 미궁(未宮) 기토(己土)가 있는데 천간(天干)에 경금(庚金)이 투출(透出)하면 과갑(科甲)에 이른다. 그러나 임수(壬水)가 없으면 허상이 된다.

다시 말해, 삼하(三夏) 신금(辛金)은 임계수(壬癸水)가 관건이다. 따라서 정기(丁己)가 출간(出干)하면 메마른 땅에 먼지를 일으키는 격이 되어 임수(壬水)가 없으면 흉하다.

미월(未月) 신금(辛金)이 지지(地支)에 목국(木局)을 이루었는데, 임수(壬水)가 하나밖에 없으면 귀격(貴格)을 이루지 못한다. 이때 경금(庚金)으로 임수(壬水)의 근원을 발(發)하면, 부(富)한 가운데 귀(貴)를 얻거나 귀(貴)한 가운데 부(富)를 얻는다.

다시 말해, 미월(未月) 신금(辛金)이 지지(地支)에 목국(木局)을 이루면, 재왕(財旺)하여 방국(方局)을 이루기 때문에 부격(富格)이 된다. 그러나 원명(原命)에 경금(庚金) 비겁(比劫)이 있어야 하고, 수(水)가 윤토(潤土)하여 금(金)을 생(生)해야 재(財)를 감당할 수 있다. 만일 임경(壬庚)이 투출(透出)했는데 무기토(戊己土)가 없으면 부(富)한 가운데 귀(貴)를 얻는다.

미토(未土)는 목고(木庫)이기 때문에 해묘(亥卯)를 만나면 회국(會局)하는데, 해궁(亥宮)에 스스로 임수(壬水)가 있으니 독임불귀(獨壬不貴)라 한다. 이때는 경금(庚金)으로 생(生)해야 한다. 신금(辛金)은 유약하기 때문에 경금(庚金)의 도움이 있어야 재(財)를 감당할 수 있고, 임수(壬水)를 생(生)하고 목(木)을 제(制)하여 방신(幫身)해준다. 이것을 일득삼용(一得三用)이라 하는데 자연적으로 귀격(貴格)을 이룬다.

미월(未月) 신금(辛金)이 갑목(甲木)으로 토(土)를 제(制)할 때는 합(合)과 경금(庚金)이 있으면 흉하고, 기임(己壬)을 취할 때는 경금(庚金)이 있는데 화(火)가 파(破)하면 흉하고, 갑목(甲木)이 기토(己土)를 제(制)하면 흉하다.

甲 辛 丁 壬
午 丑 未 辰

이 사주는 축(丑)에 신금(辛金)이 앉아 있으니 토(土)가 금(金)을 생(生)하고, 고(庫)에 앉아 생부(生扶)되어 통근(通根)한다. 미궁(未宮) 정화(丁火)가 투출(透出)하는데 정화(丁火)가 시(時)에서 오(午)

를 만나 건록(建祿)을 이루었고, 임수(壬水)가 진고(辰庫)에 앉아 통근(通根)한다. 정화(丁火) 편관(偏官)이 임수(壬水)와 상합(相合)하니, 살(殺)이 정관(正官)으로 화(化)하여 대귀격(大貴格)이 되었다.

丁 辛 辛 甲
酉 未 未 寅

이 사주는 시상(時上)에서 귀록(歸祿)을 만나나, 수(水)가 없어 토(土)를 윤택하게 만들지 못하여 편고(偏枯)한 명(命)이 되었다.

戊 辛 丁 壬
子 巳 未 申

이 사주는 청나라 덕종(德宗)의 명(命)이다. 임수(壬水)가 출간(出干)하여 정화(丁火)를 제(制)하고, 년상(年上)에 희신(喜神)이 있으니 조상의 음덕이 있다. 무토(戊土)가 출간(出干)하여 금(金)을 매몰시키고, 임수(壬水)를 파(破)하여 정화(丁火) 기신(忌神)을 구제하여 보호하나, 정임(丁壬)이 합(合)하여 희기(喜忌)를 결합하여 풀어주지 않아 조상의 음덕이 있다. 상합(相合)하여 스스로 확립하는 명(命)이고, 인(印)을 끼리니 없어도 흉하다. 개위 34년인 37세 해운(亥運)에 생을 마쳤다.

庚 辛 乙 辛
寅 酉 未 卯

앞에서 지지(地支)에 목국(木局)을 이루었는데 임수(壬水)가 하나밖에 없으면 귀(貴)가 없고, 이때는 경금(庚金)이 있어야 한다고 했다. 그런데 이 사주는 경(庚)이 하나밖에 없는데 임수(壬水)가 없으니 귀(貴)가 없다. 임수(壬水)가 없으면 허상이라는 것이 이런 사주를 두고 하는 말이다. 그러나 신왕(身旺)하여 재(財)를 감당할 수 있으니 거부(鉅富)가 되었다. 금목(金木)이 대치하고 있으니 수(水)로 통관(通關)해야 하고, 미월(未月)에 태어났으니 반드시 수(水)가 있어야 한다.

戊 辛 己 癸
子 亥 未 卯

이 사주는 지지(地支)에 목국(木局)을 이루었는데, 계수(癸水)가 투출(透出)하고 임수(壬水)가 암장(暗藏)되어 있다. 그러나 애석하게도 무기토(戊己土)가 나란히 투출(透出)했는데 경금(庚金)이 없다. 따라서 부(富)는 있으나 귀(貴)는 없어 은행가에 머물렀다.

■ 삼추(三秋) 신금(辛金)

신월(申月)은 추금(秋金)이 왕성한 때이니 먼저 임수(壬水)를 취한 다음에 갑목(甲木)과 무토(戊土)를 취해야 하고, 유월(酉月)은 신금(辛金)이 건록지(建祿地)에 들어가니 반드시 임수(壬水)를 취해야 하는데 병정(丙丁)이 있으면 흉하고, 술월(戌月)은 무토(戊土)가 권리를 잡았으니 먼저 갑목(甲木)을 취한 다음에 임수(壬水)를 취해야한다.

신월(申月) 신금(辛金)

신월(申月) 신금(辛金)은 경금(庚金)이 영(令)을 잡은 때에 있으니, 불왕(不旺)한 것 같으나 자왕(自旺)하다. 신궁(申宮)에 임수(壬水)가 있는데 무토(戊土)가 투출(透出)하지 않고, 태원(胎元)을 제(制)하지 않고, 신궁(申宮)에 있는 무토(戊土) 하나가 임수(壬水)의 제방이 되면 청귀(淸貴)하며 발전이 있다. 그러나 청렴하여 귀(貴)는 있으나 부(富)는 없다.

그리고 주의할 것은, 신월(申月) 신금(辛金)은 절대로 계수(癸水)로 용신(用神)을 삼지 않는다는 것이다. 신궁(申宮) 경금(庚金)이 건록(建祿)에 해당하여 신금(辛金)이 비록 쇠약하나, 생왕(生旺)으로 바뀌어 등라계갑(藤蘿繫甲)과 같다. 따라서 불왕(不旺)한 것 같으나 자왕(自旺)한 것이다.

또 신궁(申宮) 임수(壬水)가 생지(生地)에 해당하기 때문에 자연적으로 금(金)이 수기(秀氣)를 설(洩)한다. 금수상관(金水傷官)이 그 청(淸)함을 취하는데 무토(戊土)가 있으면 꺼린다. 월령(月令)의 신궁(申宮) 무토(戊土)는 경금(庚金)이 설(洩)하여, 천간(天干)에 투출(透出)하지 않으면 수(水)를 마히게 하는 힘이 야하기 때문에 자연적으로 빌진한다.

고법(古法)은 년주(年柱)의 천간(天干)과 지지(地支)와 납음(納音)으로 삼명(三命)을 삼았다. 천간(天干)은 녹(祿), 지지(地支)는 명(命), 납음(納音)은 아신(我身)으로 삼아, 태월일시(胎月日時)로 사주를 정했다. 이것은 이허중(李虛中) 명서(命書)에 자세히 설명되어 있다. 그러나 후세인들이 태원(胎元)을 중요하게 여기지 않고, 년월일시(年月日時)로 사주를 삼기 시작했다. 임신 기간은 보통 10개월로 추산하기 때문에 태원(胎元)을 월일시(月日時)와 같이 길흉을 논하기는 어렵다. 그러나 태원(胎元) 역시 소홀하게 다룰 수 없는 부분이다.

계수(癸水)로는 절대로 용신(用神)을 삼지 않는다는 것은, 신궁(申宮) 임수(壬水)가 장생(長生) 되어 계수(癸水)가 있으나, 임수(壬水)로 간주하여 용신(用神)을 삼는 것을 말한다. 다시 말해, 음간(陰干)이 양간(陽干)의 임관지(臨官地)에 이르면 양(陽)으로 바뀌기 때문에 음간(陰干)으로 논하지 않는다는 뜻이다. 이처럼 명리학(命理學)이란 같으면서도 다르고, 다르면서도 같은 이치가 있으니 세밀하게 잘 살펴야 한다.

신월(申月) 신금(辛金)이 토(土)가 출간(出干)했는데 갑목(甲木)이 없으면, 병(病)이 있는데 약(藥)이 없는 것과 같으니 심상(尋常)한 명(命)이 된다. 만일 무토(戊土)가 있는데 갑목(甲木)도 있으면 반드시 의록(衣祿)은 잃지 않는다.

신월(申月)은 금수(金水)의 세력이 같으나, 신금(辛金)이 임수(壬水)를 취하는 것은 수기(秀氣)를 설(洩)해야 하기 때문이다. 따라서 수(水)는 많으면 좋지 않으니 반드시 적게 있어야 한다. 만일 수(水)가 신궁(申宮) 임수(壬水)밖에 없을 때는 무토(戊土)로 제(制)하면 좋지 않다. 이때는 무토(戊土)가 있으면 갑목(甲木)으로 구제해야 하고, 갑목(甲木)이 없으면 병(病)이 있는데 약(藥)이 없는 것과 같기 때문에 흉하다.

신월(申月) 신금(辛金)은 경금(庚金)이 득지(得地)하면 시급히 임수(壬水)로 설(洩)해야 한다. 경금(庚金)이 득지(得地)한다는 것은, 신궁(申宮) 경금(庚金)이 임관(臨官)되는 것을 말한다. 그러나 신궁(申宮)에 암장(暗藏)되어 있는 임수(壬水)로는 설(洩)하기가 어렵다. 이것은 강금(剛金)이 수(水)가 있으면 날카로운 끝을 꺾는 것이 된다. 신월(申月) 경금(庚金)은 정화(丁火)로 단련하면 길하나, 신월(申月) 신금(辛金)은 경금(庚金)의 도움이 있어도 극(剋)되면 흉하고, 설(洩)되어야 길하다. 이것은 음간(陰干)과 양간(陽干)의 성격이 다르기 때문이다.

신월(申月) 신금(辛金)이 일파(一派) 금수(金水)가 있는데 무토(戊土)가 하나 있으면 부귀격(富貴格)을 이룬다. 그러나 이때 갑목(甲木)이 무토(戊土)를 제(制)하면 좋지 않다. 일파(一派) 임경계신(壬庚癸辛)이 있는데 무토(戊土)가 출간(出干)하지 않으면 평범한 명(命)이 되고, 임계수(壬癸水)가 많은데 간지(干支)에 무토(戊土)가 세 개 있으면 봉생좌실(逢生坐實)하여 부귀격(富貴格)을 이룬다.

신월(申月) 신금(辛金)이 지지(地支)에 수국(水局)을 이루었는데 임계수(壬癸水)가 많으면, 금수상관(金水傷官)으로 변하기 때문에 무토(戊土)가 하나 있어야 한다. 이때 임수(壬水)가 왕양(汪洋)하면 재관(財官)을 취한다.

봉생(逢生)은 지지(地支)에서 인(寅)을 만나는 것을 말한다. 무토(戊土)와 화(火)는 인(寅)에서 장생(長生)되는데 수(水)는 신(申)에서 장생(長生)된다. 신궁(申宮) 무토(戊土)는 수(水)가 많으면 휩쓸려 흩어지기 때문에 흉하다.

좌실(坐實)은 지지(地支)에서 술미(戌未)나 사오(巳午)를 만나는 것을 말한다. 토(土)가 화(火)를 만나면 실(實)해지기 때문에 왕수(旺水)를 제(制)할 수 있다.

요약하면, 신월(申月) 신금(辛金)은 임수(壬水)가 적게 있어야 부격(富格)을 이룬다. 고서(古書)에서는 수천금다(水淺金多)하면 체전지상(體全之象)이라 하여 임수(壬水)가 존신(尊神)이고, 무갑(戊甲)은 참고해서 취하는데 이때 병정화(丙丁火)가 용신(用神)이 되면 좋지 않다고 했다. 무갑(戊甲)은 병(病)에 대한 약(藥)이다. 수(水)가 많으면 무토(戊土)를 취하고, 수(水)가 적은데 무토(戊土)를 만나면 갑목(甲木)을 취한다. 그러나 이것은 모두 부득이한 용법이다.

戊辛庚戌　　己辛庚戌
子卯申午　　亥卯申午

위의 두 사주는 수(水)가 적은데 무토(戊土)가 있으니, 모두 아름다운 명(命)이 되지 못했다. 무자시생(戊子時生)은 수재(秀才)인데 총병(總兵)이 되었고, 기해시생(己亥時生)은 무토(戊土)가 아신(我身)을 생(生)하는데 재운(財運)으로 흘러 탐재괴인(貪財壞印)하여 사망했다. 재성(財星)이 본래 왕(旺)한데 해묘(亥卯)가 회국(會局)하여, 재운(財運)에서 인수(印綬)가 파(破)되었기 때문이다.

壬辛壬甲　　癸辛壬甲
辰卯申寅　　巳卯申午

위의 두 사주는 모두 경금(庚金)이 없는데 임수(壬水)가 투출(透出)했다. 갑인년생(甲寅年生)은 생원(生員)이었고, 갑오년생(甲午年生)은 사림(詞林)에 올랐다. 시(時)에서 계사(癸巳)를 만나니 길하고, 무토(戊土)가 좌실(坐實)하여 암(暗)으로 임수(壬水)를 제(制)하고, 갑목(甲木)이 극(剋)되지 않으니 사림(詞林)에 오른 것이다.

유월(酉月) 신금(辛金)

유월(酉月) 신금(辛金)은 신금(辛金)이 권리를 잡고 득령(得令)한 때에 있으니, 왕(旺)함이 극(極)에 이르렀다. 따라서 임수(壬水)로 용신(用神)을 삼아 세척하고, 수기(秀氣)를 설(洩)하면 귀격(貴格)을 이룰 수 있다. 이것은 금(金)이 수(水)를 만나면 유통되기 때문이다.

신월(申月)과 유월(酉月)은 금기(金氣)가 극왕(極旺)한 때인데, 신(申)은 오전과 같아 기세가 점점 증가하니 경금(庚金)의 정위(正位)가 되고, 유(酉)는 오후와 같아 극성한 때에 있기 때문에 세력을 이어나가기 어렵다. 겉으로는 강한 것 같으나 안으로는 기(氣)가 다하고 있으니, 신금(辛金)의 정위(正位)로 한다. 따라서 득시병령(得時秉令)해도 임수(壬水)로 세척하여 수기(秀氣)를 설(洩)해서 금기(金氣)를 유통시켜야 한다. 만일 청(淸)하고 가벼운 기(氣)를 극세(剋

制)하여 억압하면 좋지 않다.

유월(酉月) 신금(辛金)은 무기토(戊己土)가 생왕(生旺)하면 신금(辛金)을 매몰시키고, 임수(壬水)를 혼탁하게 만들어 막히게 한다. 이때는 갑목(甲木)으로 제(制)해야 한다. 만일 갑목(甲木)이 없으면 병(病)이 있는데 약(藥)이 없는 것과 같다. 임갑(壬甲)은 투출(透出)했는데 무기토(戊己土)가 투출(透出)하지 않으면, 과갑(科甲)으로 관(官)이 나타나고 경천위지(經天緯地)하는 재략이 있다. 이때 무토(戊土)가 없으면 갑목(甲木)도 유용하지 않다. 지지(地支)에 무토(戊土)가 암장(暗藏)되어 있는데 갑목(甲木)도 암장(暗藏)되어 있으면 의금(衣衿)과 늠공은 잃지 않는다.

다시 말해, 유월(酉月)은 신금(辛金)이 극왕(極旺)하기 때문에 무기토(戊己土)가 상생(相生)하면 좋지 않다. 금수(金水)는 유통시키고, 무토(戊土)는 막히게 하고, 기토(己土)는 혼탁하게 만든다. 비록 신금(辛金)이 왕(旺)하나 기(氣)가 다했으니, 무기토(戊己土)가 투출(透出)하면 금(金)의 광채를 가리기 때문에 병(病)이 된다. 이때는 반드시 갑목(甲木)이 출간(出干)하여 구해야 한다.

다시 말해, 유월(酉月) 신금(辛金)은 임수(壬水)가 정당한 용신(用神)이고, 갑목(甲木)은 병(病)을 치료하는 약(藥)이 된다. 만일 임갑(壬甲)이 투출(透出)했는데 무기토(戊己土)가 투출(透出)하지 않으면, 지지(地支)에 무기토(戊己土)가 있다는 뜻이다. 이때는 갑목(甲木)으로 제(制)해야 한다. 그러나 무토(戊土)가 없으면 갑목(甲木)도 유용하지 않다.

유월(酉月) 신금(辛金)이 신금(辛金)과 임수(壬水)가 각각 하나씩 있는데, 갑목(甲木)이 임수(壬水)를 설(洩)하면 용신(用神)이 무력하여 평범한 명(命)이 된다. 이런 사주는 간사함이 백출하여 웃음 속에 칼을 감추고 있고, 재물이 넉넉해도 인자하지 못한 사람이 된다. 그러나 경금(庚金)으로 제(制)하면 인의(仁義)가 있다.

만일 신금(辛金)이 한두 개 정도 있는데 임수(壬水)가 하나 있고, 갑목(甲木)이 많은데 경임(庚壬)이 투출(透出)하면 대부대귀격(大富大貴格)을 이룬다. 그러나 이때 정화(丁火)가 있으면 좋지 않고, 지지(地支)에서 정화(丁火)를 만나도 청고함과 풍아함에 불과하다. 이런 사주는 의식(衣食)이 넉넉해도 큰 뜻이 없는 사람이 된다.

만일 신금(辛金)이 서너 개 정도 있고 임갑(壬甲)이 각각 하나씩 있는데, 경금(庚金)이 없으면 녹(祿)을 만종이나 받는다. 설사 풍수(風水)가 불급(不及)하더라도 공감(貢監)이나 생원(生員)으로는 그치지 않고, 비록 이도(異途)이나 벼슬길에 나간다.

다시 말해, 유월(酉月) 신금(辛金)은 월령(月令)이 건록(建祿)에 해당하는데, 임수(壬水) 상관(傷官)이 있으면 재(財)와 비겁(比劫)의 역할이 달라진다. 상관생재(傷官生財)하여 재왕(財旺)하면 비겁(比劫)이 있어야 한다. 신임(辛壬)이 각각 하나씩 있는데 갑목(甲木)이 많으면 신금(辛金)이 당왕(當旺)하나, 임수(壬水)가 목(木)에게 진설(盡洩)되어 용신(用神)이 무력해진다.

만일 신금(辛金)이 두세 개 있고 임수(壬水)가 하나 있는데, 갑목(甲木)이 많으면 반드시 경금(庚金)으로 갑목(甲木)을 제(制)해야 부귀격(富貴格)을 이룬다. 신금(辛金)은 갑목(甲木)을 제(制)할 힘이 없기 때문에 반드시 경금(庚金)으로 구제해야 하는 것이다. 이것은 재다(財多)하면 겁재(劫財)가 있어야 한다는 뜻이다.

만일 신금(辛金)이 서너 개 있고 임갑(壬甲)이 각각 하나씩 있는데,

경금(庚金)이 있으면 오히려 재(財)를 빼앗기 때문에 흉하다. 이때는 상관(傷官)으로 생재(生財)해야 한다. 이때 정화(丁火)가 있으면 좋지 않다고 하는 것은, 정화(丁火)는 임수(壬水)와 합(合)하여 암(暗)으로 재(財)로 화(化)한다. 따라서 용신(用神)이 기반(羈絆)되고, 수(水)가 유통을 잃기 때문이다. 이것을 기상편(氣象篇)에서는 과어유정(過於有情)이면 지무원달(志無遠達)이라 했는데, 큰 뜻이 없다는 뜻이다.

유월(酉月) 신금(辛金)이 일파(一派) 신금(辛金)이 있는데 임수(壬水)는 하나밖에 없고, 경금(庚金)이 없어 잡란(雜亂)하지 않으면 자수성가하여 부(富)한 가운데 귀(貴)를 취한다.

다시 말해, 일파(一派) 신금(辛金)이 있는데 임수(壬水)가 하나밖에 없으면, 수천금다(水淺金多)하여 체전지상(體全之象)이 된다. 이때는 상관(傷官)이 용신(用神)이다. 이런 경우를 일신일용(一神一用)이라 한다. 이때는 경금(庚金)이 잡란(雜亂)하지 않아야 청(淸)함을 취할 수 있다. 만일 신금(辛金)은 적은데 임수(壬水)가 많으면 경금(庚金)으로 도와야 한다.

유월(酉月) 신금(辛金)이 신금(辛金)이 두세 개 있는데 임수(壬水)가 하나밖에 없고, 무토(戊土)가 많으면 임수(壬水)를 제(制)하며 금(金)을 매몰시키기 때문에 어리석고 나약하며 아내와 자식에게 가권을 빼앗긴다. 그러나 이때 갑목(甲木)이 무토(戊土)를 제(制)하면 자수성가한다. 만일 일파(一派) 임수(壬水)가 금(金)을 설(洩)하는데, 무토(戊土)가 출간(出干)하여 제(制)하지 않으면 사수동류(沙水同流)라 한다. 이런 사람은 늙도록 빈고(貧苦)하고 분파(奔波)하나, 학문을 좋아하기 때문에 유업(儒業)은 잃지 않는다. 만일 지지(地支)에 무토(戊土)가 암장(暗藏)되어 흐름을 막으면 재략이 있고, 예술방면에서 발전한다.

유월(酉月)은 신금(辛金)이 당령(當令)한 때이니 인성(印星)이 생(生)하면 좋지 않다. 만일 신금(辛金)이 두세 개 있으면 임수(壬水)로 수기(秀氣)를 설(洩)해야 하는데, 무토(戊土)가 출간(出干)하여 용신(用神)을 상하게 하니, 갑목(甲木)으로 구하지 못하면 반드시 어리석으며 나약한 사람이 된다. 이것을 금성옥진부(金聲玉振賦)에서는 금수(金水)가 총명하나 토(土)가 있으면 어리석으며 나약하다고 했다.

유월(酉月) 신금(辛金)이 일파(一派) 임수(壬水)가 있어 태왕(太旺)하면 무토(戊土)로 제방해야 한다. 앞에서 무토(戊土)가 출간(出干)하여 제(制)함이 없을 때는 「기토(己土)가 있으면」이라는 구절이 빠진 것이 아닌가 생각한다. 기토(己土)는 대개 니사(泥沙)이기 때문에 물이 흐르면 같이 휩쓸려 간다. 따라서 임수(壬水)를 막지 못하여 혼탁하게 만드니 빈고(貧苦)하고, 수성(水性)이 범람하는데 제방이 없으니 분파(奔波)하는 것이다. 그러나 금수상관(金水傷官)은 반드시 총명하며 학문을 좋아하여 유업(儒業)은 잃지 않는다. 이때 지지(地支)에 무토(戊土)가 하나 암장(暗藏)되어 흐름을 막으면 구제할 수 있다.

요약하면, 금수상관(金水傷官)은 인성(印星)이 있으면 흉하고, 무토(戊土)가 있으면 길하다. 이것은 임수(壬水)가 너무 많으면 격국(格局)이 변하기 때문이다. 따라서 임수(壬水)가 재관(財官)을 취하는 것이 길하다는 것과 같다. 신월(申月) 일파(一派) 금수(金水)를 참고하기 바란다.

유월(酉月) 신금(辛金)이 천간(天干)에 신금(辛金)이 두 개 투출(透出)했는데, 지지(地支)에 금국(金局)을 이루면 금성(金性)이 매우 강하고 예리하다. 이때 임수(壬水)로 세척하여 설(洩)하지 않으면 탁예(濁藝)를 지으나, 청고(淸高)함을 좋아한다. 금(金)의 수기(秀氣)가 없으면 정화(丁火)로 제(制)해야 하는데, 화(火)가 없으면 반드시 불량해진다. 승도가 되면 흉액은 면할 수 있으나, 선악을 구분할 줄 모르는 사람이 된다. 임수(壬水)가 하나 투출(透出)하면 군금(群金)을 세척하며 설(洩)한다. 이런 사람을 일청도저(一淸到底)라 하는데, 문무(文武)가 모두 길하며 동량(棟樑)이 된다.

다시 말해, 유월(酉月) 신금(辛金)은 관살(官殺)이 있으면 길하지 않으나, 천간(天干)에 비견(比肩)이 투출(透出)하고 지지(地支)에 금국(金局)을 이루면 신금(辛金)이 태왕(太旺)하다. 이때 임수(壬水)가 없으면 부득이 정화(丁火)로 제(制)해야 한다. 만일 임수(壬水)가 투출(透出)하여 금(金)의 수기(秀氣)를 설(洩)하면 문무(文武)가 모두 길하며 동량(棟樑)이 된다. 그러나 이때 정임(丁壬)이 함께 투출(透出)하지 않아야 한다. 이것은 신금(辛金)이 관살(官殺)이 있으면 상격(上格)이 되지 못하기 때문이다.

유월(酉月) 신금(辛金)은 지지(地支)에 금국(金局)을 이루고 무기토(戊己土)가 투간(透干)했는데, 임수(壬水)가 투출(透出)하고 화(火)가 없으면 백호격(白虎格)이 된다. 이때는 동남운(東南運)은 흉하고, 서북운(西北運)으로 흐르면 부귀(富貴)가 비상하나 자식은 많지 않다. 만일 화운(火運)을 만나면 고빈(孤貧)하고, 시상(時上)에서 병화(丙火)를 만나면 임수(壬水)가 출간(出干)해도 평범한 명(命)이 된다. 이것은 병신(丙辛)은 대개 화합(化合)하나 때를 만나지 못했기 때문이다. 만일 정화(丁火)가 투출(透出)하면 국(局)을 파(破)한다. 이때는 계수(癸水)가 출간(出干)하여 제(制)하지 않으면 빈천(貧賤)한 명(命)이 되고, 계수(癸水)가 투출(透出)하여 정화(丁火)를 제(制)하면 선빈후부(先貧後富)한 명(命)이 된다.

다시 말해, 유월(酉月)은 신금(辛金)이 영(令)을 잡은 때인데, 지지(地支)에 금국(金局)을 이루었는데 무기토(戊己土)가 출간(出干)하면 비록 임수(壬水)가 투출(透出)해도 토(土)로 제(制)할 수 있다. 따라서 전왕격(專旺格)을 이루어 백호격(白虎格)이 되는 것이다. 이때 화(火)가 있으면 파격(破格)되어 서북운(西北運)은 길하고 동남운(東南運)은 흉하다. 만일 신금(辛金)이 병화(丙火)와 상합(相合)하면 화기격(化氣格)을 이루기 때문에 역시 변격(變格)이다. 임수(壬水)가 투출(透出)한다는 것은 임진시(壬辰時)를 가리키는 말이다. 화기(化氣)가 진(辰)을 만나면 진화(眞化)를 이루나, 때를 만나지 못하여 평범한 명(命)이 되는 것이다. 전왕격(專旺格)과 화기격(化氣格)은 정화(丁火)를 만나면 파격(破格)된다. 이때는 계수(癸水)로 구제하면 길하나 그렇지 못하면 흉하다.

유월(酉月) 신금(辛金)은 신금(辛金)이 한두 개 있는데 일파(一派) 기토(己土)가 있으면, 더럽혀지고 매몰되어 광채가 없으니 승도의 명(命)이 된다. 그러니 임갑(壬甲)이 있으면 천하지도 귀하지도 않아 작게나마 능력이 있다. 만일 기토(己土)가 많은데 지지(地支)에 갑목(甲木)이 하나 있으면 후중(厚重)하여 평생 의록(衣祿)은 근심하지 않아도 되고, 지지(地支)에 경정(庚丁)이 암장(暗藏)되어 있으면 납속주명(納粟奏名)은 있다.

다시 말해, 왕금(旺金)은 인성(印星)의 생(生)이 필요하지 않다. 무토(戊土)가 후중(厚重)하면 매몰되어 광채가 없고, 기토(己土) 습니(濕泥)를 만나면 금(金)이 더럽혀져 나타나지 않으니 모두 흉하다. 갑목(甲木)으로 토(土)를 제(制)하면 천격(賤格)이 되지 않고, 기토(己土)가 임수(壬水)를 탁하게 하면 귀격(貴格)이 되지 않으나, 임수(壬水)가 금(金)을 설(洩)하기 때문에 작게나마 능력이 있는 것이다.

요약하면, 토다(土多)할 때는 반드시 갑목(甲木)으로 구제해야 한다. 지지(地支)에 갑목(甲木)이 하나 있으면 의록(衣祿)은 이지러짐이 없고, 임갑(壬甲)이 없으면 부득이 경정(庚丁)을 취하여 배합이 좋으면 이도(異途)로 명성을 얻는다. 이것을 적천수(滴天髓)에서는 가(假)를 취하면 녹록(祿祿)한 사람이 된다고 했다.

유월(酉月) 신금(辛金)이 일파(一派) 을목(乙木)이 있는데, 갑임(甲壬)이 모두 없으면 재다신약(財多身弱)하여 발전하기 어렵다. 이때 경금(庚金)으로 을목(乙木)을 제(制)하면 작은 부귀(富貴)는 있으나 간사함이 많고, 비겁(比劫)이 태다(太多)해도 빈천(貧賤)한 명(命)이 된다.

다시 말해, 임수(壬水)로 설(洩)함이 많다는 것은 상관생재(傷官生財)를 말한다. 이것은 재성(財星)이 용신(用神)인데, 을목(乙木)이 쇠갈(衰竭)한 목(木)이나 신금(辛金) 역시 쇠갈(衰竭)한 금(金)이니, 비록 유월(酉月)의 당왕(當旺)한 때에 있어도 겉으로는 강하나 건고(乾固)하여 상극(相剋)하기 어렵기 때문에 재다신약(財多身弱) 사주가 된다. 이때 경금(庚金)의 도움이 없으면 을목(乙木)을 제(制)할 수 없으나, 을경(乙庚)이 상합(相合)하여 비겁(比劫)이 재(財)를 사모하니 간사한 사람이 되는 것이다. 재다(財多)하면 비겁(比劫)으로 재(財)를 분산시키나, 비겁(比劫)이 태다(太多)하면 오히려 재성(財

星)을 분탈(分奪)하여 빈천(貧賤)한 명(命)이 된다.

　요약하면, 유월(酉月) 신금(辛金)은 태왕(太旺)하면 임수(壬水)로 용신(用神)을 삼은 다음에 갑목(甲木)으로 토(土)를 파(破)해야 수(水)가 유통되어 묘해진다. 추월(秋月) 금일생(金日生)이 토중(土重)하면 가난하여 촌철(寸鐵)도 없고, 육신일(六辛日)이 무자시(戊子時)에 태어나면 서방운(西方運)이 길하다. 음(陰)의 조양(朝陽)이면 병정화(丙丁火)의 이위(離位)를 크게 꺼리고, 경신(庚辛)이 출간(出干)했는데 사유축(巳酉丑)이 모두 있으면 권위가 높다.

　다시 말해, 육신일(六辛日)이 무자시(戊子時)를 만나면 조양격(朝陽格)이 된다. 이때 관살(官殺)을 만나 파격(破格)되면 흉하고, 자수(子水)가 쓰임이 있으면 귀격(貴格)을 이룬다. 천간(天干)에 경신금(庚辛金)이 있는데 지지(地支)에 사유축(巳酉丑)이 모두 있으면 종혁격(從革格)을 이룬다. 만일 금(金)이 이미 기물을 이루었는데, 화(火)를 만나면 흉하다. 이때는 반드시 임수(壬水)로 설(洩)해야 한다. 백호격(白虎格)과 같으니 참고하기 바란다.

戊 辛 辛 戊　　戊 辛 辛 戊

子 酉 酉 辰　　子 丑 酉 辰

　위의 두 사주는 모두 육음조양격(六陰朝陽格)이다. 앞 사주는 천간(天干)에 무토(戊土)가 출간(出干)했으나 지지(地支)에 있는 자수(子水)를 상하게 하지 않아 금수(金水)가 청(清)하여 귀(貴)가 있었고, 뒤의 사주는 자축합(子丑合)이 병(病)이 되기 때문에 용신(用神)이 상하여 지위가 낮았다.

己 辛 癸 己
亥 未 酉 酉

이것은 같은 사주로 두 사람이 있다. 하나는 문관(文官)으로 가난했고, 하나는 무직(武職)으로 부자였다. 기계(己癸)가 모두 투출(透出)하여 습니(濕泥)가 금(金)을 더럽히나, 임갑(壬甲)이 모두 암장(暗藏)되어 귀하지도 천하지도 않아 작은 능력은 있었다.

丙 辛 己 丁
申 酉 酉 酉

이 사주는 신강살천(身强殺淺)하고 관인상생(官印相生)하여 지부(知府)가 되었다. 병정(丙丁) 관살(官殺)이 인수(印綬)를 생(生)하는데, 신궁(申宮)에 경임(庚壬)이 암장(暗藏)되어 납속주명(納粟奏名)하는 명(命)이다.

壬 辛 己 丁
辰 亥 酉 卯

이 사주는 정임(丁壬)이 모두 투출(透出)하여 경괴(經魁)에 올랐다. 년월(年月)에서 살인상생(殺印相生)하는데, 시상(時上) 임수(壬水)가 고투(高透)하여 기토(己土)가 임수(壬水)를 탁하게 만들지 않고, 임수(壬水)와 정화(丁火)가 합(合)하지 않아 경괴(經魁)에 올랐다.

戊 辛 辛 癸
子 酉 酉 巳

이 사주는 육신조양격(六辛朝陽格)이다. 사궁(巳宮)에 병무(丙戊)가 득록(得祿)하는데, 무토(戊土)가 태중(太重)하니 계수(癸水)가 출간(出干)하여 상한다. 목(木)으로 소토(疏土)하지 못하여 고빈(孤貧)한 명(命)이 되었다.

戊 辛 乙 庚
戌 亥 酉 午

이 사주는 경금(庚金)이 을목(乙木)을 파(破)하는데, 해궁(亥宮)에 갑목(甲木)이 암장(暗藏)되어 무토(戊土)를 파(破)하고, 지지(地支)에 임수(壬水)가 있어 이도(異途)로 발전했다.

丁 辛 己 丁
酉 丑 酉 丑

이 사주는 지지(地支)에 금국(金局)을 이루었는데, 임수(壬水)가 없으니 정화(丁火)가 용신(用神)이다. 화(火)로 진금(眞金)을 단련하여 부격(富格)이 되었다.

己 辛 丁 丙
亥 未 酉 戌

병정화(丙丁火) 관살(官殺)이 인수(印綬)를 생(生)하고, 해궁(亥宮) 임갑(壬甲)이 유용하여 길하다. 임수(壬水)로 화(火)를 제(制)하고, 갑목(甲木)으로 토(土)를 파(破)하여 도윤(道尹)에 이르렀다.

술월(戌月) 신금(辛金)

술월(戌月) 신금(辛金)은 무토(戊土)가 사령(司令)한 때에 있으니 모왕자상(母旺子相)한다. 따라서 먼저 임수(壬水)를 취하여 왕금(旺金)을 설(洩)하고, 갑목(甲木)을 취하여 소토(疏土)해야 된다.

다시 말해, 술월(戌月)은 신금(辛金)의 여기(餘氣)가 성(盛)하고, 무토(戊土) 정인(正印)이 영(令)을 잡아 모왕자상(母旺子相)하다. 토중(土重)하면 금(金)이 묻힐 염려가 있으니 갑목(甲木)이 없으면 흉하고, 토조(土燥)하면 금(金)을 약하게 만들 염려가 있으니 임수(壬水)가 없으면 흉하다. 진월(辰月) 신금(辛金)과 마찬가지로 임갑(壬甲)은 서로 도와야 길하다. 특히 진토(辰土)는 습윤(濕潤)하고, 술토(戌土)는 조항(燥亢)하기 때문에 반드시 수목(水木)이 있어야 한다.

술월(戌月) 신금(辛金)이 임갑(壬甲)이 모두 투출(透出)했는데 지지(地支)에 수국(水局)을 이루면, 과갑(科甲)에 이르니 부귀(富貴)를 의심하지 않아도 된다. 그러나 임수(壬水)가 하나 투출(透出)했는데, 갑목(甲木)이 없고 지지(地支)에 무토(戊土)가 두 개 암장(暗藏)되어 있으면 평범한 명(命)이 된다. 이때 지지(地支)에 갑목(甲木)이 있어 무토(戊土)를 제(制)하면 공감(貢監)이나 생원(生員)은 잃지 않는다.

갑목(甲木)이 하나 출간(出干)했는데 지지(地支)에 임수(壬水)가 있고 무토(戊土)가 많으면 이도(異途)로 발전한다. 만일 갑목(甲木)이 두 개 출간(出干)하여 많은 무토(戊土)를 제(制)하면 부(富)는 크나 귀(貴)는 작다. 이런 사람은 도필(刀筆)이 이롭다.

 다시 말해, 계월(季月)은 토왕(土旺)한 때이니, 무기토(戊己土)가 출간(出干)하지 않아도 진토(塵土)가 방해를 한다. 이때 갑목(甲木)이 없으면 흉하고, 갑목(甲木)이 투출(透出)하면 쓰임이 나타나고, 갑목(甲木)이 암장(暗藏)되어 있으면 쓰임이 약하다. 금수(金水)는 기(氣)가 청(淸)해야 귀격(貴格)을 이룬다. 계월(季月)에 태어나면 무토(戊土)가 암왕(暗旺)하여, 갑목(甲木)이 없으면 탁함을 제거하기 어려워 평범한 명(命)이 되는 것이다. 이때 갑목(甲木)이 암장(暗藏)되어 있으면 의금(衣衿)은 있고, 갑목(甲木)이 있으면 재(財)로 인수(印綬)를 파(破)하여 재성(財星)이 용신(用神)이 되니 이도(異途)로 부귀격(富貴格)을 이룬다.

 만일 갑술월(甲戌月) 신금(辛金)이 년시(年時)에 임수(壬水)가 모두 투출(透出)했는데, 지지(地支)에 경금(庚金)이 있으면 수원(水源)을 발(發)한다. 따라서 지지(地支)에 무토(戊土) 네 개가 암장(暗藏)되어 있어도 거탁유청(去濁留淸)하여 일방(一榜)은 허락한다. 그러나 무술월(戊戌月)은 지지(地支)에 갑목(甲木)이 암장(暗藏)되어 있어도 명성을 얻기 어렵고, 조업(祖業)도 있기 어렵다

 다시 말해, 술월(戌月) 신금(辛金)은 갑무(甲戊)가 암장(暗藏)되었느냐, 투출(透出)되었느냐에 따라 쓰임이 다르다. 갑술월(甲戌月)은 지지(地支)에 무토(戊土)가 네 개 암장(暗藏)되어 있어도 토(土)를 파(破)할 수 있으니, 무술월(戊戌月)은 지지(地支)에 갑목(甲木)이

암장(暗藏)되어 있어도 무토(戊土)를 파(破)할 수 없다. 신금(辛金)은 유약하기 때문에 토(土)가 많으면 쉽게 매몰되어 광채가 사라지니 명성을 얻기 힘든 것이다.

요약하면, 당령(當令)한 토(土)가 사오 개 있으면 갑목(甲木)이 하나 출간(出干)해도 극제(剋制)하기 어렵다. 따라서 후토(厚土)가 금(金)을 매몰시키기 때문에 분류(奔流)하는 명(命)이 되어 어리석고 나약하다. 이때 임수(壬水)가 출간(出干)하면 토(土)를 세척하고 갑목(甲木)을 생(生)하여, 비록 귀격(貴格)을 이루지는 못해도 노력으로 부(富)를 이루어 구두쇠가 된다.

술월(戌月) 신금(辛金)은 임갑(壬甲)이 서로 도와 용신(用神)을 삼는다. 술(戌)은 화묘(火墓)이니, 화(火)가 하나 있으면 갑목(甲木)을 인화(引化)하여 무토(戊土)를 생(生)한다. 술토(戌土)는 조토(燥土)이니, 화(火)가 없어도 토다(土多)하여 목절(木折)할 염려가 있다. 이때는 수(水)로 화(火)를 제(制)하여 목(木)을 생(生)해야 한다. 임수(壬水)가 용신(用神)이면, 임수(壬水)는 충분(沖奔)하는 성질이 있기 때문에 층층이 쌓인 돌과 흙을 충쇄(沖刷)하여 신금(辛金)이 스스로 나타난다.

술월(戌月) 신금(辛金)은 갑목(甲木)이 없는데 월시(月時)에 첩신(貼身)한 병화(丙火)가 출간(出干)하여 수(水)로 화(化)하면 작은 부(富)는 있다. 지지(地支)에 진(辰)이 있으면, 수(水)로 화(化)한 것이 진(眞)이 되는 것이니 대부대귀격(大富大貴格)을 이룬다. 상강(霜降) 후에는 수왕진기(水旺進氣)하여 병신(丙辛)이 상합(相合)하면 수(水)로 화(化)한다. 지지(地支)에 진(辰)이 있다는 것은, 때가 임진(壬辰)에 이른 것을 말하는데 화기(化氣)가 진(眞)이 된다. 술궁

(술궁(戌宮)에 무토(戊土)가 있어 수(水)로 화(化)하는데 장애가 된다. 이때 갑목(甲木)으로 무토(戊土)를 제거하면 아름다운 명(命)을 이룬다. 그러나 병화(丙火)가 갑목(甲木)을 만나면 상생(相生)하기 때문에 신금(辛金)을 따라 화(化)하지 못한다.

술월(戌月)은 토왕(土旺)하여 영(令)을 잡았으니 수기(水氣)를 거스른다. 이것은 수(水)로 화(化)하면 반드시 지지(地支)에 신유술서방(申酉戌西方)이 완전해야 한다는 뜻이다. 만일 방(方)을 이루지 못하면 임진(壬辰)을 얻어도 화(化)하지 못한다.

술월(戌月) 신금(辛金)이 목다토소(木多土少)하여 술궁(戌宮)에 무토(戊土)가 하나밖에 없는데, 수(水)가 하나도 없으면 평범한 명(命)이 된다. 술월(戌月)은 무토(戊土)가 영(令)을 잡은 때이니, 토다수소(土多水少)는 흔하나 목다토소(木多土少)는 흔하지 않다. 술궁(戌宮) 조토(燥土)는 수(水)로 윤택하게 하지 않으면, 금(金)을 생(生)하지 못하기 때문에 재왕(財旺)하여 인수(印綬)를 파(破)한다. 그러나 신약(身弱)하여 재물을 감당하지 못한다. 예를 들어, 신왕재다(身旺財多)하면 식상(食傷)으로 중심을 삼는데, 수(水)가 없으면 평범한 명(命)이 되는 것이다.

술월(戌月) 신금(辛金)은 계수(癸水)가 많이 출간(出干)하면 세척하지는 못하나, 금(金)을 청(清)하게 만든다. 따라서 고생으로 부귀(富貴)에 이른다. 이것은 임수(壬水)는 없는데 계수(癸水)가 있는 경우를 말한다. 임수(壬水)는 분방(奔放)하여 충쇄(沖刷)할 수 있으나, 계수(癸水)는 징홍(澄泓)하기 때문에 오직 윤택하게 만드는 작용만 한다. 그러나 갑목(甲木)이 출간(出干)했는데 무토(戊土)가 투출(透出)하지 않으면 부귀격(富貴格)을 이룬다. 그렇지 않으면 계수(癸水)

가 무토(戊土)와 합(合)하여 제거되기 때문에 금(金)을 청(淸)하게 만들 수 없다.

술월(戌月) 신금(辛金)은 기토(己土)가 투출(透出)했는데, 임수(壬水) 대신 계수(癸水)가 있어도 자윤(滋潤)하여 신금(辛金)을 생(生)하기 때문에 작은 부귀(富貴)는 있다. 그러나 기토(己土)가 많으면 탁한 부자에 불과하다.

술월(戌月) 신금(辛金)은 계수(癸水)가 투출(透出)했는데 무토(戊土)가 있으면 쓰임을 잃고, 무토(戊土)는 없으나 기토(己土)가 있고 계수(癸水)가 윤택하게 해주면 작은 부귀(富貴)는 있다. 만일 기토(己土)가 많으면 수(水)를 탁하게 만들어 금(金)을 더럽힌다. 이때는 임수(壬水)가 있어도 귀격(貴格)을 이루지 못한다.

한마디로, 술월(戌月) 신금(辛金)은 임수(壬水)를 용신(用神)으로 삼고, 갑목(甲木)으로 보좌하고, 병화(丙火)는 참고해서 취한다. 화토(火土)는 병(病)이 되고, 수목(水木)은 약(藥)이 된다.

壬 辛 戊 丙
辰 未 戌 戌

이 사주는 천간(天干)에 임수(壬水)가 투출(透出)하여 상서(尙書)에 이르렀으나, 갑목(甲木)이 없어 아들을 두지 못했다. 화토금수(火土金水)가 순서대로 상생(相生)하고 있으나, 토중(土重)하여 금(金)을 매몰시킬 염려가 있다. 재운(財運)으로 흐르면 길하고, 동방수목운(東方水木運)으로 흐르면 대귀격(大貴格)을 이룬다. 그러나 무토(戊土)가 임수(壬水)를 극(剋)하는데, 갑목(甲木)으로 구제하지 못하여 대를 잇지 못한다.

己 辛 戊 丙
丑 未 戌 戌

이 사주는 계수(癸水)로 금(金)을 자윤(滋潤)하고, 병화(丙火)로 토(土)를 따뜻하게 만들어 교유(敎諭)에 이르렀다. 토중(土重)하여 금(金)을 매몰시키니, 축궁(丑宮) 토금수(土金水)가 생생불식(生生不息)하면 길하다. 그러나 기국(氣局)이 모두 작고, 시(時)에 묘고(墓庫)가 있어 발전하기 어렵다.

甲 辛 壬 戊
午 酉 戌 戌

이 사주는 거탁유청(去濁留淸)이니 대부대귀격(大富大貴格)을 이루었다. 여기서 거탁유청(去濁留淸)은 갑목(甲木)이 출간(出干)하여 무토(戊土)를 파(破)하고, 임수(壬水)를 보호하는 것이다. 그러나 시지(時支)에서 오(午)가 유(酉)를 파(破)하여 신금(辛金)의 녹(祿)이 상한다. 대개 재관식인(財官食印)의 육신(六神)은 천간(天干)과 천간(天干)의 변화이고, 회합형충(會合刑沖)은 지지(地支)의 변화이기 때문에 모두 신살(神殺)이 된다. 천간(天干)을 논하고 지지(地支)를 논하지 않는 것은 그 변화를 다 헤아리기 어렵기 때문이다. 이 사람은 오운(午運)에서 영락(零落)하여 사망했다.

戊 辛 甲 己
戊 亥 戊 亥

이 사주는 갑목(甲木)을 합거(合去)하여, 임수(壬水)를 혼탁하게 만들어 막히게 하니 평범한 명(命)이 되었다. 갑목(甲木)이 기토(己土)와 합(合)하여 토(土)를 파(破)하기 어렵고, 토(土)가 임수(壬水)를 곤(困)하게 만들어 금(金)을 설(洩)하기 어렵다. 더구나 지지(地支)에 경금(庚金)이 없으니 명성을 얻기 어렵다.

戊 辛 戊 辛
戊 亥 戊 亥

이 사주는 토중(土重)하여 금(金)을 매몰시키나 양간부잡(陽干不雜)이 되어 길하고, 신금(辛金)이 오히려 스스로 쓰임이 있으니 약간의 부귀(富貴)는 있다.

丙 辛 壬 癸
申 酉 戌 亥

이 사주는 임병(壬丙)이 모두 투출(透出)하여 팔좌(八座)에 올랐다. 병신(丙辛)이 수(水)로 화(化)하고, 지지(地支)에 신유술서방(申酉戌西方)이 완전하니, 금기(金氣)가 편왕(偏旺)하여 무토(戊土)가 물러난다. 해궁(亥宮) 갑목(甲木)이 토(土)를 파(破)하고, 임계수(壬癸水)가 출간(出干)하고, 금수(金水)가 진기(進氣)를 만나고, 병화(丙

火)가 뿌리가 없으니 신금(辛金)을 종(從)하여 화(化)한다. 따라서 대부대귀(大富大貴)한 명(命)이 되었다.

　　　壬 辛 庚 壬
　　　辰 巳 戌 子

이 사주는 청나라의 유명한 신하다. 임수(壬水)가 고투(高透)하고, 경금(庚金)이 수원(水源)을 발(發)하고, 술자(戌子)에 해(亥)가 끼어 있고, 임갑(壬甲)이 암장(暗藏)되어 사지(四地)에 건손(乾巽)이 모였다. 따라서 부귀(富貴)를 누리며 장수했다.

　　　辛 辛 甲 甲
　　　卯 卯 戌 辰

이 사주는 양갑(兩甲)이 토(土)를 파(破)하고 있으니, 과갑(科甲)으로 대귀격(大貴格)을 이루었다.

　　　癸 辛 壬 戊
　　　巳 木 戌 子

이 사주는 임계수(壬癸水)가 출간(出干)했는데 무토(戊土)가 나란히 투출(透出)했다. 그러나 갑목(甲木)으로 구제하지 못하여, 병(病)이 있는데 약(藥)이 없는 것과 같다. 임계수(壬癸水)가 수기(秀氣)를 설(洩)하여 문학으로 명성을 떨쳤으나, 무토(戊土)가 출간(出干)했는데 제(制)하지 못하여 매몰되었다.

辛 辛 壬 癸
卯 卯 戌 巳

이 사주는 임수(壬水)가 출간(出干)하고, 지지(地支)에서 목(木)이
토(土)를 파(破)하여 재부차장(財部次長)이 되었다.

■ 삼동(三冬) 신금(辛金)

해월(亥月)은 양춘(陽春)이니, 먼저 임수(壬水)를 취한 다음에 병화
(丙火)를 취해야 한다. 신금(辛金)이 병화(丙火)로 화(化)하여 따르
면 종화격(從化格)이 된다. 자월(子月)은 계수(癸水)가 왕성하니, 무
계(戊癸)가 있으면 흉하나 임병(壬丙)이 있으면 길하다. 축월(丑月)
은 매우 추운 때이니, 먼저 양화(陽和)로 따뜻하게 만든 다음에 임수
(壬水)로 금(金)을 길러야 한다.

해월(亥月) 신금(辛金)

해월(亥月) 신금(辛金)은 소양(小陽)에 있으니, 양기(陽氣)가 처음
으로 잠복되어 한기(寒氣)가 성(盛)하지 않은 때에 있다. 따라서 먼

저 임수(壬水)로 용신(用神)을 삼은 다음에 병화(丙火)를 취한다. 병화(丙火)가 있으면 수금(水金)이 따뜻하고, 임수(壬水)가 있으면 금백수청(金白水淸)을 이루어 길하다. 고서(古書)에서는 금수상관(金水傷官)은 동령(冬令)을 가리키는 말이라고 했다.

해월(亥月) 신금(辛金)이 임병(壬丙)이 모두 투출(透出)하면 금방(金榜)에 명성을 짓는다. 이것은 신금(辛金)은 임수(壬水)와 병화(丙火)가 있으면 금백수청(金白水淸)이라 하는데, 해월(亥月)에 있으니 과갑(科甲)으로 부귀격(富貴格)을 이룬다는 뜻이다. 병화(丙火)는 투출(透出)했으나 임수(壬水)가 암장(暗藏)되어 있으면 공감(貢監)이나 향신(鄕紳)은 되고, 이도(異途)로 벼슬길에 올라 명성을 떨친다. 임수(壬水)는 투출(透出)했으나 병화(丙火)가 암장(暗藏)되어 있으면 부(富)는 크나 귀(貴)는 작고, 임병(壬丙)이 모두 암장(暗藏)되어 있으면 수사(秀士)에 불과하다.

해월(亥月) 신금(辛金)은 해궁(亥宮) 임수(壬水)가 권리를 잡았으니, 용신(用神)이 당왕(當旺)하여 과갑(科甲)에 이르며 부귀격(富貴格)을 이룬다. 이때는 병화(丙火)가 통근(通根)하고, 합(合)이 없어야 길하다.

해월(亥月) 신금(辛金)이 병화(丙火)는 없는데 임무(壬戊)가 있으면 부격(富格)을 이루니, 임수(壬水)가 많은데 무토(戊土)가 없으면 금수왕양(金水汪洋)이라 하여 빈천(貧賤)한 명(命)이 된다. 그러나 무토(戊土)가 출간(出干)하여 임수(壬水)를 제(制)하면 과갑(科甲)에 이른다. 만일 무토(戊土)가 인사(寅巳)에 암장(暗藏)되어 있으면 수재(秀才)이나 공사(貢士)에 불과하다.

금수상관(金水傷官)은 청(淸)함을 좋아하기 때문에 무토(戊土)가 있으면 꺼린다. 그러나 임수(壬水)가 태다(太多)하면 수왕(水旺)하여 금(金)을 매몰시킨다. 이것은 금수상관(金水傷官)의 변격(變格)인데, 반드시 무토(戊土)로 구해야 한다. 그리고 무토(戊土)는 병화(丙火)로 따뜻하게 해야 당권(當權)한 수(水)를 제(制)할 수 있다. 따라서 무토(戊土)가 투출(透出)하여 인사(寅巳)에 통근(通根)하면 반드시 귀격(貴格)을 이루고, 병화(丙火)가 없으면 단지 부(富)만 있을 뿐이다. 만일 금수(金水)가 이인동심격(二人同心格)이면 사주 전체을 잘 살펴야 한다.

해월(亥月) 신금(辛金)이 갑목(甲木)은 많은데 무토(戊土)가 적게 있으면 예술방면으로 발전한다. 만일 기토(己土)가 많은데 임무(壬戊)가 있으면 임수(壬水)가 곤(困)함을 받고, 신금(辛金)이 매몰되니 역시 예술방면에서 성공한다. 이런 사람은 일생이 후중(厚重)하고, 갑목(甲木)과 합(合)하지 않으면 늙어서 부(富)에 이른다.

다시 말해, 해월(亥月) 신금(辛金)은 갑목(甲木)이 많으면, 무토(戊土)가 수(水)를 제(制)하지 못하기 때문에 재성(財星)이 있어야 한다. 금수상관(金水傷官)은 무기토(戊己土)가 막히게 하고 혼탁하게 하면 흉하나, 상관(傷官)이 없으면 무방하다. 신금(辛金)이 휴수지(休囚地)에 들어가니 토(土)가 박하면 금(金)을 생(生)하고, 토중(土重)하면 금(金)을 매몰시킨다. 신금(辛金)이 생부(生扶)되면 재(財)가 있으면 부(富)에 이르나, 토(土)가 금(金)의 광채를 가리기 때문에 예술방면에 재능이 있다. 기토(己土)가 많다고 하는 것은, 지지(地支)에 축미(丑未)가 있다는 뜻이다. 축미(丑未)에 무토(戊土)의 뿌리가 있으면 임수(壬水)를 막히게 하고, 신금(辛金)을 매몰시키니 곤박(困薄)하면서도 후중(厚重)하다. 갑목(甲木)이 있는데 합(合)되지 않으면, 재왕(財旺)하여 인수(印綬)를 파(破)하니 부격(富格)을 이룬다.

　해월(亥月) 신금(辛金)은 임계수(壬癸水)가 태다(太多)한데, 무토(戊土)로 수(水)를 제(制)하지 못하고 병화(丙火)로 금(金)을 따뜻하게 만들지 못하면, 떠돌이팔자가 되어 고생이 많다. 다시 말해, 임계수(壬癸水)가 많으면 반드시 병무(丙戊)가 있어야 한다. 만일 병화(丙火)가 없으면 갑목(甲木) 재성(財星)이 용신(用神)이니, 부(富)는 있으나 귀(貴)는 없다.

　해월(亥月) 신금(辛金)은 먼저 임수(壬水)를 취한 다음에 병화(丙火)를 취하는 것이 정법(正法)이나, 먼저 병화(丙火)를 취한 다음에 기토(己土)를 취하는 것은, 태왕(太旺)한 임수(壬水)가 신금(辛金)을 설(洩)해서 약해졌기 때문이다.

　　　丙 辛 辛 壬
　　　申 亥 亥 辰

　이 사주는 청나라 태종(太宗)의 명(命)이다. 병임(丙壬)이 나란히 투출(透出)하여 금백수청(金白水淸)이 되었고, 인궁(寅宮)이 태원(胎元)이니 병화(丙火)를 인생(引生)하여 금수(金水)가 따뜻하다. 역시 나라를 세우는 제왕(帝旺)의 명(命)이다. 화기격(化氣格)을 이루나, 갑목(甲木)이 해궁(亥宮)에서 장생(長生)하여 목화(木火)의 기(氣)가 움직인다. 고서(古書)에서는 용신(用神)이 있으면 용신(用神)을 논하고, 용신(用神)이 없으면 격(格)을 논한다고 했다.

己 辛 己 辛
亥 巳 亥 巳

이 사주는 병기(丙己)를 함께 취하는데 사주가 모두 상하로 상합(相合)하여 정(精)과 신(神)이 강하다. 기토(己土)가 임수(壬水)를 혼합하여 갑목(甲木)을 생(生)하고, 병화(丙火)를 인생(引生)하니 기격(奇格)인데, 양간부잡(陽干不雜)이고 쌍비호접격(雙飛蝴蝶格)이라 귀격(貴格)이 되었다. 남방운(南方運)으로 흘러 양강(兩江) 총독(總督)이 되었다.

庚 辛 癸 戊
寅 酉 亥 午

이 사주는 계수(癸水)와 무토(戊土)가 합(合)하고 있으니, 해궁(亥宮) 임수(壬水)가 용신(用神)이다. 신유(辛酉) 전록(專祿)을 얻어 길하고, 경금(庚金) 겁재(劫財)의 도움이 있고, 인궁(寅宮) 병화(丙火)가 금(金)을 따뜻하게 한다. 따라서 호남성장(湖南省長)과 내무부총장(內務部總長)이 되었다.

丁 辛 辛 丁
酉 亥 亥 丑

이 사주는 임수(壬水)는 있는데 병화(丙火)가 없다. 그러나 정화(丁火)로 금수(金水)를 따뜻하게 만들어 총령사간(總領師干)이 되었다.

戊 辛 乙 甲
子 巳 亥 申

이 사주는 갑목(甲木)이 출간(出干)하여 무토(戊土)를 파(破)하고, 해궁(亥宮)에 임수(壬水)가 있고, 사궁(巳宮)에 병무(丙戊)가 있으니 재장(財長)이 되었다.

戊 辛 丁 乙
子 卯 亥 酉

이 사주는 임수(壬水)를 용신(用神)으로 삼고, 정화(丁火)로 금수(金水)를 따뜻하게 만든다. 귀(貴)가 무직(武職)에 있어 총령사려(總領師旅)가 되었다.

자월(子月) 신금(辛金)

자월(子月) 신금(辛金)은 자궁(子宮) 계수(癸水)가 득령(得令)한 때에 있으니, 한동(寒冬)이 우로(雨露)와 같다. 계수(癸水)가 출간(出干)하면, 동금(冬金)이 병화(丙火)를 곤(困)하게 만들기 때문에 매우 흉하다. 한동(寒冬)의 우로(雨露)는 설상(雪霜)을 말하고, 사령신(司令神)은 기후를 말한다.

신금(辛金)은 반드시 병임(丙壬)이 있어야 하고, 중동(仲冬) 금수

(金水)는 병화(丙火)로 조후(調候)해야 한다. 병화(丙火)는 통근(通根)하고 득소(得所)해야 하는데, 신금(辛金)과 합(合)하면 흉하다. 용신(用神)이 당왕(當旺)하면 귀격(貴格)을 이루나, 중동(仲冬) 신금(辛金)은 사령신(司令神)이 출간(出干)하면 흉하다. 이것은 기후관계가 중요하기 때문이다.

자월(子月) 신금(辛金)은 병임(丙壬)이 모두 투출(透出)했으나, 무토(戊土)가 출간(出干)하지 않으면 과갑(科甲)으로 관직에 오른다. 만일 지지(地支)에 임수(壬水)가 암장(暗藏)되어 있는데 병화(丙火)가 투출(透出)하면, 금수(金水)를 따뜻하게 만들기 때문에 일방(一榜)은 허락한다.

다시 말해, 금수상관(金水傷官)은 병화(丙火)로 조후(調候)하면 길하나, 무토(戊土)가 수(水)의 흐름을 막으면 흉하다. 따라서 병임(丙壬)이 모두 투출(透出)했는데 무토(戊土)가 없으면 귀격(貴格)을 이룬다. 여기서 중요한 것은 병화(丙火)에 있으니, 병화(丙火)가 투출(透出)하면 임수(壬水)가 암장(暗藏)되어 있어도 귀격(貴格)을 이룬다. 해월(亥月) 신금(辛金)과 이치가 같으니 참고하기 바란다.

자월(子月) 신금(辛金)은 임수(壬水)가 많은데 무토(戊土)가 있고 병갑(丙甲)이 출간(出干)하면, 중화(中和)되어 공감(貢監)이나 의금(衣衿)으로 그치지는 않는다. 만일 임수(壬水)가 많은데 무병(戊丙)이 없으면 금(金)을 심하게 설(洩)하여 한유(寒儒)가 되나, 이때 갑목(甲木)으로 수(水)를 설(洩)하면 길하다. 만일 임수(壬水)가 많은데 갑을목(甲乙木)도 많고 병화(丙火)는 없으면 한유수사(寒儒秀士)의 명(命)이 된다.

해월(亥月) 신금(辛金)이 임수(壬水)가 많아 신금(辛金)을 심하게 설(洩)하면 금수왕양(金水汪洋)이라 한다. 이런 경우에는 종격(從格)으로 논하기 때문에 임수(壬水)를 위주로 본다. 따라서 무토(戊土)를 중요한 용신(用神)으로 삼고, 병화(丙火)를 조후용신(調候用神)으로 삼는다. 만일 무토(戊土)로 제방하지 못하면 갑목(甲木)으로 임수(壬水)를 설(洩)해야 한다. 용신(用神)이 많으면 설(洩)해야 한다는 것이 이런 경우다. 엄한(嚴寒)을 만나 병화(丙火)로 조후(調候)하지 못하면 끝내 빈한(貧寒)한 선비에 불과하다.

자월(子月) 신금(辛金)이 지지(地支)에 수국(水局)을 이루었는데, 병화(丙火)가 투출(透出)하고 무토(戊土)가 두 개 출간(出干)하면 대부대귀격(大富人貴格)을 이룬다. 그러나 무토(戊土)가 출간(出干)하여 제(制)하지 못하면 빈고(貧苦)하다. 다시 말해, 지지(地支)에 수국(水局)을 이루면, 왕양(汪洋)한 세력이 심하여 수왕금침(水旺金沈)하기 때문에 신금(辛金)으로 논하지 않고 임수(壬水)로 논한다. 따라서 금수상관(金水傷官)을 짓지 않아 병무(丙戊)를 취하니 변격(變格)이다. 자월(子月) 임수(壬水)를 참고하기 바란다.

자월(子月) 신금(辛金)이 해자축(亥子丑) 윤하(潤下)가 통원(通源)히는데, 천간(天干)에 경신금(庚辛金)이 출간(出干)하고 무토(戊土)가 없으면 윤하격(潤下格)이 된다. 이런 사람은 부귀(富貴)가 비상하고, 서북운(西北運)은 길하나 동남운(東南運)은 휴하다. 이때 경신금(庚辛金)이 출간(出干)하지 않았는데, 천간(天干)에 을기(乙己)는 있고 병무(丙戊)가 없으면 반드시 승도의 명(命)이 된다.

다시 말해, 지지(地支)에 방국(方局)을 이루었는데, 천간(天干)에 경신금(庚辛金)이 출간(出干)하고 병무(丙戊)가 없으면 종격(從格)으로 논한다. 이때는 윤하격(潤下格)이 되어 변격(變格)이 되는 것이다. 갑을목(甲乙木)이 사월(巳月)이나 오월(午月)에 태어났는데, 화(火)가 방국(方局)을 이루면 목화상관(木火傷官)이 염상격(炎上格)으로 변하는 것과 같다. 이때는 무토(戊土)가 없어야 윤하(潤下)가 격(格)을 이룬다. 만일 병무(丙戊)가 있으면, 임수(壬水)가 많은데 지지(地支)에 수국(水局)을 이루었을 때와 같다.

전왕격(專旺格)이 대운(大運)을 취할 때는 원국(原局)의 순수 여부를 살펴서 분별해야 한다. 만일 원국(原局)이 순수하면 수기(秀氣)를 설(洩)하는 대운(大運)으로 흘러야 길하다.

적천수(滴天髓)에서는 독상(獨象)은 화지(化地)로 흐르면 길하고, 화신(化神)은 창성해야 한다고 했다. 만일 원국(原局)이 순수하지 않으면 왕지(旺地)로 흐르는 것이 길하다. 이것은 종화격(從化格)은 인겁운(印劫運)으로 흘러야 길한 것과 같은 이치다.

서북운(西北運)은 길하나 동남운(東南運)은 흉하다는 것은, 신금(辛金)이 변하여 윤하(潤下)가 되므로 순수하지 못할 것을 예방하는 것이다. 만일 병무(丙戊)가 없는데, 을기(乙己)가 있으면 변격(變格)을 이루지 못한다. 이런 사주는 용신(用神)이 없고, 신금(辛金)이 설(洩)되어 약하니 하격(下格)의 명(命)이 된다.

자월(子月) 신금(辛金)이 지지(地支)에 금국(金局)을 이루었는데, 정화(丁火)가 투출(透出)하면 과갑(科甲)이 따른다. 그러나 반드시 갑목(甲木)으로 인정(引丁)해야 한다. 지지(地支)에 금국(金局)을 이루었는데 정화(丁火)가 투출(透出)하면 상관용관(傷官用官)이니, 지지(地支)의 수(水)가 천간(天干)의 화(火)를 상하게 하지 않는다. 따라서 갑목(甲木)으로 상관(傷官)을 화(化)하여 관(官)을 생(生)하면 과갑(科甲)을 허락하는 것이다. 갑목(甲木)은 정화(丁火)를 떠날 수

없고, 한금(寒金)은 화(火)로 따뜻하게 만들어야 재관(財官)이 상생
(相生)되어 부귀격(富貴格)을 이룬다.
 한마디로, 동월(冬月) 신금(辛金)은 매우 차갑기 때문에 병화(丙火)
로 따뜻하게 만들어야 길하다. 따라서 변격(變格)을 제외하고는 반드
시 병화(丙火)가 있어야 한다.

　　丁 辛 壬 丁
　　酉 丑 子 亥

 이 사주는 시지(地支)에 금국(金局)을 이루어 정화(丁火)가 용신(用
神)인데, 갑목(甲木)이 투출(透出)하지 않았다. 해궁(亥宮)에 갑목
(甲木)이 있으나 습목(濕木)이라 불꽃이 없다. 따라서 과갑(科甲)에
이르렀으나 관직에 나가지는 못했다.

　　辛 辛 丙 己
　　卯 卯 子 亥

 이 사주는 남편을 형(刑)하고, 아들을 두지 못했고, 가난했다. 양신
(兩辛)이 병(丙) 하나를 쟁합(爭合)하니, 벼화(丙火)가 신금(辛金)을
따라 합(合)되어 남편이 있어도 없는 것과 같다. 이런 사주를 부(賦)
에서는 병신(丙辛)과 자묘(子卯)는 상형(相刑)하기 때문에 황음곤랑
(荒淫滾浪)이 된다고 했다.

甲 辛 丙 甲
午 巳 子 寅

이 사주는 여명(女命)인데 딸만 하나 두었다. 병화(丙火)가 득지(得地)하고, 갑목(甲木)이 상생(相生)하여 재관(財官)이 태왕(太旺)하다. 임수(壬水)가 없으니 병(病)이 되고, 인수(印綬)가 없으니 신금(辛金)의 뿌리가 없다. 그러나 중동(仲冬)에 태어나 화(火)가 금(金)을 녹이지 않으니 요절(夭折)에는 이르지 않는다.

丁 辛 壬 丁
酉 巳 子 巳

이 사주는 지지(地支)에 금국(金局)을 이루었는데 임수(壬水)가 출간(出干)했으니, 사궁(巳宮) 병무(丙戊)가 용신(用神)이다. 과갑(科甲) 출신으로 봉강(封疆)에 이르렀다.

癸 辛 壬 壬
巳 亥 子 申

이 사주는 지지(地支)에 수국(水局)을 이루었는데 양임(兩壬)이 출간(出干)하여 수왕금침(水旺金沈)이 되었다. 왕양(汪洋)한 금수(金水)를 융합하여 일편을 이루면, 격국(格局)이 변하여 현무당권격(玄武當權格)이 된다. 이때 무토(戊土)가 없으면 제방하기 어렵고, 병화(丙火)가 없으면 조후(調候)하지 못한다. 자월(子月) 임수(壬水)가 신금(辛金)의 자부(滋扶)를 얻고, 병무(丙戊)를 취하여 용신(用神)으로 삼는 것과 같은 간법(看法)이다.

만일 이 사주가 임진시생(壬辰時生)이었다면 윤하격(潤下格)을 이룬다. 그러나 계사시생(癸巳時生)이니 병무(丙戊)가 득지(得地)했다. 따라서 반드시 병무(丙戊)를 용신(用神)으로 삼아야 한다. 이것은 일간(日干)을 위주로 하지 않고, 전국(全局)을 위주로 하기 때문이다.

고서(古書)에서는 금수(金水)가 총명하나 토(土)가 있으면 오히려 완고하며 어리석다고 했다. 만일 금수상관격(金水傷官格)을 이루면 반드시 병화(丙火)나 비겁(比劫)을 취해야 한다. 무토(戊土)를 취하는 법은 없다. 만일 이 사주가 병무(丙戊)가 출간(出干)했으면 대부대귀격(大富大貴格)을 이루었을 것이다. 그러나 사해(巳亥)가 충(沖)되어 용신(用神)이 손상되었다. 망신살(亡神殺)이나 겁살(劫殺)은 충(沖)되면 기(氣)가 흩어지기 때문에 화액이 따르지는 않는다. 미운(未運) 경진년(庚辰年)에 진해(辰亥)가 합(合)하여 충(沖)을 풀어주니, 술월(戌月)에 심복이 변을 일으켜 사망했다.

甲 辛 壬 壬
午 亥 子 申

이 사주는 앞 사주와는 시(時)만 다르다. 임수(壬水)가 많은데 무병(戊丙)이 없으니, 갑목(甲木)으로 임수(壬水)를 설(洩)해야 한다. 오궁(午宮)에 정기(丁己)가 투출(透出)하지 않았는데 해궁(亥宮) 임갑(壬甲)으로 제(制)하니, 갑목(甲木)이 용신(用神)이 되어 금융계에 머물렀다. 이것은 임수(壬水)가 갑목(甲木)을 용신(用神)으로 삼는 것과 같은 이치이기 때문에 금수상관격(金水傷官格)을 이루지 못한다. 앞 사주는 무토(戊土)가 임수(壬水)를 제(制)하는데, 갑목(甲木)이 없어 관성(官星)이 상하지 않아 한때 정치계를 풍미했다.

丁 辛 甲 癸
酉 亥 子 酉

이 사주는 년시(年時)에 유(酉)가 두 개 있으니 금국(金局)과 같고, 정갑(丁甲)이 나란히 투출(透出)했는데 갑목(甲木)이 인정(引丁)하여 과갑(科甲)에 이르렀다. 왕수(旺水)가 영(令)을 잡았으니, 금(金)이 사절지(死絶地)에 이르러 기(氣)가 쇠(衰)하면 귀록(歸祿)을 취하여 도와야 한다. 경신운(庚申運)에 재정청장(財政廳長)이 되었다.

戊 辛 戊 乙
戌 未 子 亥

이 사주는 토중(土重)하여 금(金)이 매몰되었으니 화액이 염려된다.

축월(丑月) 신금(辛金)

축월(丑月) 신금(辛金)은 한동(寒凍)한 때에 있으니, 먼저 병화(丙

火)로 용신(用神)을 삼은 다음에 임수(壬水)를 취한다. 병화(丙火)가 없으면 해동(解凍)할 수 없고, 해동(解凍)하면 수(水)가 얼지 않아 임수(壬水)로 세척할 수 있다. 삼동(三冬) 신금(辛金)은 병임(丙壬)을 떠날 수 없다. 이 이치는 자월(子月)과 같다.

축월(丑月) 신금(辛金)은 병임(丙壬)이 모두 투출(透出)하면, 청아한 부귀(富貴)가 있어 낭묘(廊廟)의 재목을 이룬다. 만일 병임(丙壬) 중에서 하나는 투출(透出)했으나 하나는 암장(暗藏)되어 있으면 공감(貢監)이나 의금(衣衿)으로 그치지는 않고, 병화(丙火)는 있는데 임수(壬水)가 없으면 부(富)는 있으나 귀(貴)는 허상에 불과하고, 임수(壬水)는 있는데 병화(丙火)가 없으면 승도나 고빈(孤貧)한 명(命)이 되고, 병화(丙火)는 많은데 임수(壬水)는 없고 계수(癸水)가 있으면 유능하나 평범한 명(命)이 된다. 이런 사람은 무역업으로 나가면 길하다.

다시 말해, 축월(丑月) 신금(辛金)은 조후(調候)가 시급하기 때문에 병화(丙火)가 중요한 용신(用神)이 된다. 따라서 병화(丙火)가 없으면 흉하고, 임수(壬水)는 시령(時令)의 기(氣)를 잡았으니 없어도 무방하다. 병화(丙火)가 있어 따뜻하면 부(富)가 있고, 임수(壬水)가 없어 신금(辛金)이 수기(秀氣)가 없으면 귀(貴)가 허상에 지나지 않는다.

만일 임수(壬水)는 있는데 병화(丙火)가 없으면 엄한(嚴寒)하여 생기가 없으니 흉하다. 병화(丙火)가 많은데 임수(壬水)는 없고 계수(癸水)가 있으면, 병화(丙火)의 통근(通根) 여부를 살펴야 한다. 계수(癸水)가 병화(丙火)를 곤(困)하게 만드나 병화(丙火)가 있으니 유능하고, 계수(癸水)가 병화(丙火)를 곤(困)하게 만들어 시성(市井)에 있게 되는 것이다.

축월(丑月) 신금(辛金)은 화(火)를 거듭 만나면, 계기(癸己)를 군(君)으로 삼고 병정화(丙丁火)를 신(臣)으로 삼으니, 의록(衣祿)이 풍족하며 일생이 평안하다.

다시 말해, 축월(丑月) 신금(辛金)은 축궁(丑宮)에 기신계(己辛癸)가 모두 암장(暗藏)되어 있기 때문에 조후(調候)가 시급하다. 따라서 먼저 병화(丙火)로 용신(用神)을 삼은 후, 화토(火土)를 거듭 만나면 조후(調候)된다. 이때는 기계(己癸)가 출간(出干)해야 식신패인(食神佩印)이 되어 동궁(同宮)에 기(氣)가 모인다. 그러나 병정화(丙丁火)가 없으면 흉하다. 한마디로, 축월(丑月) 신금(辛金)은 먼저 병화(丙火)를 취하고, 다음에는 임수(壬水)와 무기토(戊己土) 순으로 취한다.

己 辛 丁 甲
亥 卯 丑 申

이 사주는 재왕(財旺)하여 생살(生殺)하니 제군(制軍)이 되었다. 축궁(丑宮)에 기신(己辛)이 함께 투출(透出)했는데 갑기(甲己)가 합(合)되지 않고, 해묘(亥卯)가 회국(會局)하여 재성(財星)이 유기(有氣)하니 갑목(甲木)이 인정(引丁)한다. 기후가 엄한(嚴寒)하나 정화(丁火)가 용신(用神)이니, 재살(財殺)로 귀(貴)를 취한다.

戊 辛 丁 己
子 丑 丑 丑

이 사주는 시랑(侍郎)에 오른 사람이다. 기신(己辛)이 출간(出干)했는데 자궁(子宮) 계수(癸水)와 월령(月令)의 축궁(丑宮)에 모여 있고, 정화(丁火) 하나가 조후(調候)하여 설야등광(雪夜燈光)을 이루었으니 기격(奇格)이다.

庚 辛 己 乙
寅 卯 丑 丑

이 사주도 시랑(侍郎)에 오른 사람이다. 인궁(寅宮) 병화(丙火)가 용신(用神)인데, 기신(己辛)이 함께 투출(透出)하여 귀격(貴格)을 이루었다.

丁 辛 己 乙
酉 未 丑 卯

이 사주는 지지(地支)에 금국(金局)과 목국(木局)을 이루었는데, 기신(己辛)은 출간(出干)하고 계수(癸水)는 없다. 따라서 신금(辛金)이 수기(秀氣)가 없어 귀격(貴格)을 이루지 못했다. 정화(丁火)가 용신(用神)이니 선빈후부(先貧後富)하며 장수했다. 목화운(木火運)이 길하다.

戊 辛 乙 癸
子 卯 丑 丑

이 사주는 태원(胎元)인 병화(丙火)가 용신(用神)이다. 무토(戊土)가 많은 계수(癸水)를 제(制)하여 안찰사(按察使)가 되었고, 시상(時上)에서 편인(偏印)이 식신(食神)을 제(制)하여 아들을 두지 못했다.

丙 辛 己 乙
申 亥 丑 未

이 사주는 병신(丙辛)이 수(水)로 화(化)하지 못하기 때문에 병화(丙火)가 용신(用神)이다. 해궁(亥宮) 임수(壬水)로 수기(秀氣)를 설(洩)하고, 갑목(甲木)이 토(土)를 파(破)한다. 과갑(科甲) 출신으로 시랑(侍郎)이 되었다.

甲 辛 癸 壬
午 丑 丑 辰

이 사주는 임수(壬水)가 고투(高透)하는데 시(時)에 갑오(甲午)가 있으니, 갑목(甲木)이 인정(引丁)한다. 과갑(科甲)에 이르렀으나 관직에는 오르지 못했다. 그러나 문학으로 대가를 이루었다.

己 辛 丁 甲
丑 丑 丑 子

이 사주는 갑목(甲木)이 인정(引丁)하고, 기신(己辛)이 함께 투출(透出)했다. 그러나 애석하게도 정갑(丁甲)이 모두 통근(通根)하지

못했으니, 동목(冬木)이 불꽃이 없다. 딸만 하나를 두었고, 한유(寒
儒)에 그쳤다.

癸 辛 癸 丁
巳 卯 丑 丑

이 사주는 신계(辛癸)가 출간(出干)했는데 사궁(巳宮)에 병화(丙火)
가 암장(暗藏)되어 있으니, 병화(丙火)가 용신(用神)이다. 년간(年
干) 정화(丁火)는 계수(癸水)가 상하게 하여 용신(用神)으로 삼을 수
없다. 따라서 도독(都督)에 그쳤다.

壬 辛 乙 戊
辰 丑 丑 子

이 사주는 화(火)가 없기 때문에 부귀(富貴)를 말할 수 없다. 그러나
임수(壬水)가 수기(秀氣)를 설(洩)하니, 총명함은 있어 극작가가 되
었다.

9장. 임수(壬水)

임수(壬水)의 조후용법(調候用法)

물은 높은 곳에서 낮은 곳으로 흐르는 성질이 있기 때문에 윤하(潤下)라고 한다. 물은 서북방(西北方)을 근원으로 삼으니 임수(壬水)가 있으면 장생(長生)되고, 해(亥)는 물이 시작되는 곳이니 임수(壬水)가 해(亥)를 만나면 건록(建祿)을 이룬다. 물은 순류(順流)하면 용납하는 성질이 있고, 역류(逆流)하면 성출(聲出)하는 성질이 있다. 순류(順流)는 물이 서(西)에서 북(北)으로 흐르거나, 북(北)에서 동(東)으로 흐르거나, 동(東)에서 남(南)으로 흐르는 것을 말하고, 역류(逆流)는 이와 반대의 경우를 말한다.

수(水)가 근원인 금(金)에 의지하면 흐름이 끊어지지 않기 때문에, 수(水)가 범람하면 토(土)로 극제(剋制)해야 한다. 그러나 토(土)가 많으면 물이 흐르지 않고, 화(火)가 많으면 물이 고갈되고, 목왕(木

旺)하면 물이 죽고, 수원(水源)인 금(金)이 쇠(衰)하면 물의 기세가
쇠약하여 신약(身弱) 사주가 된다. 따라서 임일생(壬日生)은 길흉이
다른 일주(日主)와는 다르기 때문에 수(水)가 유통되어야 아름다운
명(命)을 이룬다.

■ 삼춘(三春) 임수(壬水)

춘월(春月)은 눈이 녹기 시작하는 때이니, 그 세력이 많은 물이 흐르
는 것과 같아 영화로움을 향한다. 따라서 삼춘(三春) 임수(壬水)가
양화(陽和)한 기후를 만나면 아름다운 명(命)을 이루나, 화(火)가 없
으면 재물을 얻기 힘들다.

인월(寅月) 임수(壬水)

인월(寅月) 임수(壬水)는 왕양(汪洋)하여 흐름이 쉬지 않으나, 영
(令)을 잃어 범람할 우려는 없다. 따라서 먼저 경금(庚金)으로 수원
(水源)을 발(發)한 다음, 병화(丙火)로 한기(寒氣)를 제기하고, 무토
(戊土)로 흐름을 막으면 왕양(汪洋)해도 지나침에는 이르지 않는다.
다시 말해, 임수(壬水)가 생왕(生旺)하면 충분(沖奔)하는 성질이 있
으나, 맹춘(孟春)에는 기(氣)가 쇠퇴하여 산만해진다. 임수(壬水)는
병무(丙戊)를 띠날 수 없으나, 춘하월(春夏月)에 경금(庚金)으로 수

원(水源)을 발(發)하지 못하면 고갈될 염려가 있다. 그러므로 반드시 경금(庚金)으로 용신(用神)을 삼아, 금(金)으로 생(生)한 다음에 병화(丙火)로 한기(寒氣)를 제거해야 한다. 만일 임수(壬水)가 중첩되어 있으면 무토(戊土)로 흐름을 막아야 한다. 경병무(庚丙戊)를 함께 취할 때는 선후를 가려야 한다.

 인월(寅月) 임수(壬水)가 천간(天干)에 경병무(庚丙戊)가 나란히 투출(透出)하면 봉지도랑(鳳池桃浪)의 객(客)이라 한다. 만일 경무(庚戊)는 투출(透出)했으나 병화(丙火)가 인궁(寅宮)에 암장(暗藏)되어 있어도 부귀은영(富貴恩榮)은 있고, 경금(庚金) 하나가 투출(透出)했는데 파(破)되지 않으면 공감(貢監)이나 의록(衣祿)으로 그치지는 않는다.

 다시 말해, 경병무(庚丙戊)가 나란히 투출(透出)했는데 임수(壬水)와 경금(庚金)이 상생(相生)하면, 병무(丙戊)를 용신(用神)으로 삼는다. 그러나 병무(丙戊)가 왕(旺)하면 경금(庚金)이 용신(用神)이 된다. 인궁(寅宮) 갑병(甲丙)이 상생(相生)하나, 갑목(甲木)이 무토(戊土)를 제(制)한다. 이때 경무(庚戊)가 투출(透出)하면, 병화(丙火)가 인궁(寅宮)에 암장(暗藏)되어 있어도 경병무(庚丙戊)가 모두 투출(透出)한 것과 같다. 삼춘(三春) 임수(壬水)는 경금(庚金)으로 중요한 용신(用神)으로 삼는데, 금수(金水)가 태왕(太旺)하지 않으면 병무(丙戊) 역시 유용하지 않다. 그러므로 경금(庚金)이 투출(透出)했는데 정화(丁火)가 파(破)하지 않으면 공감(貢監)이나 의록(衣祿)으로 그치지는 않는 것이다.

 인월(寅月) 임수(壬水)는 경금(庚金)을 존신(尊神)으로 삼고 병화(丙火)로 보좌해야 하는데, 비견(比肩)이나 양인살(羊刃殺)이 없으면 무토(戊土)는 없어도 무방하다. 그러나 비겁(比劫)이나 경신금(庚辛金)이 있으면 극약(極弱)이 다시 생(生)하는 형상이니, 반드시 무토(戊土)로 제(制)해야 한다. 이때 무토(戊土)가 투출(透出)하면 과갑(科甲)이 따르고, 무토(戊土)가 암장(暗藏)되어 있으면 수재(秀才)로 사리에 능통하며 이도(異途)가 있다. 그러나 조업(祖業)은 없다.

다시 말해, 인월(寅月) 임수(壬水)는 경금(庚金)을 위주로 하고, 병무(丙戊)는 보좌하는 역할을 한다. 인월(寅月)은 임수(壬水)의 병지(病地)이니, 무토(戊土) 칠살(七殺)을 취하면 비견(比肩)이나 양인(陽刃)이 방신(幇身)하여 극약(極弱)이 다시 강하게 된다. 그렇지 않으면 인수(印綬)가 있어야 길하고, 살(殺)이 있으면 흉하다. 병화(丙火)는 인수(印綬)가 있거나 살(殺)이 있거나를 불문하고 없으면 모두 흉하다.

인월(寅月) 임수(壬水)는 지지(地支)에 화국(火局)을 이루어 수화(水火)가 기제(旣濟)되어도, 수화(水火)가 모두 때를 만나지 못하여 명리(名利)가 있어도 허상에 불과하다. 이런 사람은 대화를 좋아하나 진실하지 않고, 약속을 잘 하나 지키지 않는다.

다시 말해, 인월(寅月)에는 갑목(甲木)이 영(令)을 잡고 있으니, 지지(地支)에 화국(火局)을 이루어 신왕재왕(身旺財旺)하면, 수화(水火)를 통관(通關)해주기 때문에 기제(旣濟)된다. 그러나 수화(水火)가 모두 때를 만나지 못하니, 명성을 크게 떨치며 지위가 높아도 모두 허상이다. 임수(壬水)가 뿌리가 없으면, 왕목(旺木)이 설(洩)하여 회(火)를 생(生)하기 때문에 종재격(從財格)을 이루니 상격(上格)은 아니다.

인월(寅月) 임수(壬水)가 경금(庚金)이 용신(用神)이면 토(土)가 아내요 금(金)이 자식이고, 병화(丙火)가 용신(用神)이면 목(木)이 아내요 화(火)가 자식이니, 아내는 현명하고 자식은 효도한다. 무토(戊土)가 용신(用神)이면 화(火)가 아내요 토(土)가 자식이니, 아내는 어질며 자식은 효도하고 만사형통한다. 병무(丙戊)가 용신(用神)이면 아내가 현명하고 자식이 효도하는 것은, 임수(壬水)가 약변강(弱變强)되기 때문이다.

壬 壬 壬 壬
寅 辰 寅 寅

이 사주는 식신생재(食神生財)가 당령(當令)하여 부옹(富翁)을 이루었다. 천간(天干) 비견(比肩)이 인목(寅木)을 깔고 앉아 있으니, 비겁(比劫)이 설(洩)되어 생재(生財)하기 때문에 재왕(財旺)하다. 임수(壬水)가 진(辰)에서 신고(身庫)에 통근(通根)되니, 인궁(寅宮)의 병화(丙火) 재성(財星)이 용신(用神)이 되어 임기용배격(壬騎龍背格)이 되었다.

壬 壬 壬 壬
寅 寅 寅 寅

이 사주는 육임추간격(六壬趨艮格)으로 어사(御史)가 되었다. 육임추간격(六壬趨艮格)이 인해(寅亥)가 암합(暗合)하여 임수(壬水)가 녹(祿)을 얻었으니, 허신(虛神)인 녹(祿)을 용신(用神)으로 삼는다. 만일 북방(北方)에서 태어났다면 어사(御史)로 그치지는 않았을 것이다.

辛 壬 庚 丙
亥 寅 寅 子

이 사주는 도독(都督)에 이른 사람이다. 시상(時上)에 귀록(歸祿)이 있고, 병화(丙火) 재성(財星)이 용신(用神)이다. 금성옥진부(金聲玉振賦)에서는 녹(祿)이 인수(印綬)와 재(財)를 만나면 청년에 급제하여 관직에 오른다고 했다.

庚 壬 壬 壬
戌 寅 寅 午

이 사주는 도독(都督)에 이른 사람이다. 육임추간격(六壬趨艮格)인데, 인오(寅午)가 회국(會局)하여 재성(財星)이 암왕(暗旺)하다. 비견(比肩)이 중(重)한데 재(財)가 있으니 재물이 흐르는 물과 같다. 따라서 재물과 처첩이 많았다. 이 사주는 무신시(戊申時), 기유시(己酉時), 임인시(壬寅時)라고도 한다. 그러나 화등초상(華燈初上)이니 술시(戌時)가 맞을 것이다.

癸 壬 壬 壬
卯 辰 寅 午

이 사주는 지지(地支)에 인묘신동방(寅卯辰東方)을 이루었는데 오

(午)가 사(巳)를 끼고 있으니, 봉황공귀격(鳳凰拱貴格)이 되었다. 수목(水木)이 청화(淸華)하나, 목(木)이 성(盛)하여 영(令)을 잡아 임수(壬水)를 설(洩)한다. 도독(都督)에 이르렀으나 35세의 나이로 요절(夭折)했다.

壬 壬 丙 甲
寅 辰 寅 申

이 사주는 대 은행가의 명(命)이다. 병갑(丙甲)이 나란히 투출(透出)했는데, 임수(壬水)가 신진(申辰)에 통근(通根)되었다. 득록(得祿)한 경금(庚金)이 생(生)하니 신왕(身旺)하여 재(財)를 감당할 수 있다. 인진(寅辰) 사이에 묘(卯)를 끼고 있으니 식신생재(食神生財)하여 거부격(鉅富格)이 되었다.

庚 壬 丙 甲
戌 子 寅 申

이 사주는 육군부장(陸軍部長)의 명(命)이다. 병갑(丙甲)이 나란히 투출(透出)하고 경금(庚金)이 출간(出干)했다.

辛 壬 甲 戊
亥 子 寅 子

이 사주는 인궁(寅宮)에 갑무(甲戊)가 나란히 투출(透出)했으니, 식신제살(食神制殺)이 용신(用神)이 된다. 그러나 입춘(立春) 7일 후에 태어나, 목왕(木旺)하니 토(土)가 붕괴된다. 살(殺)을 돕는 운으로 흘러야 길하다.

己 壬 甲 戊
酉 寅 寅 戌

이 사주는 갑목(甲木)이 출간(出干)하여 무기(戊己) 관살(官殺)을 제(制)하니, 시지(時支) 유금(酉金) 정인(正印)이 용신(用神)이 되어 소상녁으로 형통했다. 그러나 사운(巳運) 을해년(乙亥年)에 자객을 만나 해를 입었다. 인오술(寅午戌)이 사(巳)를 만나면 망신살(亡神殺)이 되고, 해(亥)를 만나면 겁살(劫殺)이 된다. 망신살(亡神殺)과 겁살(劫殺)은 합(合)을 꺼리는데, 사유(巳酉)와 인해(寅亥)가 모두 합(合)하고, 세운(歲運)과 대운(大運)이 충(沖)하여 선종(善終)하지 못했다.

壬 壬 庚 丙
寅 午 寅 午

이 사주는 경병임(庚丙壬)이 모두 투출(透出)하여 종재격(從財格)을 이루지 못했는데, 비겁(比劫)과 인수(印綬)도 뿌리가 없다. 이런 사주를 유화기이불성국(類化氣而不成局), 유인수이불성인(類印綬而不成印)이라 한다. 이것은 남의 손에서 자라거나 고아나 데릴사위가 되는 명(命)이라는 뜻이다. 지지(地支)에 화국(火局)을 이루었으나,

수화(水火)가 모두 때를 잃어 명리(名利)가 허상에 지나지 않는다.

묘월(卯月) 임수(壬水)

묘월(卯月) 임수(壬水)는 한기(寒氣)가 모두 제거되어 물이 많고 깊다. 따라서 무토(戊土)로 제방한 다음에 신금(辛金)으로 수원(水源)을 발(發)해야 한다. 중춘(仲春)에는 임수(壬水)가 사지(死地)가 되고, 목(木)이 당왕(當旺)하기 때문에 임수(壬水)를 설(洩)하여 약하게 만든다. 이때 경신금(庚辛金)이 없으면 흉하다. 신약(身弱)하면 재(財)를 감당할 수 없는데 수(水)가 따뜻하니, 병화(丙火)는 취하지 않는다. 만일 비견(比肩)이 많아 춘수(春水)가 산만하면 무토(戊土)를 취한다. 무토(戊土)와 신금(辛金)으로 수원(水源)을 발(發)하는 것은 인수(印綬)로 화살(化殺)하기 때문이다.

묘월(卯月) 임수(壬水)가 무신(戊辛)이 모두 투출(透出)하면 과갑(科甲)에 준함이 있다. 만일 무토(戊土)는 출간(出干)했으나 신금(辛金)이 유궁(酉宮)에 암장(暗藏)되어 있으면 은봉(恩封)은 기대할 수 있고, 공감(貢監)이나 의금(衣衿)으로 그치지는 않는다. 만일 무신(戊辛)이 모두 암장(暗藏)되어 있는데 갑정(甲丁)이 투간(透干)하지 않으면 수재(秀才)의 명(命)은 잃지 않는다.

다시 말해, 묘월(卯月) 임수(壬水)는 무신(戊辛)을 용신(用神)으로 삼는 것이 정법(正法)이다. 따라서 갑목(甲木)이 무토(戊土)를 파(破)하면 흉하고, 정화(丁火)가 신금(辛金)을 극(剋)하면 흉하다. 그

러나 갑정(甲丁)이 출간(出干)하지 않으면 의금(衣衿)은 잃지 않는
다. 만일 신금(辛金)이 없고 경금(庚金)이 있으면 부격(富格)을 이루
니 경금(庚金)이 투출(透出)하면 대부격(大富格)을 이루고, 경금(庚
金)이 암장(暗藏)되어 있으면 부(富)가 작다.

다시 말해, 묘월(卯月) 임수(壬水)는 수목상관(水木傷官)이나, 목왕
(木旺)하여 수(水)가 쇠(衰)하기 때문에 인수(印綬)가 없으면 흉하
다. 신금(辛金)이 없고 경금(庚金)이 있어도 이치가 같다. 경금(庚
金)이 하나 있으면 부격(富格)을 이루고, 무토(戊土)가 있으면 귀
(貴)를 겸한다.

묘월(卯月) 임수(壬水)가 지지(地支)에 목국(木局)을 이루었는데 경
금(庚金)이 투간(透干)하면 과갑(科甲)으로 명성을 얻고, 경금(庚金)
이 암장(暗藏)되어 있으면 이도(異途)가 나타난다.

다시 말해, 지지(地支)에 목국(木局)을 이루면 설기(洩氣)가 태중
(太重)하니, 경금(庚金)이 있으면 상관(傷官)을 제(制)하고 임수(壬
水)를 생(生)한다. 따라서 병(病)이 중(重)하나 좋은 약(藥)을 얻기
때문에 과갑(科甲)에 이르는 것이다. 경금(庚金)이 지지(地支)에 암
장(暗藏)되어 있어도 역시 이도(異途)로 발전한다.

묘월(卯月) 임수(壬水)가 지지(地支)에서 목(木)이 많이 있는 화
(火)를 생(生)하면 목성화염(木盛火炎)이 된다. 이때 비견(比肩)으로
방신(幫身)하면 적수(滴水)가 만리를 윤택하게 하기 때문에 부귀격
(富貴格)을 이룬다. 만일 일파(一派) 목(木)이 있는데 일간(日干)에
임수(壬水)가 하나밖에 없으면서 경금(庚金)으로 발원(發源)하지 못
하면 임수(壬水)가 설(洩)되어 약하다. 따라서 유림(儒林)의 선비이
나 남의 도움으로 살아간다. 이때 화(火)는 없고 임수(壬水)가 있으

면 평범한 명(命)이 된다.

다시 말해, 목성(木盛)하면 경금(庚金)으로 용신(用神)을 삼아야 하고, 목왕(木旺)하여 화(火)를 생(生)하면 비견(比肩)을 함께 취해야 한다. 이때는 병(病)이 중(重)한데 약(藥)을 얻은 격이니 부귀(富貴)를 의심하지 않아도 된다. 일파(一派) 목(木)이 있는데, 일간(日干)에 임수(壬水)가 하나밖에 없고, 비겁(比劫)이나 인수(印綬)가 없으면 임수(壬水)가 설(洩)되어 약하다. 이런 사람은 유약하고 무능하나, 상관(傷官)의 수기(秀氣)가 있어 유림(儒林)의 선비는 잃지 않는다. 그러나 일주(日柱)가 무력하여 남에게 의지해서 살아가는 것이다. 만일 목성(木盛)한데 화(火)가 있으면 임수(壬水)를 위주로 하고, 경신금(庚辛金)으로 보좌해야 한다. 그러나 화(火)가 없으면 경신금(庚辛金)을 용신(用神)으로 삼는다. 만일 목(木)이 많은데 화(火)는 없고 임수(壬水)가 있으면, 병(病)이 없는데 약(藥)이 있는 격이니 의식(衣食)은 평범하나, 고생이 많고 용렬한 사람이 된다.

묘월(卯月) 임수(壬水)는 비견(比肩)이 많으면 반드시 무토(戊土)가 있어야 한다. 고서(古書)에서는 토(土)가 흐르는 물을 막으면 복수(福壽)가 완전하다고 했다. 만일 무토(戊土)가 없으면 수범목부(水泛木浮)가 되어 평생 고생이 많다. 이때 수운(水運)으로 흐르면 아신(我身)이 상한다. 만일 갑을목(甲乙木)이 많은데 비견(比肩)이 없으면 남에게 의지하여 살아간다. 이때 경신금(庚辛金)이 있으면 가난은 면할 수 있다.

요약하면 묘월(卯月) 임수(壬水)는 먼저 무토(戊土)를 취하고, 다음에 신금(辛金)을 취하고, 다음에 경금(庚金)을 취한다. 수성(水盛)한데 무토(戊土)가 없으면 흉하고, 목성(木盛)한데 경금(庚金)이 없으면 흉하고, 화성(火盛)한데 임수(壬水)가 없으면 흉하다.

庚 壬 乙 戊
子 子 卯 午

이 사주는 수왕(水旺)한데 경금(庚金)이 투출(透出)하여 수목상관
패인격(水木傷官佩印格)이 되었다. 양자(兩子)가 오(午)를 충(沖)하
고, 자묘(子卯)가 상형(相刑)하고, 묘오(卯午)가 파(破)되어 충격동
탕(沖激動蕩)한다. 무토(戊土)가 수(水)를 제지하여 복수(福壽)가 모
두 있고, 수목(水木)이 청화(淸華)하여 과갑(科甲)에 이르렀다. 미운
(未運) 무술년(戊戌年)에 유신정변(維新政變)을 일으켰고, 유운(酉
運) 무오년(戊午年)에 복피(復避)의 화를 일으켰고, 70세인 임운(壬
運) 정묘년(丁卯年)에 사망했다.

庚 壬 己 庚
戌 寅 卯 午

이 사주는 경금(庚金)이 두 개 출간(出干)했는데 지지(地支)에 인오
술화국(寅午戌火局)이 있으니, 재왕생관(財旺生官)하여 관인상생격
(官印相生格)이 되었다. 임수(壬水) 비견(比肩)이 없으나 부귀격(富
貴格)을 이루어 복건도독(福建都督)이 되었다.

乙 壬 乙 癸
巳 戌 卯 酉

이 사주는 임수(壬水)가 설(洩)되어 약하기 때문에 유금(酉金)이 용신(用神)이다. 수목(水木)이 청화(淸華)하여 문학에 재능이 있고, 대운(大運)이 역행(逆行)하여 아름다운 명(命)이 되었다.

辛 壬 己 庚
丑 寅 卯 辰

이 사주는 지지(地支)에 인묘진동방(寅卯辰東方)을 이루어 목성(木盛)하니 경금(庚金)이 용신(用神)이다. 시상(時上)에 신축(辛丑)이 있으니, 겁인(劫印)이 방신(幇身)하여 수기(水氣)가 남아 있다. 상관(傷官)이 왕(旺)하여 생재(生財)하는데, 남방운(南方運)으로 흘러 산동성(山東省) 은행경리가 되어 천만금을 모았다. 미운(未運)에서 묘(卯)를 회국(會局)하고 축(丑)을 충(沖)하여 암살되었고, 재산은 수몰되었다.

丁 壬 己 庚
未 寅 卯 辰

이 사주는 재정부참사(財政部參事)에 오른 사람이다. 앞 사주와는 시(時)만 다르나 정화(丁火)가 경금(庚金)을 상하게 만들어 부귀(富貴)가 작다.

庚 壬 己 乙
戌 午 卯 酉

이 사주는 도독(都督)에 오른 사람이다. 재왕생관(財旺生官)하는데 년지(年支)에 인수(印綬) 유(酉)가 있어 조상덕이 많았다. 경자시(庚子時)라고도 한다.

진월(辰月) 임수(壬水)

진월(辰月) 임수(壬水)는 무토(戊土)가 권리를 잡은 때에 있으니, 강호(江湖)를 옹색하게 할 우려가 있다. 따라서 갑목(甲木)으로 용신(用神)을 삼아 소토(疏土)한 다음, 경금(庚金)으로 수원(水源)을 발(發)해야 한다. 이때 경갑(庚甲)은 서로 떨어져 있어 극제(剋制)하지 않아야 유용하여 길하다. 진월(辰月)은 수(水)의 묘지(墓地)이나, 무토(戊土)가 왕(旺)하기 때문에 천간(天干)에 무토(戊土)가 투출(透出)하지 않아도 무방하다.

진월(辰月) 임수(壬水)가 갑경(甲庚)이 모두 투출(透出)하면 과갑(科甲)으로 관직에 나가고, 갑목(甲木)이 투출(透出)하면 경금(庚金)이 암장(暗藏)되어 있어도 수재(秀才)의 명(命)으로 명성이 작지 않고, 갑목(甲木)이 인해(寅亥)에 암장(暗藏)되어 있는데 경금(庚金)이 투출(透出)하면 외금(衣衿)은 있다. 이때 계수(癸水)가 출간(出干)하여 갑목(甲木)을 자윤(滋潤)하면 이도(異途)로 지위가 높다. 지지(地支)에 갑목(甲木)이 하나 암장(暗藏)되어 있으면 부(富)에 불과하고, 경금(庚金)이 하나 암장(暗藏)되어 있으면 평범한 명(命)이 된다. 갑목(甲木)이 없으면 난폭하고, 경금(庚金)이 없으면 고집이 대단하다.

다시 말해, 갑경(甲庚)은 상제(相濟)하기 때문에 하나라도 없으면 흉하다. 계수(癸水)가 갑목(甲木)을 자윤(滋潤)한다는 것은, 갑계(甲癸)가 모두 투출(透出)했다는 뜻이다. 무토(戊土)는 칠살(七殺)이라 암왕(暗旺)하나, 출간(出干)하지 않으면 지지(地支)에 갑목(甲木)이 암장(暗藏)되어 있어도 소토(疏土)할 수 있다. 그러나 무토(戊土)가 출간(出干)했는데 갑목(甲木)이 투출(透出)하지 않으면 극제(剋制)할 수 없다. 아래의 지지(地支)에 사고(四庫)를 이루는 구절과 같다.

진월(辰月) 임수(壬水)는 묘지(墓地)에 들어가니 기세가 쇠갈(衰竭)한다. 따라서 갑목(甲木)이 없으면 임수(壬水)가 혼탁하고 옹색해져 성격이 난폭하고, 경금(庚金)이 없으면 임수(壬水)가 정체되고 고갈되어 고집이 대단하다. 묘고(墓庫)의 수(水)는 왕성하지 않으니 갑경(甲庚)을 함께 취하는 것이 정법(正法)이다. 만일 지지(地支)에 자신(子申)이 있으면 진(辰)과 회국(會局)하여 약변왕(弱變旺)되어 재살(財殺)을 취하게 된다.

진월(辰月) 임수(壬水)는 시(時)에 정화(丁火)가 출간(出干)하면, 임수(壬水)와 합(合)하여 목(木)이 되기 때문에 경신(庚辛)을 취해야 한다. 따라서 화(火)가 있는데 수(水)가 없어 평범한 명(命)이 된다.

진월(辰月)은 목기(木氣)가 남아 있으니, 정임(丁壬)이 상합(相合)하면 월령(月令)에서 진(辰)을 만나 목(木)으로 화(化)하기 쉽다. 화격(化格)은 대개 화신(化神)을 생(生)하는 것을 용신(用神)으로 삼는다. 따라서 목(木)으로 화(化)하면 수(水)가 용신(用神)이 된다.

경신금(庚辛金)을 취한다는 것은, 사주에 수(水)가 있어도 진월(辰月)에는 수(水)가 묘지(墓地)에 들어가기 때문에 경신금(庚辛金)으로 수원(水源)을 발(發)해야 한다는 뜻이다. 따라서 화(火)가 있는데 수(水)가 없으면 평범한 명(命)이 되는 것이다. 이것은 재다신약(財多身弱)과 같이 인겁(印劫)을 취하여 방신(幇身)하는 것이니, 간법(看法)이 다를 것이 없어 화격(化格)으로 논하지 않는다.

진월(辰月)은 화기(火氣)가 왕(旺)해지기 때문에 임수(壬水)가 쇠갈(衰竭)한다. 따라서 정임(丁壬)이 합(合)하면 수(水)를 돕지 않고 화(火)를 도와준다. 이때 경신금(庚辛金)으로 생조(生助)하지 않으면 재(財)를 감당할 수 없어 화목(化木)으로 논한다. 그러나 화(火)가 목기(木氣)를 소모시키면 흉하다. 따라서 화(火)가 있는데 수(水)가 없으면 심상(尋常)한 명(命)이 되는 것이다.

진월(辰月) 임수(壬水)가 지지(地支)에 사고(四庫)를 이루었는데 갑목(甲木)이 출간(出干)하여 극제(剋制)하지 않으면, 살중신경(殺重身輕)이 되어 평생 화액이 많다. 그러나 갑목(甲木)이 두 개 투출(透出)했는데, 기토(己土)가 없으면 부귀격(富貴格)을 이룬다. 임수(壬水)가 유통되면 귀격(貴格)을 이루나, 지지(地支)에 사고(四庫)를 이루면 험하고 막히기 때문에 갑목(甲木)으로 소통하지 못하면 화액이 많다.

진월(辰月)은 토왕(土旺)한 때이니, 기토(己土)가 출간(出干)하면 갑목(甲木)이 기토(己土)를 종(從)하여 화(化)하는 것을 막아야 한다. 이것은 제살(制殺)하는 힘을 잃기 때문이다. 무기토(戊己土)가 나란히 두출(透出)했는데 갑목(甲木)이 기토(己土)를 종(從)하여 합(合)하면 역시 같다. 다시 말해, 진월(辰月)은 토왕(土旺)하여 권리를 잡았으니, 갑목(甲木)이 두 개 정도는 있어야 부귀격(富貴格)을 이룬다.

진월(辰月) 임수(壬水)는 목왕(木旺)하면 경금(庚金)을 용신(用神)

으로 삼아야 평생 유용하고, 수왕(水旺)한데 경금(庚金)이 많으면 무용지물이 된다. 이때는 병화(丙火)로 제(制)해야 길하다.

다시 말해, 지지(地支)에 인묘진목국(寅卯辰木局)이 있으면 경금(庚金)으로 제(制)해야 하고, 신자진수국(申子辰水局)이 있으면 무토(戊土)로 제(制)해야 한다. 이때 경금(庚金)이 출간(出干)하면 병화(丙火)로 금(金)을 제(制)해야 길하다. 한마디로, 진월(辰月) 임수(壬水)는 갑경(甲庚)을 떠날 수 없다는 뜻이다.

甲 壬 甲 壬
辰 辰 辰 辰

이 사주는 식신제살격(食神制殺格)인데 양간부잡(陽干不雜)이다. 지지(地支)에 진(辰)이 네 개나 있으니, 갑목(甲木)으로 용신(用神)을 삼아 소토(疏土)해야 한다.

甲 壬 甲 壬
辰 辰 辰 申

이 사주는 편관(偏官) 진(辰)이 세 개나 있어 살왕(殺旺)하다. 월시(月時)의 갑목(甲木) 식신(食神)으로 제살(制殺)하고, 신궁(申宮) 경금(庚金)이 임수(壬水)를 생(生)하고, 갑목(甲木)으로 소토(疏土)하여 수(水)의 유통을 도와 명리(名利)를 이루었다.

辛 壬 庚 庚
亥 申 辰 子

이 사주는 윤하(潤下)가 때를 잃었으나, 남방운(南方運)으로 흘러
학자가 되었다.

己 壬 庚 庚
酉 辛 辰 午

이 사주는 무토(戊土)가 암왕(暗旺)하니 경금(庚金)으로 설(洩)하여
수(水)를 생하고, 지지(地支)에 삼형(三刑)이 있다. 69세인 술운(戊
運) 무인년(戊寅年)에 암살당했다.

乙 壬 壬 丙
巳 子 辰 子

이 사주는 상관생재격(傷官生財格)으로 재정부장(財政部長)이 되었
다. 입하(立夏) 하루 전에 태어나 지지(地支)에 수국(水局)을 이루었
다. 병화(丙火)가 진기(進氣)하는데 시상(時上)에서 사(巳)를 만나
병화(丙火)가 녹(祿)을 얻으니, 사월(巳月)과 비슷하다. 토왕(土旺)
한데 갑목(甲木)이 없으면 귀격(貴格)을 이루기 어렵다. 그러나 사월
(巳月)에는 병화(丙火)가 권리를 잡기 때문에 비교할 수 없으나, 임
수(壬水)가 용신(用神)이며 신자진(申子辰)이 회국(會局)하여 대귀
격(大貴格)을 이루었다.

己 壬 庚 乙
酉 寅 辰 酉

　이 사주는 을경(乙庚)과 진유(辰酉)가 모두 합(合)되니, 금다수천
(金多水淺)하여 체전지상(體全之象)이 되었다. 인궁(寅宮)에 갑목
(甲木)이 암장(暗藏)되어 무토(戊土)를 파(破)하고, 병화(丙火)가 경
금(庚金)을 제(制)하여 오성(五省)의 연합군 총사령관이 되었다. 기
토(己土)가 병화(丙火)를 설(洩)하니 금(金)을 생(生)한다. 따라서
임수(壬水)가 혼탁해져 병운(丙運) 5년 동안만 유지되었다.

癸 壬 丙 癸
卯 申 辰 巳

　이 사주는 수(水)가 많은데 경금(庚金)이 있으니 병화(丙火)가 용신
(用神)이다. 그러나 재(財)와 겁재(劫財)가 모두 있으니, 묘목(卯木)
으로 계수(癸水)를 설(洩)하여 병화(丙火)를 생(生)해야 한다. 북방
(北方) 겁재운(劫財運)으로 흘러, 자운(子運) 계유년(癸酉年)에 자객
에게 살해되었다.

■ **삼하(三夏) 임수(壬水)**

　하월(夏月)의 수(水)는 영(令)을 잃은 때에 있으니 화왕토조(火旺土
燥)하면 흉하다. 하월(夏月)의 수(水)는 금(金)이 있으면 왕성해지

고, 토(土)가 있으면 복이 많으나 탐재파인(貪財破印)한다. 이런 사람은 가정이 화목하지 못하고 사업은 성패가 많으며 재물로 인하여 화액이 따른다.

사월(巳月) 임수(壬水)

사월(巳月) 임수(壬水)는 병화(丙火)가 권리를 잡은 때에 있어 건조하다. 따라서 임수(壬水) 비겁(比劫)으로 신강(身强)하게 만든 다음, 신금(辛金)으로 수원(水源)을 발해야 한다. 그러나 병화(丙火)와 합화(合化)하는 것을 꺼리기 때문에 경금(庚金)으로 보좌해야 한다.

다시 말해, 춘하(春夏) 임계수(壬癸水)는 휴수(休囚)되나, 춘수(春水)는 경금(庚金)을 취하고, 하수(夏水)는 비겁(比劫)으로 도와야 한다. 삼춘(三春)은 목왕(木旺)하여 설기(洩氣)가 태중(太重)하니, 인수(印綬)로 식신(食神)을 제(制)하여 아신(我身)을 부조(扶助)해야 하고, 삼춘(三春)은 화성(火盛)하여 재왕신약(財旺身弱)하니, 비겁(比劫)으로 분재(分財)하여 방신(幫身)해야 한다.

그리고 신금(辛金)으로 수원(水源)을 발(發)해야 하나, 사월(巳月)은 화왕(火旺)하여 병신(丙辛)이 화수(化水)하지 못하기 때문에, 병화(丙火)가 있으면 용신(用神)을 합거(合去)하여 발원(發源)하지 못한다. 따라서 경금(庚金)으로 보좌하는 것이다. 만일 신금(辛金)이 투출(透出)했는데 병화(丙火)가 암장(暗藏)되어 있으면 경금(庚金)으로 보좌하지 않아도 된다

사월(巳月) 임수(壬水)가 임경(壬庚)이 모두 투출(透出)하면 과갑(科甲)에 준함이 있다. 이때 비견(比肩)이 없고 겁재(劫財)가 있는데, 계신(癸辛)이 출간(出干)하고 갑목(甲木)이 투출(透出)하면 늠공이나 의금(衣衿)은 잃지 않고, 갑목(甲木)이 없으면 부잣집의 한가한 사람이니 만사가 불능하다. 사월(巳月)은 화왕(火旺)하여 영(令)을 잡았으니, 비겁(比劫)과 인수(印綬)를 모두 취한다. 만일 정화(丁火)가 출간(出干)하면 임수(壬水) 비견(比肩)을 합거(合去)하기 때문에 계수(癸水)가 있어야 한다.

요약하면, 사월(巳月) 임수(壬水)는 인성(印星)만 있으면 흉하고, 화왕(火旺)하여 금(金)을 녹이기 때문에 비겁(比劫)으로 도와야 한다. 수원(水源)이 없으면 흐름이 끊어지니, 인수(印綬)로 상생(相生)하여 서로 구제해야 상격(上格)을 이룬다. 계신(癸辛)이 용신(用神)이면 갑목(甲木)이 있어야 한다. 병화(丙火)가 신금(辛金)과 합(合)하는 것을 계수(癸水)로 구해야 하고, 사궁(巳宮)에 무토(戊土)가 임관(臨官)되기 때문에 계수(癸水)와 합(合)하는 것을 갑목(甲木)으로 막아야 한다. 이때 갑목(甲木)이 없으면 무계(戊癸)가 상합(相合)하여 재(財)로 화(化)하고, 화(火)로 화(化)하여 병화(丙火)가 신금(辛金)을 제(制)한다. 따라서 재왕신약(財旺身弱)하여 부잣집의 한가한 사람으로 남에게 의지하여 살아가는 것이다.

사월(巳月) 임수(壬水)가 화다(火多)한데 수(水)가 적으면, 기명종재격(棄命從財格)이 되어 아내로 인하여 부(富)에 이른다. 이때 임수(壬水)는 없고 계수(癸水)가 투출(透出)하면 잔병이 많다.

다시 말해, 화다(火多)한데 수(水)가 적고, 경신금(庚辛金)의 인성(印星)이 상생(相生)하지도 않으면 수(水)가 절지(絶地)에 이르어 기명종재격(棄命從財格)을 이룬다. 그러나 지지(地支)에 축(丑)이 하나 있으면 사축(巳丑)이 회국(會局)하기 때문에, 경금(庚金)이 생기가 있어 임계수(壬癸水)에 근원이 있으니 종격(從格)이 되지 않는다. 이것은 해월(亥月)에 미(未)를 만나 회국(會局)하면 목(木)에 생기가 있는 것과 같은 이치이니 주의해서 살펴야 한다. 계수(癸水)는 출간(出干)했는데 임수(壬水)가 없으면 적수(滴水)가 메말라 잔병이나 요절(夭折)이 따른다.

사월(巳月) 임수(壬水)가 금(金)이 많은데 봉생좌실(逢生坐實)하면 임수(壬水)가 약변강(弱變强)된다. 이때 사궁(巳宮) 무토(戊土)로 제(制)하면 과갑(科甲)과 이도(異途)가 모두 나타난다. 만일 지지(地支)에 갑목(甲木) 하나가 암장(暗藏)되어 있으면 사(巳)와 상형(相刑)하는데, 이것을 토목교봉(土木交鋒)이라 한다. 이런 사주는 어린아이는 잔병이 많고, 어른은 암병(暗病)이 있다. 이때는 금(金)이 많아도 화(火)를 두려워 하기 때문에 자립하지 못하고, 명리(名利)가 모두 허상이다.

봉생좌실(逢生坐實)은 지지(地支)에 신자(申子)가 있으면 임수(壬水)가 장생(長生)되고, 경금(庚金)이 녹(祿)을 얻는 경우를 말한다. 지지(地支)에 사유축금국(巳酉丑金局)이 있어도 좌실(坐實)이라고 한다.

사월(巳月)은 화왕수쇠(火旺水衰)하기 때문에 신임(辛壬)을 용신(用神)으로 삼는 것이 정법(正法)이다. 만일 금수(金水)가 중첩되면 임수(壬水)가 약변강(弱變强)되어 사궁(巳宮) 병무(丙戊)를 취하니 변격(變格)이다. 이것은 겁인화진격(劫刃化晉格)과 같아 매우 귀한 명(命)이 된다. 사월(巳月) 계수(癸水)를 참고하기 바란다.

사월(巳月) 임수(壬水)에게 가장 흉한 것은 무토(戊土)가 수(水)의 흐름을 막는 것이다. 이때 인(寅)이 있으면 갑목(甲木)이 득록(得祿)하여 무토(戊土)를 극제(剋制)하고, 인사신삼형(寅巳申三刑)이 있으니 토목교봉(土木交鋒)이 되어 용신(用神)이 상하고, 화왕(火旺)하여 영(令)을 잡았으니 비록 금(金)이 많으나 화(火)의 극제(剋制)를 받아 갑목(甲木)을 구하지 못한다. 따라서 금(金)이 많아도 화(火)를 두려워 하는 것이다.

사월(巳月) 임수(壬水)는 갑을목(甲乙木)이 많으면 경금(庚金)을 용신(用神)으로 삼는다. 경금(庚金)이 투출(透出)하면 귀격(貴格)을 이루고, 경금(庚金)이 암장(暗藏)되어 있으면 평범한 명(命)이 된다. 목(木)이 많으면 수기(秀氣)를 설(洩)하기 때문에 경금(庚金)으로 구제해야 한다. 그러나 이때 임계수(壬癸水)의 비겁(比劫)이 없으면 불가하다. 그렇지 않으면 경금(庚金)이 화(火)에게 형(刑)되어 갑을목(甲乙木)을 파(破)하지 못한다.

사월(巳月) 임수(壬水)는 정화(丁火)가 하나도 없는데 임계수(壬癸水)가 많으면 총명하여 발전하고, 지지(地支)에 수국(水局)이 있으면 대귀격(大貴格)을 이룬다. 사월(巳月)은 화왕(火旺)하여 수(水)가 절지(絶地)에 들어가니, 비겁(比劫)이나 인수(印綬)를 용신(用神)으로 삼는다. 이때 정화(丁火)가 있으면 임수(壬水)를 합(合)하고, 화(火)를 돕고, 무토(戊土)가 있으면 계수(癸水)를 합(合)하여 임수(壬水)를 파(破)하기 때문에 모두 흉하다. 그러나 정화(丁火)는 없는데 임계수(壬癸水)가 많으면 경신금(庚辛金)이 없어도 총명하여 발전한다. 지지(地支)에 수국(水局)이 있으면 임수(壬水)가 약변강(弱變强)되어, 당왕(當旺)한 병무(丙戊)가 용신(用神)이 되기 때문에 봉생좌실(逢生坐實)과 같아 대귀격(大貴格)을 이루는 것이다.

사월(巳月) 임수(壬水)는 경금(庚金)은 있는데 임계수(壬癸水)가 없으면 하천한 명(命)이 되어 분류(奔流)한다. 임수(壬水)와 신금(辛金)이 없으면 빈천(貧賤)한 사람이다. 이때는 외격(外格)이 되어야 귀(貴)를 이룬다.

사월(巳月) 임수(壬水)는 인수(印綬)와 비겁(比劫)이 서로 구제해야 한다. 만일 인성(印星)은 있는데 비겁(比劫)이 없으면 화왕(火旺)하여 금(金)을 녹이고, 인수(印綬)와 비겁(比劫)이 모두 없으면 편고(偏枯)하기 때문에 종재(從財) 등의 외격(外格)을 이루어야 귀(貴)를 얻을 수 있다.

乙 壬 乙 壬
酉 申 巳 午

이 사주는 재왕생관(財旺生官)하여 상서(尙書)에 올랐다. 임수(壬水)가 신(申)에서 스스로 장생(長生)되고, 사유(巳酉)가 회국(會局)하는데 경금(庚金)이 상생(相生)한다. 따라서 사궁(巳宮) 무토(戊土)가 용신(用神)이 되어 재관격(財官格)을 이루나, 금수운(金水運)이 길하다. 이것은 년지(年支)에 오(午)가 있기 때문이다. 을기(乙己)가 출간(出干)하여 겁인화진격(劫印化晉格)과 같으나 순수하지 않다.

乙 壬 乙 壬
巳 午 巳 寅

이 사주는 태원(胎元)인 병신(丙申)을 취하여 임수(壬水)가 통근(通根)하나, 재관(財官)이 영(令)을 잡아 금수운(金水運)에서 총독(總督)이 되었다. 인사신삼형(寅巳申三刑)이 있는데 신궁(申宮) 경임(庚壬)이 힘을 얻고, 인사(寅巳)에 병무(丙戊)가 당왕(當旺)했다. 고서(古書)에서는 이런 사주를 삼형득용(三刑得用)이면 위진변강(威鎭邊疆)이라 했다.

戊 壬 己 甲
申 申 巳 子

이 사주는 지지(地支)에 신자수국(申子水局)이 있는데 무토(戊土)가 출간(出干)하여 식신제살(食神制殺)이 용신(用神)이다. 그러나 기토(己土)가 갑목(甲木)을 합(合)하여 병(病)이 된다. 임신운(壬申運)과 계유운(癸酉運)에서 도와주니, 무직(武職)에 과갑(科甲)했다.

壬 壬 丁 癸　　壬 壬 癸 丙
寅 寅 巳 卯　　寅 辰 巳 辰

위의 두 사주는 임계수(壬癸水)는 있는데 경신금(庚辛金)이 없으니, 인비(印比)가 완전하지 않다. 계묘년생(癸卯年生)은 주부(主簿)에 불과했고, 병진년생(丙辰年生)은 토목교봉(土木交鋒)이 되어 평생 고빈(孤貧)했다.

丙 壬 丁 癸
午 午 巳 酉

이 사주는 사유(巳酉)가 회국(會局)하는데 계수(癸水)가 출간(出干)하여, 신계(辛癸)를 용신(用神)으로 삼는다. 호군사(護軍使)에 이르렀다.

庚 壬 癸 辛
子 子 巳 丑

이 사주는 겁인화진격(劫印化晉格)이다. 화진(化晉)은 토(土)를 말한다. 사월(巳月)은 화토(火土)가 당왕(當旺)하나, 금수(金水)가 약변강(弱變强)되어 격국(格局)이 기묘하다. 따라서 평생 사업이 음비(蔭庇)로부터 나왔다. 화토(火土)가 당왕(當旺)했으나 흉변길(凶變吉)되어 대귀격(大貴格)을 이루었다. 그러나 북방운(北方運)으로 흘러, 화토(火土)가 득지(得地)하지 못하여 한탄할 일이 여러 번 있었다. 기유시(己酉時)라고도 하나, 경자시(庚子時)가 확실하다.

오월(午月) 임수(壬水)

오월(午月) 임수(壬水)는 정화(丁火)가 왕(旺)한 때에 있으니 약하다. 따라서 경금(庚金)으로 용신(用神)을 심은 다음에 계수(癸水)로

보좌해야 한다. 경금(庚金)이 없으면 수원(水源)을 발(發)하기 어렵
고, 계수(癸水)가 없으면 정화(丁火)를 상하게 하지 못한다.

 사월(巳月) 임수(壬水)는 병무(丙戊)가 임관(臨官)했기 때문에 임신
(壬辛)을 위주로 하나, 오월(午月) 임수(壬水)는 정기(丁己)가 당왕
(當旺)하여 경계(庚癸)를 위주로 한다.

 다시 말해, 재성(財星)이 영(令)을 잡았기 때문에 비겁(比劫)으로
중요한 용신(用神)을 삼고, 인수(印綬)로 보좌해야 한다는 뜻이다.
사월(巳月) 임수(壬水)는 무토(戊土)가 계수(癸水)를 합(合)하는 것
을 막아야 하기 때문에 임수(壬水)를 먼저 취하고, 오월(午月) 임수
(壬水)는 정화(丁火)가 임수(壬水)를 합(合)하는 것을 막아야 하기
때문에 계수(癸水)를 먼저 취하는 것이다. 그러나 화합(化合)하지 않
으면 모두 취한다.

 오월(午月) 임수(壬水)는 경계(庚癸)가 모두 투출(透出)하면 과갑
(科甲)에 준함이 있고, 경임(庚壬)이 모두 투출(透出)하면 재략과 권
위가 있고, 경금(庚金)은 있는데 계수(癸水)가 없으면 평범한 명(命)
이 된다.

 다시 말해, 경계(庚癸)나 경임(庚壬)이 모두 투출(透出)하면 귀격
(貴格)을 이룬다. 그러나 경금(庚金)은 있는데 계수(癸水)가 없으면,
보좌하는 신(神)은 있는데 중요한 용신(用神)이 없는 것이다. 따라서
화왕(火旺)하면 금(金)을 녹여 경금(庚金)이 스스로 존재하기 어렵
다. 사월(巳月) 임수(壬水)를 참고하기 바란다.

 오월(午月) 임수(壬水)가 지지(地支)에 화국(火局)을 이루면, 금수
(金水)가 하나도 없어도 종재론(從財論)을 짓지 않는다. 이때는 재다
신약(財多身弱)이라 하여 부옥빈인(富屋貧人)의 명(命)이 된다. 만

일 목다(木多)한데 화(火)는 있고 수(水)가 없으면 승도의 명(命)이 된다.

다시 말해, 오월(午月)은 정화(丁火)가 영(令)을 잡았으나, 임수(壬水)는 양간(陽干)이라 음(陰)을 종(從)하지 않기 때문에 재다신약(財多身弱) 사주가 된다. 그러나 이 귀절에 너무 집착할 필요는 없다. 왜냐하면 임오일주(壬午日柱)는 정화(丁火)가 출간(出干)하면, 목(木)으로 화(化)하여 화(火)를 종(從)하기 때문이다.

팔법관건(八法關鍵) 화상절(化象節)에서는 임수(壬水)가 오월(午月)에 태어났는데 수(水)의 뿌리가 없으면 기명(棄命)하여 오궁(午宮) 정화(丁火)를 종(從)하고, 정화(丁火)가 임수(壬水)와 합(合)하는 것이 부부와 같아 복상(伏象)이라 한다고 했다. 이처럼 종(從)이 불가한 것은 아니나, 양(陽)이 음(陰)을 종(從)하면 격국(格局)이 순수하지 않기 때문에 상격(上格)으로 논하지 않을 뿐이다. 목다(木多)하여 임수(壬水)를 설(洩)하여 약하게 만들고, 종격(從格)도 아니면 승도의 명(命)이 된다.

다시 말해, 오월(午月) 임수(壬水)는 신금(辛金)을 용신(用神)으로 삼아야 가장 청(淸)하고, 경금(庚金)은 그 다음이다. 그리고 경신임계(庚辛壬癸)가 서로 도와야 한다. 합화(合化)하면 용신(用神)이 상한다.

癸 壬 壬 庚　　甲 壬 丙 丁
卯 寅 午 午　　辰 寅 午 酉

위의 두 사주는 모두 재왕생관(財旺生官)하여 인수(印綬)가 용신(用

神)이 되었으니, 재관격(財官格)이 아니다. 경오년생(庚午年生)은 경임(庚壬)이 모두 투출(透出)하여 상서(尙書)에 이르렀고, 정유년생(丁酉年生)은 태수(太守)에 이르렀다.

丙　壬　甲　辛
午　辰　午　未

이 사주는 신금(辛金)이 용신(用神)이다. 진오(辰午) 사이에 사(巳)가 있으니, 임수(壬水)의 귀인(貴人)과 재록(財祿)이 같이 있어 재정총장(財政總長)이 되었다. 임계수(壬癸水)가 투출(透出)하지 않아 격국(格局)이 불완전하니, 재다신약(財多身弱)이 되었다. 따라서 재(財)로 인한 곤(困)함을 면하지 못하다가, 69세인 기묘년(己卯年)에 사망했다.

己　壬　丙　丁
酉　寅　午　亥

이 사주는 비겁(比劫)이나 인수(印綬)가 용신(用神)이고, 년지(年支)에 해록(亥祿)이 있으니 조상의 음덕이 있고, 시지(時支)에 유금(酉金)이 있으니 지위가 높은데, 인오(寅午)가 회국(會局)하여 재왕생관(財旺生官)하니 외교부장(外交部長)이 되었다.

庚　壬　戊　戊
子　寅　午　戌

이 사주는 경계(庚癸)가 용신(用神)이다. 지지(地支)에 인오술화국
(寅午戌火局)을 이루었는데 양무(兩戊)가 출간(出干)했고, 재(財)가
왕성한 살(殺)을 생(生)하여 귀(貴)가 무직(武職)에 있다. 그러나 계
수(癸水)가 자(子)에 암장(暗藏)되어 있기 때문에 무토(戊土)가 합
(合)할 수 없다.

미월(未月) 임수(壬水)

미월(未月) 임수(壬水)는 기토(己土)가 권리를 잡은 때에 있으니 겁
이 많고 약하다. 따라서 신금(辛金)을 용신(用神)으로 삼아 수원(水
源)을 발(發)하고, 갑목(甲木)으로 기토(己土)를 제(制)해야 한다.
미월(未月) 임수(壬水)는 상반월과 하반월이 다르다. 대서(大暑) 전
에는 오월(午月)과 같이 논하는데, 반드시 인수(印綬)와 비겁(比劫)
으로 도와야 하고, 대서(大暑) 후에는 금수(金水)가 진기(進氣)하나,
기토(己土)가 권리를 잡았으니 임수(壬水)를 탁하게 할 염려가 있어
갑목(甲木)을 취한다. 그러나 계수(癸水)가 갑목(甲木)을 윤택하게
하지 않으면 유용하지 않다. 진월(辰月)에 갑경(甲庚)을 취히는 깃과
이치가 같다.
미월(未月) 임수(壬水)는 신갑(辛甲)이 모두 투출(透出)하면 과갑
(科甲)으로 부귀격(富貴格)을 이루고, 갑목(甲木)이 암장(暗藏)되어
있으나 신금(辛金)이 투출(透出)하면 익근(衣衿)이나 늠공은 잃지
않고, 신금(辛金)이 암장(暗藏)되어 있으나 갑목(甲木)이 투출(透出)

하면 이도(異途)로 발전한다.

다시 말해, 미월(未月)은 기토(己土)가 권리를 잡고 있으니, 반드시 갑목(甲木)으로 구한 다음에 신금(辛金)으로 수원(水源)을 발(發)해야 한다. 이때 지지(地支)에 한두 개의 비견(比肩)이 암장(暗藏)되어 있으면 길하나, 그렇지 않으면 토조(土燥)하기 때문에 목(木)이 메말라 흉하다.

미월(未月) 임수(壬水)가 경임(庚壬)이 모두 투출(透出)했는데 상하지 않으면 재능이 뛰어나며 지위가 높다. 그러나 임수(壬水)는 투출(透出)하고 경금(庚金)이 암장(暗藏)되어 있는데 상하지 않으면 유능한 수재(秀才)이나, 화(火)가 경금(庚金)을 파(破)하면 청고(淸高)해도 곤궁하다. 이것은 기토(己土)가 투출(透出)하지 않았는데, 기토(己土)가 미궁(未宮)에 하나밖에 없으면 갑목(甲木)이 유용하지 않다는 말이다. 경임(庚壬)이 용신(用神)인데 상함이 없다는 것은, 병정화(丙丁火)로 경금(庚金)을 상하게 하지 않고, 무기토(戊己土)가 임수(壬水)를 상하게 하지 않는다는 뜻이다. 만일 경임(庚壬)이 상하면 청고(淸高)하더라도 곤궁함을 면하지 못한다.

미월(未月) 임수(壬水)는 일파(一派) 기토(己土)가 있으면 가살(假殺)이라 한다. 이런 사주는 웃음 속에 칼을 감추고 있는 사람으로 의식(衣食)이 없다. 그러나 이때 갑을목(甲乙木)이 출간(出干)하여 제(制)하면 간사함을 면하고 의식(衣食)이 있다. 여기서 가살(假殺)은 관다(官多)하면 화살(化殺)하기 때문에 진살(眞殺)이 아닌 것을 말한다. 기토(己土)가 임수(壬水)를 탁하게 만들 수는 있으나 제(制)할 수는 없다. 임수(壬水)가 청(淸)하면 지혜가 있으나, 니사(泥沙)가 잡되게 하여 간사한 사람이 되는 것이다. 이때는 갑을목(甲乙木)으로

구제해야 하는데, 경임(庚壬)의 배합여부에 따라 의록(衣祿)이 결정
된다.

미월(未月) 임수(壬水)는 대개 토(土)가 생왕지(生旺地)에 있어, 갑
을목(甲乙木)으로 제(制)해도 금(金)이 아내가 되고 수(水)가 자식이
된다. 만일 지지(地支)에 목국(木局)이 있으면 수(水)를 지나치게 설
(洩)하기 때문에 금수(金水)로 귀(貴)를 삼는다. 이때도 역시 금(金)
이 아내요 수(水)가 자식이다.

미월(未月) 임수(壬水)가 일파(一派) 기토(己土)가 있으면 갑을목
(甲乙木)으로 구해야 한다. 이때 갑을목(甲乙木)이 있으면 수(水)가
아내요 목(木)이 자식이 된다. 그러니 미월(未月) 임수(壬水)는 목
(木)으로 토(土)를 제(制)하여 구제하더라도, 임수(壬水)가 매우 약
하여 금수(金水)를 취한다. 지지(地支)에 목국(木局)이 있으면 수
(水)를 심하게 설(洩)하기 때문에 금(金)으로 구제하지 못하면 흉하
다. 이 이치는 미월(未月) 임수(壬水)에게만 해당하는 것이 아니다.
아내와 자식을 보는 방법은 대개 이러하니 이 이치를 알아야 한다.
한마디로, 미월(未月) 임수(壬水)는 신갑(辛甲)이 존신(尊神)이고,
경금(庚金)은 그 다음이다.

辛 壬 丁 壬

亥 子 未 子

이 사주는 수재(秀才)이나 초년 고생이 낳았다. 임수(壬水)는 합
(合)을 꺼리는데 금운(金運)으로 흘러 합(合)이 풀리니 중격(中格)이
되었다. 정임(丁壬)이 합(合)하여 용신(用神)을 기반(羈絆)한다. 과

어유정(過於有情)이면 지무원달(志無遠達)이라는 말은 바로 이런 사주를 두고 하는 말이다.

戊 壬 辛 甲
申 戌 未 申

이 사주는 신갑(辛甲)이 모두 투출(透出)하여 갑목(甲木)이 무기토(戊己土)를 파(破)하고, 미신술(未申戌) 사이에 유(酉)가 끼어 있다. 소서(小暑) 3일 후에 태어나 정화(丁火)의 기(氣)가 남아 있다. 유운(酉運) 임자년(壬子年)과 계축년(癸丑年)에 크게 발복하여 일약 도독(都督)이 되었다.

壬 壬 己 戊
寅 午 未 子

이 사주는 무기토(戊己土)의 관살(官殺)이 혼잡한데 원명(原命)에 갑목(甲木)이 없고, 화(火)가 인궁(寅宮) 갑목(甲木)을 설(洩)하고 있다. 따라서 태원(胎元)인 경술(庚戌)을 용신(用神)으로 삼아 비겁(比劫)을 생조(生助)해야 한다.

■ **삼추(三秋) 임수(壬水)**

신월(申月) 임수(壬水)는 맑고 깨끗하나 왕성하지 않으니 근원인 금

(金)에 의지해야 한다. 따라서 재(財)가 많으면 빈천(貧賤)하거나 요절(夭折)하게 된다. 유월(酉月)과 술월(戌月) 임수(壬水)는 인수(印綬)가 생(生)해주면 길하나, 기후가 한기(寒氣)로 바뀌니 화기(火氣)가 금(金)을 따뜻하게 만들어 수(水)를 생(生)하면 길하다.

신월(申月) 임수(壬水)

　신월(申月) 임수(壬水)는 어머니가 권리를 잡은 때에 있으니 의지할 곳이 있어 약변강(弱變强)된다. 따라서 먼저 무토(戊土)로 용신(用神)을 삼고, 다음에 정화(丁火)를 취하여 경금(庚金)을 제(制)해야 한다. 진술토(辰戌土)는 용신(用神)으로 삼을 수 있으나, 신궁(申宮) 토(土)는 병(病)이 되기 때문에 취할 수 없다.

　다시 말해, 신궁(申宮)에는 경금(庚金)이 임관(臨官)하는데, 경금(庚金)은 임수(壬水)의 어머니이니 의모당령(倚母當令)이라 한다. 신(申)에 임수(壬水)의 장생(長生)이 있어 모왕자상(母旺子相)하여 세력이 같다. 인궁(寅宮) 병화(丙火)와 비슷하다. 임수(壬水)가 신금(申金)을 발원지(發源地)로 삼아 일사천리로 흐르기 때문에 무토(戊土)로 제방을 쌓아야 한다. 무토(戊土)가 비록 인신궁(寅申宮)에 기생하나, 토(土)는 반드시 화(火)가 있어야 유용해진다. 신궁(申宮)은 수왕(水旺)하여 토(土)가 유탕(流蕩)되기 때문에 제방을 쌓을 수 없나. 진술(辰戌)은 모두 무토(戊土)가 당왕(當旺)하나, 그러나 술궁(戌宮) 무토(戊土)는 고항(高亢)하고 후중(厚重)하니 스스로 납수

(納水)하여 정궤(正軌)로 돌아가나, 진토(辰土)는 신(申)을 만나 수국(水局)을 이루면 수왕(水旺)해지니 토(土)가 약해진다. 월령(月令)의 경금(庚金)이 태왕(太旺)하여 무토(戊土)를 설(洩)하여 약하게 하기 때문에, 정화(丁火)로 경금(庚金)을 제(制)하지 않으면 무토(戊土)가 유용하지 않아 정화(丁火)로 보좌해야 한다. 그러나 정화(丁火)가 임수(壬水)와 합(合)되면 병(病)이 되기 때문에 서로 떨어져 있어야 길하다.

신월(申月) 임수(壬水)는 무토(戊土)가 투출(透出)했는데 년간(年干)에 정화(丁火)가 투출(透出)하면 과갑(科甲)으로 관직에 오르고, 천간(天干)에 무토(戊土)가 투출(透出)했는데 지지(地支)에 정화(丁火)가 암장(暗藏)되어 있으면 늠공이나 은봉(恩封)은 기대할 수 있다. 그러나 이때 계수(癸水)를 만나 합화(合化)하면 흉하다. 만일 지지(地支)에 인술(寅戌)이 있는데 년간(年干) 정화(丁火)가 상하지 않으면 의금(衣衿)은 허락하고, 병무(丙戊)가 모두 암장(暗藏)되어 있으면 부(富)한 가운데 귀(貴)를 취한다.

다시 말해, 신월(申月) 임수(壬水)는 무정(戊丁)이 나란히 투출(透出)해야 길하다. 년간(年干)에 정화(丁火)가 투출(透出)했다는 것은 정년(丁年) 무신월(戊申月)을 말한다. 지지(地支)에서 오술(午戌)이 회국(會局)하면 무토(戊土)가 실(實)해지니 은봉(恩封)을 기대할 수 있다. 계수(癸水)를 꺼리는 것은, 정화(丁火)를 상하게 하며 무토(戊土)를 합(合)하여 제방을 쌓을 수 없기 때문이다. 지지(地支)에 인술(寅戌)이 있는데 천간(天干)에 정화(丁火)가 투출(透出)하면, 비록 화국(火局)을 이루나 술궁(戌宮) 무토(戊土)가 있으니 유용하다. 병무(丙戊)가 모두 암장(暗藏)되어 있다는 것은 지지(地支)에 인사(寅

巳)가 있다는 뜻이다.

　신월(申月) 임수(壬水)는 임수(壬水)가 많은데 무토(戊土)가 출간(出干)하면 가살화권(假殺化權)이 되어 권위가 있다. 지지(地支)에 갑목(甲木)이 암장(暗藏)되어 있으면 흉하지는 않다. 만일 갑목(甲木)이 많으면 평범한 명(命)이 되나, 경금(庚金)이 신궁(申宮)에 있기 때문에 의록(衣祿)은 이지러짐이 없다. 만일 무(戊)가 많이 출간(出干)했는데 갑목(甲木)이 하나 투출(透出)하여 제(制)하면 약간의 부귀(富貴)는 있고, 갑목(甲木)이 없으면 늙도록 가난으로 고생한다.

　다시 말해, 임수(壬水)가 많은데 무토(戊土)가 적게 있으면 가살화권(假殺化權)이 된다. 이것은 살(殺)이 적으면 편관(偏官)이 정관(正官) 작용을 하기 때문에 권위가 있다는 말이다. 그러나 사주에서 재(財)가 생(生)하지 않으면 불가하다. 경금(庚金)이 신(申)에 있다는 것은, 갑목(甲木)이 거듭 암장(暗藏)되어 있으면 꺼리지 않고, 경금(庚金)의 녹(祿)이 신(申)에 있으니 갑목(甲木)을 제(制)할 수 있다는 말이다. 따라서 적게 있으면 꺼리지 않는다. 갑목(甲木)이 많은데 투출(透出)하면 신궁(申宮) 경금(庚金)으로는 제(制)하기가 부족하다. 따라서 무토(戊土) 용신(用神)이 상하여 수(水)의 흐름을 막기 어렵고, 오히려 갑목(甲木) 식신(食神)이 용신(用神)이 되니 의록(衣祿)은 이지러짐이 없으니 평범한 명(命)이 된다. 무토(戊土)가 많이 출간(出干)하면 신왕살강(身旺殺强)하나, 갑목(甲木)으로 제(制)하면 식신제살격(食神制殺格)이 된다.

　신월(申月) 임수(壬水)가 일파(一派) 갑목(甲木)이 있는데, 비겁(比劫)이 많고 경금(庚金)이 출간(出干)하지 않으면, 고향을 떠나는 명(命)이 되나 의록(衣祿)은 잃지 않는다. 이때는 신궁(申宮)에 경금

(庚金)이 있지만 구제하기 어렵다.

 다시 말해, 신월(申月) 임수(壬水)가 일파(一派) 갑목(甲木)이 있는
데 식신(食神)이 태다(太多)하니, 임수(壬水)가 설(洩)되어 약해진
다. 이때는 반드시 인성(印星)이 있어야 한다. 만일 경금(庚金) 인성
(印星)이 출간(出干)하여 갑목(甲木)을 제(制)하면 부귀격(富貴格)
을 이룬다. 신궁(申宮) 경금(庚金)으로는 천간(天干) 갑목(甲木)을
제(制)하기 어렵다. 임수(壬水)가 설(洩)하고 화(火)가 제(制)하니
구하기 어려운 것이다. 이런 사람은 반드시 이향배정(離鄕背井)하나,
의록(衣祿)은 잃지 않는다.

<pre>
丙 壬 戊 丁
午 辰 申 亥
</pre>

 이 사주는 임일생(壬日生)이 신해(申亥)가 있으니, 건록(建祿)과 장
생(長生)에 해당하여 신왕(身旺)하다. 재성(財星)으로 무토(戊土) 약
살(弱殺)을 도와야 한다. 무정(戊丁)이 있는데 시상(時上) 오궁(午
宮)에서 인출(引出)된 건록(建祿)과 제왕(帝旺)이 있으니 크게 발전
할 수 있다.

<pre>
壬 壬 庚 戊
寅 辰 申 寅
</pre>

 이 사주는 무원(撫院)에 오른 사람이다. 무병(戊丙)이 용신(用神)인
데 년상(年上)에 무인(戊寅)이 있어 재자약살격(財滋弱殺格)이 되었

다. 재(財)가 암장(暗藏)되어 있고, 살(殺)이 투출(透出)하고, 시상 (時上)에 장생(長生)이 있으니 귀격(貴格)이 되었다.

```
庚 壬 戊 丁
戌 申 申 亥
```

이 사주는 상서(尙書)에 오른 사람으로, 재자약살격(財滋弱殺格)이 다. 신왕(身旺)하여 재(財)를 감당할 수 있고, 정무(丁戊)가 모두 투 출(透出)했다. 무토(戊土)가 정임(丁壬) 사이에 있으니 합(合)되지 않아 길하고, 무토(戊土)가 술(戌)에 통근(通根)되어 후중(厚重)하니 용신(用神)이 되었다.

```
庚 壬 丙 辛
戌 申 申 酉
```

이 사주는 술궁(戌宮) 무토(戊土)가 용신(用神)이 되어 시랑(侍郎) 에 이르렀다.

```
辛 壬 丙 辛
亥 申 申 丑
```

이 사주는 한림(翰林)이었다. 무토(戊土)로 수(水)를 막지 못하여 병화(丙火)가 용신(用神)이 된다. 남방운(南方運)으로 역행(逆行)하 여 길하고, 금수(金水)의 기(氣)가 청(淸)하고 따뜻하여 귀격(貴格)

을 이루었다. 그러나 병신(丙辛)이 합(合)하여 용신(用神)을 기반(羈
絆)한다.

辛 壬 庚 癸
亥 辰 申 酉

이 사주는 수재(秀才)이며 무역업으로 성공한 사람이다. 진궁(辰宮)
무토(戊土)가 용신(用神)이니 부자가 되었다. 윤하격(潤下格)이 때
를 잃었고, 화운(火運)으로 역행(逆行)하여 북쪽 사람이 남방운(南方
運)에 있는 격이다.

壬 壬 甲 乙
寅 申 申 亥

이 사주는 목다(木多)한데 경금(庚金)이 출간(出干)하지 않았으니,
식상생재(食傷生財)를 취하기도 어렵다. 고독한 명이나 의록(衣祿)
은 있었다.

丙 壬 戊 丁
午 戌 申 丑

이 사주는 호북(湖北) 도독(都督)에 이른 사람이다. 정무(丁戊)가
나란히 투출(透出)했는데 오술(午戌)이 회국(會局)하여 재왕생살(財
旺生殺)한다. 재(財)와 살(殺)이 태왕(太旺)하니 서북운(西北運)이

길하다.

壬 壬 戊 壬
寅 寅 申 午

이 사주는 중의원(衆議院) 의장(議長)을 지낸 사람이다. 재(財)로
살(殺)을 생(生)하는데 인오(寅午)가 화국(火局)을 이루어 무토(戊
土)를 생(生)한다.

유월(酉月) 임수(壬水)

유월(酉月) 임수(壬水)는 신금(辛金)이 권리를 잡은 때에 있으니,
금백수청(金白水淸)하여 무기토(戊己土)가 있으면 병(病)이 된다.
따라서 갑목(甲木)으로 용신(用神)을 삼아야 한다. 신월(申月) 임수
(壬水)는 경금(庚金)과 녹(祿)이 상생(相生)하는데 모두 충분(沖奔)
하는 성질이 있기 때문에 무토(戊土)를 취하고, 유월(酉月) 임수(壬
水)는 패지(敗地)에 해당하여 왕(旺)하지도 약하지두 않다 월령(月
令) 신금(辛金)이 권리를 잡았으니 금수(金水)가 상생(相生)한다. 따
라서 금백수청(金白水淸)하여 무토(戊土)가 험하고 막히게 하면 흉
하고, 기토(己土)가 혼탁하게 만들어도 흉하다. 그러므로 갑목(甲木)
으로 용신(用神)을 삼는 것이다. 만일 임수(壬水)가 신해(申亥)에 통
근(通根)되면 월령(月令) 인수(印綬)를 취하지 않고, 금백수청(金白

水淸)을 짓지도 않는다.

유월(酉月) 임수(壬水)는 갑목(甲木)이 투출(透出)하면 임수(壬水)가 밑바닥까지 맑으니, 과갑(科甲)으로 관직에 오른다. 무토(戊土)가 있으나 갑목(甲木)이 많이 투출(透出)하면 거탁유청(去濁留淸)이 되어, 니수(泥水)가 서로 기뻐하는 형상이 된다. 그리고 금백수청(金白水淸)하기 때문에 과갑(科甲)은 의심하지 않아도 된다. 시간(時干)에 갑목(甲木)이 투출(透出)하면 문성(文星)이 되어 한림(翰林)에 들어가고, 지지(地支)에서 경금(庚金)이 파(破)하면 평범한 명(命)이 된다. 지지(地支)에 갑목(甲木)이 암장(暗藏)되어 있는데 지지(地支)에 경금(庚金)이 없으면 의금(衣衿)은 잃지 않는다.

다시 말해, 유월(酉月) 임수(壬水)는 월령(月令)에 정인(正印)이 있으니 임수(壬水)가 근원에 대한 근심이 없고, 병(病)을 제거하여 귀(貴)로 삼으니 갑목(甲木)으로 용신(用神)을 삼는 것이 정법(正法)이다. 무기토(戊己土)의 기(氣)는 사시(四時)에 섞여 있기 때문에 시간에 관계 없으나 왕성하지는 않다. 보이지 않게 혼탁하게 만드는 것을 막아야 하는데, 갑목(甲木)이 있으면 수(水)가 스스로 청(淸)하게 되어 격국(格局)에 자연적으로 귀(貴)가 있다. 만일 무토(戊土)가 있으면 갑목(甲木)이 많이 투출(透出)해야 제거할 수 있다. 시간(時干)에 갑목(甲木)이 투출(透出)하면 문성(文星)이 된다는 것은, 임수(壬水)가 밑바닥까지 맑아 청(淸)하다는 말과 같다. 천간(天干)에 갑목(甲木)이 투출(透出)하면 문성(文星)이라 하고, 시간(時干)에 투출(透出)하면 시(時)는 귀숙지(歸宿地)이기 때문에 귀(貴)를 이룬다. 갑목(甲木)이 용신(用神)이면 길하나, 경금(庚金)이 파(破)하면 흉하다. 이때 경금(庚金)이 지지(地支)에 있어도 역시 흉하다. 임수(壬水)가 약하여 뿌리가 없으면 인수(印綬)로 용신(用神)을 삼고, 갑목(甲木)으로 보좌해야 한다.

유월(酉月) 임수(壬水)는 임수(壬水)가 많이 투간(透干)했는데 지지(地支)에 신해(申亥)가 있으면, 갑목(甲木)을 취하지 않고 무토(戊土)로 용신(用神)을 삼는다. 해궁(亥宮)에는 대개 갑목(甲木)이 있어 무토(戊土)를 파(破)하나, 신궁(申宮)에 경금(庚金)이 있어 갑목(甲木)을 파(破)하니, 역시 의금(衣衿)은 잃지 않고 재능이 많다. 만일 무토(戊土)는 없는데 임수(壬水)가 많으면 사람은 깨끗하나, 재주가 탁하여 가난을 면하기 어렵다.

다시 말해, 지지(地支)에 신해(申亥)가 있으면 임수(壬水)가 충분(沖奔)하는 성질이 있기 때문에, 갑목(甲木)을 취하지 않고 무토(戊土)로 용신(用神)을 삼는다. 무토(戊土)가 용신(用神)인데 갑목(甲木)이 상하게 만들면 흉하고, 화(火)로 돕지 않으면 안 되니 재관격(財官格)이 된다. 금수(金水)의 기(氣)가 유동하기 때문에 무토(戊土)로 막지 않으면 가난을 면하기 어렵다.

다시 말해, 유월(酉月) 임수(壬水)는 갑목(甲木)으로 용신(用神)을 삼는 것이 정법(正法)이다. 갑목(甲木)이 용신(用神)이면 수(水)가 아내요 목(木)이 자식이다. 무토(戊土)를 용신(用神)으로 삼는 것은 병(病)에 대한 약(藥)을 취하는 것이니, 평범한 명(命)이 된다.

戊 壬 辛 癸

申 申 酉 未

이 사주는 무도(戊土)가 용신(用神)인데, 남방운(南方運)에서 늑지

(得地)하여 시정(市政)이 되었다.

甲 壬 乙 庚
辰 子 酉 午

이 사주는 경갑(庚甲)이 모두 투출(透出)하여 갑목(甲木)이 을매(乙
妹)로 경금(庚金)의 아내를 삼는다. 갑목(甲木)이 투간(透干)하여 문
성(文星)이 되었으니 사림(詞林)의 뛰어난 학자였다.

壬 壬 丁 辛
寅 辰 酉 酉

이 사주는 심화(深花)에 오른 사람이다. 용호공천문격(龍虎拱天門
格)이며 육임추간격(六壬趨艮格)이다. 진(辰)은 용이며 인(寅)은 범
인데, 묘(卯)를 끼고 있고, 양유(兩酉)가 묘궁(卯宮)을 암충(暗沖)한
다. 묘(卯)는 일월(日月)의 출입문이니 천문(天門)이다. 난태묘선(蘭
台妙選)에서는 유월생(酉月生)이 묘(卯)를 충(沖)하면 묘(卯)는 문
(門)이니 묘(卯)를 보지 않고 인진(寅辰)을 본다고 했고, 육임추간격
(六壬趨艮格)은 지지(地支)에 인(寅)이 많아야 한다고 했다. 인궁(寅
宮) 갑목(甲木)이 상하지 않아 갑오운(甲午運)에서 정갑(鼎甲)했다.

庚 壬 己 壬
戌 子 酉 子

이 사주는 인왕(印旺)하여 신강(身强)하니 부(富)는 크나 귀(貴)는 작다. 임수(壬水)가 모두 투출(透出)하여 술궁(戌宮) 무토(戊土)가 용신(用神)이고, 기토(己土)가 출간(出干)하여 임수(壬水)를 혼탁하게 만드니 귀격(貴格)을 이루기 어렵다. 자술(子戌) 사이에 해(亥)를 끼고 있어 임수(壬水)가 득록(得祿)하고, 시상(時上) 재성(財星)이 고장(庫藏)으로 돌아가니 신왕(身旺)하여 재(財)를 감당할 수 있어 부격(富格)이 되었다.

己 壬 丁 丙
酉 子 酉 子

이 사주는 신왕무의(身旺無依)가 되어 평생 가난으로 고생했다. 재(財)가 나타나 있으나 뿌리가 없고, 지지(地支)에 겁인(劫刃)이 많으나 기토(己土)가 수(水)를 제지하지 못하고 오히려 임수(壬水)를 탁하게 만든다. 만일 갑목(甲木)이 하나라도 있었다면 가난은 면했을 것이다.

甲 壬 乙 乙
辰 午 酉 酉

이 사주는 갑목(甲木)이 출간(出干)하여 토(土)를 제(制)하니 금백수청(金白水淸)을 이루었다. 오궁(午宮)에 있는 정화(丁火) 재성(財星)이 득록(得祿)하여 갑목(甲木)을 설(洩)한다. 교통직과 은행직을 35년 동안 받았으나 금융계로 나가시는 않았다. 진운(辰運) 무인년

(戊寅年) 오월(午月)에 암살당했는데, 이것은 자형(自刑)이 있어 선종(善終)하지 못한 것이다.

```
壬 壬 癸 甲
寅 戌 酉 午
```

이 사주는 금백수청(金白水淸)하기 때문에 비겁(比劫)과 인수(印綬)를 용신(用神)으로 삼는다. 갑목(甲木)이 출간(出干)하여 문성(文星)이 되어 대학총장과 학부대신(學部大臣)이 되었다.

술월(戌月) 임수(壬水)

술월(戌月) 임수(壬水)는 해수(亥水)가 진기(進氣)하여 점점 왕성해지는 때에 있다. 따라서 갑목(甲木)으로 용신(用神)을 삼고, 병화(丙火)로 보좌해야 한다. 해수(亥水)는 임수(壬水)인데, 신(申)에 이르면 장생(長生)에 해당하고, 술(戌)에 이르면 관대지(冠帶地)에 해당하기 때문에 세력이 점점 왕성해진다. 월령(月令)의 무토(戊土)가 권리를 잡고 있으니 임수(壬水)가 많아도 범람할 근심이 없다. 이때는 반드시 갑목(甲木)으로 용신(用神)을 삼아 제살(制殺)해야 한다. 만일 월령(月令)에 무술(戊戌)이 있으면 다시 갑목(甲木)이 출간(出干)해야 제(制)할 수 있다.

다시 말해, 술월(戌月) 임수(壬水)는 갑목(甲木)으로 용신(用神)을 삼는다. 만일 임수(壬水)가 많은데 지지(地支)에 양인(陽刃)이 있고, 무토(戊土)가 하나 출간(出干)하면 살인상제(殺刃相制)되어 살인격(殺刃格)이 되고, 임수(壬水)가 많은데 무토(戊土)도 많으면 신강살왕(身强殺旺)하니, 갑목(甲木)으로 제(制)하면 식신제살격(食神制殺格)이 된다. 임수(壬水)가 진기(進氣)하여 추토(秋土)가 허한(虛寒)하여 동토한수(冬土寒水)가 되었다. 따라서 제방은 높고 흐름은 급하기 때문에 청(淸)하기는 해도 무정(無情)하다. 갑목(甲木)이 수(水)를 설(洩)하고, 병화(丙火)가 토(土)를 따뜻하게 해주면 국세(局勢)가 영활(靈活)해진다.

술월(戌月) 임수(壬水)는 일파(一派) 무토(戊土)가 있는데 기경(己庚)이 각각 하나씩 있어 잡란(雜亂)하지 않고, 시간(時干)에 갑목(甲木)이 하나 투출(透出)하면 옥당(玉堂)의 청귀(淸貴)함이 있다. 이때는 월간(月干)에 갑목(甲木)이 투출(透出)해도 과갑(科甲)에 이르고, 지지(地支)에 기토(己土)가 암장(暗藏)되어 있어도 일방(一榜)은 허락하다. 설사 풍수(風水)가 불급(不及)하더라도 늠공은 잃지 않는다. 만일 경금(庚金)이 투출(透出)했는데 정화(丁火)가 없으면 빈천(貧賤)하고, 정화(丁火)가 투출(透出)했는데 갑목(甲木)이 있으면 약간의 부귀(富貴)는 있다.

다시 말해, 유월(酉月)은 무토(戊土)가 권리를 잡았기 때문에 임수(壬水)가 점섬 왕성해지나, 수천(水淺)하니 반드시 갑목(甲木)으로 제(制)해야 한다. 이때 기토(己土)가 갑목(甲木)과 합(合)하면 흉하고, 경금(庚金)이 갑목(甲木)을 파(破)해도 흉하다. 따라서 갑목(甲木)이 용신(用神)이면 기경(己庚)이 잡되지 않아야 청귀(淸貴)한 명을 이룬다. 시간(時干)에 갑목(甲木)이 투간(透干)했다는 것은 갑진시생(甲辰時生)을 말한다. 식신제살격(食神制殺格)이 살(殺)이 앞에 있고, 식신(食神)이 뒤에 있어 귀격(貴格)을 이룬다.

월간(月干)에 갑목(甲木)이 투출(透出)했다는 것은 갑술월생(甲戌月生)을 말한다. 살(殺)이 암장(暗藏)되었는데 식신(食神)이 투출(透出)했으니 제살(制殺)할 수 있다. 지지(地支)에 기토(己土)가 암장(暗藏)되어 있다는 것은 축미년시(丑未年時)를 말한다. 갑목(甲木)이 출간(出干)하면 토(土)를 파(破)할 수 있다. 경금(庚金)이 투출(透出)했는데 정화(丁火)가 없으면 식신(食神)이 용신(用神)인데, 편인(偏印)이 빼앗기 때문에 정화(丁火)로 구제하지 않으면 흉하다. 따라서 정화(丁火)가 투출(透出)하면 약간의 부귀(富貴)가 있고, 정화(丁火)가 없으면 빈천(貧賤)한 명(命)이 되는 것이다.

술월(戌月) 임수(壬水)가 병화(丙火)는 없는데 무토(戊土)가 있으면 평범한 명(命)이 된다. 무토(戊土)가 용신(用神)이면 금(金)이 아내요 수(水)가 자식이다. 추토(秋土)의 기(氣)는 차가우니, 무토(戊土)가 용신(用神)이면 정화(丁火)로 보좌해야 하기 때문에 식신제살(食神制殺)이나, 재자살(財滋殺)로 논하지 않는다. 술월(戌月) 임수(壬水)는 갑목(甲木)과 무토(戊土)를 떠날 수 없다. 갑목(甲木)이 용신(用神)이면 수(水)가 아내요 목(木)이 자식이고, 무토(戊土)가 용신(用神)이면 금(金)이 아내요 수(水)가 자식이다.

다시 말해, 술월(戌月) 임수(壬水)는 갑목(甲木)을 용신(用神)으로 삼은 다음, 병화(丙火)로 보좌하고 무토(戊土)는 참작해서 취한다. 술월(戌月)은 임수(壬水)는 토왕(土旺)하여 영(令)을 잡았으니, 갑목(甲木)으로 토(土)를 파(破)하는 것이 정법(正法)이다. 임수(壬水)가 왕양(汪洋)하면 무토(戊土) 하나를 취하여 군수(群水)를 제(制)한다.

이것을 일장당관(一將當關)에 군사자복(群邪自伏)이라 한다.

辛 壬 戊 丙
丑 戌 戌 寅

이 사주는 신왕관왕(身旺官旺)한데 병화(丙火)가 투출(透出)하여 참정(參政)이 되었다. 병신(丙辛)이 떨어져 있어 합(合)하지 않고, 인궁(寅宮) 갑목(甲木)으로 무토(戊土)를 파(破)하고, 신금(辛金)이 임수(壬水)를 돕는다. 북방수목운(北方水木運)이 길하다.

甲 壬 戊 丙
辰 申 戌 子

이 사주는 진사(進士) 출신으로 태수(太守)에 이르렀다. 갑병(甲丙)이 모두 투출(透出)했는데 살(殺)이 앞에 있고, 식신(食神)이 뒤에 있으니 격국(格局)이 완전하다.

甲 壬 壬 戊
辰 了 戌 寅

이 사주는 소년에 한림(翰林)이 되어 부도어사(副都御史)에 이르렀다. 갑목(甲木)이 투출(透出)했는데 병화(丙火)가 암장(暗藏)되어 있고, 살전식후(殺前食後)하니 앞 사주와 같다. 비록 관식의 내외가 있으나 귀(貴)가 일품(一品)이었다.

甲 壬 戊 辛
辰 戌 戌 丑

이 사주는 태사(太史)에 이른 사람이다. 지지(地支)에 사고(四庫)를 이루었으나 갑목(甲木)으로 토(土)를 파(破)하고, 신금(辛金)으로 임수(壬水)를 돕고, 임수(壬水)가 진기(進氣)하여 길하다.

庚 壬 甲 己
子 辰 戌 巳

이 사주는 갑기(甲己)가 상합(相合)하는데 멀리서 경금(庚金)이 압박하고 있으니, 반드시 토(土)로 화(化)하여 흉하다. 월령(月令)이 살왕(殺旺)한데 시(時)에서 자수(子水) 양인(陽刃)을 만나, 살인격(殺刃格)을 이루어 독무(督撫)가 되었다.

庚 壬 戊 丙
子 子 戌 子

이 사주는 지지(地支)에 삼인(三刃)이 있어 추수(秋水)가 왕양(汪洋)하다. 따라서 무토(戊土)로 용신(用神)을 삼아 살인상제격(殺刃相制格)을 이룬다. 비록 병화(丙火)가 있으나 낙일(落日)에 남은 광휘이니 역량이 부족하다. 갑목(甲木)이 수(水)를 설(洩)하며 병화(丙火)를 생(生)하지 않아, 살인(殺刃)이 무정(無情)하여 비록 재능이 있으나 크게 발전하기는 어렵다. 인운(寅運)에서 조선 영사 외교부

주사에 올랐으나, 갑운(甲運)에서 무토(戊土)를 파(破)하여 참혹한 운명이 되었다. 63세인 무인년(戊寅年)에 갑목(甲木)이 득록(得祿)하여 토(土)가 붕괴될 때 사망했다.

丁 壬 甲 己
未 辰 戌 卯

이 사주는 갑목(甲木)이 출간(出干)하여 토(土)를 파(破)하나, 정임(丁壬)이 상합(相合)하여 일원(日元)이 재(財)를 향한다. 갑기(甲己)가 상합(相合)하여 토(土)를 파(破)할 힘이 없으니 아름다운 명(命)이 아니다. 이 사주는 확부(確否)를 기대한다.

庚 壬 庚 壬
子 寅 戌 午

이 사주는 지지(地支)에 인오술화국(寅午戌火局)이 있어 재왕생살(財旺生殺)한다. 살왕인경(殺旺刃輕)하니 용신(用神)으로 인(刃)을 도와야 한다. 초년에 북방운(北方運)으로 향하여 절강성(浙江城) 도독(都督)에 올랐으나, 복록이 부족하여 몇 개월 뒤에 물러났다. 그러나 인궁(寅宮)에 갑병(甲丙)이 있으니, 수목화토(水木火土)가 상제(相制)하여 유정(有情)하기 때문에 기세가 유통되어 귀격(貴格)이 되었다.

庚 壬 戊 辛
子 申 戌 卯

이 사주는 칠살(七殺)이 출간(出干)했는데 시(時)에 자인(子刃)이 있어 살인격(殺刃格)이 되었다. 따라서 귀(貴)가 무(武)에 있고, 남방운(南方運)이 길하다.

■ 삼동(三冬) 임수(壬水)

동월(冬月) 임수(壬水)는 영(令)을 잡았으나, 기후가 매우 춥기 때문에 만물이 얼어붙는다. 따라서 목(木)이 있어도 화(火)가 없으면 생(生)하려는 뜻이 티끌만큼도 없으니 식상(食傷)은 무용지물이 된다. 따라서 동월(冬月) 임수(壬水)는 시급하게 양화(陽和)한 화기(火氣)로 조후(調候)해야 한다.

해월(亥月) 임수(壬水)

해월(亥月) 임수(壬水)는 해수(亥水)가 권리를 잡은 때에 있으니 임수(壬水)가 임관(臨官)하여 충분(沖奔)하는 세력이 있다. 따라서 무토(戊土)로 용신(用神)을 삼고, 병화(丙火)로 보좌해야 한다. 만일 임진일(壬辰日)이 진시(辰時)에 태어났으면 임수(壬水)가 넓고 커서 질펀한 세력이 있다. 이때 천간(天干)에 무토(戊土)가 출간(出干)하고, 경금(庚金)이 갑목(甲木)을 제(制)하면 무토(戊土)가 상하지 않는다. 따라서 무경(戊庚)이 모두 투출(透出)하면 과갑(科甲)으로 관직에 오른다. 그러나 갑목(甲木)이 출간(出干)하여 무토(戊土)를 제(制)하는데, 경금(庚金)으로 구제하지 못하면 곤궁함에 이른다. 만일 무토(戊土)가 암장(暗藏)되어 있는데 제(制)하지 못하면 생원(生員)은 잃지 않고, 무경(戊庚)이 있는데 갑목(甲木)이 없으면 부귀격(富貴格)을 이루어 복수(福壽)를 누린다.

다시 말해, 임진(壬辰)은 납음(納音)으로는 수(水)인데, 진시(辰時)를 만나면 묘고(墓庫)에 해당하여 소홀히 할 수 없다. 월령(月令)에 건록(建祿)이 있어 수세(水勢)가 넓고 커서 질펀하기 때문에 무토(戊土)가 출간(出干)해야 제(制)할 수 있다. 그러나 이때 진궁(辰宮) 무토(戊土)는 유용하지 않다. 해궁(亥宮) 갑목(甲木)이 장생(長生)에 해당하니, 토(土)가 수(水)를 제(制)하면 목(木)이 배식(培植)되어 왕(旺)해지기 때문에 무토(戊土)를 상하게 만든다. 따라서 경금(庚金)으로 갑목(甲木)을 제(制)해야 부귀격(富貴格)을 이룬다.

해월(亥月) 임수(壬水)는 식신제살(食神制殺)을 취하지 않고 재자약살격(財滋弱殺格)을 취하고, 식신(食神)은 반드시 효인(梟印)으로 구해야 한다.

고서(古書)에서는 토(土)가 수(水)의 흐름을 막으면 복수(福壽)가 완전하다고 했다. 따라서 재(財)로 자살(滋殺)하면 부귀복수(富貴福壽)가 있는 명(命)이 된다. 이때 경금(庚金)이 투출(透出)해야 하는 것은 해궁(亥宮)에 장생(長生)된 갑목(甲木)의 기(氣)를 막아야 하기 때문이다.

해월(亥月) 임수(壬水)는 지지(地支)에 목국(木局)을 이루고 갑목
(甲木)이 출간(出干)했으나 경금(庚金)으로 제(制)하면 부귀격(富貴
格)을 이루고, 경금(庚金)이 없으면 평범한 명(命)이 된다. 이것은 해
월(亥月) 임수(壬水)는 해묘미목국(亥卯未木局)이 있으면 원신(元
神)이 설(洩)되어 흩어지기 때문이고, 상관(傷官)이 왕(旺)하면 권리
를 잃기 때문이다. 이때는 효인(梟印)으로 상관(傷官)을 제(制)하고,
아신(我身)을 부조(扶助)하면 길하다.

해월(亥月) 임수(壬水)는 지지(地支)에 수국(水局)을 이루었는데,
무기토(戊己土)가 없으면 윤하격(潤下格)이 된다. 이때 서북운(西北
運)으로 흐르면 대부대귀격(大富大貴格)을 이루나, 동남운(東南運)
으로 흐르면 빈천(貧賤)한 명(命)이 된다. 전왕격(專旺格) 사주는 기
세가 순하기 때문에 염상(炎上)은 동남(東南)으로 흐르고, 윤하(潤
下)는 서북(西北)으로 흐르면 길하다.

적천수(滴天髓)에서는 독상(獨象)은 화지(化地)로 흘러야 길하고,
화신(化神)은 풍부해야 길하다고 했다. 화(化)는 인화(引化)이니 식
신(食神)을 말한다. 격(格)에는 순잡(純雜)이 있는데, 순하면 식상지
(食傷地)가 길하고, 잡되면 서북운(西北運)이 길하다. 그러나 윤하
(潤下)는 조후(調候) 관계가 있으니 잘 살펴야 한다. 동수(凍水)는
흐르지 않는데 서북운(西北運)이 길하다는 것은 이 이치에 근거한 것
이다.

해월(亥月) 임수(壬水)는 병무(丙戊)가 모두 투출(透出)했는데 화토
운(火土運)으로 흐르면 명리(名利)가 모두 있고, 병화(丙火)는 있는
데 무토(戊土)가 없으면 평범한 명(命)이 되고, 무토(戊土)는 있는데
병화(丙火)가 없으면 의록(衣祿)에는 근심이 없으나 재물을 모으기

어렵다. 병무(丙戊)가 모두 투출(透出)하면 갑목(甲木)에 생기가 있으나, 병화(丙火)를 생(生)하여 무토(戊土)를 파(破)하지 않으니 경금(庚金)으로 갑목(甲木)을 제(制)하지 않아도 무방하다.

해월(亥月) 임수(壬水)는 병무(丙戊)로 정당한 용신(用神)을 삼는다. 따라서 병화(丙火)는 있으나 무토(戊土)가 없으면 재왕(財旺)해도 재물을 모으기 어렵기 때문에 의록(衣祿)이 있어도 평범한 명(命)이 되고, 무토(戊土)는 있으나 병화(丙火)가 없으면 한토(寒土)에 동수(凍水)이니 뜻이 있어도 이루기 어렵고, 병무(丙戊) 중에 하나라도 없으면 실패가 따라 재물을 모으기 어렵다. 다시 말해, 해월(亥月) 임수(壬水)는 병무(丙戊)를 용신(用神)으로 삼은 다음에 경금(庚金)을 취한다.

癸 壬 辛 丁
卯 子 亥 丑

이 사주는 재(財)가 왕(旺)하지 않은데 겁재(劫財)를 만나 빈고(貧苦)한 명(命)이 되었다.

辛 壬 乙 己
亥 辰 亥 亥

이 사주는 태원(胎元)인 병인(丙寅)의 도움을 받아 양방(兩榜)했나.

庚 壬 丁 乙
戌 午 亥 巳

이 사주는 승도의 명(命)이다. 사해(巳亥)가 충(沖)하고, 무인(戊寅)이 태원(胎元)이고 화왕(火旺)하여 국(局)을 이루니 금수(金水)가 도와야 한다. 변격(變格)이다.

庚 壬 丁 庚
戌 戌 亥 子

이 사주는 술궁(戌宮) 무토(戊土)로 수(水)를 제(制)하고, 경금(庚金)으로 갑목(甲木)을 제(制)한다.

辛 壬 辛 壬
亥 子 亥 申

이 사주는 무토(戊土)가 없는데 지지(地支)에 해자(亥子)가 있다. 이런 사주를 신왕무의(身旺無依)라 하여 승도의 명(命)이 된다. 윤하격(潤下格)을 이루나 태원(胎元)이 임인(壬寅)이라 격국(格局)이 불순하고, 동남화운(東南火運)으로 흘러 수성(水性)을 거스르니 빈고(貧苦)한 명(命)이 되었다.

辛 壬 己 辛
亥 午 亥 亥

이 사주는 오궁(午宮) 정화(丁火)로 기토(己土) 관성(官星)을 생조(生助)하는데, 정기(丁己)가 모두 오(午)에서 녹(祿)을 얻었다. 그러나 정기(丁己)는 병무(丙戊)를 취하는 것과는 다르다. 명성을 한 고을에는 전했고, 88세인 무인년(戊寅年)에 사망했다.

乙壬乙己
巳子亥巳

이 사주는 사궁(巳宮)에 병무(丙戊)가 있는데 경금(庚金)이 갑목(甲木)을 제(制)한다. 남방운(南方運)으로 흘러 재정총장(財政總長)이 되었다.

戊壬己辛
申申亥未

이 사주는 무토(戊土)는 출간(出干)했으나 병화(丙火)가 없다. 그러니 경인(庚寅)이 태원(胎元)이니 길하다. 병화(丙火)가 암장(暗藏)되어 있는데 남양(南洋)에서 생(生)하니, 화토(火土)가 왕(旺)하여 대부격(大富格)을 이루었으나 귀격(貴格)은 아니다. 이 사주는 신미시(丁未時)가 아닌가 생각한다.

甲壬己辛
辰戌亥巳

이 사주는 교통총장(交通總長)이 된 사람이다. 사궁(巳宮)에 병무(丙戊)가 있는데 기토(己土)가 갑목(甲木)과 합(合)하여, 무토(戊土)를 파(破)하지 않아 기격(奇格)이 되었다.

庚 壬 癸 癸
戌 申 亥 未

이 사주는 술궁(戌宮) 무토(戊土)로 수(水)를 막는데 애석하게도 병화(丙火)가 없다. 중화민국 초기에 강서(江西) 도독(都督)이 되었으나, 기복이 무상하여 명리(名利)가 완전하지는 못했다.

자월(子月) 임수(壬水)

자월(子月) 임수(壬水)는 양인(陽刃)이 방신(幇身)하여 해월(亥月)보다 비교적 왕성한 때에 있으나 이치는 같다. 먼저 무토(戊土)를 취한 다음에 병화(丙火)를 취한다. 양인(陽刃)이 권리를 잡았는데 기후가 차가우니, 무병(戊丙)이 나란히 투출(透出)하지 않으면 구하기 어렵다.

고서(古書)에서는 건록월(建祿月)에 태어나면 천간(天干)에 재관(財官)이 투출(透出)해야 길하다고 했다. 양간(陽干)에게 재관(財官)이 있다는 것은, 정재(正財) 정관(正官)이 아니라 편재(偏財) 편관(偏官)을 말한다. 자월(子月) 임수(壬水)는 병무(丙戊)가 모두 투출

(透出)하면 과갑(科甲)으로 부귀(富貴)가 있고, 재능과 덕이 모두 있다. 만일 무토(戊土)는 있는데 병화(丙火)가 없으면 명리(名利)가 완전하기 어렵고, 병화(丙火)는 있으나 무토(戊土)가 없으면 계획은 좋으나 성과는 없다.

 다시 말해, 자월(子月) 임수(壬水)가 병무(丙戊)는 취하고 경금(庚金)을 취하지 않는 것은, 월령(月令)에 목기(木氣)가 없기 때문이다. 조후(調候)할 때는 병화(丙火)가 필요하고, 수(水)를 막을 때는 무토(戊土)가 필요하다. 따라서 자월(子月) 임수(壬水)는 병무(丙戊) 중에 하나라도 없으면 흉하다.

 자월(子月) 임수(壬水)가 지지(地支)에 수국(水局)을 이루었는데 병화(丙火)가 없으면, 무토(戊土)가 있어도 득소(得所)하지 못하여 평범한 명(命)이 된다. 이때는 지지(地支)에 병무(丙戊)가 암장(暗藏)되어 있어도 해동(解凍)하며 흐름을 막으니 공명(功名)이 비상하게 발전한다. 그러나 대운(大運)이 돕지 않으면 불가하다.

 다시 말해, 지지(地支)에 수국(水局)을 이루면 우선 무토(戊土)를 취하고, 다음에 병화(丙火)로 보좌해야 한다. 이때 무토(戊土)가 득소(得所)하지 못하면 병화(丙火)가 있어도 이롭지 않다.

 득소(得所)는 녹(祿)을 얻어 왕(旺)해지는 것을 말한다. 따라서 지지(地支)에 사술(巳戌)이 있는 것을 말한다. 지지(地支)에 병화(丙火)가 암장(暗藏)되어 있다는 것은, 사주에 사술(巳戌)이 있다는 뜻이니 병무(丙戊)가 출간(出干)하지 않은 것이다. 지지(地支)는 뿌리요 천간(天干)은 싹에 해당하니, 천간(天干)에 투출(透出)한 것은 지지(地支)에 암장(暗藏)되어 있는 것만은 못하다. 이때는 운정(運程)에서 득지(得地)해야 한다. 그렇지 않으면 지위가 높아도 나타나지 않는다.

 자월(子月) 임수(壬水)는 지지(地支)에 화국(火局)을 이루면 신왕재왕(身旺財旺)하여 대부격(大富格)을 이루나, 년월시(年月時)에 비견(比肩)이 있는데 년간(年干)에 정화(丁火)가 투출(透出)하면 평범한 명(命)이 되고, 지지(地支)에 사고(四庫)가 있으면 부귀격(富貴格)을 이루고, 년월시(年月時)에 정화(丁火)가 두 개 투출(透出)하면 쟁합(爭合)하여 명리(名利)를 이루기 어렵다.

 다시 말해, 임월생(壬月生)이나 임시생(壬時生)이 년상(年上)에 정화(丁火)가 있으면, 비견(比肩)이 쟁재(爭財)하여 용록(庸碌)하며 평범한 명(命)이 된다. 지지(地支)에 사고(四庫)가 있으면 수(水)의 흐름을 막아 부귀격(富貴格)을 이루는데, 술(戌)은 재고(財庫)에 해당하여 길하다. 만일 병정화(丙丁火)가 임수(壬水) 하나를 쟁합(爭合)하는데, 토(土)로 수(水)를 막지 못하면 화론(化論)을 짓지 않는다. 이런 사주는 하격(下格)이 되어 명리(名利)를 말하기 어렵다. 예를 들어 임오일(壬午日) 정미시생(丁未時生)은 과갑(科甲)은 아니더라도 권위가 높다. 이것은 자궁(子宮)에서 계수(癸水)가 득지(得地)하여 무병(戊丙)과 함께 취하기 때문이다.

 다시 말해, 자궁(子宮)에 계수(癸水) 양인(陽刃)이 있으면 용신득지(用神得地)라 하는데, 이것은 임수(壬水)가 강변약(强變弱)되기 때문이다. 사고(四庫) 중에서는 술미(戌未)를 조토(燥土)라 하는데, 술(戌)은 무토(戊土)요 미(未)는 기토(己土)를 말한다. 만일 임오일(壬午日) 정미시생(丁未時生)이 지지(地支)에서 오미(午未)가 상합(相合)하면 정화(丁火)가 출간(出干)하여 비록 정기(丁己)이나 병무(丙戊)와 같다. 이때 월령(月令) 양인(陽刃)이 권리를 잡았으니, 관인격

(官刀格)이나 살인격(殺刃格)이 되면 반드시 귀격(貴格)을 이룬다.

　　　戊 壬 壬 丁
　　　申 寅 子 卯

　이 사주는 방백(方伯)이었다. 무토(戊土)가 투출(透出)했는데 병화(丙火)는 암장(暗藏)되어 있으니, 중동(仲冬) 임수(壬水)의 정당한 용신(用神)이다.

　　　壬 壬 壬 壬
　　　寅 寅 子 寅

　이 사주는 천원일기격(天元一氣格)이다. 살왕(殺旺)하여 득지(得地)하니 시랑(侍郎)이 되었다. 인궁(寅宮)에 병무(丙戊)가 있어 재살(財殺)이 득지(得地)한 것이다.

　　　甲 壬 壬 壬
　　　辰 子 子 子

　이 사주는 상서(尙書)에 오른 사람으로, 비천녹마격(飛天祿馬格)이다. 비천녹마격(飛天祿馬格)은 수목상관(水木傷官)의 변격(變格)이다. 갑목(甲木)이 용신(用神)이니 동방운(東方運)이 길하고, 순수한 윤하격(潤下格) 사주와 이치가 같다. 독상(獨象)은 화지(化地)로 흐르면 길하다는 것은 이런 경우를 두고 하는 말이다.

辛 壬 壬 壬
亥 子 子 寅

이 사주는 인궁(寅宮) 병무(丙戊)가 매우 약하나, 인해(寅亥)가 합목(合木)하여 생재(生財)하니 부격(富格)이 되었다.

甲 壬 甲 癸
辰 午 子 丑

이 사주는 오궁(午宮)에 정기(丁己)가 있으나 갑목(甲木) 두 개가 개두하여 기토(己土)를 제(制)하니, 병정(丙丁) 재운(財運)이 오는 것을 기다려야 나타난다. 그리고 목화통명(木火通明)이니 관인(官刃)으로 논하지 않는다. 이 사람을 두고 고종(高宗)은 노명사(老名士)라 했다. 67세인 기미년(己未年)에 진사(進士)에 올라 예부시랑(禮部侍郎)에 이르렀다가 97세에 사망했다.

庚 壬 庚 丙
子 午 子 午

이 사주는 천지(天地)의 가운데를 나누었으니 충(沖)이 아니다. 오궁(午宮)에 정기(丁己) 재관(財官)이 있어 과갑(科甲)에 이르렀고, 만년에 남방운(南方運)으로 흘러 대귀격(大貴格)을 이루었다.

甲 壬 壬 丁
辰 申 子 卯

이 사주는 비천녹마격(飛天祿馬格)이 정화(丁火)가 있어 파격(破格)되었고, 윤하격(潤下格)이 순수하지 않다. 토금운(土金運)으로 흘러 한 고을에 명성을 떨쳤으나, 남방운(南方運)에서 비견(比肩)이 쟁합(爭合)하여 재물에 실패가 있었다.

乙 壬 壬 壬
巳 辰 子 辰

이 사주는 사궁(巳宮)에 병무(丙戊)가 있으니 해동(解凍)하여 흐름을 막는다. 장군이 되었고, 복건성(福建省) 주석(主席)에 이르렀다.

壬 壬 甲 戊
寅 戌 子 戌

이 사주는 갑목(甲木)으로 용신(用神)을 삼아 식신제살격(食神制殺格)이 되었다. 갑목(甲木)이 시상(時上)에서 녹(祿)을 얻어, 재성(財星)이 유기(有氣)하여 명율사(名律師)였다. 무토(戊土)가 비겁(比劫)을 제(制)하며 재(財)를 보호하나, 갑목(甲木)이 제(制)하여 재왕(財旺)하나 모이지는 않는다.

축월(丑月) 임수(壬水)

축월(丑月) 임수(壬水)는 왕(旺)이 극(極)에 이르러 다시 쇠(衰)해지는 때에 있다. 상반월은 계신(癸辛)이 권리를 잡아 임수(壬水)가 점점 왕(旺)해지기 때문에 병화(丙火)로 해동(解凍)하고, 하반월은 기토(己土)가 권리를 잡았으니 병화(丙火)를 먼저 취한 다음에 갑목(甲木)으로 보좌해야 한다. 상반월은 임계수(壬癸水)가 12일 동안 왕(旺)하고, 하반월은 토(土)가 18일이 있으니 모두 왕(旺)으로 추측하면 안 된다.

다시 말해, 축월(丑月) 임수(壬水)는 상반월은 계신(癸辛)이 권리를 잡으니, 자월(子月)과 이치가 같아 병화(丙火)가 용신(用神)이다. 이때 비겁(比劫)이 출간(出干)하면 무토(戊土)는 참작해서 취해야 한다. 한마디로, 병화(丙火)로 해동(解凍)한다는 뜻이다. 하반월은 기토(己土)가 당왕(當旺)하며 목화(木火)가 진기(進氣)하니, 임수(壬水)를 왕(旺)으로 논하지 않는다. 병화(丙火)로 해동(解凍)할 때 갑목(甲木)을 취하는 것은, 기토(己土)가 임수(壬水)를 탁하게 만드는 것을 막기 위해서다. 그러나 병화(丙火)는 상하월을 불문하고 중요한 용신(用神)이기 때문에, 축월(丑月) 임수(壬水)가 병화(丙火)가 있으면 명리(名利)가 모두 있다.

축월(丑月) 임수(壬水)는 병신(丙辛)이 모두 투출(透出)하면 과갑(科甲)으로 부귀격(富貴格)을 이루고, 병화(丙火)가 없으면 빈한(貧寒)하며 고독하고, 병갑(丙甲)이 투출(透出)하면 과갑(科甲)은 있으나 임수(壬水)가 없어야 길하고, 임수(壬水)가 있는데 병화(丙火)가 암장(暗藏)되어 있으면 평범한 명(命)이 되고, 무토(戊土)로 수(水)를 제(制)하면 의금(衣衿)과 녹수(祿壽)가 있다.

다시 말해, 축월(丑月) 임수(壬水)는 병화(丙火)로 해동(解凍)하고, 신금(辛金)으로 기토(己土)를 화(化)하고, 임수(壬水)를 생(生)해야 한다. 만일 갑목(甲木)으로 기토(己土)를 제(制)하면 과갑(科甲)으로 귀격(貴格)을 이룬다. 그러나 병신(丙辛)과 갑기(甲己)가 합(合)되지 않고, 임수(壬水)가 병화(丙火)를 상하게 하지 않아야 부귀격(富貴格)을 이룬다. 만일 사주에 임수(壬水)가 있으면 병화(丙火)를 핍박하기 때문에, 지지(地支)에 암장(暗藏)되어 극(剋)하지 않아도 평범한 명(命)이 된다. 이때는 무토(戊土)로 구해야 한다. 그러니 격국(格局)이 상승하는 것은 아니니 평범한 가운데 의금(衣衿)과 녹수(祿壽)가 있을 뿐이다.

축월(丑月) 임수(壬水)가 지지(地支)에 금국(金局)을 이루었는데 병정화(丙丁火)가 없으면, 금수침한한도저(金水沈寒寒到底)가 되어 평생 고독하며 가난하다. 이때는 화(火)로 한기(寒氣)를 풀어야 한다.

축월(丑月) 임수(壬水)는 병화(丙火)가 용신(用神)이면 목(木)이 아내요 화(火)가 자식이다. 이때는 무토(戊土)가 있어도 병화(丙火)가 없으면 흉하다. 고서(古書)에서는 금한수냉(金寒水冷)하면 병정화(丙丁火)를 좋아한다고 했다. 금왕(金旺)하면 병화(丙火)가 투출(透出)해야 하나, 신금(辛金)이 있으면 역시 길하지 않으니 정화(丁火)가 있어야 길하다.

다시 말해, 축월(丑月) 임수(壬水)가 병신(丙辛)이 있으면 쉽게 합(合)하나, 불화(不化)하여 용신(用神)이 기반(羈絆)되기 때문에 해동(解凍)하는 힘이 감소한다. 이때 정화(丁火)도 신금(辛金)을 파(破)

하면 병화(丙火)가 온도를 유지할 수 있으니 길하다고 하는 것이다.

축월(丑月) 임수(壬水)는 시상(時上)에 정화(丁火)가 투출(透出)하면 화합(化合)하여 목(木)을 이루고, 월지(月支)에 축토(丑土)가 있으니 계수(癸水)가 격(格)을 파(破)하지 않으면 부귀격(富貴格)을 이룬다. 자월(子月)에는 년간(年干)에 정화(丁火)가 투출(透出)했는데 지지(地支)에 사고(四庫)가 있으면 부귀격(富貴格)을 이룬다고 했다. 그러나 축월(丑月)은 월령(月令)에 축(丑)이 있어 수(水)가 충분(沖奔)하지 않으나, 기후가 매우 춥기 때문에 병정화(丙丁火)가 있고 계수(癸水)가 제(制)하지 않아야 한다. 이때는 갑목(甲木)이 이끌어야 하고, 지지(地支)에 통근(通根)되어야 길하다. 자월(子月) 정화(丁火)를 참고하기 바란다.

축월(丑月) 임수(壬水)는 수왕(水旺)하여 담장에 머무르면 지혜가 있고, 수토(水土)가 혼잡하면 반드시 어리석고 완고하다. 임계수(壬癸水)가 남쪽으로 가면 건강하며 부귀(富貴)를 감당할 수 있다. 수목상관격(水木傷官格)은 재관(財官)이 모두 있어야 길하다. 담장에 있다는 것은 수(水)가 월령(月令)에서 당왕(當旺)한 것을 말하고, 남쪽으로 간다는 것은 사오미남방운(巳午未南方運)을 말한다. 부(賦)에 이르길 북쪽 사람이 남방운(南方運)에 있으면 무역업으로 성공한다고 했다. 동수(冬水)는 병무(丙戊)가 중요한 용신(用神)인데 재관(財官)을 말한다. 이 이치는 수목상관(水木傷官)에만 해당하는 것이 아니다.

　　　　壬 壬 丁 甲　　　乙 壬 丁 甲
　　　　寅 寅 丑 寅　　　巳 辰 丑 午

이 두 사주는 모두 병화(丙火)가 용신(用神)이다. 갑인년생(甲寅年生)은 공사(貢士)였고, 갑오년생(甲午年生)은 부옹(富翁)이었다.

甲 壬 丁 甲
辰 辰 丑 午

축월(丑月) 임수(壬水)는 병화(丙火)가 있으면 부귀격(富貴格)을 이루고, 병화(丙火)가 없으면 빈고(貧苦)한 명(命)이 된다. 그러나 이 사주는 병화(丙火)가 없어 빈고(貧苦)했다. 정갑(丁甲)은 힘이 부족하다.

辛 壬 己 乙　　辛 壬 己 庚　　壬 壬 己 庚
亥 午 丑 未　　亥 寅 丑 子　　寅 辰 丑 午

위의 세 사주를 살펴보면 을미년생(乙未年生)은 생원(生員)이었고, 경자년생(庚子年生)은 발갑(發甲)했고, 경오년생(庚午年生)은 수제(秀才)였다. 모두 축궁(丑宮)에 토금수(土金水)가 출간(出干)했다. 그러나 보다시피 병화(丙火)가 있으면 귀(貴)가 크고, 병화(丙火)가 없으면 귀(貴)가 작다.

庚 壬 辛 辛
子 戌 丑 亥

이 사주는 생원(生員)이었다. 해자축북방(亥子丑北方)을 이루어 임수(壬水)가 매우 왕(旺)하기 때문에 무토(戊土)로 수(水)를 막아야 한다. 일주(日柱)가 재고(財庫)에 앉아 있어 금수(金水)가 따뜻하다. 청기(淸氣)가 돌아오나 관(官)이 일어나지 않으면 흉하다는 것이 이런 경우를 두고 하는 말이다.

```
辛 壬 辛 丙
丑 寅 丑 寅
```

이 사주는 병신(丙辛)이 나란히 투출(透出)했다. 용신(用神)이 합(合)되어 기반(羈絆)당하나, 인궁(寅宮) 병화(丙火)가 있어 길하다. 따라서 작은 공명(功名)은 있어 주부(主簿)가 되었다.

```
辛 壬 丁 己
亥 午 丑 丑
```

이 사주는 양강(兩江)의 총독(總督)을 지낸 사람이다. 토금수(土金水)가 축궁(丑宮)인 동궁(同宮)에서 나란히 투출(透出)하여 정화(丁火)가 용신(用神)이다. 이런 사주는 밤에 태어나면 귀격(貴格)을 이룬다. 축월(丑月) 계수(癸水)의 설야등광격(雪夜燈光格)을 참고하기 바란다.

```
乙 壬 乙 戊
巳 申 丑 午
```

이 사주는 병무(丙戊)가 사궁(巳宮)에서 득록(得祿)했는데 남방운
(南方運)으로 흘러 수규(首揆)에 이르렀다.

辛 壬 丁 甲
亥 申 丑 戌

이 사주는 술궁(戌宮) 무토(戊土)로 수(水)를 막고, 갑정(甲丁)이
나란히 투출(透出)하나 병화(丙火)가 없어 허(虛)하다.

戊 壬 乙 戊
申 申 丑 寅

이 사주는 년상(年上)에 무토(戊土)가 투출(透出)했는데 병화(丙火)
가 암장(暗藏)되어 있어 조상의 음덕이 많다.

庚 壬 乙 癸
子 戌 丑 未

이 사주는 지지(地支)에 사고(四庫)가 있는데 갑병(甲丙)이 없고,
시(時)에 경자(庚子) 양인(陽刃)이 있다. 이때는 무토(戊土) 질살(七
殺)로 제(制)하면 길하다. 무술운(戊戌運)에서 도독(都督)에 이르렀
으나, 삼형(三刑)이 있어 전성기가 5년에 붕괴했다.

辛 壬 丁 己
亥 午 丑 丑

　이 사주는 축궁(丑宮)에 토금수(土金水)가 나란히 투출(透出)하고,
정화(丁火)가 용신(用神)이니 장군이 되었다.

辛 壬 己 庚
亥 辰 丑 寅

　이 사주는 인궁(寅宮)에 병무(丙戊)가 암장(暗藏)되어 있어 고시원
장(考試院長)이 되었다.

10장. 계수(癸水)

계수(癸水)의 조후용법(調候用法)

계수(癸水)는 유약하며 기후에 따라 우로(雨露)나 설상(雪霜) 등으로 형상이 다르게 나타나기 때문에 나누어서 살펴야 한다. 삼동(三冬)은 매우 춥고 차가우니, 양화(陽和)의 기(氣)를 만나면 만물을 윤택하게 하지만 기세가 산만해 귀숙(歸宿)하지 않는다. 이때 수성(水性)이 태다(太多)하면 범람하고, 지나치게 적으면 고갈된다. 만일 수성(水性)이 왕(旺)한데 또 수(水)가 있으면 제방이 붕괴될 우려가 있다. 이때는 토(土)로 극제(剋制)해야 한다. 임수(壬水)는 겉으로는 부드러운 것 같으나 안으로는 강하며 웅장하다.

계수(癸水)가 임수(壬水) 겁재(劫財)를 만나면 임수(壬水)의 작용과 같다. 계수(癸水)는 매우 약한 물이기 때문에 고조(高燥)한 무토(戊土)를 만나면 극(剋)되어 본성을 잃게 된다. 이때 수(水)와 가까이 있

으면 화(火)로 화(化)하고, 병화(丙火)가 신금(辛金)을 만나면 수
(水)로 화(化)한다. 수(水)와 화(火)는 일상생활에서 반드시 필요한
것이다. 수(水)는 막히고 엉긴 것을 흐르게 하고, 화왕(火旺)하면 종
화(從火)하고, 토왕(土旺)하면 종토(從土)하니, 담는 기물에 따라 형
태가 달라진다. 만일 본성을 잃지 않으면 조화하여 윤택한 공(功)을
이룬다.

■ 삼춘(三春) 계수(癸水)

인월(寅月)은 매우 추운 때이니 계수(癸水)가 메마른다. 따라서 먼
저 신금(辛金)으로 수원(水源)을 발(發)한 다음에 병화(丙火)로 따뜻
하게 만들어야 한다. 묘월(卯月)은 을목(乙木)이 왕성하기 때문에 반
드시 경신(庚辛)을 취하여 아신(我身)을 생(生)하고, 정화(丁火)가
금(金)을 상하게 하지 않아야 한다. 이때 형충(刑沖)되지 않으면 인
수격(印綬格)이 되어 귀격(貴格)을 이룬다. 청명(淸明) 전에는 한기
(寒氣)가 아직 남아 있으니, 먼저 병화(丙火)를 취한 다음에 신임(辛
壬)을 취하여 계수(癸水)를 도와야 한다.

인월(寅月) 계수(癸水)

인월(寅月) 계수(癸水)는 삼양(三陽)의 기후에 있으니, 우로(雨露)

의 정(情)이 있으나 매우 약하다. 따라서 신금(辛金)으로 발원(發源)한 다음에 병화(丙火)로 따뜻하게 해주면 음양(陰陽)이 화합하여 만물이 발생한다. 계수(癸水)는 쇠갈(衰竭)한 수(水)이니 인월(寅月)에 이르면 병지(病地)가 되고, 본성이 약한데 휴수(休囚)를 만난다. 따라서 먼저 신금(辛金)으로 발원(發源)한 다음에 병화(丙火)로 조후(調候)해야 한다. 인월(寅月) 임수(壬水)와 보는 방법이 같아, 신금(辛金)이 떨어져 있어 합(合)되지 않으면 각각 유용하다.

 인월(寅月) 계수(癸水)가 신병(辛丙)이 모두 투출(透出)하면 과갑(科甲)에 이르며 부귀(富貴)가 비상하다. 계수(癸水)는 우로(雨露)이니, 해자(亥子)가 있으면 충분히 강호(江湖)를 이룬다. 다시 말해, 계수(癸水)는 우로(雨露)와 같고, 해자(亥子)는 강호(江湖)와 같으니 신금(辛金)이 근원을 발(發)해주면 흐름이 끊어지지 않아 유약하지 않다. 병화(丙火)는 인궁(寅宮)에서 장생(長生)되는데, 인월(寅月)은 삼양(三陽)이 개태(開泰)한 때이니 중화(中和)되어 음양(陰陽)이 화해하고, 진신(眞神)이 있어 부귀(富貴)가 비상한 것이다.

 인월(寅月) 계수(癸水)가 지지(地支)에 화국(火局)을 이루면 신금(辛金)이 곤(困)함을 받는다. 이때 임수(壬水)가 있으면 부귀격(富貴格)을 이루고, 임수(壬水)가 없으면 빈천(貧賤)한 명(命)이 된다. 천간(天干)에 병화(丙火)가 투출(透出)했으나 유축(酉丑)에 신금(辛金)이 암상(暗藏)되어 있으면 공감(貢監)이나 생원(生員)은 잃지 않고, 신병(辛丙)이 없으면 빈천(貧賤)한 명(命)이 된다. 만일 신병(辛丙)이 투출(透出)했으나 병화(丙火)가 암장(暗藏)되어 있으면 은봉(恩封)으로 귀격(貴格)을 이루고, 신병(辛丙)이 모두 암장(暗藏)되어 있으녀 부(富)한 기운데 귀(貴)를 얻는다.

다시 말해, 지지(地支)에 화국(火局)을 이루면 임수(壬水)로 구제해야 한다. 병신(丙辛)의 투출(透出)이나 암장(暗藏) 여부에 따라 부귀(富貴)가 달라진다.

인월(寅月) 계수(癸水)는 월간(月干)에 무토(戊土)가 투출(透出)했는데 병진시(丙辰時)에 해당하고, 년간(年干)에 병정화(丙丁火)가 투출(透出)했는데 비겁(比劫)이 투출(透出)하지 않으면 진종화격(眞從化格)을 이룬다. 이런 사람은 부귀(富貴)가 끝이 없으나, 형충(刑沖)이 있으면 평범한 명(命)이 된다. 계수(癸水)는 매우 약하기 때문에 무토(戊土)를 만나면 반드시 합(合)된다. 인월(寅月)에 태어나 생(生)되어 기(氣)를 얻으니, 병진(丙辰)이 있으면 화기(火氣)의 원신(元神)이 투출(透出)하여 인겁(印劫)이 계수(癸水)를 생조(生助)하지 않으면 반드시 종화(從化)한다. 년간(年干)에 병정화(丙丁火)가 투출(透出)한다는 것은, 년상(年上)에서 화신(化神)을 생조(生助)해야 하기 때문이다. 반드시 병정년(丙丁年)이 아니라는 구절은 잘못일 수 있으니 잘 살펴야 한다. 신해(申亥)가 있으면 형충(刑沖)되기 때문에 파격(破格)된다.

인월(寅月) 계수(癸水)가 지지(地支)에 수국(水局)을 이루었는데, 병화(丙火)는 투출(透出)했으나 임수(壬水)가 없으면 평범한 명(命)이 되나 의록(衣祿)은 있고, 병화(丙火)가 중(重)하면 과갑(科甲)은 아니더라도 늠공으로 명사(名士)는 된다. 이런 사주는 화(火)가 아내요 토(土)가 자식이다.

다시 말해, 인월(寅月) 계수(癸水)가 지지(地支)에 수국(水局)을 이루었는데, 병화(丙火)가 투출(透出)하고 임수(壬水)가 없으면 신왕(身旺)하여 재(財)를 감당할 수 있고, 이때 비겁(比劫)이 쟁재(爭財)

하지 않으면 부격(富格)을 이룬다. 옛사람들은 부(富)보다 귀(貴)를 중히 여겼기 때문에 상고탁부(商賈濁富)라 하여 평범한 명(命)으로 본 것이다. 지지(地支)에 수국(水局)을 이루었는데 병화(丙火)가 중(重)하면, 무토(戊土)가 인궁(寅宮)에서 장생(長生)되어 재왕(財旺)하면, 암(暗)으로 생관(生官)하기 때문에 비록 과갑(科甲)은 아니더라도 귀(貴)가 있는 것이다. 계수(癸水)는 임수(壬水)가 없으면 무토(戊土)를 취할 수 없으나, 지지(地支)에 수국(水局)을 이루면 계수(癸水)가 약변강(弱變强)된다. 이때는 인궁(寅宮) 무토(戊土)는 갑목(甲木)으로 제(制)할 수 있으나, 병화(丙火)가 중(重)하면 목(木)을 화(化)하여 토(土)를 생(生)하니 상제(相制)한다.

요약하면, 인월(寅月) 계수(癸水)는 우선 신금(辛金)을 취한 다음에 경금(庚金)을 취하는데, 병화(丙火) 역시 적게 있으면 흉하다. 만일 경신금(庚辛金)이 없으면 병정(丙丁)이 있어도 무용지물이 되고, 화토(火土)가 많으면 잔병이 많다.

다시 말해, 인월(寅月)은 계수(癸水)가 휴수(休囚)되니 신금(辛金)으로 용신(用神)을 삼는다. 만일 신금(辛金)이 없으면 경금(庚金)을 취하고, 계수(癸水)의 근원이 있으면 병정화(丙丁火)를 취한다. 그러나 화합격(化合格)이나 지지(地支)에 수국(水局)을 이룬 경우는 예외로 한다. 화토(火土)가 많은데 인겁(印劫)으로 구제하지 못하면, 종화(從化)가 불가하여 계수(癸水)가 매우 메마른다. 이런 사람은 요절(夭折)하거나 잔병이 많다. 신금(辛金)이 용신(用神)이면 토(土)가 아내요 금(金)이 자식이다.

丁 癸 壬 壬
巳 卯 寅 寅

이 사주는 고빈(孤貧)한 명(命)으로 눈을 다쳤다. 천간(天干)에 임수(壬水)가 두 개 출간(出干)하여 종(從)하지 못한다. 목왕화다(木旺火多)하니 계수(癸水)가 설(洩)되어 메마르다.

丙 癸 壬 壬
辰 卯 寅 子

이 사주는 평범한 명(命)으로 아내는 있으나 아들을 두지 못했고, 형제간에 다툼이 많았다. 인묘진(寅卯辰)이 방(方)을 이루어 식상(食傷)이 태왕(太旺)하다. 경신금(庚辛金)이 없으면 목(木)을 제(制)하고, 계수(癸水)를 생(生)하여 귀격(貴格)을 이루기 어렵다. 병화(丙火) 편재(偏財)가 출간(出干)했는데 비겁(比劫)이 쟁재(爭財)하니 형제간에 다툼이 많은 것이고, 사주에 금(金)이 없어 시(時)가 묘고(墓庫)로 돌아가니 아들을 두지 못한 것이다.

辛 癸 戊 庚
酉 亥 寅 寅

인월(寅月)은 목왕(木旺)한데 계수(癸水)가 설(洩)되어 약하기 때문에 인수(印綬)가 없으면 흉하다. 무계(戊癸)가 합(合)되어 일주(日柱)가 관(官)을 향하나, 인해(寅亥)가 합(合)되어 살(殺)을 겁탈하여

선종(善終)하지 못했다. 49세인 미운(未運) 무인년(戊寅年)에 저격
당하여 사망했다.

묘월(卯月) 계수(癸水)

　묘월(卯月) 계수(癸水)는 강하지도 약하지도 않으나, 사령(司令)한
을목(乙木)이 설(洩)하여 약하고 신(神)이 없다. 따라서 경금(庚金)
으로 용신(用神)을 삼고, 신금(辛金)으로 보좌하여 목(木)을 파(破)
하여 수원(水源)을 발(發)해야 한다. 경신금(庚辛金)을 함께 취하는
것은 을경(乙庚)이 상합(相合)하기 때문이다.
　묘월(卯月) 계수(癸水)가 경신금(庚辛金)이 모두 투출(透出)했는데
정화(丁火)가 출간(出干)하지 않으면 과갑(科甲)으로 부귀(富貴)가
있고, 경신금(庚辛金)이 없으면 빈천(貧賤)한 명(命)이 된다. 만일
경금(庚金)은 투출(透出)했는데 신금(辛金)이 암장(暗藏)되어 있으
면 이도(異途)로 지위가 높고, 신금(辛金)은 투출(透出)했는데 경금
(庚金)이 암장(暗藏)되어 있으면 생원(生員)이나 늠공은 잃지 않고,
경신금(庚辛金)이 모두 암장(暗藏)되어 있으면 부(富)한 가운데 귀
(貴)를 얻어 이도(異途)로 발전하며 도필(刀筆)로 명성을 떨칠 수 있
게 된다.
　묘월(卯月) 계수(癸水)는 수목상관(水木傷官)을 체(體)로 하는데,
목신(木神)이 당왕(當旺)하기 때문에 인수(印綬)가 없으면 흉하다.
경금(庚金)이 없으면 신금(辛金)을 취할 수 있는데 여기에 집착할 필

요는 없다. 묘월(卯月)은 양기(陽氣)가 펼쳐지는 때이니, 무형(無形) 중에 스스로 병정화(丙丁火)가 있기 때문에 병정화(丙丁火)가 없어도 귀격(貴格)을 이룬다.

묘월(卯月) 계수(癸水)가 경신금(庚辛金)이 태다(太多)한데 기정(己丁)이 모두 투출(透出)하면 대귀격(大貴格)을 이룬다. 이것은 체용(體用)이 변한 것이다. 경신금(庚辛金)이 태다(太多)하면 계수(癸水)가 약변강(弱變强)된다. 이때 월령(月令) 을목(乙木)이 극(剋)되어 무력해지고, 재관(財官)이 상생(相生)하여 대귀격(大貴格)이 되는 것이다. 을목(乙木)이 암장(暗藏)되어 있는데 기토(己土)가 투출(透出)했으니 편관(偏官)이 상하지 않고, 경신금(庚辛金)이 많으니 정화(丁火)로 제(制)하지 않으면 흉하다. 계수(癸水)는 매우 약한데 사주에 임수(壬水) 겁재(劫財)가 출간(出干)하지 않으면, 무토(戊土)를 취할 수 없기 때문에 기정(己丁)을 취하는 것이다.

묘월(卯月) 계수(癸水)는 지지(地支)에 목국(木局)을 이루었는데 월시(月時)에 목(木)이 출간(出干)하면, 수(水)를 심하게 설(洩)하기 때문에 곤궁하고 재앙이 많다. 이때는 서방운(西方運)으로 흘러도 무용지물이 된다. 지지(地支)에 목국(木局)을 이루었는데 경신금(庚辛金)이 없으면 순국(順局)으로 종아격(從兒格)을 이룬다.

예를 들어, 갑인년(甲寅年) 정묘월(丁卯月) 계묘일(癸卯日) 을묘시(乙卯時)인 여명(女命)이 일품(一品)에 봉해졌으나, 유약하며 무능하고 서방운(西方運)으로 흘러 사망했다. 여명(女命)은 부드럽고 나약하면 해롭지 않으나, 남명(男命)은 재앙이 많고 빈곤함을 면하기 어렵다.

癸 癸 丁 甲
亥 亥 卯 申

　이 사주는 공사(貢士)였으며 큰 부자였다. 경금(庚金)이 있어 녹지(祿地)를 얻으니, 재략이 있으며 효심이 깊은 자식을 두었다. 계수(癸水)가 신해(申亥)에 통근(通根)되어 약변강(弱變强)되었기 때문이다. 그러나 기토(己土)가 없어 식상생재(食傷生財)를 취하여 부격(富格)이 되었다. 지지(地支)에서 신궁(申宮) 경금(庚金)이 왕목(旺木)을 제(制)하여 정화(丁火)가 용신(用神)이다.

癸 癸 辛 丙　　癸 癸 癸 丁
亥 酉 卯 辰　　丑 亥 卯 未

　두 사주는 모두 비천녹마격(飛天祿馬格)이다. 병진년생(丙辰年生)은 상서(尙書)에 올랐고, 정미년생(丁未年生)은 승상(丞相)이었다. 비천녹마격(飛天祿馬格)은 해(亥)가 사(巳)를 충(沖)하고, 유축(酉丑)이 사(巳)를 합(合)하여 머무르게 하는 것이 요점이다.
　두 사주는 서로 비슷한 것 같지만 조금 더 세밀하게 살펴보면 그렇지 않다. 비천녹마격(飛天祿馬格)은 상관(傷官)의 변격(變格)이기 때문에 역시 불기함이 없다. 목(木)이 낳아 수(水)를 설(洩)할 때는 금(金)이 없으면 불능하나. 따라서 두 사주는 신금(辛金)이 용신(用神)이다.

癸 癸 癸 丁
丑 卯 卯 亥

이 사주는 축궁(丑宮) 신금(辛金)이 용신(用神)인데, 정화(丁火)가
출간(出干)하여 시랑(侍郎)이 되었다. 앞의 정미년생(丁未年生)과
비슷하다.

庚 癸 己 庚
申 亥 卯 寅

이 사주는 경금(庚金)이 용신(用神)이다. 임금을 도와 신하를 윤택
하게 하고, 신을 공경하여 귀신을 복종시키는 격이다. 인궁(寅宮)에
병화(丙火)가 암장(暗藏)되어 길하고, 경금(庚金)이 있으니 음양(陰
陽)이 화해한다. 태원(胎元)이 경오(庚午)이니, 정기(丁己)의 재관
(財官)을 취한다.

辛 癸 己 庚
酉 卯 卯 子

이 사주는 각로(閣老)에 오른 사람이다. 경신금(庚辛金)이 모두 있
는데 병정화(丙丁火)가 없어 과갑(科甲)에 이르렀다. 그러나 지지(地
支)에 자묘유(子卯酉)가 있는데 경오(庚午)가 태원(胎元)이니, 사극
(四極)을 갖추어 격(格)을 이루니 간사함이 사방에 미친다. 오궁(午
宮) 기토(己土)가 녹(祿)을 얻어 재관(財官)이 상생(相生)하기 때문

에 대귀격(大貴格)을 이루었으나 취함이 부족했던 것이다.

己 癸 乙 癸
未 卯 卯 卯

이 사주는 궁장(宮牆)에 오른 사람이다. 을목(乙木)이 중(重)하여 기토(己土)를 극(剋)하려고 하나 힘이 부족하다. 이것은 미궁(未宮)에 정화(丁火)가 암장(暗藏)되어 을목(乙木)을 설(洩)하여 기토(己土)를 생(生)하기 때문이다.

甲 癸 乙 癸
寅 巳 卯 卯

이 사주는 경금(庚金)이 용신(用神)인데, 사궁(巳宮) 병화(丙火)가 제(制)하여 용신(用神)이 파거(破去)되어 평생 고생이 많으며 처세가 쉽지 않다. 앞 사주와 마찬가지로 목왕(木旺)한데 금(金)이 없기 때문에, 계수(癸水) 원신(元神)이 설(洩)되어 약한 것이다. 따라서 재관(財官)을 감당하기 어렵다.

辛 癸 癸 丁
酉 卯 卯 酉

이 사주는 인수(印綬)와 비겁(比劫)이 생조(生助)하여 황제가 되었다. 갑오(甲午)가 태원(胎元)이니 식신제살(食神制殺)이 되었으나,

서북운(西北運)으로 흘러 평생 자연적인 음비(蔭庇)의 복이 있었다.

乙 癸 辛 辛
卯 丑 卯 巳

이 사주는 축궁(丑宮) 기신(己辛)이 살인상생(殺印相生)하고, 신금
(辛金)이 투출(透出)했는데 병화(丙火)가 암장(暗藏)되어 교육총장
이 되었다.

庚 癸 乙 戊
申 未 卯 子

이 사주는 시(時)에 경신(庚申)이 있어 계수(癸水)가 약변왕(弱變
旺)된다. 월령(月令) 을묘(乙卯)가 경금(庚金)과 상합(相合)하니, 미
궁(未宮) 정화(丁火)가 경금(庚金) 인수(印綬)를 파(破)하고, 기토
(己土) 살(殺)을 생(生)한다. 무토(戊土)가 허약하고, 왕목(旺木)이
상하게 하기 때문에 관(官)을 취하지 않고 살(殺)을 취하여 무(武)에
서 귀(貴)를 얻는다. 년시(年時)가 멀리서 합(合)하니, 유년기에 구
미 17개국을 유람한 후 귀국하여 육군소장이 되었다.

진월(辰月) 계수(癸水)

진월(辰月) 계수(癸水)는 청명(淸明)과 곡우(穀雨)로 나누어 살피고, 무엇이 고투(高透)했는지 상한 것은 없는지를 살펴야 한다. 청명(淸明) 후는 화기(火氣)가 치열하지 않으니 병화(丙火)를 용신(用神)으로 삼아야 음양(陰陽)이 화기롭고, 곡우(穀雨) 후는 병화(丙火)가 용신(用神)이더라도 신금(辛金)으로 보좌해야 부귀격(富貴格)을 이룬다.

예를 들어, 신묘년(辛卯年) 임진월(壬辰月) 계미일(癸未日) 병진시(丙辰時)는 상반월에 태어나 병화(丙火)가 용신(用神)이니 조정(朝廷)의 경사(卿士)다. 만일 하반월에 태어나면 병화(丙火)가 적어도 불가하나, 반드시 경금(庚金)으로 수원(水源)을 축적하고 상함이 없어야 부귀격(富貴格)을 이룬다. 하반월은 목(木)이 아내요 화(火)가 자식이다.

진술축미월(辰戌丑未月)에 태어났으면 상반월과 하반월로 나누어서 기(氣)의 진퇴(進退)를 살펴야 휴구(休咎)를 논할 수 있다. 진월(辰月)은 계수(癸水)가 묘지(墓地)에 들어가고, 병화(丙火)가 진기(進氣)하는 때다. 상반월은 화기(火氣)가 치열하지 않고, 진궁(辰宮) 계수(癸水)가 있어 멀리서 빛을 비추어준다. 따라서 기(氣)가 남아 있기 때문에 신금(辛金)이 생(生)해야 병화(丙火)가 유용해진다. 하반월은 왕토(旺土)가 영(令)을 잡았으니, 병화(丙火)가 있어도 경금(庚金)으로 용신(用神)을 삼아 수원(水源)을 발해야 한다. 앞에서 예를 든 신묘년생(辛卯年生)이 상반월에 태어났으면 병화(丙火)가 용신

(用神)이고, 하반월에 태어났으면 신금(辛金)이 용신(用神)이 된다.

 그리고 임수(壬水)가 투간(透干)하여 병화(丙火)가 신금(辛金)을 상하게 만드는 것을 막아야 한다. 그렇지 않으면 귀격(貴格)을 이루기 어렵다. 만일 무토(戊土)가 투출(透出)하면 반드시 갑목(甲木)이 출간(出干)해서 구해야 한다.

 다시 말해, 진월(辰月) 계수(癸水)는 병신(丙辛) 중에 하나라도 없으면 불가하다. 병화(丙火)나 신금(辛金)으로 용신(用神)을 삼는 것은 상반월과 하반월의 차이가 있기 때문이다.

 진월(辰月) 계수(癸水)가 지지(地支)에 수국(水局)을 이루고 기토(己土)가 하나 출간(出干)했는데, 병화(丙火)는 있으나 갑목(甲木)이 없으면 가살위권(假殺爲權)이 되어 귀격(貴格)을 이룬다. 그러나 갑목(甲木)이 기토(己土)를 파(破)하면 평범한 명(命)이 된다. 병화(丙火) 재성(財星)이 없으면 기토(己土)가 무력하고, 갑목(甲木) 상관(傷官)이 있으면 약살(弱殺)이 극제(剋制)된다. 따라서 반드시 병화(丙火)가 있고 갑목(甲木)이 없어야 가살위권(假殺爲權)을 이룬다. 계수(癸水)는 무토(戊土)를 취할 수 없기 때문에, 수왕(水旺)해도 기토(己土)를 취해야 재관격(財官格)을 이룬다.

 진월(辰月) 계수(癸水)가 지지(地支)에 사고(四庫)가 있는데 갑목(甲木)이 투출(透出)하면 부귀격(富貴格)을 이룬다. 그러나 갑목(甲木)이 없으면 승도의 명(命)이 되어 고빈(孤貧)하다. 만일 지지(地支)에 사고(四庫)가 있으면 병(病)이 된다. 이때 갑목(甲木)이 투출(透出)하면 약(藥)이 되나, 신금(辛金)으로 용신(用神)을 삼는다. 토(土)가 생왕지(生旺地)에 앉아 있으면 갑을목(甲乙木)으로 토(土)를 제(制)해도 금수(金水)로 용신(用神)을 삼는다. 미월(未月) 임수(壬

水)를 참고하기 바란다.

진월(辰月) 계수(癸水)가 지지(地支)에 목국(木局)을 이루었는데 금(金)이 없으면 상관생재격(傷官生財格)이 된다. 이런 사람은 학문과 재능이 있고 의금(衣衿)이 있으나, 초년에 정체됨이 많으며 재물을 모으기 어렵다. 하반월은 병화(丙火)가 진기(進氣)하는 때이니, 지지(地支)에 목국(木局)을 이루면 식상(食傷)이 왕(旺)하여 암(暗)으로 생재(生財)한다. 방(方)을 이룰 때도 마찬가지다. 그러나 계수(癸水) 원신(元神)이 설(洩)되어 약하기 때문에 부하(負荷)를 감당할 힘이 없다. 따라서 금(金)이 있으면 귀격(貴格)을 이루고, 금(金)이 없으면 총명하며 지혜는 있으나 재물이 없다.

진월(辰月) 계수(癸水)는 하반월은 토(土)가 아내요 금(金)이 자식이다. 지지(地支)에 목국(木局)을 이루면 하반월을 말하는 것이다. 이때는 금(金)이 있어야 가살위권(假殺爲權)을 이루거나, 식신제살(食神制殺)하거나, 상관생재(傷官生財)할 수 있다. 따라서 아내와 자식의 간법(看法)이 모두 토금(土金)을 취한다.

종합하면, 진월(辰月) 계수(癸水)는 반드시 병신(丙辛)이 있어야 길하고, 갑기(甲己)는 잠작해서 취한다. 이때 기토(己土)가 있으면 가살위권(假殺爲權)이 되고, 갑목(甲木)이 있으면 식상제살격(食傷制殺格)이 된다. 계수(癸水)는 약한 수(水)이기 때문에 임수(壬水)가 없으면 무토(戊土)를 취하기 어렵다. 무토(戊土)가 있으면 가장 쉽게 종화(從化)하고, 병화(丙火)가 진기(進氣)하여 쉽게 화합(化合)한다. 만일 화기격(化氣格)을 이루지 못하면 반드시 평범한 명(命)이 된다. 재성(財星)이 무토(戊土) 관성(官星)을 생(生)하지 않으면 불능하고, 병화(丙火) 재성(財星)을 만나면 화격(化格)을 이룬다.

甲 癸 壬 丙
寅 巳 辰 寅

이 사주로 두 사람이 있는데, 한 사람은 상반월에 태어나 수명이 높으며 총독(總督)이 되었고, 한 사람은 하반월에 태어나 수명이 짧고 곤액과 형극(刑剋)이 많아 무거(武擧)에 불과했다. 상반월에 태어나면 수(水)가 묘고(墓庫)인데 여기(餘氣)가 있어 사궁(巳宮) 병무(丙戊)가 득록(得祿)하여 귀격(貴格)이 되었고, 서북운(西北運)으로 흘러 갑목(甲木) 상관(傷官)을 제(制)하고 살인상생(殺印相生)하여 대귀격(大貴格)을 이룬다.

하반월에 태어나면 왕토(旺土)가 권리를 잡았으니 수(水)에 여기(餘氣)가 없고, 무토(戊土)가 암왕(暗旺)하여 병화(丙火)를 어둡게 하며 임수(壬水)를 막히게 한다. 그러나 서북운(西北運)으로 흘러 곤액을 면하고 무거(武擧)에 올랐다. 이것을 적천수(滴天髓)에서는 진퇴(進退)를 가려 억양(抑揚)함이 마땅하다고 했다. 살펴본 바와 같이 두 사람은 사주가 같으면서도 운명이 다른 것은, 절기가 진퇴(進退)하는 사이에 있기 때문이다.

丙 癸 壬 丙
辰 丑 辰 寅

이 사주는 병화(丙火)가 투출(透出)하여 부마(駙馬)가 되었다. 진축(辰丑)이 모두 습토(濕土)인데 축궁(丑宮) 토금(土金)이 살인상생(殺印相生)한다. 병화(丙火) 재성(財星)이 용신(用神)이니, 재(財)가 인수(印綬)를 상하게 하지 않아 아내로 인하여 귀(貴)를 취한다. 병화(丙火) 조후용신(調候用神)이 있는데, 갑목(甲木) 보조 용신(用神)이 암장(暗藏)되어 있으니 부귀격(富貴格)을 이루었다.

辛 癸 甲 丁
酉 亥 辰 卯

이 사주는 병화(丙火)는 없으나 신금(辛金)이 있어 발전했다. 이것은 신금(辛金)이 득록(得祿)하여 계수(癸水)를 보좌하고, 하반월에 태어나 병화(丙火)가 진기(進氣)하고, 지지(地支)에 해묘(亥卯)가 있는데 천간(天干)에 갑정(甲丁)이 투출(透出)하여 인수(印綬)가 없으면 불가하다.

辛 癸 丙 戊
酉 丑 辰 午

이 사주는 하반월에 태어나 화토(火土)가 신기(進氣)하니 신금(辛金)이 용신(用神)이다. 따라서 장군이 되었다.

丙 癸 戊 己
辰 酉 辰 酉

이 사주는 처음에는 가난했으나 나중에는 만금을 모았다. 무계(戊癸)가 상합(相合)하는데 시(時)에 병진(丙辰)이 투출(透出)하니, 반드시 화(火)로 화(化)한다. 지지(地支)에서 진유(辰酉)가 합금(合金)하여 화기(火氣)의 재(財)가 되어 만금이나 모았다. 그러나 화신(化神)이 왕지(旺地)로 흘러야 길하나, 원명(原命)에서 화(火)가 생왕(生旺)하지 않았기 때문에 북방운(北方運)으로 흘러 귀격(貴格)을 이루지 못했다.

壬 癸 丙 戊
子 丑 辰 辰

이 사주는 재관(財官)이 모두 왕(旺)한데 시(時)에 임자(壬子)가 있어 길하다. 축궁(丑宮)에 신금(辛金)이 암장(暗藏)되어 있으니, 경신운(庚申運)과 신유운(辛酉運)에 이르면 살인상생(殺印相生)한다. 신왕(身旺)하여 재관(財官)을 감당할 수 있어 순무(巡撫)에 이르렀다.

■ 삼하(三夏) 계수(癸水)

사월(巳月)은 화(火)가 권리를 잡는 때이니, 먼저 신금(辛金)을 취한 다음에 경금(庚金)을 취해야 한다. 오월(午月)은 화(火)가 왕성하니 반드시 경신(庚辛)으로 수(水)를 생(生)해야 한다. 이때 임수(壬水)가 있으면 귀격(貴格)을 이룬다. 미월(未月)은 토(土)가 왕성한데, 소서(小暑) 후는 살(殺)이 더욱 강해지니 반드시 경신(庚辛)이 투출(透出)해야 상격(上格)을 이룬다.

사월(巳月) 계수(癸水)

사월(巳月) 계수(癸水)는 어머니인 신금(辛金)을 만나면 길하다. 만일 신금(辛金)이 없으면 경금(庚金)을 취할 수는 있으나 자연적인 것이 아니다. 사월(巳月)은 화토(火土)가 왕(旺)하여 계수(癸水)가 절지(絶地)에 임하니, 인수(印綬)나 비겁(比劫)으로 생조(生助)하지 않으면 살아남기 어렵다. 경신금(庚辛金)은 쓰임이 같으나, 음(陰)은 음(陰)을 생(生)하고, 양(陽)은 양(陽)을 생(生)해야 자연적인 것이 된다.

사월(巳月) 계수(癸水)가 신금(辛金)이 출간(出干)했는데, 오화(午火)나 정화(丁火)는 없고 임수(壬水)가 투출(透出)하면 부귀(富貴)가 극품에 이른다. 이때 정화(丁火)가 암장(暗藏)되어 있으면 파격(破格)되어 평범한 명(命)이 되어 빈고(貧苦)하고, 임수(壬水)가 있으면 빈고(貧苦)함에는 이르지 않고, 신금(辛金)이 암장(暗藏)되어 있는데 정화(丁火)가 없으면 공감(貢監)이나 의금(衣衿)은 잃지 않고, 계수(癸水)가 정화(丁火)를 제(制)하면 의록(衣祿)이 풍족하다. 그러나 아내를 형(刑)하기 때문에 강한 배우자를 만나야 길하다.

사월(巳月)은 화왕(火旺)한 때이니, 신금(辛金)이 출간(出干)하고 오궁(午宮)에 정화(丁火)가 암장(暗藏)되어 있어도 녹아버린다. 이때는 반드시 임계수(壬癸水)로 구해야 한다. 그러나 임수(壬水)가 정화(丁火)를 만나면 상합(相合)하더라도 화(化)하지는 않는다.

다시 말해, 유정(有情)함을 싫어하나 제(制)하지 않는 것보다는 낫기 때문에 극심한 빈곤함에는 이르지 않는다. 계수(癸水)로 정화(丁

火)를 제(制)하면 병(病)과 약(藥)이 모두 있으나, 정화(丁火)는 재(財)이기 때문에 아내와 재물을 빼앗기게 되어 아내가 형(刑)되는 것을 면하기 어렵다. 이때는 금수(金水)가 왕(旺)한 사람을 만나야 상배(相配)되어 길하다.

사월(巳月) 계수(癸水)는 일파(一派) 화토(火土)가 있는데 신금(辛金)이 없으면, 사궁(巳宮)에 경금(庚金)이 장생(長生)된다. 그러나 수(水)가 없으면 불능하다. 또 비견(比肩)이나 양인(陽刃)이 없으면 화토(火土)가 계수(癸水)를 볶는 형상이 되어 눈이나 정기(精氣)가 손상된다. 그러나 화액은 있어도 악질(惡疾)은 없다.

사월(巳月)은 화토(火土)가 당왕(當旺)하여 사궁(巳宮) 경금(庚金)을 핍박하기 때문에 수(水)를 생(生)하기 어렵고, 비록 장생(長生)을 만나나 취하기 어렵다. 이때 천간(天干)에 경신금(庚辛金)이 없으면 지지(地支)에 신유축(申酉丑)이 있어야 유용하다. 금(金)이 없는데 해자(亥子) 겁인(劫刃)도 없으면, 화토(火土)가 계수(癸水)를 볶아 메마르게 한다. 계수(癸水)는 눈에 해당하기 때문에 주로 눈이 손상되고, 수(水)는 신장에 해당하기 때문에 정기(精氣)가 손상된다.

한마디로, 사월(巳月) 계수(癸水)는 겁재(劫財)나 인수(印綬) 중에서 하나라도 없으면 흉하다. 수(水)로 화(火)를 제(制)하여 금(金)을 보호하고, 금(金)으로 토(土)를 화(化)하여 수(水)를 생(生)하며 서로 돕기 때문이다. 사궁(巳宮) 경금(庚金)이 장생(長生)이나, 기세가 매우 약하여 화토(火土)가 핍박하기 때문에 수(水)를 생(生)하기 어렵다. 이때는 축(丑)이 회국(會局)하면 경금(庚金)이 곧 생왕(生旺)해져, 계수(癸水)를 생(生)할 수 있으니 습토(濕土)가 금(金)을 생(生)한다. 이것은 미월(未月)에 해(亥)를 만나 회국(會局)하면, 목

(木)이 생왕(生旺)해져 병화(丙火)를 생(生)하는 이치와 같다. 축궁(丑宮)의 토금수(土金水)가 살인상생(殺印相生)하여 계수(癸水)가 절처봉생(絶處逢生)되기 때문에 대부대귀격(大富大貴格)을 이루니 기격(奇格) 중의 하나다.

사월(巳月) 계수(癸水)는 경임(庚壬)이 모두 투출(透出)하면, 화(火)를 제(制)하고 토(土)를 윤택하게 하여 근원이 있다. 이것을 겁인화진(劫印化晉)이라 하는데 대부대귀격(大富大貴格)을 이룬다. 정화(丁火)가 있으면 경금(庚金)을 극(剋)하고 임수(壬水)를 합(合)하여 어머니를 상하게 하기 때문에 폐인(廢人)이 된다.

다시 말해, 사월(巳月)은 화토(火土)가 당왕(當旺)하여 계수(癸水)가 매우 약한 때이니, 경임(庚壬)이 모두 투출(透出)하면 절처봉생(絶處逢生)하여 약변강(弱變强)되기 때문에 사궁(巳宮) 병무(丙戊)를 취한다. 따라서 꺼리는 것이 길하게 되니 기격(奇格)이다. 겁인화진(劫印化晉)은, 겁인(劫印)은 경임(庚壬)을 말하고, 진(晉)은 괘명(卦名)으로 이상곤하(離上坤下)를 화지진(火地晉)이라 하여 화토(火土)를 말한다.

아래의 명나라 영락제(永樂帝) 사주를 보면, 경금(庚金)은 계수(癸水)의 어머니이고 임수(壬水)는 계수(癸水)의 형인데, 정화(丁火)가 있으면 경금(庚金)을 극(剋)하니 상모(喪母)라 한다. 이때 임수(壬水)를 합(合)하여 파격(破格)되니 폐인(廢人)으로 단정하는 것이다.

사월(巳月) 계수(癸水)가 경금(庚金)은 있는데 정화(丁火)와 임수(壬水)가 없으면, 유림(儒林)의 수사(秀士)이나 귀(貴)는 없다. 이것은 경금(庚金)을 극(剋)하고 임수(壬水)를 합(合)하기 때문이다. 사월(巳月)은 화왕(火旺)히기 때문에 수(水)로 화(火)를 파(破)하지 않으면, 화토(火土)가 금(金)을 속박하여 귀격(貴格)을 이루지 못한다. 이런 사주는 우여곡절이 많다.

 사월(巳月) 계수(癸水)가 신금(辛金)이 없어 경금(庚金)을 취하면 부(富)는 있어도 귀(貴)는 없다. 이때는 반드시 이도(異途)로 관(官)을 얻는다. 따라서 사월(巳月) 계수(癸水)는 신금(辛金)을 존신(尊神)으로 삼는다. 신금(辛金) 대신 경금(庚金)이 있어도 상생(相生)하나, 자연적인 것이 아니니 이도(異途)로 나가며 부(富)한 가운데 귀(貴)를 취한다.

乙 癸 己 甲　　　辛 癸 己 甲　　　癸 癸 己 甲
卯 酉 巳 辰　　　酉 酉 巳 辰　　　亥 巳 巳 寅

을묘시생(乙卯時生)은 신금(辛金)이 용신(用神)인데 득지(得地)하여 팔좌(八座)에 올랐고, 신유시생(辛酉時生)은 신금(辛金)이 투출(透出)했는데 계수(癸水)가 암장(暗藏)되어 신강살왕(身强殺旺)하여 방백(方伯)이 되었고, 계해시생(癸亥時生)은 재왕생관(財旺生官)하며 북방운(北方運)으로 흘러 승상(丞相)이 되었다.

 이 세 사주는 모두 경신(庚申)이 태원(胎元)이고, 지지(地支)에 사유(巳酉)가 회국(會局)하고, 해궁(亥宮) 임수(壬水)가 병화(丙火)를 파(破)하고, 갑목(甲木)이 무토(戊土)를 파(破)한다. 따라서 재왕(財旺)하여 생살(生殺)하나, 인수(印綬)나 겁재(劫財)가 용신(用神)이다. 만일 금수(金水)가 돕지 않으면 재살(財殺)을 감당할 수 없으니, 재살(財殺)이 오히려 아신(我身)을 극(剋)한다.

辛 癸 辛 庚
酉 酉 巳 子

이 사주는 명나라 성조(成祖) 영락제(永樂帝)의 명(命)이다. 겁인화진격(劫印化晉格)으로 경신금(庚辛金)이 나란히 투출(透出)했는데 지지(地支)에 금국(金局)을 이루어, 계수(癸水)가 약변강(弱變強)되어 사궁(巳宮) 병무(丙戊)를 취한다. 병술정(丙戊丁) 화토운(火土運)에서 왕위에 올랐다.

丙 癸 乙 丁
辰 丑 巳 巳

이 사주는 사축(巳丑)이 회국(會局)하여 습토(濕土)가 금(金)을 윤택하게 만들고, 경금(庚金)이 기(氣)가 있어 계수(癸水)의 근원이 된다. 이것은 기토(己土)와 임수(壬水)가 혼합하는 격국(格局)과 비슷하다. 길신(吉神)이 암장(暗藏)되어 좌하(坐下)에 있으니 계수(癸水)가 절처봉생(絶處逢生)한다. 금수운(金水運)으로 흐를 때 북양(北洋) 총독(總督)이 되어 부귀복수(富貴福壽)를 누렸다.

오월(午月) 계수(癸水)

오월(午月) 계수(癸水)는 매우 약하고 근원이 없으니, 경신금(庚辛

金)으로 생재(生財)하는 근본을 삼아야 한다. 그러나 정화(丁火)가 권리를 잡았으니 경신금(庚辛金)이 계수(癸水)를 자양(滋養)해도 정화(丁火)를 대적하기 어렵기 때문에 정화(丁火)를 두려워 한다. 그러므로 비견(比肩)이나 겁재(劫財)가 있어야 경신금(庚辛金)이 유용해진다.

다시 말해, 오월(午月)은 화토(火土)가 당왕(當旺)했기 때문에 계수(癸水)가 매우 약하다. 따라서 반드시 인수(印綬)나 겁재(劫財)가 같이 있어야 수(水)로 화(火)를 제(制)하여 금(金)을 보호하고, 금(金)으로 토(土)를 화(化)하여 수(水)를 생(生)한다. 사월(巳月) 계수(癸水)와 마찬가지로 상호간에 구하고 보호함이 있어야 유용하다. 상황이 절박하기 때문에 경신금(庚辛金)의 선후를 나누지 않으나, 신임(辛壬)이 출간(出干)하면 병정화(丙丁火)가 화합(化合)하는 것을 막아야 하니 병(病)이 된다.

오월(午月) 계수(癸水)가 경신금(庚辛金)이 모두 투출(透出)했는데 임계수(壬癸水)가 출간(出干)하면, 종정(鍾鼎)의 명가(名家)를 이루며 군왕(君王)의 짝이 된다. 만일 금(金)이 투출(透出)하고 지지(地支)에 신자(申子)가 있으면 늠공이나 의금(衣衿)은 잃지 않고, 수(水)가 출간(出干)하지 않았는데 지지(地支)에 수(水)가 하나밖에 없으면 비록 경신금(庚辛金)이 투간(透干)했어도 거부(鉅富)에 불과하다. 하월생(夏月生)이 수원(水源)이 모이면 귀(貴)는 가벼우나 부(富)는 자연적으로 따르고, 금수(金水)가 모이면 부귀(富貴)는 하늘로부터 받고, 화토운(火土運)으로 흐르면 명리(名利)가 끝이 없다.

다시 말해, 오월(午月) 계수(癸水)는 인수(印綬)와 비겁(比劫)을 함께 취해야 한다는 뜻이다. 경신금(庚辛金)이 투간(透干)했는데 임계수(壬癸水)가 있거나, 금(金)이 투출(透出)했는데 지지(地支)에 수국(水局)을 이루면, 모두 금수(金水)가 왕(旺)하여 약변강(弱變强)된다. 월령(月令) 재관(財官)이 권리를 잡았으니, 진신(眞神)이 유용하여 화토운(火土運)으로 흐르면 부귀격(富貴格)을 이루는 것이다. 지지(地支)에 수(水)가 하나 암장(暗藏)되어 있는데 사주에 경신금(庚辛金)이 있으면, 비겁(比劫)이나 인수(印綬)를 거듭 취해도 부(富)에 불과할 뿐이다.

 오월(午月)은 대개 정화(丁火)가 왕(旺)하기 때문에 경신금(庚辛金)이 용신(用神)이면 반드시 비겁(比劫)으로 보호해야 한다. 이때 비겁(比劫)이 없으면 경신금(庚辛金)이 상하여 귀격(貴格)을 이루지 못한다. 오월(午月) 계수(癸水)의 수원(水源)은 신(申)이다. 이때 자진(子辰)이 회국(會局)하면 신왕(身旺)하여 재(財)를 감당할 수 있고, 재(財)가 승왕(乘旺)하여 부(富)는 중(重)하나 귀(貴)는 가볍다. 금수(金水)가 모였다고 하는 것은 금수(金水)가 회국(會局)하는 것을 말한다. 금수(金水)가 회국(會局)하면 약변왕(弱變旺)되어 재관(財官)이 진신(眞神)이 되어 용신(用神)이니 겁인화진격(劫印化晉格)을 이룬다.

 오월(午月) 계수(癸水)는 지지(地支)에 화국(火局)을 이루어도 염상(炎上)이라 하지 않는다. 따라서 임수(壬水)가 없으면 승도의 명(命)이 되어 고독하다. 만일 임수(壬水) 두 개와 경금(庚金) 하나가 나란히 투출(透出)하면, 식복이 크며 하늘로부터 녹(祿)이 내려와 의금(衣錦)을 허리에 두른다.

 오월(午月) 계수(癸水)가 지지(地支)에 화국(火局)을 이루면 무토(戊土)가 투출(透出)해야 종화(從化)를 이룬다. 무토(戊土)가 없으면

종재격(從財格)도 이루지 못한다. 오월(午月)은 대개 유(酉)가 태원
(胎元)이니 계수(癸水)가 무근(無根)인 것 같으나 유근(有根)이다.
그리고 염상(炎上)이라 하지 않는 것은 정화(丁火)를 종(從)하여 취
하기 어렵고, 이미 종(從)하기 어려우면 반드시 임수(壬水)로 구해야
한다. 그렇지 않으면 화토(火土)가 계수(癸水)를 메마르게 만들어 잔
병이나 요절(夭折)이 따른다. 임수(壬水) 두 개에 경금(庚金) 하나가
있으면 반드시 음비(蔭庇)의 복이 형통하고, 재(財)가 방국(方局)을
이루면 반드시 대부격(大富格)을 이룬다. 오월(午月) 계수(癸水)는
비겁(比劫)과 인수(印綬)에 의지해야 하기 때문에 귀(貴)가 상음(上
蔭)으로부터 온다.

 오월(午月) 계수(癸水)가 일파(一派) 기토(己土)가 있는데 수(水)가
없고 갑목(甲木)도 없으면, 종살격(從殺格)이 되어 부귀(富貴)가 가
볍지 않다. 그러나 종살격(從殺格)이 형충파해(刑沖破害)되면 빈천
(貧賤)한 명(命)이 된다. 오궁(午宮) 정기(丁己)가 모두 왕(旺)하나,
기토(己土)가 정화(丁火)를 설(洩)하여 종재격(從財格)은 되지 않는
다. 일파(一派) 기토(己土)가 있으면 오(午)가 태원(胎元)인 유(酉)
를 파(破)하고, 기토(己土)가 계수(癸水)를 제(制)하기 때문에 종살
격(從殺格)이 되는 것이다. 그러나 이때 금수(金水)와 갑목(甲木)이
없어야 한다. 종격(從格)이 형충파해(刑沖破害)되면 대개 일주(日
柱)에 근원이 있는 것이다.

 예를 들어, 자(子)가 오(午)를 충(沖)하고, 축(丑)이 오(午)를 해
(害)하고, 오(午)가 유(酉)를 파(破)하는 것은 계수(癸水)의 근원이
되어 파격(破格)되기 때문이다. 한마디로, 오월(午月) 계수(癸水)는
경신임(庚辛壬)을 참작해서 함께 취해야 한다.

乙 癸 壬 庚
卯 丑 午 辰

이 사주는 일주(日柱)가 축궁(丑宮)에 앉아 있어 살인상생(殺印相生)하고, 계유(癸酉)가 태원(胎元)인데 경임(庚壬)이 출간(出干)하여 총독(總督)이 되었다.

丁 癸 戊 癸
巳 亥 午 巳

이 사주는 일주(日柱)가 해궁(亥宮)에 있는데 기유(己酉)가 태원(胎元)이니, 인수(印綬) 비겁(比劫)을 취하여 순무(巡撫)가 되었다.

癸 癸 壬 庚
亥 巳 午 辰

이 사주는 경금(庚金)과 임계수(壬癸水)가 출간(出干)하여 금수(金水)가 왕(旺)하니, 오궁(午宮) 정기(丁己)를 취한다. 그러나 사오(巳午)가 같이 있어 관살(官殺)이 혼잡되었다. 조상의 대를 이어 성장(省長)이 되었다.

甲 癸 丙 壬
寅 巳 午 午

이 사주는 계수(癸水)가 무근(無根)이기 때문에 임수(壬水) 하나로
는 구하기 어렵다. 계사(癸巳)와 임오(壬午)가 있으니 천지(天地)가
상합(相合)하여 종화격(從化格)을 이룬다. 갑목(甲木)이 출간(出干)
하여 기토(己土)를 제(制)하며 임수(壬水)를 설(洩)하고 병화(丙火)
를 생(生)하니 진종재격(眞從財格)을 이루어 거부(鉅富)의 명(命)이
되었다. 서방운(西方運)으로 흐를 때 재왕(財旺)하여 인수(印綬)를
파(破)하니 안부존영(安富尊榮)하였고, 북방운(北方運)에서 거듭 횡
액을 만나 손실이 컸다. 따라서 종재격(從財格)이 확실하다.

오월(午月) 계수(癸水)는 태원(胎元)이 유궁(酉宮)인데, 암(暗)으로
계수(癸水)를 생(生)하여 자연적으로 근원이 있기 때문에 쉽게 종론
(從論)을 짓기 어렵다. 아신(我身)은 재(財)를 극하기 때문에 쉽게
종(從)하지 않고, 살(殺)은 아신(我身)을 극(剋)하기 때문에 충분히
종(從)한다. 이 사주에서 무계합(戊癸合)과 정임합(丁壬合)이 좋은
것이니, 화(化)하여 종(從)을 겸한다. 그렇지 않으면 종격(從格)을
짓기 어렵다.

壬 癸 戊 癸
子 巳 午 巳

이 사주는 임수(壬水)로 용신(用神)을 삼아 구제해야 한다. 년월(年
月)에서 무계(戊癸)가 암화(暗化)하여 재(財)가 되고, 오궁(午宮)에
정기(丁己)가 있는데 사궁(巳宮)에 병무(丙戊)가 있어, 관살(官殺)
혼잡이 되었으니 녹위(祿位)가 있어도 청(淸)하지 않다. 재살(財殺)
이 매우 왕(旺)한데 인수(印綬)가 없으니 반드시 겁재(劫財)를 취해

야 한다.

甲 癸 丙 壬
寅 巳 午 辰

이 사주는 성주석(省主席)이 된 사람이다. 정유(丁酉)가 태원(胎元)인데 년간(年干)에 임진(壬辰)이 있으니, 비겁(比劫)으로 용신(用神)을 삼아 구제해야 한다. 혹자는 이 사주를 미월(未月) 6일생이라 하여, 임진년(壬辰年) 병오월(丙午月) 임진일(壬辰日) 임인시(壬寅時)라고도 한다.

미월(未月) 계수(癸水)

　미월(未月) 계수(癸水)는 두 절기로 나누어 살피는데, 상반월은 경신금(庚辛金)이 무기(無氣)하고 하반월은 유기(有氣)하다. 대개 유계일(六癸日)은 이렇게 추측하는데 맞지 않는 경우가 많다. 이것은 미궁(未宮)에 을목(乙木)과 기토(己土)가 함께 있는 것을 알지 못하기 때문이다. 파(破)하려고 하나 파(破)하지 못했기 때문에 계수(癸水)가 종살(從殺)하지 못하여 경신금(庚辛金)을 위주로 한다.

　상반월은 경금(庚金)이 출간(出干)해도, 화염(火炎)하면 금(金)이 두려워 하기 때문에 비겁(比劫)으로 도와야 과갑(科甲)으로 부귀격(富貴格)을 이룬다. 이때 비겁(比劫)이 없으면 평범한 명(命)이 된다. 하반월은 경신금(庚辛金)이 유기(有氣)하기 때문에 비겁(比劫)이 없어도 흉하지 않다. 정화(丁火)가 있는데 경신금(庚辛金)이 투출(透出)하면 부귀격(富貴格)을 이루나, 정화(丁火)가 투출(透出)하거나 미궁(未宮)에 암장(暗藏)되어 있으면 모두 빼어남이 없다.

다시 말해, 진술축미월(辰戌丑未月)은 모두 상반월과 하반월로 나누어 살핀다. 계수(癸水)가 대서(大暑) 전에 태어나면 오월(午月)과 비슷하다. 종살(從殺)하지 못하는 것은, 미궁(未宮)에 을기(乙己)가 함께 있어 을목(乙木)이 기토(己土)를 제(制)하기 때문이다. 따라서 인수(印綬)나 비겁(比劫)으로 용신(用神)을 삼는다.

대서(大暑) 후에 태어나면 금(金)이 진기(進氣)하기 때문에 경신금(庚辛金)을 용신(用神)으로 삼는다. 이때는 비겁(比劫)은 필요하지 않으나, 정화(丁火)가 있으면 좋지 않다. 따라서 정화(丁火)가 미궁(未宮)에 암장(暗藏)되어 있는데 경신금(庚辛金)이 출간(出干)하면 부귀격(富貴格)을 이루나, 이때 정화(丁火)가 출간(出干)하면 좋지 않다.

庚 癸 癸 乙　　癸 癸 癸 乙

申 未 未 酉　　丑 卯 未 未

이 두 사주는 모두 상반월에 태어났다. 을유년생(乙酉年生)은 경금(庚金)이 득소(得所)했는데 경신(庚申)이 있으니, 금수(金水)가 상생(相生)하여 승상(丞相)이 되었다. 을미년생(乙未年生)도 축궁(丑宮)에서 금수(金水)가 상생(相生)하여 도사(都司)가 되었다. 격국(格局)의 높고 낮음이 다를 뿐이다.

丙 癸 辛 己
辰 未 未 未

이 사주는 하반월에 태어나 신금(辛金)을 용신(用神)으로 삼는다.
년월(年月) 기신(己辛)이 살인상생(殺印相生)하나 애석하게도 통근
(通根)하지 못하고, 병신(丙辛)이 떨어져 있어 합(合)되지 않아 지주
(知州)가 되었다.

丁 癸 乙 丙
巳 卯 未 子

이 사주는 계수(癸水)가 매우 약하나, 년상(年上) 자수(子水)가 구
제하여 조상의 음덕이 있다. 묘미(卯未)가 회국(會局)하는데 을목(乙
木)이 투출(透出)하여, 상관(傷官)이 계수(癸水)를 설(洩)하여 약하
게 만드나 총명하며 문장이 뛰어나다. 입추(立秋) 4일 전에 태어나
금수(金水)가 진기(進氣)하여 상당한 지위에 올랐으나, 인운(寅運)
에 서 피살당했다.

■ 삼추(三秋) 계수(癸水)

신월(申月)은 경금(庚金)이 왕성한 때이니, 먼저 정화(丁火)를 취한
다음에 갑목(甲木)을 취해야 한다. 만일 계수(癸水)가 갑목(甲木)을
돕고, 갑목(甲木)이 정화(丁火)를 돕고, 정화(丁火)가 무토(戊土)를

도우면, 무토(戊土)가 신궁(申宮)에서 기생하고, 계수(癸水)는 관성
(官星)이 되기 때문에 대귀격(大貴格)을 이룬다.

　중추(仲秋)는 물이 맑고 금(金)이 왕성한 때이니, 먼저 병화(丙火)
를 취한 다음에 신금(辛金)을 취해야 한다. 술월(戌月)은 토(土)가
권리를 잡은 때이니, 계수(癸水)가 무형 중에 억제된다. 이때는 반드
시 신금(辛金)으로 생(生)하고, 갑목(甲木)으로 보좌해야 한다.

신월(申月) 계수(癸水)

　신월(申月) 계수(癸水)는 모왕자상(母旺子相)한 때에 있으니 계수
(癸水)가 신(申)에 이르러 사지(死地)에 들어가나, 신궁(申宮) 경금
(庚金)이 있으니 절처봉생(絶處逢生)이 되어 약변강(弱變强)된다.
따라서 계수(癸水)로 용신(用神)을 삼으면, 경금(庚金)이 왕(旺)하여
신유운(申酉運)에서 죽음에서 구제된다. 이때는 경금(庚金)이 권리
를 잡아 완강하기 때문에, 반드시 정화(丁火)로 많은 금(金)을 제
(制)해야 한다.

　생왕사절(生旺死絶)의 십이궁(十二宮)은 십간(十干)을 논하는 것이
아니라 오행(五行)을 논하는 것이다. 목화(木火)는 양(陽)이요 금수
(金水)는 음(陰)이다. 음사(陰死)하는 곳에서는 양생(陽生)하고, 양
사(陽死)하는 곳에서는 음생(陰生)한다. 따라서 수(水)가 신(申)에서
생(生)하면 임계수(壬癸水)를 논하지 않는다. 신궁(申宮)은 수(水)의
생지(生地)이기 때문에 임수(壬水)가 장생(長生)하니 계수(癸水)도

장생(長生)한다. 모왕자상(母旺子相)하여 불왕(不旺)한 것 같으나 스스로 왕(旺)하고, 수왕(水旺)하면 인성(印星)이 생(生)하지 않아도 무방하다. 경금(庚金)이 월령(月令)에 임관(臨官)하여 강하며 날카로우니, 정화(丁火)로 제(制)하지 않으면 흉하다. 정화(丁火)가 용신(用神)이면 반드시 갑목(甲木)으로 보좌해야 길하다.

신월(申月) 계수(癸水)는 정화(丁火)가 투출(透出)했는데 갑목(甲木)이 있으면, 불꽃이 있는 화(火)가 되어 부귀(富貴)가 가볍지 않다. 만일 정화(丁火)는 투출(透出)했으나 갑목(甲木)이 없고, 경금(庚金)이 한두 개 있는데 임계수(壬癸水)가 제(制)하지 않으면 공감(貢監)이니 의금(衣衿)이 적지 않다. 이때 징화(丁火) 두 개가 금(金)을 제(制)하면 길하나, 금(金)이 많은데 정화(丁火)로 제(制)하지 못하면 빈천(貧賤)한 명(命)이 된다.

다시 말해, 신월(申月) 계수(癸水)는 편재(偏財)로 인수(印綬)를 파(破)하는 것이 정법(正法)이다. 정화(丁火)는 갑목(甲木)을 떠날 수 없고, 목화상생(木火相生)하면 불꽃이 있는 불이 된다. 갑목(甲木)이 임계수(壬癸水)를 인화(引化)하여 정화(丁火)가 상하지 않으니 광휘를 가리기 어렵다. 갑목(甲木)이 없을 때는 임계수(壬癸水)가 제(制)하지 않아야 인수(印綬)를 파(破)할 수 있다. 이때 정화(丁火)가 두 개 있으면 길하고, 정화(丁火)가 없으면 빈천(貧賤)한 명(命)이 된다. 인수(印綬)가 왕(旺)하면 무용지물이 되기 때문에 정화(丁火)로 파(破)해야 한다.

신월(申月) 계수(癸水)는 정화(丁火) 하나가 오록(午祿)에 있으면 독재득위(獨財得位)하여 부(富)한 가운데 귀(貴)를 취한다. 만일 정화(丁火)가 술미(戌未)에 있으면 무력하여 평범한 명(命)이 되나, 삭은 능력은 있어 대운(大運)이나 세운(歲運)에서 충(沖)되면 반드시 발전이 있다. 만일 사주에 술미(戌未)가 있거나, 술미(戌未)가 두 개씩 있는데 갑목(甲木)이 출간(出干)하면, 수(水)가 없어도 부귀격(富貴格)으로 보지 않는다. 만일 정화(丁火)가 고(庫)에 암장(暗藏)되어 있는데 간지(干支)에 갑목(甲木)이 많으면, 수(水)가 없어도 평범한 명(命)이 된다.

독재(獨財)는 갑목(甲木)이 상생(相生)하지 않는 것을 말하고, 득위(得位)는 오(午)에 정화(丁火)의 녹(祿)이 있는 것을 말한다. 윗 글은 정화(丁火)가 투출(透出)한 경우이고, 이것은 정화(丁火)가 투출(透出)하지 않고 오궁(午宮)에 있는 것으로 부(富)한 가운데 귀(貴)를 취한다. 술미(戌未)에 정화(丁火)가 있어도 토(土)가 압박하여 취하기 어려우나, 세운(歲運)이나 대운(大運)에서 충(沖)되면 재고(財庫)가 열려 반드시 발전한다. 이것은 술미(戌未)가 하나씩 있는 경우를 말한다. 만일 술미(戌未)가 많이 있으면 진축(辰丑)이 하나씩 충(沖)해도 무력하여 이 이치가 적용되지 않는다. 술(戌)에 정화(丁火)가 하나 암장(暗藏)되어 있는데 충(沖)되면 발전이 있다. 이때 갑목(甲木)이 많으면 파(破)하여 정화(丁火)를 생(生)하지 못하기 때문에, 천간(天干)에 비겁(比劫)이 없어도 평범한 명(命)이 된다.

　　　庚 癸 壬 甲
　　　申 未 申 寅

이 사주는 사문(斯文)의 도(道)가 작았다. 그러나 미궁(未宮) 정화(丁火)가 용신(用神)이기 때문에 충(沖)되면 발전할 수 있다.

丁 癸 甲 乙
巳 未 申 未

이 사주는 재다신약(財多身弱)하여 부옥빈인(富屋貧人)의 명(命)이
되었다. 식상(食傷)이 태다(太多)하니, 계수(癸水)의 기(氣)를 설
(洩)하여 약하게 만든다. 따라서 월령(月令) 경금(庚金)으로 용신(用
神)을 삼는다. 대운(大運)이 남방운(南方運)으로 역행(逆行)하니 재
다신약(財多身弱)하다.

甲 癸 戊 丁
寅 卯 申 酉

이 사주는 정갑병(丁甲丙)이 출간(出干)하여 상서(尚書)가 되었다.
무토(戊土)가 갑목(甲木)을 제(制)하여 관성(官星)이 상하니 상관생
재격(傷官生財格)이 되었다.

乙 癸 庚 戊
卯 亥 申 午

이 사주는 정화(丁火)가 득위(得位)하여 만금을 모았으나 귀(貴)는
없었고, 90세까지 장수하다 묘운(卯運)에 사망했다. 아들 3형제도
모두 의금(衣衿)이 있었다. 해묘(亥卯)가 회국(會局)하는데 을목(乙
木)이 투출(透出)하여 계수(癸水) 원신(元神)이 설(洩)되어 약하고,
게다가 무토(戊土)까지 출간(出干)했으니 인수(印綬)나 비겁(比劫)

이 없으면 좋지 않다. 묘운(卯運)에 이르러 금(金)이 절(絶)하고 수(水)가 사(死)하여 사망했다.

癸 癸 丙 辛
亥 酉 申 酉

이 사주는 병화(丙火)와 신금(辛金)이 합(合)하여 수(水)로 화(化)하여 신왕(身旺)하나, 제(制)하지 못하여 승도가 되었다. 병화(丙火)가 무근(無根)인데 신금(辛金)과 합(合)하여 수(水)로 화(化)하나, 윤하(潤下)가 때를 잃어 용신(用神)이 없다. 이런 사주를 신왕무의(身旺無依)라 한다.

癸 癸 戊 壬
亥 亥 申 申

이 사주는 신왕무의(身旺無依)인데 무토(戊土)가 출간(出干)하여 윤하격(潤下格)을 짓지 못했다. 따라서 고빈(孤貧)하나 100세를 넘었다. 원기(元機)가 상하지 않아 오직 수명만이 길었던 것이다.

庚 癸 庚 癸
申 酉 申 酉

이 사주는 경금(庚金)이 용신(用神)이니 대부격(大富格)이 되었다. 고서(古書)에서는 홀로 있는 수(水)가 경신(庚辛)을 세 번 범하면 체전지상(體全之象)이라 했다. 금(金)이 체(體)요 수(水)가 용(用)이 니, 종격(從格)이 아니라 종혁격(從革格)의 변형이다.

　　壬 癸 甲 乙
　　子 酉 申 巳

　이 사주는 사궁(巳宮) 병화(丙火)가 용신(用神)이다. 임술시(壬戌 時)라고도 한다.

유월(酉月) 계수(癸水)

　유월(酉月) 계수(癸水)는 유궁(酉宮) 신금(辛金)이 허령(虛靈)하기 때문에 완금(頑金)과 비교할 수 없다. 그리고 금백수청(金白水淸)한 때이니 신금(辛金)으로 용신(用神)을 삼은 다음에 병화(丙火)로 보 좌하면 수난금온(水暖金溫)을 이룬다. 다시 말해, 계수(癸水)는 청윤 (淸潤)하고 신금(辛金)은 허령(虛靈)하니 금백수청(金白水淸)하여 병화(丙火)로 조후(調候)하면 서로 이익이 있다.
　유월(酉月) 계수(癸水)는 신병(辛丙)이 떨어져 있으면서 함께 투출 (透出)하면 과갑(科甲)에 준함이 있다. 설사 풍수(風水)가 불급(不 及)하더라도 이도(異途)로 귀격(貴格)을 이룬다. 만일 병화(丙火)는 투출(透出)했으나 신금(辛金)이 암장(暗藏)되어 있으면 공감(貢監) 이나 의금(衣衿)에 불과하나. 신병(辛丙)을 함께 취할 때는 합화(合

化)되지 않아야 길하다. 따라서 투간(透干)하면 반드시 떨어져 있어
야 한다. 만일 하나는 투출(透出)했는데 하나는 암장(暗藏)되어 있으
면, 인수(印綬)와 재(財)를 함께 취해야 한다.

 유월(酉月) 계수(癸水)는 임수(壬水)가 나란히 투출(透出)하면 관살
(官殺)이 있어야 한다. 그렇지 않으면 무기토(戊己土)를 취할 수 없
다. 청령(淸靈)한 기(氣)는 극(剋)하고 억제하면 흉하다. 다시 말해,
유월(酉月) 계수(癸水)는 식상(食傷)과 재(財)가 중(重)하면 인수(印
綬)를 취하고, 인수(印綬)가 중(重)하면 식상(食傷)과 재(財)를 취하
는 것이 정법(正法)이다.

　　丙 癸 乙 庚
　　辰 亥 酉 寅

 이 사주는 을경(乙庚)이 화금(化金)하여 신금(辛金)을 도와 태수(太
守)에 올랐다.

　　癸 癸 丁 辛
　　亥 巳 酉 酉

 이 사주는 금수(金水)가 많은데 월간(月干)에 정화(丁火)가 있고,
병화(丙火)가 사궁(巳宮)에 암장(暗藏)되어 정화(丁火)를 부조(扶
助)하고, 사주가 잡되지 않아 복수(福壽)가 넉넉하다. 그러나 사해
(巳亥)가 상충(相沖)하여 병화(丙火)를 제(制)하니, 힘이 부족하여
복수귀명(福壽貴命)은 이루지 못했다.

丙 癸 辛 癸
辰 巳 酉 卯

  앞의 세 사주는 모두 유금(酉金)으로 용신(用神)을 삼고, 병화(丙
火)로 보좌해야 한다. 금온수난(金溫水暖)하여 청령(淸靈)함으로 귀
(貴)를 얻는다.

丁 癸 己 丁
巳 卯 酉 巳

  이 사주는 재관(財官)이 매우 왕(旺)하니 유금(酉金)이 용신(用神)
이다. 진운(辰運)과 계운(癸運)으로 흘러 절강성(浙江城)의 독군(督
軍)이 되었다.

乙 癸 乙 庚
卯 未 酉 申

  이 사주는 을경(乙庚)이 합(合)하여 유금(酉金)을 돕고 있으니, 월
령(月令) 신금(辛金)이 용신(用神)이다. 묘미(卯未)가 회국(會局)하
는데 을목(乙木) 문성(文星)이 투출(透出)했다. 따라서 과갑(科甲)
출신으로 안휘(安徽) 순무(巡撫)에 이르렀다. 병진시(丙辰時)가 아
닌가 생각한다.

丙 癸 辛 癸
辰 巳 酉 酉

이 사주는 한로(寒露) 두 시간 전에 태어나, 사궁(巳宮) 병화(丙火)
가 용신(用神)이다. 강서(江西) 독군(督軍)이 되었다.

庚 癸 乙 庚
申 卯 酉 辰

이 사주는 수천금다(水淺金多)하여 체전지상(體全之象)이 되었다.
을경(乙庚)과 묘신(卯申)이 합(合)되어 길한데 모두 금(金)이다. 금
(金)은 체(體)요 수(水)는 용(用)이니 행정원장(行政院長)이 되었다.

癸 癸 乙 庚
丑 亥 酉 辰

이 사주는 금다수왕(金多水旺)하니 이인동심(二人同心)이다. 북방
운(北方運)으로 흘러 사천(四川) 독군(督軍)이 되었다.

술월(戌月) 계수(癸水)

술월(戌月) 계수(癸水)는 무토(戊土)가 권리를 잡은 때에 있으니,

실령(失令)하여 무근(無根)이 된다. 따라서 신금(辛金)으로 용신(用神)을 삼아 수원(水源)을 발(發)한 다음, 계갑(癸甲)을 취하면 계수(癸水)가 갑목(甲木)을 자윤(滋潤)하여 무토(戊土)를 제(制)한다. 만일 신금(辛金)이 있으면 수(水)가 어머니를 얻는 것이고, 계수(癸水)가 있으면 목(木)의 근원이 있는 것이다.

계수(癸水)는 체(體)가 청윤(淸潤)하기 때문에 무토(戊土)가 극제(剋制)하면 흉하다. 만일 무토(戊土)가 있으면 갑목(甲木)으로 구제해야 하나, 술월(戌月)은 무토(戊土)가 권리를 잡았으니 계수(癸水)가 실령(失令)하여 갑목(甲木)도 메말라 있다. 이때는 신금(辛金)으로 계수(癸水)를 생(生)하여, 계수(癸水)가 갑목(甲木)을 자윤(滋潤)하면 무토(戊土)를 제(制)할 수 있다. 다시 말해, 술월(戌月) 계수(癸水)는 신금(辛金)으로 수원(水源)을 발(發)해야 하고, 토왕(土旺)한 때이니 반드시 갑목(甲木)으로 보좌해야 한다.

술월(戌月) 계수(癸水)가 신갑(辛甲)이 모두 투출(透出)했는데 지지(地支)에 자궁(子宮) 계수(癸水)가 있으면 과갑(科甲)으로 관직이 나타나고, 갑계(甲癸)가 모두 투출(透出)하면 부귀(富貴)가 가볍지 않다. 만일 신갑(辛甲)이 있으면 계수(癸水)가 없어도 수재(秀才)로 그치지는 않고, 갑계(甲癸)가 있는데 신금(辛金)이 없으면 부(富)는 크나 귀(貴)는 작고, 갑목(甲木)이 있으나 신계(辛癸)가 없으면 평범한 명(命)이 되고, 신갑계(辛甲癸)가 모두 없으면 빈천(貧賤)한 명(命)이 된다. 갑계(甲癸)가 모두 투출(透出)했다는 것은 신금(辛金)이 지지(地支)에 암장(暗藏)되어 있다는 말이다.

다시 말해, 술월(戌月)은 무토(戊土)가 매우 왕(旺)하여, 갑목(甲木)이 병(病)을 제거하는 약(藥)이 되기 때문에 없으면 흉하다. 그러나 계신(癸辛) 중에 하나가 없으면 오히려 부귀격(富貴格)을 이룬다.

 술월(戌月) 계수(癸水)는 갑목(甲木)이 투출(透出)했는데 계수(癸水) 대신 임수(壬水)가 있으면 수재(秀才)의 명(命)이 된다. 만일 갑계(甲癸)가 있는데 화토(火土)가 없으면 학문에 재능이 있고 수명이 길다. 술월(戌月) 계수(癸水)는 신갑계(辛甲癸)로 용신(用神)을 삼는 것이 정법(正法)인데, 만일 신계(辛癸)가 없으면 대신 경임(庚壬)을 취하면 의금(衣衿)은 잃지 않는다. 병(病)인 화토(火土)가 없으면 학문에 재능이 있고 수명이 온전하다. 한마디로, 술월(戌月) 계수(癸水)는 반드시 신금(辛金)이 있어야 길하고, 계신(癸辛)이 유용하면 묘해진다.

　　　甲癸甲甲
　　　寅卯戌戌

 이 사주는 제복(制伏)되어 시랑(侍郎)이 되었다. 지지(地支)에 술(戌) 두 개와 인묘(寅卯)가 해자축북방(亥子丑北方)을 끼고 있으니, 허신(虛神)이 유용해져 계수(癸水)가 무근(無根)에는 이르지 않았다. 갑목(甲木)이 많아 토(土)를 파(破)하기 때문에 제복(制伏)되는 것이다.

　　　壬癸戊辛
　　　子亥戌丑

 이 사주는 신금(辛金)이 출간(出干)했는데 해궁(亥宮) 갑목(甲木)과

자궁(子宮) 계수(癸水)가 득지(得地)하여 한림(翰林)이 되었다. 임수
(壬水)가 출간(出干)하여 계수(癸水)가 의지하고, 사주에 해자축(亥
子丑)과 신금(辛金)이 있어 약변왕(弱變旺)되었다. 따라서 무토(戊
土)가 용신(用神)인데 남방운(南方運)으로 흘러 귀격(貴格)을 이루
었다.

甲 癸 壬 癸
寅 卯 戌 亥

이 사주는 식신생재격(食神生財格)이 되어 총독(總督)에 올랐다. 계
수(癸水)가 년상(年上)에서 통근(通根)되고, 갑목(甲木)이 출간(出
干)하여 술궁(戌宮) 무토(戊土)를 제(制)하니, 병화(丙火)를 생(生)
하여 격국(格局)이 순수하다. 해술인묘(亥戌寅卯)가 동서로 대치한
가운데 자축(子丑)을 끼고 있다.

癸 癸 庚 壬
亥 丑 戌 辰

이 사주는 갑신(甲辛)이 모두 없어 노비가 되었다. 경금(庚金)이 술
토(戌土)의 기(氣)를 설(洩)하고, 임수(壬水)가 출간(出干)했으나 무
토(戊土)로 제(制)하지 못하니 신왕무의(身旺無依)하다. 술(戌)은 재
고(財庫)이기 때문에 진(辰)을 만나면 충(沖)되어 열리나, 임계(壬
癸)가 갑출히여 겁탈을 당한다.

　　癸 癸 戊 辛
　　亥 亥 戌 卯

　이 사주는 신계(辛癸)가 나란히 투출(透出)했는데 해궁(亥宮) 갑목
(甲木)이 무토(戊土)를 파(破)하여, 계수(癸水)가 해(亥)에서 왕지
(旺地)가 된다. 남방화토운(南方火土運)으로 흘러 총독(總督)이 되
었다.

　　甲 癸 壬 戊
　　寅 巳 戌 申

　이 사주는 계수(癸水)가 임수(壬水)와 나란히 투출(透出)했으니 임
수(壬水)로 논해야 한다. 신(申)에 장생(長生)이 있는데 갑무(甲戊)
가 나란히 투출(透出)하여 칠살(七殺)을 제(制)하니, 목화운(木火運)
으로 흐르면 길하다. 과갑(科甲) 출신으로 현직(顯職)을 역임했고,
문학방면에 뛰어났고, 선통(宣統)의 사부(師傅)였다.

　　丙 癸 丙 乙
　　辰 酉 戌 卯

　이 사주는 식신생재격(食神生財格)이 패인(佩印)했다. 진유(辰酉)
와 묘술(卯戌)이 합(合)하여 길하다. 묘진(卯辰)은 동방(東方)이고
유술(酉戌)은 서방(西方)인데, 동서로 대치하여 대방면을 협공(夾
拱)하고 있다. 과갑(科甲) 출신으로 동성(東省) 총독(總督)을 역임했

고, 내각총리로 총통(總統)에 이르렀다. 85세인 기묘년(己卯年) 오월(午月)에 일범세군(日犯歲君)하여 사망했다.

　　丁 癸 丙 庚
　　巳 未 戌 辰

이 사주는 사미(巳未)가 오(午)를 끼고 있으니 재왕(財旺)하여 방(方)을 이룬다. 경금(庚金)이 용신(用神)이니 재정부장(財政部長)이 되었다.

　　癸 癸 壬 戊
　　丑 丑 戌 子

이 사주는 임수(壬水)가 출간(出干)했으니, 무토(戊土) 칠살(七殺)로 용신(用神)을 삼는다. 한로(寒露) 하루 후에 태어났기 때문에 금(金)의 기(氣)가 남아 있어 강서(江西) 군장(軍長)이 되었다.

■ 삼동(三冬) 계수(癸水)

해월(亥月)은 비록 수(水)가 권리를 잡았으나, 점점 추워지는 때이니 토(土)가 왕성해져 수기(水氣)가 위축된다. 이때는 경금(庚金)으로 수원(水源)을 발(發)해야 한다. 자월(子月)은 매우 추운 때이니 반드시 병화(丙火)를 취한 다음에 신금(辛金)을 취해야 하고, 축월

(丑月)도 매우 추운 때이니 반드시 병화(丙火)로 해동시켜야 한다.

해월(亥月) 계수(癸水)

해월(亥月) 계수(癸水)는 지지(地支)에 목국(木局)이 있으면, 원신(元神)이 설(洩)되어 흩어지기 때문에 매우 흉하다. 왕(旺)한 가운데 약하니 경신금(庚辛金)으로 용신(用神)을 삼아 발원(發源)해야 한다. 해월(亥月)은 왕수(旺水)가 권리를 잡았으나 기후가 한기(寒氣)로 바뀌므로 병화(丙火)로 조후(調候)해야 하고, 임수(壬水)가 출간(出干)하면 반드시 무토(戊土)가 있어야 한다.

고서(古書)에서는 건록(建祿)의 제월(提月)에 태어나면 천간(天干)에 재관(財官)이 투출(透出)해야 길하다는 말이 있는데 이런 경우를 두고 하는 말이다. 그러나 해(亥)는 갑목(甲木)의 장생지(長生地)이기 때문에, 묘미(卯未)를 만나 회국(會局)하면 수기(秀氣)를 설(洩)하여 왕변약(旺變弱)된다. 이때는 경신금(庚辛金)으로 목(木)을 제(制)하여 수원(水源)을 발(發)해야 한다. 이것은 병(病)에 대한 약(藥)을 취하는 것이다.

예를 들어, 인월(寅月) 을목(乙木)이 인오(寅午)가 회국(會局)하면 을목(乙木)의 기(氣)를 설(洩)하여 흩어지게 하는데, 이때 수(水)로 구하지 않으면 화(火)를 제(制)하여 목(木)을 윤택하게 할 수 없는 이치와 같다.

해월(亥月) 계수(癸水)가 경신금(庚辛金)이 모두 투출(透出)했는데 정화(丁火)가 상하게 하지 않으면, 과갑(科甲)으로 부귀격(富貴格)을 이룬다. 만일 천간(天干)에 정화(丁火)가 투출(透出)했는데 지지(地支)에 목국(木局)을 이루면, 목왕화상(木旺火相)하여 경신금(庚辛金)을 제(制)한다. 따라서 수(水)를 생(生)하기 어려워 고한(孤寒)함이 극(極)에 이른다. 만일 정화(丁火)가 없는데 목국(木局)을 이루면 이도(異途)로 귀(貴)가 나타난다. 그러나 반드시 서방운(西方運)으로 흘러야 길하다.

다시 말해, 해월(亥月) 계수(癸水)가 지지(地支)에 목국(木局)을 이루었는데 경신금(庚辛金)이 있으면, 정화(丁火)가 용신(用神)을 상하게 하면 안 된다. 따라서 정화(丁火)가 없으면 부귀격(富貴格)을 이루나, 정화(丁火)가 있으면 고한(孤寒)한 명(命)이 된다. 정화(丁火)가 없는데 목국(木局)이 있으면 병(病)이 있는데 약(藥)이 없는 것과 같다. 이때는 대운(大運)에서 보충하면 귀격(貴格)을 이루나, 원명(原命)에 금(金)이 없으면 서방운(西方運)을 만나야 이도(異途)로 공명(功名)이 나타난다. 이것은 근원의 있고 없음과 가볍고 무거움으로 논한 것이다.

해월(亥月) 계수(癸水)가 일파(一派) 임자(壬子)가 있는데 무토(戊土)가 없으면, 동수왕양(冬水汪洋)이 되어 늙도록 분파(奔波)한다. 만일 기토(己土)가 투출(透出)했는데 무토(戊土)가 암장(暗藏)되어 있거나, 무토(戊土)가 투출(透出)하여 수(水)를 제(制)하면 청귀(淸貴)하며 부(富)가 있다. 이것은 계수(癸水)가 임수(壬水)를 만나면, 음변양(陰變陽)되어 임수(壬水)와 작용이 같아지기 때문에 재관(財官)을 취한다는 뜻이다. 만일 무토(戊土)가 용신(用神)이면 병화(丙火)로 보좌해야 한다. 기토(己土)가 투출(透出)했는데 무토(戊土)가 암장(暗藏)되어 있어도 무토(戊土)로 용신(用神)을 삼는다. 이때 기토(己土)는 임수(壬水)와 혼합하여, 반대로 목(木)을 생(生)하기 때문에 수(水)를 막기 어렵다.

해월(亥月) 계수(癸水)는 화(火)가 많으면 재다신약(財多身弱)이라 하여 늙도록 빈천(貧賤)하다. 그러나 화(火)가 많아도 원국(原局)에 인수(印綬)나 비겁(比劫)이 있어 계수(癸水)를 생조(生助)하면 대부격(大富格)을 이룬다. 만일 인수(印綬)나 비겁(比劫)이 없으면, 재다신약(財多身弱)이 되어 재(財)가 있어도 감당할 수 없다.

해월(亥月) 계수(癸水)가 일파(一派) 금(金)이 있는데 정화(丁火)가 출간(出干)하면 명리쌍전(名利雙全)하나, 화(火)가 없으면 승도나 고빈(孤貧)한 명(命)이 된다. 이것은 정화(丁火)가 경신금(庚辛金)을 상하게 하지 않으면 귀격(貴格)을 이룬다는 뜻이다.

일파(一派) 금(金)이 있는데 인수(印綬)가 많으면 병(病)이 되나, 재(財)로 인수(印綬)를 손상시켜 귀(貴)로 삼으니 명리쌍전(名利雙全)한다. 이때 화(火)가 없으면 신왕무의(身旺無依)가 되어 가난하며 복이 없다. 이것은 신월(申月) 계수(癸水)가 금다(金多)한데 정화(丁火)가 없는 경우와 같다. 이 중에는 윤하격(潤下格)이나 비천녹마격(飛天祿馬格)이 있으니 세심하게 잘 살펴야 한다.

　　壬 癸 辛 壬
　　子 亥 亥 寅

이 사주는 병정화(丙丁火)가 없어 혈육간에 정이 없었고, 비록 비천녹마격(飛天祿馬格)이나 삼고(三考)의 이익이 있을 뿐이다. 만일 병화(丙火)까지 없으면 하격(下格)의 명(命)이나, 인궁(寅宮)에 병화(丙火)가 있고 동남운(東南運)으로 흘러 흉함을 면할 수 있었다.

壬 癸 辛 壬
子 亥 亥 申

이 사주는 진사(進士) 출신으로 낭중(郞中)에 이르렀다. 비천녹마격(飛天祿馬格)인데 태원(胎元)이 임인(壬寅)이니 동남운(東南運)이 길하다.

癸 癸 癸 癸
亥 丑 亥 卯

이 사주는 상반월에 태어나 귀(貴)가 작았으며 혈육간에 정이 없었다. 해묘(亥卯)가 회국(會局)하는데 태원(胎元)이 갑인(甲寅)이니, 수목(水木)이 순수하여 귀격(貴格)을 이룬다. 만일 하반월에 태어났다면 수왕(水旺)하여 대귀격(大貴格)을 이루었을 것이다.

癸 癸 己 辛
亥 丑 亥 酉

이 사주는 순음(純陰)으로 구성되어 승도의 명(命)이 되었다. 기토(己土)가 출간(出干)하여 수(水)를 제지하지 못하고 오히려 혼탁하게 만든다.

癸 癸 丁 庚
亥 卯 亥 子

이 사주는 해묘(亥卯)가 회국(會局)하는데 정화(丁火)가 투출(透出)
하여, 경금(庚金)이 용신(用神)이다. 계수(癸水)가 출간(出干)하여
정화(丁火)를 제(制)하니, 용신(用神)이 상하지 않아 대학사(大學士)
에 이르렀다.

丙 癸 乙 己
辰 亥 亥 未

이 사주는 해미(亥未)가 회국(會局)하는데 을목(乙木)이 투출(透出)
하여 병화(丙火)를 만나니 식신생재격(食神生財格)이 되었다. 서방
운(西方運)으로 흘러 생왕(生旺)되어 외교부장(外交部長)이 되었다.

丙 癸 辛 壬
辰 亥 亥 申

이 사주는 인수(印綬)가 투출(透出)하여 신왕(身旺)한데, 재성(財
星)이 있어 내정부장(內政部長)이 되었다.

庚 癸 乙 己
申 巳 亥 丑

이 사주는 사(巳)에 병화(丙火)가 암장(暗藏)되어 있는데, 시(時)에
경신(庚申)이 있으니 신왕(身旺)하다. 재(財)를 감당할 수 있어 철도
부장(鐵道部長)이 되었다.

자월(子月) 계수(癸水)

자월(子月)은 엄한(嚴寒)하여 빙동(氷凍)되니 계수(癸水)의 녹(祿)
이 되나, 경금(庚金)이 사(死)하여 금수(金水)가 서로 기뻐하지 않는
다. 따라서 병화(丙火)로 용신(用神)을 삼아 해동(解凍)하면, 비가
변하여 눈이 되거나 이슬이 맺혀 서리가 되지는 않는다. 이때는 신금
(辛金)으로 자부(滋扶)해도, 병화(丙火)가 없으면 신금(辛金) 역시
유용하지 않다. 만일 병화(丙火)와 신금(辛金)이 모두 투출(透出)하
면, 금온수난(金溫水暖)하여 상생(相生)하기 때문에 과갑(科甲)으로
관직에 나간다.

다시 말해, 자월(子月) 계수(癸水)는 엄한(嚴寒)한 때에 있으니 조
후(調候)가 시급하다. 병화(丙火)로 용신(用神)을 삼으면 관살(官殺)
과 인수(印綬)가 모두 따뜻해진다. 계수(癸水)는 쇠갈(衰竭)한 수
(水)이니, 비록 녹왕(祿旺)해도 신금(辛金)이 거듭 자부(滋扶)하면
근원이 있다. 그러나 천간(天干)에 투출(透出)하면 흉하고, 지지(地
支)에 암장(暗藏)되어 있어야 길하다. 만일 천간(天干)에 출간(出干)
하면, 멀리 떨어져 있어 합(合)되지 않아야 아름답다. 따라서 병화
(丙火)를 합제(合制)하여 용신(用神)이 기반(羈絆)되는 것을 막아야

한다. 만일 병화(丙火)가 없으면, 신금(辛金)이 있어도 금한수동(金寒水凍)하여 청한(淸寒)한 형상이 된다. 이때 병화(丙火)가 용신(用神)인데 임계수(壬癸水)로 극제(剋制)하면 흉하다.

자월(子月) 계수(癸水)는 일파(一派) 임계수(壬癸水)가 있는데 병화(丙火)가 없어 따뜻하게 하지 못하면, 빈천(貧賤)한 선비의 명(命)이 된다. 그러나 화운(火運)으로 흐르면 길하다. 만일 일파(一派) 수(水)가 있고, 화(火)가 출간(出干)하지 않았는데 지지(地支)에 임수(壬水)가 많으면, 하천한 명(命)이 되어 고빈(孤貧)함을 면하지 못한다. 이때는 화운(火運)을 만나도 길하지 않다. 병화(丙火)가 두 개 출간(出干)하면 부귀격(富貴格)으로 추측하나, 귀(貴)가 부(富)에 미치지는 못한다.

다시 말해, 일파(一派) 임계수(壬癸水)가 있는데 병화(丙火)로 따뜻하게 하지 못하면, 매우 한동(寒凍)하기 때문에 동남운(東南運)으로 흘러야 길하다. 그러나 이때 지지(地支)에 임수(壬水)가 많으면 동남운(東南運)으로 흘러도 구하기 어렵다. 지지(地支)에 임계수(壬癸水)가 많으면 반드시 해(亥)와 신자진수국(申子辰水局)을 이루는데, 이때 사오인술(巳午寅戌)이 있으면 충격이 크다. 이때는 병화(丙火)가 출간(出干)해야 해동(解凍)하며 한기(寒氣)를 제거할 수 있으나, 재성(財星)이 있으니 부(富)가 중(重)하고 귀(貴)가 가벼운 것이다.

자월(子月) 계수(癸水)는 일파(一派) 무토(戊土)가 있으면, 살중신경(殺重身輕)하여 가난하거나 요절(夭折)이 따른다. 계수(癸水)는 매우 약하며 성정이 맑고 충분(沖奔)하지 않으니 사주에 임수(壬水)가 없으면 무토(戊土)를 취할 수 없고, 월령(月令)이 건록(建祿)에 해당하여 종살(從殺)할 수도 없기 때문에 살중신경(殺重身輕)이 되는 것이다.

자월(子月) 계수(癸水)가 신년(辛年) 병월(丙月)에 해당하는데 화(火)가 있으면 은총으로 영화가 있고, 지란(芝蘭)과 같은 자식을 두게 된다. 그러나 화(火)가 없으면 재물은 손상되나, 귀(貴)가 있어 조정(朝廷)에 오른다. 여기서 화(火)가 있다는 것은 지지(地支)에 사오화(巳午火)가 있다는 뜻이고, 병화(丙火)와 신금(辛金)이 투출(透出)하여 금온수난(金溫水暖)하다는 뜻이다. 따라서 화(火)가 없으면 외격(外格)으로 귀(貴)를 삼으니 이도(異途)가 있다.

자월(子月) 계수(癸水)는 화(火)가 용신(用神)이면 목(木)이 아내요 화(火)가 자식이고, 신금(辛金)이 용신(用神)이면 토(土)가 아내요 금(金)이 자식이다. 자월(子月) 계수(癸水)는 병화(丙火)로 용신(用神)을 삼으나, 병화(丙火)가 매우 왕(旺)하면 신금(辛金)으로 자부(滋扶)해야 한다.

壬 癸 庚 丙
子 未 子 子

이 사주는 무거인(武擧人)이다. 재(財)가 나타나고, 겁재(劫財)가 투출(透出)했는데 관(官)이 없다. 따라서 부귀(富貴)가 모두 가볍다.

癸 癸 戊 庚　　　丙 癸 戊 庚　　　丁 癸 戊 庚
亥 巳 子 戌　　　辰 丑 子 子　　　巳 卯 子 子

위의 세 사주는 모두 원명(原命)에 인수(印綬)가 있으니 재관(財官)

이 용신(用神)이다. 계해시생(癸亥時生)은 재상(宰相)이었고, 병진
시생(丙辰時生)은 부윤(府尹)으로 양방(兩榜)했고, 정사시생(丁巳時
生)은 거인(擧人)으로 도직(道職)에 있었다.

　　　壬 癸 丙 甲
　　　戌 亥 子 申

이 사주는 병화(丙火)로 용신(用神)을 삼고, 갑목(甲木)으로 보좌해
야 한다. 원명(原命)에서 금수(金水)가 상생(相生)하여 상서(尙書)에
이르렀다.

　　　丁 癸 甲 戊
　　　巳 丑 子 寅

이 사주는 무토(戊土)를 취하지 않고, 사궁(巳宮) 병화(丙火)로 용
신(用神)을 삼아 해동(解凍)한다. 따라서 순무(巡撫)에 이르렀다.

　　　癸 癸 庚 丙
　　　丑 未 子 寅

이 사주는 병화(丙火)가 용신(用神)인데, 지지(地支) 인(寅)에 통근
(通根)되어 숙정사(肅政史)에 이르렀다.

壬 癸 丙 甲
戌 卯 子 戌

이 사주는 병화(丙火)로 용신(用神)을 삼고, 갑목(甲木)으로 보좌해야 한다. 해군총장(海軍總長)이 되었다.

戊 癸 戊 庚
午 未 子 辰

이 사주는 지지(地支)에 오미(午未)가 있는데 무토(戊土)가 출간(出干)하여, 계수(癸水)가 왕변약(旺變弱)되었다. 따라서 경금(庚金)으로 용신(用神)을 삼는다.

乙 癸 丙 甲
卯 丑 子 申

이 사주는 금수(金水)가 상생(相生)하니, 병화(丙火)로 용신(用神)을 삼아 해동(解凍)해야 한다. 따라서 교통부장(交通部長)이 되었다.

壬 癸 壬 丁
子 亥 子 酉

이 사주는 자왕모쇠(子旺母衰)하니 정임합(丁壬合)이 길하고, 정화(丁火)가 유금(酉金)을 상히게 만들지 않아 귀격(貴格)을 이루었다.

이 사주는 격국(格局)이 특수하기 때문에 평범한 이치로 논하면 안 된다.

축월(丑月) 계수(癸水)

축월(丑月) 계수(癸水)는 한습(寒濕)한데, 융동(隆冬)을 만나 빙동(氷凍)되니 만물이 수장(收藏)되며 막힌다. 따라서 병화(丙火)로 용신(用神)을 삼아 해동(解凍)해야 한다. 만일 병화(丙火)로 조후(調候)하지 못하면 만사가 이루어지지 않는다.

축월(丑月) 계수(癸水)는 병화(丙火)가 두 개 출간(出干)했는데 지지(地支)에 임수(壬水)가 많이 암장(暗藏)되어 있거나, 시(時)에 임수(壬水)가 투출(透出)했는데 월상(月上)에 정화(丁火)가 없으면, 수보양광(水輔陽光)이 되어 과갑(科甲)으로 부귀(富貴)가 극품에 이른다. 만일 병화(丙火)와 임수(壬水)가 각각 하나씩 출간(出干)하면 공감(貢監)은 잃지 않고, 병화(丙火)는 있으나 임수(壬水)가 없으면 생원(生員)에 불과하고, 임수(壬水)는 있는데 병화(丙火)가 없고 무토(戊土)가 투출(透出)하면 분류(奔流)하는 명(命)이 된다.

축월(丑月) 계수(癸水)는 임수(壬水) 겁재(劫財)가 출간(出干)하면 임수(壬水)와 작용이 같고, 수보양광(水輔陽光)이면 극귀격(極貴格)을 이룬다. 축월(丑月)은 엄한(嚴寒)하기 때문에 병화(丙火)가 하나밖에 없으면 힘이 부족하다. 만일 병화(丙火)가 출간(出干)하면 지지(地支)인사(寅巳)에 통근(通根)되는 것이 가장 길하다. 이것은 병화

(丙火)에 근원이 있기 때문이다.

병화(丙火)가 두 개 있다는 것은 하나는 천간(天干)에 투출(透出)하고, 하나는 지지(地支)에 암장(暗藏)되어 있다는 뜻이다. 정화(丁火)가 투출(透出)하여 임수(壬水)를 합(合)하면 흉하다. 병화(丙火)는 있는데 임수(壬水)가 없으면 해동(解凍)하는 것에 불과하고, 임수(壬水)는 있는데 병화(丙火)는 없고 무토(戊土)가 있으면 절벽이 높아 물이 급하게 흐르니 비록 범람하지 않아도 생의(生意)가 없다. 이때 관(官)이 용신(用神)이면 반드시 재성(財星)으로 보좌해야 귀격(貴格)을 이룬다.

축월(丑月) 계수(癸水)는 병화(丙火)가 투출(透出)했는데 지지(地支)에 자축(子丑)이 있고 계수(癸水)가 출간(出干)하면, 운무(雲霧)가 근원이 있기 때문에 양광(陽光)을 가린다. 따라서 병화(丙火)가 투출(透出)해도 해동(解凍)하지 못하면 평범한 명(命)이 된다. 만일 병화(丙火)가 신금(辛金)과 합(合)되면 정화(丁火)로 제(制)해야 길하다.

다시 말해, 병화(丙火)는 태양의 빛이기 때문에 임수(壬水)는 꺼리지 않으나 계수(癸水)는 꺼린다. 이것은 동운(凍雲)이 태양을 가려 불청불우(不晴不雨)하기 때문이다. 따라서 대한(大寒) 전후에는 지지(地支)에서 자축(子丑)이 합(合)하는데 병화(丙火)를 하나 만나면 오히려 힘이 부족하다. 이때 계수(癸水)가 출간(出干)하면 무용지물이 된다. 월령(月令)의 축(丑)이 자(子)를 만나 상합(相合)하면 연못이 얼어붙고, 해유(亥酉)를 만나도 역시 얼어붙는다. 즉, 병화(丙火)가 인사오(寅巳午)에 통근(通根)하지 못하면, 해동(解凍)하지 못하기 때문에 한기(寒氣)를 제(制)하기 어렵다. 계수(癸水)가 없어도 신금(辛金)과 병화(丙火)가 합(合)되면 해동(解凍)하지 못한다. 이때 정화(丁火)로 신금(辛金)을 제(制)하면 병화(丙火)가 기반(羈絆)되지 않는다. 따라서 축월(丑月) 계수(癸水)는 반드시 병화(丙火)로 용신(用神)을 삼아야 한다.

축월(丑月) 계수(癸水)가 일파(一派) 계기(癸己)가 있는데 년간(年干)에 정화(丁火)가 투출(透出)하면, 설야등광(雪夜燈光)이 되어 반드시 과갑(科甲)에 이른다. 그러나 밤에 태어난 사람에게만 해당한다. 그 외는 정화(丁火)가 없으면 고빈(孤貧)한 명(命)이 된다. 축궁(丑宮)에는 기신계(己辛癸)가 모두 암장(暗藏)되어 있는데 계수(癸水)는 일원(日元)이니, 기신(己辛)이 함께 투출(透出)하면 일주(日柱)와 희용(喜用)이 동궁(同宮)에 있다는 뜻이다.

다시 말해, 축월(丑月) 계수(癸水)는 병정화(丙丁火)가 없으면 흉하고, 동궁(同宮)에서 기토(己土)가 투출(透出)하면 정화(丁火)를 취해야 한다. 이것은 특수한 격국(格局)이니 평범한 오행론(五行論)으로 논하지 않는다.

축월(丑月) 계수(癸水)가 지지(地支)에 수국(水局)을 이루면, 수(水)가 차갑고 흐르지 않을 염려가 있다. 이때 병화(丙火)로 따뜻하게 만들지 못하면, 비록 무기토(戊己土) 관살(官殺)이 있어도 떠돌이 생활을 면하지 못하며 고생이 많다.

축월(丑月) 계수(癸水)가 지지(地支)에 화국(火局)을 이루었는데 경임(庚壬)이 투출(透出)하지 않으면 아내가 없다. 그러나 금수(金水)가 각각 하나씩 투출(透出)하면 의록(衣祿)은 있다. 지지(地支)에 화국(火局)이 있으면 재왕(財旺)하여 계수(癸水)가 약해진다. 이때는 경임(庚壬)으로 생조(生助)해야 재(財)를 감당할 수 있다. 그러나 경임(庚壬)이 생조(生助)하지 않으면, 재(財)는 아내에 해당하기 때문에 아내가 없는 것이다.

축월(丑月) 계수(癸水)가 지지(地支)에 금국(金局)을 이루었는데 병화(丙火)가 출간(出干)하여 득지(得地)하면 지온수난(地溫水暖)하다. 따라서 상생(相生)하기 때문에 비록 과갑(科甲)은 아니더라도 선발됨이 있다. 그러나 병화(丙火)가 암장(暗藏)되어 있으면, 학문에 재능이 많아도 명성을 얻지 못하며 승수(承受)함도 없다.

다시 말해, 지지(地支)에 금국(金局)이 있으면 계수(癸水)의 근원이 있다는 뜻이다. 병화(丙火)가 인사(寅巳)에 통근(通根)하여 득지(得地)하면 금온수난(金溫水暖)이 된다. 그러나 병화(丙火)가 지지(地支)에 암장(暗藏)되어 있으면 한기(寒氣)가 속박하여 역량이 감소한다. 승수(承受)함이 없다는 것은, 인수(印綬)가 많아 병(病)이 되어 재(財)가 파(破)하지 못하니 조상의 음비(蔭庇)가 없다는 뜻이다.

축월(丑月) 계수(癸水)는 지지(地支)에 목국(木局)을 이루어 계수(癸水)를 설(洩)하는데, 금(金)이 없으면 잔병이 많다. 이때 금(金)이 있으면 학업은 어려우나, 반드시 영변(靈變)함은 있어 자수성가한다. 그러나 반드시 병화(丙火)가 있어야 한다.

다시 말해, 지지(地支)에 목국(木局)을 이루면 수(水)를 지나치게 설(洩)한다. 이때는 금(金)으로 구해야 한다. 그렇지 않으면 수목상관(水木傷官)이 실령(失令)하기 때문에 총명해도 성공하기 어렵다. 이때는 병화(丙火)로 조후용신(調候用神)을 삼아야 하는데, 만일 병화(丙火)가 없으면 한수빙목(寒水氷木)이 되어 금(金)으로 제(制)해도 무용지물이 된다.

동월(冬月)은 병화(丙火)가 용신(用神)이니 병화(丙火)가 득지(得

地)해야 길하다. 그렇지 않으면 병화(丙火)가 많이 출간(出干)해도 부귀격(富貴格)을 이루지 못한다. 여기서 득지(得地)는 인사오(寅巳午)에 통근(通根)되는 것을 말한다. 천간(天干)은 싹이요 지지(地支)는 뿌리이니, 천간(天干)은 반드시 통근(通根)되어야 유용하다.

```
丙 癸 己 乙
辰 丑 丑 丑
```

이 사주는 병화(丙火)가 출간(出干)하여 귀격(貴格)을 이루어 시랑(侍郞)이었다.

```
壬 癸 己 乙    庚 癸 己 乙
子 卯 丑 巳    申 巳 丑 酉
```

이 두 사주는 모두 사유축(巳酉丑)이 회국(會局)하는데, 병화(丙火)가 나타나지는 않으나 사(巳)에 암장(暗藏)되어 득지(得地)했다. 재(財)가 용신(用神)이고, 처궁(妻宮)에 앉아 있으나 신궁(申宮)에 임수(壬水) 겁재(劫財)가 있으니 스스로 형극(刑剋)이 많다. 을사년생(乙巳年生)은 교유(敎諭)였고, 을유년생(乙酉年生)은 생원(生員)이었다. 아내를 셋이나 형(刑)했으나 아들 둘은 의금(衣衿)이 있었다.

```
壬 癸 癸 丁
戌 卯 丑 丑
```

이 사주는 공사(貢士)로 교관(教官)이었다. 묘술(卯戌)이 육합(六合)하여 화(火)로 변하니 따뜻한 기운이 약간은 있다.

乙 癸 乙 戊
卯 巳 丑 寅

이 사주는 시정(市政)이었다. 지지(地支)에 병화(丙火)가 두 개 암장(暗藏)되어 귀격(貴格)을 이루었다.

癸 癸 乙 癸
丑 卯 丑 未

이 사주는 잔병이 많았다. 축미(丑未)가 충(沖)하는데 계수(癸水)가 나타나, 미궁(未宮) 정화(丁火)가 소멸된다. 비록 태원(胎元)이 병진(丙辰)이지만 시(時)에 계수(癸水)가 있어 구름이 태양을 가리게 되었다.

癸 癸 癸 壬
丑 巳 丑 辰

이 사주는 임계(壬癸)가 투출(透出)하여 병무(丙戊) 재관(財官)을 취한다. 좌하(坐下) 사궁(巳宮)에 재관(財官) 인수(印綬)가 있어, 도광(道光)이 죽은 후 십수년 동안 나라를 다스려 청나라의 중흥기를 이루었다. 67세인 광서(光緒) 24년에 사망했다.

乙 癸 乙 戊
卯 未 丑 戌

이 사주는 설야등광격(雪夜燈光格)이 되어 순무(巡撫)에 이르렀다.

戊 癸 癸 壬
午 巳 丑 寅

이 사주는 지지(地支)에 인사오(寅巳午)가 모두 있어 재왕생관(財旺
生官)한다. 축궁(丑宮)에서 금수(金水)가 상생(相生)하는데 임수(壬
水)가 출간(出干)하니, 신왕(身旺)하여 재(財)를 감당할 수 있어 순
무(巡撫)에 이르렀다.

庚 癸 乙 戊
申 卯 丑 辰

이 사주는 을경(乙庚)과 신묘(申卯)가 상합(相合)하여 금국(金局)을
이루는 것과 같다. 병화(丙火)가 없으나 태원(胎元)이 병진(丙辰)이
니, 과갑(科甲)은 아니더라도 선발됨이 있었다.

丙 癸 丁 己
辰 丑 丑 巳

이 사주는 병정화(丙丁火)가 나란히 투출(透出)하여 사(巳)에 통근

(通根)하고, 축궁(丑宮)에 기계(己癸)가 나란히 투출(透出)했다. 과갑(科甲) 출신으로 총규(總揆)에 이르렀다.

乙 癸 丁 己
卯 丑 丑 卯

이 사주는 축궁(丑宮)에 기계(己癸)가 나란히 투출(透出)했는데 정화(丁火)가 있다. 대한(大寒)에는 태양이 진시(辰時) 초에 나타나기 때문에, 묘시생(卯時生)은 밤 태생으로 논하니 설야등광격(雪夜燈光格)이 되었다. 년월(年月)에 무인(戊寅)을 끼고 있고, 일시(日時)에 갑인(甲寅)을 끼고 있다. 신운(申運)에 이르러 인궁(寅宮) 병화(丙火)를 암충(暗沖)하여 행정원장(行政院長)이 되었다.

辛 癸 丁 己
酉 丑 丑 丑

이 사주는 축궁(丑宮)에 기신계(己辛癸)가 모두 투출(透出)했는데 월간(月干)에 정화(丁火)가 있다. 입춘(立春) 3일 전에 태어나, 일몰이 신시(申時) 정각 12분이니 유시(酉時)에 태어나면 이미 황혼이 진 후이기 때문에 설야등광격(雪夜燈光格)이 되어 남경시장(南京市長)이 되었다.

명리입문(命理入門)

　사주를 풀이하기 전에 먼저 사주풀이의 순서를 알아야 한다. 이 순서에 대해서는 옥정오결(玉井奧訣)에서 가장 자세하게 설명하고 있다.　따라서 여기서는 옥정(玉井)의 글로 녹(錄)을 삼고, 전석문(銓釋文)으로 부(附)를 삼는다. 비록 풍습에 근거를 두고 있으나, 먼저 제강(提綱)으로 우두머리를 삼아 한 걸음 한 걸음 닦은 다음에 암중모색하면 잘못된 길로 들어서지는 않을 것이다.

　옥정오결(玉井奧訣)에서는 조화의 이치를 살필 때는 일주(日柱)를 위주로 하여 좌하(坐下)의 지신(支神)을 살펴야 한다고 했다. 옛사람들은 년(年)으로 본(本)을 삼고, 일(日)로 주(主)를 삼았다. 이것은 번거로움을 버리고 간편함을 취하고자 했기 때문이다.

　그러나 현대인들은 먼저 좌하(坐下)의 지신(支神)을 살핀다. 이것은 일간(日干)으로만 논하지 않고, 반드시 일진(日辰)의 간지(干支)를 살핀다는 뜻이다. 천간(天干)으로 지지(地支)를 배합하여 유기(有

氣)와 무기(無氣), 진기(進氣)와 퇴기(退氣)를 살펴야 한다.

십이궁(十二宮)으로 살펴보면, 갑신(甲申)과 을유(乙酉)는 목(木)이 절(絶)되어 무기(無氣)하고, 갑자(甲子)와 을축(乙丑)은 목(木)이 목욕지(沐浴地)나 관대지(冠帶地)에 임하기 때문에 약하나 유기(有氣)하다. 장생(長生)부터 임관(臨官)에 이르면 진기(進氣)이고, 왕(旺)부터 묘(墓)에 이르면 퇴기(退氣)가 된다.

예를 들어, 갑진(甲辰)은 목(木)이 쇠지(衰地)에 있으니 퇴기(退氣)하는 목(木)이나, 뿌리에 수토(水土)가 서려있어 윤택하여 가지가 무성하니 유정(有情)이라 하고, 갑술(甲戌)은 목(木)이 양지(養地)에 있으나 술토(戌土)는 조토(燥土)이기 때문에 뿌리가 말라 잎이 시드니 무정(無情)이라 한다. 경진(庚辰)은 금(金)이 양지(養地)에 있어 무기(無氣)하나, 습토(濕土)가 금(金)을 생(生)하고 진유(辰酉)가 암합(暗合)하기 때문에 유(酉)를 만나지 않아도 서로 합(合)하려는 뜻이 있어 상생(相生)하니 유정(有情)이라 하고, 경술(庚戌)은 비록 서방(西方)의 여기(餘氣)가 있는 곳이나, 조토(燥土)는 생(生)하지 못하기 때문에 무정(無情)이라 한다.

약한 것 같으나 암(暗)으로 왕성한 경우가 있다. 예를 들어, 병진(丙辰)이나 병술(丙戌)은 무근(無根)인 것 같으나, 진(辰)은 화(火)의 관대지(冠帶地)이니 기세가 매우 왕성하다. 그러나 약한 것 같으면서 안(暗)으로 왕성한 것이 있다. 예를 들어, 병화(丙火)가 묘고(墓庫)에 이르면 석양이 넓게 비추나, 황혼이 이미 기울었으니 반대로 병진(丙辰)의 기(氣)가 청(淸)하고 웅장함에는 비교되지 않는다. 이런 경우는 매우 많은데 오행(五行)과 십간(十干)의 근본을 알아야 살필 수 있다.

월기(月氣)의 깊고 얕음을 살펴, 누가 주권을 잡았는가를 살펴야 한다. 월기(月氣)란 월지(月支)에 사령(司令)한 신(神)을 말하는데 십이궁(十二宮)으로는 장생(長生), 목욕(沐浴), 왕(旺), 쇠(衰), 묘(墓) 등의 기(氣)를 말한다.

주권은 당왕(當旺)하여 용사(用事)함을 말한다. 예를 들어, 갑목(甲木)이 신월(申月)에 태어나면 목기(木氣)가 절지(絶地)에 해당하여 경금(庚金)이 주권을 잡고, 병화(丙火)가 인월(寅月)에 태어나면 화(火)가 장생(長生)에 해당하여 갑목(甲木)이 주권을 잡는다. 이때는 일간(日干)으로 월기(月氣)를 배합해야 한다. 일간(日干)을 체(體)로 하는데, 체(體)는 왕쇠강약(旺衰強弱)을 살펴 억부법(抑扶法)을 써야 한다.

월기(月氣)에는 깊고 얕음이 있다. 예를 들어, 금수(金水)가 대서(大暑) 전에 태어났으면, 화토(火土)가 주권을 잡은 때이니 비록 금수(金水)가 많아도 약하고, 대서(大暑) 후에 태어났으면, 한두 개의 금수(金水)가 서로 도와주기 때문에 왕(旺)으로 본다. 이것은 금수(金水)가 진기(進氣)이기 때문이다. 만일 갑을목(甲乙木)이 삼동(三冬)에 태어났으면, 비록 간지(干支)에서 많이 돕는다고 해도 병화(丙火)가 따뜻하게 해주어야 한다. 만일 운이 생왕지(生旺地)로 흐르면 목기(木氣)는 대개 한기(寒氣)의 위력에 속박을 받게 된다.

적천수(滴天髓)에서는 진퇴를 결정할 때는 억양(抑揚)이 있으니 매우 세밀하게 살펴야 한다고 했다. 병화(丙火)가 대한(大寒) 후에 태어났어도 이치가 같다. 따라서 한두 개의 화(火)가 있으면 왕(旺)으로 논해야 한다. 이것은 이양(二陽)이 진기(進氣)하기 때문이다.

지지(地支)가 절(絶)에 이르나 당성(黨盛)하면 강해진다. 이것은 좌

하(坐下)의 지신(支神)인 월기(月氣)의 깊고 얕음을 설명한 것으로
일지(日支)와 월지(月地)를 논한 것이다.

 사주에서 천간(天干)은 싹에 해당하고, 지지(地支)는 뿌리에 해당한
다. 따라서 천간(天干)이 뿌리에 통하지 않으면 부로(浮露)라 하고,
지지(地支)에 있는 것이 천간(天干)에 투출(透出)하지 않으면 은장
(隱藏)이라 한다.

 일간(日干)의 왕쇠강약(旺衰强弱)은 희용(喜用)의 유정(有情)과 무
정(無情)으로 배합하는 것이니, 핵심은 지지(地支)에 있다. 년(年)은
근본(根本), 월(月)은 문호(門戶), 일(日)은 본신(本身), 시(時)는 귀
숙(歸宿)이라 한다. 이것은 지지(地支)를 따르는 것으로 지지(地支)
에서 절(切)에 이른다.

 당성(黨盛)은, 예를 들어 갑을목(甲乙木)이 인묘진방(寅卯辰方)이
있으면 당(黨)이라 하고, 해묘미국(亥卯未局)을 만나도 마찬가지다.
이때 인수(印綬)가 생(生)하고, 비겁(比劫)의 도움을 받는다.

 왕쇠강약(旺衰强弱)은, 득시(得時)하면 왕(旺)이요 실시(失時)하면
쇠(衰)이고, 당(黨)이 심하면 강한 것이요 당(黨)이 적으면 약한 것
이다. 따라서 강하나 쇠약한 경우가 있고, 약하나 왕성한 경우가 있
다. 그러나 용신(用神)에 집착하다 보면 희기(喜忌)가 끊어진다. 일
원(日元) 간지(干支)가 정(情)과 월령(月令)을 배합하는 것으로 왕쇠
(旺衰)를 살피는데, 사지(四支)를 모두 살펴야 강약을 파악할 수 있
다. 만일 강으로 편중되면 억법(抑法)을 쓰고, 약으로 편중하면 부법
(扶法)을 쓴다. 결점을 알면 보충할 수 있고, 병을 알면 치료할 수 있
는 것처럼, 필요한 것을 보충하는 것을 용신(用神)을 잡는다고 하는
것이다.

명리학(命理學)에서 용신(用神)을 잡는 것은 기본적인 일이나 쉽지 않다. 오행(五行)과 십간(十干)의 성질이 모두 다르기 때문에 길한 것과 흉한 것이 다르고, 월기(月氣)의 깊고 얕음이 다르고, 진퇴가 다르다. 따라서 티끌만큼의 오차가 천리의 차이를 만들기 때문에 세밀하게 살피지 않으면 안 된다.

농통론(籠統論)에서는 재관식인(財官食印)은 길하고, 상살효인(傷殺梟印)은 흉하다고 했다. 따라서 십간(十干)의 성질을 정확하게 구분할 줄 알면 희기(喜忌)는 저절로 보인다.

기기절궁기리(氣氣切窮基理)요 물물지극전관(物物至極轉關)이라는 말이 있다. 여기서 기(氣)는 십간(十干)의 기(氣)를 말한다. 예를 들어, 갑목(甲木)은 갑목(甲木)의 기(氣)가 있고, 을목(乙木)은 을목(乙木)의 기(氣)가 있다. 갑목(甲木)은 경금(庚金) 편관(偏官)을 기뻐하니 이것으로 귀(貴)를 취하고, 을목(乙木)은 병화(丙火)의 태양이 따뜻하게 하고 계수(癸水)의 비로 윤택하게 해야 하니 이것으로 귀(貴)를 취한다. 이것은 진기(進氣)와 퇴기(退氣)가 있기 때문이다.

병정무기(丙丁戊己)는 인수(印綬)가 상생(相生)하는 것을 기뻐하나, 경신금(庚辛金)은 금이 묻힐 염려가 있기 때문에 인수(印綬)를 기뻐하지 않는다. 갑을목(甲乙木)이 병화(丙火)를 기뻐하는 것은 한목(寒木)이 양(陽)을 향하기 때문이고, 정화(丁火)를 기뻐하는 것은 목화통명(木火通明)이 되기 때문이다. 경신금(庚辛金)이 임계수(壬癸水)를 기뻐하는 것은 금수(金水)가 맑기 때문이고, 병정화(丙丁火)가 혼자 무기토(戊己土)를 만나면 토(土)가 화(火)의 빛을 어둡게 한다. 갑병무임(甲丙戊壬)이 편관(偏官)을 기뻐하는 것은 귀(貴)를 취하기 때문이다. 그러나 경금(庚金)만이 정화(丁火)를 기뻐하기 때문에 정관(正官)으로 귀(貴)를 취한다.

병화(丙火)는 대개 양화(陽和)의 기(氣)이기 때문에 조후(調候)할 때는 병화(丙火)가 아니면 불가하고, 경금(庚金)을 단련하여 기물을 이루려면 용광로인 정화(丁火)를 취해야 한다. 이와 같이 각각의 기(氣)는 각각의 희기(喜忌)가 있기 때문에 그 근원을 추측하지 않으면 이치를 알 수 없고, 이 이치를 모르면 명리(命理)를 알 수 없다.

물(物)은 오행(五行)을 말한다. 오행(五行)은 춘하추동의 대명사로 순환되기 때문에 절대로 절멸되지 않는다. 오행(五行)은 수화(水火)를 위주로 하는데, 수화(水火)는 한서(寒暑)를 말한다. 화(火)는 유(酉)에서 사(死)하는데, 병화(丙火)는 사(死)하나 정화(丁火)는 사(死)하지 않는다. 이것은 병화(丙火)는 진기(進氣)하는 화(火)이기 때문에 생왕(生旺)한 기(氣)가 일어나 유(酉)에 이르면 사(死)하고, 정화(丁火)는 퇴기(退氣)하는 화(火)이기 때문에 왕성해도 뜨겁지 않고 쇠(衰)해도 궁(窮)하지 않으니 사(死)로 논하지 않는 것이다.

화(火)가 해월(亥月)에 이르면 절(絶)되나, 해궁(亥宮)에서 갑목(甲木)이 장생(長生)되고, 쇠(衰)가 극에 이르면 기(氣)가 전환되어 동지(冬至)에 이르면 일양(一陽)이 생(生)한다. 수(水)가 사월(巳月)에 이르면 절지(絶地)가 되나, 경금(庚金)이 장생(長生)하여 하지(夏至)에 이르면 일음(一陰)이 생(生)한다. 오행(五行)은 극지(極地)에 이르면 모두 전환되는 기미가 있다. 사람의 명(命)도 이와 같아 화가 오히려 복이 된다.

고가결(古歌訣)에서는 사주가 사절지(死絶地)에 이르면 가장 흉하나, 기사회생하면 오히려 복이 높다고 했다. 예를 들어, 신미년(辛未年) 기해월(己亥月) 병진일(丙辰日) 기해시(己亥時)이면 여기에 해당한다. 목화(木火)의 명(命)이 하월(夏月)에 태어나면 금수(金水)로 용신(用神)을 삼고, 금수(金水)의 명(命)이 동월(冬月)에 태어나면 목화(木火)로 용신(用神)을 삼는다. 만일 목화(木火)의 명(命)이 동월(冬月)에 태어났으면 금수(金水)로 생부(生扶)해야 한다. 호명(好命)에 이런 경우가 많다. 이것은 극에 이르면 전환되기 때문이다.

유기(有氣)한 사주는 급(急)하고, 유정(有情)한 사주는 절(切)한다. 유기(有氣)는 십이궁(十二宮)을 따라 논하고, 유정(有情)은 생극회합(生剋會合)에 따라 논한다.

예를 들어, 갑을목(甲乙木)이 지지(地支)가 인묘진(寅卯辰)이나 해묘미(亥卯未)이면 유근(有根)이라 하고, 장생(長生), 목욕(沐浴), 관대(冠帶), 임관(臨官), 왕(旺), 쇠(衰), 묘(墓)이면 유기(有氣)라 한다. 이것은 근(根)은 형(形)이 있는 것이고, 기(氣)는 형(形)이 없는 것에 속하기 때문이다.

예를 들어, 갑자(甲子)와 을축(乙丑)은 목(木)이 목욕지(沐浴地)와 관대지(冠帶地)에 이르니 비록 무근(無根)하나 유기(有氣)하고, 갑오(甲午)와 을사(乙巳)는 목(木)이 병지(病地)와 사지(死地)에 임하니 무기(無氣)라고 한다.

계선편(繼善篇)에서는 을목(乙木)이 오궁(午宮)에서 생(生)하면 기산지문(氣散之文)이라 한다고 했다. 따라서 갑신(甲申), 갑술(甲戌), 을유(乙酉)는 모두 무기(無氣)에 속한다. 유정(有情)은 생극회합(生剋會合)을 합(合)하여 논하는 것으로, 천간(天干)으로 지지(地支)를 더한다. 천간(天干)은 나이고 지지(地支)는 타인이다. 지지(地支)는 나를 생(生)하고, 내가 지지(地支)를 생(生)하는 것은 불가하다. 극(剋)은 내가 하는 것이고, 나를 극(剋)하는 것은 불가하다. 아래에서

위를 생(生)하면 인(印)이고, 위에서 아래를 생(生)하면 설(洩)이고, 내가 극(剋)하는 것은 재(財)이고, 나를 극(剋)하는 것은 귀(鬼)다.

예를 들어, 갑진(甲辰)과 갑술(甲戌)은 내가 극(剋)하는 재(財)이나, 갑진(甲辰)은 유정(有情)하여 습목(濕木)으로 뿌리를 배양한다. 이것은 내가 극(剋)하는 중에 나를 생(生)하려는 뜻이 있기 때문이다. 갑술(甲戌)은 무정(無情)하기 때문에 토(土)가 메마르고 뿌리가 메마르니 가지와 잎이 시든다.

갑자(甲子)는 비록 나를 생(生)하나 무정(無情)하다. 이것은 북방(北方)의 한기(寒氣)가 심하기 때문에 생(生)의 기미가 질식되어 막히기 때문이다. 갑오(甲午)는 목(木)의 사지(死地)이나, 갑기(甲己)가 상합(相合)하여 유정(有情)하다. 임진(壬辰)은 수고(水庫)이니 수(水)의 근원을 거둬들여 강호(江湖)와 같고, 임술(壬戌)은 높은 산등성이에 있는 수(水)이니 산골짜기의 시냇물과 같다. 임진(壬辰)은 묘지(墓地)에 앉아 있으나 반대로 유정(有情)하고, 임술(壬戌)은 수(水)가 관대지(冠帶地)에 임하나 반대로 무정(無情)하다. 임자(壬子)는 충분(沖奔)하는 수(水)이니 왕성하나 무정(無情)하고, 임오(壬午)는 수(水)가 남방(南方)에 들어가니 범람하지 않고, 임정(壬丁)이 상하로 합(合)하니 쇠지(衰地)에 있으나 반대로 유정(有情)하다.

대개 천간(天干)은 천간(天干)이 생(生)해주는 것을 기뻐하고, 지지(地支)는 지지(地支)가 생(生)해주는 것을 기뻐한다. 생(生)을 기뻐하는데 생(生)되고, 극(剋)을 기뻐하는데 극(剋)되면 모두 유정(有情)이라 하고, 이와 반대이면 무정(無情)이라 한다.

희용(喜用)은 일원(日元)과 상합(相合)하면 유정(有情)하여 용신(用神)이 기뻐하고, 다른 천간(天干)과 상합(相合)하면 정(情)이 다른 사람에게로 향하는 것이니 정신이 분산된다. 이처럼 유정(有情)과 무정(無情)은 매우 까다롭기 때문에 정확하게 살피는 것이 쉽지 않다. 그러나 많이 보면서 터득해야만 운명을 읽을 수 있다.

급절(急切)은 길흉을 합하여 가리키는 말이다. 길신(吉神)이 유기(有氣)하면 발복하고, 흉신(凶神)이 유기(有氣)하면 화액이 따른다. 길신(吉神)이 와서 합(合)하면 유정(有情)이라 하고, 기신(忌神)이 와서 합(合)하면 무정(無情)이라고 하는데, 평생 그 영향을 받게 된다. 기(氣)와 정(情), 급(急)과 절(切)은 형체가 없다. 따라서 문자로는 모두 설명할 수 없으니 스스로 터득해야 한다.

운명을 감정할 때는 년간(年干)으로 통섭(統攝)한 다음에 월시(月時)를 본다. 시(時)는 균형을 잡는 것이기 때문에 작게 나누어 살펴야 한다. 이허중(李虛中)은 년주(年柱)를 위주로 했으나, 서자평(徐子平)에 이르러 일주(日柱)를 위주로 했다. 그러나 이치는 같다. 년주(年柱)로 논할 때는 길흉이 일시(日時)에 있고, 일주(日柱)로 논할 때는 근본이 년주(年柱)에 있다.

년주(年柱)로 통섭(統攝)한다는 것은, 년주(年柱)를 기본으로 삼는 것으로 복은 스스로 있다고 본 것이다. 그리고 월시(月時)를 본다는 것은, 일원(日元)으로 월령(月令)을 배합하여 왕쇠(旺衰)와 희용(喜用)의 때를 살피는 것이다. 만일 때를 얻지 못하면 시진(時辰)으로 무겁고 가벼움을 가감한다. 월(月)은 일년 기후의 시작이고, 시(時)는 하루 기후의 시작이다.

옛사람들은 년(年)은 저울과 같고, 월(月)은 저울에 다는 것과 같아 강뉴(綱紐)를 제기(提起)하고, 일(日)은 눈금과 같아 둘의 무게를 따지고, 시(時)는 저울추와 같아 경중(輕重)을 가감한다고 했다.

계선편(繼善篇)에서는 용신(用神)을 잡을 때는 생월(生月)에 의지해야 하기 때문에 당연히 깊고 얕음을 추측하고 연구해야 한다고 했다. 발각(發覺)은 일시(日時)에 있기 때문에 강약을 자세히 살펴야 한다는 뜻이다.

다시 말해, 운명을 논할 때는 사주를 편폐(偏廢)하면 불가하고, 여덟 글자가 일편(一片)을 이루는 것이 핵심이고, 핵심은 월(月)과 시(時)에 있다. 오행(五行)은 기후의 대명사이고, 월시(月時)는 기후가 나오는 곳이다. 이것은 월령(月令)이 주(主)요, 시진(時辰)은 분량을 가감하는 곳이라는 말이다.

수합(隨合)은 긴밀하고, 요합(遙合)은 한가롭지 않다. 합(合)에는 오합(五合)과 육합(六合)과 삼합(三合)이 있고, 다시 명합(明合)과 암합(暗合)으로 나눈다. 수합(隨合)은 신(身)에 붙어 상합(相合)하는 것을 말한다.

예를 들어, 갑자일(甲子日) 기사시(己巳時)이거나, 갑월(甲月) 기일(己日)이면 천간합(天干合)이다. 자일(子日) 축시(丑時), 진월(辰月) 자일(子日)과 같으니 지지합(地支合)이다. 모두 명합(明合)이다. 자일(子日) 사시(巳時)는 자궁(子宮) 계수(癸水)가 녹기(祿氣)이고, 사궁(巳宮) 무토(戊土)의 녹기(祿氣)와 상합(相合)하고, 묘일(卯日) 신시(辛時)는 을경(乙庚)의 목기(木氣)가 상합(相合)한다. 이것은 모두 암합(暗合)이다.

대개 수합(隨合)은 기(氣)가 긴밀하나, 희신(喜神)이면 유정(有情)하고, 기신(忌神)이면 견제하는 것이니 역시 쓰임이 강하다. 요합(遙合)은 격위(隔位)되어 불기하니 한신(閑神)으로 무용하다

체제(體制)는 기국(氣局)을 말하는데 크고 넓다. 같은 재관인(財官

印)이라도 왕후경상(王侯卿相)이 있고, 빈궁하천(貧窮下賤)이 있다.
따라서 기국(氣局)은 크고 세밀하게 나누어 살펴야 한다. 기국(氣局)
은 가장 해석하기가 힘들다. 대방면은 지나침을 막론하나, 본신(本
身)의 복이 박한 것과 같아서 이롭지 않다. 오히려 산만해서 흉하며
그 국(局)을 거두고 이루지 않는다.

본신(本身)의 복은 일주(日柱)의 용신(用神)을 살펴야 한다. 사주를
배합할 때는 일주(日柱)가 생왕(生旺)하며 유기(有氣)하고, 용신(用
神)이 득시(得時)하며 득지(得地)해야 한다.

사주가 배합이 유정(有情)하고, 기신(忌神)과 한신(閑神)이 잡되지
않으며 많거나 적지 않고, 호처(好處)에 다다름과 흡사하면 표국(表
局)이 비록 크고 넓지 않아도 중상(中上)의 명(命)은 잃지 않는다. 보
통의 기국(氣局)은 녹마귀인(祿馬貴人)과 공협암장요합(拱夾暗藏遙
合)을 보니, 공합(拱合) 역시 본신(本身)의 복이니 유용한 기물을 이
룬다.

옛사람들은 기국(氣局)을 논할 때 유일하게 난태묘선(蘭台妙選)을
기준으로 했으나, 용신(用神)이 부정확한 것은 본신(本身)의 복을 버
리고 기국(氣局)을 논했기 때문이다. 또한 난태고법(蘭台古法)은 납
음(納音)을 주로 했다. 그러나 명리학이 점점 발전하여 새로운 것이
나오니 도태되었다. 산명술(算命術)이나 의약을 막론하고 모두 마찬
가지다. 사람을 연구할 때는 필수적으로 추원궁본(推源窮本)하는 것
을 정밀하게 해야 한다는 뜻이다.

난태(蘭台), 이허중(李虛中) 명서(命書), 적천수(滴天髓)는 명리(命
理) 중에서도 3대 명저이니 가치를 마멸하면 불가하다. 그 중에서도
지국(支局), 지위(地位), 공협(拱夾) 등은 논리가 매우 정밀하다. 납

음(納音)은 서자평(徐子平)이 일주(日柱)와 오행(五行)을 바르게 개용(改用)한 후에 명리(命理)가 진일보하여 사회에 공헌했다. 그러나 애석하게도 현대인이 그 이치를 모르고 찌꺼기에 마음을 쏟으며 정화(精華)를 가볍게 여기니 안타깝지 않을 수 없다.

 방국(方局)으로 체제(體制)를 논하는 것은 용신(用神)을 잡기 위함이다. 국(局)에는 국(局)의 쓰임이 있다. 이 원리를 알지 못하면 분별하기 힘들다. 자면(字面)은 선후로 나누어야 하고, 선후관계가 매우 중요하다.

 예를 들어, 갑목(甲木)은 신금(辛金)으로 관(官)을 삼는데, 신금(辛金)이 년상(年上)에 있고, 월상(月上)에 병정화(丙丁火)가 투출(透出)하면 관성(官星)이 상하기 때문에 취할 수가 없다. 이때는 시상(時上)에 신금(辛金)이 있고, 년상(年上)에는 정화(丁火)가 있고, 월상(月上)에 기토(己土)가 있으면 화생토(火生土)한다. 따라서 금(金)을 극(剋)하지 못하니 관성(官星)이 손상되지 않는다.

 갑목(甲木)이 기토(己土)로 재(財)를 삼는데, 기토(己土)가 년시(年時)에 있으면, 월상(月上)에서 거듭 만나도 갑목(甲木) 기토(己土)가 일원(日元)을 향하기 때문에 년월(年月)의 갑목(甲木)이 빼앗지 못한다. 만일 년상(年上)에 갑목(甲木)이 있고, 월상(月上)에 기토(己土)가 있으면, 년일(年日)의 양갑목(兩甲木)이 쟁합(爭合)하기 때문에 월간(月干)의 기토(己土) 재(財)가 겁탈을 당하게 된다.

 만일 년상(年上)에 기토(己土)가 있고 월상(月上)에 갑목(甲木)이 있으면, 년간(年干) 기토(己土)를 월령(月令) 갑목(甲木)이 소유하는 것이니 나에게 빛남이 없다. 다시 안장(暗藏)하고 투출(透出)하는 사이에 역시 분별함이 있다.

예를 들어, 병화(丙火)가 임수(壬水)를 취할 때는, 무토(戊土)가 빛을 어둡게 하면 반드시 갑목(甲木)으로 구해야 한다. 무토(戊土)가 출간(出干)하고 갑목(甲木)이 지지(地支)에 암장(暗藏)되어 있으면, 지지(地支) 갑목(甲木)이 천간(天干) 무토(戊土)를 파(破)하기 어렵고, 갑목(甲木)이 투출(透出)하고 무토(戊土)가 암장(暗藏)되어 있으면, 갑목(甲木)이 무토(戊土)를 충분히 제(制)할 수 있으니 청(淸)해진다. 이는 암장(暗藏)과 투출(透出)로 선후를 논한 것이다.

희용(喜用)이 지지(地支)에 암장(暗藏)되어 있는데 월령(月令)에 당왕(當旺)한 신(神)이 있으면 가장 길하고, 다음으로는 일지(日支)와 시지(時支)이고, 만일 년지(年支)에 있으면 관계되어 모이나 도달하지 못할 염려가 있다.

명리(命理)는 년주(年柱)를 기본으로 하는데 대개 유년(幼年) 15년이고, 월주(月柱)는 문호(門戶)로 하는데 대개 장년(壯年) 15년이고, 일주(日柱)는 본신(本身)인데 대개 장년(長年) 15년이고, 시주(時柱)는 귀숙(歸宿)으로 하는데 대개 만년(晩年) 15년이다.

용신(用神)이 년상(年上)에 있으면 유년에 음비(蔭庇)가 있고, 월일(月日)에 있으면 주로 본신(本身)이 업을 이루고, 시주(時柱)에 있으면 주로 00에 업을 이루며 자식복이 형통한다. 따라서 재관인식(財官印食)의 희신(喜神)과 기신(忌神)이 자면(字面)의 선후간에 있어 크게 관계됨이 있다.

천간(天干)으로는 생극제화(生剋制化)를 논하고, 지지(地支)로는 형충파해(刑沖破害)를 논한다. 천간(天干)은 생극제화(生剋制化)를 위주로 하는데, 재관식인(財官食印) 등의 십신(十神)을 말하는 것이다. 지지(地支)는 형충회합(刑沖會合)을 위주로 하는데, 천간(天干)

으로 지지(地支)를 배합할 때는 반드시 십이궁(十二宮)의 생왕휴수(生旺休囚)를 논한다.

인원(人元)에 암장(暗藏)된 것을 취한다는 것은 십이궁(十二宮)의 장생(長生), 녹(祿), 왕(旺), 쇠(衰), 묘(墓)의 기(氣)를 말하는 것이다. 그러나 후세 사람들이 지지(地支) 중에 있는 기(氣)를 취하니, 역시 생극(生剋)을 취하는 것이다. 잘못된 이론이 이렇게 서로 다투고 있으니 명리(命理)의 참된 뜻이 점점 어두워지고 있다.

중요한 것은 천간(天干)에 나타나지 않은 것을 알아야 한다는 것이다. 따라서 생극제화(生剋制化)를 알아야 한다. 지지(地支)는 각각 본궁(本宮)을 지키기 때문에, 왕쇠(旺衰)를 논할 때 형충파해(刑沖破害)가 없으면 생극제화(生剋制化)도 없다. 지지(地支)는 형충회합(刑沖會合)을 위주로 하기 때문이다.

형충파해(刑沖破害)는 윗글에서 수합(隋合), 요합(遙合), 회합(會合)이 중요하다는 뜻으로 이미 설명했다. 파해(破害)는 곧 형충(刑沖)을 포괄하는 말이다. 생극(生剋), 제화(制化), 회합(會合), 형충(刑沖)의 변화는 자면(字面)의 선후관계에 있다. 이 책에서는 자세한 설명은 생략하기로 한다.

재관(財官) 등은 일진(日辰)에 의거하고, 망신(亡身)이나 겁살(劫殺) 등은 태세(太歲)를 참작하고, 신살(神殺)은 크게 3종류로 나누는데 다음과 같다.

첫째, 재관인식(財官印食) 등 십신(十神)은 일진(日辰)을 따라 논한다. 둘째, 십이궁(十二宮)의 생왕휴수(生旺休囚)는 천을귀인(天乙貴人) 등에 영향을 미치니, 천간(天干) 네 글자를 모두 논한다. 셋째, 역마(驛馬), 함지(咸池), 망신(亡身), 겁살(劫殺), 화개(華蓋), 임금

(暗金) 등은 모두 태세(太歲)를 따라 논한다.

태세(太歲)는 년명(年命)을 말하는데, 대개 지지(地支)의 신살(神殺)은 태세(太歲)를 따라 일으키니 가전신살(駕前神殺)이 있고, 가후신살(駕後神殺)이 있다. 가(駕)는 태세(太歲)를 말하는 것이다. 그러나 이중에서도 일진(日辰)을 참작하는 것이 있다.

예를 들어, 인오술(寅午戌) 함지(咸池)는 묘(卯)에 있고, 신자진(申子辰) 함지(咸池)는 유(酉)에 있고, 병정(丙丁) 일진(日辰)은 묘(卯)에 있고, 임계(壬癸) 일진(日辰)은 유(酉)에 있으니, 모두 함지(咸池)가 된다. 그러나 수화(水火)에 한할 뿐이고, 금수(金水)는 같이 논하지 않는다.

이 외에 학당(學堂), 문창(文昌), 공망(空亡), 금신(金神), 괴강(魁岡), 진교퇴휴(進交退休) 등의 신살(神殺)은 반드시 일시(日時)의 간지(干支)로만 논한다. 대개 선일법(選日法) 중에 혼잡되어 따르니 명리(命理)의 소중함이 아니다. 정밀하게 연구한 후에 참고해서 취해야 하나 쉬운 일이 아니다.

상성일가(象成一家)는 귀기(貴氣)에 집착하지 않고, 근원일기(根源一氣)는 생물을 가득차게 한다. 상성일가(象成一家)는 사주가 일행(一行)에 편중되는 것을 말한다. 예를 들어 금목(金木), 금화(金火), 금금(金金), 금수(金水)와 같은 경우다.

전왕격(專旺格)은 다섯 가지로 곡직(曲直), 염상(炎上), 종혁(從革), 윤하(潤下), 가색(稼穡)을 말한다. 상(象)이 비록 일가(一家)를 이루나, 천지(天支)에 한두 개 같지 않은 종류가 일원(日元)에 있으면 종화(從化)가 되고, 년월시(年月時)에 있으면 무리를 지어 강한데 적(適)은 적으니 제거하고 무리를 이루어야 한다.

귀기(貴氣)는 재관녹마(財官祿馬)를 말한다. 상(象)이 일가(一家)를 이루나 격(格)이 간격이 있어 왕성하면 다시 재관(財官) 녹마(祿馬)의 귀기(貴氣)에 집착하지 않는다. 이것을 격(格)을 이루기 때문이다. 근원이 일기(一氣)이면 전왕격국(專旺格局)이 된다. 이때 지지(地支)에 회국(會局)이 있으면 가장 좋다. 같은 기(氣)가 연지(連枝)하여 기세가 순일(純一)하니 천간(天干)이 종화(從化)하려고 하나, 이를 얻지 못하는 것은 한두 개의 거스르는 신(神)이 있는 것이니 역시 파(破)하기 어렵다. 이는 근원이 일기(一氣)로 가득차야 귀(貴)가 된다.

종국(從局)은 종(從)하는 신(神)을 따라 용신(用神)을 취하고, 화격(化格)은 화신(化神)을 생(生)하는 것을 용신(用神)으로 삼아 왕성함을 돕는다. 전왕(專旺)의 오격(五格)은 기후 관계에 있으니, 식상(食傷)을 취하여 왕기(旺氣)를 설(洩)하나, 이때는 인수(印綬)가 있어도 복록(福祿)을 방해하지 않는다. 만일 전왕(專旺)이 순수하지 않으면 인수(印綬)를 용신(用神)으로 삼는 것을 의심할 여지가 없다. 이러한 여러 가지 격국(格局)의 변화는 이미 상(象)이 일가(一家)를 이루었으면 반드시 왕성함을 이루어야 한다.

여기서 관건은 팔법(八法)이고, 오기(五氣)는 단서를 연 것이다. 팔법(八法)은 생극(生剋), 제화(制化), 회합(會合), 형충(刑沖)을 말하고, 오기(五氣)는 금목수화토(金木水火土)를 말한다.

팔법(八法)은 명리(命理)의 관건이다. 생(生)은 나를 생(生)하는 것은 물론 내가 생(生)하는 것도 해당한다. 이중에 생(生)하나 생(生)하지 않는 것이 있고, 생(生)하지 않으나 생(生)하는 이치가 있다.

예를 들어, 을목(乙木)이 임수(壬水)를 만나고, 신금(辛金)이 무토

(戊土)를 만나면 정인(正印)이다. 무정(無情)한 생(生)이니 생(生)하
지 않는 것과 같기 때문에, 계수(癸水)나 기토(己土) 편인(偏印)이
생(生)하는 것과는 다르다. 그러나 신금(辛金)이 무자(戊子)를 만나
면 토(土)가 허(虛)하고 윤택하여 금(金)을 생(生)할 수 있고, 임수
(壬水)가 기토(己土)를 만나면 수(水)가 니사(泥沙)에 끼어 충분히
목(木)을 생(生)한다. 무정(無情)이 유정(有情)으로 변하는 것이다.
목(木)이 화(火)를 생(生)하고, 금(金)이 수(水)를 생(生)하는 것은
같은 이치다.

 그러나 한목(寒木)이 양(陽)을 향하면 봄이 대지로 돌아온다. 따라
서 기(氣)가 양화(陽和)로 바뀌니, 목(木)이 병화(丙火)에 의지하여
생(生)된다. 금(金)이 하월(夏月)에 태어나면 돌이 녹고 금(金)이 흐
른다. 따라서 월령(月令)에 토(土)가 암장(暗藏)되어 있어도, 화(火)
가 메마르게 하여 조토(燥土)는 금(金)을 생(生)하지 못한다. 임계수
(壬癸水)를 만나면 토(土)를 윤택하게 만들어 금(金)을 생(生)한다.
이것은 금(金)이 수(水)에 의지하여 생(生)을 얻기 때문이다.

 오행(五行)은 오행(五行)의 성정이 있고, 십간(十干)은 십간(十干)
의 성정이 있다. 조물(造物)은 원본체(原本體)가 있고, 기완(器完)은
근본에서 나오는 것이니, 반드시 그 원리를 연구하고 본체(本體)를
추구해야 한다. 앞에서 오행(五行)은 춘하추동의 대명사라는 것을 설
명했고, 십이지(十二支)는 곧 구궁낙서(九宮洛書)에 유행한 것이고,
명리(命理)가 인생의 바탕이 아닌 것이 없으니 그 본체(本體)를 알아
야 한다고 했다.

 갑을(甲乙)은 춘월(春月)의 기후이니 목(木)으로 잡고, 병화(丙火)
는 하월(夏月)의 기후이니 참된 융화(融和)한 화(火)가 아니다. 목

(木)이 충분히 화(火)를 생(生)하나 삼동(三冬)과 초춘(初春)의 목(木)은 병화(丙火)에 의지하여 생(生)되고, 금(金)이 충분히 수(水)를 생(生)하나 삼하(三夏)의 금(金)은 수(水)에 의지하여 생(生)되니 그 이치가 스스로 밝다.

근기(根基)는 사주의 여덟 글자를 말한다. 같은 재관격(財官格)이라도 귀(貴)가 있어 경상(卿相)이 되기도 하고 장사꾼이 되기도 한다. 또 같은 독당일면국(獨當一面局)이라도 제왕(帝王)이나 독무(督撫)가 되기도 하고, 장사꾼이 되기도 한다. 대개 명(命)의 호괴(好壞)가 근기(根基)에 있고, 격(格)의 대소가 기국(氣局)에 있다. 이것을 난태묘선(蘭台妙選)에서는 근기(根基)의 숨음에 의지하나, 격국(格局)의 참됨이 넉넉하지 않다고 했다.

기완(器完)은 일주(日柱)가 생왕(生旺)되어 유기(有氣)하고, 용신(用神)의 득시(得時)가 참되고, 사주의 배합이 유정(有情)하면 스스로 상격(上格)의 명(命)을 이룬다고 했다.

예를 들어, 같은 호운(好運)이라도 상명(上命)은 크게 발전하나, 하명(下命)은 생활이 비교적 편안할 뿐이다. 같은 열운(劣運)이라도 상명(上命)은 안부존영(安富尊榮)하며 점진적으로 발전하나, 하명(下命)은 흘러 떠다니게 된다. 이 가운데서도 천차만별이 있는데, 운세에 있지 않으면 원명(原命)에 있다.

법에 검사함을 더해 각기 길흉을 포함하고, 물(物)은 제활(提豁)하여 경중(輕重)을 밝혀야 한다. 명리(命理)가 용신(用神)을 취하는 것만이 능사는 아니기 때문이다. 사주 여덟 글자가 공협암장(拱夾暗藏)된 물(物)을 찾아 모두 살펴야 한다.

용신(用神)을 취할 때는 번기로움을 버리고 간편함을 취한다. 홀로

여주(驪珠)를 찾고 징험함을 논할 때, 그 기신(忌神)이나 한신(閑神)을 불문하고 일일히 검사해야 각각의 길흉을 알 수 있다.

앞에서 명리(命理)는 생극제화(生剋制化)와 회합형충(會合刑沖)이 관건이라는 설명을 했다. 재관(財官), 녹마(祿馬), 귀인(貴人) 등의 명칭은 반드시 더해야 물(物)의 제활(提豁)을 수요로 인하여 경중(輕重)을 밝힐 수 있다. 따라서 같은 재관(財官), 녹마(祿馬), 귀인(貴人)이라도 용신(用神)이 특별히 제출하여 마땅함이 있고, 용신(用神)이 없으면 간략함을 가한다.

고서(古書)에서는 군자의 명(命) 중에도 효살(梟殺)이나 망겁(亡劫)이 있고, 소인의 명(命) 중에도 녹마(祿馬)나 재관(財官)이 있다고 했다. 이것은 유용과 무용을 판별하는 것이다. 초학자 뿐 아니라 명리학자(命理學子)들도 충분히 연습하여 판단할 수 있도록 해야 한다.

쉽게 푼 역학(개정판)
쉽게 배워 적용할 수 있는 생활역학서!

이 책에서는 좀더 많은 사람들이 역학의 근본인 우주의 오묘한 진리와 법칙을 깨달아 보다 나은 삶을 영위하는데 도움이 될 수 있도록 가장 쉬운 언어와 가장 쉬운 방법으로 풀이했다. 역학계의 대가 김봉준 선생의 역작이다.

신비한 동양철학 71 │ 백우 김봉준 저 │ 568면 │ 30,000원 │ 신국판

사주명리학 핵심
맥을 잡아야 모든 것이 보인다

이 책은 잡다한 설명을 배제하고 명리학자에게 도움이 될 비법들만을 모아 엮었기 때문에 초심자가 이해하기에는 다소 어려운 부분도 있겠지만 기초를 튼튼히 한 다음 정독한다면 충분히 이해할 것이다. 신살만 늘어놓으며 감정하는 사이비가 되지말기를 바란다.

신비한 동양철학 19 │ 도관 박흥식 저 │ 502면 │ 20,000원 │ 신국판

물상활용비법
물상을 활용하여 오행의 흐름을 파악한다

이 책은 물상을 통하여 오행의 흐름을 파악하고 운명을 감정하는 방법을 연구한 책이다. 추명학의 해법을 연구하고 운명을 추리히어 오행에서 분류되는 물질의 운명 줄거리를 물상의 기물로 나들이 하는 활용법을 주제로 했다. 팔지풀이 및 운면해설에 관한 명리감정법의 체계를 세우는데 목적을 두고 초점을 맞추었나.

신비한 동양철학 31 │ 해주 이학성 저 │ 446면 │ 34,000원 │ 신국판

신수대전
흉함을 피하고 길함을 부르는 방법

신수는 대부분 주역과 사주추명학에 근거한다. 수많은 학설 중 몇 가지를 보면 사주명리, 자미두수, 관상, 점성학, 구성학, 육효, 토정비결, 매화역수, 대정수, 초씨역림, 황극책수, 하락리수, 범위수, 월영도, 현무발서, 철판신수, 육임신과, 기문둔갑, 태을신수 등이다. 역학에 정통한 고사가 아니면 추단하기 어려우므로 누구나 신수를 볼 수 있도록 몇 가지를 정리했다.

신비한 동양철학 62 │ 도관 박흥식 편저 │ 528면 │ 36,000원 │ 신국판 양장

정법사주
운명판단의 첩경을 이루는 책

이 책은 사주추명학을 연구하고자 하는 분들에게 심오한 주역의 이해를 돕고자 하는 의도에서 시작되었다. 봄방오행의 상생상극에서부터 육친법과 신살법을 기초로 하여 격국과 용신 그리고 유년판단법을 활용하여 운명판단에 첩경이 될 수 있도록 했고 추리응용과 운명감정의 실례를 하나하나 들어가면서 독학과 강의용 겸용으로 엮었다.

신비한 동양철학 49 │ 원각 김구현 저 │ 424면 │ 26,000원 │ 신국판 양장

내가 보고 내가 바꾸는 DIY사주
내가 보고 내가 바꾸는 사주비결

기존의 책들과는 달리 한 사람의 사주를 체계적으로 도표화시켜 한 눈에 파악할 수 있고, DIY라는 책 제목에서 말하듯이 개운하는 방법을 제시한다. 초심자는 물론 전문가도 자신의 이론을 새롭게 재조명해 볼 수 있는 케이스 스터디 북이다.

신비한 동양철학 39 │ 석오 전광 저 │ 338면 │ 16,000원 │ 신국판

인터뷰 사주학
쉽고 재미있는 인터뷰 사주학

얼마전만 해도 사주학을 취급하면 미신을 다루는 부류로 취급되었다. 그러나 지금은 하루가 나르게 이 학문을 공부하는 사람들이 폭증하고 있는 것으로 보인다. 젊은 층에서 사주카페니 사주방이니 사주동아리니 하는 것늘이 만들어지고 그 모임이 활발하게 움직이고 있다는 점이 그것을 증명해준다. 그뿐 아니라 대학원에는 역학교수들이 점차로 증가하고 있다.

신비한 동양철학 70 │ 글갈 정대엽 편저 │ 426면 │ 16,000원 │ 신국판

사주특강
자평진전과 적천수의 재해석

이 책은 『자평진전』과 『적천수』를 근간으로 명리학의 폭넓은 가치를 인식하고, 실전에서 유용한 기반을 다지는데 중점을 두고 썼다. 일찍이 『자평진전』을 교과서로 삼고, 『적천수』로 보완하라는 서낙오의 말에 깊이 공감한다.

신비한 동양철학 68 │ 청월 박상의 편저 │ 440면 │ 25,000원 │ 신국판

참역학은 이렇게 쉬운 것이다
음양오행의 이론으로 이루어진 참역학서

수학공식이 아무리 어렵다고 해도 1, 2, 3, 4, 5, 6, 7, 8, 9, 0의 10개의 숫자로 이루어졌듯이 사주도 음양과 오행으로 이루어졌을 뿐이다. 그러니 용신과 격국이라는 무거운 짐을 벗어버리고 음양오행의 법칙과 진리만 정확하게 파악하면 된다. 사주는 음양오행의 변화일 뿐이고 용신과 격국은 사주를 감정하는 한 가지 방법에 지나지 않는다.

신비한 동양철학 24 │ 청암 박재현 저 │ 328면 │ 16,000원 │ 신국판

사주에 모든 길이 있다
사주를 알면 운명이 보인다!

사주를 간명하는데 조금이라도 도움이 됐으면 하는 바람에서 이 책을 썼다. 간명의 근간인 오행의 왕쇠강약을 세분하고, 대운과 세운, 세운과 월운의 연관성과, 십신과 여러 살이 미치는 암시와, 십이운성으로 세운을 판단하는 법을 설명했다.

신비한 동양철학 65 │ 정담 선사 편저 │ 294면 │ 26,000원 │ 신국판 양장

왕초보 내 사주
초보 입문용 역학서

이 책은 역학을 너무 어렵게 생각하는 초보자들에게 조금이나마 도움을 주고자 쉽게 엮으려고 노력했다. 이 책을 숙지한 후 역학(易學)의 5대 원서인 『적천수(滴天髓)』, 『궁통보감(窮通寶鑑)』, 『명리정종(命理正宗)』, 『연해자평(淵海子平)』, 『삼명통회(三命通會)』에 접근한다면 훨씬 쉽게 터득할 수 있을 것이다. 이 책들은 저자가 이미 편역하여 삼한출판사에서 출간한 것도 있고, 앞으로 모두 갖출 것이니 많이 활용하기 바란다.

신비한 동양철학 84 │ 역산 김찬동 편저 │ 278면 │ 19,000원 │ 신국판

명리학연구
체계적인 명확한 이론

이 책은 명리학 연구에 핵심적인 내용만을 모아 하나의 독립된 장을 만들었다. 명리학은 분야가 넓어 공부를 하다보면 주변에 머무르는 경우가 많아, 주요 내용을 잃고 헤매는 경우가 많다. 그러므로 뼈대를 잡는 것이 중요한데, 여기서는 「17장. 명리대요」에 핵심 내용만을 모아 학문의 체계를 잡는데 용이하게 하였다.

신비한 동양철학 59 │ 권중주 저 │ 562면 │ 29,000원 │ 신국판 양장

말하는 역학
신수를 묻는 사람 앞에서 술술 말문이 열린다

그토록 어렵다는 사주통변술을 쉽고 흥미롭게 고담과 덕담을 곁들여 사실적으로 생동감 있게 통변했다. 길흉을 어떻게 표현하느냐에 따라 상담자의 정곡을 찔러 핵심을 끌어내 정답을 내리는 것이 통변술이다. 역학계의 대가 김봉준 선생의 역작.

신비한 동양철학 11 │ 백우 김봉준 저 │ 576면 │ 26,000원 │ 신국판 양장

통변술해법
가닥가닥 풀어내는 역학의 비법

이 책은 역학과 상대에 대해 머리로는 다 알면서도 밖으로 표출되지 않아 어려움을 겪는 사람들을 위한 실습서다. 특히 실명감정과 이론강의로 나누어 역학의 진리를 설명하여 초보자도 쉽게 이해할 수 있다. 역학계의 대가 김봉준 선생의 역서인 「알기쉬운 해설·말하는 역학」이 나온 후 후편을 써달라는 열화같은 요구에 못이겨 내놓은 바로 그 책이다.

신비한 동양철학 21 │ 백우 김봉준 저 │ 392면 │ 26,000원 │ 신국판

술술 읽다보면 통달하는 사주학
술술 읽다보면 나도 어느새 도사

당신은 당신 마음대로 모든 일이 이루어지던가. 지금까지 누구의 명령을 받지 않고 내 맘대로 살아왔다고, 운명 따위는 믿지 않는다고, 운명에 매달리지 않는다고 말하는 사람들이 많다. 그러나 우주법칙을 모르기 때문에 하는 소리다.

신비한 동양철학 28 | 조철현 저 | 368면 | 16,000원 | 신국판

사주학
5대 원서의 핵심과 실용

이 책은 사주학을 체계적으로 공부하려는 학도들을 위해서 꼭 알아두어야 할 내용들과 용어들을 수록하는데 중점을 두었다. 이 학문을 공부하려고 많은 사람들이 필자를 찾아왔을 깨 여러 가지 질문을 던져보면 거의 기초지식이 시원치 않음을 보았다. 따라서 용어를 포함한 제반지식을 골고루 습득해야 빠른 시일 내에 소기의 목적을 달성할 수 있을 것이다.

신비한 동양철학 66 | 글갈 정대엽 저 | 778면 | 46,000원 | 신국판 양장

명인재
신기한 사주판단 비법

이 책은 오행보다는 주로 살을 이용하는 비법을 담았다. 시중에 나온 책들을 보면 살에 대해 설명은 많이 하면서도 실제 응용에서는 무시하고 있다. 이것은 살을 알면서도 응용할 줄 모르기 때문이다. 그러나 이 책에서는 살의 활용방법을 완전히 터득해, 어떤 살과 어떤 살이 합하면 어떻게 작봉하는시를 자세하게 설명하였다.

신비한 동양철학 43 | 원공선사 저 | 332면 | 19,000원 | 신국판 양장

명리학 | 재미있는 우리사주
사주 세우는 방법부터 용어해설 까지!!

몇 년 전 『사주에 모든 길이 있다』가 나온 후 선배 제현들께서 알찬 내용의 책다운 책을 접했다는 찬사를 받았다. 그러나 사주의 작성법을 설명하지 않아 독자들에게 많은 질타를 받고 뒤늦게 이 책 을 출판하기로 결심했다. 이 책은 한글만 알면 누구나 역학과 가까워질 수 있도록 사주 세우는 방법부터 실제간명, 용어해설에 이르기까지 분야별로 엮었다.

신비한 동양철학 74 | 정담 선사 편저 | 368면 | 19,000원 | 신국판

사주비기
역학으로 보는 역대 대통령들이 나오는 이치!!

이 책에서는 고서의 이론을 근간으로 하여 근대의 사주들을 임상하여, 적중도에 의구심이 가는 이론들은 과감하게 탈피하고 통용될 수 있는 이론만을 수용했다. 따라서 기존 역학서의 아쉬운 부분들을 충족시키며 일반인도 열정만 있으면 누구나 자신의 운명을 감정하고 피흉취길할 수 있는 생활지침서로 활용할 수 있을 것이다.

신비한 동양철학 79 | 청월 박상의 편저 | 456면 | 19,000원 | 신국판

사주학의 활용법
가장 실질적인 역학서

우리가 생소한 지방을 여행할 때 제대로 된 지도가 있다면 편리하고 큰 도움이 되듯이 역학이란 이와같은 인생의 길잡이나. 예측불허의 인생을 살아가는데 올바른 안내자나 그 무엇이 있다면 그 이상 마음 든든하고 큰 재산은 없을 것이다.

신비한 동양철학 17 | 학선 류래웅 저 | 358면 | 15,000원 | 신국판

명리실무
명리학의 총 정리서

명리학(命理學)은 오랜 세월 많은 철인(哲人)들에 의하여 전승 발전되어 왔고, 지금도 수많은 사람이 임상과 연구에 임하고 있으며, 몇몇 대학에 학과도 개설되어 체계적인 교육을 하고 있다. 그러나 아직도 실무에서 활용할 수 있는 책이 부족한 상황이기 때문에 나름대로 현장에서 필요한 이론들을 정리해 보았다. 초학자는 물론 역학계에 종사하는 사람들에게 큰 도움이 될 것이라고 믿는다.

신비한 동양철학 94 | 박홍식 편저 | 920면 | 39,000원 | 신국판

사주 속으로
역학서의 고전들로 입증하며 쉽고 자세하게 푼 책
십 년 동안 역학계에 종사하면서 나름대로는 실전과 이론에서 최선을 다했다고 자부한다. 역학원의 비좁은 공간에서도 항상 후학을 생각하는 마음으로 역학에 대한 배움의 장을 마련하고자 노력한 것도 사실이다. 이 책을 역학으로 이름을 알리고 역학으로 생활하면서 조금이나마 역학계에 이바지할 것이 없을까라는 고민의 산물이라 생각해주기 바란다.
신비한 동양철학 95 | 김상회 편저 | 429면 | 15,000원 | 신국판

사주학의 방정식
알기 쉽게 풀어놓은 가장 실질적인 역서
이 책은 종전의 어려웠던 사주풀이의 응용과 한문을 쉬운 방법으로 터득하는데 목적을 두었고, 역학이 무엇인가를 알리고자 하는데 있다. 세인들은 역학자를 남의 운명이나 풀이하는 점쟁이로 알지만 잘못된 생각이다. 역학은 우주의 근본이며 기의 학문이기 때문에 역학을 이해하지 못하고서는 우리 인생살이 또한 정확하게 해석할 수 없는 고차원의 학문이다.
신비한 동양철학 18 | 김용오 저 | 192면 | 8,000원 | 신국판

오행상극설과 진화론
인간과 인생을 떠난 천리란 있을 수 없다
과학이 현대를 설정하여 설명하고 있으나 원리는 동양철학에도 있기에 그 양면을 밝히고자 노력했다. 우주에서 일어나는 모든 일을 과학으로 설명될 수는 없다. 비과학적이라고 하기보다는 과학이 따라오지 못한다고 설명하는 것이 더 솔직하고 옳은 표현일 것이다. 특히 과학분야에 종사하는 신의사가 저술했다는데 더 큰 화제가 되고 있다.
신비한 동양철학 5 | 김태진 저 | 222면 | 15,000원 | 신국판

스스로 공부하게 하는 방법과 천부적 적성
내 아이를 성공시키고 싶은 부모들에게
자녀를 성공시키고 싶은 마음은 누구나 같겠지만 가난한 집 아이가 좋은 성적을 내기는 매우 어렵고, 원하는 학교에 들어가기도 어렵다. 그러나 실망하기에는 아직 이르다. 내 아이가 훌륭하게 성장해 아름답고 멋진 삶을 살아가는 방법을 소개한다.
신비한 동양철학 85 | 청암 박재현 지음 | 176면 | 14,000원 | 신국판

진짜부적 가짜부적
부적의 실체와 정확한 제작방법
인쇄부적에서 가짜부적에 이르기까지 많게는 몇백만원에 팔리고 있다는 보도를 종종 듣는다. 그러나 부적은 정확한 제작방법에 따라 자신의 용도에 맞게 스스로 만들어 사용하면 훨씬 더 좋은 효과를 얻을 수 있다. 이 책은 중국에서 정통부적을 연구한 국내유일의 동양오술학자가 밝힌 부적의 실체와 정확한 제작방법을 소개하고 있다.
신비한 동양철학 7 | 오상익 저 | 322면 | 20,000원 | 신국판

수명비결
주민등록번호 13자로 숙명의 정체를 밝힌다
우리는 지금 무수히 많은 숫자의 거미줄에 매달려 허우적거리며 살아가고 있다. 1분 ·1초가 생사를 가름하고, 1등·2등이 인생을 좌우하며, 1급·2급이 신분을 구분하는 세상이다. 이 책은 수명리학으로 13자의 주민등록번호로 명예, 재산, 건강, 수명, 애정, 자녀운 등을 미리 읽어본다.
신비한 동양철학 14 | 장충한 저 | 308면 | 15,000원 | 신국판

진짜궁합 가짜궁합
남녀궁합의 새로운 충격
중국에서 연구한 국내유일의 동양오술학자가 우리나라 역술가들의 궁합법이 잘못되었다는 것을 학술적으로 분석·비평하고, 전적과 사례연구를 통하여 궁합의 실체와 타당성을 분석했다. 합리적인 「자미두수궁합법」과 「남녀궁합」 및 출생시간을 몰라 궁합을 못보는 사람들을 위하여 「지문으로 보는 궁합법」 등을 공개하고 있다.
신비한 동양철학 8 | 오상익 저 | 414면 | 15,000원 | 신국판

주역육효 해설방법(상·하)
한 번만 읽으면 주역을 활용할 수 있는 책

이 책은 주역을 해설한 것으로, 될 수 있는 한 여러 가지 사설을 덧붙이지 않고, 주역을 공부하고 활용하는데 필요한 요건만을 기록했다. 따라서 주역의 근원이나 하도낙서, 음양오행에 대해서도 많은 설명을 자제했다. 다만 누구나 이 책을 한 번 읽어서 주역을 이해하고 활용할 수 있도록 하는데 중점을 두었다.

신비한 동양철학 38 | 원공선사 저 | 상 810면·하 798면 | 각 29,000원 | 신국판

쉽게 푼 주역
귀신도 탄복한다는 주역을 쉽고 재미있게 풀어놓은 책

주역이라는 말 한마디면 귀신도 기겁을 하고 놀라 자빠진다는데, 운수와 일진이 문제가 될까. 8×8=64괘라는 주역을 한 괘에 23개씩의 회답으로 해설하여 1472괘의 신비한 해답을 수록했다. 당신이 당면한 문제라면 무엇이든 해결할 수 있는 열쇠가 이 한 권의 책 속에 있다.

신비한 동양철학 10 | 정도명 저 | 284면 | 16,000원 | 신국판

나침반 | 어니로 갈까요
주역의 기본원리를 통달할 수 있는 책

이 책에서는 기본괘와 변화와 기본괘가 어떤 괘로 변했을 경우 일어날 수 있는 내용들을 설명하여 주역의 변화에 대한 이해를 돕는데 주력하였다. 그러나 그런 내용을 구분할 수 있는 방법을 전부 다 설명할 수는 없기에 뒷장에 간단하게설명하였고, 나른 책들과 설명의 차이점도 기록하였으니 참작하여 본다면 조금이나마 도움이 될 것이다.

신비한 동양철학 67 | 원공선사 편저 | 800면 | 39,000원 | 신국판

완성 주역비결 | 주역 토정비결
반쪽으로 전해오는 토정비결을 완전하게 해설

지금 시중에 나와 있는 토정비결에 대한 책들은 옛날부터 내려오는 완전한 비결이 아니라 반쪽의 책이다. 그러나 반쪽이라고 말하는 사람은 없다. 그것은 주역의 원리를 모르기 때문이다. 그래서 늦은 감이 없지 않으나 앞으로 수많은 세월을 생각해서 완전한 해설판을 내놓기로 했다.

신비한 동양철학 92 | 원공선사 편저 | 396면 | 16,000원 | 신국판

육효대전
정확한 해설과 다양한 활용법

동양고전 중에서도 가장 대표적인 것이 주역이다. 주역은 옛사람들이 자연을 거울삼아 생활을 영위해 나가는 처세에 관한 지혜를 무한히 내포하고, 피흉추길하는 얼과 슬기가 함축된 점서인 동시에 수양·과학서요 철학·종교서라고 할 수 있다.

신비한 동양철학 17 | 도관 박흥식 편저 | 608면 | 26,000원 | 신국판

육효점 정론
육효학의 정수

이 책은 주역의 원전소개와 상수역법의 꽃으로 발전한 경방학을 같이 실어 독자들의 호기심을 충족시키는데 중점을 두었습니다. 주역의 원전으로 인화의 처세술을 터득하고, 어떤 사안의 답은 육효법을 탐독하여 찾으시기 바랍니다.

신비한 동양철학 80 | 효명 최인영 편역 | 396면 | 29,000원 | 신국판

육효학 총론
육효학의 핵심만을 정확하고 알기 쉽게 성리

육효는 갑자기 문제가 생겨 난감한 경우에 명쾌한 답을 찾을 수 있는 학문이다. 그러나 시중에 나와 있는 책늘이 대부분 원서를 그대로 번역해 놓은 것이라 전문가인 필자가 보기에도 지루하며 어렵다는 느낌이 늘있다. 그래서 부다 쉽게 공부할 수 있도록 이 책을 출간하게 되었다.

신비한 동양철학 89 | 김도희 편저 | 174쪽 | 26,000원 | 신국판

기문둔갑 비급대성
기문의 정수
기문둔갑은 천문지리·인사명리·법술병법 등에 영험한 술수로 예로부터 은밀하게 특권층에만 전승되었다. 그러나 아쉽게도 기문을 공부하려는 이들에게 도움이 될만한 책이 거의 없다. 필자는 이 점이 안타까워 천견박식함을 돌아보지 않고 감히 책을 내게 되었다. 한 권에 기문학을 다 표현할 수는 없지만 이 책을 사다리 삼아 저 높은 경지로 올라간다면 제갈공명과 같은 지혜를 발휘할 수 있을 것이다.
신비한 동양철학 86 | 도관 박흥식 편저 | 725면 | 39,000원 | 신국판

기문둔갑옥경
가장 권위있고 우수한 학문
우리나라의 기문역사는 장구하나 상세한 문헌은 전무한 상태라 이 책을 발간하였다. 기문둔갑은 천문지리는 물론 인사명리 등 제반사에 관한 길흉을 판단함에 있어서 가장 우수한 학문이며 병법과 법술방면으로도 특징과 장점이 있다. 초학자는 포국편을 열심히 익혀 설국을 자유자재로 할 수 있도록 하고, 개인의 이익보다는 보국안민에 일조하기 바란다.
신비한 동양철학 32 | 도관 박흥식 저 | 674면 | 39,000원 | 사륙배판

오늘의 토정비결
일년 신수와 죽느냐 사느냐를 알려주는 예언서
역산비결은 일년신수를 보는 역학서이다. 당년의 신수만 본다는 것은 토정비결과 비슷하나 토정비결은 토정 선생께서 사람들에게 용기와 희망을 주기 위함이 목적이어서 다소 허황되고 과장된 부분이 많다. 그러나 역산비결은 재미로 보는 신수가 아니라, 죽느냐 사느냐를 알려주는 예언서이이니 재미로 보는 토정비결과는 차원이 다르다.
신비한 동양철학 72 | 역산 김찬동 편저 | 304면 | 16,000원 | 신국판

國運 | 나라의 운세
역으로 풀어본 우리나라의 운명과 방향
아무리 서구사상의 파고가 높다하기로 오천 년을 한결같이 가꾸며 살아온 백두의 혼이 와르르 무너지는 지경에 왔어도 누구 하나 입을 열어 말하는 사람이 없으니 답답하다. 불확실한 내일에 대한 해답을 이 책은 명쾌하게 제시하고 있다.
신비한 동양철학 22 | 백우 김봉준 저 | 290면 | 9,000원 | 신국판

남사고의 마지막 예언
이 책으로 격암유록에 대한 논란이 끝나기 바란다
감히 이 책을 21세기의 성경이라고 말한다. 〈격암유록〉은 섭리가 우리민족에게 준 위대한 복음서이며, 선물이며, 꿈이며, 인류의 희망이다. 이 책에서는 〈격암유록〉이 전하고자 하는 바를 주제별로 정리하여 문답식으로 풀어갔다. 이 책으로 〈격암유록〉에 대한 논란은 끝나기 바란다.
신비한 동양철학 29 | 석정 박순용 저 | 276면 | 16,000원 | 신국판

원토정비결
반쪽으로만 전해오는 토정비결의 완전한 해설판
지금 시중에 나와 있는 토정비결에 대한 책들을 보면 옛날부터 내려오는 완전한 비결이 아니라 반면의 책이다. 그러나 반면이라고 말하는 사람이 없다. 그것은 주역의 원리를 모르기 때문이다. 따라서 늦은 감이 없지 않으나 앞으로의 수많은 세월을 생각하면서 완전한 해설본을 내놓았다.
신비한 동양철학 53 | 원공선사 저 | 396면 | 24,000원 | 신국판 양장

나의 천운 | 운세찾기
몽골정통 토정비결
이 책은 역학계의 대가 김봉준 선생이 몽공토정비결을 우리의 인습과 체질에 맞게 엮은 것이다. 운의 흐름을 알리고자 호운과 쇠운을 강조하고, 현재의 나를 조명하고 판단할 수 있도록 했다. 모쪼록 생활서나 안내서로 활용하기 바란다.
신비한 동양철학 12 | 백우 김봉준 저 | 308면 | 11,000원 | 신국판

역점 | 우리나라 전통 행운찾기
쉽게 쓴 64괘 역점 보는 법
주역이 점치는 책에만 불과했다면 벌써 그 존재가 없어졌을 것이다. 그러나 오랫동안 많은 학자가 연구를 계속해왔고, 그 속에서 자연과학과 형이상학적인 우주론과 인생론을 밝혀, 정치·경제·사회 등 여러 방면에서 인간의 생활에 응용해왔고, 삶의 지침서로써 그 역할을 했다. 이 책은 한 번만 읽으면 누구나 역점가가 될 수 있으니 생활에 도움이 되길 바란다.
신비한 동양철학 57 | 문명상 편저 | 382면 | 26,000원 | 신국판 양장

이렇게 하면 좋은 운이 온다
한 가정에 한 권씩 놓아두고 볼만한 책
좋은 운을 부르는 방법은 방위·색상·수리·년운·월운·날짜·시간·궁합·이름·직업·물건·보석·맛·과일·기운·마을·가축·성격 등을 정확하게 파악하여 자신에게 길한 것은 취하고 흉한 것은 피하면 된다. 이 책의 저자는 신학대학을 졸업하고 역학계에 입문했다는 특별한 이력을 갖고 있기 때문에 더 많은 화제가 되고 있다.
신비한 동양철학 27 | 역산 김찬동 저 | 434면 | 16,000원 | 신국판

운을 잡으세요 | 改運秘法
염력강화로 삶의 문제를 해결한다!
행복과 불행은 누가 주는 것이 아니라 지기 자신이 만든다고 할 수 있다. 한 마디로 말해 의지의 힘, 즉 염력이 운명을 바꾸는 것이다. 이 책에서는 이러한 염력을 강화시켜 삶에서 일어나는 문제를 해결하는 방법을 알려준다, 누구나 가벼운 마음으로 읽고 실천한다면 반드시 목적을 이룰 수 있을 것이다.
신비한 동양철학 76 | 역산 김찬동 편저 | 272면 | 10,000원 | 신국판

복을 부르는방법
나쁜 운을 좋은 운으로 바꾸는 비결
개운하는 방법은 여러 가지가 있으나, 이 책의 비법은 축원문을 독송하는 것이다. 독송이란 소리내 읽는다는 뜻이다. 사람의 말에는 기운이 있는데, 이 기운은 자신에게 돌아온다. 좋은 말을 하면 좋은 기운이 돌아오고, 나쁜 말을 하면 나쁜 기운이 돌아온다. 이 책은 누구나 어디서나 쉽게 비용을 들이지 않고 좋은 운을 부를 수 있는 방법을 실었다.
신비한 동양철학 69 | 역산 김찬동 편저 | 194면 | 11,000원 | 신국판

천직 | 사주팔자로 찾은 나의 직업
천직을 찾으면 역경없이 탄탄하게 성공할 수 있다
잘 되겠지 하는 막연한 생각으로 의욕만 갖고 도전하는 것과 나에게 맞는 직종은 무엇이고 때는 언제인가를 알고 도전하는 것은 근본적으로 다르고, 결과도 다르다. 만일 의욕만으로 팔자에도 없는 사업을 시작했다고 하자, 결과는 불을 보듯 뻔하다. 그러므 이런 때임수록 침착과 냉정을 찾아 내 그릇부터 알고, 생활에 대처하는 지혜로움을 발휘해야 한다.
신비한 동양철학 34 | 백우 김봉준 지 | 376면 | 10,000원 | 신국판

운세십진법 | 本大路
운명을 알고 대처하는 것은 현대인의 지혜다
타고난 운명은 분명히 있다. 그러니 자신의 운명을 알고 대처한다면 비록 운명을 바꿀 수는 없지만 향상시킬 수 있다. 이것이 사주학을 알아야 하는 이유다. 이 책에서는 자신이 타고난 숙명과 앞으로 펼쳐질 운명행로를 찾을 수 있도록 운명의 기초를 초연하게 설명하고 있다.
신비한 동양철학 1 | 백우 김봉주 저 | 364면 | 16,000원 | 신국판

성명학 | 바로 이 이름
사주의 운기와 조화를 고려한 이름짓기
사람은 누구나 타고난 운명이 있다. 숙명인 사주팔자는 선천운이고, 성명은 후천운이 되는 것으로 이름을 지을 때는 타고난 운기와의 조화를 고려해야 한다. 따라서 역학에 대한 깊은 이해가 선행함은 지극히 당연하다. 부연하면 작명의 근본은 타고난 사주에 운기를 종합적으로 분석하여 부족한 점을 보강하고 결점을 개선한다는 큰 뜻이 있다고 할 수 있다.
신비한 동양철학 75 | 정담 선사 편저 | 488면 | 24,000원 | 신국판

작명 백과사전
36가지 이름짓는 방법과 선후천 역상법 수록
이름은 나를 대표하는 생명체이므로 몸은 세상을 떠날지라도 영원히 남는다. 성명운의 유도력은 후천적으로 가공 인수되는 후존적 수기로써 조성 운화되는 작용력이 있다. 선천수기의 운기력이 50%이면 후천수기도의 운기력도50%이다. 이와 같이 성명운의 작용은 운로에 불가결한조건일 뿐 아니라, 선천명운의 범위에서 기능을 충분히 할 수 있다.
신비한 동양철학 81 | 임삼업 편저 | 송충석 감수 | 730면 | 36,000원 | 사륙배판

작명해명
누구나 쉽게 활용할 수 있는 체계적인 작명법
일반적인 성명학으로는 알 수 없는 한자이름, 한글이름, 영문이름, 예명, 회사명, 상호, 상품명 등의 작명방법을 여러 사례를 들어 체계적으로 분석하여 누구나 쉽게 배워서 활용할 수 있도록 서술했다.
신비한 동양철학 26 | 도관 박흥식 저 | 518면 | 19,000원 | 신국판

역산성명학
이름은 제2의 자신이다
이름에는 각각 고유의 뜻과 기운이 있어 그 기운이 성격을 만들고 그 성격이 운명을 만든다. 나쁜 이름은 부르면 부를수록 불행을 부르고 좋은 이름은 부르면 부를수록 행복을 부른다. 만일 이름이 거지같다면 아무리 운세를 잘 만나도 밥을 좀더 많이 얻어 먹을 수 있을 뿐이다. 저자는 신학대학을 졸업하고 역학계에 입문한 특별한 이력으로 많은 화제가 된다.
신비한 동양철학 25 | 역산 김찬동 저 | 456면 | 26,000원 | 신국판

작명정론
이름으로 보는 역대 대통령이 나오는 이치
사주팔자가 네 기둥으로 세워진 집이라면 이름은 그 집을 대표하는 문패라고 할 수 있다. 따라서 이름을 지을 때는 사주의 격에 맞추어야 한다. 사주 그릇이 작은 사람이 원대한 뜻의 이름을 쓰면 감당하지 못할 시련을 자초하게 되고 오히려 이름값을 못할 수 있다. 즉 분수에 맞는 이름으로 작명해야 하기 때문에 사주의 올바른 분석이 필요하다.
신비한 동양철학 77 | 청월 박상의 편저 | 430면 | 19,000원 | 신국판

음파메세지 (氣)성명학
새로운 시대에 맞는 새로운 성명학
지금까지의 모든 성명학은 모순의 극치를 이룬다. 그러나 이제 새 시대에 맞는 음파메세지(氣) 성명학이 나왔으니 복을 계속 부르는 이름을 지어 사랑하는 자녀가 행복하고 아름다운 삶을 살아갈 수 있도록 하는데 도움이 되었으면 한다.
신비한 동양철학 51 | 청암 박재현 저 | 626면 | 39,000원 | 신국판 양장

아호연구
여러 가지 작호법과 실제 예 모음
필자는 오래 전부터 작명을 연구했다. 그러나 시중에 나와 있는 책에는 대부분 아호에 관해서는 전혀 언급하지 않았다. 그래서 아호에 관심이 있어도 자료를 구하지 못하는 분들을 위해 이 책을 내게 되었다. 아호를 짓는 것은 그리 대단하거나 복잡하지 않으니 이 책을 처음부터 끝까지 착실히 공부한다면 누구나 좋은 아호를 지어 쓸 수 있을 것이라고 생각한다.
신비한 동양철학 87 | 임삼업 편저 | 308면 | 26,000원 | 신국판

한글이미지 성명학
이름감정서
이 책은 본인의 이름은 물론 사랑하는 가족 그리고 가까운 친척이나 친구들의 이름까지도 좋은지 나쁜지 알아볼 수 있도록 지금까지 나와 있는 모든 성명학을 토대로 하여 썼다. 감언이설이나 협박성 감명에 흔들리지 않고 확실한 이름풀이를 볼 수 있을 것이다. 그리고 아름답고 멋진 삶을 살아갈 수 있는 이름을 짓는 방법도 상세하게 제시하였다.
신비한 동양철학 93 | 청암 박재현 지음 | 287면 | 10,000원 | 신국판

비법 작명기술
복과 성공을 함께 하려면

이 책은 성명의 발음오행이나 이름의 획수를 근간으로 하는 실제 이용이 가장 많은 기본 작명법을 서술하고, 주역의 괘상으로 풀어 길흉을 판단하는 역상법 5가지와 그외 중요한 작명법 5가지를 합하여 「보배로운 10가지 이름 짓는 방법」을 실었다. 특히 작명비법인 선후천역상법은 성명의 원획에 의존하는 작명법과 달리 정획과 곡획을 사용해 주역 상수학을 대표하는 하락이수를 쓰고, 육효가 들어가 응험률을 높였다.

신비한 동양철학 96 | 임삼업 편저 | 370면 | 30,000원 | 사륙배판

올바른 작명법
소중한 이름, 알고 짓자!

세상 부모들에게 가장 소중한 것이 뭐냐고 물으면 자녀라고 할 것이다. 그런데 왜 평생을 좌우할 이름을 함부로 짓는가. 이름이 얼마나 소중한지, 이름의 오행작용이 일생을 어떻게 좌우하는지 모르기 때문이다.

신비한 동양철학 61 | 이정재 저 | 352면 | 19,000원 | 신국판

호(雅號)책
아호 짓는 방법과 역대 유명인사의 아호, 인명용 한자 수록

필자는 오래 전부터 작명연구에 열중했으나 대부분의 작명책에는 아호에 관해서는 전혀 언급하지 않고, 간혹 거론했어도 몇 줄 정도의 뜻풀이에 불과하거나 일반작명법에 준한다는 암시만 풍기며 끝을 맺었다. 따라서 필자가 참고한 문헌도 적었음을 인정한다. 아호에 관심이 있어도 자료를 구하지 못하는 현실에 착안하여 필자 나름대로 각고 끝에 본시를 펴냈다.

신비한 동양철학 97 | 임삼업 편저 | 390면 | 20,000원 | 신국판

관상오행
한국인의 특성에 맞는 관상법

좋은 관상인 것 같으나 실제로는 나쁘거나 좋은 관상이 아닌데도 잘 사는 사람이 왕왕있어 관상법 연구에 흥미를 잃는 경우가 있다. 이것은 중국의 관상법만을 익히고 우리의 독특한 환경적인 특징을 소홀히 다루었기 때문이다. 이에 우리 한국인에게 알맞는 관상법을 연구하여 누구나 관상을 쉽게 알아보고 해석할 수 있도록 자세하게 풀어놓았다.

신비한 동양철학 20 | 송파 정상기 저 | 284면 | 12,000원 | 신국판

정본 관상과 손금
바로 알고 사람을 사귑시다

이 책은 관상과 손금은 인생을 행복하게 만든다는 관점에서 다루었다. 그야말로 관상과 손금의 혁명이라고 할 수 있다. 여러분도 관상과 손금을 통한 예지력으로 인생의 참주인이 되기 바란다. 용기를 불어넣어 주고 행복을 찾게 하는 것이 참다운 관상과 손금술이다. 이 책이 일상사에 고민하는 분들에게 해결방법을 제시해 줄 것이다.

신비한 동양철학 42 | 지창룡 감수 | 332면 | 16,000원 | 신국판

이런 사원이 좋습니다
사원선발 면접지침

사회가 다양해지면서 인력관리의 전문화와 인력수급이 기업주의 애로사항이 되었다. 필자는 그동안 많은 기업의 사원선발 면접시험에 참여했는데 기업주들이 모두 면접지침에 관한 책이 있으면 좋겠다는 것이다. 그래서 경험한 사례를 참작해 이 책을 내니 좋은 사원을 신발하는데 많은 도움이 될 것이라고 믿는다.

신비한 동양철학 90 | 정도명 지음 | 274면 | 19,000원 | 신국판

핵심 관상과 손금
사람을 볼 줄 아는 안목과 지혜를 알려주는 책

오늘과 내일을 예측할 수 없을만큼 복잡하게 펼쳐지는 현실에서 살아남기 위해서는 사람을 볼줄 아는 안목과 지혜가 필요하다. 시중에 관상학에 대한 책들이 많이 나와있지만 너무 형이상학적이라 전문가도 이해하기 어렵다. 이 책에서는 누구라도 쉽게 보고 이해할 수 있도록 핵심만을 파악해서 설명했다.

신비한 동양철학 54 | 백우 김봉준 저 | 188면 | 14,000원 | 사륙판 양장

완벽 사주와 관상
우리의 삶과 관계 있는 사실적 관계로만 설명한 책

이 책은 우리의 삶과 관계 있는 사실적 관계로만 역을 설명하고, 역에 대한 관심과 흥미를 갖게 하고자 관상학을 추록했다. 여기에 추록된 관상학은 시중에서 흔하게 볼 수 있는 상법이 아니라 생활상법, 즉 삶의 지식과 상식을 드리고자 했다.
신비한 동양철학 55 │ 김봉준·유오준 공저 │ 530면 │ 36,000원 │ 신국판 양장

사람을 보는 지혜
관상학의 초보에서 실용까지

현자는 하늘이 준 명을 알고 있기에 부귀에 연연하지 않는다. 사람은 마음을 다스리는 심명이 있다. 마음의 명은 자신만이 소통하는 유일한 우주의 무형의 에너지이기 때문에 잠시도 잊으면 안된다. 관상학은 사람의 상으로 이런 마음을 살피는 학문이니 잘 이해하여 보다 나은 삶을 삶을 영위할 수 있도록 노력해야 한다.
신비한 동양철학 73 │ 이부길 편저 │ 510면 │ 20,000원 │ 신국판

한눈에 보는 손금
논리정연하며 바로미터적인 지침서

이 책은 수상학의 연원을 초월해서 동서합일의 이론으로 집필했다. 그야말로 논리정연한 수상학을 정리하였다. 그래서 운명적, 철학적, 동양적, 심리학적인 면을 예증과 방편에 이르기까지 상세하게 기술했다. 이 책은 수상학이라기 보다 바로미터적인 지침서 역할을 해줄 것이다. 독자 여러분의 꾸준한 연구와 더불어 인생성공의 지침서가 될 수 있을 것이다.
신비한 동양철학 52 │ 정도명 저 │ 432면 │ 24,000원 │ 신국판 양장

이런 집에 살아야 잘 풀린다
운이 트이는 좋은 집 알아보는 비결

한마디로 운이 트이는 집을 갖고 싶은 것은 모두의 꿈일 것이다. 50평이니 60평이니 하며 평수에 구애받지 않고 가족이 평온하게 생활할 수 있고 나날이 발전할 수 있는 그런 집이 있다면 얼마나 좋을까? 그런 소망에 한 걸음이라도 가까워지려면 막연하게 운만 기대하고 있어서는 안 된다. 좋은 집을 가지려면 그만한 노력이 있어야 한다.
신비한 동양철학 64 │ 강현술·박흥식 감수 │ 270면 │ 16,000원 │ 신국판

점포, 이렇게 하면 부자됩니다
부자되는 점포, 보는 방법과 만드는 방법

사업의 성공과 실패는 어떤 사업장에서 어떤 품목으로 어떤 사람들과 거래하느냐에 따라 판가름난다. 그리고 사업을 성공시키려면 반드시 몇 가지 문제를 살펴야 하는데 무작정 사업을 시작하여 실패하는 사람들이 많다. 그래서 이 책에서는 이러한 문제와 방법들을 조목조목 기술하여 누구나 성공하도록 도움을 주는데 주력하였다.
신비한 동양철학 88 │ 김도희 편저 │ 177면 │ 26,000원 │ 신국판

쉽게 푼 풍수
현장에서 활용하는 풍수지리법

산도는 매우 광범위하고, 현장에서 알아보기 힘들다. 더구나 지금은 수목이 울창해 소조산 정상에 올라가도 나무에 가려 국세를 파악하는데 애를 먹는다. 따라서 사진을 첨부하니 많은 활용하기 바란다. 물론 결록에 있고 산도가 눈에 익은 것은 혈 사진과 함께 소개하였다. 이 책을 열심히 정독하면서 답산하면 혈을 알아보고 용산도 할 수 있을 것이다.
신비한 동양철학 60 │ 전항수·주장관 편저 │ 378면 │ 26,000원 │ 신국판

음택양택
현세의 운·내세의 운

이 책에서는 음양택명당의 조건이나 기타 여러 가지를 설명하여 산 자와 죽은 자의 행복한 집을 만들 수 있도록 했다. 특히 죽은 자의 집인 음택명당은 자리를 옳게 잡으면 꾸준히 생기를 발하여 흥하나, 그렇지 않으면 큰 피해를 당하니 돈보다도 행·불행의 근원인 음양택명당에 관심을 기울여야 한다.
신비한 동양철학 63 │ 전항수·주장관 지음 │ 392면 │ 29,000원 │ 신국판

용의 혈 | 풍수지리 실기 100선
실전에서 실감나게 적용하는 풍수의 길잡이
이 책은 풍수지리 문헌인 만두산법서, 명산론, 금랑경 등을 이해하기 쉽도록 주제별로 간추려 설명했으며, 풍수지리학을 쉽게
접근하여 공부하고, 실전에 활용하여 실감나게 적용할 수 있도록 하는데 역점을 두었다.
신비한 동양철학 30 | 호산 윤재우 저 | 534면 | 29,000원 | 신국판

현장 지리풍수
현장감을 살린 지리풍수법
풍수를 업으로 삼는 사람들이 진가를 분별할 줄 모르면서 많은 법을 알았다고 자부하며 뽐낸다. 그리고는 재물에 눈이 어두워
불길한 산을 길하다 하고, 선하지 못한 물)을 선하다 한다. 이는 분수 밖의 것을 바라기 때문이다. 마음가짐을 바로 하고 고대
원전에 공력을 바치면서 산간을 실사하며 적공을 쏟으면 정교롭고 세밀한 경지를 얻을 수 있을 것이다.
신비한 동양철학 48 | 전항수·주관장 편저 | 434면 | 36,000원 | 신국판 양장

찾기 쉬운 명당
실전에서 활용할 수 있는 책
가능하면 쉽게 풀어 실전에 도움이 되도록 했다. 특히 풍수지리에서 방향측정에 필수인 패철 사용과 나경 9층을 각 층별로 설
명했다. 그리고 이 책에 수록된 도설, 즉 오성도, 명산도, 명당 형세도 내거수 명당도, 지각형세도, 용의 과협출맥도, 사대혈형
와겸유돌 형세도 등은 국립중앙도서관에 소징된 문헌지료인 만산도답, 만사영도, 이석당 은민산도의 원본을 참조했다.
신비한 동양철학 44 | 호산 윤재우 저 | 386면 | 19,000원 | 신국판 양장

해몽정본
꿈의 모든 것
시중에 꿈해몽에 관한 책은 많지만 막상 내가 꾼 꿈을 해몽을 하려고 하면 어디다 대입시켜야 할지 모르는 경우가 많았을 것
이다. 그러나 최대한으로 많은 예를 들었고, 찾기 쉽고 명료하게 만들었기 때문에 해몽을 하는데 어려움이 없을 것이다. 한집
에 한권씩 두고 보면서 나쁜 꿈은 예방하고 좋은 꿈을 좋은 일로 연결시킨다면 생활에 많은 도움이 될 것이다.
신비한 동양철학 36 | 청암 박재현 저 | 766면 | 19,000원 | 신국판

해몽 | 해몽법
해몽법을 알기 쉽게 설명한 책
인생은 꿈이 예지한 시간적 한계에서 점점 소멸되어 가는 현존물이기 때문에 반드시 꿈의 뜻을 따라야 한다. 이것은 꿈을 먹
고 살아가는 인간 즉 태몽의 끝장면인 죽음을 향해 달려가고 있는 인간이기 때문이다. 꿈은 우리의 삶을 이끌어가는 이정표와
도 같기에 똑바로 가도록 노력해야 한다.
신비한 동양철학 50 | 김종일 저 | 552면 | 26,000원 | 신국판 양장

명리용어와 시결음미
명리학의 어려운 용어와 숙어를 쉽게 풀이한 책
명리학을 연구하는 이들은 기초공부가 끝나면 자연스럽게 훌륭하다고 평가하는 고전의 이론를 집하게 된다. 그러ㅏ 시결과
용어와 숙어는 어려운 한자로만 되어 있어 대다수가 선뜻 탐독과 음미에 취미를 잃는다. 그래서 누구나 어려움 없이 쉽게 읽고
깊이 있게 음미할 수 있도록 원문에 한글로 발음을 달고 어려운 용어와 숙어에 해식을 달아 이 책을 내게 되었다.
신비한 동양철학 103 | 원각 김구현 편저 |300면 | 25,000원 | 신국판

완벽 만세력
작삭하기 쉬운 서머타인 2도 인쇄
시중에 많은 종류의 만세력이 나와있지만 이 책은 단순한 만세력이 아니라 완벽한 민세경전으로 만세려 부는 법 등을 실었기
때문에 처음 대하는 사람이라도 쉽게 볼 수 있도록 편집되었다. 또한 부록편에는 사주명리학, 신살종합해설, 결혼과 이사택일
및 이사방향, 길흉보는 법, 우주천기와 한국의 역사 등을 수록했다.
신비한 동양철학 99 | 백우 김봉준 저 | 316면 | 20,000원 | 사륙배판

정본만세력

이 책은 완벽한 만세력으로 만세력 보는 방법을 자세하게 설명했다. 그리고 역학에 대한 기본적인 내용과 결혼하기 좋은 나이·좋은 날·좋은 시간, 아들·딸 태아감별법, 이사하기 좋은 날·좋은 방향 등을 부록으로 실었다.

신비한 동양철학 45 │ 백우 김봉준 저 │ 304면 │ 사륙배판 26,000원, 신국판 16,000원, 사륙판 10,000원, 포켓판 9,000원

정본 │ 완벽 만세력
착각하기 쉬운 서머타임 2도인쇄

시중에 많은 종류의 만세력이 있지만 이 책은 단순한 만세력이 아니라 완벽한 만세경전이다. 그리고 만세력 보는 법 등을 실었기 때문에 처음 대하는 사람이라도 쉽게 볼 수 있다. 또 부록편에는 사주명리학, 신살 종합해설, 결혼과 이사 택일, 이사 방향, 길흉보는 법, 우주의 천기와 우리나라 역사 등을 수록하였다.

신비한 동양철학 99 │ 김봉준 편저 │ 316면 │ 20,000원 │ 사륙배판

원심수기 통증예방 관리비법
쉽게 배워 적용할 수 있는 통증관리법

『원심수기 통증예방 관리비법』은 4차원의 건강관리법으로 질병이 악화되는 것을 예방하여 건강한 몸을 유지하는데 그 목적이 있다. 시중의 수기요법과 비슷하나 특장점은 힘이 들지 않아 어린아이부터 노인까지 누구나 시술할 수 있고, 배우고 적용하는 과정이 쉽고 간단하며, 시술 장소나 도구가 필요 없으니 언제 어디서나 시술할 수 있다.

신비한 동양철학 78 │ 원공 선사 저 │ 288면 │ 16,000원 │ 신국판

운명으로 본 나의 질병과 건강
타고난 건강상태와 질병에 대한 대비책

이 책은 국내 유일의 동양오술학자가 사주학과 정통명리학의 양대산맥을 이루는 자미두수 이론으로 임상실험을 거쳐 작성한 자료다. 따라서 명리학을 응용한 최초의 완벽한 의학서로 질병을 예방하고 치료하는데 활용하면 최고의 의사가 될 것이다. 또한 예방의학적인 차원에서 건강을 유지하는데 훌륭한 지침서로 현대의학의 새로운 장을 여는 계기가 될 것이다.

신비한 동양철학 9 │ 오상익 저 │ 474면 │ 26,000원 │ 신국판

서체자전
해서를 기본으로 전서, 예서, 행서, 초서를 연습할 수 있는 책

한자는 오랜 옛날부터 우리 생활과 뗄 수 없음에도 잘 몰라 불편을 겪는 사람들이 많아 이 책을 내게 되었다. 이 책에서는 해서를 기본으로 각 글자마다 전서, 예서, 행서, 초서 순으로 배열하여 독자가 필요한 것을 찾아 연습하기 쉽도록 하였다.

신비한 동양철학 98 │ 편집부 편 │ 273면 │ 16,000원 │ 사륙배판

택일민력(擇日民曆)
택일에 관한 모든 것

이 책은 택일에 대한 모든 것을 넣으려고 최선을 다하였다. 동양철학을 공부하여 상담하거나 종교인·무속인·일반인들이 원하는 부분을 쉽게 찾아 활용할 수 있도록 칠십이후, 절기에 따른 벼농사의 순서와 중요한 과정, 납음오행, 신살의 의미, 구성조견표, 결혼·이사·제사·장례·이장에 관한 사항 등을 폭넓게 수록하였다.

신비한 동양철학 100 │ 최인영 편저 │80면 │ 5,000원 │ 사륙배판

모든 질병에서 해방을 1·2
건강실용서

우리나라는 아주 오랜 옛날부터 건강과 관련한 약재들이 산천에 널려 있었고, 우리 민족은 그 약재들을 슬기롭게 이용하며 나름대로 건강하게 살아왔다. 그러나 오늘날 현대의학에 밀려 외면당하며 사라지게 되었다. 이에 옛날부터 내려오는 의학서적인 『기사회생』과 『단방심편』을 바탕으로 민가에서 활용했던 민간요법들을 정리하고, 현대에 개발된 약재들이나 시술방법들을 정리했다.

신비한 동양철학 102 │ 원공 선사 편저 │1권 448면·2권 416면 │ 각 29,000원 │ 신국판

참역학은 이렇게 쉬운 것이다② — 완결편
역학을 활용하는 방법을 정리한 책

『참역학은 이렇게 쉬운 것이다』에서 미처 쓰지 못한 사주를 활용하는 방법을 정리한다는 의미에서 다시 이 책을 내게 되었다. 전문가든 비전문가든 이 책이 사주라는 학문을 이해하는 데 도움이 되고, 사주에 있는 가장 좋은 길을 찾아 행복하게 살았으면 합니다. 특히 사주상담을 업으로 하는 분들도 참고해서 상담자들이 행복하게 살도록 도와주었으면 한다.

신비한 동양철학 104 | 청암 박재현 편저 | 330면 | 23,000원 | 신국판

인명용 한자사전
한권으로 작명까지 OK

이 책은 인명용 한자의 사전적 쓰임이 본분이지만 그것에 국한하지 않고 작명법들을 그것도 일반적으로 통용되는 기본적인 것 외에 주역을 통한 것 등 7가지를 간추려 놓아 여러 권의 작명책을 군살없이 대신했기에 이 한권의 사용만으로 작명에 관한 모든 것을 충족하고도 남을 것이다. 5,000자가 넘는 인명용 한자를 실었지만 음(音)으로 한 줄에 수십 자, 획수로도 여러 자를 넣어 가능한 부피를 줄이려고 노력하였다. 그리고 작명하는데 한자에 관해서는 다양하게 활용할 수 있도록 하였고, 일반적인 한자자전의 용도까지 충분히 겸비하도록 하였다.

신비한 동양철학 105 | 임삼업 편저 | 336면 | 24,000원 | 신국판

바로 내 사주
행복한 인생을 만들어 갈 수 있는 방법을 소개하는 책

역학이란 본래 어려운 학문이다. 수십 년을 공부해도 터득하기 어려운 학문이라 많은 사람이 중간에 포기하는 일이 많다. 기존의 당사주 책도 수백 년 동안 그 명맥을 유지해왔으나 적중률이 매우 낮아 일반인들에게 신뢰를 많이 받지 못했다. 그래서 지금까지 30여 년 동안 공부하며 터득한 비법을 토대로 이 책을 내게 되었다. 물론 어느 역학책도 백 퍼센트 정확하다고 장담할 수는 없다. 이 책도 백 퍼센트 적중률을 목표로 했으나 적어도 80% 이상은 적중할 것이라고 자부한다.

신비한 동양철학 106 | 김찬동 편저 | 242면 | 20,000원 | 신국판

주역타로64
인간사 주역괘 풀이

타로카드는 서양 상류사회의 생활상을 담은 그림으로 되어 있다. 그 속에는 자연과 인간이 겪을 수 있는 경험과 역사가 압축되어 있다. 이러한 타로카드를 점(占) 목적으로 사용하는 것인데, 주역타로64점은 주역의 64괘를 64매의 타로카드에 담아 점 도구로 사용한다. 64괘는 우주의 모든 형상과 형태의 끊임없는 변화의 원리로 나타난 것이다. 그리고 주역타로는 일반 타로의 공통적인 스토리와는 다른 점이 많으나 그 기본 이론은 같다. 주역타로의 추상적이며 미진한 정보에 더해 인간사에 대한 주역괘풀이를 보탰으니 주역타로64를 점 도구로 활용하는 데 도움이 되었으면 한다.

신비한 동양철학 107 | 임삼업 편저 | 387면 | 39,000원 | 사륙배판

명리정종 정설(근간)
명리정종의 완결판

이 책의 원서인 명리정종(命理正宗)은 중국 명대의 신봉(神峰) 장남(張楠) 선생이 서술한 명리서(命理書)다. 명리학(命理學)의 5대 원서는 어느 것 하나 귀하지 않은 것이 없지만 명리정종(命理正宗)은 연해자평(淵海子平)을 깊이 분석하며 비판한 것이 특징이다. 따라서 초학자는 연해자평(淵海子平)을 공부한 후 이 책을 공부하는 것이 좋다.

신비한 동양철학 108 | 역산 김찬동 편역 | 신국판

주역 평생운 비록(근간)

하락이수의 평생운, 대상운, 유년운 월운은 주역의 표상인 괘효의 숫자로 기록했고, 그 해석 설명은 원문에 50,000여 한자 사언시구로 구성되어 간혹 이려운 근자, 흔히 쓰지 않는 낯선 글자, 주역의 괘효사를 인용한 것도 있어 한문 문장의 해석은 녹녹치 않은 것이어서 원문 한사 부분은 제외시키고 한글 해석만을 수록했다.

신비한 동양철학 109 | 경의제 임삼업 편저 | 사륙배판

■ 편역자 정지호

인천대학교 법학과 졸업
현재 동하철학원 원장
02-715-1832
0502-715-1624

조화원약 평주

1판 1쇄 발행일 | 2000년 1월 16일
1판 3쇄 발행일 | 2014년 12월 16일

발행처 | 삼한출판사
발행인 | 김충호
지은이 | 정지호

신고년월일 | 1975년 10월 18일
신고번호 | 제305-1975-000001호

411-776 경기도 고양시 일산서구 고양대로 724-17호
          (304동 2001호)

대표전화 (031) 921-0441
팩시밀리 (031) 925-2647

값 46,000원
ISBN 89-7460-062-5 03180